O CONFLITO DE COMPETÊNCIA ENTRE O ICMS E O ISS

UM ESTUDO DE CASOS NA ERA DA INTERNET

MAURINE MORGAN PIMENTEL FEITOSA

Prefácio
Onofre Alves Batista Júnior

O CONFLITO DE COMPETÊNCIA ENTRE O ICMS E O ISS

UM ESTUDO DE CASOS NA ERA DA INTERNET

2ª edição revista, ampliada e atualizada

Belo Horizonte

FÓRUM
CONHECIMENTO JURÍDICO

2022

FÓRUM

CONHECIMENTO JURÍDICO

Luís Cláudio Rodrigues Ferreira
Presidente e Editor

Coordenação editorial: Leonardo Eustáquio Siqueira Araújo
Aline Sobreira de Oliveira

Av. Afonso Pena, 2770 – 15º andar – Savassi – CEP 30130-012
Belo Horizonte – Minas Gerais – Tel.: (31) 2121.4900 / 2121.4949
www.editoraforum.com.br – editoraforum@editoraforum.com.br

Técnica. Empenho. Zelo. Esses foram alguns dos cuidados aplicados na edição desta obra. No entanto, podem ocorrer erros de impressão, digitação ou mesmo restar alguma dúvida conceitual. Caso se constate algo assim, solicitamos a gentileza de nos comunicar através do *e-mail* editorial@editoraforum.com.br para que possamos esclarecer, no que couber. A sua contribuição é muito importante para mantermos a excelência editorial. A Editora Fórum agradece a sua contribuição.

Dados Internacionais de Catalogação na Publicação (CIP) de acordo com ISBD

F311c   Feitosa, Maurine Morgan Pimentel

O conflito de competência entre o ICMS e o ISS: um estudo de casos na Era da Internet / Maurine Morgan Pimentel Feitosa. 2. ed. - Belo Horizonte : Fórum, 2022.

420p.; 14,5cm x 21,5cm.
ISBN: 978-65-5518-262-0

1. Economia. 2. Imposto sobre Circulação de Mercadorias e Serviços - ICMS. 3. Imposto Sobre Serviços – ISS. I. Título.

CDD: 341.3
CDU: 342.9

Elaborado por Vagner Rodolfo da Silva - CRB-8/9410

Informação bibliográfica deste livro, conforme a NBR 6023:2018 da Associação Brasileira de Normas Técnicas (ABNT):

FEITOSA, Maurine Morgan Pimentel. *O conflito de competência entre o ICMS e o ISS*: um estudo de casos na Era da Internet. 2. ed. Belo Horizonte: Fórum, 2022. 420p. ISBN 978-65-5518-262-0.

Para Vovoca, Didica e Luluca,

por tudo o que representam em minha vida, com afeição.

Toda arte e toda investigação, bem como toda ação e toda escolha, visam a um bem qualquer; e por isso foi dito, não sem razão, que o bem é aquilo a que as coisas tendem.

(ARISTÓTELES. Ética a *Nicômaco*)

SUMÁRIO

Honrado e com muita alegria, recebi o convite para prefaciar a segunda edição do livro *O conflito de competência entre o ICMS e o ISS: um estudo de casos na Era da Internet*, de autoria de Maurine Morgan Pimentel Feitosa, que representa uma atualização e ampliação da versão que correspondeu à sua dissertação de Mestrado junto à Universidade do Estado do Rio de Janeiro (UERJ).

A Autora, vale registrar, é Procuradora do Estado do Rio de Janeiro e Professora da Escola Superior de Advocacia Pública (ESAP), bem como mestre e doutoranda em Finanças Públicas, Tributação e Desenvolvimento pela Universidade do Estado do Rio de Janeiro (UERJ).

O trabalho que ora se atualiza exsurge em um momento ímpar, sobretudo em razão da discussão provocada pelas inúmeras propostas de Reforma Tributária que brotam incessantemente de centros de estudos, traduzindo e revelando, algumas vezes, tão somente interesses de segmentos econômicos. Da mesma forma, o que se observa é que a força e a influência da tecnoburocracia da União no Congresso Nacional apenas permitem que avancem propostas que possibilitam uma maior centralização do poder de tributar. Por isso, a construção de um Brasil mais justo precisa do contraponto da Academia e de trabalhos de pesquisa como o que é trazido no presente livro.

Por certo, apenas com alguma dificuldade, os centros de estudos financiados por segmentos econômicos conseguirão estudar e propor algo diferente de singelas melhorarias na eficiência econômica do modelo. O risco maior é o de a eficiência proposta acelerar o processo de promoção da desigualdade e prejudicar, de forma ainda mais ágil, a justiça do Sistema Tributário.

Por outro giro, a partir de uma visão obtusa e vetusta, o Executivo da União se esforça constantemente, em manobras paternalistas e antifederativas, para centralizar, ainda mais, o poder de tributar na União. Vale recordar que cerca de 67% do total dos tributos arrecadados no país já são de exações federais. Ocorre que o ideal democrático reclama separação de poderes (horizontal e vertical) e o federalismo é, indubitavelmente, o principal mecanismo de evitação da tirania. Nenhum ente federado será autônomo sobrevivendo tão somente com "mesadas" da União.

É preciso favorecer a ideia de justiça tributária e dar atendimento ao desiderato fulcral da Constituição da República Federativa do Brasil de 1988 de reduzir a desigualdade e a miséria, de assegurar a dignidade da pessoa humana e de firmar o projeto de promoção e construção de uma sociedade mais livre, mais justa e mais solidária.[1] Da mesma forma, a construção de uma democracia reclama uma separação vertical de poderes e, em médio prazo, as propostas centralizadoras tendem a se revelar ineficientes e distantes das necessidades do povo brasileiro.

O desenho de propostas como a da CBS, que deve ser uma contribuição especial federal, vem sendo pensado para propiciar o esboço de um IVA (Imposto sobre Valor Agregado) que possa substituir o ICMS e o ISS, além de englobar o IPI, o PIS e a Cofins. Acontece que o ICMS é um imposto da competência dos Estados-Membros e o ISS um tributo municipal. Por outro giro, as contribuições do PIS/Cofins, não compartilhadas com os Estados, são tributos sobre a receita (/faturamento) que, em verdade, buscam funcionar como se tributos sobre o consumo fossem. Sujeitos a um regime não cumulativo "desajeitado" e ineficiente, quase "fraudulento" (fraude ao Sistema Tributário, como apontado na ADPF 523/STF), essas exações já respondem pela maior parte do contencioso tributário federal.

É para promover uma espécie de "invasão" da base de consumo atribuída constitucionalmente (originariamente) aos entes subnacionais que a União vem se esforçando para passar essa proposta (ou outras similares) "goela abaixo" dos Estados e Municípios. Em uma só tacada, pretendem decotar o ICMS e o ISS da competência dos entes subnacionais, centralizando de vez o poder de tributar na União, bem como consolidar a gradativa "invasão" da base de consumo dos demais entes federados. Da mesma forma, a proposta se tornou importante para que o Governo Central pudesse compensar as perdas que enfrentou no Supremo Tribunal Federal com a retirada do ICMS da base de cálculo da PIS/Cofins não cumulativa (uma compensação pelo que nunca se teve).[2]

O que fica claro com a leitura do presente livro é que a linha divisória entre o ICMS e o ISS não é (e nunca será) o problema maior da tributação sobre o consumo. Os estudos mais atuais, como o levado a cabo pela Autora, bem servem para clarear esses pontos. Obviamente que os serviços vêm sendo subtributados no Brasil e o ISS precisa ser

---

[1] Nesse sentido, nosso BATISTA JR., Onofre Alves. *O outro Leviatã e a corrida ao fundo do poço*. São Paulo: Almedina, 2014, *passim*.

[2] Nesse sentido, vale conferir BATISTA JR. *et al*. *Reformas ou deformas tributárias e financeiras*. Belo Horizonte: Letramento, 2020.

mais bem disciplinado pela lei complementar geral nacional, como determina o §3º do art. 156 da Constituição Federal, sobretudo para que os municípios menores não sejam prejudicados ou deixem de contar com receitas significativas.

Ofendem ao princípio federal e trabalham na contramão do ideal democrático as propostas que buscam privar os Estados e Municípios de seu poder de tributar.

Espero que esta excelente obra seja prenúncio de várias outras com o mesmo espírito a porvir, do qual os maiores beneficiários serão toda a comunidade jurídica e, em última instância, a cidadania em geral.

Belo Horizonte, 1º de agosto de 2021

Onofre Alves Batista Júnior

Professor Associado de Direito Público do Quadro Permanente da Graduação, Mestrado e Doutorado da Faculdade de Direito da UFMG. Pós-Doutoramento em Democracia e Direitos Humanos pela Universidade de Coimbra. Doutor em Direito pela UFMG. Mestre em Ciências Jurídico-Políticas pela Universidade de Lisboa. Ex-Advogado Geral do Estado de Minas Gerais. Ex-Procurador do Estado de Minas Gerais. Consultor do Colégio de Procuradores-Gerais dos Estados e do Distrito-Federal. Advogado, conferencista e parecerista.

O tema do conflito de competência tributária entre os entes federativos é problema de longa data discutido em nosso sistema tributário. A matéria ganhou ainda mais relevância a partir da consolidação do critério da competência privativa para a instituição de impostos, que começou a ser solidificado com a Emenda Constitucional nº 18/65 e sua busca pelo abandono da competência concorrente na instituição de impostos.

Ricardo Lobo Torres menciona que a competência concorrente para instituição de impostos entre a União e os Estados, critério que desapareceu com a EC nº 18/65, constituiu verdadeiro "tormento no constitucionalismo brasileiro" (*Tratado de Direito Constitucional Financeiro e Tributário*, v. IV: *os tributos na Constituição*. Rio de Janeiro: Renovar, p. 98). A expressão utilizada pelo notável Professor Titular de Direito Financeiro da UERJ, apesar de fazer referência ao passado, é plenamente atual para designar um dos mais intrincados capítulos do conflito de competência tributária enfrentados pelo nosso sistema: o conflito entre o ICMS e o ISS.

O livro que tenho a imensa honra de prefaciar procura enfrentar o "tormento" do referido conflito, fornecendo pesquisa valiosa para todos os que buscam estudar uma das particularidades mais complexas do federalismo fiscal brasileiro.

Maurine Morgan Pimentel Feitosa aceitou o desafio de abordar o complexo tema e conseguiu oferecer ao leitor um trabalho primorosamente fundamentado, com conclusões plenamente congruentes com as premissas desenvolvidas e justificadas a partir de criterioso trabalho de pesquisa das principais contribuições da doutrina e da jurisprudência.

A primeira parte do trabalho posiciona o conflito de competência tributária no âmbito do federalismo fiscal, ressaltando a importância fundamental da lei complementar como relevante instrumento de resolução dos conflitos, respeitados os sentidos mínimos previstos na Constituição.

Na segunda parte, a Autora mantém a coerência das considerações anteriores, ao examinar a aplicação de tais premissas a situações práticas. Assim, a obra examina três hipóteses atuais que ainda despertam imensa polêmica: o contrato de cessão de uso de *software*, a prestação de serviços de comunicação e a tributação da veiculação de publicidade. Em todas as hipóteses, há um vetor que confere unidade ao trabalho: a circunstância de os conflitos cuidarem de realidades econômicas que foram significativamente ampliadas com o impressionante desenvolvimento recente das novas tecnologias.

Vemos aqui mais um relevante mérito do presente trabalho. Se o conflito entre o ICMS e o ISS sempre foi polêmico, mesmo no tempo do mundo "analógico", o crescimento das novas tecnologias ampliou severamente o desafio da doutrina tributária de oferecer soluções (de preferência dinâmicas, como as próprias tecnologias) para tais realidades.

Em outros termos, quando a doutrina e a jurisprudência ainda não tinham nem mesmo conseguido atingir consenso mais significativo sobre a tributação pelo ICMS ou pelo ISS das realidades econômicas materiais, passamos em muito pouco tempo para a necessidade de definição da tributação de hipóteses envolvendo programas de computadores, páginas eletrônicas, disponibilização de conteúdos de áudio, imagem etc.

Em tal contexto, o livro oferece uma excelente contribuição da Escola de Direito Financeiro da UERJ para tornar o conflito entre o ICMS e o ISS menos tormentoso, auxiliando a doutrina e a jurisprudência na construção de soluções para a realidade enfrentada em tempos de novas tecnologias.

Rio de Janeiro, 13 de janeiro de 2018.

Gustavo da Gama Vital de Oliveira

Professor Adjunto de Direito Financeiro da
Universidade do Estado do Rio de Janeiro
(UERJ). Doutor e Mestre em Direito Público
pela Universidade do Estado do Rio de Janeiro
(UERJ). Procurador do Município do Rio de
Janeiro. Advogado.

A primeira edição desta obra foi publicada em 2018, num contexto em que as discussões decorrentes da aprovação da LC nº 157/2016, que reestruturou o ISS, começavam a vir à tona, especialmente no plano doutrinário. Transcorridos cerca de três anos, a economia digital continuou a avançar a passos largos e, com ela, a produção acadêmica em torno da matéria, assim como o contencioso, pretoriano e administrativo.

De outro lado e, especialmente, a partir de 2019, propostas de reforma tributária passaram a tramitar no Congresso Nacional e a ser discutidas no plano político e social, com o intuito de trazer medidas de simplificação para o sistema tributário brasileiro. Dessa forma, a pauta de extinção do ICMS e do ISS, com a correspondente criação de um imposto sobre o valor agregado, nos moldes do IVA europeu, ganhou força, acompanhada de variados modelos de transição em que o mencionado IVA conviveria com o ICMS e o ISS.

Discussões não apenas quanto aos contornos de um novo imposto único sobre o consumo, assim como quanto à sua constitucionalidade, assumiram especial relevância no âmbito jurídico, consideradas as indefinições sobre qual proposta de reforma tributária deverá, afinal, prevalecer.

Ademais, no decorrer dos anos de 2020 e 2021, o STF proferiu inúmeras decisões em matéria tributária, tanto em sessões virtuais quanto em presenciais. Nesse contexto, as novas decisões judiciais, que versavam tanto sobre o ICMS e o ISS, de forma específica, quanto sobre outros variados aspectos do Direito Tributário, estão sendo analisadas naquilo em que geram repercussões em relação ao objeto deste trabalho.

Como se verificará ao longo do presente, para além da discussão concernente à incidência, mostra-se imperioso compreender as premissas que estão sendo desenvolvidas em sede jurisprudencial, uma vez que as oscilações nesses pontos de partida influenciam sobremaneira as consequências tributárias.

Dessa forma, a segunda edição, para além de proceder a uma abordagem do contencioso que se sucedeu nos últimos anos, contém tópicos específicos sobre as atuais propostas de reforma tributária sobre o consumo, assim como sobre a tributação da nuvem e das camadas do *Software as a Service* (SaaS), da *Platform as a Service* (PaaS) e da *Infrastructure as a Service* (IaaS).

Ademais, diante da modulação de efeitos levada a cabo na ADI nº 1.945/MT e em um conjunto de outras ações, e para fins de análise das questões formais envolvendo a tributação do *software*, o princípio da legalidade tributária é enfrentado em capítulo específico, à luz da produção doutrinária e jurisprudencial.

No que se refere aos conflitos de competência entre o ICMS-Comunicação e o ISS, a segunda edição passa a abordar o rastreamento e o monitoramento de veículos no âmbito da Internet das Coisas (IoT) e o sexto capítulo ganha um item próprio sobre o *streaming*, diante da sua importância no cenário nacional e da expressiva produção acadêmica verificada nos últimos anos.

Portanto, a segunda edição desta obra tem o objetivo de enfrentar os novos desafios que se acentuaram nesse interregno de três anos, de modo a conferir ao leitor uma visão mais profunda, crítica e atual sobre os conflitos de competência entre o ICMS e o ISS, a partir de uma abordagem sistemática acerca da matéria.

INTRODUÇÃO

O conflito de competência entre o ICMS e o ISS consiste em um dos temas mais importantes e, paradoxalmente, mais insanáveis no contexto do Direito Tributário brasileiro. Estabelecer as fronteiras, de um lado, entre mercadorias e serviços e, de outro, entre comunicações e serviços, tem se mostrado uma tarefa simultaneamente instigante e complexa, sobre a qual já correram rios de tinta.

A opção feita pelo legislador constituinte em tripartir a tributação sobre o consumo, contrariamente ao modelo de um imposto único sobre o valor agregado, presente em diversos países europeus e latino-americanos, gera arestas cujo equacionamento vem sendo promovido notadamente no âmbito doutrinário e jurisprudencial. Nesse cenário, o papel de delimitação da competência tributária tem sido preponderantemente exercido pela jurisprudência do Supremo Tribunal Federal, mediante análise casuística.

De outro lado, a economia digital progressivamente traz à tona a existência de novas materialidades que não foram antevistas pelo legislador constituinte, e acentua a incapacidade de o Poder Legislativo caminhar na mesma velocidade da tecnologia. Diante de um Texto Constitucional analítico como o brasileiro, somado à identificação de novas manifestações de capacidade contributiva, a proliferação de conflitos de competência parece algo inevitável.[1]

Nesse contexto, avulta o papel do intérprete, a quem cabe, mediante o recurso à interpretação sistemática e à permanente referência ao panorama jurisprudencial posto, traçar parâmetros para que o conflito de competência entre o ICMS e o ISS possa ser solucionado. Ademais, verifica-se que o avanço tecnológico, sobretudo na área da Internet e das comunicações, tem contribuído para intensificar o quadro de incertezas identificado.

O presente trabalho busca traçar um panorama de algumas questões postas à apreciação dos Tribunais Superiores, como a tributação dos contratos de licença ou cessão de uso de *software*, ao mesmo tempo em que visa a cuidar de temas que, pelo seu próprio caráter incipiente,

---

[1] GRECO, Marco Aurélio. Sobre o futuro da tributação: a figura dos intangíveis. *Revista Direito Tributário Atual*, São Paulo, n. 25, p. 108-109, 2011.

são enfrentados notadamente no âmbito administrativo e doutrinário, como a tributação na nuvem, o *streaming* e a veiculação de publicidade na Internet.

Dessa forma, o escopo deste livro é o de, partindo do quadro legislativo em vigor – no qual se incluem os projetos de lei ora em tramitação no Congresso Nacional – e passando pelos precedentes judiciais e administrativos, assim como pelas questões pendentes de análise pelos Tribunais Superiores, construir um modelo pelo qual seja possível traçar as zonas de certeza positiva e negativa em relação a cada um dos tributos sobre o consumo, para, afinal, aferir qual tributo deve incidir no caso concreto.

Visando atingir o objetivo almejado, o trabalho apresenta a estrutura que segue.

No primeiro capítulo, traz-se um panorama geral do federalismo fiscal brasileiro, com suas virtudes e inconsistências, considerando que, a despeito de o Brasil ter adotado um modelo de federalismo por cooperação, a competição vertical nociva entre os entes federativos constitui uma realidade inexorável no contexto brasileiro.

Nesse primeiro capítulo, são abordadas as propostas de reforma tributária atualmente em andamento no Congresso Nacional e, mais especificamente, as mudanças que buscam implementar no âmbito da tributação sobre o consumo. Mais do que uma mera análise expositiva acerca do seu conteúdo, esse tópico busca analisar as regras de transição previstas, bem como a forma como a doutrina vem enfrentando a constitucionalidade dos novos dispositivos.

O segundo capítulo, por sua vez, discorre sobre os potenciais e os limites da lei complementar, diante, notadamente, do art. 146, I, CRFB, que determina que cabe à lei complementar dispor sobre conflitos de competência em matéria tributária. Ademais, o capítulo versa sobre a dicotomia entre tipicidade aberta e fechada, assim como as posições acerca do conflito aparente e real de normas no Direito Tributário.

Feitos os esclarecimentos teóricos pertinentes, a partir do terceiro capítulo passa-se a enfrentar o primeiro exemplo prático de conflito de competência entre o ICMS e o ISS, qual seja, aquele decorrente do contrato de cessão de uso ou licenciamento de *software*. Em seguida, analisa-se a tributação da nuvem, com as particularidades do *Software as a Service* (SaaS), da *Platform as a Service* (PaaS) e da *Infrastructure as a Service* (IaaS). Para esse fim, são enfrentadas as diversas discussões doutrinárias e jurisprudenciais sobre o alcance das locuções mercadoria, circulação e serviço.

Tendo em vista o ajuizamento e o julgamento de ações diretas perante o STF, com modulação de efeitos, em que, além da discussão quanto a qual tributo deve, são alegadas violações ao princípio da legalidade tributária, o quarto capítulo foi reformulado, a fim de discorrer especificamente sobre as questões formais envolvendo a tributação do *software*.

No quinto capítulo, enfrenta-se a problemática específica do conflito de competência entre o ICMS e o ISS, considerando o fato gerador prestação de serviços de comunicação. A partir de exemplos práticos, busca-se traçar o conceito de comunicação alcançado pelo ICMS.

Num primeiro momento, estuda-se a tributação do serviço de monitoramento e rastreamento de veículos, dentro do universo da Internet das Coisas (IoT), considerando o seu crescimento no país e o avanço na sua regulamentação. De outro lado, o capítulo tem como enfoque a produção doutrinária e jurisprudencial, somada ao processo legislativo que resultou na aprovação da LC nº 157/2016.

Já no sexto capítulo, discorre-se sobre a tributação da veiculação de publicidade por variados meios, para, enfim, chegar-se à tributação da veiculação de publicidade realizada na Internet. Será nesse capítulo que o conflito de competência entre o ISS e o ICMS ganhará especial expressão, tanto na jurisprudência pretoriana, quanto na jurisprudência administrativa. De outro lado, o advento da LC nº 157/2016 permite que se enfrente, de forma mais profunda, a controvérsia existente. Nesta segunda edição, este capítulo passa a conter tópico específico com a produção acadêmica decorrente do *streaming*, contido no item 1.09 da lista anexa à LC nº 116/2003.

Por fim, na conclusão, os temas desenvolvidos são sintetizados, elaborando-se um panorama geral acerca de como o conflito de competência entre o ICMS e o ISS se coloca no contexto da economia digital, permitindo que o leitor tenha uma visão ampla e sistematizada acerca da matéria.

CAPÍTULO 1

OS CONFLITOS DE COMPETÊNCIA E O FEDERALISMO FISCAL BRASILEIRO

1.1 Federalismo: contexto histórico e modelos

1.1.1 O federalismo fiscal brasileiro: breve panorama tributário

A adoção de um modelo de Estado federal e a consequente descentralização política dela advinda provocam repercussões em diferentes áreas do conhecimento jurídico, notadamente no âmbito do Direito Tributário. Com efeito, como decorrência do federalismo fiscal brasileiro, paralelamente à concessão de maior poder político aos entes federativos, verifica-se um quadro de incremento da competição fiscal predatória entre eles.

Conforme será amplamente debatido nos itens seguintes, a Constituição brasileira, ao optar pela forma de Estado federal, desde a Primeira Constituição Republicana, de 1891, previu a divisão de competências entre os entes federativos. No caso específico da matéria tributária, a Constituição foi além, conferindo competência concorrente aos entes.[2]

---

[2] Observa-se que Luís Cesar Souza de Queiroz prefere o uso da expressão "atribuição de competência", ao invés de "repartição de competência", eis que a competência já surge demarcada pela Constituição. (QUEIROZ, Luís Cesar Souza de. Imposto sobre a renda: o conceito constitucional de renda e a recente visão do STF. *In*: QUEIROZ, Luís Cesar Souza de; GOMES, Marcus Lívio (Org.). *Finanças Públicas, Tributação e Desenvolvimento*. Rio de Janeiro: Freitas Bastos, 2015. p. 245-246).

Embora a redação literal do art. 24, I, CRFB, tenha circunscrito o âmbito da competência legislativa concorrente à União, aos Estados e ao Distrito Federal, não se pode olvidar que o art. 30, I e III, CRFB, confere aos Municípios a competência para legislar sobre assuntos de interesse local, assim como para instituir e arrecadar os tributos de sua competência.

Entretanto, a despeito da adoção de um federalismo de cooperação, o modelo traçado pelo constituinte não está imune a potenciais conflitos entre os entes, ocasionando a chamada guerra fiscal. Ainda que possa ocorrer em diferentes tributos, foi na tricotomia adotada pela Carta Magna para a tributação sobre o consumo, através do imposto sobre produtos industrializados (IPI), do imposto sobre operações relativas à circulação de mercadorias e sobre prestações de serviços de transporte interestadual e intermunicipal e de comunicação (ICMS) e do imposto sobre serviços de qualquer natureza (ISS) que a guerra fiscal assumiu a sua principal expressão.

Cabe remarcar, neste passo, que, para fins do presente estudo, a expressão guerra fiscal está sendo tomada em sentido amplo, ou seja, é aqui empregada para designar a competição fiscal predatória entre entes federativos, seja horizontal – que se dá entre entes da mesma espécie – seja vertical – que se perfaz entre entes de esferas distintas.

Entretanto, cumpre remarcar a posição defendida por Daniel Vieira Marins, que, em artigo sobre a competição fiscal nos Estados Unidos e no Canadá, assinala que o termo *guerra fiscal* deve ser compreendido, no contexto brasileiro, apenas para a competição horizontal entre os entes federativos. Consoante defende, a referida restrição dá-se porque no Brasil, contrariamente aos países da América do Norte, não há como unidades da Federação de níveis diversos exigirem o mesmo imposto.[3]

Com efeito, o contencioso envolvendo IPI, ICMS e ISS está longe do fim. A delimitação conceitual de cada um mostra-se imprecisa e perpassa os contornos do próprio federalismo. No caso específico do conflito entre o ICMS e o ISS, como já se adiantou, o papel delimitador da competência tributária vem sendo realizado de maneira casuística pelos Tribunais Superiores.

Dessa forma, a melhor compreensão das virtudes e dos limites da experiência fiscal brasileira, notadamente no campo do conflito entre

---

[3] MARINS, Daniel Vieira. Breves notas sobre a competição tributária na América do Norte. *Revista de Direito da Associação dos Procuradores do Novo Estado do Rio de Janeiro*, Rio de Janeiro, v. 22, p. 98-99, 102-103, 2014.

as hipóteses de incidência do ICMS e do ISS, pressupõe uma breve digressão acerca das origens e da evolução histórica do federalismo. É o que se passa a fazer.

1.1.2 As origens do federalismo

O modelo de Estado federal encontra suas origens no Direito norte-americano,[4] através do processo pelo qual as treze colônias formaram os Estados Unidos da América, em 1787. As antigas colônias inglesas, cuja independência fora obtida em 1776, reuniram-se, num primeiro momento, sob a forma de uma confederação, por meio de um tratado de direito internacional ("os Artigos da Confederação") celebrado em 1777 e ratificado em 1781.[5]

O objetivo principal da confederação era o de preservar a soberania de cada antigo território colonial frente à Inglaterra. Dessa forma, foram concedidos à União poucos poderes que, na prática, limitavam-se à autorização para realização de negociações internacionais e à manutenção de uma força armada comum.[6]

Ao Congresso, por sua vez, cabiam o direito e o poder de regular o valor da moeda cunhada, tanto por sua autorização quanto pela dos diversos Estados, de fixar o padrão de pesos e medidas e de regulamentar o serviço de correios e correspondência.[7] Posteriormente, foi declarado que:

> (...) os Estados Unidos reunidos em Congresso não poderão declarar guerra, nem conceder cartas de corso e represália em tempo de paz, nem contrair alianças ou tratados, nem cunhar moeda, nem regular o valor dela, nem fixar as quantias e despesas necessárias à defesa e bem-estar dos Estados Unidos, ou de algum dos Estados, nem emitir bilhetes, nem emprestar dinheiro a crédito dos Estados Unidos, nem apropriar-se de dinheiro, nem estipular o número de navios de guerra que deverão construir ou comprar, nem o número de forças de terra ou mar que tiverem de chamar, nem nomear um comandante-em-chefe do Exército

---

[4] MENDES, Gilmar Ferreira; COELHO, Inocêncio Mártires; BRANCO, Paulo Gustavo Gonet. *Curso de Direito Constitucional*. 4. ed. São Paulo: Saraiva, 2009. p. 847-848.

[5] PORFÍRIO JÚNIOR, Nelson de Freitas. Federalismo, tipos de Estado e conceito de Estado Federal. *In*: CONTI, José Maurício (Org.). *Federalismo Fiscal*. Barueri: Manole, 2004. p. 5.

[6] PORFÍRIO JÚNIOR, Nelson de Freitas. Federalismo, tipos de Estado e conceito de Estado Federal. *In*: CONTI, José Maurício (Org.). *Federalismo Fiscal*. Barueri: Manole, 2004. p. 5.

[7] COOLEY, Thomas M. *Princípios gerais de direito constitucional nos Estados Unidos da América*. (Trad. Ricardo Rodrigues Gama). Campinas: Russel, 2002. p. 24-25.

ou da Armada, sem que pelo menos nove Estados o consintam; nem nenhuma questão sobre qualquer outro assunto, exceto pelo adiamento, será resolvida senão pelo voto da maioria do Congresso.[8]

No entanto, o insucesso da confederação levou à necessidade de seu aperfeiçoamento. Dessa forma, já em 1787, os representantes dos Estados reuniram-se por meio da Convenção da Filadélfia, para procederem à revisão dos "Artigos da Confederação". Passou-se, então, de uma confederação a uma federação, na qual os entes transferiram a sua soberania ao ente político central, mas conservaram a sua autonomia.[9]

Cumpre esclarecer que o termo soberania designa o poder de autodeterminação plena, não estando condicionado a nenhum outro poder, externo ou interno. A expressão autonomia, por sua vez, significa a capacidade de autodeterminação dentro do círculo de competências traçado pelo poder soberano.[10]

Ou seja, a formação do Estado Federal americano implicou que apenas o ente central fosse dotado de soberania, a partir da união de Estados autônomos, que se reuniram em prol de interesses comuns, no que se convencionou chamar de "federalismo por agregação" ou "federalismo centrípeto".

Diferentemente, no "federalismo por desagregação" ou "federalismo centrífugo", como é o caso brasileiro, a federação resulta da descentralização de um Estado Unitário já existente, do qual decorrem novos entes dotados de autonomia política.

Portanto, pode-se afirmar, desde logo, que, embora um traço essencial do federalismo seja a descentralização de poder, o que o torna uma forma de Estado bastante adequada para Estados geograficamente grandes, como os supracitados exemplos do Brasil e dos Estados

---

[8] COOLEY, Thomas M. *Princípios gerais de direito constitucional nos Estados Unidos da América.* (Trad. Ricardo Rodrigues Gama). Campinas: Russel, 2002. p. 24-25.

[9] MENDES, Gilmar Ferreira; COELHO, Inocêncio Mártires; BRANCO, Paulo Gustavo Gonet. *Curso de Direito Constitucional.* 4. ed. São Paulo: Saraiva, 2009. p. 847-848. Em sentido diverso, entretanto, é a obra de Thomas M. Cooley, na qual o autor sustenta que os Estados nunca foram soberanos em seu caráter individual, pois sempre estiveram sujeitos a alguma autoridade comum, como a Coroa e o Parlamento da Grã-Bretanha, o Congresso Revolucionário, o Congresso da Confederação e o governo formado segundo a Constituição. As duas únicas exceções citadas foram os Estados da Carolina do Norte e de Rhode Island, que se tornaram parte da União posteriormente, apenas em 1789 e 1790, respectivamente. (COOLEY, Thomas M. *Princípios gerais de direito constitucional nos Estados Unidos da América.* (Trad. Ricardo Rodrigues Gama). Campinas: Russel, 2002. p. 27).

[10] MENDES, Gilmar Ferreira; COELHO, Inocêncio Mártires; BRANCO, Paulo Gustavo Gonet. *Curso de Direito Constitucional.* 4. ed. São Paulo: Saraiva, 2009. p. 848.

Unidos, não há um modelo único de federalismo. Os seus traços comuns e suas variantes serão expostos a seguir.

1.1.3 O federalismo: definição e modelos

O federalismo consiste em forma de Estado pela qual há a associação de Estados para a formação de um novo, em que os entes que ingressam na federação perdem a sua soberania, preservando, contudo, uma autonomia política limitada,[11] materializada na capacidade de auto-organização, autogoverno e autoadministração.

Os países que adotam o federalismo optam por um dos seguintes modelos: federalismo dual ou cooperativo. O primeiro designa que as responsabilidades do ente federal e dos entes estatais são separadas e distintas, de forma que os dois níveis de governo decidem em relação às mesmas pessoas e a um mesmo território, verificando-se uma zona de justaposição entre o ordenamento da União e dos Estados.[12] Conforme esclarece Anwar Shah, além de os dois níveis de governo regularem as mesmas pessoas e o mesmo território, cada ente tem ao menos uma área de atuação na qual é autônomo, o que implica a existência de esferas próprias de autonomia para os entes federados.[13]

Já o federalismo cooperativo, segundo Anwar Shah, pressupõe que as responsabilidades das diferentes ordens estão mais interligadas. Em complementação, segundo a dicção de Raul Machado Horta, a relação entre federalismo e cooperação surge na etimologia da palavra federal, que deriva de *foedus*: pacto, ajuste, convenção, tratado e entra na composição de laços de amizade.[14] A Alemanha é tida na literatura como principal ícone deste modelo, sendo também conhecida como *unitary federal state*.[15]

---

[11] DALLARI, Dalmo de Abreu. *Elementos de Teoria Geral do Estado*. 32. ed. São Paulo: Saraiva, 2013. p. 255.

[12] HORTA, Raul Machado. Tendências atuais da federação brasileira. *Revista dos Tribunais on line [recurso online]*, São Paulo, p. 7, 1996.

[13] SHAH, Anwar. *Introduction*: Principles of Fiscal Federalism. The Practice of Fiscal Federalism: Comparative Perspectives, a Global Dialogue on Federalism. Montreal: McGillQueen's University, 2007. v. 4, p. 5.

[14] HORTA, Raul Machado. Tendências atuais da federação brasileira. *Revista dos Tribunais on line [recurso online]*, São Paulo, p. 6, 1996.

[15] FRANZESE, Cibele; ABRUCIO, Fernando L. A combinação entre federalismo e políticas públicas no Brasil pós-1988: os resultados nas áreas de saúde, assistência social e educação. *ENAP – Caderno EIAPP – Reflexões para Ibero América: avaliação de programas sociais*, Brasília, p. 4, 2009.

O federalismo dual apresenta subdivisões. Sob o modelo conhecido como *layer cake*,[16] adotado no México, Malásia e Rússia, há uma hierarquia entre os diferentes entes estatais. O governo nacional encontra-se no ápice do ordenamento, cabendo-lhe decidir se irá lidar com os entes locais mais diretamente ou através dos entes estatais. Nesse modelo, os entes locais não apresentam qualquer *status* constitucional, sendo simples extensões e retirando a sua autoridade dos governos estatais.[17]

Já no modelo de autoridades coordenadas (*coordinate-authority*) do federalismo dual, os estados dispõem de significativa autonomia frente ao governo federal. Os entes locais, por sua vez, são simples *longa manus* dos estados e têm pequena, ou mesmo nenhuma relação direta com o governo federal. Anwar Shah defende que Austrália, Canadá, Índia, Paquistão e Estados Unidos representam hipóteses dessa modalidade de federalismo dual.[18]

Em contraposição ao federalismo dual, o federalismo cooperativo enfatiza a necessidade de os Estados trabalharem harmonicamente, em conjunto com o governo central, para resolverem os problemas do país. Dessa forma, estão presentes as noções de união, aliança, cooperação e solidariedade, sendo frequentes as concessões de ajudas federais aos Estados-membros.[19]

Partindo-se, uma vez mais, da classificação adotada por Anwar Shah, pode-se dividir o federalismo cooperativo em três grandes grupos.[20] O primeiro deles, conhecido como de esferas interdependentes

---

[16] A expressão, utilizada por Anwar Shah, também é referida na obra de Cibele Franzese e Fernando Abrúcio. No entanto, estes autores, diferentemente de Shah, entendem que deve ser superada a compreensão de que o federalismo norte-americano se conformaria como um *layer cake* (bolo de duas camadas, em que restaria nítida a separação entre elas), para, em verdade, entender-se que se trata de um *marble cake* (bolo mármore, no qual a mistura de cores representaria a mistura de competências entre as esferas do governo). (FRANZESE, Cibele; ABRUCIO, Fernando L. A combinação entre federalismo e políticas públicas no Brasil pós-1988: os resultados nas áreas de saúde, assistência social e educação. *ENAP – Caderno EIAPP – Reflexões para Ibero América: avaliação de programas sociais*, Brasília, p. 4, 2009).

[17] SHAH, Anwar. *Introduction*: Principles of Fiscal Federalism. The Practice of Fiscal Federalism: Comparative Perspectives, a Global Dialogue on Federalism. Montreal: McGillQueen's University, 2007. v. 4, p. 5.

[18] SHAH, Anwar. *Introduction*: Principles of Fiscal Federalism. The Practice of Fiscal Federalism: Comparative Perspectives, a Global Dialogue on Federalism. Montreal: McGillQueen's University, 2007. v. 4, p. 5.

[19] PORFÍRIO JÚNIOR, Nelson de Freitas. Federalismo, tipos de Estado e conceito de Estado Federal. *In*: CONTI, José Maurício (Org.). *Federalismo Fiscal*. Barueri: Manole, 2004. p. 9.

[20] SHAH, Anwar. *Introduction*: Principles of Fiscal Federalism. The Practice of Fiscal Federalism: Comparative Perspectives, a Global Dialogue on Federalism. Montreal: McGillQueen's University, 2007. v. 4, p. 5.

(*interdependent spheres*) indica que o governo federal determina a política aplicável e os Estados e governos locais atuam como agentes que devem implementar as referidas políticas. Entretanto, Estados e províncias também participam da formulação de políticas públicas federais, através das Câmaras do Parlamento. É o que se verifica na Alemanha e na África do Sul.

O segundo grupo, denominado modelo bolo de mármore (*marble cake model*), designa que várias ordens de governo dividem as responsabilidades, que podem, em alguma medida, ser coincidentes. Além disso, os entes que compõem a federação são tratados como partes iguais, como é o caso da Bélgica.

Finalmente, o terceiro e último grupo vislumbrado por Anwar Shah é o das chamadas esferas independentes (*independent spheres*),[21] nas quais todas as esferas do governo desfrutam do mesmo *status* de autonomia, além de coordenarem as suas políticas de forma horizontal e vertical. O Brasil é o único país a integrar este grupo, diante da peculiar posição dos Municípios.[22]

Não se pode olvidar, todavia, que não há modelos puros. Nesse sentido, cabe citar o exemplo dos Estados Unidos, classicamente estudado como ícone do federalismo dual. Diante da interação entre os governos central e estaduais, há setores doutrinários que entendem tratar-se de verdadeiro federalismo colaborativo, chegando mesmo a afirmar que o federalismo dual tem se tornado cada vez mais cooperativo.[23]

1.1.4 Teorias econômicas sobre o federalismo fiscal

Do quanto se expôs, decorre logicamente que não é conveniente, em termos econômicos, trabalhar com uma dicotomia entre a plena centralização, de um lado, e a extrema descentralização, de outro. Portanto, o federalismo fiscal vem sendo concebido através de gradações

---

[21] SHAH, Anwar. *Introduction*: Principles of Fiscal Federalism. The Practice of Fiscal Federalism: Comparative Perspectives, a Global Dialogue on Federalism. Montreal: McGillQueen's University, 2007. v. 4, p. 6.

[22] RIBEIRO, Ricardo Lodi. Federalismo e guerra fiscal entre os estados. *Revista de Direito da Associação dos Procuradores do Novo Estado do Rio de Janeiro*, Rio de Janeiro, v. 22, p. 379, 2014.

[23] FRANZESE, Cibele; ABRUCIO, Fernando L. A combinação entre federalismo e políticas públicas no Brasil pós-1988: os resultados nas áreas de saúde, assistência social e educação. *ENAP – Caderno EIAPP – Reflexões para Ibero América: avaliação de programas sociais*, Brasília, p. 4-13, 2009.

de descentralização, assumindo configurações diversas ao longo do tempo e do espaço.[24]

De outro lado, o federalismo fiscal não está imune a questionamentos. Os seus críticos asseveram que, passada a euforia descentralizadora da década de 80, verificou-se que o federalismo promove desigualdades.[25] Nessa linha, os seus opositores advogam que os países federativos são mais desiguais que os unitários, porque o governo federal não teria controle sobre diversos aspectos da política subnacional, em especial os gastos sociais, não dispondo de mecanismos eficazes para impor um padrão nacional, de forma a minimizar as diferenças econômicas entre as regiões.[26]

No entanto, a despeito das críticas recebidas, o federalismo fiscal vem sendo justificado a partir de algumas teorias econômicas que procuram demonstrar a maior eficiência da descentralização fiscal em comparação com tendências centralizadoras. A par da existência de outras, far-se-á referência às teorias de Tiebout e Oates.

Partindo das lições de Musgrave e Samuelson, Charles Tiebout destaca que a descentralização fiscal pode funcionar como um mecanismo através do qual os consumidores demonstram as suas preferências por bens públicos. O autor assinala que as despesas dos governos locais historicamente superaram as dos governos federais, salvo em momentos específicos, como na década de 30. Nesse contexto, os consumidores-eleitores têm a liberdade de se mudar para a localidade que melhor satisfaça as suas preferências.[27]

Dessa forma, por essa visão, as famílias escolheriam as unidades da federação que mais lhes agradassem, levando em consideração a cesta de bens públicos oferecidos e os tributos cobrados, o que incrementaria a concorrência entre os governos locais, no sentido de atrair mais pessoas. Portanto, a descentralização fiscal de Tiebout se baseia tanto na mobilidade das pessoas, o que equivaleria a "votar com os

---

[24] SILVA, Mauro Santos. Teoria do federalismo fiscal: notas sobre as contribuições de Oates, Musgrave, Shah e Ter-Minassian. *Nova Economia*, Belo Horizonte, v. 15, n. 1, p. 118-119, jan./abr. 2005.

[25] OLIVEIRA, Vanessa Elias de. Processo de descentralização de políticas públicas e seu impacto sobre o federalismo brasileiro. *Revista Brasileira de Estudos Constitucionais – RBEC*, Belo Horizonte, v. 5, p. 199, jul./set. 2011.

[26] OLIVEIRA, Vanessa Elias de. Processo de descentralização de políticas públicas e seu impacto sobre o federalismo brasileiro. *Revista Brasileira de Estudos Constitucionais – RBEC*, Belo Horizonte, v. 5, p. 202, jul./set. 2011.

[27] TIEBOUT, Charles M. A Pure Theory of Local Expenditures. *Journal of Political Economy*, v. 64, n. 5, p. 417, out. 1956.

pés" ("voting with the feet"), quanto na competição horizontal entre os entes locais.[28]

Wallace Oates, por sua vez, inaugura, em 1972, através da obra *Fiscal Federalism*, a concepção de que o federalismo seria mais eficiente que o centralismo, permitindo um maior nível de bem-estar na sociedade. Através do seu "teorema de descentralização", leciona que as atribuições devem ser conferidas à menor jurisdição que seja capaz de abranger as externalidades positivas e negativas geradas por aqueles serviços, de tal modo que o governo federal seja responsável apenas por serviços públicos que envolvam externalidades relevantes.[29]

Em obras posteriores, Oates assinala que o chamado federalismo de primeira geração – ou tradicional, baseado em uma alocação eficiente de recursos pelo Poder Público – passaria a conviver com um federalismo de segunda geração, no qual podem ser verificados potenciais perigos da descentralização.

Segundo sustenta, no federalismo fiscal de primeira geração há o predomínio da visão dos políticos como maximizadores do bem-estar social (*welfare*), isto é, prevalece a concepção de que o federalismo fiscal está baseado nos ganhos de bem-estar decorrentes de uma alocação mais eficiente de recursos no setor público.[30]

Já no federalismo de segunda geração prepondera o entendimento de que os políticos não são planejadores benevolentes do bem-estar social, mas, ao contrário, focam-se em objetivos eleitorais, agindo como um Leviatã disposto a maximizar a sua própria função de utilidade.[31]

Um dos riscos apontados pelo federalismo de segunda geração consiste, na visão de Oates, na postura de os entes menores buscarem ajuda financeira junto aos entes centrais (*bailout*) para fazer face às suas despesas, o que, segundo leciona, enfraqueceria a responsabilidade fiscal e estimularia a dependência.

---

[28] ALMEIDA FILHO, Jorge Celso Fleming de. Federalismo fiscal e eficiência tributária: uma abordagem multidisciplinar do federalismo fiscal. *Revista de Direito da Associação dos Procuradores do Novo Estado do Rio de Janeiro*, Rio de Janeiro, v. 22, p. 338, 2014.

[29] GOLDBERG, Daniel K. Entendendo o federalismo fiscal. *In*: CONTI, José Maurício (Org.). *Federalismo Fiscal*. Barueri: Manole, 2004. p. 21-23.

[30] OATES, W. On The Evolution of Fiscal Federalism: theory and Institutions. *National Tax Journal*, n. 61, p. 314, 2008.

[31] LÍRIO, Viviane Silva; NAZARETH, Marcos Spínola. Federalismo fiscal de segunda geração: fundamentos teóricos e proposição política. *Perspectiva Econômica*, São Leopoldo, v. 12, n. 1, p. 17, jan./jun. 2016. Disponível em: http://revistas.unisinos.br/index.php/perspectiva_economica/article/view/pe.2016.121.02/5388. Acesso em: 20 dez. 2020.

Dentro dessa ordem de ideias, cabe ponderar que os recursos arrecadados pelos próprios entes subnacionais tendem a ser empregados de forma mais eficiente que os recursos meramente transferidos pelo ente central (efeito *flypaper*). Nesse sentido, conforme bem sintetizado na obra de Leonardo Alcântara Ribeiro, países como os Estados Unidos, em que os entes políticos menores dependem apenas da sua própria arrecadação tributária, tendem a apresentar um modelo de maior eficiência tributária, *verbis*:

> Na contramão da cooperação acima tratada, há o modelo competitivo de Federalismo, proposto por Dye. *Neste, a competição entre os entes federados de todos os níveis contribuiria para uma melhor atuação de todos, de modo que o Poder político não permaneça centralizado, o que pressupõe uma autonomia dos estados sobre suas políticas fiscais.* (...) Os Estados Unidos da América aparecem como expoente desta situação, na medida em que dispõem de um sistema federativo baseado na autonomia e na competição. Os entes subnacionais, tanto estados quanto municípios, possuem autonomia e competência para determinar seus próprios tributos, alíquotas, formas de arrecadação, procedimentos administrativos. Podem, inclusive, tributar sobre as mesmas bases tributadas pelo Governo Federal. (...) *A autonomia é tamanha que não há qualquer tipo de mecanismo institucional de equalização. Ou seja, não há sistemas de transferências incondicionadas do Governo Federal para os estados, nos moldes do FPE, de modo que as receitas dos últimos dependem exclusivamente de sua própria arrecadação.* Em suma, o ambiente é de total autonomia para a prática da competição tributária. Ressalte-se, no entanto, que os entes têm um desincentivo enorme para a prática da renúncia fiscal, na medida em que como descrito, não recebem transferências sistemáticas do Governo Central.[32] (Grifo nosso).

Paralelamente aos riscos decorrentes da dependência de recursos transferidos, Oates assinala possíveis fragilidades do federalismo no campo político. Com efeito, os agentes políticos, dado o maior impacto das suas decisões sobre potenciais eleitores, passariam a pautá-las na mera necessidade de votos (*accountability* eleitoral),[33] ao mesmo tempo em que conseguem se perpetuar no poder devido ao receio do eleitorado de que as políticas públicas sejam descontinuadas caso o grupo dominante saia do poder (*tragic brilliance*).[34]

---

[32] RIBEIRO, Leonardo Alcântara. A guerra fiscal do ICMS sob uma perspectiva comparada de competição tributária. *Núcleo de Estudos Fiscais – Escola de Direito de São Paulo da Fundação Getúlio Vargas*, São Paulo, p. 17-18, ago. 2010.

[33] OATES, W. On The Evolution of Fiscal Federalism: theory and Institutions. *National Tax Journal*, n. 61, p. 321, 2008.

[34] DIAZ-CAYEROS, Alberto; MAGALONI, Beatriz; WEINGAST, Barry R. *Tragic brilliance*: equilibrium hegemony and democratization in Mexico. 30 jun. 2008. p. 3. Disponível em: http://papers.ssrn.com/sol3/papers.cfm?abstract_id=1153510. Acesso em: 20 dez. 2020.

No entanto, a despeito dos potenciais riscos que o federalismo enfrenta, ele continua se mostrando uma alternativa potencialmente viável, notadamente em um país de dimensões continentais, como o Brasil, diante da maior proximidade dos governos locais com a população e com as demandas regionais (subsidiariedade) na atual sociedade de risco,[35] o que não afasta a necessidade de que haja permanentes aprimoramentos no atual sistema, diante das fragilidades verificadas.

1.2 O federalismo brasileiro: evolução histórica

1.2.1 As origens do federalismo brasileiro

Embora seja possível visualizar traços federativos desde o Brasil Colônia, com a distinção entre o poder central (as autoridades da Coroa) e o poder local (as câmaras municipais),[36] o federalismo brasileiro inicia-se formalmente com o Decreto nº 1, de 15.11.1889, que proclamou a República.[37] Idealizada por Rui Barbosa e com previsão, igualmente, na Carta Republicana de 1891, a federação nasce com caráter nitidamente centrífugo, como mera concessão do governo federal.

A Constituição de 1891 inicia-se com a locução "Da Organização Federal", já em seu título I. De igual forma, no artigo 1º, consta a adoção de uma República Federativa, formada pela união das antigas Províncias, então transformadas em Estados. Reconheceu-se, ainda, a autonomia dos Municípios, embora não constasse de forma discriminada quais impostos seriam de sua competência, sendo tal atribuição conferida à Constituição Estadual.[38]

Destaque-se que, ainda que a Constituição de 1891 haja estabelecido os fatos geradores aptos a ensejar a incidência tributária, seja para a União (art. 7º), seja para os Estados (art. 9º), consta a previsão de dispositivo admitindo a tributação sobre indistintas materialidades (art. 12), desde que não incidissem sobre o trânsito de um Estado para outro, sobre produtos de outros Estados ou estrangeiros, bem como sobre veículos de terra e água que os transportassem (art. 11, nº 1).

---

[35] TORRES, Ricardo Lobo. *Tratado de Direito Constitucional Financeiro e Tributário*: os tributos na Constituição. Rio de Janeiro: Renovar, 2007. v. 4, p. 255.

[36] DULCI, Otávio Soares. Guerra fiscal, desenvolvimento desigual e relações federativas no Brasil. *Revista de Sociologia Política*, Curitiba, n. 18, p. 95-96, 2002.

[37] DWECK, Ruth Helena. Federalismo Fiscal – Experiências Distintas: Estados Unidos e Brasil. *Textos para Discussão*, Niterói, n. 182, p. 12, out. 2005.

[38] SIQUETTO, Paulo Roberto. Os projetos de reforma constitucional tributária e o federalismo fiscal brasileiro. *In*: CONTI, José Maurício (Org.). *Federalismo Fiscal*. Barueri: Manole, 2004. p. 266.

A Constituição de 1934, seguindo a linha traçada pela Constituição de 1891, estabeleceu competências tributárias privativas para a União e para os Estados, além de hipóteses de competência concorrente entre eles. Contudo, a grande inovação consistiu em conferir competência tributária aos Municípios, dando densidade jurídica à autonomia prevista desde a Constituição anterior.

Cabe remarcar que a Constituição de 1934 previu, na esfera estadual, por meio do seu artigo 8º, I, e, o chamado imposto sobre vendas e consignações,[39] que foi o predecessor do atual imposto sobre circulação de mercadorias e serviços – ICMS. Ademais, por meio de dispositivo[40] que se repetiu nas Constituições de 1937 e 1946, estabeleceu-se que o imposto seria uniforme, sem distinção de procedência, destino ou espécie dos produtos.

Por meio da Carta de 1937, o sistema de discriminação de rendas foi aperfeiçoado em relação à Constituição de 1934, consolidando-se com as leis constitucionais nº 3, de 18 de setembro de 1940, e nº 4, de 20 de setembro de 1940.[41] Verifica-se, a partir do cotejo entre os dois textos constitucionais, que não houve alterações em relação à competência tributária privativa da União. Todavia, no âmbito da competência estadual, a Carta de 1937 suprimiu a tributação sobre o consumo de combustíveis de motor de explosão. Já no âmbito da competência municipal, a Constituição de 1937 não manteve a previsão de incidência do imposto cedular sobre a renda de imóveis rurais.

No entanto, embora a Constituição de 1937 tenha formalmente mantido a federação, promoveu, em verdade, a existência de um Estado tipicamente unitário, pois os Estados eram governados por interventores nomeados pelo Presidente da República e as eleições, tanto para o Parlamento quanto para as Assembleias Legislativas, jamais foram convocadas.[42]

---

[39] Art. 8º, Constituição de 1934. Também compete privativamente aos Estados:
I – decretar impostos sobre:
(...) e) vendas e consignações efetuadas por comerciantes e produtores, inclusive os industriais, ficando isenta a primeira operação do pequeno produtor, como tal definido na lei estadual.

[40] Art. 8º §1º, Constituição de 1934. O imposto de vendas será uniforme, sem distinção de procedência, destino ou espécie dos produtos.

[41] SIQUETTO, Paulo Roberto. Os projetos de reforma constitucional tributária e o federalismo fiscal brasileiro. *In*: CONTI, José Maurício (Org.). *Federalismo Fiscal*. Barueri: Manole, 2004. p. 267.

[42] SIQUETTO, Paulo Roberto. Os projetos de reforma constitucional tributária e o federalismo fiscal brasileiro. *In*: CONTI, José Maurício (Org.). *Federalismo Fiscal*. Barueri: Manole, 2004. p. 267.

A Constituição de 1946, por sua vez, intensificou o processo de aperfeiçoamento do regime tributário nacional. Segundo leciona Aliomar Baleeiro, forte entusiasta da novel ordem constitucional:

> Nenhuma Constituição excede à brasileira de 1946 pelo zelo com que reduziu as disposições jurídicas àqueles princípios tributários. Nenhuma outra contém tantas limitações expressas em matéria financeira. Por isso mesmo, a interpretação e a aplicação daqueles dispositivos não podem dispensar as elaborações da Ciência das Finanças, velha fonte de onde promanaram.[43]

A afirmação de Aliomar Baleeiro pode ser comprovada com alguns dispositivos, como se verifica, exemplificativamente, pela previsão expressa de que os tributos terão caráter pessoal e deverão respeitar a capacidade econômica do contribuinte (art. 202), assim como pela positivação dos princípios da legalidade e da autorização anual do tributo no orçamento (anualidade), ressalvadas a tarifa aduaneira e o imposto lançado por motivo de guerra (art. 141, §34).[44]

Com relação à repartição de competências tributárias, embora o arcabouço normativo traçado desde a Constituição de 1934 não tenha sido substancialmente alterado, houve algumas mudanças pontuais importantes, seja quanto à competência da União, seja quanto à competência de Estados e Municípios.

A Constituição de 1946 discriminou a tributação, pela União, de lubrificantes, combustíveis, bem como de minerais e energia elétrica, no tocante à produção, comércio, distribuição, consumo, importação e exportação (art. 15). Ademais, passou a prever a competência federal para a tributação da propriedade territorial rural (art. 15, VII), que, até a Constituição de 1937, inseria-se na esfera estadual (art. 9º, nº 2, Constituição de 1891, art. 8º, I, a, Constituição de 1934 e art. 23, I, a, Constituição de 1937).

Já no que se refere à competência tributária dos Estados, além do imposto sobre a propriedade territorial rural, que passou à competência

---

[43] BALEEIRO, Aliomar. *Limitações Constitucionais ao Poder de Tributar*. 8. ed. atualizado por Misabel Abreu Machado Derzi. Rio de Janeiro: Forense, 2010. p. 2.

[44] Art. 141, Constituição de 1946. A Constituição assegura aos brasileiros e aos estrangeiros residentes no País a inviolabilidade dos direitos concernentes à vida, à liberdade, à segurança individual e à propriedade, nos termos seguintes:
(...) §34. Nenhum tributo será exigido ou aumentado sem que a lei o estabeleça; nenhum será cobrado em cada exercício sem prévia autorização orçamentária, ressalvada, porém, a tarifa aduaneira e o imposto lançado por motivo de guerra.

federal, deixaram de estar previstos no âmbito estadual o imposto sobre a transmissão de propriedade imóvel *inter vivos* e o imposto sobre indústrias e profissões.

Estes dois últimos impostos foram inseridos na competência tributária municipal, que passou a abarcar também, como inovação da Constituição de 1946, o imposto sobre atos de sua economia ou assuntos de sua competência (art. 29). Mantiveram-se, no mais, as competências que já haviam sido conferidas aos Municípios pela Constituição de 1937, quais sejam, o imposto predial e o territorial urbano, sobre licenças e diversões públicas (art. 28 da Constituição de 1937 e 29 da Constituição de 1946).

A Constituição de 1946 passou a prever, outrossim, que todos os entes federativos teriam competência para instituir a contribuição de melhoria, decorrente da valorização imobiliária, e as taxas (art. 30, I e II). Dispôs, igualmente, que os entes não poderiam criar preferências em favor de uns e contra outros, e que não poderiam estabelecer diferença tributária, em razão da procedência, entre bens de qualquer natureza (art. 31, I e 32).

No entanto, a despeito de suas virtudes, a nova ordem constitucional inaugurada pela Constituição de 1946 também apresentou alguns aspectos passíveis de questionamento, como a admissão de imposição tributária de forma indiscriminada, atribuindo à União, aos Estados, ao Distrito Federal e aos Municípios a cobrança "sobre quaisquer outras rendas que possam provir do exercício de suas atribuições e da utilização de seus bens e serviços" (art. 30, III, da Constituição de 1946).

1.2.2 A Emenda Constitucional nº 18/65

Promulgada em 1º de dezembro de 1965, a Emenda Constitucional nº 18 à Constituição de 1946 reformulou a ordem tributária, criando um verdadeiro sistema tributário nacional que, conjugado com a edição da Lei nº 5.172/1966 (o Código Tributário Nacional) constitui um dos principais alicerces da normativa ainda vigente na atualidade.

Estabeleceu-se, textualmente, a conhecida classificação tripartida dos tributos, por meio de impostos, taxas e contribuições de melhoria (art. 1º, EC nº 18/1965).[45] De outro lado, conferiu-se à União a possibilidade

---

[45] Para uma visão crítica e sistemática acerca das diferentes modalidades de classificação dos tributos, cf.: RIBEIRO, Ricardo Lodi. *Tributos (teoria geral e espécies)*. Niterói: Impetus, 2013. p. 8-17.

de instituir empréstimo compulsório, mediante autorização da lei complementar (art. 4º, EC nº 18/1965). Destaque-se que, consoante essa classificação, o entendimento então prevalente caminhava no sentido de que os empréstimos compulsórios não teriam natureza tributária.

Nessa linha, assinala Aliomar Baleeiro que esse posicionamento chegou a ser acolhido pela jurisprudência do STF, que conferia ao empréstimo compulsório a natureza de contrato coativo, o que foi materializado na Súmula nº 418.[46] No entanto, o conteúdo da referida súmula foi superado a partir da Emenda Constitucional nº 1/1969, que, por meio do seu art. 21, §2º, II, conferiu inequívoca natureza tributária ao empréstimo compulsório.[47]

Em acréscimo à classificação dos tributos, foram consagrados diversos princípios pela EC nº 18/1965, como a legalidade e a impossibilidade de estabelecimento de restrições quanto ao tráfego de pessoas (art. 2º, I e III). De outro lado, o regime das imunidades foi cristalizado, dispondo-se acerca da imunidade recíproca, da imunidade dos templos, dos partidos políticos e das instituições de educação e assistência social, além da imunidade sobre o papel (art. 2º, IV).

Além dos novos princípios consagrados, mantiveram-se conquistas já implementadas pelas Constituições anteriores, como a impossibilidade de a União instituir tributo que não fosse uniforme em todo o território nacional e a vedação a que Estados, Distrito Federal e Municípios estabelecessem diferença tributária entre bens, em razão de sua procedência ou destino (art. 3º).

Cumpre remarcar, outrossim, que a divisão de competências entre os entes federativos foi reorganizada, de modo que os seus traços essenciais em muito se assemelham ao arcabouço normativo estabelecido na Constituição de 1988. De outro lado, tanto a EC nº 18/1965 quanto o Código Tributário Nacional classificaram os impostos em quatro grandes grupos, a saber, impostos sobre comércio exterior, impostos sobre o patrimônio e a renda, impostos sobre a produção e a circulação e impostos especiais.

Inicialmente, dispôs a Emenda nº 18/1965 que os impostos sobre o comércio exterior, que englobam tanto o imposto sobre a importação quanto o imposto sobre a exportação, passariam à órbita federal (art. 7º). Em seguida, quanto aos impostos sobre o patrimônio e a renda, o

---

[46] Súmula nº 418, STF. O empréstimo compulsório não é tributo, e sua arrecadação não está sujeita à exigência constitucional da prévia autorização orçamentária.

[47] BALEEIRO, Aliomar. *Direito Tributário Brasileiro*. 11. ed. atualizado por Misabel Abreu Machado Derzi. Rio de Janeiro: Forense, 2008. p. 71, 183.

constituinte derivado atribuiu, igualmente, à União, a competência para instituir o imposto sobre a propriedade territorial rural e o imposto sobre a renda e proventos de qualquer natureza (art. 8º).

Ainda no âmbito dos impostos sobre o patrimônio e a renda, o imposto sobre a transmissão, a qualquer título, de bens imóveis por natureza ou por cessão física, e de direitos reais sobre imóveis foi inserido na competência estadual (art. 9º), ao passo que o imposto sobre a propriedade predial e territorial urbana foi mantido na esfera municipal (art. 10).

Já no que concerne aos impostos sobre a produção e a circulação, a EC nº 18/1965 atribuiu à União a competência para instituir o imposto sobre produtos industrializados, o imposto sobre operações de crédito, câmbio e seguro e o imposto sobre serviços de transportes e comunicações, salvo os de natureza estritamente municipal (arts. 11 a 15).

Aos Estados, por sua vez, foi conferida competência para o imposto sobre operações relativas à circulação de mercadorias, realizadas por comerciantes, industriais e produtores – ICM (art. 12). Portanto, o antigo imposto sobre vendas e consignações passou a assumir nova roupagem jurídica.[48]

Embora tenha mantido a previsão de uniformidade que já constava das Constituições de 1934, 1937 e 1946, o art. 12, §1º, EC nº 18/1965 inovou ao prever resolução do Senado Federal para fixar o limite máximo da alíquota do ICM nas operações interestaduais. Ademais, outras importantes inovações consistiram na previsão de não cumulatividade do imposto, através do abatimento, em cada operação, do montante cobrado nas anteriores, além da consagração do princípio da seletividade, mediante a isenção de gêneros de primeira necessidade definidos para vendas a varejo, diretamente ao consumidor (art. 12, §2º).

Passando-se à esfera municipal, o art. 15, EC nº 18/1965, conferiu aos Municípios a competência para o imposto sobre serviços de qualquer natureza, não compreendidos na competência tributária da União e dos Estados, dispondo, outrossim, que caberia à lei complementar

---

[48] Art. 12, EC nº 18/1965. Compete aos Estados o imposto sobre operações relativas à circulação de mercadorias, realizadas por comerciantes, industriais e produtores.
§1º. A alíquota do imposto é uniforme para todas as mercadorias, não excedendo, nas operações que as destinem a outro Estado, o limite fixado em resolução do Senado Federal, nos termos do disposto em lei complementar.
§2º. O imposto é não-cumulativo, abatendo-se, em cada operação, nos termos do disposto em lei complementar, o montante cobrado nas anteriores, pelo mesmo ou por outro Estado, e não incidirá sobre a venda a varejo, diretamente ao consumidor, de gêneros de primeira necessidade, definidos como tais por ato do Poder Executivo Estadual.

estabelecer os critérios de distinção em relação ao imposto sobre operações relativas à circulação de mercadorias.[49]

Observe-se que o ISS, nos moldes em que atualmente configurado, surge com a EC nº 18/1965, vindo a substituir o imposto de indústrias e profissões, eventuais impostos criados pela competência concorrente do art. 21 da Constituição de 1946 e algumas incidências do antigo imposto do selo.[50] Entretanto, alguns setores doutrinários fazem referência ao Alvará de 20 de outubro de 1812 como a sua primeira manifestação, embora com o campo de incidência bastante restrito, limitado a certas profissões ou atividades lucrativas.[51]

Seguindo a linha traçada pelo constituinte reformador, de classificação dos impostos em grupos, chega-se aos impostos especiais, que foram inseridos na órbita federal. A natureza especial desses impostos, tal como disposto pela EC nº 18/1965, decorreu dos setores econômicos atingidos pela tributação, visto que se tratava de impostos sobre produção, importação, circulação, distribuição ou consumo de combustíveis e lubrificantes líquidos ou gasosos e de energia elétrica, bem como de imposto sobre a produção, circulação ou consumo de minerais do País (art. 16). De outro lado, o imposto extraordinário de guerra foi inserido nesse grupo (art. 17).

Finalmente, a EC nº 18/1965 estabeleceu detalhado mecanismo de repartição de receitas tributárias, mediante a transferência de recursos da União para os Estados, o Distrito Federal e os Municípios, sem prejuízo da previsão de que a lei federal poderia conferir aos entes federativos a prerrogativa de arrecadação de tributos federais, cujo produto lhes era destinado, no todo ou em parte (art. 24).

Portanto, conclui-se que o papel desempenhado pelo constituinte reformador de 1965 foi essencial para a consolidação do sistema tributário brasileiro, em virtude da delimitação das competências tributárias entre os entes federativos, da positivação de princípios e imunidades, além da fixação precisa de critérios para a transferência de receitas tributárias. Estavam lançadas as bases sobre as quais o Direito Tributário brasileiro vem se estruturando nas últimas décadas.

---

[49] Art. 15, EC nº 18/1965. Compete aos Municípios o imposto sobre serviços de qualquer natureza, não compreendidos na competência tributária da União e dos Estados.
Parágrafo único. Lei complementar estabelecerá critérios para distinguir as atividades a que se refere este artigo das previstas no art. 12.

[50] FANUCCHI, Fábio. *Curso de Direito Tributário Brasileiro*. 3. ed. São Paulo: Resenha Tributária, 1975. v. 2, p. 185.

[51] HARADA, Kiyoshi. *ISS*: doutrina e prática. São Paulo: Atlas, 2008. p. 1-2.

1.2.3 A Constituição de 1967

O constituinte de 1967 manteve, em linhas gerais, o sistema tributário traçado pela EC nº 18/1965. Nesse sentido, a Constituição adotou a classificação tripartida dos tributos em impostos, taxas e contribuições de melhoria, inaugurada por aquela emenda (art. 18). De outro lado, conforme já assinalado, facultou à União a possibilidade de instituir empréstimos compulsórios, nos casos previstos em lei complementar (art. 19, §4º).

Ademais, os princípios outrora consagrados foram, uma vez mais, positivados na nova Carta Constitucional, como o princípio da legalidade, da anualidade e a impossibilidade de se estabelecer restrições ao tráfego de pessoas (art. 20, I e II). De igual modo, foi mantido o regime de imunidades, com a previsão expressa da imunidade recíproca, da imunidade dos templos de qualquer culto, dos partidos políticos e de instituições de educação ou de assistência social, bem como de livros e periódicos (art. 20, III). Vedou-se, igualmente, que a União instituísse tributos que não fossem uniformes em todo o território nacional, assim como que Estados e Municípios estabelecessem diferença tributária em razão da procedência ou do destino (art. 21, I e III).

Com relação ao regime de repartição de competências tributárias, verificou-se que não houve alterações em relação à competência de cada ente federativo. A diferença que se pôde observar consistiu na supressão, pela novel ordem constitucional, da classificação dos impostos em grupos.

No entanto, a Constituição de 1967 apresenta algumas peculiaridades em relação à Emenda nº 18/1965, cabendo destacar, entre outras, as que se seguem. Em primeiro lugar, foi conferido à lei complementar o papel de estabelecer normas gerais de direito tributário, dispondo sobre conflitos de competência e regulando as limitações constitucionais ao poder de tributar (art. 19, §1º).

Em segundo lugar, por meio de dispositivo que nitidamente vulnera o pacto federativo, admitiu-se que a União, mediante lei complementar, concedesse isenção de tributos de outros entes federativos, desde que presente relevante interesse social ou econômico nacional (art. 20, §2º). Ou seja, o regime constitucional de 1967 institucionalizou as chamadas isenções heterônomas, que foram vedadas pelo constituinte de 1988.

Foi admitido, outrossim, que a União instituísse o imposto residual, que era aquele não inserido na competência federal, estadual ou municipal, e que não contivesse base de cálculo ou fato gerador idênticos aos dos impostos previstos na Constituição. Observe-se que a Constituição de 1988 previu, igualmente, a existência do imposto residual. Entretanto, impôs a necessidade de lei complementar e a não cumulatividade como requisitos para a sua instituição, contrariamente ao regime de 1967. De outro lado, o art. 19, §6º, da Constituição de 1967, admitiu a transferência do exercício da competência residual para Estados, Distrito Federal e Municípios, o que não encontra paralelo na Constituição de 1988.

Em terceiro lugar, a Constituição de 1967 passou a prever a transferência da receita tributária arrecadada pelos Estados com o imposto sobre circulação de mercadorias (art. 24, §7º). De acordo com a nova previsão, os Estados ficariam com 80% da receita arrecadada com o ICM, repassando 20% aos Municípios. Verifica-se que a Constituição de 1988, de forma análoga à Constituição de 1967, estabeleceu que 25% (vinte e cinco por cento) do produto da arrecadação do ICMS será destinado aos Municípios, segundo os critérios que estabeleceu no seu art. 158, parágrafo único.

De outro lado, ainda no tocante ao antigo ICM, o constituinte de 1967 manteve a anterior previsão de não cumulatividade e de não incidência sobre produtos industrializados, mas inovou ao prever que a lei poderia excluir determinadas mercadorias da sua incidência, desde que as operações fossem destinadas ao exterior (art. 24, §5º).

Ademais, o papel conferido à resolução do Senado Federal foi ampliado, cabendo-lhe não apenas fixar os limites máximos da alíquota nas operações interestaduais, como se dava no regime instituído pela EC nº 18/1965, mas também nas operações internas e de exportação (art. 24, §4º).

Por fim, uma mudança digna de nota foi a desvinculação, como regra, da receita de todos os tributos a determinado órgão, fundo ou despesa (art. 65, §3º). Verifica-se que a Constituição de 1988 manteve a regra da desvinculação, mas restringiu-a a impostos, ressalvando as hipóteses que especificou em seu art. 167, IV.

Por conseguinte, conclui-se que o constituinte de 1967 consolidou os avanços que já constavam da EC nº 18/1965 e empreendeu outras inovações, que contribuíram para o aprimoramento do sistema tributário nacional. Entretanto, alguns pontos, como a ampla admissão das isenções heterônomas, representavam entraves ao federalismo fiscal, sendo aperfeiçoados pelas Cartas constitucionais posteriores.

1.2.4 A Emenda Constitucional nº 1, de 1969

A EC nº 1/1969 não trouxe uma ruptura em relação ao sistema traçado pelo constituinte de 1967. Ao contrário, foram mantidas as diretrizes essenciais traçadas por aquele microssistema, com a previsão expressa dos princípios da legalidade e da vedação da utilização de tributos para estabelecer limitações ao tráfego de pessoas (art. 19, I e II). Do mesmo modo, o regime das imunidades foi consagrado (art. 19, III), nos termos da predecessora ordem constitucional.

Uma mudança digna de nota, entretanto, foi a supressão da exigência de prévia autorização orçamentária para a instituição de tributos (anualidade),[52] passando o novo regramento constitucional a exigir tão somente a anterioridade,[53] no que foi seguido pelo constituinte de 1988.

A divisão de competência tributária entre os entes federativos não foi, igualmente, alterada, inclusive no tocante à repartição da receita arrecadada pela União e destinada aos demais entes e à divisão do produto da arrecadação do ICM aos Municípios.

Com relação ao ICM, continuou-se a dispor que as alíquotas do imposto seriam uniformes, cabendo à resolução do Senado fixar as alíquotas máximas para operações internas e interestaduais e também para as operações de exportação (art. 23, §5º). Quanto à exportação, a EC nº 1/1969 estabeleceu hipótese específica de não incidência, qual seja, no caso de operações que destinem ao exterior produtos industrializados e outros especificados em lei (art. 23, §7º).

Além disso, relevante alteração constitucional consistiu na previsão de que as isenções do ICM deveriam ser concedidas e revogadas por meio de convênios celebrados e ratificados pelos Estados, de acordo com o disposto em lei complementar (art. 23, §6º). Cinco anos após a EC nº 1/1969, sobreveio a legislação disciplinadora dos convênios entre os Estados, através da Lei Complementar nº 24/1975.

Com relação ao imposto sobre serviços, por sua vez, de competência municipal, a EC nº 1/1969, além de manter a previsão de que o ISS abarcaria os serviços não compreendidos na competência tributária

---

[52] Acerca do tema da anualidade, cf.: NOVELLI, Flávio Bauer. O princípio da anualidade tributária. *Revista Forense*, Rio de Janeiro, v. 267, p. 75-94, jul./set. 1979.

[53] Art. 153, Emenda Constitucional nº 1/1969. A Constituição assegura aos brasileiros e aos estrangeiros residentes no País a inviolabilidade dos direitos concernentes à vida, à liberdade, à segurança e à propriedade, nos termos seguintes: §29. Nenhum tributo será exigido ou aumentado sem que a lei o estabeleça, nem cobrado, em cada exercício, sem que a lei o houver instituído ou aumentado esteja em vigor antes do início do exercício financeiro, ressalvados a tarifa alfandegária e a de transporte, o imposto sobre produtos industrializados e o imposto lançado por motivo de guerra e demais casos previstos nesta Constituição.

da União e dos Estados, conforme definição da lei complementar, conferiu a esta última a possibilidade de fixar as alíquotas máximas do imposto (art. 24, II e §4º).

Por fim, merece destaque a ampliação da competência tributária federal, através da previsão de que caberia à União instituir contribuições, tendo em vista a intervenção no domínio econômico e o interesse da previdência social ou de categorias profissionais (art. 21, §2º, I). Verifica-se, pois, a partir da interpretação desse dispositivo, conjugada com a aplicação expressa do regime tributário aos empréstimos compulsórios, que houve nítida mitigação da conhecida classificação tripartida dos tributos (art. 21, §2º, II).[54]

Portanto, conclui-se, na mesma linha do que já se apontou quanto à Constituição de 1967, que a Emenda Constitucional nº 1/1969 contribuiu com a solidificação do sistema tributário nacional. No entanto, conforme antes assinalado quanto à Constituição de 1967, a admissão irrestrita de isenções heterônomas, somada à concentração de prerrogativas na esfera federal, ainda consistiam em entraves à consolidação do federalismo fiscal.

1.2.5 A Constituição de 1988 e a Reforma Tributária

Passada a análise da evolução histórica do federalismo fiscal no Brasil, chega-se ao cenário atualmente desenhado pelo constituinte de 1988. Em termos estritamente fiscais, houve uma evolução e solidificação do quadro traçado pela EC nº 18/1965, mas não propriamente uma ruptura. De todo modo, deve-se ter clareza que, no período posterior à Constituição de 1988, o federalismo não evoluiu de modo linear, sendo possível identificar períodos de maior ou menor centralização normativa, a partir do conjunto de leis e emendas editadas no período.[55]

Feitos esses esclarecimentos, alguns pontos merecem ser destacados. O primeiro deles consiste na observação de que a Constituição de 1988 houve por bem consagrar o regime das imunidades, assim como os princípios da legalidade, da anterioridade e da impossibilidade de

---

[54] Para uma visão histórica da evolução da classificação das contribuições como tributos, cf.: IBRAHIM, Fábio Zambitte. Parafiscalidade e solidariedade – interação e limites. *In*: GOMES, Marcus Lívio; QUEIROZ, Luís Cesar Souza de (Org.). *Tributação, direitos fundamentais e desenvolvimento*. Rio de Janeiro: LMJ Mundo Jurídico, 2014. p. 107-109.

[55] BATISTA JÚNIOR, Onofre Alves; MARINHO, Marina Soares. Do federalismo de cooperação ao federalismo canibal: a Lei Kandir e o desequilíbrio do pacto federativo. *Revista de Informação Legislativa*, Brasília, a. 55, n. 217, p. 164, jan./mar. 2018.

o tributo funcionar como limitador ao tráfego de pessoas, que vinham desde as Cartas anteriores. No entanto, o constituinte de 1988, sob alguns aspectos, foi além, prevendo a isonomia em matéria tributária e a vedação à utilização do tributo com efeito confiscatório.

Se, em matéria principiológica, o constituinte legislou de forma satisfatória, o mesmo não se pode afirmar em relação ao sistema de divisão de competências. Embora mantendo as linhas essenciais da partilha estabelecida pela Carta de 1969, a novel ordem constitucional aprofundou incongruências outrora existentes, potencializando conflitos entre os entes federativos.

Embora transborde aos limites do presente trabalho, não se pode deixar de mencionar que a Constituição de 1988 previu extenso rol de contribuições, o que representa um inequívoco vestígio de centralismo, dada a ausência de repartição da sua arrecadação com os demais entes federativos.[56]

Entretanto, o ponto mais sensível que ora se estuda é o da tripartição da competência tributária em matéria de impostos sobre consumo. Conforme exposto no item anterior, desde a Constituição de 1934, inseriu-se na esfera estadual o recém-criado imposto sobre vendas e consignações (IVC) e, na esfera federal, o imposto sobre consumo. Ou seja, neste primeiro momento, a divisão de competências era bipartida.

Posteriormente, com a EC nº 18/1965, traçou-se o quadro que foi mantido pelas Constituições subsequentes, inclusive a de 1988. Nesse cenário, conferiu-se à União a competência para instituir o imposto sobre produtos industrializados (IPI), aos Estados, a competência para o imposto sobre operações relativas à circulação de mercadorias (ICM) e, aos Municípios, a competência para o imposto sobre serviços de qualquer natureza (ISS).

Estavam lançadas as bases de uma das questões mais tormentosas das últimas décadas no Direito Tributário: com base em que critérios é possível identificar o âmbito de incidência de cada imposto? A Constituição de 1988 não conferiu uma resposta precisa à questão. Em boa medida, transferiu à lei complementar a atribuição para delimitar competências. De outro lado, a nova Carta Constitucional inseriu um incremento à controvérsia.

---

[56] OLIVEIRA, Gustavo da Gama Vital de. O Supremo Tribunal Federal e as cláusulas pétreas da forma federativa de estado e da separação de poderes em matéria tributária. *In*: QUEIROZ, Luís Cesar Souza de; OLIVEIRA, Gustavo da Gama Vital de (Org.). *Tributação Constitucional, Justiça Fiscal e Segurança Jurídica*. Rio de Janeiro: GZ Editora, 2014. p. 62-63.

Passou-se do imposto sobre operações relativas à circulação de mercadorias (ICM) para o imposto sobre operações relativas à circulação de mercadorias e sobre prestações de serviços de transporte interestadual e intermunicipal e de comunicação, ainda que as operações e as prestações se iniciem no exterior (ICMS). Ou seja, incluíram-se, no âmbito de incidência do agora ICMS, determinadas prestações de serviços, intensificando possíveis zonas de interseção com o ISS.

Ressalte-se que, a despeito do conflito potencial com o ISS, as competências que foram conferidas aos Estados pela Constituição de 1988, através da criação do ICMS, eram conferidas pelo constituinte de 1969 à União Federal, por meio dos impostos únicos sobre os serviços de comunicações (art. 21, VII) – que será objeto de capítulos próprios nesta obra – serviços de transportes, salvo os intramunicipais (art. 21, X), e sobre os combustíveis, lubrificantes, energia elétrica (art. 21, VIII) e minerais (art. 21, IX).

Tudo o quanto antes se expôs leva a questionamentos acerca da eficiência do federalismo brasileiro, tal qual traçado pelo legislador constituinte. Parcela da doutrina, cética na real possibilidade de se delimitarem critérios precisos de repartição de competência entre os entes federativos, defende a criação de um IVA nacional, nos moldes do europeu[57] e presente, de igual forma, em outros ordenamentos jurídicos da América Latina, como uma solução eficaz para a guerra fiscal.[58]

Como se adiantou na primeira edição desta obra, a implementação de um IVA brasileiro pressuporia uma ampla reforma a nível constitucional, com a ruptura de um sistema que vige há pelo menos cinquenta anos. Portanto, a questão se torna eminentemente política, envolvendo os interesses financeiros e arrecadatórios dos diversos entes federativos, de um lado, e a racionalidade do sistema tributário, de outro.

Uma outra abordagem procura trazer o enfoque para o modo de cumprimento das obrigações, independentemente do que venha a ocorrer no âmbito de uma reforma tributária ou de que amplitude venha a ter. Sob essa perspectiva, assinala-se a relevância do critério setorial para fins de tributação, o que pode ser inferido a partir dos artigos 48, IV, 146, III, c e d, CRFB/1988.

---

[57] Para uma análise conjunta da eficiência em matéria tributária, conjugada com a criação de um IVA nacional, cf.: ALMEIDA FILHO, Jorge Celso Fleming de. Federalismo fiscal e eficiência tributária: uma abordagem multidisciplinar do federalismo fiscal. *Revista de Direito da Associação dos Procuradores do Novo Estado do Rio de Janeiro*, Rio de Janeiro, v. 22, p. 307-354, 2014.

[58] PIRES, Adilson. A guerra fiscal e a proposta de criação do IVA. *Revista de Direito da Associação dos Procuradores do Novo Estado do Rio de Janeiro*, Rio de Janeiro, v. 22, p. 355-378, 2014.

Diante dessa premissa, e considerando a relevância do setor informático, Marco Aurélio Greco propõe, de lege ferenda, que o art. 146, III, CRFB/1988 seja alterado, para que passe a conter uma alínea específica autorizando a lei complementar a dispor sobre um regime único de arrecadação em função dos setores econômicos, à semelhança daquele previsto no art. 146, parágrafo único, CRFB/1988, de modo a englobar o ICMS, o ISS, assim como os tributos e contribuições federais.

Seria, na visão do autor, um "Simples Informático", que parte do pressuposto de que a Constituição de 1988 adota como personagem principal o Estado-sociedade, e não o Estado-aparato. Em outros termos, sob essa perspectiva, ao invés de o foco tributário estar na competência constitucional, seria dada primazia à realidade concreta.[59]

Embora o estudo dos conflitos de competência entre o ICMS e o ISS implique num inevitável recurso a conceitos abstratos e a concepções a priori, há importantes campos em que as incidências pressupõem uma análise das especificidades do caso concreto, como se verificará ao longo do presente, notadamente no âmbito da tributação da nuvem e da Internet das Coisas.

Portanto, esta obra analisa os conflitos de competência a partir de um diálogo entre as duas mencionadas vertentes, abstrata e concreta, a fim de que a tributação possa ser compreendida não apenas como um conjunto de normas cujo conteúdo pode ser apreendido de antemão, mas, sobretudo, como um processo em permanente construção, que depende da realidade para adquirir um significado.

Considerando o conjunto de debates atualmente colocados em torno de três propostas de emenda constitucional (PECs) que tramitam no Congresso Nacional, somado a um cenário de incertezas sobre qual modelo deverá prevalecer, ou mesmo se a reforma tributária irá avançar,[60] impõe-se traçar um breve panorama acerca de como os principais projetos de reforma tributária buscam alcançar a tributação sobre o consumo no âmbito da economia digital.

---

[59] GRECO, Marco Aurélio. Tributação e novas tecnologias: reformular as incidências ou o modo de arrecadar? Um "SIMPLES" informático. In: FARIA, Renato Vilela; SILVEIRA, Ricardo Maitto da; MONTEIRO, Alexandre Luiz Moraes do Rêgo (Coord.). Tributação da economia digital: desafios no Brasil, experiência internacional e novas perspectivas. São Paulo: Saraiva, 2018. p. 784-786, 789.

[60] SCAFF, Fernando Facury. Entra em campo a reforma financeira, e vai para o banco de reservas a reforma tributária. Consultor Jurídico, 29 out. 2019. Disponível em: https://www.conjur.com.br/2019-out-29/contas-vista-sai-cena-reforma-tributaria-entra-reforma-financeira. Acesso em: 20 fev. 2021.

1.3 A Reforma Tributária

Dentre as inúmeras propostas de reforma tributária atualmente em tramitação, três foram convertidas em PECs, ganhando amplo espaço de discussão na doutrina nacional. Trata-se da PEC nº 45/2019, da Câmara dos Deputados, e das PECs nº 110/2019 e nº 128/2019, do Senado Federal, que atualmente tramitam no Congresso Nacional.

Após um período de dúvidas quanto a qual seria a postura do Governo Federal frente à reforma tributária, verificou-se uma tendência de fatiamento na sua condução. Nesse sentido, os projetos de lei enviados pelo Poder Executivo limitaram-se a tributos federais, como decorre do Projeto de Lei nº 3.887/2020, que propõe a criação da contribuição social sobre operações com bens e serviços (CBS), no lugar de PIS/Pasep e COFINS e do Projeto de Lei nº 2.337/2021, que altera a legislação do imposto sobre a renda e proventos de qualquer natureza das pessoas físicas e jurídicas e da CSLL.

A ausência de manifestação conclusiva do governo federal quanto aos projetos de emenda constitucional que preveem o IVA brasileiro,[61] somado à velocidade de encaminhamento de outras reformas, como a previdenciária, trazem para o sistema jurídico um quadro de incertezas. De todo modo, independente do projeto que venha a ser efetivamente implantado, o estudo de alternativas para o atual sistema de tributação sobre o consumo mostra-se relevante, considerando a intensificação dos debates acadêmicos para o aperfeiçoamento do atual modelo, não só sob a ótica da eficiência, mas também sob a ótica da justiça tributária.[62]

A partir dos itens seguintes, passa-se a fazer uma breve análise dos três principais projetos de reforma tributária em tramitação no Congresso Nacional, à luz da produção doutrinária sobre o tema, para, afinal, analisar-se o conflito de competência entre o ICMS e o ISS no âmbito da economia digital.

1.3.1 A PEC nº 45/2019 e a criação do imposto sobre bens e serviços (IBS)

A PEC nº 45/2019, de autoria do Deputado Baleia Rossi (MDB-SP), foi apresentada na Câmara dos Deputados aos 3 de abril de 2019,

---

[61] ROCHA, Melina. Os caminhos possíveis da reforma tributária em 2021. *Jota*, 12 fev. 2021. Disponível em: https://www.jota.info/opiniao-e-analise/colunas/politicas-tributarias/os-caminhos-possiveis-da-reforma-tributaria-em-2021-12022021. Acesso em: 20 fev. 2021.

[62] BATISTA JÚNIOR, Onofre Alves. Deformas ou Reformas Tributárias? *In*: SCAFF, Fernando Facury *et al.* (Org.). *Reformas ou deformas tributárias e financeiras*: por que, para que, para quem e como? Belo Horizonte: Letramento, 2020. p. 115, 129.

tendo sido concebida, originalmente, pelo Centro de Cidadania Fiscal (CCiF), com o objetivo de instituir um IVA para a tributação sobre o consumo. Por essa proposta, o IVA brasileiro denomina-se imposto sobre bens e serviços (IBS), substituindo cinco tributos, quais sejam, o IPI, o ICMS, o ISS, a COFINS e o PIS.

Consoante as razões que constam na justificativa do projeto apresentado, busca-se "simplificar radicalmente o sistema tributário brasileiro, sem, no entanto, reduzir a autonomia dos Estados e Municípios, que manteriam o poder de gerir suas receitas através da alteração da alíquota do IBS".[63] Com efeito, a proposta parte do pressuposto de que, embora seja possível realizar melhorias nos tributos atuais, seus efeitos são limitados e seu custo político pode ser alto.[64]

Nesse sentido, o IBS, na forma apresentada e a partir da exposição que será feita a seguir, apresenta dez características principais, sem prejuízo de que fosse possível identificar outros desdobramentos e particularidades. Contudo, por razões de sistematização, optou-se por apresentar o IBS a partir das características descritas pelos doutrinadores que o conceberam, ainda que não necessariamente na mesma sequência arrolada por aqueles.[65]

Em primeiro lugar, a PEC nº 45/2019 prevê a inclusão de um art. 152-A, ao texto constitucional,[66] pelo qual o tributo deve ser criado por meio de lei complementar, incidindo de forma ampla sobre os bens e serviços[67] – sejam eles da economia digital, sejam eles da economia

---

[63] A íntegra do texto da PEC nº 45/2019 e a respectiva justificativa encontram-se no *site* da Câmara dos Deputados. Disponível em: https://www.camara.leg.br/proposicoesWeb/prop_mostrarintegra?codteor=1728369&filename=PEC+45/2019. Acesso em: 20 fev. 2021.

[64] Uma visão sistemática da proposta do CCiF encontra-se na sua página de internet. CCiF. A Proposta de Emenda Constitucional nº 45, de 2019. (APPY, Bernard. A Proposta da Emenda Constitucional nº 45, de 2019. *C.CiF – Centro de Cidadania Fiscal*, mar. 2020. Disponível em: http://www.ccif.com.br/wp-content/uploads/2019/06/IBS_base_1906.pdf. Acesso em: 20 fev. 2021).

[65] SANTI, Eurico Marcos Diniz de. *A Reforma da qualidade do sistema tributário sobre o consumo – IBS*. Disponível em: https://gei-sa.fgv.br/sites/gei-sa.fgv.br/files/u49/fenacon_-_prof._eurico.pdf. Acesso em: 20 fev. 2021.

[66] Art. 152-A. Lei complementar instituirá imposto sobre bens e serviços, que será uniforme em todo o território nacional, cabendo à União, aos Estados, ao Distrito Federal e aos Municípios exercer sua competência exclusivamente por meio da alteração de suas alíquotas. §1º. O imposto sobre bens e serviços:
I – incidirá também sobre:
a) os intangíveis;
b) a cessão e o licenciamento de direitos;
c) a locação de bens;
d) as importações de bens, tangíveis e intangíveis, serviços e direitos.

[67] Embora o IBS se proponha a incidir de forma ampla, alguns setores doutrinários assinalam que ele promoveria uma expressiva diminuição da carga tributária sobre o setor financeiro,

tradicional – através de uma alíquota uniforme. Em outros termos, o IBS se propõe tanto a eliminar os conflitos de competência entre tributos sobre o consumo, quanto a incidir sobre as mais diversas materialidades, segundo uma única alíquota.

Por essa primeira característica, mesmo hipóteses que hoje não se sujeitam à tributação sobre o consumo, como a locação – sobre o que se discorrerá de forma mais pormenorizada nos capítulos seguintes – passam a ser fato gerador do IBS. De outro lado, a proposta apresentada prevê que, independentemente do bem ou serviço em questão, deve-se aplicar idêntica alíquota.

Como a finalidade do IBS é eminentemente arrecadatória, razões de cunho extrafiscal deixam de ser consideradas para fins de gradua-ção das alíquotas dos bens e serviços. Ou seja, arroz, feijão, perfumes, locação, *softwares*, enfim, quaisquer bens e serviços passam a sofrer a incidência de uma mesma e única alíquota.

No entanto, a uniformidade do IBS deve ser vista com cautela, tendo em vista que apresenta algumas particularidades que a singu-larizam. Nesse sentido, verifica-se que, embora o IBS seja idealmente uniforme a nível nacional, de acordo com a redação do art. 152-A, *caput*, na forma prevista na emenda, essa uniformidade pode ser verificada em nível local, considerando que as alíquotas do imposto podem variar entre Estados, Distrito Federal e Municípios.

De acordo com a redação proposta para o art. 152-A, §1º, VI,[68] faculta-se aos entes federativos a possibilidade de estabelecer as alí-quotas do imposto que deverão ser aplicadas em seus territórios. Dessa forma, pode-se vislumbrar, hipoteticamente, a possibilidade de a União fixar uma alíquota de IBS para todos os bens e serviços em nível federal, ao mesmo tempo em que Estados e Municípios procedem à respectiva fixação de outra alíquota em seus âmbitos. Portanto, para o contribuinte, a alíquota final do IBS será formada pela soma das alíquotas federal, estadual e municipal.[69]

---

cf.: PONTES, Helenilson Cunha. O impacto da reforma tributária no setor exportador. *Consultor Jurídico*, 25 set. 2019. Disponível em: https://www.conjur.com.br/2019-set-25/consultor-tributario-impacto-reforma-tributaria-setor-exportador. Acesso em: 20 fev. 2021.

[68] Art. 152-A, §1º, VI. Terá alíquota uniforme para todos os bens, tangíveis e intangíveis, serviços e direitos, podendo variar entre Estados, Distrito Federal e Municípios.

[69] Art. 152-A, §2º. A alíquota do imposto aplicável a cada operação será formada pela soma das alíquotas fixadas pela União, pelos Estados ou Distrito Federal e pelos Municípios, observado o seguinte:
I – a competência para alteração da alíquota pela União, pelos Estados, pelo Distrito Federal e pelos Municípios será exercida por lei do respectivo ente.

De outro lado, a PEC nº 45/2019 estipula a existência de alíquotas de referência a nível federal, estadual e municipal, que são aquelas que têm por finalidade repor a receita dos tributos que, com a reforma, estão deixando de ser arrecadados.[70] O cálculo das alíquotas de referência deve ser feito pelo Tribunal de Contas da União, com a aprovação pelo Senado Federal, que é o órgão competente para a sua fixação, conforme previsão dos artigos 117, §1º e 119, §4º, ADCT, na forma preconizada pela emenda. No entanto, as alíquotas de referência não são obrigatórias, sendo aplicadas apenas na hipótese de o ente federativo não fixar a sua alíquota específica.[71]

Portanto, do exposto, observa-se que a primeira característica do IBS pode ser identificada como a necessidade de uniformidade das alíquotas, verificável em cada ente federativo, diante de um tributo que incide sobre uma ampla materialidade de bens e serviços.[72]

Intimamente relacionado a esse primeiro aspecto, decorre, na visão dos seus idealizadores, o respeito à autonomia federativa. Segundo sustentam, a autonomia financeira dos entes políticos mantém-se preservada, a despeito da alteração no regime de competências tributárias, considerando que "a repartição de competências não é insuscetível de alterações – desde que resguardadas respectivas autonomias dos entes federados".[73]

Como decorrência dessas ideias, defendem que, diante do modelo constitucionalmente vigente, embora diversos entes tenham competência, não ostentam uma máquina administrativa suficiente para promover a arrecadação de tributos, o que fragiliza o sistema federativo. Dessa forma, na proposta de emenda formulada, embora a

---

[70] Art. 116, ADCT. A substituição dos impostos a que se referem o art. 153, IV, o art. 155, II, o art. 156, III, das contribuições a que se referem o art. 195, I, b e IV e da contribuição para o Programa de Integração Social, a que se refere o art. 239 pelo imposto sobre bens e serviços a que se refere o art. 152-A, todos da Constituição, atenderá aos critérios estabelecidos nos arts. 117 a 120 deste Ato, nos termos da lei complementar a que se refere o art. 152-A da Constituição.

[71] Art. 152-A, §2º, II. Na ausência de disposição específica na Lei Federal, estadual, distrital ou municipal, a alíquota do imposto será a alíquota de referência, fixada nos termos do art. 119 do Ato das Disposições Constitucionais Transitórias.

[72] Com uma análise crítica da uniformidade de alíquotas sob a ótica da capacidade contributiva e do subprincípio da seletividade, cf.: RIBEIRO, Ricardo Lodi. A reforma tributária do IBS à luz dos princípios federativos e da capacidade contributiva. *Revista Fórum de Direito Tributário – RFDT*, Belo Horizonte, a. 17, n. 99, p. 74-76, mai./jun. 2019.

[73] SANTI, Eurico Marcos Diniz de; PAULA JR., Aldo de; SANTIN, Lina; CYPRIANO, Gabriel. PEC 45, IBS e mitos sobre a ofensa ao pacto federativo: desconstruindo críticas à PEC da reforma tributária. *Jota*, 20 mai. 2019. Disponível em: https://www.jota.info/opiniao-e-analise/artigos/pec-45-ibs-mitos-pacto-federativo-20052019. Acesso em: 20 fev. 2021.

arrecadação do IBS seja centralizada, a autonomia financeira restaria preservada, porque "União, Estados, Distrito Federal e Municípios poderão conformar a alíquota do IBS de acordo com seus planos políticos, gerir as receitas decorrentes da sua arrecadação e regular de modo específico e diferenciado questões locais e de seu interesse por meio de alíquota individual".[74]

Por envolver os limites da forma federativa de Estado,[75] esse é justamente um dos pontos mais sensíveis da proposta de emenda, tendo em vista que, para parcela da doutrina,[76] a autonomia das entidades periféricas pressupõe a autoadministração, com o livre exercício das competências conferidas pela Constituição.[77] Segundo esse entendimento, extinguir competências, fazendo com que entes federativos passem a depender de repasses federais, seria medida inconstitucional.[78]

Ainda nessa linha, a existência de competências próprias seria o fator que distingue uma federação de um Estado Unitário descentralizado, pelo que a supressão de competência de Estados e Municípios representaria vulneração ao princípio federativo, protegido pelo art. 60, §4º, I, Constituição, ainda que seja possível que uma emenda constitucional restrinja competências.[79]

No entanto, não se pode deixar de fazer referência ao posicionamento doutrinário no sentido de que a discriminação de competências tributárias não é requisito de um sistema federal, que exige "que se assegurem às pessoas jurídicas de direito público autonomia

---

[74] SANTI, Eurico Marcos Diniz de; PAULA JR., Aldo de; SANTIN, Lina; CYPRIANO, Gabriel. PEC 45, IBS e mitos sobre a ofensa ao pacto federativo: desconstruindo críticas à PEC da reforma tributária. *Jota*, 20 mai. 2019. Disponível em: https://www.jota.info/opiniao-e-analise/artigos/pec-45-ibs-mitos-pacto-federativo-20052019. Acesso em: 20 fev. 2021.

[75] Para uma abordagem sistemática dessa cláusula pétrea, à luz do núcleo essencial do princípio federativo, cf.: OLIVEIRA, Gustavo da Gama Vital de. *Cláusulas Pétreas Financeiras e Tributárias*. Rio de Janeiro: Gramma, 2019. p. 54-57.

[76] SOUZA, Hamilton Dias de. Emenda substitutiva à PEC 293-A/2004 agride o pacto federativo. *Consultor Jurídico*, 03 nov. 2018. Disponível em: https://www.conjur.com.br/2018-nov-03/dias-souza-substitutivo-pec-293-a2004-agride-pacto-federativo. Acesso em: 20 fev. 2021; e ÁVILA, Humberto. *IVA, uma proposta inconstitucional*. Disponível em: https://exame.abril.com.br/blog/opiniao/iva-uma-proposta-inconstitucional/. Acesso em: 20 fev. 2021.

[77] RIBEIRO, Ricardo Lodi. Federalismo e guerra fiscal entre os estados. *Revista de Direito da Associação dos Procuradores do Novo Estado do Rio de Janeiro*, Rio de Janeiro, v. 22, p. 379-399, p. 381, 2014.

[78] RIBEIRO, Ricardo Lodi. A reforma tributária do IBS à luz dos princípios federativos e da capacidade contributiva. *Revista Fórum de Direito Tributário – RFDT*, Belo Horizonte, a. 17, n. 99, p. 65-68, mai./jun. 2019.

[79] CARRAZZA, Roque Antonio. A competência tributária dos Estados-membros diante da nova Constituição Federal. *Revista de Direito Tributário*, São Paulo, n. 45, p. 53, 57-61, 1988.

financeira".[80] Partindo dessa premissa, não haveria que se cogitar de inconstitucionalidade na extinção de competências tributárias e na elaboração de um novo desenho constitucional.

Em verdade, consoante as lições de Ricardo Lobo Torres, embora, em tese, seja possível a integração entre o IPI, o ICMS e o ISS em um IVA nos moldes do existente em outros países, seria necessário que, concomitantemente, outras mudanças fossem feitas ao Texto Constitucional.

Nesse sentido, o autor refuta a centralização tributária e propõe a redistribuição de competências no plano do federalismo, tomando como base alguns modelos existentes no Direito Comparado, pelo que, na sua visão, caberia "à União legislar sobre o tributo, aos Estados-membros administrá-los e participar do produto de sua arrecadação, e à União e aos Estados, compartilhadamente, julgar os litígios decorrentes de sua aplicação".[81]

Ademais, a fim de que uma reforma seja viável, o autor vislumbra a necessidade de que sejam tomadas um conjunto de outras medidas, como a extinção das contribuições sociais – ditas exóticas e sem paralelo no Direito Comparado – com a sua substituição pelo imposto de renda, a adoção da regra da origem para as saídas interestaduais, assim como a vedação de isenções e outras renúncias fiscais, a fim de se obter a neutralidade econômica do tributo.[82]

Portanto, das lições anteriormente transcritas, depreende-se que uma nova partilha de competências não deve ser vista, *a priori*, como inconstitucional, sob pena de um excessivo engessamento do Texto Constitucional em matéria tributária. A grande questão reside, pois, em se delimitar um modelo de reforma tributária que, ainda que extinga e reúna competências tributárias em um novo imposto, seja capaz de permitir o equilíbrio entre os entes federativos.

Desse caráter de uniformidade do IBS decorre, ainda, como terceira característica, que o novo imposto pressupõe um sistema de lançamento de ofício automatizado, com ampla fiscalização por parte dos entes federativos. O modelo pressupõe que haverá uma arrecadação unificada das receitas do imposto, com a correspondente distribuição automática entre os entes federados.

[80] SCHOUERI, Luís Eduardo. Discriminação de competências e competência residual. *In*: SCHOUERI, Luís Eduardo; ZILVETI, Fernando Aurélio (Coord.). *Direito Tributário*: estudos em homenagem a Brandão Machado. São Paulo: Dialética, 1998. p. 83.

[81] TORRES, Ricardo Lobo. É possível a criação do IVA no Brasil? *Revista Fórum de Direito Tributário*, Belo Horizonte, a. 3, n. 15, mai./jun. 2005.

[82] TORRES, Ricardo Lobo. É possível a criação do IVA no Brasil? *Revista Fórum de Direito Tributário*, Belo Horizonte, a. 3, n. 15, mai./jun. 2005.

Em outros termos, a unificação dos cinco impostos e o caráter nacional do IBS implicam que caberá ao comitê gestor nacional do imposto gerir a sua arrecadação e operacionalizar a distribuição da receita, nos termos do art. 152, §5º e 6º, a ser introduzido na Constituição, que se reportam à disciplina específica, a ser prevista em lei complementar.[83]

O fato de a emenda constitucional não haver previsto a disciplina do comitê gestor, remetendo a sua organização à lei complementar, também vem despertando críticas doutrinárias, chegando-se a afirmar que eventual inconstitucionalidade do IBS apenas poderia ser verificada em concreto, a partir da análise do desenho institucional a ser traçado na lei complementar, que deve garantir o livre fluxo dos recursos arrecadados do IBS, sem a preponderância de um ente federativo sobre outro. Referida posição parte do pressuposto teórico de que o Estado Federal é um tipo, e não um conceito, que são duas categorias jurídicas sobre as quais se discorrerá no capítulo dois desta obra.[84]

Feitos esses esclarecimentos, identifica-se, em quarto e quinto lugares, que o IBS apresenta-se como um tributo não cumulativo, e essa não cumulatividade dá-se sobre uma ampla base de bens e serviços, conforme previsão do art. 152-A, §1º, inciso III, a ser inserido no Texto Constitucional,[85] de modo a desvincular-se de um regime de crédito físico, adotando-se, ao revés, um regime de crédito financeiro.

De acordo com a justificativa constante da PEC nº 45/2019, o sistema atual apresenta inúmeras inconsistências e o objetivo da reforma consiste em permitir a devolução dos créditos de forma integral e imediata, gerando a total desoneração dos investimentos. Portanto, a sexta característica do IBS traduz-se na possibilidade de ressarcimento

---

[83] Art. 152-A, §5º. A receita do imposto sobre bens e serviços será distribuída entre a União, os Estados, o Distrito Federal e os Municípios proporcionalmente ao saldo líquido entre débitos e créditos do imposto atribuível a cada ente, nos termos da lei complementar referida no *caput*.
§6º. A lei complementar referida no *caput* criará o comitê gestor nacional do imposto sobre bens e serviços, integrado por representantes da União, dos Estados e do Distrito Federal e dos Municípios, a quem caberá:
I – editar o regulamento do imposto, o qual será uniforme em todo o território nacional;
II – gerir a arrecadação centralizada do imposto;
III – estabelecer os critérios para a atuação coordenada da União, dos Estados, do Distrito Federal e dos Municípios na fiscalização do imposto;
IV – operacionalizar a distribuição da receita do imposto, nos termos estabelecidos no parágrafo 5º deste artigo.

[84] ROCHA, Sergio André. Questão federativa é central na análise da constitucionalidade do IBS. *Consultor Jurídico*, 06 ago. 2019. Disponível em: https://www.conjur.com.br/2019-ago-06/sergio-rocha-questao-federativa-central-analise-ibs. Acesso em: 20 fev. 2021.

[85] Art. 152-A, §1º, III. Será não cumulativo, compensando-se o imposto devido em cada operação com aquele incidente nas etapas anteriores.

tempestivo de créditos do imposto, o que deverá ser regulado na lei complementar.

Contudo, a sistemática não cumulativa apresenta uma série de complexidades, considerando que "saber o que 'dá crédito', e o que 'não dá crédito', é um dos temas mais polêmicos e conflituosos de todos os tributos não cumulativos que serão substituídos pelo IBS. E quanto mais amplo é o crédito prometido, maiores são os problemas".[86]

Dentro dessa ordem de ideias, cabe fazer referência às lições de Hugo de Brito Machado Segundo, que, após discorrer sobre o expressivo contencioso envolvendo a sistemática não cumulativa do ICMS, PIS e COFINS, pondera que esses problemas serão exponencialmente majorados com o advento do IBS. Nessa linha, sugere que seja destacado de forma clara, em nível constitucional, que o direito ao creditamento não ensejará a possibilidade de restrições, a fim de reduzir eventuais litígios concernentes à questão.[87]

Ademais, pondera-se que a não cumulatividade, ao menos em relação ao ICMS, poderia ser feita a nível da própria legislação complementar, independentemente de uma reforma constitucional, considerando as sucessivas prorrogações para que o art. 33, I, LC nº 87/1996 produza os seus efeitos.[88]

Passando-se à sétima característica do IBS, identifica-se que a PEC nº 45/2019 afasta a possibilidade de concessão de incentivos fiscais,[89] salvo no que se refere à devolução parcial do imposto a contribuintes de baixa renda, de acordo com previsão que deverá estar contida em lei complementar, nos termos do art. 152-A, §9º. De outro lado, existe a previsão de inserção de um art. 154, III, ao Texto Constitucional,[90]

---

[86] MACHADO SEGUNDO, Hugo de Brito. IBS pode corrigir ou amplificar problemas da tributação indireta no Brasil. *Consultor Jurídico*, 31 jul. 2019. Disponível em: https://www.conjur.com.br/2019-jul-31/consultor-tributario-ibs-corrigir-ou-amplificar-problemas-tributacao-indireta. Acesso em: 20 fev. 2021.

[87] MACHADO SEGUNDO, Hugo de Brito. IBS pode corrigir ou amplificar problemas da tributação indireta no Brasil. *Consultor Jurídico*, 31 jul. 2019. Disponível em: https://www.conjur.com.br/2019-jul-31/consultor-tributario-ibs-corrigir-ou-amplificar-problemas-tributacao-indireta. Acesso em: 20 fev. 2021.

[88] BATISTA JÚNIOR, Onofre Alves; SILVA, Paulo Roberto Coimbra; RODRIGUES, Marianne Dohler Souza Baker. A Reforma das Promessas. *In*: SCAFF, Fernando Facury *et al.* (Org.). *Reformas ou deformas tributárias e financeiras*: por que, para que, para quem e como? Belo Horizonte: Letramento, 2020. p. 185.

[89] Art. 152-A, §1º, IV. Não será objeto de concessão de isenções, incentivos ou benefícios tributários ou financeiros, inclusive de redução de base de cálculo ou de crédito presumido ou outorgado, ou sob qualquer forma que resulte, direta ou indiretamente, em carga tributária menor que a decorrente da aplicação das alíquotas nominais.

[90] Art. 154, III. Impostos seletivos, com finalidade extrafiscal, destinados a desestimular o consumo de determinados bens, serviços ou direitos.

pelo qual o IBS passaria a coexistir com um imposto seletivo federal, de cunho extrafiscal, isto é, aquele apto a servir como instrumento de intervenção do Estado sobre a ordem econômica e social, apresentando uma finalidade indutora.[91]

Conforme as razões que constam na justificativa que acompanha a PEC nº 45/2019, o objetivo de se afastar incentivos fiscais reside na visão de que o IBS deve ser utilizado exclusivamente para gerar receita tributária, afastando-se qualquer tipo de complexidade que possa permear a estrutura do tributo. Dessa forma, considerações outras que extrapolem a mera necessidade de arrecadação deveriam constar do imposto seletivo federal a ser criado.

Contudo, a ausência de benefícios fiscais não escapou às críticas de alguns setores doutrinários, sob o fundamento de que a redução das desigualdades sociais e regionais consiste em um dos objetivos centrais da República Federativa do Brasil.[92] De outro lado, questiona-se o fato de que a própria emenda não estabeleceu o fato gerador, base de cálculo, contribuintes nem parâmetros de setores e produtos a serem atingidos pelo imposto seletivo federal a ser criado.[93]

Em oitavo lugar, o novo modelo prevê a desoneração completa das exportações,[94] adotando a lógica do princípio de destino, em que a tributação deve ser suportada pelo mercado consumidor da mercadoria ou serviço.[95] No entanto, o projeto não esclarece como seriam aproveitados os créditos atualmente acumulados de outros tributos, como o ICMS, e que não foram utilizados pelo exportador.

Identifica-se, ainda, um silêncio quanto à forma de utilização dos créditos acumulados de IBS, assim como quanto à possibilidade de a operação de exportação gerar crédito para o Estado exportador. Enfim,

---

[91] Trazendo uma visão crítica e analítica sobre a extrafiscalidade, com a opção pela utilização da expressão "normas tributárias indutoras", cf.: SCHOUERI, Luís Eduardo. *Normas tributárias indutoras e intervenção econômica*. Rio de Janeiro: Forense, 2005. p. 16.

[92] LUMMERTZ, Henry. A inconstitucionalidade de um IBS sem benefícios fiscais. *Jota*, 02 nov. 2019. Disponível em: https://www.jota.info/opiniao-e-analise/artigos/a-inconstitucionalidade-de-um-ibs-sem-beneficios-fiscais-02112019. Acesso em: 20 fev. 2021.

[93] SOUZA, Hamilton Dias de; ÁVILA, Humberto; CARRAZZA, Roque Antônio. A reforma tributária que o Brasil precisa – parte I. *Consultor Jurídico*, 08 nov. 2019. Disponível em: https://www.conjur.com.br/2019-nov-08/opiniao-reforma-tributaria-brasil-parte. Acesso em: 20 fev. 2021.

[94] Art. 152-A, §1º, V. Não incidirá sobre as exportações, assegurada a manutenção dos créditos.

[95] Para uma visão mais ampla da aplicação do princípio do destino no Direito Comparado, cf.: FEITOSA, Maurine Morgan Pimentel. The Taxation of E-Commerce in the Digital Era: common and Civil Law. *Revista de Direito Internacional Econômico e Tributário – RDIET*, Brasília, v. 13, n. 1, p. 356-385, jan./jun. 2018.

visualizam-se potenciais lacunas na implementação do IBS, que podem trazer prejuízos aos contribuintes e ao sistema de partilha de receita, notadamente para os Estados com vocação exportadora.[96]

Em nono lugar, a PEC nº 45/2019 prevê que a incidência ocorra sobre o preço líquido dos tributos, o que, conjugado com a ausência de benefícios fiscais, seria um mecanismo para se obter um imposto neutro, que não seja um fator decisivo nas escolhas do consumidor e do mercado. Consoante a justificativa que acompanha a PEC nº 45/2019, contrariamente ao que ocorre com o ICMS, o IBS deve ser calculado por fora, isto é, o montante do próprio imposto não entra na composição da sua base de cálculo. A regulamentação dessa característica será feita apenas na lei complementar, não constando da proposta de emenda apresentada.

Finalmente, em décimo lugar, idealizou-se um sistema de transição, no qual o objetivo almejado é o de trazer segurança para os contribuintes e para os entes federativos, através de mecanismos gradativos tanto de substituição dos tributos atuais pelo IBS (transição para os contribuintes), quanto de distribuição da sua receita entre Estados e Municípios (transição na distribuição federativa de receita).

No que se refere à transição para os contribuintes, a proposta de emenda prevê que o IBS será integralmente extinto após o prazo de dez anos. No entanto, nesse interregno, ele continuará a existir em conjunto com os demais impostos sobre o consumo, sendo os dois primeiros anos um período de teste e os oito anos seguintes um período de transição propriamente dito.

Conforme a previsão da proposta de emenda, nos artigos 117 e 118, a serem incluídos no ADCT, nos dois primeiros anos de sua implementação, o IBS será cobrado apenas pela União, pela alíquota de 1% (um por cento) e, para se evitar o aumento da carga tributária, haverá a redução das alíquotas da COFINS, de modo que, nesse primeiro momento, Estados e Municípios não serão afetados. Já nos oito anos subsequentes, haverá a progressiva redução das alíquotas de todos os tributos substituídos pelo IBS, no percentual de 1/8 (um oitavo) por ano, até a sua total extinção, no décimo ano, quando apenas o IBS será devido.

No que se refere aos critérios de partilha de receita, a proposta prevê um período de cinquenta anos de transição, conforme o art. 120 a

---

[96] PONTES, Helenilson Cunha. O impacto da reforma tributária no setor exportador. *Consultor Jurídico*, 25 set. 2019. Disponível em: https://www.conjur.com.br/2019-set-25/consultor-tributario-impacto-reforma-tributaria-setor-exportador. Acesso em: 20 fev. 2021.

ser introduzido no ADCT, para que, ao final do referido prazo, adote-se a regra de que a distribuição das receitas entre os entes federativos seja proporcional ao saldo líquido entre débitos e créditos, de acordo com a norma do art. 152-A, §5º, a ser inserido.

Verifica-se, pois, que, a despeito do propósito meritório de promover uma gradual adaptação de contribuintes e entes políticos a um novo sistema tributário, as regras de transição, ao menos no curto prazo, aumentam a complexidade, ao permitirem a coexistência de um novo imposto junto àqueles já existentes.[97]

Portanto, os aprimoramentos à PEC nº 45/2019 pressupõem não apenas um ajuste quanto ao seu conteúdo material, mas também quanto ao teor das próprias regras de transição, a fim de se evitar a formação de um cenário jurídico marcado por um quadro de excessiva indefinição e incerteza.

Feitas as principais considerações sobre a PEC nº 45/2019, passa-se a discorrer, a partir do item seguinte, sobre a PEC nº 110/2019, que, contrariamente àquela, a partir do substitutivo apresentado no Senado, tem por objetivo estabelecer um IVA em dois níveis federativos diferentes, como forma de enfrentar os desafios da tributação sobre o consumo.

1.3.2 Da PEC nº 110/2019 à criação do IVA dual: substitutivo à PEC nº 110/2019 e à PEC nº 128/2019

A PEC nº 110/2019, de autoria do Senador Davi Alcolumbre (DEM/AP) e outros, ao contrário da PEC nº 45/2019, não se limita a dispor sobre a tributação sobre o consumo, propondo um conjunto de dispositivos com vistas a modificar o sistema tributário de forma mais abrangente e recuperando o texto da PEC nº 293/2004, que se encontrava sob relatoria do ex-Deputado Federal Luiz Carlos Hauly (PSDB-PR) na Câmara dos Deputados. Conforme a justificativa que consta nas razões anexas a seu texto, na versão original enviada ao Senado, a proposta tem por objetivo reestruturar todo o sistema tributário, abarcando também os impostos sobre a renda e o patrimônio.[98]

---

[97] ROCHA, Sergio André. O Imposto sobre Bens e Serviços proposto na reforma tributária da PEC 45. *Consultor Jurídico*, 13 set. 2019. Disponível em: https://www.conjur.com.br/2019-set-13/sergio-rocha-imposto-bens-servicos-pec-45. Acesso em: 20 fev. 2021.

[98] Inteiro teor da versão original disponível em: BRASIL. Senado Federal. *Proposta de Emenda à Constituição nº 110, de 2019*. Altera o Sistema Tributário e dá outras providências. Disponível em: https://legis.senado.leg.br/sdleg-getter/documento?dm=7977850&ts=1573 145486978&disposition=inline. Acesso em: 20 fev. 2021.

Nesse sentido, propõe a extinção de nove tributos, tanto federais (IPI, IOF, PIS/PASEP, COFINS, Salário-Educação, CIDE-Combustíveis) quanto estaduais (ICMS) e municipais (ISS), para a criação de um imposto sobre bens e serviços (IBS), de competência estadual,[99] e um imposto seletivo federal,[100] que progressivamente devem substituir os tributos extintos.[101] Ademais, a proposta apresentada propõe algumas modificações de competência tributária, como a migração do ITD estadual para a esfera federal.

No que se refere especificamente à tributação sobre o consumo, observa-se que na PEC nº 110/2019 e, diferentemente da opção levada a cabo pela PEC nº 45/2019, o imposto sobre bens e serviços foi colocado na órbita de competência dos Estados, e não na órbita federal, de modo que a iniciativa para a apresentação dos projetos de lei sobre o IBS foi conferida eminentemente a autoridades estaduais, embora a PEC nº 110/2019 também preveja a iniciativa de Prefeitos, das Câmaras de Vereadores e de Comissão Mista de Deputados Federais e Senadores para a apresentação de projetos de lei.[102]

No entanto, o IBS da PEC nº 110/2019, em sua redação original, de forma similar à PEC nº 45/2019, terá a sua normativa básica disciplinada em lei complementar,[103] devendo, igualmente, ser uniforme e com ampla base de incidência, abarcando locações, cessões de bens e direitos e operações com intangíveis.[104]

---

[99] Art. 155, PEC nº 110/2019. Compete aos Estados e ao Distrito Federal instituir:
IV. por intermédio do Congresso Nacional, imposto sobre operações com bens e serviços, ainda que se iniciem no exterior.

[100] Art. 153, VIII, PEC nº 110/2019. Operações com petróleo e seus derivados, combustíveis e lubrificantes de qualquer origem, gás natural, cigarros e outros produtos do fumo, energia elétrica, serviços de telecomunicações a que se refere o art. 21, XI, bebidas alcoólicas e não alcoólicas, e veículos automotores novos, terrestres, aquáticos e aéreos.

[101] Art. 4º, ADCT, PEC nº 110/2019. No período compreendido entre o início do segundo e o final do quinto exercícios subsequentes ao da publicação desta Emenda Constitucional, os impostos de que tratam os arts. 153, VIII, e 155, IV, da Constituição Federal, terão as alíquotas fixadas de forma a que suas arrecadações substituam as dos tributos previstos nos arts. 153, IV e V; 155, II; 156, III; 177, §4º; 195, I, "b", e IV; 212, §5º; e 239, da Constituição Federal, com redação anterior à dada por esta Emenda Constitucional.

[102] Art. 61, §3º, PEC nº 110/2019. A iniciativa para a apresentação dos projetos de lei complementar que tratam do imposto previsto no art. 155, IV, caberá exclusivamente a:
I – Governadores de Estado e do Distrito Federal e Prefeitos;
II – Assembleias Legislativas, Câmara Legislativa e Câmara de Vereadores, manifestando-se, cada uma delas, pela maioria relativa de seus membros;
III – bancadas estaduais de Deputados Federais ou Senadores;
IV – comissão mista de Deputados Federais e Senadores, instituída para esse fim.

[103] Art. 155, §7º, PEC nº 110/2019. O imposto de que trata o inciso IV do caput deste artigo será instituído por Lei complementar, apresentada nos termos do disposto no art. 61, §§3º e 4º, e atenderá ao seguinte:

[104] Art. 155, §7º, III, PEC nº 110/2019. Incidirá também:
a) nas importações, a qualquer título;

Por conseguinte, tanto as materialidades da economia tradicional quanto aquelas da economia digital foram abarcadas pela proposta. Contudo, a PEC nº 110/2019 afastou a mera movimentação financeira e as prestações de serviços de comunicação nas modalidades de radiodifusão sonora de sons e imagens de recepção livre e gratuita da hipótese de incidência do IBS, conforme previsão de seu art. 155, §7º, VI, b e c.

Em acréscimo ao quanto se expôs, o IBS da PEC nº 110/2019, assim como aquele da PEC nº 45/2019, é não cumulativo, deve ser calculado por fora, não deve incidir sobre as exportações e a sua receita pertence ao Estado de destino.

No entanto, diferentemente desta, o IBS idealizado pela PEC nº 110/2019 apresenta algumas particularidades, como a manutenção do tratamento tributário diferenciado da Zona Franca de Manaus, preconizada no art. 15, ADCT, a admissão de que sejam concedidos benefícios fiscais, nos casos autorizados pela Constituição e consoante a lei complementar a ser editada,[105] assim como a previsão de que a regulamentação, a arrecadação, a fiscalização e a cobrança sejam realizadas em conjunto pelas administrações tributárias dos Estados, do Distrito Federal e dos Municípios, de acordo com o art. 155-A e incisos.

Do quanto exposto, infere-se que o nível de concentração de prerrogativas na esfera da União, previsto na PEC nº 110/2019, de uma maneira geral, mostra-se inferior àquele descrito na PEC nº 45/2019.

Ainda no que se refere às diferenças entre cada uma das propostas, observa-se que a PEC nº 110/2019, ao mesmo tempo em que estabelece que o IBS terá uma alíquota padrão, admite que haja outro enquadramento, sem estabelecer de que forma ele seria feito.[106] Em outros termos, enquanto a PEC nº 45/2019 estipula um sistema de uniformidade por ente federativo, conforme se expôs no item anterior,

---

b) nas locações e cessões de bens e direitos;
c) nas demais operações com bens intangíveis e direitos.

[105] Art. 155, §7º, VIII, PEC nº 110/2019. Não poderá ser objeto de isenção, redução de base de cálculo, concessão de crédito presumido, anistia, remissão ou qualquer outro tipo de incentivo ou benefício fiscal ou financeiro vinculado ao imposto, exceto, se estabelecido por lei complementar, em relação a operações com os seguintes produtos ou serviços:
a) alimentos, inclusive os destinados ao consumo animal;
b) medicamentos;
c) transporte público coletivo de passageiros urbano e de caráter urbano;
d) bens do ativo imobilizado;
e) saneamento básico;
f) educação infantil, ensino fundamental, médio e superior e educação profissional.

[106] Art. 155, §7º, IV, PEC nº 110/2019. Terá uma alíquota padrão, assim entendida a aplicável a todas as hipóteses não sujeitas a outro enquadramento.

a PEC nº 110/2019 deixa em aberto os exatos contornos em que essa uniformidade se verificaria.

Ademais, o regime de transição previsto nas duas propostas de emenda constitucional não é o mesmo, diante das especificidades traçadas por cada uma. Em linhas gerias, observa-se que, na sistemática da PEC nº 110/2019, existe a previsão de que, no primeiro exercício subsequente ao de publicação da emenda constitucional, o IBS deverá coexistir com uma contribuição federal a ser criada, cujo fato gerador é rigorosamente o mesmo do imposto, consoante a disciplina do art. 3º a ser acrescido ao ADCT.[107]

De outro lado, os prazos e alíquotas estabelecidos para a substituição dos tributos extintos, assim como o regime de repartição de receitas entre os entes federativos no período de transição, apresentam significativas diferenças em cada uma das sistemáticas, cabendo pontuar que, na PEC nº 110/2019, o período total para a sua conclusão dá-se em lapso temporal mais curto, que se perfaz a partir do décimo quinto exercício subsequente ao de sua publicação (art. 16, ADCT).

Contudo, quando da análise da PEC nº 110/2019 na Comissão de Constituição e Justiça do Senado, o seu relator, Senador Roberto Rocha (PSDB/MA), após discorrer sobre a sua redação original e sobre as emendas apresentadas pelos demais Senadores, ponderou que, a fim de evitar uma forte concentração do sistema tributário nas mãos da União, seria conveniente a bipartição do IBS em dois âmbitos, como meio de se garantir a autonomia dos entes federativos.[108]

Nessa linha, defendeu a criação de um IBS dual, isto é, de um IBS de competência da União, que resultaria da extinção dos tributos federais anteriormente referidos, e de um IBS estadual, que substituiria o ICMS e o ISS. Por essa sistemática, a União, por meio da Receita Federal, conduziria o IBS federal, e os conselhos e fiscos estaduais e municipais seriam responsáveis pelo IBS estadual. Dessa forma, foi apresentado substitutivo à PEC nº 110/2019, que, dentre outras mudanças à redação original da proposta de emenda, consolidou o IBS dual e

---

[107] Art. 3º, ADCT, PEC nº 110/2019. A União instituirá, nos termos da lei, contribuição sobre operações com bens e serviços, que será cobrada de acordo com as regras de incidência estabelecidas para o imposto sobre bens e serviços, de que trata o art. 155, IV, da Constituição Federal.

[108] A íntegra do relatório e do substitutivo apresentados podem ser acessados na página eletrônica do Senado Federal. (BRASIL. Senado Federal. *Parecer nº 110, de 2019*. Relator: Senador Roberto Rocha. Disponível em: https://legis.senado.leg.br/sdleg-getter/documento?dm=8012655&ts=1573145489011&disposition=inline. Acesso em: 20 fev. 2021).

suprimiu as regras sobre as administrações tributárias, por considerar que as referidas normas haviam se tornado desnecessárias.

Na forma do substitutivo aprovado, o IBS, de competência estadual, encontra previsão no art. 155, IV,[109] enquanto o IBS, de competência federal, passa a ser previsto no art. 153, VIII.[110] O imposto seletivo extrafiscal, por sua vez, permanece na órbita federal, consoante o art. 154, III. Ainda de acordo com o substitutivo, o imposto seletivo deve ser monofásico, salvo nas importações, pode ter alíquotas diferenciadas, não incide nas exportações e não integra a sua base de cálculo ou a de qualquer outro tributo. De outro lado, nenhum tributo integrará a sua base de cálculo (art. 154, parágrafo único).

Da análise do substitutivo, verifica-se que as características essenciais do IBS federal são essencialmente as mesmas do IBS estadual, na forma já descrita nesse item. Contudo, algumas modificações em relação à proposta originária da PEC nº 110/2019 foram efetuadas, como a especificação de que se admitem alíquotas menores para alguns bens e serviços, como aqueles utilizados em razão de novas tecnologias (art. 153, §6º e art. 155, §7º, IV).[111] Conforme já se destacou anteriormente, a redação original da PEC nº 110/2019 era genérica, não discriminando as hipóteses em que a alíquota padrão poderia ser afastada.

Em acréscimo, o substitutivo ampliou as hipóteses em que isenções e benefícios fiscais podem ser concedidos, incluindo na lista de exceções tanto do IBS federal (art. 153, §6º, V) como do IBS estadual (art. 155, §7º, VII) as operações de "cadeia produtiva da saúde" (alínea g) e "embalagens, resíduos ou remanentes pós consumo, oriundos de sistema de logística reversa" (alínea h).

Verifica-se, ainda, que o substitutivo estabelece, assim como procedido em relação ao imposto seletivo, que o IBS não integrará a sua base de cálculo ou a de qualquer tributo e que nenhum outro tributo integrará a sua base de cálculo, conforme previsão do art. 153, §6º, VI, e do art. 155, §7º, VII, quanto ao IBS federal e estadual, respectivamente.

No entanto, a despeito do aperfeiçoamento em seu texto, o Substitutivo à PEC nº 110/2019 continua a ser objeto de críticas doutrinárias,

---

[109] Art. 155, IV, Substitutivo à PEC nº 110/2019. Por intermédio do Congresso Nacional, imposto sobre operações com bens e serviços, ainda que se iniciem no exterior.

[110] Art. 153, VIII, Substitutivo à PEC nº 110/2019. Bens e serviços.

[111] Art. 155, §7º, IV, Substitutivo à PEC nº 110/2019. Terá uma alíquota padrão, assim entendida a aplicável a todas as hipóteses não sujeitas a outro enquadramento previsto em lei complementar, apresentada nos termos do disposto no art. 61, §§3º e 4º, para determinados bens, serviços, atividades ou setores da economia ou em razão da utilização de novas tecnologias, para os quais as alíquotas podem ser minoradas.

como a constatação de que uma reforma tributária deve ser mais clara no que se refere à tributação de intangíveis,[112] de que os Municípios devem ter competência para gravar serviços residuais e de interesse local[113] e que o IBS, na forma como concebido, pode levar os prestadores de serviços a suportarem uma carga tributária proporcionalmente maior que outros segmentos, o que não seria adequado ao cenário econômico nacional.[114]

Atualmente, tramita na Câmara dos Deputados a proposta de reforma tributária nº 128/2019, de autoria do Deputado Federal Luis Miranda (DEM/DF), apresentada aos 16 de agosto de 2019, que, assim como o Substitutivo à PEC nº 110/2019, prevê a criação de um IVA dual, com ampla margem de incidência sobre bens e serviços, incluindo intangíveis. No entanto, diferentemente deste último, em que a competência para instituir o IBS é federal e estadual, o IBS da PEC nº 128/2019 é bipartido entre a União,[115] de um lado, e Estados e Municípios,[116] de outro.

Observa-se, ainda, que o IBS concebido pela referida PEC apresenta características que o assemelham, em parte, à PEC nº 45/2019, em parte, ao Substitutivo à PEC nº 110/2019, e que o singularizam das outras duas propostas. Contudo, em linhas gerais, identifica-se que as principais semelhanças se dão com a PEC nº 45/2019, salvo no que se refere à dualidade do imposto, que é ausente nesta última emenda, como já exposto.

De forma análoga à PEC nº 45/2019, o IBS da PEC nº 128/2019 contém a previsão de uniformidade de alíquotas para todos os bens e serviços, ainda que os entes possam fixar a sua alíquota específica (art. 152-A, §1º, VI) e a vedação, como regra geral, à concessão de incentivos

---

[112] GRUPENMACHER, Betina Treiger. A reforma tributária que o Brasil precisa. *Jota*, 20 set. 2019. Disponível em: https://www.jota.info/opiniao-e-analise/colunas/women-in-tax-brazil/a-reforma-tributaria-que-o-brasil-precisa-20092019. Acesso em: 20 fev. 2021.

[113] CARRAZZA, Roque Antonio; SOUZA, Hamilton Dias de; ÁVILA, Humberto. A reforma tributária que o Brasil precisa – parte II. *Consultor Jurídico*, 09 nov. 2019. Disponível em: https://www.conjur.com.br/2019-nov-09/opiniao-reforma-tributaria-brasil-parte-ii. Acesso em: 20 fev. 2021.

[114] GOMES, Eduardo de Paiva; GOMES, Daniel de Paiva; PISCITELLI, Tathiane. Quais são os pontos centrais das propostas de reforma tributária? *Consultor Jurídico*, 16 nov. 2019. Disponível em: https://www.conjur.com.br/2019-nov-16/opiniao-quais-sao-pontos-centrais-reforma-tributaria. Acesso em: 20 fev. 2021.

[115] Art. 153, VIII, PEC nº 128/2019. Bens e serviços.

[116] Art. 152-A, PEC nº 128/2019. Lei complementar instituirá imposto sobre bens e serviços, que será uniforme em todo o território nacional, cabendo aos Estados, ao Distrito Federal e aos Municípios exercer sua competência exclusivamente por meio da alteração de suas alíquotas.

e benefícios fiscais (art. 152-A, §1º, IV e art. 153, §6º, III), exceto no que se refere à devolução parcial do imposto a contribuintes de baixa renda, através de mecanismos de transferência de renda (art. 152-A, §9, I e art. 153, §7º).

Ademais, existe a previsão de que a lei complementar criará o comitê gestor nacional do IBS, que, entre outras medidas, promoverá a gestão e a arrecadação centralizadas do imposto (art. 152-A, §6º, II). Com relação ao regime de transição, a coincidência com o regime da PEC nº 45/2019 dá-se de forma apenas parcial, pois, embora os critérios de repartição de receitas sejam implementados em cinquenta anos (art. 120, ADCT), a extinção dos tributos dá-se em intervalo menor, de seis anos (art.118-A, parágrafo único, ADCT e art. 6º, PEC nº 128/2019).

De outro lado, tal como no Substitutivo à PEC nº 110/2019, a PEC nº 128/2019 relativiza a proibição de concessão de incentivos e benefícios fiscais ao prever o regime tributário especial para a Zona Franca de Manaus (art. 152-A, §9º, II), o que não foi ressalvado expressamente pela PEC nº 45/2019.

No entanto, diferentemente das outras duas propostas de emenda, a PEC nº 128/2019 não contém a previsão de criação de um imposto seletivo federal e de extinção do IPI. Ao contrário destas, o IPI é mantido, passando a ostentar a natureza de imposto integralmente extrafiscal, que deve servir ao desestímulo do consumo de determinados bens e para dar efetividade ao tratamento preferencial à Zona Franca de Manaus (art. 153, §3º, V).

Finalmente, verifica-se na justificativa que acompanha a PEC nº 128/2019, que o seu objetivo consiste em diminuir a participação dos tributos sobre o consumo e em aumentar a tributação sobre lucros e ganhos no Direito Tributário brasileiro.[117] Em outros termos, a PEC nº 128/2019 adota a premissa de que a retomada da tributação sobre lucros e dividendos e sobre a movimentação financeira consiste em um caminho viável para otimizar a capacidade arrecadatória do Estado, cuja análise mais pormenorizada transcende os limites do presente trabalho.

No entanto, apenas para fins de registro, cumpre pontuar que o IBS não incidirá sobre serviços digitais (art. 152-A, §1º, V, b), o que,

---

[117] O inteiro teor da PEC nº 128/2019 e a sua justificativa podem ser acessados na página da Câmara dos Deputados. (BRASIL. Câmara dos Deputados. *Proposta de Emenda à Constituição nº 128, de 2019*. Altera o Sistema Tributário Nacional e dá outras providências. Disponível em: https://www.camara.leg.br/proposicoesWeb/prop_mostrarintegra;jsessionid=25B2B302CC2E3E0C690F56E0EA391F6F.proposicoesWebExterno2?codteor=1792380&filename=PEC+128/2019. Acesso em: 21 fev. 2021).

na visão dos seus idealizadores, decorre da necessidade de que esse segmento fique a cargo somente da União, por inspiração do chamado "digital tax", que foi implementado em países europeus.[118]

Até a data de fechamento desta segunda edição, as três propostas seguiam em tramitação nas suas respectivas Casas Legislativas, num cenário ainda incerto quanto aos seus rumos. De todo modo, foi divulgado o relatório final da Reforma Tributária, pela Comissão Mista de Reforma Tributária,[119] que realizou a avaliação da PEC nº 45/2019 e da PEC nº 110/2019, com a apresentação de substitutivo. A Comissão Mista teve as suas atividades encerradas e a PEC nº 45/2019 foi avocada para o Plenário da Câmara dos Deputados.

1.3.3 O conflito de competência entre o ICMS e o ISS no contexto das principais propostas de Reforma Tributária

Feitos os esclarecimentos anteriores, com a síntese das principais propostas de reforma tributária que pretendem alterar a tributação sobre o consumo, com a extinção do ICMS e do ISS, coloca-se a questão: ainda se mostra relevante discutir o conflito de competência entre o ICMS e o ISS, sobretudo no que se refere às materialidades da Internet?

Embora a resposta seja dada ao longo do presente livro, antecipa-se, desde logo, que se entende que sim. Para tanto, procede-se a um recorte em três diferentes marcos temporais. Em primeiro lugar, para além dos lançamentos já efetuados e para os fatos geradores ocorridos no período anterior ao advento de uma futura e incerta reforma tributária, mostra-se indiscutível a relevância do tema objeto da presente obra. Afinal de contas, nenhuma das propostas de reforma tributária analisadas apresenta ou poderia apresentar efeitos *ex tunc*, sob pena de violação aos artigos 105 e 106, CTN.

Em segundo lugar, conforme amplamente exposto ao longo dos itens anteriores, as propostas de reforma tributária contêm a previsão de períodos de transição, no curso dos quais o regime atualmente

---

[118] EKBLOM, Jonas; SHEPARDSON, David. U.S. tech industry leaders: French digital service tax harms global tax reform. *Reuters*, 19 ago. 2019. Disponível em: https://www.reuters.com/article/us-france-tax-usa/u-s-tech-industry-leaders-french-digital-service-tax-harms-global-tax-reform-idUSKCN1V91UC. Acesso em: 21 fev. 2021.

[119] BRASIL. Comissão Mista da Reforma Tributária. *Relatório final da Reforma Tributária – PEC nº 45/2019 e nº 110/2019*. Maio 2021. Disponível em: https://www12.senado.leg.br/noticias/arquivos/2021/05/12/relatorio-final. Acesso em: 18 mai. 2021.

vigente conviveria com o regime novo. Dessa forma, ainda que alguma das reformas sobre o consumo seja aprovada, com a correspondente extinção do ICMS e do ISS, a discussão sobre o conflito de competência entre os dois impostos permanecerá viva durante o período de transição.

Finalmente, em terceiro lugar, como se expôs amplamente ao longo do presente, diversos pontos contidos nas propostas de emenda vêm sendo objeto de discussão quanto à sua constitucionalidade, sendo a supressão de competências tributárias o principal deles. Dessa forma, ainda que aprovadas, as emendas podem vir a sofrer o controle de constitucionalidade que, acaso venha a ser exercido, pode resultar no afastamento do seu texto.

Portanto, as atuais discussões acerca de uma reforma tributária sobre o consumo não esvaziam ou diminuem a importância do estudo do conflito de competência entre o ICMS e o ISS, de uma maneira geral, e no âmbito da Internet, de forma mais particular. Os três cenários descritos anteriormente, somados à indefinição quanto aos rumos e ao conteúdo da reforma tributária a ser seguida, demonstram a relevância e a atualidade do tema, como mecanismo de se conferir densidade ao federalismo fiscal brasileiro.

Por conseguinte, diante das peculiaridades do sistema tributário brasileiro, entende-se que o estudo da repartição de competências tributárias dos impostos sobre consumo representa importante viés do federalismo fiscal brasileiro, notadamente sob o aspecto da eficiência.

1.4 Considerações finais

Diante de todo o exposto, pode-se concluir que não há um único modelo de Estado Federal, de modo que cada ente nacional deve adotar as feições do federalismo mais condizentes com a sua história e as suas particularidades, conforme as diferentes classificações, exemplificativamente explanadas neste capítulo.

Nesse sentido, enquanto países como os Estados Unidos adotam um federalismo dual ou competitivo, outros países, como a Alemanha e o Brasil, seguiram as linhas de um federalismo de cooperação, com competências comuns entre os entes federativos, que, no caso brasileiro, abarcam também os Municípios.

Especificamente quanto ao Brasil, a opção pelo federalismo veio desde a Constituição de 1891, atravessando todas as Constituições posteriores, até chegar à Carta de 1988. O sistema tributário, por sua vez, começou a se estruturar e a lançar as bases do quadro atualmente vigente a partir do Texto Constitucional de 1946, notadamente com as modificações levadas a cabo pela EC nº 18/1965.

Portanto, no que atine à tributação sobre o consumo, tripartida entre a União, os Estados e os Municípios, os desafios são maiores do que as soluções, não tendo o legislador estabelecido critérios seguros para a repartição da competência tributária. Nesse cenário, e diante das complexidades do sistema, diversas propostas de reforma tributária começam a ser discutidas no Congresso Nacional e na sociedade, com o objetivo de simplificar o sistema tributário, através da criação de um imposto sobre o valor agregado denominado IBS.

Expostas em linhas gerais, as características principais desse novo imposto na PEC nº 45/2019, na PEC nº 110/2019 e na PEC nº 128/2019, conclui-se que, indiscutivelmente, ao menos após o período de transição, o tributo proposto tem o mérito de atender à simplicidade, diminuindo os conflitos verticais entre os entes federativos. De outro lado, a concepção de um IVA e a adoção do princípio de destino na tributação sobre o consumo alinham-se de forma mais intensa com o modelo de tributação já utilizado em outros países.

No entanto, as propostas de reforma tributária vêm sendo objeto de inúmeras críticas doutrinárias, expostas ao longo do presente texto, e que, em apertada síntese, dão conta da possibilidade de que seja vulnerado o que se poderia denominar de Estatuto do Contribuinte,[120] ou seja, o conjunto de garantias de ordem formal e material que formam o núcleo essencial de proteção dos contribuintes.

Portanto, nesse cenário de indefinições do conteúdo e dos rumos da reforma tributária a ser seguida, somado aos fatos geradores pretéritos, ao período de transição e aos questionamentos suscitados quanto à constitucionalidade das propostas apresentadas, conclui-se pela importância de se prosseguir o estudo dos conflitos de competência entre o ICMS e o ISS.

Conforme será explorado nos capítulos seguintes, o fortalecimento e a disseminação das redes digitais e da tecnologia, notadamente a Internet, vem exigindo uma pronta solução para o referido conflito de competência tributária, impondo ao aplicador que promova o equacionamento entre as previsões constitucionais, os critérios legislativos e as

---

[120] A expressão é utilizada por Edvaldo Brito, que sustenta que uma eventual reforma tributária deve respeitar o Estatuto do Contribuinte, cf.: BRITO, Edvaldo. Reforma Tributária, Cláusulas Pétreas e Princípios Constitucionais Tributários. *In*: CARVALHO, Paulo de Barros (Coord.). *30 anos da Constituição Federal e o sistema tributário brasileiro – XV Congresso Nacional de Estudos Tributários*. São Paulo: Noeses, 2018. p. 338-339.

tendências da jurisprudência, explorando os limites e as potencialidades da atividade interpretativa.

No capítulo seguinte, discorrer-se-á sobre o papel conferido pelo constituinte à legislação complementar, assim como sobre os contornos do princípio da tipicidade, para que, em seguida, sejam estudadas hipóteses específicas do conflito de competência entre o ICMS e o ISS, seja no campo da circulação de mercadorias, seja no campo das comunicações.

CAPÍTULO 2

O PAPEL DA LEI COMPLEMENTAR NA CONSTITUIÇÃO DE 1988

2.1 A legislação complementar na Constituição de 1988

Conforme descrito no capítulo anterior, quando da análise da evolução do sistema constitucional brasileiro, verificou-se que o art. 19, §1º da Constituição de 1967 inovou em relação ao ordenamento jurídico anterior, passando a prever que cabe à lei complementar estabelecer normas gerais de direito tributário, dispor sobre conflitos de competência e regular as limitações constitucionais ao poder tributário. A referida modificação foi mantida pelo art. 18, §1º da Emenda Constitucional nº 1/1969 e definitivamente consolidada nos incisos do art. 146 CRFB/1988.

Observe-se que, embora as atribuições da lei complementar estejam discriminadas em cada um dos três incisos do art. 146, José Souto Maior Borges leciona que os incisos I e II podem ser reconduzidos ao inciso III, uma vez que as normas gerais em matéria tributária englobariam a prerrogativa para dispor sobre conflitos de competência e limitações constitucionais ao poder de tributar, embora sejam mais amplas do que estes últimos.[121]

Em verdade, a exata compreensão daquilo que se deve entender como "normas gerais" apresenta uma dificuldade que não é meramente

---

[121] BORGES, José Souto Maior. Normas gerais de Direito Tributário: velho tema sob perspectiva nova. *Revista Dialética de Direito Tributário*, São Paulo, p. 50-51, 54-56, 62, jun. 2013.

interpretativa. Segundo as reflexões de Rubens Gomes de Sousa, em sua origem, a expressão representou "uma fórmula verbal para vencer uma resistência política",[122] decorrente da necessidade de se aprovar norma que conferisse à União competência para legislar sobre Direito Tributário. Nesse contexto, e a fim de que não fosse aprovado texto legal que promovesse centralização normativa em detrimento de Estados e Municípios, optou-se pelo emprego da locução que resultava de "puro compromisso político".[123]

Portanto, e independentemente de se definir o que efetivamente seriam normas gerais, destaca-se que a lei complementar referida pelo art. 146, CRFB/1988 é lei de caráter nacional, e não federal, servindo de fundamento de validade para os demais atos normativos.[124] Consoante as lições de Luís Cesar Souza de Queiroz, trata-se de norma de produção normativa, isto é, reguladora da criação, modificação ou extinção de norma impositiva tributária. Todavia, de acordo com o seu magistério, a referida regulação dá-se sob o aspecto material (e não no plano formal), qual seja, a declaração de cunho prescritivo, de modo que a lei complementar tributária delimita o que pode ser declarado no plano fático.[125]

No entanto, o legislador complementar deve atentar para que não haja a invasão do campo de competência privativa das leis ordinárias estaduais e municipais, sob pena de inconstitucionalidade,[126] o que implica que a norma está viciada desde a sua produção, não chegando a pertencer ao sistema do Direito Positivo.[127]

O efetivo papel desempenhado pela lei complementar mostra-se envolto em grande dissenso doutrinário e jurisprudencial. Importantes são as vozes que advogam que, em princípio, não caberia falar em conflitos de competência tributária, diante da rigidez e da rigorosa segregação do sistema, com impostos privativos de cada ente e taxas e

---

[122] SOUSA, Rubens Gomes de; ATALIBA, Geraldo; CARVALHO, Paulo de Barros. *Comentários ao Código Tributário Nacional*: parte Geral. São Paulo: Revista dos Tribunais, 1975. p. 5.

[123] SOUSA, Rubens Gomes de; ATALIBA, Geraldo; CARVALHO, Paulo de Barros. *Comentários ao Código Tributário Nacional*: parte Geral. São Paulo: Revista dos Tribunais, 1975. p. 6.

[124] VELLOSO, Carlos Mario da Silva. Lei Complementar Tributária. *Revista de Direito Administrativo*, Rio de Janeiro, n. 235, p. 120, jan./mar. 2004.

[125] QUEIROZ, Luís Cesar Souza de. *Sujeição passiva tributária*. 2. ed. Rio de Janeiro: Forense, 2002. p. 105.

[126] BORGES, José Souto Maior. Normas gerais de Direito Tributário: velho tema sob perspectiva nova. *Revista Dialética de Direito Tributário*, São Paulo, n. 213, p. 53, 63, jun. 2013.

[127] QUEIROZ, Luís Cesar Souza de. *Sujeição passiva tributária*. 2. ed. Rio de Janeiro: Forense, 2002. p. 115, 122.

contribuições de melhoria atribuídas diante da competência político-administrativa das pessoas federativas.[128]

Em verdade, haveria mero conflito aparente de competência, que, consoante a sistematização de Roque Antonio Carrazza, poderia ser provocado por leis tributárias inconstitucionais, por uma pretensão administrativa ilegal (ou inconstitucional) da pessoa tributante ou por uma insurgência do sujeito passivo.[129]

Seguindo essa linha de raciocínio, como os conflitos de competência referidos pelo art. 146, I, CRFB/1988 seriam potenciais, hipotéticos e abstratos, caberia à lei complementar apenas reforçar o perfil constitucional já traçado para cada tributo. Portanto, os conflitos de competência, depois de efetivamente ocorridos, deveriam ser dirimidos pelo Poder Judiciário, de sorte que "a lei complementar que veicula normas gerais em matéria de legislação tributária de pouca coisa pode ocupar-se".[130]

Cabe ponderar que, efetivamente, não é papel do legislador resolver conflitos concretos, uma vez que a lide deve ser dirimida num processo judicial subjetivo, cuja palavra final é do julgador, com a autoridade da imutabilidade da coisa julgada. Porém, o Judiciário não detém o monopólio da palavra final sobre a interpretação constitucional, que é um patrimônio de todos os Poderes e da sociedade.[131]

Nesse sentido, ressoam também outras vozes que reconhecem que a lei complementar não apenas reforça o Texto Constitucional, mas, efetivamente, pode inovar, em alguma medida, no mundo jurídico. De fato, diante do princípio democrático, a primazia para a realização da ponderação entre valores constitucionais é conferida ao Poder Legislativo, que dispõe de uma margem de escolha, pois não é um mero executor de decisões já integralmente contidas na Constituição.[132]

Intimamente relacionado ao papel da lei complementar e para que seja possível a sua melhor compreensão, mostra-se pertinente

---

[128] COÊLHO, Sacha Calmon Navarro. *Comentários à Constituição de 1988.* 10. ed. Rio de Janeiro: Forense, 2006. p. 86-88.

[129] CARRAZZA, Roque Antonio. *Curso de Direito Constitucional Tributário.* 21. ed. São Paulo: Malheiros, 2005. p. 881-882.

[130] CARRAZZA, Roque Antonio. *Curso de Direito Constitucional Tributário.* 21. ed. São Paulo: Malheiros, 2005. p. 883.

[131] NASCIMENTO, João Paulo Melo do. Lei complementar para resolução de conflitos federativos de competência tributária. *Revista de Direito da Associação dos Procuradores do Novo Estado do Rio de Janeiro,* Rio de Janeiro, v. 22, p. 278, 2014.

[132] SARMENTO, Daniel. *Direito Constitucional:* teoria, história e métodos de trabalho. Belo Horizonte: Fórum, 2013. p. 514.

analisar adequadamente o princípio da tipicidade, sob o enfoque das tipicidades fechada e aberta, com as potencialidades e limites que confere ao legislador complementar.

No entanto, não se pode perder de vista que a divisão de competências tributárias não consiste em mera questão de linguagem, considerando que a minuciosa previsão de competências na Constituição convive com as mutações da economia, da sociedade civil, com os objetivos e políticas públicas, "tudo a exigir flexibilidade que resulta em permanente tensão com a estabilidade inerente às previsões constitucionais".[133]

De outro lado, para além das competências, a Constituição consagra um sistema de repartição de receitas. Dessa forma, ainda que, nos itens seguintes, a linguagem seja tomada como ponto de partida, não se pode dissociá-la da complexidade em que o modelo de divisão de competências tributárias está inserido.

2.2 O princípio da tipicidade

2.2.1 Os tipos e conceitos no Direito Tributário

Como corolário do princípio da segurança jurídica, a doutrina tributária identifica, ao lado do princípio da legalidade, a existência de verdadeiro princípio da tipicidade no âmbito da teoria geral do Direito Tributário. No entanto, há dissenso quanto aos exatos limites do seu conteúdo.

De acordo com Ricardo Lobo Torres, tipicidade (*Typizität*) consiste na qualidade do tipo jurídico, enquanto a tipificação (*Typisierung*) pode ser compreendida como a formação normativa do tipo. O tipo, por sua vez, é definido como a ordenação dos dados concretos existentes na realidade a partir de critérios de semelhança.[134]

Ainda segundo Ricardo Lobo Torres, no tipo há abstração e concretude, pois é encontrado tanto na vida social quanto na norma jurídica. Para tanto, cita como exemplos de tipos as locuções empresa, empresário, trabalhador, indústria e poluidor, de tal modo que nas referidas expressões estão contidas todas as possibilidades de descrição

---

[133] GRECO, Marco Aurélio. ICMS x ISS: fabricação de embalagens sob encomenda; incidência do ICMS. *Revista Fórum de Direito Tributário – RFDT*, Belo Horizonte, a. 8, n. 47, set./out. 2010.

[134] TORRES, Ricardo Lobo. *Tratado de Direito Constitucional Financeiro e Tributário*: valores e princípios Constitucionais Tributários. Rio de Janeiro: Renovar, 2014. v. 2, p. 480-481.

de suas características, independentemente de tempo, lugar ou espécie. Nessa linha, destaca, seguindo os ensinamentos de Karl Engisch, que o tipo representa a média ou a normalidade de uma determinada situação concreta.[135]

As raízes do estudo da tipicidade encontram-se na doutrina germânica. Nesse sentido, Karl Larenz estabelece os contornos do tipo a partir da sua contraposição com os conceitos. Enquanto estes últimos são fixados por meio de sua definição, os tipos não se definem, mas se descrevem. Ademais, se, de um lado, os conceitos são aplicáveis quando as notas que o compõem estão todas presentes, de outro, os tipos admitem gradação. Seguem, adiante, as suas lições:

> Um conceito está fixado por meio da sua definição, de tal modo que haja de aplicar-se a um evento concreto ou situação de fato "só quando e sempre que" se possam nele encontrar o conjunto das notas características da definição. *Esta proposição não vale para o tipo. As notas características indicadas na descrição do tipo não precisam, pelo menos algumas delas, estar todas presentes; podem nomeadamente ocorrer em medida diversa. São com frequência passíveis de gradação e até certo ponto comutáveis entre si.*[136] (Grifo nosso).

Conforme amplamente assinalado pela doutrina nacional,[137] característica essencial dos tipos, que é assinalada por Karl Larenz a partir da 3ª edição de sua obra, de 1975, consiste na abertura dos mesmos. A referida abertura designa uma maior margem de variação, possibilitando um procedimento mais elástico.[138]

Verifica-se, outrossim, que Karl Larenz ressalta que os conceitos pressupõem a aplicação do método subsuntivo, ao passo que os tipos, pela sua própria abertura, estão voltados à concretização de valores. Na verdade, segundo leciona, o tipo contém uma pauta de valoração que carece de conteúdo, de forma apriorística, o que deverá ser feito

---

[135] TORRES, Ricardo Lobo. *Tratado de Direito Constitucional Financeiro e Tributário*: valores e princípios Constitucionais Tributários. Rio de Janeiro: Renovar, 2014. v. 2, p. 481.

[136] LARENZ, Karl. *Metodologia da Ciência do Direito*. Lisboa: Fundação Calouste Gulbenkian, 1997. p. 299-310. Como remarca Karl Larenz, há situações nas quais o conceito e o tipo não são contraposições rígidas, admitindo pontos de comunicação, de modo tal que "a descrição de um tipo pode ser entendida como um estágio anterior à formação de um conceito".

[137] RIBEIRO, Ricardo Lodi. A Tipicidade Tributária. *In*: RIBEIRO, Ricardo Lodi; ROCHA, Sergio André (Coord.). *Legalidade e Tipicidade no Direito Tributário*. São Paulo: Quartier Latin, 2008. p. 189.

[138] LARENZ, Karl. *Metodologia da Ciência do Direito*. Lisboa: Fundação Calouste Gulbenkian, 1997. p. 310.

no caso particular. O método subsuntivo, ao contrário, consiste, em termos ideais, em um procedimento isento de valoração, o que tornaria a aplicação do Direito segura.[139]

Feitos os esclarecimentos anteriores, passa-se ao estudo da tipicidade, tal como entendida pela doutrina brasileira e pelos Tribunais Superiores.

2.2.2 A tipicidade fechada

A formulação da doutrina da tipicidade fechada no Direito brasileiro encontrou em Alberto Xavier um dos seus principais expoentes. Defensor de que o princípio da legalidade da tributação deve ser revestido de características especiais, entende que a lei tributária deve ser uma verdadeira "lei qualificada". Ou seja, por essa visão, existe uma reserva absoluta de lei em matéria tributária, de sorte que o papel do aplicador se limita a subsumir o fato à norma, sem que lhe caiba exercer qualquer atividade valorativa.[140]

Alberto Xavier leciona que o princípio da tipicidade não consiste em um princípio autônomo em relação à legalidade, identificando-o com a reserva absoluta de lei. Segundo sustenta, assim como no Direito Penal o princípio da tipicidade representa uma garantia dos jurisdicionados em face do poder dos juízes, no Direito Tributário traduz-se em um instrumento de defesa dos particulares diante de possíveis arbítrios da Administração (*nullum tributum sine lege*).[141]

Sob essa ótica, leciona que a reserva absoluta de lei pressupõe que, quanto aos elementos essenciais do tributo previstos no art. 97, CTN, a lei contenha não apenas o fundamento da decisão, mas o próprio critério de decidir. Ou seja, o objeto da tipificação é constituído pelos fatos e efeitos, as situações jurídicas iniciais e finais, em homenagem ao postulado da segurança jurídica.[142]

Dentro dessa ordem de ideias, Alberto Xavier enumera como corolários da tipicidade os princípios da seleção, do *numerus clausus*, do exclusivismo e da determinação ou tipicidade fechada. Portanto, verifica-se

---

[139] LARENZ, Karl. *Metodologia da Ciência do Direito*. Lisboa: Fundação Calouste Gulbenkian, 1997. p. 299, 309.

[140] XAVIER, Alberto. *Tipicidade da tributação, simulação e norma antielisiva*. São Paulo: Dialética, 2001. p. 17-18.

[141] XAVIER, Alberto. *Os princípios da legalidade e da tipicidade da tributação*. São Paulo: Revista dos Tribunais, 1978. p. 69-70.

[142] XAVIER, Alberto. *Os princípios da legalidade e da tipicidade da tributação*. São Paulo: Revista dos Tribunais, 1978. p. 73, 77-78.

que, segundo o seu magistério, a tipicidade fechada consiste em um dos aspectos do princípio da tipicidade.[143] A seguir serão explanados, em linhas gerais, os conteúdos de cada um dos subprincípios referidos.

O primeiro deles, que é o princípio da seleção, designa que o tributo não pode ser descrito a partir de uma cláusula ou conceito geral, mostrando-se imprescindível que o legislador eleja fatos que revelem capacidade contributiva, aptos a ensejar a incidência tributária.

De outro lado, complementando o princípio da seleção, o princípio do *numerus clausus* determina que a tipologia tributária seja taxativa, e não meramente exemplificativa. Alberto Xavier enxerga no princípio do *numerus clausus* uma verdadeira *Magna Charta* do contribuinte, que, a um só tempo, veda o recurso à analogia e torna a ordem tributária completamente livre de lacunas.[144]

O princípio do exclusivismo, por sua vez, traduz-se no conteúdo do art. 114 do CTN, pelo qual o fato gerador da obrigação tributária pode ser definido como "a situação definida em lei como necessária e suficiente à sua ocorrência". Designa o exclusivismo, posto que os tipos legais dos tributos devem conter os elementos necessários à tributação e que, uma vez presentes, ensejam a incidência tributária, sem quaisquer outras considerações valorativas.[145]

Finalmente, o princípio da determinação ou tipicidade fechada exige que os elementos que integram o tipo sejam precisos e determinados, cabendo ao órgão de aplicação do direito descobrir imediata, direta e exclusivamente o conteúdo da lei, que, por essa visão, é lógico e unívoco, sem admitir considerações subjetivas.[146]

Já Misabel Derzi, partindo da distinção entre tipos e conceitos, leciona que a diferença entre ambos é essencialmente de grau, pois enquanto os primeiros se articulam com uma estrutura aberta e flexível à realidade, servindo à aplicação de princípios, os últimos correspondem a um reforço à segurança jurídica, à primazia da lei e à uniformidade de tratamento dos casos isolados.[147]

---

[143] XAVIER, Alberto. *Tipicidade da tributação, simulação e norma antielisiva*. São Paulo: Dialética, 2001. p. 18.

[144] XAVIER, Alberto. *Os princípios da legalidade e da tipicidade da tributação*. São Paulo: Revista dos Tribunais, 1978. p. 86-88.

[145] XAVIER, Alberto. *Os princípios da legalidade e da tipicidade da tributação*. São Paulo: Revista dos Tribunais, 1978. p. 89-92.

[146] XAVIER, Alberto. *Os princípios da legalidade e da tipicidade da tributação*. São Paulo: Revista dos Tribunais, 1978. p. 92-99.

[147] DERZI, Misabel de Abreu Machado. *Direito tributário, direito penal e tipo*. São Paulo: Revista dos Tribunais, 1988. p. 83-84.

Consoante destaca e já assinalado no item 2.2.1 deste capítulo, a partir de 1975, a expressão *tipo fechado* foi eliminada da obra *Metodologia da Ciência do Direito* de Karl Larenz, que, a partir da sua 3ª edição, passou a prever que o tipo necessariamente é aberto. Nessa linha, reconhece que os tipos implicam a inesgotabilidade de suas notas, tornando-o mais adequado a adaptar-se a situações novas.[148]

Assim como Alberto Xavier, Misabel Derzi defende que a tipicidade diz respeito ao próprio princípio da legalidade, sob o aspecto material, referindo-se ao conteúdo da lei. No entanto, diferentemente daquele autor, entende que a tipicidade vem sendo impropriamente utilizada, ao menos nos países latino-americanos, como sinônima do princípio da especialidade ou da especificação conceitual, pelo qual os tributos são descritos com precisão, sem margem de considerações subjetivas pelo intérprete. Reportando-se a Alberto Xavier, destaca Misabel Derzi:

> São mais recentes as tentativas de transposição de tipo e de tipicidade, em sentido impróprio, para o Direito Tributário. Embora Alberto Xavier, um dos mais eméritos juristas luso-brasileiros, identifique o tipo, corretamente, à concreção de fatos e efeitos, sem, pois, restringi-lo a *Tatbestand* ou fato gerador, na mesma linha de raciocínio de Carnelutti ou Oliveira Ascensão, confunde-o com o conceito determinado classificatório.[149]

Na visão da autora, os tipos apresentam textura aberta e, sob esta ótica, são inaplicáveis a certos setores jurídicos, como o Direito Penal, o Direito Tributário e os Direitos Reais. Na verdade, em relação a esses ramos do conhecimento, em que os tipos cedem lugar aos conceitos determinados, apenas impropriamente se poderia cogitar do princípio da tipicidade, que abre espaço ao já referido princípio da especificação.

Nessa linha, Misabel Derzi assinala que a divisão de competências tributárias traçadas pelo legislador constituinte tampouco se compatibiliza com a linguagem tipológica, diante das estruturas flexíveis próprias dos tipos, que, se de um lado, conferem maior permeabilidade à estrutura jurídica, de outro, entram em rota de tensão com a rigidez característica do sistema de repartição de competências.

---

[148] DERZI, Misabel de Abreu Machado. *Direito tributário, direito penal e tipo*. São Paulo: Revista dos Tribunais, 1988. p. 60-64.

[149] DERZI, Misabel de Abreu Machado. *Direito tributário, direito penal e tipo*. São Paulo: Revista dos Tribunais, 1988. p. 191.

Ressalte-se, entretanto, que, embora defenda a impossibilidade de uso de tipos no Direito Tributário, ela não descarta a presença de verdadeiros resíduos tipológicos em sua estrutura, como se verifica na possibilidade de o Poder Executivo, em certas espécies tributárias, poder graduar as alíquotas e bases de cálculo.[150]

Ademais, pondera que tipo não representa a tradução da expressão alemã *Tatbestand*, como equivocadamente procedido no âmbito do Direito Penal. Consoante leciona, embora *Tatbestand*, no Direito Tributário, seja usualmente traduzido como fato gerador, esta locução apenas impropriamente pode ser tomada como sinônima de tipo, eis que este último engloba realidade mais ampla que aquele.

Partindo da dicotomia existente entre as correntes unitária e dualista no Direito Tributário, pelas quais, respectivamente, o fato gerador e a tributabilidade seriam um mesmo e único fenômeno ou, ao revés, representariam realidades distintas,[151] Misabel Derzi defende a corrente unitária, nos termos seguintes:

> Despir o fato gerador (ou hipótese) de sua tributabilidade é despi-lo de sua normatividade, restando a facticidade pura. (...) Sem dúvida, um avanço doutrinário representa a corrente da visão unitária do tributo, a qual, superando as contradições ontológico-axiológicas e lógico-eficaciais anteriores, se valeu da analiticidade com que a doutrina dualista do tributo soube contribuir para a Ciência do Direito.[152]

Luciano Amaro, por sua vez, leciona que a legalidade tributária pressupõe não a simples preeminência de lei, mas a reserva absoluta de lei. Consoante ensina, como corolário do princípio da legalidade, pode-se identificar o princípio da tipicidade, dirigido ao legislador e ao aplicador da lei. Nessa linha, a tipicidade é qualificada como fechada ou cerrada, não se mostrando possível, para a valorização dos fatos, que sejam considerados elementos estranhos ao tipo legal.

Ao destinar-se ao legislador, o princípio da tipicidade impõe que a lei seja definida de modo taxativo e completo, contendo todos os elementos necessários à tributação. Já no que se refere à atividade do aplicador, como decorrência do caráter exaustivo da lei, o princípio

---

[150] DERZI, Misabel de Abreu Machado. *Direito tributário, direito penal e tipo*. São Paulo: Revista dos Tribunais, 1988. p. 83-84, 103, 250, 287.

[151] DERZI, Misabel de Abreu Machado. *Direito tributário, direito penal e tipo*. São Paulo: Revista dos Tribunais, 1988. p. 114, 202-203, 216.

[152] DERZI, Misabel de Abreu Machado. *Direito tributário, direito penal e tipo*. São Paulo: Revista dos Tribunais, 1988. p. 242-243.

da tipicidade afasta a interpretação extensiva e a analogia em matéria tributária.[153]

Em igual sentido, Ives Gandra da Silva Martins pondera que a legalidade é o primeiro dos princípios concernentes às limitações ao poder de tributar, devendo ser compreendido de forma estrita no Direito Tributário. Dentro dessa ordem de ideias, destaca que a flexibilidade, característica do princípio da legalidade no direito privado, não se presta aos fins da Ciência das Finanças.

Já quanto ao princípio da tipicidade, assevera que o tipo deve estar inteiramente contido na lei, retomando a divisão nas quatro subespécies vislumbradas por Alberto Xavier. Nesse sentido, discorre que a norma impositiva elege o tipo tributário (subprincípio da seleção), afastando o uso de analogias (subprincípio do *numerus clausus*), particularizando a situação fática (princípio do exclusivismo) e conceituando, de forma precisa, o fato imponível (subprincípio da determinação).[154]

Vislumbrando o princípio da tipicidade como decorrência imediata do princípio da estrita legalidade, sustenta Paulo de Barros Carvalho que a tipicidade consiste em um *plus* em relação à legalidade. Se, de um lado, a regra tributária deve ser introduzida por meio de lei (legalidade em sentido lato), de outro, impõe-se que a lei tributária traga em seu bojo os elementos descritivos do fato jurídico e os dados prescritores da relação obrigacional (tipicidade).[155]

Onofre Alves Batista Júnior, por sua vez, pondera que, ainda que o princípio da tipicidade fechada não encontre expressão direta na CRFB/1988, ele pode ser compreendido como a exigência de especificação conceitual, de sorte que a lei formal deve conter os elementos essenciais caracterizadores dos tributos, afastando-se a discricionariedade e a analogia na sua determinação, bem como reduzindo a margem de valoração da Administração Fiscal.[156]

Finalmente, Yonne Dolácio de Oliveira, partindo da premissa de que o Direito Tributário brasileiro consagra verdadeiro princípio da reserva absoluta de lei, defende que a lei tributária é lei cerrada, cabendo ao legislador definir exaustivamente os elementos que compõem a hipótese de incidência.

---

[153] AMARO, Luciano. *Direito Tributário Brasileiro*. 14. ed. São Paulo: Saraiva, 2008. p. 112-113.

[154] MARTINS, Ives Gandra da Silva. *O Sistema Tributário na Constituição*. (Co-atualizador Rogério Gandra Martins). 6. ed. São Paulo: Saraiva, 2007. p. 256-261.

[155] CARRAZZA, Roque Antonio. *Curso de Direito Tributário*. 21. ed. São Paulo: Saraiva, 2009. p. 174.

[156] BATISTA JÚNIOR, Onofre Alves. O Princípio da Tipicidade Tributária e o Mandamento de Minimização das Margens de Discricionariedade e de Vedação da Analogia. *In*: MANEIRA, Eduardo; TORRES, Heleno (Org.). *Direito Tributário e a Constituição*: homenagem ao Professor Sacha Calmon Navarro Coelho. São Paulo: Quartier Latin, 2012. p. 653-655, 668.

Aduz que a referida norma cerrada funciona com rigor conceitual, exigindo subsunção, ao contrário dos tipos abertos, que não são definidos, admitindo limites flexíveis e coordenação. Da leitura conjugada dos artigos 97 e 114, CTN, sustenta que o Código Tributário brasileiro consagrou inequivocamente tipos fechados, pois, "ou o caso concreto oferece todas as características do repertório da hipótese legal" "ou não é afetado por ela".[157]

Em suma, verifica-se que diversos setores doutrinários entendem, como corolário do princípio da legalidade estrita e das garantias asseguradas aos contribuintes, que a tipicidade tributária deve ser necessariamente fechada, cabendo ao Poder Legislativo regular minuciosamente todos os elementos do fato gerador.

Entretanto, a referida concepção é contraposta pela teoria da tipicidade aberta, conforme será exposto a seguir.

2.2.3 A tipicidade aberta no Direito brasileiro

A partir das lições extraídas da obra de Karl Larenz, no sentido de que o tipo se caracteriza pela fluidez e abertura, em oposição aos conceitos,[158] que estão fixados por meio de sua definição, tem ganhado força a defesa da tipicidade aberta no Direito Tributário brasileiro.

---

[157] OLIVEIRA, Yonne Dolácio de. Princípio da legalidade. In: MARTINS, Ives Gandra da Silva (Coord.). *Caderno de Pesquisas Tributárias n° 6, princípio da legalidade*. São Paulo: Resenha Tributária, 1981. p. 506-510.

[158] Destaque-se que, na primeira edição deste livro, foi feita referência a trecho da obra de Humberto Ávila, em que se destacou que o autor não chega a contrapor as noções de tipo e conceito, defendendo que a pretensa dicotomia entre ambos deve ser enfrentada a partir da teoria dos conceitos e propondo que, ao invés da utilização do mandamento da tipicidade, seja utilizada a locução "princípio da determinabilidade fática".

Registrou-se, ainda, que, na sua visão, o tipo é apenas uma espécie de conceito, que, como gênero, poderia ser subdividido em "conceitos de tipos" e "conceitos de classe". Enquanto os primeiros representam uma totalidade graduável e aberta à qual os fatos podem ser relacionados em maior ou menor grau, os segundos referem-se a uma rígida soma de elementos distintivos, sujeitando-se à subsunção.

Em acréscimo, esclareceu-se que, embora o autor negue autonomia metodológica aos tipos, alguns traços dos "conceitos de tipos", na sua classificação, são similares aos tipos, segundo o entendimento que a generalidade da doutrina defensora da tipicidade aberta lhe tem conferido.

(ÁVILA, Humberto. *Sistema Constitucional Tributário*. 4. ed. São Paulo: Saraiva, 2010. p. 171-172, 181-182, 204-206, 323).

Contudo, em obra posterior, o autor esclarece que as regras de competência não podem conter tipos, pois, do contrário, "elas deixam de ser significados de enunciados prescritivos, com eficácia comportamental direta e indireta, qualificados como abstratos, heterônomos e coativos em sentido amplo, e passam a ser significados de enunciados descritivos, sem eficácia comportamental direta, qualificados como concretos, autônomos e não coativos". (ÁVILA, Humberto. *Competências tributárias*: um ensaio sobre a sua compatibilidade com as noções de tipo e conceito. São Paulo: Malheiros, 2018. p. 64).

Seus teóricos assinalam, inclusive, que o princípio da segurança jurídica não é atingido por meio da utilização de conceitos fechados. Nesse sentido, Ricardo Lodi Ribeiro leciona que a norma vai além do seu teor literal, não podendo ser conhecida sem a necessária interação com a realidade fática que a circunda. Ademais, a indeterminação da norma tributária decorre não apenas dos valores e princípios fundamentais aplicáveis ao Direito Tributário, mas também da natureza fluida da linguagem utilizada.

Sustenta que, embora a completa determinação seja um ideal a ser perseguido, o detalhamento indiscriminado pode levar a uma maior indefinição, uma vez que o excesso de pormenores faz com que vários traços da realidade deixem de ser contemplados pelo texto legal.[159]

Citando Kant, assinala que "os conceitos sem tipos são vazios, e os tipos sem conceitos são cegos", pelo que leciona não haver uma oposição necessária entre os referidos institutos. Em verdade, a relevância da tipicidade aberta não está em um possível antagonismo com os conceitos, mas no reconhecimento de que a indeterminação é imanente a toda a linguagem – jurídica ou não – de forma que o Direito Tributário não representa uma exceção a essa realidade.[160]

Sergio André Rocha, a seu turno, após traçar a evolução do Estado Liberal para o Estado Social, em que a função estatal preponderante deixa de ser a legislativa, passando a haver maior relevo para as atividades do Estado-Administração, pondera que, na atual sociedade contemporânea, o papel atribuído à lei deve ser revisitado.

Segundo leciona, a evolução da teoria hermenêutica promove uma releitura do princípio da legalidade e da pretensão de segurança jurídica a ele vinculado. Com efeito, a complexidade da sociedade de risco tem levado o legislador a utilizar-se de conceitos indeterminados e de tipos, como instrumentos de abertura das regras tributárias.[161]

Já no contexto do Direito alemão, observa Karl Engisch que o método subsuntivo mostra-se insuficiente para que juízes e administradores públicos apliquem a lei, reconhecendo que todos os Poderes

---

[159] RIBEIRO, Ricardo Lodi. A Tipicidade Tributária. *In*: RIBEIRO, Ricardo Lodi; ROCHA, Sergio André (Coord.). *Legalidade e Tipicidade no Direito Tributário*. São Paulo: Quartier Latin, 2008. p. 190-192.

[160] RIBEIRO, Ricardo Lodi. A Tipicidade Tributária. *In*: RIBEIRO, Ricardo Lodi; ROCHA, Sergio André (Coord.). *Legalidade e Tipicidade no Direito Tributário*. São Paulo: Quartier Latin, 2008. p. 205-206.

[161] ROCHA, Sergio André. A Deslegalização no Direito Tributário Brasileiro Contemporâneo. *In*: BORJA, Célio; RIBEIRO, Ricardo Lodi (Org.). *Temas de Direito Público*: estudos em homenagem ao professor Flávio Bauer Novelli – Constituição e Cidadania. Rio de Janeiro: Multifoco, 2015. v. 1, p. 512-514, 526-533.

de Estado são chamados "a valorar autonomamente e, por vezes, a decidir e a agir de um modo semelhante ao do legislador". Nessa linha, assevera que os conceitos absolutamente determinados "são muito raros no Direito", que se constituem, preponderantemente, por conceitos com algum grau de indeterminação, seja no conteúdo, seja na extensão.[162]

Reportando-se às lições de Karl Engisch, Sergio André Rocha defende que a tipicidade aberta se coaduna com o princípio da legalidade, se este for compreendido à luz das particularidades da sociedade pós-moderna. Ademais, sustenta que o Supremo Tribunal Federal, através do RE nº 343.446/SC, rel. Min. Carlos Velloso, Tribunal Pleno, Julgamento 20.03.2003, DJ 04.04.2003 teria consagrado o entendimento referido.[163]

Por meio do julgamento *supra*, foi questionada a constitucionalidade dos artigos 3º, II, Lei nº 7.787/1989[164] e 22, II, Lei nº 8.212/1991,[165] com a redação dada pela Lei nº 9.732/1998, assim como do Decreto

---

[162] ENGISCH, Karl. *Introdução ao Pensamento Jurídico*. (Trad. J. Baptista Machado). 8. ed. Lisboa: Fundação Calouste Gulbenkian, 2001. p. 207-209. Engisch cita os conceitos numéricos como exemplos de conceitos determinados, especialmente quando combinados com medidas ou valores monetários.

[163] ROCHA, Sergio André. A Deslegalização no Direito Tributário Brasileiro Contemporâneo. *In*: BORJA, Célio; RIBEIRO, Ricardo Lodi (Org.). *Temas de Direito Público*: estudos em homenagem ao professor Flávio Bauer Novelli – Constituição e Cidadania. Rio de Janeiro: Multifoco, 2015. v. 1, p. 537-540. Reportando-se, igualmente, ao julgamento do SAT, cumpre fazer referência a: TORRES, Ricardo Lobo. O Princípio da Tipicidade no Direito Tributário. *In*: RIBEIRO, Ricardo Lodi; ROCHA, Sergio André (Coord.). *Legalidade e Tipicidade no Direito Tributário*. São Paulo: Quartier Latin, 2008. p. 170-172.

[164] Art. 3º, Lei nº 7.787/1989. A contribuição das empresas em geral e das entidades ou órgãos a ela equiparados, destinada à Previdência Social, incidente sobre a folha de salários, será: (...) II – de 2% sobre o total das remunerações pagas ou creditadas, no decorrer do mês, aos segurados empregados e avulsos, para o financiamento da complementação das prestações por acidente do trabalho.

[165] Art. 22, Lei nº 8.212/1991. A contribuição a cargo da empresa, destinada à Seguridade Social, além do disposto no art. 23, é de: (...) II – para o financiamento do benefício previsto nos arts. 57 e 58 da Lei nº 8.213, de 24 de julho de 1991, e daqueles concedidos em razão do grau de incidência de incapacidade laborativa decorrente dos riscos ambientais do trabalho, sobre o total das remunerações pagas ou creditadas, no decorrer do mês, aos segurados empregados e trabalhadores avulsos: (Redação dada pela Lei nº 9.732, de 1998). a) 1% (um por cento) para as empresas em cuja atividade preponderante o risco de acidentes do trabalho seja considerado leve; b) 2% (dois por cento) para as empresas em cuja atividade preponderante esse risco seja considerado médio; c) 3% (três por cento) para as empresas em cuja atividade preponderante esse risco seja considerado grave. (...) §3º. O Ministério do Trabalho e da Previdência Social poderá alterar, com base nas estatísticas de acidentes do trabalho, apuradas em inspeção, o enquadramento de empresas para efeito da contribuição a que se refere o inciso II deste artigo, a fim de estimular investimentos em prevenção de acidentes.

nº 612/1999 e posteriores alterações pelo Decreto nº 2.173/1997,[166] que instituíram e regulamentaram a contribuição social destinada ao Seguro de Acidente de Trabalho (SAT), incidente sobre o total da remuneração.

Entre outros questionamentos, para os fins que interessam a este trabalho, a parte recorrente alegou que os decretos referidos teriam inovado na ordem jurídica, redefinindo o conceito de atividades preponderantes e graus de risco, bem como destinando a contribuição ao SAT para o financiamento dos benefícios concedidos, o que vulneraria o princípio da legalidade.

Verifica-se que as alíquotas da aludida contribuição seriam de 1%, 2% ou 3%, a depender de a atividade preponderante do contribuinte ser classificada como de risco leve, médio ou grave, nos termos do art. 22, II, Lei nº 8.212/1991. De outro lado, a definição do que seria atividade preponderante, assim como o grau de risco, foi deixado a cargo do Poder Executivo, o que ensejou as alegações de violação à legalidade e à tipicidade.

Em seu voto, o Min. Relator Carlos Velloso destacou que a hipótese não era de delegação legislativa pura, pois a lei já havia estabelecido de forma satisfatória todos os elementos necessários para o nascimento da obrigação tributária, tratando-se de regulamento *intra legem*. Segue a ementa do acórdão, *verbis*:

EMENTA: – CONSTITUCIONAL. TRIBUTÁRIO. CONTRIBUIÇÃO: SEGURO DE ACIDENTE DO TRABALHO – SAT. Lei nº 7.787/89, arts. 3º e 4º; Lei nº 8.212/91, art. 22, II, redação da Lei nº 9.732/98. Decretos nºs 612/92, 2.173/97 e 3.048/99. CF, artigo 195, §4º; art. 154, II; art. 5º, II; art. 150, I. I. – Contribuição para o custeio do Seguro de Acidente do Trabalho – SAT: Lei nº 7.787/89, art. 3º, II; Lei nº 8.212/91, art. 22, II: alegação no sentido de que são ofensivos ao art. 195, §4º, c/c art. 154, I, da Constituição Federal: improcedência. Desnecessidade de observância da técnica da competência residual da União, CF, art. 154, I. Desnecessidade de lei complementar para a instituição da contribuição para o SAT. II. – O art. 3º, II, da Lei nº 7.787/89, não é ofensivo ao princípio da igualdade, por isso que o art. 4º da mencionada Lei nº 7.787/89 cuidou de tratar desigualmente aos desiguais. III. – As Leis nº 7.787/89, art. 3º, II, e 8.212/91, art. 22, II, definem, satisfatoriamente, todos os elementos capazes de fazer nascer a obrigação tributária válida. *O fato de a lei deixar para o regulamento a complementação dos conceitos de "atividade preponderante" e "grau de risco leve, médio e grave", não implica ofensa ao*

---

[166] Art. 26, Dec. nº 2.173/1997. (...) §1º. Considera-se atividade preponderante a atividade que ocupar, na empresa, o maior número de segurados empregados, trabalhadores avulsos e médicos residentes.

princípio da legalidade genérica, CF, art. 5º, II, e da legalidade tributária, CF, art. 150, I. IV. – Se o regulamento vai além do conteúdo da lei, a questão não é de inconstitucionalidade, mas de ilegalidade, matéria que não integra o contencioso constitucional. V. – Recurso extraordinário não conhecido. (RE nº 343446/SC, rel. Min. Carlos Velloso, Tribunal Pleno, Julgamento 20.03.2003, DJ 04.04.2003). (Grifo nosso).

Embora o voto condutor do acórdão não tenha se pautado no princípio da tipicidade, mas na mera conformação aos limites do poder regulamentar,[167] a hipótese é de verdadeira aplicação da tipicidade, vez que a legislação do SAT, ao enunciar as locuções "risco leve, médio ou grave", compõe-se de tipos, conforme reconhece Sergio André Rocha.[168] As considerações do caso SAT foram recentemente retomadas pelo STF, ao apreciar a constitucionalidade do art. 10 da Lei nº 10.666/2003, que instituiu um coeficiente de redução e aumento das alíquotas da contribuição, conforme dispuser o regulamento, como se verifica da ADI nº 4.397/DF e do RE nº 677.725/RS.

Por fim, cumpre citar a posição de Marciano Seabra de Godoi, que apresenta algumas peculiaridades em relação aos demais defensores da tipicidade aberta. O autor sustenta que o princípio da tipicidade pode ser extraído da locução "estabeleça", contida no art. 150, I, CRFB/1988, pelo qual é vedado aos entres federativos "exigir ou aumentar tributo sem lei que o estabeleça".

Na sua visão, tipicidade significa que "a lei deve definir os principais aspectos do tributo com um alto grau de precisão e concreção, sem recorrer a conceitos vagos ou indeterminados", o que afastaria a discricionariedade administrativa na cobrança do tributo e representaria um reforço do princípio da legalidade tributária.[169]

Por conseguinte, a tipicidade (*Tatbestandsmässigkeitsprinzip*), incorpora o conceito de fato gerador (*Tatbestand*), mas apresenta

---

[167] TORRES, Ricardo Lobo. O Princípio da Tipicidade no Direito Tributário. *In*: RIBEIRO, Ricardo Lodi; ROCHA, Sergio André (Coord.). *Legalidade e Tipicidade no Direito Tributário*. São Paulo: Quartier Latin, 2008. p. 171.

[168] ROCHA, Sergio André. A Deslegalização no Direito Tributário Brasileiro Contemporâneo. *In*: BORJA, Célio; RIBEIRO, Ricardo Lodi (Org.). *Temas de Direito Público*: estudos em homenagem ao professor Flávio Bauer Novelli – Constituição e Cidadania. Rio de Janeiro: Multifoco, 2015. v. 1, p. 537-540. Reportando-se, igualmente, ao julgamento do SAT, cumpre fazer referência a: TORRES, Ricardo Lobo. O Princípio da Tipicidade no Direito Tributário. *In*: RIBEIRO, Ricardo Lodi; ROCHA, Sergio André (Coord.). *Legalidade e Tipicidade no Direito Tributário*. São Paulo: Quartier Latin, 2008. p. 64.

[169] GODOI, Marciano Seabra de. O quê e o porquê da tipicidade tributária. *In*: RIBEIRO, Ricardo Lodi; ROCHA, Sergio André. (Coord.). *Legalidade e Tipicidade no Direito Tributário*. São Paulo: Quartier Latin, 2008. p. 72.

conteúdo oposto ao de tipo (*Typus*), uma vez que este último representa uma realidade fluida, que somente se concretizaria com aplicações valorativas.[170]

No entanto, embora entenda que tipo e tipicidade são fenômenos dissociados, Marciano Seabra de Godoi pondera que a atividade de interpretação não se resume à mera subsunção lógica, o que, consoante o seu magistério, foi ratificado por meio do julgamento do RE nº 343.446/SC, que representou a negação da teoria da tipicidade fechada.[171]

Portanto, ainda que não defenda expressamente a existência de tipicidade aberta no Direito Tributário brasileiro, as conclusões do autor parecem convergir com a dos adeptos da mencionada teoria, no sentido de que, embora os princípios da segurança jurídica e da proteção dos contribuintes sejam importantes vetores no ordenamento jurídico, tais valores não são atingidos por meio de leis supostamente claras e unívocas. Ademais, consoante reconhece, a norma não tem existência antes da interpretação, sendo um produto desta.[172]

Feitas as observações anteriores, passa-se ao estudo da correlação entre as competências tributárias estabelecidas na Constituição e os tipos.

2.3 As competências tributárias estabelecidas na Constituição e o papel da Lei complementar

De acordo com as lições de Luís Eduardo Schoueri, a Constituição, ao dividir competências tributárias, valeu-se eminentemente de tipos, e não de conceitos.[173] Transportando-se para o campo tributário o quanto antes se expôs, defende o autor que os elencos dos artigos 153, 155 e 156 da Constituição consistem em tipos, pois, do contrário, seria despiciendo o emprego de lei complementar para dirimir conflitos de competência, consoante a previsão do art. 146, I, CRFB/1988.

---

[170] GODOI, Marciano Seabra de. O quê e o porquê da tipicidade tributária. *In*: RIBEIRO, Ricardo Lodi; ROCHA, Sergio André. (Coord.). *Legalidade e Tipicidade no Direito Tributário*. São Paulo: Quartier Latin, 2008. p. 73-74.

[171] GODOI, Marciano Seabra de. O quê e o porquê da tipicidade tributária. *In*: RIBEIRO, Ricardo Lodi; ROCHA, Sergio André. (Coord.). *Legalidade e Tipicidade no Direito Tributário*. São Paulo: Quartier Latin, 2008. p. 81.

[172] GODOI, Marciano Seabra de. O quê e o porquê da tipicidade tributária. *In*: RIBEIRO, Ricardo Lodi; ROCHA, Sergio André. (Coord.). *Legalidade e Tipicidade no Direito Tributário*. São Paulo: Quartier Latin, 2008. p. 82-83.

[173] SCHOUERI, Luís Eduardo. *Direito Tributário*. 9. ed. São Paulo: Saraiva, 2019. p. 270, 276.

Portanto, segundo sustenta, os conflitos de competência surgem justamente da potencial fluidez dos tipos,[174] o que, conjugado com o art. 146, III, a, CRFB/1988 – pelo qual foi conferido à lei complementar o papel de definir os fatos geradores, bases de cálculo e contribuintes – demonstra que o constituinte tinha consciência de que ele próprio não conceituara os elementos essenciais dos impostos previstos.[175]

Nessa mesma linha, Sergio André Rocha exemplifica que as locuções serviços e mercadorias, que foram utilizadas pela Constituição como fatos geradores do ISS e do ICMS, constituem verdadeiros tipos. Por esse raciocínio, seus significados vêm sofrendo uma permanente revolução, considerando, especialmente, o crescente desenvolvimento tecnológico.

Ademais, o autor esclarece que, ante o caráter gradual do tipo, entre o típico e o atípico não há uma contraposição absoluta, mas sim, uma zona cinzenta, na qual há uma grande variedade de possibilidades. Por conseguinte, o autor refuta a aplicação da chamada lógica clássica bivalente na interpretação tributária, pela qual seria possível interpretar a realidade jurídica a partir de categorias opostas.[176]

Reconhecendo, igualmente, a natureza tipológica da norma de incidência tributária, Ricardo Lodi Ribeiro enfatiza que a abertura dos tipos é maior nas taxas e contribuições do que nos impostos, diante do caráter historicamente mais antigo dos impostos, o que não obsta a constatação de que o grau de abertura, em quaisquer tributos, seja sempre definido pela lei tributária.[177]

Com relação ao Direito Comparado, cumpre fazer referência ao posicionamento de José Casalta Nabais que, no âmbito do Direito Português, embora não utilize expressamente a locução tipicidade

---

[174] SCHOUERI, Luís Eduardo. *Direito Tributário*. 9. ed. São Paulo: Saraiva, 2019. p. 277. Dentro dessa ordem de ideias, Luís Eduardo Schoueri defende a evolução dos tipos, que acompanha a evolução dos fenômenos econômicos. No entanto, embora reconheça que a Constituição estabelece tipos, defende que a lei complementar se vale de conceitos.

[175] Destaque-se que essa linha de argumentação, cuja consistência teórica já havia sido previamente assinalada em artigo específico sobre o tema, foi posteriormente acolhida no voto do Min. Luiz Fux no RE nº 651.703/PR. Ver: OLIVEIRA, Maurine Morgan Pimentel de. O conflito de competência entre o ISS e o ICMS à luz do RE nº 688223/PR. *In*: GOMES, Marcus Lívio; SCHOUERI, Luís Eduardo (Org.). *A Tributação Internacional na Era Pós-BEPS*: soluções globais e peculiaridades de países em desenvolvimento. Volume III – Transparência e Economia Digital. Rio de Janeiro: Lumen Juris, 2016. p. 258-259.

[176] ROCHA, Sergio André. Existe um princípio da tipicidade no Direito Tributário? *Revista Dialética de Direito Tributário*, São Paulo, n. 136, p. 73-74, 77-78, jan. 2007.

[177] RIBEIRO, Ricardo Lodi. A Tipicidade Tributária. *In*: RIBEIRO, Ricardo Lodi; ROCHA, Sergio André (Coord.). *Legalidade e Tipicidade no Direito Tributário*. São Paulo: Quartier Latin, 2008. p. 212-213.

aberta, apresenta entendimento que em muito se assemelha ao dos seus defensores.

Consoante sustenta, mesmo nos setores em que a doutrina prega uma reserva de lei, esta poderá conter o que denomina "predeterminações abertas", com a utilização de conceitos indeterminados e cláusulas gerais, o que é especialmente significativo no campo dos impostos.[178]

Ademais, o princípio da determinabilidade não pode ser compreendido como uma exigência de pormenorização dos impostos, "uma vez que, quanto mais o legislador tenta pormenorizar, acaba por originar maiores lacunas relativamente aos aspectos que ficam à margem dessa disciplina". A consequência inarredável desse raciocínio é a de que, quanto maior o detalhamento, maior a indeterminação causada.[179]

Observe-se que, ao comentar o Direito alemão, José Casalta Nabais critica a formulação de que o "princípio da tipicidade, como expressão do princípio do estado de direito, implica que os pressupostos de fato do imposto sejam determinados de tal modo que o contribuinte possa calcular antecipadamente o encargo fiscal que sobre ele recai". Na visão do autor, trata-se de mera retórica legal, que não se coaduna com a visão moderada com que o princípio da determinabilidade deve ser interpretado.

Nessa linha, pondera que a tipicidade não deve ser compreendida de forma rígida, vez que o caráter excessivamente analítico da lei do imposto pode comprometer, ao invés de consolidar, a segurança jurídica. De outro lado, assevera que apenas em um Estado Liberal seria possível insistir em uma concepção estrita da legalidade, de tal sorte que o legislador deveria adotar postura de autocontenção, sob pena de enveredar em "missões impossíveis".[180]

Por conseguinte, na sua visão, o papel atribuído à Administração Fiscal, consoante já reconhecido pelo próprio Tribunal Constitucional português, não é o de mera executora de determinações já integralmente contidas na lei. Ao contrário, a Administração deve ter uma margem de livre decisão, que pode ser entendida como "poder fiscal da Administração", considerando, inclusive, que o Poder Executivo dispõe de

---

[178] NABAIS, José Casalta. *O dever fundamental de pagar impostos*: contributo para a compreensão do estado fiscal contemporâneo. 3. reimp. Coimbra: Almedina, 2012. p. 334.

[179] NABAIS, José Casalta. *O dever fundamental de pagar impostos*: contributo para a compreensão do estado fiscal contemporâneo. 3. reimp. Coimbra: Almedina, 2012. p. 355-356, 375, 377.

[180] NABAIS, José Casalta. *O dever fundamental de pagar impostos*: contributo para a compreensão do estado fiscal contemporâneo. 3. reimp. Coimbra: Almedina, 2012. p. 335, 381-382.

melhores condições de ordem técnica que o Poder Legislativo, além de estar superada a visão de que careceria de legitimidade democrática.[181]

Cabe pontuar, entretanto, que há autores que não estabelecem uma correlação necessária entre as normas de competência previstas na Constituição e o princípio da tipicidade. Nessa linha, pondera Andrei Pitten Velloso que, em verdade, os conceitos podem ser compreendidos de forma ampla, de modo a abarcar "toda e qualquer suma de ideias caracterizada pela presença e pela ausência de determinadas propriedades", englobando os conceitos *stricto sensu* e os tipos.[182]

No entanto, o autor assevera que a assertiva pela qual as competências empregadas na Constituição seriam tipos não encontra respaldo no texto e no sistema constitucional, devendo o intérprete respeitar o sentido literal possível e a coerência significativa da regulação.[183] Consoante decorre das suas lições, não há uma rigidez absoluta na repartição entre conceitos e tipos, diante do reconhecimento de que a linguagem mostra-se vaga e de que a fronteira entre conceitos e tipos não é rígida, abrindo espaço para figuras híbridas.[184]

A esse propósito, cabe transcrever o trecho seguinte de sua obra, na qual o autor discorre sobre o trabalho de Misabel Derzi, já referido em item anterior, para analisá-lo de forma crítica, *verbis*:

---

[181] NABAIS, José Casalta. *O dever fundamental de pagar impostos*: contributo para a compreensão do estado fiscal contemporâneo. 3. reimp. Coimbra: Almedina, 2012. p. 334, 339-340, 373, 383-384. José Casalta Nabais faz referência ao Ac. nº 233/94, por meio do qual o Tribunal Constitucional português apreciou recurso constitucional em que questionado, à luz do art. 114, par. 2º, Código da Contribuição Industrial, acerca da constitucionalidade de a Administração Fiscal haver alterado o sistema de tributação de dado contribuinte, aplicando-lhe as regras do grupo B, e não as regras do grupo A, a que ele estava anteriormente vinculado. Concluiu o Tribunal Constitucional, à luz do princípio da legalidade, que a Administração Pública tem uma margem de valoração dos conceitos indeterminados empregados nos textos legais, o que não afasta a necessidade de densificação normativa dos textos referidos, de modo a permitir o controle de atuação da atividade administrativa, seja pelo Poder Judiciário, seja pelos próprios particulares destinatários da norma (que poderão ter algum grau de previsibilidade da atuação administrativa). Nesse contexto, embora tenha fixado o entendimento de que a Administração Fiscal dispõe de discricionariedade técnica e que é possível a utilização de conceitos indeterminados e cláusulas gerais em matéria tributária, o Tribunal Constitucional decidiu pela inconstitucionalidade do art. 114, par. 2º, Código da Contribuição Industrial, diante de a densificação normativa procedida pelo dispositivo legal questionado não haver sido considerada suficiente, enquanto critério orientador. (TRIBUNAL CONSTITUCIONAL PORTUGAL. *Acórdão nº 233/94*. Rel.: Cons. António Vitorino. Disponível em: http://www.tribunalconstitucional. pt/tc/acordaos/19940233.html. Acesso em: 20 dez. 2020).

[182] VELLOSO, Andrei Pitten. *Conceitos e competências tributárias*. São Paulo: Dialética, 2005. p. 250.

[183] VELLOSO, Andrei Pitten. *Conceitos e competências tributárias*. São Paulo: Dialética, 2005. p. 253.

[184] VELLOSO, Andrei Pitten. *Conceitos e competências tributárias*. São Paulo: Dialética, 2005. p. 331.

No entanto, a observação de Misabel Derzi não pode ser acolhida integralmente, por estar arvorada na rígida dicotomia entre tipo e conceito, que não é suficiente para a abordagem de todos os conceitos que compõem o sistema de discriminação de competências tributárias. Com efeito, nessa passagem Misabel Derzi trabalha com uma rígida dicotomia entre conceito e tipo, a qual, como reconhece em outros trechos de sua obra, não pode subsistir, já que a "própria distinção entre tipo e conceito é gradual e tipológica". *Ou seja, a negação de que os conceitos empregados nas normas de competência tributária sejam na realidade tipos não necessita conduzir inexoravelmente à conclusão de que sejam conceitos stricto sensu, com características suficientes e irrenunciáveis. Não há apenas duas possibilidades excludentes "ou...ou". Pode-se vislumbrar que haja conceitos heterogêneos, o que, aliás, é uma necessidade decorrente do reconhecimento da vagueza da linguagem.*[185] (Grifo nosso).

Em sentido similar, refutando a dicotomia entre conceitos e tipos, Luís Cesar Souza de Queiroz esclarece que as normas que atribuem competência tributária necessariamente apresentam limites máximos, diante do rígido regime de repartição de competência para instituir impostos, pois, do contrário, a Constituição seria transformada em um nada jurídico.[186]

Ademais, esclarece que a opção por um modelo conceitual não desconsidera o fenômeno da indeterminação da linguagem e da sua permanente mutação, conforme se infere de suas lições, *verbis*:

> Esse especial modo de se compreender e de se utilizar a expressão *conceito*, que concebe ser necessária a consideração de que os fenômenos da *indeterminação e da mutação acometem os conceitos em geral em graus variados*, parece guardar vantagem para o uso de outras expressões relacionadas, tais como, *tipo, cláusula geral, conceitos determinados, conceitos indeterminados* etc., as quais têm suscitado desnecessárias dúvidas acerca de sua caracterização.[187] (Grifo do autor).

As diferentes visões acerca das normas que consagram competências tributárias – se tipos fechados, abertos, conceitos ou mesmo conceitos heterogêneos – apresenta repercussão direta no papel que

---

[185] VELLOSO, Andrei Pitten. *Conceitos e competências tributárias*. São Paulo: Dialética, 2005. p. 254.

[186] QUEIROZ, Luís Cesar Souza de. Imposto sobre a renda: o conceito constitucional de renda e a recente visão do STF. *In*: QUEIROZ, Luís Cesar Souza de; GOMES, Marcus Lívio (Org.). *Finanças Públicas, Tributação e Desenvolvimento*. Rio de Janeiro: Freitas Bastos, 2015. p. 249.

[187] QUEIROZ, Luís Cesar Souza de. Imposto sobre a renda: o conceito constitucional de renda e a recente visão do STF. *In*: QUEIROZ, Luís Cesar Souza de; GOMES, Marcus Lívio (Org.). *Finanças Públicas, Tributação e Desenvolvimento*. Rio de Janeiro: Freitas Bastos, 2015. p. 250.

cada corrente atribuirá ao princípio da legalidade e, mais especificamente, à legislação complementar.

Ao se admitir que as competências tributárias estabelecidas na Constituição contenham tipos ou, ao menos, sentidos mínimos,[188] sobressai o papel conferido à lei complementar, que, consoante a redação atribuída pela Constituição de 1988, pode dispor sobre conflitos de competência, limitações constitucionais ao poder de tributar e normas gerais em matéria de legislação tributária.

Esclareça-se que a locução sentido mínimo é aqui empregada de modo a denotar que as regras de competência previstas na Constituição apresentam zonas de certeza positiva e negativa e núcleos de significação. No entanto, segundo a concepção ora defendida, a Constituição não exauriu o significado linguístico das normas atributivas de competência, que podem ser aprimoradas com o decurso do tempo.[189]

Prestados esses esclarecimentos, verifica-se que a Constituição de 1988 ampliou o papel conferido à lei complementar, sendo possível, inclusive, inferir que a redação do art. 146, III, CRFB/88 contém caráter exemplificativo, e não taxativo, na enumeração de normas gerais acerca da legislação tributária.[190]

Em regra, a lei complementar que exerce os papéis traçados pelo art. 146, CRFB/88, é o Código Tributário Nacional (CTN). Contudo, o CTN forma um microssistema normativo com outros diplomas legislativos, como as leis complementares nº 87/1996 e nº 116/2003, que, disciplinados de forma conjugada, estabelecem os parâmetros para a cobrança do ICMS e do ISS, respectivamente, e, em paralelo, permitem a sistematização de critérios para o estudo do conflito de competência entre ambos.

A essa altura, e considerando o panorama das principais propostas de reforma tributária que foram descritas no capítulo anterior,

---

[188] A expressão "sentidos mínimos" é amplamente utilizada por Humberto Ávila. No entanto, o autor parte de pressupostos teóricos diferentes dos ora adotados, eis que, na sua visão, como corolário de a Constituição utilizar regras (e não princípios) na repartição de competências tributárias, a Constituição incorpora conceitos pré-constitucionais infraconstitucionais, que só poderiam ser modificados por meio de alteração legislativa, conforme consta da obra: ÁVILA, Humberto. Planejamento Tributário. *Revista de Direito Tributário*, São Paulo, n. 98, p. 79-82, 2006.

[189] Defendendo que conteúdo mínimo designa aquilo que o conceito evidentemente significa, como uma área de inquestionável certeza: PIZOLIO JÚNIOR, Reinaldo. *Competência tributária e conceitos constitucionais*. 372f. Dissertação (Mestrado). Pontifícia Universidade Católica de São Paulo – Faculdade de Direito, São Paulo, 2005.

[190] CANTO, Gilberto de Ulhoa. Lei Complementar Tributária. *Caderno de Pesquisas Tributárias*, São Paulo, n. 15, p. 4-8, 1990.

verifica-se que importantes setores doutrinários, ao invés de defenderem uma reforma da tributação inteiramente a nível constitucional, propõem que um conjunto de medidas seja tratado no âmbito legislativo,[191] inclusive no que se refere aos conflitos de competência.

Na linha do que já se vinha se pontuando desde a primeira edição desta obra, como não há uma lei complementar específica para tratar dos conflitos de competência, mas sim um microssistema legislativo, nesse ambiente de novas ideias para se aprimorar o sistema tributário, mostra-se oportuna a proposta de que a competência de Estados e Municípios possa ser tratada em lei complementar única, como meio de se reduzirem as margens de discussão sobre a matéria.[192]

No entanto, enquanto as propostas ainda se colocam apenas no plano ideal, e retomando-se o quanto antes se destacou no item 2.2 deste capítulo, conclui-se que a compreensão prévia quanto às normas sobre competência tributária dispostas na Constituição apresenta reflexos diretos na forma de se visualizar e enfrentar os conflitos de competência.

Nesse sentido, para diversos doutrinadores, notadamente os que partem da premissa de que a tipicidade no Direito Tributário é fechada, os conflitos de competência em matéria tributária são meramente aparentes, pois a própria Constituição já teria exaurido o exercício das competências tributárias.

Nesse sentido, caberia à lei complementar, como lei de caráter nacional,[193] aumentar o detalhamento dos modelos de tributação já traçados na Constituição, mas sem alterar os conceitos que teriam sido pressupostos por ela. Por essa lógica, locuções como serviços já teriam o seu alcance previamente definido pelo Texto Constitucional, ao realizar a partilha de competências tributárias.[194]

No entanto, ao se admitir que as competências traçadas pela Constituição apresentam tipos abertos, pode-se defender que o papel atribuído à lei complementar, especialmente no que atine aos conflitos

---

[191] SCAFF, Fernando Facury. Por uma reforma tributária (quase toda) infraconstitucional. *Consultor Jurídico*, 17 jun. 2019. Disponível em: https://www.conjur.com.br/2019-jun-17/justica-tributaria-reforma-tributaria-toda-infraconstitucional. Acesso em: 20 dez. 2020. Também nessa linha, cf.: MARTINS, Ives Gandra da Silva. Tributação e novas tecnologias. *In*: MACHADO, Hugo de Brito (Coord.). *Tributação e novas tecnologias*. Indaiatuba: Foco, 2021. p. 177, 182.

[192] FRANÇOSO, Thais Folgosi *et al*. Não precisamos de reforma tributária que altere a Constituição Federal. *Consultor Jurídico*, 13 nov. 2019. Disponível em: https://www.conjur.com.br/2019-nov-13/opiniao-nao-precisamos-reforma-tributaria-altere-constituicao. Acesso em: 20 dez. 2020.

[193] ATALIBA, Geraldo. Regime Constitucional e leis nacionais e federais. *Revista dos Tribunais on line*, São Paulo, v. 3, p. 288-289, mai. 2011.

[194] MACHADO, Hugo de Brito. *Lei Complementar Tributária*. São Paulo: Malheiros, 2010. p. 160, 172.

de competência, não é o de mera executora de decisões já integralmente contidas no Texto Constitucional.

Com efeito, por essa visão, o legislador complementar exerce atividade de caráter decisório, não se limitando a repetir dispositivos constitucionais, cujo verdadeiro significado seria apreensível diretamente pelo Poder Judiciário.[195]

Em acréscimo, caberia ao Poder Legislativo, na qualidade de intérprete do Texto Constitucional, e respeitado o princípio federativo, estabelecer critérios para que sejam sanados os conflitos de competência entre os entes federativos, o que implica, inexoravelmente, no reconhecimento de algum grau de discricionariedade ao legislador.[196]

Observe-se, ainda, na visão de Andrei Pitten Velloso, que pode ser entendida como intermediária entre as duas correntes anteriores, que embora a Constituição Tributária possa ser, em alguma medida, interpretada conforme a legislação infraconstitucional,[197] a lei complementar "carece de força jurídica para ampliar ou restringir as competências impositivas dos Estados e dos Municípios",[198] de tal modo que a "Constituição emprega signos linguísticos que conotam a integralidade do teor conceitual".[199]

Portanto, como já referido, o papel atribuído à lei complementar oscilará conforme a premissa metodológica utilizada. Para os partidários da tipicidade fechada e aqueles que, sob diferentes fundamentos, compreendem que o sentido das expressões atributivas de competência está inteiramente contido na Constituição, a lei complementar, via de regra, limita-se a reproduzir opções já realizadas pelo constituinte.

Já para aqueles que defendem que as normas de competência empregadas pela Constituição contêm tipos abertos, cujos significados podem oscilar com o transcurso do tempo e do próprio avanço tecnológico, o papel conferido à lei complementar é não só o de densificar o Texto Constitucional, mas também o de inovar na ordem jurídica, desde que respeitado o sentido mínimo das locuções constitucionalmente empregadas.

---

[195] NASCIMENTO, João Paulo Melo do. Lei complementar para resolução de conflitos federativos de competência tributária. *Revista de Direito da Associação dos Procuradores do Novo Estado do Rio de Janeiro*, Rio de Janeiro, v. 22, p. 291, 2014.

[196] NASCIMENTO, João Paulo Melo do. Lei complementar para resolução de conflitos federativos de competência tributária. *Revista de Direito da Associação dos Procuradores do Novo Estado do Rio de Janeiro*, Rio de Janeiro, v. 22, p. 294-301, 2014.

[197] VELLOSO, Andrei Pitten. *Conceitos e competências tributárias*. São Paulo: Dialética, 2005. p. 40.

[198] VELLOSO, Andrei Pitten. *Conceitos e competências tributárias*. São Paulo: Dialética, 2005. p. 29.

[199] VELLOSO, Andrei Pitten. *Conceitos e competências tributárias*. São Paulo: Dialética, 2005. p. 37.

Perquirir os limites para a atuação do legislador complementar ganha vulto especialmente na atual quadra política, em que tramitam no Congresso Nacional diversos projetos de lei que, ante as crescentes inovações tecnológicas, buscam inserir novos itens na lista anexa à LC nº 116/2003, conforme será detalhado nos capítulos seguintes.

No caso específico do ISS, o papel conferido à legislação complementar mostra-se ainda mais crucial, pois, além de dirimir possíveis conflitos de competência em relação ao IPI e ao ICMS, cabe-lhe definir os serviços de qualquer natureza, não compreendidos no art. 155, II, CRFB/1988, conforme resulta inequívoco da literalidade do art. 156, III, CRFB/1988.

Nesse sentido, entende o Supremo Tribunal Federal, por meio de já consagrada jurisprudência, que as listas anexas ao DL nº 406/1968 (com as alterações da LC nº 56/1987) e à LC nº 116/2003, embora admitam interpretação extensiva na horizontal, são taxativas na vertical. Segundo esse critério, apenas estão sujeitos à incidência do ISS os serviços arrolados, expressa ou implicitamente, na lei complementar, não se admitindo a tributação por analogia, *verbis*:

EMENTA: CONSTITUCIONAL. TRIBUTÁRIO. ISS. LEI COMPLEMENTAR: LISTA DE SERVIÇOS: CARÁTER TAXATIVO. LEI COMPLEMENTAR Nº 56, DE 1987: SERVIÇOS EXECUTADOS POR INSTITUIÇÕES AUTORIZADAS A FUNCIONAR PELO BANCO CENTRAL: EXCLUSÃO. I. – É taxativa, ou limitativa, e não simplesmente exemplificativa, a lista de serviços anexa à lei complementar, embora comportem interpretação ampla os seus tópicos. Cuida-se, no caso, da lista anexa à Lei Complementar nº 56/87. II. – Precedentes do Supremo Tribunal Federal. III. – Ilegitimidade da exigência do ISS sobre serviços expressamente excluídos da lista anexa à Lei Complementar nº 56/87. IV. – RE conhecido e provido. (RE nº 361829/RJ, rel. Min. Carlos Velloso, Segunda Turma, Julgamento 13.12.2005, DJ 24.02.2006).

Essa jurisprudência foi convertida em tese de repercussão geral (tema 296),[200] na qual os Ministros do STF, ao apreciarem a tributação de serviços bancários, fixaram o entendimento de que: "É taxativa a lista de serviços sujeitos ao ISS a que se refere o art. 156, III, da Constituição Federal, admitindo-se, contudo, a incidência do tributo sobre as atividades inerentes aos serviços elencados em lei em razão da interpretação extensiva".

---

[200] RE nº 784.439/DF, rel. Min. Rosa Weber, Tribunal Pleno, Julgamento virtual de 19.06.2020 a 26.06.2020, DJe 15.09.2020.

Observe-se que o voto vencido do Min. Gilmar Mendes sustentava que a interpretação extensiva deveria ser admissível apenas na hipótese de a lei complementar utilizar expressões como "congêneres", "qualquer", "quaisquer" e "outros". Ou seja, por essa visão, a interpretação extensiva pressuporia algumas condicionantes, não possuindo aplicação irrestrita. Todavia, nos termos em que fixada, a tese do STF parece permitir que a interpretação extensiva se estenda a todos os itens da lista, sem restrições.

A questão que deflui do exposto, independente da corrente perfilhada, é a dos limites da lei complementar. Ou seja, se de um lado, se reconhece que o legislador exerce um papel decisório, de outro, há limites para essa atuação. Dentro dessa ordem de ideias e observado o princípio da conduta amistosa entre os entes federativos,[201] não se poderia aceitar que o caráter criativo da lei complementar se transformasse em arbítrio.

2.4 Os limites ao legislador complementar: apontamentos sobre a jurisprudência do STJ e do STF

Conforme esclarecido em item anterior, o papel conferido à lei complementar vincula-se diretamente à forma de compreensão das competências tributárias previstas na Constituição. Segundo a posição ora defendida, ainda que se entenda que as competências constitucionais traduzem tipos, na dicção de Luís Eduardo Schoueri, não se desconhece que, na atualidade, há uma permanente aproximação entre tipos e conceitos, eis que os conceitos totalmente fechados e de caráter unívoco não parecem subsistir.

No entanto, o reconhecimento de que a Constituição se valeu de linguagem tipológica e potencialmente aberta não conduz a que a lei complementar possa dispor livremente sobre os impostos previstos na Constituição, de modo que o controle de constitucionalidade, tanto difuso quanto concentrado, deve ser regularmente realizado, como forma de concretização do primado da supremacia da Constituição.

Segundo o magistério de Gustavo da Gama Vital de Oliveira, muito embora a materialidade dos impostos pressuponha o reconhecimento de conceitos mínimos, o processo de definição de qual imposto

---

[201] RIBEIRO, Ricardo Lodi. Federalismo e guerra fiscal entre os estados. *Revista de Direito da Associação dos Procuradores do Novo Estado do Rio de Janeiro*, Rio de Janeiro, v. 22, p. 390, 2014.

deverá incidir no caso concreto deve tomar como ponto de partida a solução oferecida pela lei complementar, que, na sua visão, desfruta de presunção de constitucionalidade reforçada, nos seguintes termos:

> *A nosso ver, o processo de definição precisa começar pelo exame da solução oferecida pela lei complementar, instrumento eleito pela CF para "demarcação das fronteiras" de cada um dos impostos mencionados na CF.* É evidente que a solução oferecida pela lei complementar não pode ser soberana, insindicável à apreciação da jurisdição constitucional. *Todavia, a superação do critério adotado pela lei complementar deve exigir ônus argumentativo reforçado,* capaz de comprovar o manifesto descompasso do critério adotado pelo Legislador e a materialidade econômica indicada na CF. *A lei complementar tributária que disciplina conflito de competência deve desfrutar de uma espécie de dupla presunção de constitucionalidade.*[202] (Grifo nosso).

Ricardo Anderle, por sua vez, leciona que a relevância da lei complementar tributária na solução dos conflitos de competência resulta da conjugação de dois fatores, quais sejam, trata-se de veículo normativo aprovado mediante regular processo legislativo e que recebeu essa delegação de forma expressa pela Constituição. Dessa forma, pondera que "se o próprio texto constitucional elegeu a lei complementar como instrumento intercalar entre a norma de competência legislativa e a regra matriz de incidência, por que devemos relegá-la a segundo plano?".[203]

Embora a concepção de que a Constituição adotou um conceito mínimo não seja imune a críticas, notadamente daqueles para quem o Texto Constitucional esgota o sentido das normas de competência, a construção do significado das locuções constitucionalmente empregadas, consoante a posição ora defendida, representa um contínuo e inacabado processo de interpretação.

Tanto assim o é que, na quadra atual de permanente avanço tecnológico, as zonas de incerteza são maiores e mais numerosas que as zonas de certeza positiva ou negativa. Portanto, a premissa metodológica ora utilizada é a de que o sentido total que a Constituição empregou ao usar expressões como serviços, mercadoria e prestação de serviços de comunicação é um processo inacabado e em permanente

---

[202] OLIVEIRA, Gustavo da Gama Vital de. *Federalismo fiscal, jurisdição constitucional e conflitos de competência em matéria tributária: o papel da lei complementar. In*: GOMES, Marcus Lívio; VELLOSO, Andrei Pitten (Org.). *Sistema constitucional tributário*: dos fundamentos teóricos aos *hard cases* tributários. Estudos em homenagem ao Ministro Luiz Fux. Porto Alegre: Livraria do Advogado, 2014. p. 199-200.

[203] ANDERLE, Ricardo. *Conflitos de competência tributária entre o ISS, ICMS e IPI.* São Paulo: Noeses, 2016. p. 284-285.

construção,[204] que, se de um lado, permite a evolução dos conteúdos, de outro, não afasta a necessidade de controle de constitucionalidade.

Portanto, deve-se buscar um ponto de equilíbrio entre a interpretação possível e a inovação vedada pelo Texto Constitucional, assim como entre as soluções oferecidas pela lei complementar e a sua própria incompletude. O estudo dos conflitos de competência insere-se nessa dinâmica fluida que, se não foi desejada pelo legislador constituinte, contou, ao menos, com a sua tolerância. Nas reflexões de Rubens Gomes de Sousa:

> *Superposição ou interpenetração é matéria de todos os dias; é o nosso trabalho profissional, quando não seja decorrente do próprio texto da Constituição,* inclusive da Emenda nº 18: IPI e ICM são a mesma coisa e, no entanto, estão atribuídos a dois órgãos diferentes, contrariando tudo o que eu próprio, no relatório da Reforma, havia dito. Então, afora aqueles casos de interpenetração ou superposição, que estão embutidos na própria discriminação de rendas, há os outros, os patológicos, diria eu que exigem solução através de uma mecânica de solução de conflitos de competências ou de uma delimitação mais rigorosa do poder de tributar. Mas não são estas as únicas superposições e nem de longe as mais graves. *Estas são as que a própria Constituição admite e impõe.*[205] (Grifos nossos).

2.4.1 Os conteúdos de circulação de mercadorias e prestação de serviços

Nesse processo de construção de significado, verifica-se que o conteúdo dos sentidos mínimos das locuções constitucionalmente empregadas é obra do trabalho do intérprete e, variando de tributo para tributo, vai sendo delineado no tempo, muitas vezes de forma negativa. Exemplificativamente, no que atine ao ICMS, há consenso doutrinário e jurisprudencial de que a mera saída física de mercadorias não constitui fato gerador do ICMS.[206]

---

[204] Essa vinculação do legislador complementar aos sentidos mínimos, que foi defendida em artigo específico sobre o tema publicado em 2016, foi posteriormente acolhida no voto do Min. Luiz Fux no RE nº 651.703/PR. Ver: OLIVEIRA, Maurine Morgan Pimentel de. O conflito de competência entre o ISS e o ICMS à luz do RE nº 688223/PR. *In*: GOMES, Marcus Lívio; SCHOUERI, Luís Eduardo (Org.). *A Tributação Internacional na Era Pós-BEPS*: soluções globais e peculiaridades de países em desenvolvimento. Volume III – Transparência e Economia Digital. Rio de Janeiro: Lumen Juris, 2016. p. 259-260.

[205] SOUSA, Rubens Gomes de; ATALIBA, Geraldo; CARVALHO, Paulo de Barros. *Comentários ao Código Tributário Nacional*: parte Geral. São Paulo: Revista dos Tribunais, 1975. p. 27.

[206] Súmula nº 166, STJ. Não constitui fato gerador do ICMS o simples deslocamento de mercadoria de um para outro estabelecimento do mesmo contribuinte. Este entendimento foi

De outro lado, controverte-se se a incidência do ICMS pressupõe circulação jurídica, com a necessária transferência de propriedade, ou se a circulação econômica seria suficiente para fins de incidência do tributo. Embora a jurisprudência do STF venha inequivocamente se consolidando no sentido de que a circulação para fins de cobrança de ICMS pressupõe transferência de propriedade,[207] há substancial entendimento doutrinário divergente, defendendo a circulação econômica,[208] que se caracteriza pela evolução da mercadoria na cadeia produtiva, da fonte produtora até o consumidor final.[209]

De acordo com Alcides Jorge Costa, ao discorrer sobre o antigo ICM, a Constituição configurou o tributo como um imposto sobre o valor acrescido, de modo que o termo circulação consiste na "série de operações que levam as mercadorias da fonte de produção até o consumidor final, de acordo com a sua natureza e finalidades, agregando-lhes valor em cada etapa deste percurso". Nesse sentido, "conceituada a circulação, é irrelevante que, em seu curso, haja ou não transferência de posse ou de propriedade".[210]

Portanto, nesse passo, pode-se chegar a uma conclusão parcial. A elaboração do conteúdo mínimo efetivamente previsto pela Constituição Federal consiste em processo gradativo, que apenas pode ser tido como acabado após amplos debates que conduzam a um razoável consenso doutrinário e jurisprudencial.

Retomando o exemplo do ICMS, pode-se afirmar que o sentido mínimo a ser extraído do art. 155, II, CRFB/1988 é o de que o ICMS não será devido no caso de meras saídas físicas de mercadoria. Ademais, pode-se concluir que, em havendo circulação jurídica, com a inequívoca transferência de propriedade, haverá a incidência tributária.

Entretanto, no que diz respeito à circulação econômica, embora o Plenário do STF tenha jurisprudência reiterada no sentido de que a

---

recentemente consolidado através do julgamento do ARE nº 1.255.885/MS, rel. Min. Dias Toffoli, Tribunal Pleno, Julgamento 14.08.2020, DJe 15.09.2020, no qual foi fixada a seguinte tese: "Não incide ICMS no deslocamento de bens de um estabelecimento para outro do mesmo contribuinte localizados em estados distintos, visto não haver a transferência da titularidade ou a realização de ato de mercancia".

[207] RE nº 540.829/SP RG, rel. Min. Luiz Fux, Tribunal Pleno, Julgamento 11.09.2014, DJe 18.11.2014.

[208] TORRES, Ricardo Lobo. *Tratado de Direito Constitucional Financeiro e Tributário*: os tributos na Constituição. Rio de Janeiro: Renovar, 2007. v. 4, p. 24.

[209] RIBEIRO, Ricardo Lodi. O fato gerador do ICMS. *Revista Fórum de Direito Tributário – RFDT*, Belo Horizonte, a. 9, n. 52, p. 4, jul./ago. 2011.

[210] COSTA, Alcides Jorge. *ICM na Constituição e na Lei Complementar*. São Paulo: Resenha Tributária, 1978. p. 86-87.

ocorrência do fato gerador do ICMS pressupõe a circulação jurídica,[211] que foi recentemente confirmada com a declaração de inconstitucionalidade do art. 11, §3º, II, 12, I, LC (no trecho "ainda que para outro estabelecimento do mesmo titular) e 13, §4º, LC nº 87/1996,[212] a Corte Constitucional já admitiu, em outro momento, a incidência tributária mesmo sem a transferência de propriedade.[213]

Diante do exposto, verifica-se que, embora a atual jurisprudência dos Tribunais Superiores tenha se consolidado no sentido da necessária circulação jurídica para fins de incidência de ICMS, parece que a matéria merece maior aprofundamento teórico, considerando que o tributo estadual é uma realidade distinta do IVC, que o precedeu, somado à constatação de que a não incidência de ICMS em transferências interestaduais entre estabelecimentos do mesmo contribuinte pode gerar problemas no que se refere à não cumulatividade do imposto.[214]

De outro lado, com relação ao ISS, consoante a jurisprudência e a doutrina majoritárias,[215] a sua incidência pressuporia uma obrigação de fazer, devendo ser afastada nos casos em que se verificasse uma obrigação de dar, tendo em vista a dicção do art. 110, CTN. No entanto, esse entendimento vem sendo progressivamente revisitado, em diversos precedentes do STF.

No caso específico do STJ, a Corte historicamente atrelou a tributação municipal a uma obrigação de fazer, o que se verifica em julgamentos sobre o contrato de franquia,[216] industrialização por

---

[211] RECURSO EXTRAORDINÁRIO. TRIBUTÁRIO. IMPOSTO SOBRE CIRCULAÇÃO DE MERCADORIAS E SERVIÇOS – ICMS. ENTRADA DE MERCADORIA IMPORTADA DO EXTERIOR. ARRENDAMENTO MERCANTIL INTERNACIONAL. LEASING. CONTRATO DE NATUREZA COMPLEXA. *NÃO EXERCÍCIO DA OPÇÃO DE COMPRA. BEM SUSCETÍVEL DE DEVOLUÇÃO AO ARRENDADOR. INEXISTÊNCIA DE CIRCULAÇÃO ECONÔMICA DA MERCADORIA IMPORTADA. NÃO INCIDÊNCIA DO IMPOSTO.* INTERPRETAÇÃO CONJUNTA DO INC. II E DO §2º, INC. IX, AL. A, DO ART. 155 DA CONSTITUIÇÃO DA REPÚBLICA. RECURSO AO QUAL SE NEGA PROVIMENTO. (RE nº 226.899/SP RG, rel. Min. Cármen Lúcia, Tribunal Pleno, Julgamento 01.10.2014, DJe 12.12.2014). [Grifo nosso]. Embora a ementa utilize inapropriadamente a locução circulação econômica, os votos dos Ministros Eros Grau e Cármen Lúcia não deixam dúvida de que a hipótese é de circulação jurídica.

[212] ADC nº 49, rel. Min. Edson Fachin, Tribunal Pleno, Sessão virtual de 09.04.2021 a 16.04.2021.

[213] Foi o quanto se verificou no julgamento cautelar da ADI nº 1.945/MT, sobre o que se discorrerá em capítulo seguinte.

[214] CORRÊA, Vanessa Benelli. *ICMS entre estabelecimentos do mesmo titular*: circulação econômica e não cumulatividade. Juruá: Curitiba, 2018. p. 84-90.

[215] BARRETO, Aires F. *Curso de Direito Tributário Municipal.* 2. ed. São Paulo: Saraiva, 2012. p. 337.

[216] AgRg no REsp nº 953.840/RJ, rel. Min. Luiz Fux, Primeira Turma, Julgamento 20.08.2009, DJe 14.09.2009.

encomenda,[217] guarda e estacionamento de veículos,[218] locação,[219] medicamentos realizados em farmácia de manipulação[220] e atividades desenvolvidas por operadores de planos de saúde.[221]

Cumpre destacar, exemplificativamente, de forma a ilustrar o raciocínio desenvolvido por aquela Egrégia Corte, trecho de acórdão em que se discute a incidência de ISS sobre o arrendamento mercantil. Assim como em outros acórdãos, o STJ dispôs expressamente que o ISS pressuporia a existência de obrigação de fazer, *verbis*:

TRIBUTÁRIO. AGRAVO REGIMENTAL EM RECURSO ESPECIAL. ISS. ARRENDAMENTO MERCANTIL. OBRIGAÇÃO DE FAZER. CONCEITO PRESSUPOSTO PELA CONSTITUIÇÃO FEDERAL DE 1988. AMPLIAÇÃO DO CONCEITO QUE EXTRAVASA O ÂMBITO DA VIOLAÇÃO DA LEGISLAÇÃO INFRACONSTITUCIONAL PARA INFIRMAR A PRÓPRIA COMPETÊNCIA TRIBUTÁRIA CONSTITUCIONAL. ACÓRDÃO CALCADO EM FUNDAMENTO SUBSTANCIALMENTE CONSTITUCIONAL. INCOMPETÊNCIA DO SUPERIOR TRIBUNAL DE JUSTIÇA. TEMA DIVERSO DO ENSEJADOR DA SÚMULA Nº 138 DO STJ.

1. *O ISS na sua configuração constitucional incide sobre uma prestação de serviço, cujo conceito pressuposto pela Carta Magna eclipsa* ad substantia obligatio in faciendo, *inconfundível com a denominada obrigação de dar.*

2. A Constituição utiliza os conceitos de direito no seu sentido próprio, com que implícita a norma do artigo 110, do CTN, que interdita a alteração da categorização dos institutos.

3. Consectariamente, qualificar como serviço a atividade que não ostenta essa categoria jurídica implica em violação bifronte ao preceito constitucional, porquanto o texto maior a utiliza não só no sentido próprio, como também o faz para o fim de repartição tributária-constitucional (RE nº 116121/SP).

4. A regra do artigo 156, III, da Constituição Federal de 1988 é impositiva, verbis: "Art. 156. Compete aos Municípios instituir impostos sobre: I – propriedade predial e territorial urbana; II – transmissão 'inter vivos', a qualquer título, por ato oneroso, de bens imóveis, por natureza ou

---

[217] AgRg no Ag nº 1.362.310/RS, rel. Min. Benedito Gonçalves, Primeira Turma, Julgamento 01.09.2011, DJe 06.09.2011.

[218] AgRg no AREsp nº 94.885/RS, rel. Min. Benedito Gonçalves, Primeira Turma, Julgamento 21.03.2013, DJe 02.04.2013.

[219] REsp nº 878.509/MT, rel. Min. Eliana Calmon, Segunda Turma, Julgamento 03.12.2009, DJe 14.12.2009.

[220] AgRG no REsp nº 1.447.225/GO, rel. Min. Humberto Martins, Segunda Turma, Julgamento 24.02.2015, DJe 07.05.2015.

[221] REsp nº 1.041.127/RS, rel. Min. Luiz Fux, Primeira Turma, Julgamento 04.12.2008, DJe 17.12.2008.

acessão física, e de direitos reais sobre imóveis, exceto os de garantia, bem como cessão de direitos a sua aquisição; III – serviços de qualquer natureza, não compreendidos no art. 155, II, definidos em lei complementar. (Redação dada pela Emenda Constitucional nº 3, de 1993)".

(...) 5. *A dicção constitucional, como evidente, não autoriza que a lei complementar inclua no seu bojo atividade que não represente serviço e, a fortiori, obrigação de fazer, porque a isso corresponderia franquear a modificação de competência tributária por lei complementar, com violação do pacto federativo, inalterável sequer pelo poder constituinte, posto blindado por cláusula pétrea.*

6. *O conceito pressuposto pela Constituição Federal de serviço e de obrigação de fazer corresponde aquele emprestado pela teoria geral do direito,* segundo o qual o objeto da prestação é uma conduta do obrigado, que em nada se assemelha ao *dare,* cujo antecedente necessário é o repasse a outrem de um bem preexistente, a qualquer título, consoante a homogeneidade da doutrina nacional e alienígena, quer de Direito Privado, quer de Direito Público.

7. Envolvendo a atividade, bens e serviços, a realidade econômica que interessa ao Direito Tributário impõe aferir o desígnio final pretendido pelo sujeito passivo tributário, distinguindo-se a atividade meio, da atividade fim, esta última o substrato da hipótese de incidência.

8. *"A adulteração dos conceitos incorporados pelo Constituinte na criação da regra-matriz de incidência de cada exação fiscal é matéria constitucional, visto que viola as regras de repartição constitucional da competência tributária e, por consequência, atenta contra a organização federativa do Estado, que pressupõe a autonomia legislativa dos entes federados".* (Parecer da lavra de Luiz Rodrigues Wambier, datado de 20.07.2006).

(...) 15. As conclusões e premissas de índole notadamente constitucional, sem as quais não sobreviveria o aresto recorrido impõem timbrar seu fundamento constitucional para, na forma da jurisprudência cediça na Corte, não conhecer do especial (Precedentes: AgRg no Ag nº 757.416/SC, Primeira Turma, DJ de 03.08.2006; AgRg no Ag nº 748334/SP, Primeira Turma, DJ de 30.06.2006; REsp nº 754.545/RS Segunda Turma, Segunda Turma DJ 13.03.2006; AgRg no REsp nº 778.173/MG, Primeira Turma, DJ de 06.02.2006; AgRg no REsp nº 658.392/DF, Primeira Turma, DJ de 21.03.2005).

16. Nesse sentido, restou pacificada a jurisprudência desta Corte por ocasião do julgamento do Resp nº 805.317/RS, Relator para acórdão Min. Luiz Fux, DJ de 21.09.2006.

17. Agravo regimental desprovido. (AgRg no REsp nº 945.932/RS, rel. Min. Luiz Fux, Primeira Turma, Julgamento 05.02.2009, DJe 19.02.2009). (Grifo nosso).

No entanto, de forma mais recente, tem prevalecido no STJ uma jurisprudência defensiva, que não vem conhecendo diversos recursos especiais sobre a matéria, sob os fundamentos de que haveria a necessidade de interposição de recurso extraordinário,[222] de revolvimento fático-probatório,[223] e que estaria havendo a usurpação da competência do STF.[224] De outro lado, o STJ vem adequando o seu entendimento à jurisprudência superveniente do STF, como no caso do contrato de franquia, que será referido a seguir.[225]

Já no que se refere ao STF, a correlação entre a incidência de ISS e a existência de obrigação de fazer foi, em alguma medida, mitigado quando do julgamento do RE nº 547.245/SC, no qual o Município de Itajaí questionou acórdão do Tribunal de Justiça de Santa Catarina, que havia decidido pela impossibilidade de incidência do ISS no caso de *leasing* financeiro. O entendimento do STF pode ser sintetizado pela ementa que segue, *verbis*:

> EMENTA: RECURSO EXTRAORDINÁRIO. DIREITO TRIBUTÁRIO. ISS. ARRENDAMENTO MERCANTIL. OPERAÇÃO DE LEASING FINANCEIRO. ARTIGO 156, III, DA CONSTITUIÇÃO DO BRASIL. O arrendamento mercantil compreende três modalidades, [i] o leasing operacional, [ii] o leasing financeiro e [iii] o chamado lease-back. No primeiro caso há locação, nos outros dois, serviço. A lei complementar não define o que é serviço, apenas o declara, para os fins do inciso III do artigo 156 da Constituição. Não o inventa, simplesmente descobre o que é serviço para os efeitos do inciso III do artigo 156 da Constituição. No arrendamento mercantil (leasing financeiro), contrato autônomo que não é misto, o núcleo é o financiamento, não uma prestação de dar. E financiamento é serviço, sobre o qual o ISS pode incidir, resultando irrelevante a existência de uma compra nas hipóteses do leasing financeiro e do lease-back. Recurso extraordinário a que se dá provimento. (RE nº 547.245/SC, rel. Min. Eros Grau, Tribunal Pleno, Julgamento 02.12.2009, DJe 05.03.2010).

Ao apreciar o referido recurso extraordinário, e consoante a maioria formada em torno do voto do então Min. Eros Grau, decidiu o STF que o *leasing* financeiro consiste em serviço. Embora a ementa do acórdão tenha incorrido em imprecisão, parecendo conflitar, em alguma

---

[222] AgInt no REsp nº 1.791.184/SP, rel. Min. Francisco Falcão, Segunda Turma, Julgamento 14.05.2019, DJe 21.05.2019.

[223] REsp nº 1.771.646/PR, rel. Min. Herman Benjamin, Segunda Turma, Julgamento 13.11.2018, DJe 11.03.2019.

[224] REsp nº 1.736.139/SP, rel. Min. Herman Benjamin, Segunda Turma, Julgamento 15.05.2018, DJe 02.08.2018.

[225] AgInt no RE nos Edcl no AgInt no AREsp nº 1.087.134/SP, rel. Min. Maria Thereza de Assis Moura, Corte Especial, Julgamento 25.08.2020, DJe 28.08.2020.

medida, com os votos proferidos, o STF deixou claro que a interpretação constitucional não é uma atividade acabada, acompanhando, ao contrário, a evolução dos fenômenos econômicos e sociais subjacentes.

Nesse sentido, destacou o Min. Eros Grau que "há serviços, para os efeitos do inciso III do art. 156 da Constituição, que, por serem de qualquer natureza, não consubstanciam típicas obrigações de fazer". O Ministro chegou mesmo a ponderar que "toda atividade de dar consubstancia também um fazer e há inúmeras atividades de fazer que envolvem um dar".

Seguindo esse entendimento, o Min. Joaquim Barbosa remarcou que "não há um conceito constitucional absoluto, imutável, intuitivo através dos tempos para serviços". Em acréscimo, o Min. Cézar Peluso defendeu que as categorias adotadas pelo Direito Romano, ao dividir as obrigações entre dar, fazer e não fazer, são insuficientes para reger as relações do mundo moderno.

Assim como no julgamento do RE nº 547.245/SC, no RE nº 592.905/SC,[226] cujo relator foi o Min. Eros Grau e que cuidava igualmente da tributação do *leasing* financeiro, o STF reiterou a incidência de ISS sobre o contrato de arrendamento mercantil, consoante as razões já expostas no *leading case* anterior.

Em precedente mais recente, julgado em setembro de 2016,[227] o STF decidiu que é constitucional a incidência de ISS sobre os planos de saúde. Após reportar-se ao RE nº 547.245/SC, o Tribunal Pleno firmou o entendimento de que as competências tributárias contidas na Constituição representam tipos, e não conceitos fechados, de modo que a sua interpretação não pode identificar-se com os postulados do Direito Civil.

Em acréscimo, por maioria de oito votos a um, a Corte remarcou que novos critérios interpretativos, para além da dicotomia entre obrigações de dar e de fazer, têm sobressaído no âmbito do Direito Tributário, com o influxo de Ciências afins, como a Ciência das Finanças, a Economia e a Contabilidade. Assinalou-se, ainda, que serviços devem ser compreendidos como o oferecimento de uma utilidade a outrem, a partir de um conjunto de atividades imateriais, prestados com habitualidade e intuito de lucro.

Diante dos fundamentos firmados nesse julgamento, foi fixado em sede de repercussão geral, em um primeiro momento, que "as operadoras de planos privados de assistência à saúde (plano de saúde

---

[226] RE nº 592.905/SC, rel. Min. Eros Grau, Tribunal Pleno, Julgamento 02.12.2009, DJe 05.03.2010.

[227] RE nº 651.703/PR, rel. Min. Luiz Fux, Tribunal Pleno, Julgamento 29.09.2016, DJe 26.04.2017.

e seguro-saúde) realizam prestação de serviço sujeita ao Imposto Sobre Serviços de Qualquer Natureza – ISSQN, previsto no art. 156, III, da CRFB/88", o que constitui o tema 581 da jurisprudência do STF.

Contudo, posteriormente, foram julgados dois embargos de declaração, um deles oposto por *amicus curiae* e o outro pela própria parte, nos quais o entendimento do STF foi questionado, em diferentes extensões. Em julgamento realizado na mesma data, foi dado integral provimento a um dos embargos e parcial provimento a outro, para afastar da tese firmada a locução seguro-saúde.[228]

Ao julgar ambos os embargos, o STF reformou o entendimento anteriormente proferido, por razões de ordem processual e material. Quanto ao Direito processual, o voto condutor do Min. Luiz Fux observou que as operadoras de seguro-saúde não haviam sido mencionadas quando do reconhecimento da repercussão geral, o que implicaria na violação aos limites objetivos e subjetivos da coisa julgada, caso a tese firmada não fosse reformulada.

Já no que concerne ao Direito material, o voto condutor, após descrever que as atividades desempenhadas pelas seguradoras de saúde são substancialmente diversas daquelas realizadas pelos planos de saúde, pois aquelas, ao contrário destas, centram-se no reembolso e não apresentam uma rede credenciada ou realizam serviços próprios, concluiu que o regime tributário de ambas também deveria ser distinto.

Nesse sentido, destacou que o seguro-saúde está sujeito à incidência do IOF, previsto no art. 153, V, CRFB/1988, o que deve afastar a incidência do ISS, sob pena de bitributação. De outro lado, remarcou que o ISS assume caráter residual em relação ao ICMS e ao IOF, pois "há serviços cuja competência para a tributação é dos Municípios, que correspondem justamente àqueles serviços não compreendidos na competência dos demais entes". Em acréscimo, ponderou que os itens 4.22 e 4.23 da lista anexa à LC nº 116/2003 não abarcam as atividades realizadas pelo seguro-saúde.

Dessa forma, a redação do tema 581 da jurisprudência do STF foi modificada, limitando-se a estabelecer que "as operadoras de planos de saúde realizam prestação de serviço sujeita ao Imposto Sobre Serviços de Qualquer Natureza – ISSQN, previsto no art. 156, III, da CRFB/88".

Outros precedentes se seguiram ao julgamento do ISS sobre os planos de saúde, nos quais as considerações anteriores foram retomadas,

---

[228] EDcl no RE nº 651.703/PR, rel. Min. Luiz Fux, Tribunal Pleno, Julgamento 28.02.2019, DJe 07.05.2019.

em diferentes extensões, como o RE nº 603.316/RJ, no qual o STF apreciou a incidência de ISS sobre os contratos de franquia ou *franchising*.[229]

A fim de entender o alcance do entendimento adotado pelo STF, cumpre trazer breves comentários sobre o instituto. Originário do Direito americano, o contrato de franquia foi, inicialmente, tipificado no Direito brasileiro através da Lei nº 8.955/1994,[230] viabilizando que um comerciante detentor de uma marca ou de esquema de comercialização de produtos ou serviços (franqueador) conceda, mediante remuneração, o seu uso a outrem (franqueado) e lhe preste serviços de organização empresarial.

A *franchising* apresenta vantagens para ambas as partes, uma vez que o franqueado, que dispõe de recursos, mas não de tecnologia, comerciará produtos que já são aceitos pelo consumidor, e o franqueador, a seu turno, poderá ampliar a oferta de seus produtos sem assumir os riscos do negócio.[231]

A par das diferentes espécies de contrato de franquia existentes, a *franchising* apresenta dois elementos essenciais, quais sejam, a licença de utilização de marca, de nome e de insígnia do franqueador e a prestação de serviços de organização e métodos de venda, padronização de materiais, e até de uniforme de pessoal externo.[232]

Em outros termos, a cessão de uso de marca ou patente convive, respectivamente, com o *engineering*, o *management* e o *marketing*. Através deles, o franqueador elabora um plano de especificações para o prédio que será utilizado pelo franqueado, promove um treinamento do seu pessoal, com a montagem de sua organização administrativa e contábil, assim como promove métodos e técnicas de comercialização, publicidade e vendas.[233] Portanto, o caso concreto analisado, que dizia respeito à rede de alimentação *fast food*, não destoa desses elementos essenciais.

---

[229] RE nº 603.316/RJ, rel. Min. Gilmar Mendes, Tribunal Pleno, Sessão virtual de 22.05.2020 a 28.05.2020, DJe 16.06.2020.

[230] Art. 2º, Lei nº 8.955/1994. Franquia empresarial é o sistema pelo qual um franqueador cede ao franqueado o direito de uso de marca ou patente, associado ao direito de distribuição exclusiva ou semi-exclusiva de produtos ou serviços e, eventualmente, também ao direito de uso de tecnologia de implantação e administração de negócio ou sistema operacional desenvolvidos ou detidos pelo franqueador, mediante remuneração direta ou indireta, sem que, no entanto, fique caracterizado vínculo empregatício.

[231] GONÇALVES, Carlos Roberto. *Direito Civil Brasileiro*: contratos e atos unilaterais. São Paulo: Saraiva, 2004. v. 3, p. 662.

[232] PEREIRA, Caio Mário da Silva. *Instituições de Direito Civil*. 12. ed. Rio de Janeiro: Forense, 2005. v. 3, p. 586.

[233] ABRÃO, Nelson. A Lei da Franquia Empresarial (nº 8.955, de 15.12.1994). *Revista dos Tribunais*, São Paulo, v. 722, p. 28-29, dez. 1995.

Após pouco mais de duas décadas de vigência da Lei nº 8.955/2014, sobreveio a Lei nº 13.966/2019, que a revogou. Embora tenha modificado alguns aspectos do regime jurídico do contrato de franquia empresarial e consolidado posicionamentos jurisprudenciais,[234] a Lei nº 13.966/2019 manteve as notas essenciais do contrato.[235]

O seu art. 1º,[236] embora com redação distinta em relação a seu predecessor, caracterizou a franquia como um contrato empresarial que conjuga a cessão de uso de marcas e patentes com a prestação de outros serviços, explicitando que não há vínculo de consumo ou empregatício entre franqueador e franqueado.

Ademais, o seu art. 8º[237] indica a observância da Lei nº 9.279/1996, considerando que "os direitos e obrigações à propriedade industrial e intelectual estão necessariamente contidos nos contratos de franquia, aplicando-se, harmoniosamente, os institutos em suas coexistências".[238] É dizer, a franquia se insere no âmbito da propriedade intelectual, que não se confunde com os direitos de autor, como se verifica no caso do *software*.

Diante da natureza complexa do contrato de franquia, que congrega diferentes obrigações por expressa disposição legal, como se demonstrou, o STF decidiu, em repercussão geral, pela constitucionalidade da incidência do ISS à hipótese prevista no item 17.08 da lista anexa à LC nº 116/2003.

---

[234] Com a entrada em vigor da nova lei, o STJ publicou em seu *site* uma avaliação da evolução da matéria, cf.: STJ. *Nova Lei de franquia incorpora entendimento do STJ sobre inaplicabilidade do CDC.* 25 mar. 2020. Disponível em: https://www.stj.jus.br/sites/portalp/Paginas/Comunicacao/Noticias/Nova-Lei-de-Franquia-incorpora-entendimento-do-STJ-sobre-inaplicabilidade-do-CDC.aspx. Acesso em: 31 jan. 2021.

[235] GONÇALVES NETO, Alfredo de Assis. Para professor, Lei de Franquia é omissa quanto à proteção dos franqueados. *Consultor Jurídico*, 02 mar. 2020. Disponível em: https://www.conjur.com.br/2020-mar-02/lei-franquia-omissa-quanto-protecao-franqueados. Acesso em: 31 jan. 2021. Em comentários à nova lei, o autor afirma que o regramento, apesar de ser visto como modernizador, praticamente reproduziu a legislação anterior e trouxe pouca proteção aos franqueados.

[236] Art. 1º, Lei nº 13.966/2019. Esta Lei disciplina o sistema de franquia empresarial, pelo qual um franqueador autoriza por meio de contrato um franqueado a usar marcas e outros objetos de propriedade intelectual, sempre associados ao direito de produção ou distribuição exclusiva ou não exclusiva de produtos ou serviços e também ao direito de uso de métodos e sistemas de implantação e administração de negócio ou sistema operacional desenvolvido ou detido pelo franqueador, mediante remuneração direta ou indireta, sem caracterizar relação de consumo ou vínculo empregatício em relação ao franqueado ou a seus empregados, ainda que durante o período de treinamento.

[237] Art. 8º, Lei nº 13.966/2019. A aplicação desta Lei observará o disposto na legislação de propriedade intelectual vigente no país.

[238] SANTOS, Alexandre David. *Comentários à nova Lei de Franquia.* São Paulo: Almedina, 2020. p. 148.

Contudo, diferentemente da fundamentação utilizada no precedente sobre os planos de saúde, referido anteriormente, o voto condutor do Min. Gilmar Mendes centrou-se na natureza mista das atividades desempenhadas, que englobavam um dar e um fazer, sobre o que se discorrerá mais detalhadamente no item 3.3.3, no capítulo seguinte.

Dessa forma, alegou-se que "não se pode afirmar que tenha havido – ainda – uma superação total do entendimento de que o ISS incide apenas sobre obrigações de fazer, e não sobre obrigações de dar" e, a partir dessa premissa central, defendeu-se que o contrato de franquia consiste numa unidade que engloba obrigações de dar e de fazer, não se mostrando possível separar as diferentes materialidades que a compõem.

Contudo, não se pode deixar de pontuar que, assim como no precedente sobre os planos de saúde, foi expressamente assinalado que "a velha distinção entre as ditas obrigações de dar e de fazer não funciona como critério suficiente para definir o enquadramento do contrato de franquia no conceito de 'serviço de qualquer natureza', previsto no texto constitucional". Tanto é assim que houve referência expressa, nas razões de decidir, ao quanto firmado no julgamento do RE nº 592.905/SC e no RE nº 651.703/PR.

Portanto, e ainda que a evolução do entendimento do STF não seja linear, os precedentes apresentaram importantes pontos de contato e serviram como fundamento para as decisões subsequentes de ISS. Nesse sentido, no RE nº 784.439/DF, já referido, a análise do caráter taxativo da lista anexa à LC nº 116/2003 tomou como premissa, entre outros fundamentos, a possibilidade de se qualificar como serviços atividades que não são consideradas como tais no Direito Privado. E, para esse fim, reportou-se ao RE nº 592.905/SC e ao RE nº 651.703/PR.

Em acréscimo, no RE nº 634.764/RJ, ao discorrer sobre a incidência de ISS sobre venda de bilhetes e loteria,[239] o voto condutor do Min. Gilmar Mendes, uma vez mais, pontuou que "apesar de entender que a clássica distinção entre as ditas obrigações de dar e de fazer nem sempre vai ser suficiente", na hipótese apreciada, "tal diferenciação ainda é válida para justificar a incidência de ISS sobre exploração da atividade de apostas".

Por conseguinte, com relação ao ISS, pode-se afirmar, na esteira da doutrina e da jurisprudência majoritárias, que, caso se esteja diante de obrigação de fazer listada nos anexos ao DL nº 406/1968 e à LC nº 116/2003,

---

[239] RE nº 634.764/RJ, rel. Min. Gilmar Mendes, Tribunal Pleno, Sessão virtual de 29.05.2020 a 05.06.2020, DJe 01.07.2020.

deverá haver a incidência tributária, pois o *facere* compõe, indubitavelmente, o significado mínimo da locução empregada pela Constituição. Contudo, como visto em face do RE nº 547.245/SC e do RE nº 651.703/PR, mesmo diante de hipóteses que não se materializem como obrigação de fazer, poderá haver a incidência tributária, o que deverá ser analisado diante do caso concreto e das previsões constantes da legislação complementar.

2.4.2 O ISS e os contratos de locação: notas sobre a súmula vinculante nº 31, STF

No caso específico de locações puras, o STF tem entendimento reiterado de que não incide o ISS, como se pode verificar do teor da Súmula vinculante nº 31, STF. A título exemplificativo, transcreve-se a ementa do RE nº 44.600 AgR/PR, em que a tributação municipal sobre a locação de veículos foi afastada por ausência de obrigação de fazer, *verbis*:

> IMPOSTO SOBRE SERVIÇOS (ISS) – LOCAÇÃO DE VEÍCULO AUTOMOTOR – INADMISSIBILIDADE, EM TAL HIPÓTESE, DA INCIDÊNCIA DESSE TRIBUTO MUNICIPAL – DISTINÇÃO NECESSÁRIA ENTRE LOCAÇÃO DE BENS MÓVEIS (OBRIGAÇÃO DE DAR OU DE ENTREGAR) E PRESTAÇÃO DE SERVIÇOS (OBRIGAÇÃO DE FAZER) – IMPOSSIBILIDADE DE A LEGISLAÇÃO TRIBUTÁRIA MUNICIPAL ALTERAR A DEFINIÇÃO E O ALCANCE DE CONCEITOS DE DIREITO PRIVADO (CTN, ART. 110) – INCONSTITUCIONALIDADE DO ITEM 79 DA ANTIGA LISTA DE SERVIÇOS ANEXA AO DECRETO-LEI Nº 406/68 – PRECEDENTES DO SUPREMO TRIBUNAL FEDERAL – RECURSO IMPROVIDO. – *Não se revela tributável, mediante ISS, a locação de veículos automotores (que consubstancia obrigação de dar ou de entregar), eis que esse tributo municipal somente pode incidir sobre obrigações de fazer, a cuja matriz conceitual não se ajusta à figura contratual da locação de bens móveis.* Precedentes (STF). Doutrina. (STF – RE nº 446.003 AgR/PR, Segunda Turma, Relator Min. Celso de Mello, Julgamento 30.05.2006, DJ 04.08.2006). (Grifo nosso).

No entanto, no que se refere às chamadas locações mistas, isto é, aquelas em que a locação está conjugada com uma prestação de serviço, a solução tem sido diversa. É o quanto se pode verificar do *leading case* envolvendo a locação de maquinário com operadores, em que a Corte decidiu que o ISS incide sobre a integralidade da relação contratual, diante de as atividades estarem conjugadas.[240]

---

[240] AgReg na Rcl nº 14.290/DF, rel. Min. Rosa Weber, Tribunal Pleno, Julgamento 22.05.2014, DJe 20.06.2014.

Ademais, ao analisar a constitucionalidade do art. 3º, §1º, LC nº 116/2003, bem como do subitem 3.04 da lista anexa à LC nº 116/2003, que versa sobre locação, sublocação, arrendamento, direito de passagem ou permissão de uso, compartilhado ou não, de ferrovia, rodovia, postes, cabos, dutos e condutos de qualquer natureza, o STF conferiu interpretação conforme à Constituição aos mencionados dispositivos.[241]

Por essa visão, decidiu-se que as situações descritas no subitem 3.04, quando consideradas isoladamente, consistem em obrigações de dar ou em meras abstenções da prática de algum ato, pelo que não estariam aptas a ensejar a incidência de ISS, diante da semelhança com o quanto materializado na Súmula vinculante nº 31, STF.

Contudo, caso haja a conjugação das materialidades previstas no subitem 3.04 com alguma obrigação de fazer, decidiu-se pela constitucionalidade da tributação municipal, por estar em causa uma relação mista, assim como decidido em relação ao contrato de locação de maquinário com operadores.

Na verdade, esse conjunto de desdobramentos tem como origem as próprias discussões ocorridas em Plenário, quando da apreciação da Proposta de Súmula vinculante nº 35, que se converteu na Súmula vinculante nº 31, STF. Naquela oportunidade, o Min. Joaquim Barbosa propôs a seguinte redação: "É inconstitucional a incidência do Imposto sobre serviços de qualquer natureza – ISS sobre operações de locação de bens móveis dissociadas da prestação de serviços".

Contudo, após discussões em Plenário, optou-se por suprimir a expressão "dissociadas da prestação de serviços", considerando, entre outros argumentos, como pontuou o Min. Marco Aurélio, que, quando da formalização do *leading case*, representado pelo RE nº 116.121/SP, não houve o exame da matéria quanto à conjugação das materialidades locação de bem móvel e serviço.

Passando-se à análise da jurisprudência do STJ, verifica-se que, ao que parece, na esteira das decisões do STF, a tendência mais recente da Corte vem sendo a de estabelecer um *distinguishing* entre a locação pura e outras atividades que congreguem um conjunto de obrigações de fazer. Nesse sentido, ao analisar o subitem 20.01 da lista anexa à LC nº 116/2003, a Primeira Turma procedeu à distinção entre a atividade de armazenagem e as meras locações de espaço.

No caso concreto levado à apreciação, a empresa autuada pelo Município era responsável pelo armazenamento de cargas em instalação

---

[241] ADI nº 3.142/DF, rel. Min. Dias Toffoli, Tribunal Pleno, Sessão virtual de 26.06.2020 a 04.08.2020, DJe 09.10.2020.

portuária alfandegada, pelo que, de acordo com a normativa específica aplicável às atividades portuárias, haveria uma multiplicidade de obrigações a serem desempenhadas, como o dever de organização das cargas, de conservação e de guarda sob vigilância. Com base nesses fundamentos, o STJ decidiu pela incidência do ISS, por ponderar que haveria diversas obrigações de fazer, o que tornaria impertinente a sua equiparação com a locação.[242]

Dos precedentes analisados, tanto no STF quanto no STJ, depreende-se que a Súmula vinculante nº 31, STF, permanece em vigor,[243] formal e materialmente, com as vicissitudes que a jurisprudência tem conferido às hipóteses em que identifica uma locação mista, o que tem como origem os debates havidos no Plenário do STF para a sua aprovação.

2.5 Considerações finais

Diante de todo o exposto, verifica-se que as dificuldades identificadas para delimitar o alcance do art. 146, CRFB/1988, sobretudo do seu inciso III, encontram-se na origem do dispositivo, em que os seus próprios idealizadores não estabeleceram, com precisão, os seus contornos jurídicos.

De todo modo, como se pontuou, para fins de que seja possível compreender o efetivo papel desempenhado pela lei complementar no contexto do Direito Tributário brasileiro, notadamente no que concerne aos conflitos de competência, parece conveniente compreender de que forma a doutrina analisa as locuções empregadas pelo Texto Constitucional, o que remete, em alguma medida, às teorias da tipicidade fechada ou aberta.

Conforme se expôs, caso se adote a visão de que a Constituição adotou conceitos fechados e de sentido unívoco, cujo conteúdo poderia ser apreendido integralmente a partir da interpretação constitucional, concluir-se-á que os conflitos de competência em matéria tributária

---

[242] REsp nº 1.805.317/AM, rel. Min. Gurgel de Faria, Primeira Turma, Julgamento 09.02.2021, DJe 18.02.2021.

[243] A essa altura, destaca-se trecho do voto do Min. Luiz Fux no julgamento dos terceiros Edcl no RE nº 651.703/PR, já referido anteriormente, em que, após reconhecer que a Súmula vinculante nº 31 do STF segue aplicável, suscita "a avaliação da Corte quanto à necessidade de anunciar uma possível – e não provável – alteração de entendimento consolidado pela súmula vinculante nº 31 na análise de casos futuros, em atenção à tutela da confiança legítima do jurisdicionado".

são aparentes, reduzindo-se o caráter da lei complementar ao mero detalhamento da Constituição, mas sem qualquer margem de inovação.

Ao contrário, caso se entenda que a Carta Constitucional empregou tipos abertos para definir competências, admitir-se-á que os conflitos referidos pelo art. 146, I, CRFB/1988 são reais, reconhecendo-se à lei complementar um papel não meramente declaratório, mas de criação no universo jurídico. Consoante já se adiantou, a presente obra se filia à segunda corrente, sem descurar da constatação de que há uma permanente aproximação entre conceitos e tipos, considerando que os conceitos totalmente fechados não parecem subsistir.

Nesse sentido, as expressões constitucionalmente empregadas, embora gozem de um sentido mínimo, não são semanticamente fechadas, mas plurissignificativas. Com efeito, diante da própria fluidez da linguagem e da inequívoca constatação de que os sentidos se modificam no curso da história, notadamente em tempos de evolução tecnológica, pode-se concluir que um dos principais desafios do jurista é o de reconhecer limites à atividade do legislador complementar.

Se, de um lado, foi conferido ao Legislativo o poder de inovar no mundo jurídico, de outro, a referida prerrogativa não pode ser convertida em arbítrio. Nessa linha, defende-se que o legislador complementar deve respeitar os sentidos mínimos das locuções empregadas constitucionalmente, sob pena de incorrer em flagrante inconstitucionalidade.

Esses significados mínimos podem ser identificados pelo intérprete, em cada tributo, após a formação de razoável consenso doutrinário e jurisprudencial acerca do sentido atribuído àquela expressão, ainda que em caráter negativo. Portanto, os sentidos mínimos se consolidam com a evolução interpretativa ocorrida no tempo, não sendo atividade pronta e acabada, mas em permanente aperfeiçoamento.

De outro lado, como se expôs, no que se refere especificamente ao papel de dispor sobre conflitos de competência, entende-se que a lei complementar não deve ser vista de forma individualizada, mas a partir de um microssistema de leis complementares que regem a matéria, o que inclui o CTN. Ademais, como será pormenorizado no capítulo seguinte, a própria lei complementar pode ser normalmente interpretada – como a generalidade dos demais instrumentos normativos.

Dessa forma, feitas as considerações pertinentes acerca do papel da lei complementar no Direito Tributário e, mais especificamente, para dirimir conflitos de competência entre os entes federativos, passa-se, a partir do capítulo seguinte, à análise específica de hipóteses que envolvem o conflito de competência entre Estados e Municípios.

Os casos específicos que foram selecionados para estudo ilustram, de forma casuística, como o conflito de competência entre o ICMS e o ISS vem se colocando, em termos práticos. Enquanto nos capítulos 3 e 4 discorrer-se-á sobre o fato gerador circulação de mercadorias, nos capítulos 5 e 6 a controvérsia terá como substrato o fato gerador comunicação, cotejando-se ambos com a hipótese de incidência serviços, que enseja a tributação pelo ISS.

As hipóteses escolhidas para análise pormenorizada decorreram da sua relevância no contexto da economia digital, associada ao forte contencioso administrativo e pretoriano que historicamente geraram, servindo como paradigmas para a compreensão do papel da tributação sobre o consumo no Direito brasileiro.

A TRIBUTAÇÃO DO *SOFTWARE*

3.1 A tributação do *software*: o conflito de competência sob as óticas material e formal

No contexto do conflito de competência entre o ISS e o ICMS, um dos temas que mais tem despertado a produção acadêmica consiste na tributação do *software*. Na primeira edição deste livro, o foco deste terceiro capítulo foi o contrato de licenciamento de programa de computador, notadamente do RE nº 688.223/PR, que questiona a tributação da importação de *software* personalizado.

No entanto, diante do posterior ajuizamento e julgamento de ações de controle concentrado de constitucionalidade no STF discutindo, de forma mais específica, o conflito de competência entre o ICMS e o ISS na tributação dos programas de computador, esta segunda edição passa a conter itens específicos analisando cada uma dessas ações, não só sob o ângulo do Direito material, mas também a partir dos questionamentos de ordem formal que foram levantados.

De outro lado, embora a primeira edição desta obra já contivesse um estudo aprofundado sobre o *download* de *software* e sobre a ADI nº 1.945 MC/MT, o STF prosseguiu no julgamento de mérito desta e de outras ações diretas, e multiplicaram-se as discussões sobre a tributação da nuvem. Dessa forma, a estrutura do presente capítulo apresenta sensíveis alterações em relação à primeira edição e passa-se a abordar as questões formais envolvendo a tributação do *software* em capítulo específico, como forma de contribuir para uma visão sistematizada da matéria.

3.1.1 A tributação dos contratos de licenciamento de uso de *software*: breve relatório das principais teses jurídicas

O mérito do RE n° 688.223/PR foi apreciado pelo STF em sessão virtual concluída em dezembro de 2021. Com o prévio julgamento das ADIs n° 1.945/MT[244] e n° 5.659/MG,[245] levada a cabo no final de 2020 e concluída em fevereiro de 2021, a tendência parecia ser a de que o julgamento do RE n° 688.223/PR seguisse o anterior entendimento da Corte, o que veio a se confirmar. Apenas a discussão quanto à incidência de ISS sobre a importação não restou prejudicada, como se pontuará à frente. Considerando a relevância dos argumentos desenvolvidos, que sintetizam as discussões doutrinárias sobre o tema, elabora-se um breve resumo das teses e questões que foram arroladas nesta ação.

Tratou-se, na origem, de mandado de segurança preventivo impetrado por empresa de telefonia móvel celular contra ato a ser praticado pelo Diretor do Departamento de Rendas Mobiliárias do Município de Curitiba, no sentido de cobrar ISS quanto à importação, pela impetrante, de contratos de licença de uso de programas de computador para planejamento de redes de telecomunicações celulares.

Aduziu a impetrante que o item 1.05 da lista anexa à LC n° 116/2003 seria inconstitucional, visto que a hipótese traduzir-se-ia em mera obrigação de dar, violando a noção de serviço. Segundo sustentou, o conceito constitucional de serviço pressuporia a existência de obrigação de fazer, submetida a um regime de direito privado, embora não trabalhista, e prestada em caráter negocial.

Dentro dessa ordem de ideias, enfatizou que haveria prestação de serviço apenas na elaboração de jogos de computador, conforme previsão do item 1.04 da lista anexa à LC n° 116/2003. Contudo, exaurida essa etapa, haveria a mera autorização para a utilização do programa de computador, pelo que invocou a necessária aplicação, por analogia, do regime jurídico dos contratos de locação, conforme o teor da Súmula vinculante n° 31, STF, já referida no capítulo anterior. Ademais, salientou que a Lei n° 9.609/1998, por meio de seu art. 9°,[246] previu que o uso de programas de computador, no Brasil, seria objeto de contrato de licença, o que afastaria a configuração de um serviço.

---

[244] ADI n° 1.945/MT, rel. Min. Dias Toffoli, Tribunal Pleno, Julgamento 24.02.2021, DJe 20.05.2021.

[245] ADI n° 5.659/MG, rel. Min. Dias Toffoli, Tribunal Pleno, Julgamento 24.02.2021, DJe 20.05.2021.

[246] Art. 9°, Lei n° 9.609/1998. O uso de programa de computador no País será objeto de contrato de licença.

Defendeu, outrossim, que não se admitiria a incidência do ISS sobre os contratos referidos, pois eles seriam provenientes do exterior. Asseverou que o art. 1º, §1º da LC nº 116/2003 seria inconstitucional, visto que, à exceção do IPI, todos os tributos que recaem sobre a importação o fariam segundo expressa previsão constitucional.

Ademais, ressaltou que a cessão e o licenciamento de programas de computador inserem-se na seara das telecomunicações, em que o art. 150, §3º, CRFB ressalvou que apenas seriam admissíveis a incidência do ICMS, do imposto de importação e do imposto de exportação.

No entanto, embora tenha defendido que a hipótese seria de operação de telecomunicações, e, em princípio, passível de tributação pelo ICMS, sustentou que os contratos de cessão e licenciamento de programas de computador consubstanciaram atividades-meio de telecomunicações. Com essa afirmação, a impetrante pareceu sugerir que tampouco o ICMS poderia onerar os contratos de licença e cessão de programas de computador que, na sua visão, estariam inseridos na competência residual da União, decorrente do art. 154, I, CRFB/1988.

Como a competência residual da União não foi exercida, a consequência inarredável da tese desenvolvida pela impetrante foi a de que os contratos em comento não estariam sujeitos a qualquer imposição tributária. Portanto, requereu a concessão de medida liminar, *inaudita altera pars,* para que houvesse a suspensão da exigibilidade do crédito tributário referente ao ISS.

Em primeira instância, a liminar foi deferida, decidindo o MM. Juízo *a quo* que os contratos de cessão e licenciamento de programas de computador não consistiriam em obrigações de fazer, mas de dar, de modo que não haveria prestação de serviço apta a ensejar a incidência do ISS. No entanto, quando do julgamento de mérito, a segurança foi denegada, cassando-se a liminar anteriormente concedida, para se entender que o fornecimento de programas de computador (*software*) de forma personalizada levaria à incidência do ISS, consoante a jurisprudência do STJ.

A sentença foi confirmada em sede recursal, de modo que o acórdão de apelação se centrou no aspecto de que o licenciamento questionado teria caráter pessoal (personalizado). Portanto, concluiu que a hipótese não seria a de programas de computador de prateleira, amoldando-se à incidência do ISS. Finalmente, o acórdão afastou a tese de que o contrato em comento representaria atividade-meio do serviço de telecomunicações, destacando que o impetrante seria mero responsável tributário.

Posteriormente, foram interpostos recursos especial e extraordinário. Em sede de recurso especial, alegou-se violação ao art. 110, CTN, sob o fundamento de que o item 1.05 da LC nº 116/2003 vulneraria o conceito de direito privado de contrato de licença de programas de computador, insculpido no art. 9º, Lei nº 9.609/1998. Em acréscimo, sustentou-se a impossibilidade de incidência do ISS na importação, defendendo-se a aplicação do princípio da territorialidade, que decorreria do art. 12, DL nº 406/1968.

No recurso extraordinário, enfatizou-se a violação ao art. 156, III, CRFB/1998, fundada no argumento central de que a cessão de uso e a licença de programas de computador não representariam serviços. Ademais, destacou-se a ausência de previsão, na Carta Magna, de que o ISS incidiria na importação, discorrendo-se, assim como no recurso especial, sobre o princípio da territorialidade da tributação. Finalmente, defendeu-se a violação ao art. 155, §3º, CRFB/1988, visto que os únicos tributos que poderiam, em tese, incidir sobre as telecomunicações seriam o ICMS, o Imposto de Importação (II) e o Imposto de Exportação (IE).

Sustentou-se que se estaria diante de inquestionável operação de telecomunicações, pelo que, caso houvesse a incidência de alguma espécie tributária, necessariamente seria o ICMS. A fim de fundamentar as suas razões, a parte defendeu que se torna

> inconcebível, desde a época do surgimento da telefonia móvel celular, a possibilidade de se prestar a atividade-fim sem a interligação e o gerenciamento de antenas de receptação de sinais emitidos pelos telefones móveis celular – o que é feito pelo *software* em questão – que fazem a interconexão entre os aparelhos envolvidos na ligação.

Em sede de recurso especial, decidiu o Superior Tribunal de Justiça que programas de computador desenvolvidos de forma personalizada para clientes geram a incidência do ISS. Já com relação à alegada violação ao princípio da territorialidade (art. 1º, LC nº 116/2003), aplicou a Súmula nº 283, do STF, entendendo que o recurso especial não havia impugnado todos os fundamentos suficientes a manterem a decisão atacada. Dessa forma, o recurso especial foi conhecido, mas, no mérito, foi-lhe negado provimento.

Após o reconhecimento da repercussão geral, o recurso extraordinário foi distribuído ao Min. Luiz Fux e, com a sua posse como Presidente da Corte, houve a redistribuição ao Min. Dias Toffoli. Houve o requerimento de julgamento conjunto desta ação com as demais ações diretas envolvendo a tributação do *software*, o que, afinal, não ocorreu.

Os argumentos aqui relatados servem como pequena amostra das discussões que historicamente permearam a tributação do *software* no Brasil e serão pormenorizadamente analisados nos itens seguintes. Antes, porém, busca-se traçar um panorama geral de como o conflito de competência entre os dois tributos sobre o consumo foi enfrentado na jurisprudência dos Tribunais Superiores.

3.1.2 O conflito de competência entre o ISS e o ICMS: considerações gerais

Do quanto exposto no capítulo 2 deste livro, depreende-se que o critério tradicionalmente utilizado para distinguir as hipóteses de incidência do ICMS e do ISS consiste em extrair diretamente do Texto Constitucional a interpretação de que o ICMS seria devido quando se estivesse diante de obrigação de dar, ao passo que o ISS pressuporia obrigação de fazer.

A referida distinção parte de classificação usualmente adotada no Direito Civil, com base em critérios que remontam ao Direito Romano. Em verdade, à luz do disposto no art. 110, CTN, importantes setores doutrinários defendem que os conceitos utilizados pela Constituição Federal devem ser interpretados segundo o alcance que lhes dá o Direito Civil.

Nesse sentido, cumpre transcrever as lições de Aires Barreto, para quem o conceito constitucional de serviço abrange:

> a) as obrigações de fazer – e nenhuma outra;
>
> b) os serviços submetidos ao regime de direito privado – não incluindo, portanto, o serviço público (porque este, além de sujeito ao regime de direito público, é imune a imposto, conforme o art. 150, VI, a, da Constituição);
>
> c) que revelem conteúdo econômico, realizados em caráter negocial – o que afasta, desde logo, aqueles prestados a si mesmo, ou em regime familiar ou desinteressadamente (afetivo, caritativo, etc.);
>
> d) prestados sem relação de emprego – como definida pela legislação própria – excluído, pois, o trabalho efetuado em regime de subordinação (funcional ou empregatício) por não estar *in commercio*.[247]

---

247 BARRETO, Aires F. ISS: não incidência sobre franquia. *Revista de Direito Tributário*, São Paulo, n. 64, p. 220, 1994.

Em acréscimo, Aires Barreto defende que a competência tributária é regulada de forma rígida pela Constituição Federal, só podendo ser modificada por via de emenda constitucional. Por conseguinte, segundo sustenta, a lei complementar nacional não pode alterar o conceito de serviços estabelecido pela Constituição, sob pena de inconstitucionalidade.

O referido entendimento, além de ter sido preponderante no âmbito da doutrina do Direito Tributário, foi agasalhado pela jurisprudência dos Tribunais Superiores, tanto do STF quanto do STJ, embora tenha sido afastado no julgamento sobre a incidência de ISS sobre planos de saúde,[248] já referido no capítulo anterior, e cujas conclusões convergem com o que se defendeu em artigo específico sobre o tema.[249]

De outro lado, outros precedentes demonstram oscilações argumentativas da Corte quanto à matéria, como igualmente descrito no capítulo 2, ao se analisar os julgados sobre a tributação dos contratos de franquia, jogo e aposta, armazenagem em portos, locação, entre outros.

Elaboradas as considerações gerais sobre o fato gerador do ISS e do ICMS, individualmente, mostra-se necessário analisar os dois tributos, quando colocados lado a lado. Como será demonstrado ao longo desta obra, especialmente no item 3.3.3, ao se discorrer sobre a tributação do *software*, o STF se posicionou pelo caráter objetivo da lei complementar, ou seja, o conflito de competência seria resolvido diretamente pela previsão da lei nacional. Contudo, essa objetividade deve ser vista com temperamentos, como se verifica da evolução histórica da jurisprudência da Corte e pode ser demonstrada com alguns contraexemplos.

Com efeito, nos julgamentos sobre os serviços farmacêuticos realizados pelas farmácias de manipulação e sobre o serviço de composição gráfica de embalagens, os itens da lista anexa à LC nº 116/2003 foram interpretados segundo os critérios próprios fixados em cada um dos julgamentos, com algum grau de subjetividade.

No primeiro caso, que será pormenorizado no item 3.3.3, o STF, por maioria, adotou o pressuposto de que a previsão de incidência do ISS em lei complementar seria suficiente para atrair a incidência do imposto municipal, salvo se houver a previsão de tributação de serviços

---

[248] RE nº 651.703/PR, rel. Min. Luiz Fux, Tribunal Pleno, Julgamento 29.09.2016, DJe 26.04.2017.

[249] OLIVEIRA, Maurine Morgan Pimentel de. O conflito de competência entre o ISS e o ICMS à luz do RE nº 688223/PR. *In*: GOMES, Marcus Lívio; SCHOUERI, Luís Eduardo (Org.). *A Tributação Internacional na Era Pós-BEPS*: soluções globais e peculiaridades de países em desenvolvimento. Volume III – Transparência e Economia Digital. Rio de Janeiro: Lumen Juris, 2016. p. 243-284.

que ontologicamente não são serviços ou se houver o fornecimento de mercadorias com vulto significativo e efeito cumulativo.

Ademais, decidiu que a materialidade do ISS estaria presente, uma vez que o objeto principal do contrato é fazer algo diante da prévia encomenda de outrem. Dessa forma, interpretou o item 4.07 da lista anexa à LC nº 116/2003 no sentido de que a incidência do ISS se daria nos casos de medicamentos encomendados para posterior entrega e incidiria o ICMS sobre os medicamentos de prateleira, ofertados ao público consumidor. Segue a ementa do acórdão, *verbis*:

> EMENTA Recurso Extraordinário. Repercussão geral. Direito Tributário. Incidência do ICMS ou do ISS. Operações mistas. Critério objetivo. Definição de serviço em lei complementar. Medicamentos produzidos por manipulação de fórmulas, sob encomenda, para entrega posterior ao adquirente, em caráter pessoal. Subitem 4.07 da lista anexa à LC nº 116/03. Sujeição ao ISS. Distinção em relação aos medicamentos de prateleira, ofertados ao público consumidor, os quais estão sujeitos ao ICMS. 1. A Corte tradicionalmente resolve as ambiguidades entre o ISS e o ICMS com base em critério objetivo: incide apenas o primeiro se o serviço está definido por lei complementar como tributável por tal imposto, ainda que sua prestação envolva a utilização ou o fornecimento de bens, ressalvadas as exceções previstas na lei; ou incide apenas o segundo se a operação de circulação de mercadorias envolver serviço não definido por aquela lei complementar. 2. *O critério objetivo pode ser afastado se o legislador complementar definir como tributáveis pelo ISS serviços que, ontologicamente, não são serviços ou sempre que o fornecimento de mercadorias seja de vulto significativo e com efeito cumulativo. 3. À luz dessas diretrizes, incide o ISS (subitem 4.07 da Lista anexa à LC nº 116/03) sobre as operações realizadas por farmácias de manipulação envolvendo o preparo e o fornecimento de medicamentos encomendados para posterior entrega aos fregueses, em caráter pessoal, para consumo; incide o ICMS sobre os medicamentos de prateleira ofertados ao público consumidor e produzidos por farmácias de manipulação.* 4. Fixação da seguinte tese para o Tema nº 379 da Gestão por temas de repercussão geral: "Incide ISS sobre as operações de venda de medicamentos preparados por farmácias de manipulação sob encomenda. Incide ICMS sobre as operações de venda de medicamentos por elas ofertados aos consumidores em prateleira". 5. Recurso extraordinário a que se nega provimento. (RE nº 605.552/RS, rel. Min. Dias Toffoli, Tribunal Pleno, Sessão virtual de 26.6.2020 a 04.08.2020, DJe 06.10.2020). (Grifos nossos).

Portanto, verifica-se que o acórdão adota uma verdadeira objetividade mitigada, que conjuga o critério da lei complementar com outros paradigmas, como a identificação de serviços sob o aspecto ontológico, assim como com a existência de obrigação de dar e de fazer.

Além do precedente acerca dos serviços farmacêuticos realizados pelas farmácias de manipulação, os julgados do STF acerca da composição gráfica demonstram que os conflitos de competência não são dirimidos pela Corte apenas com os mencionados critérios objetivos. Nesse conjunto de decisões, o STF reconheceu que, ainda que a composição gráfica esteja prevista na lista anexa à LC nº 116/2003 (item 13.05), haveria a incidência de ICMS, diante de o serviço ter natureza acessória em relação à mercadoria, preponderando a obrigação de dar, e não a de fazer. É o que se depreende das ementas que seguem, *verbis*:

AGRAVO REGIMENTAL NO RECURSO EXTRAORDINÁRIO. SERVIÇO DE COMPOSIÇÃO GRÁFICA COM FORNECIMENTO DE MERCADORIA. CONFLITO DE INCIDÊNCIAS ENTRE O ICMS E O ISSQN. *SERVIÇOS DE COMPOSIÇÃO GRÁFICA E CUSTOMIZAÇÃO DE EMBALAGENS MERAMENTE ACESSÓRIAS À MERCADORIA. OBRIGAÇÃO DE DAR MANIFESTAMENTE PREPONDERANTE SOBRE A OBRIGAÇÃO DE FAZER, O QUE LEVA À CONCLUSÃO DE QUE O ICMS DEVE INCIDIR NA ESPÉCIE.* 1. Em precedente da Corte consubstanciado na ADI nº 4.389/DF-MC, restou definida a incidência de ICMS "sobre operações de industrialização por encomenda de embalagens, destinadas à integração ou utilização direta em processo subsequente de industrialização ou de circulação de mercadoria". 2. A verificação da incidência nas hipóteses de industrialização por encomenda deve obedecer a dois critérios básicos: (i) verificar se a venda opera-se a quem promoverá nova circulação do bem e (ii) caso o adquirente seja consumidor final, avaliar a preponderância entre o dar e o fazer mediante a averiguação de elementos de industrialização. 4. *À luz dos critérios propostos, só haverá incidência do ISS nas situações em que a resposta ao primeiro item for negativa e se no segundo item o fazer preponderar sobre o dar.* 5. A hipótese dos autos não revela a preponderância da obrigação de fazer em detrimento da obrigação de dar. Pelo contrário. A fabricação de embalagens é a atividade econômica específica explorada pela agravante. Prepondera o fornecimento dos bens em face da composição gráfica, que afigura-se meramente acessória. Não há como conceber a prevalência da customização sobre a entrega do próprio bem. 6. Agravo regimental não provido. (AI nº 803.296 AgR/SP, rel. Min. Dias Toffoli, Primeira Turma, Julgamento 09.04.2013, DJe 07.06.2013). (Grifo nosso).

CONSTITUCIONAL. TRIBUTÁRIO. CONFLITO ENTRE IMPOSTO SOBRE SERVIÇOS DE QUALQUER NATUREZA E IMPOSTO SOBRE OPERAÇÃO DE CIRCULAÇÃO DE MERCADORIAS E DE SERVIÇOS DE COMUNICAÇÃO E DE TRANSPORTE INTERMUNICIPAL E

INTERESTADUAL. PRODUÇÃO DE EMBALAGENS SOB ENCO-MENDA PARA POSTERIOR INDUSTRIALIZAÇÃO (SERVIÇOS GRÁFICOS). AÇÃO DIRETA DE INCONSTITUCIONALIDADE AJUIZADA PARA DAR INTERPRETAÇÃO CONFORME AO ART. 1º, CAPUT E §2º, DA LEI COMPLEMENTAR Nº 116/2003 E O SUBITEM 13.05 DA LISTA DE SERVIÇOS ANEXA. FIXAÇÃO DA INCIDÊNCIA DO ICMS E NÃO DO ISS. MEDIDA CAUTELAR DEFERIDA. *Até o julgamento final e com eficácia apenas para o futuro (ex nunc), concede-se medida cautelar para interpretar o art. 1º, caput e §2º, da Lei Complementar nº 116/2003 e o subitem 13.05 da lista de serviços anexa, para reconhecer que o ISS não incide sobre operações de industrialização por encomenda de embalagens,* destinadas à integração ou utilização direta em processo subsequente de industrialização ou de circulação de mercadoria. Presentes os requisitos constitucionais e legais, incidirá o ICMS. (ADI nº 4.389 MC/DF, rel. Min. Joaquim Barbosa, Tribunal Pleno, Julgamento 13.04.2011, DJe 25.05.2011). (Grifo nosso).

Esse posicionamento do STF superou a tradicional jurisprudência do STJ, materializada na Súmula nº 156,[250] o que foi expressamente reconhecido por meio do AgRg no REsp nº 1.310.728/SP, *verbis*:

TRIBUTÁRIO. ICMS E ISS. SERVIÇOS DE COMPOSIÇÃO GRÁFICA. SÚMULA Nº 156 DO STJ. ADEQUAÇÃO AO ENTENDIMENTO DO SUPREMO TRIBUNAL FEDERAL. ADI nº 4.389-MC.
1. *A Primeira Seção do STJ, em 11.3.2009, no julgamento do REsp nº 1.092.206/ SP, de relatoria do Min. Teori Albino Zavascki, submetido ao rito dos recursos repetitivos nos termos do art. 543-C do CPC e da Resolução nº 8/2008 do STJ, consolidou entendimento segundo o qual "as operações de composição gráfica, como no caso de impressos personalizados e sob encomenda, são de natureza mista, sendo que os serviços a elas agregados estão incluídos na Lista Anexa ao Decreto-Lei nº 406/68 (item 77) e à LC nº 116/03 (item 13.05). Consequentemente, tais operações estão sujeitas à incidência de ISSQN (e não de ICMS).* Confirma-se o entendimento da Súmula nº 156/STJ: "A prestação de serviço de composição gráfica, personalizada e sob encomenda, ainda que envolva fornecimento de mercadorias, está sujeita, apenas, ao ISS".
2. *Contudo, em 13.4.2011 o Pleno do Supremo Tribunal Federal no julgamento da Medida Cautelar na ADI nº 4389, rel. Min. Joaquim Barbosa, reconheceu que não incide ISS sobre operações de industrialização por encomenda de embalagens, destinadas à integração ou utilização direta em processo subsequente de industrialização ou de circulação de mercadoria.*

---

[250] Súmula nº 156, STJ. A prestação de serviço de composição gráfica, personalizada e sob encomenda, ainda que envolva fornecimento de mercadorias, está sujeita, apenas, ao ISS.

3. Ante a possibilidade de julgamento imediato dos feitos que versem sobre a mesma controvérsia decidida pelo Plenário do STF em juízo precário, é necessária a readequação do entendimento desta Corte ao que ficou consolidado pelo STF no julgamento da ADI nº 4389-MC.

4. Hipótese em que o Tribunal de origem manifestou-se no mesmo sentido do entendimento exarado pelo STF, não merecendo reforma o acórdão estadual. Agravo regimental provido. (AgRg no REsp nº 1.310.728/SP, rel. Min. Humberto Martins, Segunda Turma, Julgamento 02.06.2016, DJe 13.06.2016). (Grifo nosso).

Em um primeiro momento, foi determinado pelo Min. Cezar Peluso, então Presidente do STF, o processamento conjunto da ADI nº 4.413/DF e da ADI nº 4.389/DF, para que fossem apreciados os pedidos liminares requeridos, adotando-se o rito do art. 10, Lei nº 9.868/1998.

O Min. Joaquim Barbosa, então relator das duas ADIs, após discorrer sobre os inconvenientes decorrentes da tributação do valor agregado pelos três entes federativos, somado ao papel de legitimidade jurídica e social da lei complementar, asseverou que os conceitos adotados pelo Direito Civil para serviços e mercadorias servem apenas de ponto de partida para o Direito Tributário, pois "o fato gerador deve ser interpretado de acordo com a expressão econômica da base de cálculo e com o contexto da cadeia produtiva".

Em seguida, assinalou que o impasse sobre a incidência tributária deveria levar em consideração o papel desempenhado pela atividade desenvolvida no ciclo produtivo. Nessa linha, defendeu que as embalagens, caso utilizadas em processo produtivo destinado a colocar bens em comércio, constituem-se em típico insumo, ainda que fabricadas de acordo com as especificações do cliente, pelo que, nessa hipótese, a incidência deveria ser do ICMS, e não do ISS.

Posteriormente, foi proferido voto pela Min. Ellen Gracie que, ao contrário do Min. Joaquim Barbosa, diferenciou a ADI nº 4.389/DF da ADI nº 4.413/DF. Na sua compreensão, a ADI nº 4.413/DF era mais ampla que a ADI nº 4.389/DF, pois, enquanto a última circunscrevia-se ao universo das embalagens, o pleito da primeira era o de afastamento do ISS sobre atividades gráficas quando os bens fossem destinados a operações industriais ou comerciais subsequentes.

Portanto, a Min. Ellen Gracie apresentou votos diferentes na ADI nº 4.389/DF e na ADI nº 4.413/DF. Enquanto na primeira acompanhou o Min. Joaquim Barbosa, para entender que incide ICMS sobre a impressão de embalagens, posto consistir em mera etapa do ciclo produtivo, na segunda, destacou que a composição gráfica pode constituir o objeto principal contratado, atraindo a incidência de ISS.

Na segunda hipótese, ponderou que na impressão de bulas, manuais de instrução, rótulos, adesivos e etiquetas, ainda que haja o fornecimento de mercadorias, a prestação dos serviços não seria simples etapa do processo produtivo, mas verdadeiro objeto contratual, pelo que cabível a incidência de ISS.

Após o voto da Min. Ellen Gracie, o Min. Joaquim Barbosa submeteu o julgamento da cautelar na ADI nº 4.389/DF ao Plenário, que, conforme já antecipado, acompanhou à unanimidade o seu voto. Entretanto, com relação ao pedido de cautelar na ADI nº 4.413/DF, foi determinado o adiamento do julgamento. Na sequência, com a saída do Min. Joaquim Barbosa do STF, o seu sucessor foi o Min. Luís Roberto Barroso, que, após ser unanimemente acompanhado pelo Plenário, decidiu, em questão de ordem, não apreciar a liminar e adentrar diretamente no mérito.

Observe-se, todavia, que, com o advento da LC nº 157/2016, a redação do item 13.05 da lista anexa à LC nº 116/2003 foi substancialmente alterada, passando de uma previsão mais genérica, em que se utilizou a locução "composição gráfica, fotocomposição, clicheria, zincografia, litografia, fotolitografia", para uma mais específica, em que foi ressalvada expressamente a incidência de ICMS, nos termos seguintes:

> 13.05 – Composição gráfica, inclusive confecção de impressos gráficos, fotocomposição, clicheria, zincografia, litografia e fotolitografia, exceto se destinados a posterior operação de comercialização ou industrialização, ainda que incorporados, de qualquer forma, a outra mercadoria que deva ser objeto de posterior circulação, tais como bulas, rótulos, etiquetas, caixas, cartuchos, embalagens e manuais técnicos e de instrução, quando ficarão sujeitos ao ICMS.

Como decorrência da modificação legislativa, o pedido nas duas ações diretas foi julgado prejudicado, com a extinção dos processos sem resolução de mérito, por meio de decisões monocráticas do Min. Luís Roberto Barroso. Embora as ações tenham transitado em julgado, haviam sido opostos embargos de declaração e interpostos agravos regimentais no âmbito da ADI nº 4.389/DF, impugnando-se a extinção por perda de objeto e requerendo-se a modulação dos efeitos temporais da decisão proferida quando do julgamento da cautelar. Contudo, os recursos foram desprovidos e, diante da oposição de novos embargos de declaração, o STF negou provimento aos mesmos, sob o fundamento de veicularem pretensão infringente.[251]

---

[251] Edcl no AgReg nos Edcl na ADI nº 4.389/DF, rel. Min. Roberto Barroso, Tribunal Pleno, Sessão virtual de 29.05.2020 a 05.06.2020, DJe 01.07.2020.

Ainda que os processos tenham sido julgados prejudicados, o julgamento cautelar apresenta-se como indicativo de que, embora a lei complementar não seja mera reprodutora de decisões já tomadas pelo legislador constituinte, também ela deve ser objeto de interpretação e de controle de constitucionalidade, tendo em vista a necessidade de sua harmonia com as materialidades constitucionais.

De outro lado, a verificação de qual tributo deve incidir pressupõe que se afira qual o núcleo da contratação, isto é, se está na mercadoria ou na atividade realizada. Nesse sentido segue o magistério de Marco Aurélio Greco, que já advertia quanto à necessidade de se ter cautela na distinção pura e simples entre obrigações de dar e de fazer, dando ênfase ao ciclo econômico na definição da materialidade tributária, *verbis*:

> Nota-se, portanto, – no plano constitucional – uma clara diferença entre o foco do ICMS e o foco do ISS.
>
> Enquanto o ICMS tem por foco o ciclo econômico pelo qual passa determinada mercadoria, em si ou por força de sucessivas transformações, melhorias etc., no ISS *não se cogita de mercadoria nem de ciclo econômico, o foco é o trabalho humano*.
>
> Por isso, é frequente afirmar-se que o núcleo do ICMS é uma obrigação de dar, enquanto o do ISS uma obrigação de fazer. Esta afirmação tem sentido, porém deve ser *utilizada com cautela* para não obscurecer a circunstância de o cerne do pressuposto de fato destes impostos não ser apenas a entidade jurídica (obrigação), mas uma realidade de fato (de um lado, a mercadoria e seu ciclo econômico, de outro, o trabalho humano) que foi assumida pelo Constituinte para fim de atribuir competências tributárias.
>
> Na realidade, o núcleo destes impostos resulta da reunião dos dois elementos, um fático e outro jurídico:
>
> a) a *mercadoria* é assumida como materialidade do conteúdo do objeto da *obrigação*; e
>
> b) o *trabalho humano* é contemplado como conteúdo do objeto da obrigação
>
> *Portanto, para saber se – diante de determinada situação – cabe ICMS ou ISS, cumpre perguntar qual o núcleo da contratação, o que o contribuinte oferece e o cliente busca: a mercadoria ou o trabalho humano?*[252] (Grifos nossos).

---

[252] GRECO, Marco Aurélio. ICMS x ISS: fabricação de embalagens sob encomenda; incidência do ICMS. *Revista Fórum de Direito Tributário – RFDT*, Belo Horizonte, a. 8, n. 47, set./out. 2010.

Diante do exposto, verifica-se que não há uniformidade na jurisprudência do STF a fim de identificar se a hipótese é de incidência de ICMS ou de ISS. Ao critério objetivo pontualmente preconizado pela Corte somam-se critérios subjetivos, como a identificação do que seria ou não serviço, sob o aspecto ontológico, o vulto das mercadorias potencialmente envolvidas e o seu papel no ciclo econômico, assim como se haveria verdadeira obrigação de dar ou fazer.

3.2 Dos critérios interpretativos no Direito Tributário

3.2.1 Da interação entre o Direito Tributário e o Direito Privado: arts. 109, CTN e 110, CTN

Ainda que a contraposição entre obrigações de dar e de fazer para fins de dirimir o conflito de competência entre o ISS e o ICMS seja amplamente utilizada no âmbito do Direito Tributário, outros critérios de interpretação têm progressivamente ganhado espaço, permitindo uma releitura do papel conferido aos artigos 109, CTN e 110, CTN, que pretenderam cuidar da interpretação no Direito Tributário e, mais especificamente, de suas relações com o Direito Civil.

Da redação literal do art. 109, CTN, não parece possível extrair proposições eficazes de interpretação no Direito Tributário, visto que o dispositivo se limitou a enunciar, de forma pouco clara, que os princípios gerais de direito privado são utilizados para fins de definição dos institutos, conceitos e formas de Direito Tributário, mas não para definição de seus efeitos.

Ricardo Lobo Torres, ao analisar o referido artigo, defende que o mesmo é ambíguo, contraditório e retrógrado, ao tentar hierarquizar os métodos de interpretação, as fontes do Direito Tributário e os conceitos jurídicos, podendo ser mesmo suprimido do ordenamento jurídico.[253]

Na tentativa de esclarecer o seu conteúdo, assinala que a Comissão Especial do CTN, ainda que de forma conflitante, relaciona o dispositivo à autonomia no Direito Tributário, remarcando que, enquanto o Direito Privado regula a validade jurídica dos atos, o Direito Tributário investiga o seu conteúdo econômico.

Entretanto, consoante leciona, o art. 109, CTN, recomenda a interpretação teleológica, no que se refere aos conceitos tributários que

---

[253] TORRES, Ricardo Lobo. *Normas de Interpretação e Integração do Direito Tributário*. 4. ed. Rio de Janeiro: Renovar, 2006. p. 138.

não apresentam estatura constitucional. Por essa visão, a interpretação deve buscar a finalidade e o objetivo da norma e até mesmo a sua consideração econômica, conforme será explanado no item seguinte do presente.[254]

Deve-se ponderar, contudo, que há outras possíveis compreensões para o art. 109, CTN, consoante decorre das lições de Luciano Amaro, *verbis*:

> O preceito refere-se a situações nas quais a norma tributária utiliza um instituto, um conceito ou uma forma jurídica pertinente ao direito privado e, a partir desse enunciado, estatui certos efeitos tributários. (...) Em suma, o instituto de direito privado é "importado" pelo direito tributário com a mesma conformação que lhe dá o direito privado, sem deformações, nem transfigurações. (...) Não obstante tais princípios comandem a definição dos efeitos jurídicos privados, as consequências tributárias (efeitos jurídicos tributários) são determinadas sem submissão àqueles princípios.[255]

O art. 110, CTN, por sua vez, prevê que a lei tributária não pode alterar a definição, o conteúdo e o alcance de institutos, conceitos e formas de direito privado, que tenham sido utilizados de forma expressa ou implícita pela Constituição. Ao interpretar o referido artigo, Paulo de Barros Carvalho defende que se trata de verdadeira imposição lógica da hierarquia do sistema jurídico, *verbis*:

> O empenho do constituinte cairia em solo estéril se a lei infraconstitucional pudesse ampliar, modificar ou restringir os conceitos utilizados naqueles diplomas para desenhar as faixas de competências oferecidas às pessoas políticas. A rígida discriminação de campos materiais para o exercício da atividade legislativa dos entes tributantes, tendo estatura constitucional, por si só já determina essa inalterabilidade.[256]

Contudo, consoante as lições de Ricardo Lobo Torres, o artigo referido designa que, no caso de interpretação de normas constitucionais, a lei tributária não poderá alterar o conteúdo e o alcance dos conceitos de Direito Civil, para definir ou limitar competências tributárias.

---

[254] TORRES, Ricardo Lobo. *Normas de Interpretação e Integração do Direito Tributário*. 4. ed. Rio de Janeiro: Renovar, 2006. p. 138, 147.

[255] AMARO, Luciano. *Direito Tributário Brasileiro*. 14. ed. São Paulo: Saraiva, 2008. p. 217-219.

[256] CARRAZZA, Roque Antonio. *Curso de Direito Tributário*. 21. ed. São Paulo: Saraiva, 2009. p. 106.

Ou seja, enquanto o art. 109, CTN, deu prevalência ao método teleológico, o art. 110, CTN, enfatizou o método sistemático – aquele pelo qual os conceitos do sistema do Direito Privado empregados no Direito Tributário conservam o seu sentido originário.[257] Dessa forma, na sua visão, o CTN houve por bem dividir os métodos de interpretação, a depender de os conceitos tributários terem ou não estatura constitucional.

Ao analisar o art. 110, CTN, Ricardo Lobo Torres pondera que o CTN, que tem *status* de lei complementar, não poderia estabelecer normas sobre a interpretação da Constituição, sob pena de restar vulnerado o princípio da sua supremacia. Ademais, reportando-se às lições de Walter Leisner, assinala que a Constituição é pobre de conceitos verdadeiramente constitucionais, pelo que o princípio da interpretação da lei conforme a Constituição pode ganhar cores de uma interpretação da Constituição conforme a lei.[258]

No entanto, a referida assertiva não significa que os conceitos constitucionais serão necessariamente aqueles encontrados na lei ordinária,[259] mas sim, que existe uma relação de interdependência entre ambos.

De acordo com Luís Roberto Barroso, a interpretação da Constituição conforme a lei encontra-se em relação de simetria com a interpretação da lei conforme a Constituição, diante da constatação de que o legislador também interpreta rotineiramente a Carta Constitucional. Segundo sustenta:

> Quando o Judiciário, desprezando outras possibilidades interpretativas, prestigia a que fora escolhida pelo legislador, está, em verdade, endossando a interpretação da Constituição conforme a lei. *Mas tal deferência há de cessar onde não seja possível transigir com a vontade cristalina emanada do Texto Constitucional.* (Grifo nosso).[260]

Conforme se depreende do seu magistério, embora se deva conferir deferência à interpretação adotada pelo legislador ordinário,

---

[257] TORRES, Ricardo Lobo. *Normas de Interpretação e Integração do Direito Tributário*. 4. ed. Rio de Janeiro: Renovar, 2006. p. 138.

[258] TORRES, Ricardo Lobo. *Normas de Interpretação e Integração do Direito Tributário*. 4. ed. Rio de Janeiro: Renovar, 2006. p. 172.

[259] TORRES, Ricardo Lobo. *Normas de Interpretação e Integração do Direito Tributário*. 4. ed. Rio de Janeiro: Renovar, 2006. p. 176.

[260] BARROSO, Luís Roberto. *Interpretação e Aplicação da Constituição*. 7. ed. São Paulo: Saraiva, 2009. p. 201.

reputando-se válida a chamada interpretação da Constituição conforme a lei, a mesma não dispõe de caráter absoluto, cessando nas zonas em que não houver certeza quanto ao real alcance do Texto Constitucional.

Dentro dessa ordem de ideias, Ricardo Lobo Torres destaca que a Constituição Tributária deve ser interpretada de acordo com o pluralismo metodológico, abrindo-se para a interpretação segundo variados métodos, que vão desde o literal até o sistemático e teleológico. Segundo leciona, os conceitos constitucionais tributários não são fechados e unívocos, devendo-se recorrer também aos aportes de ciências afins para a sua interpretação, como a ciência das finanças, a economia e a política.

Por fim, sustenta que a interpretação isolada do art. 110, CTN, conduziria à prevalência do método literal, dando aos conceitos de direito privado a primazia hermenêutica na ordem jurídica. Ao contrário, da leitura conjugada entre os artigos 109 e 110, CTN, avultam em importância, de um lado, o método sistemático – quando estiverem em jogo institutos e conceitos utilizados pela Constituição – e, de outro, o método teleológico – quando não haja a constitucionalização dos conceitos.[261]

Diante do exposto, pode-se concluir que, embora os conceitos de Direito Civil exerçam um papel importante na interpretação dos conceitos constitucionais tributários, eles não esgotam a atividade interpretativa. Nesse sentido, transcreve-se trecho de decisão do Tribunal Constitucional da Alemanha, de 27.12.1991, referida por Ricardo Lobo Torres, que sintetiza o quanto se expôs:

> Direito Tributário e Direito Civil são ramos jurídicos da mesma estatura, regrados um ao lado do outro, que à mesma situação de fato se aplicam sob uma outra perspectiva e sob outros pontos de vista valorativos.[262]

3.2.2 A interação entre o Direito Tributário e a Economia

Estudado, em linhas gerais, o alcance dos artigos 109 e 110, CTN, que pretenderam cuidar das relações entre o Direito Tributário e o Direito Civil, passa-se, neste momento, a analisar o possível influxo entre os critérios econômicos e a interpretação em matéria tributária,

---

[261] TORRES, Ricardo Lobo. *Normas de Interpretação e Integração do Direito Tributário*. 4. ed. Rio de Janeiro: Renovar, 2006. p. 137, 179-180.
[262] TORRES, Ricardo Lobo. *Normas de Interpretação e Integração do Direito Tributário*. 4. ed. Rio de Janeiro: Renovar, 2006. p. 161-162.

assim como identificar as hipóteses em que os conceitos tributários realmente devem se identificar com os conceitos do Direito Privado.[263]

Nessa trajetória, devem ser transcritas as lições de Ricardo Lodi Ribeiro,[264] que, após se reportar aos ensinamentos de Heinrich Beisse, defende que a interpretação dos conceitos de Direito Tributário segue três princípios. O primeiro deles indica que conceitos econômicos de Direito Tributário, que tenham sido criados pelo legislador tributário ou por ele convertidos para os seus objetivos, devem ser interpretados segundo critério econômico. Para tanto, cita como exemplo a expressão "renda e proventos de qualquer natureza", que não é encontrada no Direito Civil, sendo delineada pelo legislador tributário.

O segundo princípio informa que conceitos de Direito Civil devem ser interpretados economicamente – embora respeitado o sentido literal possível das palavras – quando o objetivo da lei tributária imponha, de forma objetivamente justificada, um desvio do conteúdo de Direito Privado, em nome do princípio da igualdade. O exemplo trazido pelo autor é o da expressão "empregadores", utilizada no art. 195 da Constituição Federal para definir os contribuintes das contribuições da seguridade social, que não tem o sentido do Direito do Trabalho, abarcando, inclusive, empresas que não mantêm empregados próprios.[265]

O terceiro princípio, por sua vez, é o de que os conceitos de Direito Civil devem ser interpretados de acordo com a definição dada pela legislação civil quando, conforme o sentido e o objetivo da lei tributária, existe certeza de que o legislador cogitou exatamente do conceito de Direito Privado ou, alternativamente, quando o sentido literal possível da norma tributária não confere outra possibilidade interpretativa. Nesse sentido, tem-se como exemplo o fato gerador do ITR, pelo qual a tributação circunscreve-se à propriedade imóvel por natureza, não alcançando os imóveis por acessão.

---

[263] Faz-se referência, uma vez mais, ao quanto se escreveu sobre o tema, cf.: OLIVEIRA, Maurine Morgan Pimentel de. O conflito de competência entre o ISS e o ICMS à luz do RE nº 688223/PR. *In*: GOMES, Marcus Lívio; SCHOUERI, Luís Eduardo (Org.). *A Tributação Internacional na Era Pós-BEPS*: soluções globais e peculiaridades de países em desenvolvimento. Volume III – Transparência e Economia Digital. Rio de Janeiro: Lumen Juris, 2016. p. 247-257.

[264] RIBEIRO, Ricardo Lodi. A capacidade contributiva como manifestação da justiça fiscal no estado social e democrático de direito. *In*: QUEIROZ, Luís Cesar Souza de; GOMES, Marcus Livio (Org.). *Tributação, Direitos Fundamentais e Desenvolvimento*. Rio de Janeiro: GZ Editora, 2014. p. 49-51.

[265] Esse posicionamento foi encampado por diversos precedentes do STF que assinalam que o vocábulo "empregadores" não pode ser interpretado restritivamente, cf.: RE nº 390093AgR/PR, rel. Min. Marco Aurélio, Primeira Turma, Julgamento 04.12.2012, DJe 01.02.2013 e RE nº 585181 AgR/RJ, rel. Min. Joaquim Barbosa, Segunda Turma, Julgamento 31.08.2010, DJe 08.10.2010.

Em conclusão, arremata Ricardo Lodi Ribeiro que as premissas anteriormente desenvolvidas não podem ser infirmadas pelo princípio da unidade da ordem jurídica, uma vez que essa unidade não é realizada pelo primado do Direito Civil, mas sim, através do plano axiológico.[266]

Cabe, aqui, uma vez mais, rememorar as lições de Ricardo Lobo Torres, para quem, na atual quadra da jurisprudência dos valores, prepondera o pluralismo metodológico na interpretação do Direito Tributário, pelo qual a atividade interpretativa deve pautar-se em variados métodos, sem que entre eles haja hierarquia. Entretanto, o referido pluralismo não impede que haja a preponderância de determinados métodos, a depender do tributo de que se cuide.

No caso específico dos tributos sobre o consumo, de que são exemplos o ISS e o ICMS, leciona que os mesmos se abrem à interpretação econômica, porque baseados em conceitos elaborados pelo próprio Direito Tributário ou em conceitos tecnológicos.[267]

Nesse ponto, faz-se importante remarcar que a consideração do critério econômico[268] não se confunde com a vetusta teoria da interpretação econômica do fato gerador, consagrada no Código Alemão de 1919. No entanto, a teoria da interpretação econômica sujeita-se a críticas, destacando-se o posicionamento de Luciano Amaro, para quem:

> Alfredo Augusto Becker faz severa crítica a essa doutrina, porque, entre outras razões, destrói a certeza e a praticabilidade do direito, negando ao direito tributário exatamente o que ele tem de jurídico. Para refutar a alegação de que duas situações com igual capacidade contributiva devem ambas ser tributadas, ainda que apenas uma esteja prevista na lei, Becker cita o exemplo dado por Berliri: se instituído um tributo sobre cães, a interpretação econômica levaria a tributar também os gatos, dada a circunstância de, em ambas as situações, demonstrar-se análoga capacidade contributiva.[269]

---

[266] Destaque-se a posição de Marcus Lívio Gomes, para quem a unidade do ordenamento jurídico é conferida pela própria Constituição. (GOMES, Marcus Lívio. *A Interpretação da Legislação Tributária*: instrumentos para a unificação de critério administrativo em matéria tributária. São Paulo: Quartier Latin, 2010. p. 56).

[267] TORRES, Ricardo Lobo. *Normas de Interpretação e Integração do Direito Tributário*. 4. ed. Rio de Janeiro: Renovar, 2006. p. 153-154.

[268] Para uma leitura aprofundada da consideração econômica no Direito brasileiro, com a evolução da doutrina sobre o tema e o seu, cf.: GALENDI JR., Ricardo André. *A Consideração Econômica no Direito Tributário*. São Paulo: IBDT, 2020. p. 255-286, 369-383.

[269] AMARO, Luciano. *Direito Tributário Brasileiro*. 14. ed. São Paulo: Saraiva, 2008. p. 225.

A consideração do critério econômico, consoante ensina Ricardo Lobo Torres, representa o reconhecimento da interação entre o Direito e a Economia, em substituição ao formalismo jurídico. Ou, em outros termos, a constatação de que a interpretação é simultaneamente jurídi-co-econômica, pois a finalidade econômica vive *sub specie juris*, ainda que, para a formação dos conceitos tributários, os dados econômicos passem pelo filtro jurídico.[270]

Na análise da interação entre o Direito Tributário e o Direito Privado, mostra-se relevante fazer referência à doutrina de Luís Eduardo Schoueri, que leciona que os limites impostos pela Constituição Federal não impõem necessariamente a observância do Direito Privado, uma vez que o constituinte pode se valer tanto de um instituto desse ramo jurídico quanto de uma situação de natureza essencialmente econômica.[271]

Considerando que a tributação se baseia em fenômenos econômicos e em constante evolução,[272] e que o art. 110, CTN, não oferece uma solução *a priori*, o autor arrola algumas hipóteses em que as normas de competência parecem estar atreladas ao Direito Civil e outras em que há uma desvinculação entre os dois ramos jurídicos.

No caso do imposto sobre operações de crédito, câmbio e seguro, ou relativas a títulos ou valores mobiliários (IOF), que consta no art. 153, V, CRFB/1988, leciona que o constituinte parece ter utilizado os conceitos de Direito Civil, naquilo que se refere ao que se deve entender por crédito, câmbio, seguro e valores mobiliários.

No entanto, já quanto ao imposto sobre grandes fortunas e ao imposto predial e territorial urbano, previstos, respectivamente, nos artigos 153, VII, CRFB/1988 e 156, I, CRFB/1988, destaca que o constituinte parecia estar preocupado com a base econômica. No primeiro caso, o Direito Civil sequer define o que seria grande fortuna e, no segundo, embora a Constituição utilize a locução "propriedade", o art. 32, CTN,

270 TORRES, Ricardo Lobo. *Normas de Interpretação e Integração do Direito Tributário*. 4. ed. Rio de Janeiro: Renovar, 2006. p. 162-164.

271 SCHOUERI, Luís Eduardo; COSTER, Tiago Rios. A relação entre o Direito Tributário e o Direito Privado – análise do recurso extraordinário nº 540.829 (incidência de ICMS-Importação sobre operações de leasing internacional). *In*: MURICI, Gustavo Lanna *et al.* (Orgs.). *Estudos de direito processual e tributário em homenagem ao Ministro Teori Zavascki*. Belo Horizonte: D'Plácido, 2018. p. 702-703.

272 SCHOUERI, Luís Eduardo. Fato gerador da obrigação tributária. *In*: SCHOUERI, Luís Eduardo (Coord.). *Direito Tributário*: homenagem a Alcides Jorge Costa. São Paulo: Quartier Latin, 2003. v. 1, p. 172.

ampliou esse conceito, abarcando realidades que extrapolam o mero direito de propriedade do Código Civil.[273]

Essa mesma desvinculação entre os conceitos de Direito Tributário e Direito Privado também se verifica, segundo o seu magistério, no âmbito do imposto de renda, em que a expressão "acréscimo patrimonial", prevista no art. 43, CTN, reporta-se ao sentido econômico de patrimônio, isto é, à acepção de renda independentemente de título jurídico.[274]

Portanto, na sua obra, não se trata de desconsiderar o art. 110, CTN, mas de verificar em que medida ele pode ser aplicado, a fim de que a relação entre o Direito Tributário e o Direito Privado não seja resumida a um raciocínio *a priori*.

Em termos de jurisprudência do STF, a Corte, ainda que por maioria, ora tem se afastado de maneira expressa do art. 110, CTN, no que se refere às materialidades do ICMS e do ISS, na linha da doutrina de Ricardo Lobo Torres,[275] ora tem adotado uma forma própria de compreensão da relação entre o Direito Tributário e o Direito Privado. É o quanto parece decorrer dos julgamentos sobre a imunidade recíproca do IPTU em caso de cessão de imóveis públicos[276] e sobre lei estadual de IPVA que admitia a incidência do imposto mesmo na ausência de propriedade plena.[277]

Na primeira hipótese, o STF decidiu, à luz dos princípios da livre iniciativa, da livre concorrência e da capacidade contributiva, que locatários de imóveis pertencentes à União Federal e utilizados com fins comerciais, através de contratos de longa duração, poderiam ser contribuintes de IPTU.

Ainda que os imóveis não possam ser objeto de usucapião e, portanto, os locatários não estejam aptos a se tornar proprietários, o STF afastou a imunidade constitucional, sob o fundamento central de

---

[273] SCHOUERI, Luís Eduardo; COSTER, Tiago Rios. A relação entre o Direito Tributário e o Direito Privado – análise do recurso extraordinário nº 540.829 (incidência de ICMS-Importação sobre operações de leasing internacional). *In*: MURICI, Gustavo Lanna *et al.* (Orgs.). *Estudos de direito processual e tributário em homenagem ao Ministro Teori Zavascki.* Belo Horizonte: D'Plácido, 2018. p. 704-707.

[274] SCHOUERI, Luís Eduardo. *Direito Tributário.* 9. ed. São Paulo: Saraiva, 2019. p. 765.

[275] RE nº 651.703/PR, rel. Min. Luiz Fux, Tribunal Pleno, Julgamento 29.09.2016, DJe 26.04.2017.

[276] RE nº 601.720/RJ, rel. Min. Marco Aurélio, Tribunal Pleno, Julgamento 19.04.2017, DJe 05.09.2017; RE nº 434.251/RJ, rel. Min. Cármen Lúcia, Julgamento 19.04.2017, DJe 31.08.2017; RE nº 594.015/DF, rel. Min. Marco Aurélio, Tribunal Pleno, Julgamento 06.04.2017, DJe 25.08.2017.

[277] ADI nº 4.612/SC, rel. Min. Dias Toffoli, Tribunal Pleno, Sessão virtual de 05.06.2020 a 15.06.2020, DJe 17.08.2020.

que o pagamento de IPTU representa um custo operacional e que, ao se admitir que uma empresa não tivesse que pagá-lo, pelo só fato de ser locatária de imóvel público, haveria uma vantagem econômica indevida.

Embora a Corte não tenha analisado os contornos do art. 110, CTN, para fins de dirimir a controvérsia, valendo-se eminentemente da ponderação de princípios constitucionais, como se expôs, decorre desses precedentes que o STF adotou a postura de que a locução "propriedade", prevista constitucionalmente, não deve ser interpretada segundo o sentido do Direito Civil, mas à luz do art. 32, CTN.

Tanto é assim que, em votos vencidos nesses julgamentos e que entendiam que a imunidade deveria prevalecer, o fundamento central utilizado foi o de que os artigos 32 e 34, CTN, deveriam ser interpretados à luz da Constituição, no sentido de que apenas a posse *ad usucapionem* poderia ser fato gerador de IPTU. Por essa visão, os contribuintes do tributo municipal seriam aqueles que, ainda que fossem possuidores, pudessem vir a ostentar a futura posição de proprietários.[278]

Diante desses precedentes sobre o IPTU, o STF, ao apreciar a constitucionalidade de lei do Estado de Santa Catarina, que admitia a incidência de IPVA sobre veículos, com propriedade plena ou não,[279] seguindo o voto condutor do Min. Dias Toffoli, também adotou uma concepção de que propriedade, para fins de IPVA, não pressupõe uma vinculação com a sua acepção de Direito Civil. É o quanto se pode inferir do trecho seguinte, que foi seguido, por maioria, pelos demais ministros, *verbis*:

> *Disso se extrai que o constituinte, ao dispor sobre o IPTU no art. 156, I, não fixou qual é o conceito de propriedade para efeito dessa tributação, deixando espaço para o legislador tratar do assunto.*
>
> Em meu modo de ver, esse entendimento aplica-se, *mutatis mutandis*, também ao IPVA. Afinal, o texto constitucional se vale do mesmo instituto, a propriedade, para disciplinar ambos os impostos:
>
> (...)
>
> *Como se vê, a Constituição também admite que o legislador eleja como fato gerador do IPVA não só a propriedade, mas também o domínio útil e a posse*

---

[278] Cita-se, a título exemplificativo, os votos do Min. Edson Fachin no RE nº 594.015/SP e no RE nº 601.720/RJ. Neste último processo, o Ministro fez referência expressa ao art. 110, CTN, aos arts. 1.196 e 1.228, do Código Civil, interpretando estes dispositivos de forma conjugada com os arts. 32 e 34, CTN.

[279] Art. 2º, Lei catarinense nº 7.543/1988. O imposto sobre a propriedade de veículos automotores tem como fato gerador a propriedade, plena ou não, de veículos automotores de qualquer espécie.

a qualquer título de veículo automotor. E ela permite serem nomeados como contribuintes de direito do tributo, além do proprietário, o titular do domínio útil e o possuidor, a qualquer título, do bem.

Tendo em vista as considerações acima, conclui-se que (i) é constitucional a lei estadual que prevê ser fato gerador do imposto a propriedade, plena ou não, de veículo automotor, e (ii) insustentável a alegação de que o imposto não pode alcançar os que exercitem a posse ou o domínio da coisa. (Trecho de voto do Min. Dias Toffoli na ADI nº 4.612/SC, rel. Min. Dias Toffoli, Tribunal Pleno, Sessão Virtual de 05.06.2020 a 15.06.2020, DJe 17.08.2020). (Grifos nossos).

Ou seja, no caso específico do IPVA, ainda que não haja um dispositivo específico de lei complementar disciplinando o seu fato gerador, como ocorre com o art. 32, CTN, o STF estendeu-lhe a construção teórica que elaborou em relação ao IPTU, pois, do contrário, admitir-se-ia que o termo "propriedade" fosse empregado pelo constituinte com dois significados distintos.

Esses exemplos servem para ilustrar que a relação entre o Direito Tributário e o Direito Privado não representa uma realidade estática e já equacionada em definitivo pelo art. 110, CTN. Muito ao contrário, pois, embora esse dispositivo sirva como importante parâmetro interpretativo, ele tem se mostrado incapaz, por si só, para informar qual conceito deve, afinal, prevalecer.

Da análise dos precedentes do STF parece possível inferir que a Corte vem utilizando os fundamentos teóricos que a doutrina tributária oferece, de forma expressa ou mesmo implícita, para construir um modelo próprio e que oscila conforme o tributo que esteja sendo apreciado. É dizer, vem prevalecendo uma interpretação que confere dinamismo ao art. 110, CTN, dando-lhe elasticidade, a depender da hipótese de incidência que esteja sendo apreciada em cada caso.

Diante dessas considerações, no item seguinte, passa-se a discorrer, especificamente, sobre o contrato de cessão e licença de uso de *software*, para fins de se analisar a construção teórica e jurisprudencial que vem sendo produzida acerca da matéria.

3.3 Do contrato de cessão e licença de uso de *software*

3.3.1 Da configuração do contrato de cessão de uso de *software*

Ultrapassadas as premissas teóricas sobre as quais se estrutura este livro, chega-se ao estudo dos contornos jurídicos do contrato de cessão e licença de uso de *software*, cujo regime tributário foi recentemente apreciado pelo STF nas ADIs nº 1.945/MT e 5.659/MG, que serão analisadas no item 3.3.3 do presente.

Os *softwares* são "elaborações intelectuais de programas que possibilitam o funcionamento e a utilização de um equipamento, consistente em um sistema de rotinas e funções que permite disseminar ideias através do seu suporte físico".[280] Enquanto, em sentido estrito, o *software* coincide com o programa de computador (*corpus mysticum*), em sentido amplo, compreende o suporte magnético, o manual de instruções e a documentação acessória (*corpus mechanicum*).[281] Contudo, atualmente, os mais recentes decretos legislativos da Europa preferem não definir juridicamente a noção de *software*, considerando as constantes evoluções do setor e a progressiva desvinculação do *software* em relação aos suportes físicos.

Na esteira da legislação de outros países, como França e Japão, que protegeram o *software* pelo regime de direito do autor,[282] o Brasil editou a Lei nº 9.609/1998, que, em seu art. 2º,[283] estendeu aos programas de computador a proteção dos direitos autorais. De outro lado, dispôs que o uso de programa de computador será objeto de contrato de licença, conforme previsão em seu art. 9º.[284] Ou seja, o legislador brasileiro optou pelo regime jurídico dos direitos de autor, afastando a legislação de marcas e patentes à hipótese.

Através do contrato de licença, o titular (licenciador) autoriza a exploração econômica e o uso da obra, nas condições ajustadas, mediante remuneração e pelo prazo convencionado.[285] As licenças de uso

---

[280] BARRETO, Aires F. *Curso de Direito Tributário Municipal*. 2. ed. São Paulo: Saraiva, 2012. p. 412.

[281] PAESANI, Liliana Minardi. *Direito de informática*: comercialização e desenvolvimento internacional do *software*. 9. ed. São Paulo: Atlas, 2014. p. 11-12. Conforme destaca a autora, no Computer Soft Act 1980, dos Estados Unidos, *software* é definido como "um conjunto de declarações ou instruções a serem usadas de forma direta ou indireta em um computador, de forma a produzirem um certo resultado" (Tradução nossa). Texto original: "a set of statements or instructions to be used directly or indirectly in a computer in order to bring about a certain result".

[282] PAESANI, Liliana Minardi. *Direito de informática*: comercialização e desenvolvimento internacional do *software*. 9. ed. São Paulo: Atlas, 2014. p. 53.

[283] Art. 2º, Lei nº 9.609/1998. O regime de proteção à propriedade intelectual de programa de computador é o conferido às obras literárias pela legislação de direitos autorais e conexos vigentes no País, observado o disposto nesta lei.

[284] Art. 9º, Lei nº 9.609/1998. O uso de programa de computador no País será objeto de contrato de licença.

[285] PAESANI, Liliana Minardi. *Direito de informática*: comercialização e desenvolvimento internacional do *software*. 9. ed. São Paulo: Atlas, 2014. p. 85.

de *software* são, pois, espécie contratual pela qual o proprietário de um programa de computador permite a utilização deste pelo licenciado (usuário).[286]

O contrato de licença parece haver sido tratado de forma indiscriminada em relação ao contrato de cessão de uso, a tal ponto que a LC nº 116/2003 referiu-se a ambos indistintamente. No entanto, o licenciamento de uso é espécie de cessão parcial de direitos, de tal modo que ambas as figuras guardam entre si a relação de espécie e gênero, respectivamente.

Com efeito, a cessão não consiste em um único negócio jurídico, mas apresenta um caráter multifacetado, que pode abarcar diferentes modalidades contratuais, nas quais há a transferência, total ou parcial, dos direitos decorrentes de sua criação.[287] Nesse caso, apenas os direitos patrimoniais podem vir a ser transferidos, uma vez que o direito moral, de caráter personalíssimo, é inalienável.[288] De outro lado, na licença, como espécie de cessão de uso, há apenas um direito de exploração ou de utilização parcial.[289]

Por conseguinte, ainda que, pela redação literal do art. 9º, Lei nº 9.609/1998, o *software* seja comercializado por meio de contrato de licença, há, em verdade, contrato de cessão,[290] abrindo-se ao cessionário a possibilidade de titularidade, parcial ou total, sobre os direitos patrimoniais,[291] nos termos do art. 49, Lei nº 9.610/1998.[292]

---

[286] MACEDO, José Alberto Oliveira. *Conflitos de competência na tributação do consumo.* 162f. Tese de Doutorado – Faculdade de Direito da Universidade de São Paulo, São Paulo, 2013. p. 133.

[287] TAMANAHA, Rodolfo Tsunetaka. *Tributação e economia digital*: análise do tratamento tributário dos rendimentos da computação em nuvem. São Paulo: IBDT, 2020 (Série Doutrina Tributária, 30). p. 83, 196.

[288] FRANCO, Vera Helena de Mello. *Contratos*: direito civil e empresarial. 4. ed. São Paulo: Revista dos Tribunais, 2013. p. 438.

[289] TEIXEIRA, Tarcisio; ATIHE, Lucas. Contratos de software: apontamentos sobre suas espécies. *Revista dos Tribunais online [recurso online]*, São Paulo, v. 976, p. 13, fev. 2017. Disponível em: revistadostribunais.com.br. Acesso em: 11 abr. 2021.

[290] SOUTO, Luisa de Brito Dutra. *Da subsunção da contratação de acesso a softwares disponibilizados em nuvem (software as a service) às hipóteses de incidência do ICMS e do ISS.* 76f. Dissertação (Graduação) – Faculdade de Direito, Curso de Graduação em Direito da Universidade de Brasília, Brasília, 2013. p. 23.

[291] ASSUNÇÃO, Matheus Carneiro. O ICMS nas transferências eletrônicas de software. *Revista Jurídica*, Brasília, v. 11, n. 93, p. 19, fev./mai. 2009. Disponível em: http://www.planalto.gov.br/revistajuridica. Acesso em: 3 jan. 2021.

[292] Art. 49, Lei nº 9.610/1998. Os direitos de autor poderão ser total ou parcialmente transferidos a terceiros, por ele ou por seus sucessores, a título universal ou singular, pessoalmente ou por meio de representantes com poderes especiais, por meio de licenciamento, concessão, cessão ou por outros meios admitidos em Direito, obedecidas as seguintes limitações:

Entretanto, independentemente da caracterização do contrato envolvendo *software* como licença ou cessão, certo é que há inequívoca transferência eletrônica de dados através do mesmo – o que havia sido um dos nortes argumentativos do STF no julgamento da cautelar na ADI nº 1.945/MT e será exposto no item seguinte – permitindo ao adquirente o acesso e a utilização de tecnologias, na qualidade de cessionário de um direito autoral.[293]

3.3.2 A tributação dos programas de computador – análise crítica da jurisprudência dos Tribunais Superiores: do REsp nº 39.797/SP à ADI nº 1.945/ MT e à ADI nº 5.659/MG

Conforme se destacou no item 3.1.1, a controvérsia quanto à tributação do *software* historicamente consistiu em identificar se a hipótese é de prestação de serviço, apta a ensejar a incidência do ISS, se há circulação de mercadoria, o que atrairia a incidência do ICMS ou se, ao contrário, não há serviço ou mercadoria, o que afastaria a incidência dos impostos sobre consumo e faria com que a questão se inserisse na competência residual da União, prevista no art. 154, I, CRFB/1988.

Os Tribunais Superiores progressivamente fixaram critérios para a tributação do *software* e, mais recentemente, através do julgamento do mérito na ADI nº 1.945/MT e da ADI nº 5.659/MG, o STF modificou os parâmetros que anteriormente havia utilizado para dirimir o conflito de competência. A fim de que se possa compreender a questão, traça-se uma evolução histórica do tratamento tributário que as Cortes Superiores dispensaram à questão.

I – a transmissão total compreende todos os direitos de autor, salvo os de natureza moral e os expressamente excluídos por lei;

II – somente se admitirá transmissão total e definitiva dos direitos mediante estipulação contratual escrita;

III – na hipótese de não haver estipulação contratual escrita, o prazo máximo será de cinco anos;

IV – a cessão será válida unicamente para o país em que se firmou o contrato, salvo estipulação em contrário;

V – a cessão só se operará para modalidades de utilização já existentes à data do contrato;

VI – não havendo especificações quanto à modalidade de utilização, o contrato será interpretado restritivamente, entendendo-se como limitada apenas a uma que seja aquela indispensável ao cumprimento da finalidade do contrato.

293 Para uma leitura aprofundada quanto ao Direito autoral, cf.: MANSO, Eduardo V. *Contratos de direito autoral*. São Paulo: Revista dos Tribunais, 1989. p. 21-22. O autor leciona que o contrato de cessão de direitos autorais "opera os efeitos da compra e venda, porque o cedente aliena seus direitos, que se transferem para a titularidade do cessionário, tal como se dá entre vendedor e comprador".

Conforme assinala Clélio Chiesa,[294] o Superior Tribunal de Justiça firmou, num momento inicial, o entendimento de que incide ISS sobre a exploração econômica de programas de computador, conforme se depreende do REsp nº 39.797-9/SP, decidido à unanimidade pela Primeira Turma, no ano de 1993. Segue a ementa do acórdão:

ICMS – PROGRAMAS DE COMPUTADOR – NÃO INCIDÊNCIA.

A exploração econômica de programas de computador, mediante contratos de licença ou de cessão, está sujeita apenas ao ISS. Referidos programas não se confundem com seus suportes físicos, não podendo ser considerados mercadorias para fins de incidência do ICMS. Recurso improvido. (REsp nº 39.797/SP, rel. Min. Garcia Vieira, Primeira Turma, Julgamento 15.12.1993, DJU 21.02.94).

Por meio desse recurso especial, o Estado de São Paulo questionou acórdão do Tribunal de Justiça local, pretendendo fosse declarada a incidência de ICMS sobre os contratos de licença de uso de programas de computador, sob o fundamento de que os mesmos eram reproduzidos em escala industrial e colocados à venda em lojas, tornando-se mercadorias circuláveis.

O Estado de São Paulo alegou violação à disciplina constante do art. 8º, §§1º e 2º, DL nº 406/1968,[295] uma vez que o referido decreto-lei previa a incidência de ISS apenas sobre serviços, e os programas de computador não estavam arrolados de forma expressa na sua lista anexa. De outro lado, também afirmou que restariam vulnerados os arts. 1º, 24, 25 e 27 da Lei nº 7.646/1987 (diploma normativo que antecedeu a Lei nº 9.609/1998), visto que a legislação previu a possibilidade de comercialização de *software*.

Todavia, o Superior Tribunal de Justiça decidiu que o programa de computador consistia em um bem imaterial, o que, na sua visão, afastaria a possibilidade de ser compreendido como mercadoria. Concluiu, pois, que o programa de computador era um serviço, atraindo a incidência exclusiva do ISS.

---

[294] CHIESA, Clélio. A tributação da comercialização de programas de computador: incidência do ICMS, ISS ou fato atípico? *Revista Fórum de Direito Tributário – RFDT*, Belo Horizonte, a. 1, n. 2, p. 8, mar./abr. 2003.

[295] Art. 8º, DL nº 406/1968. O imposto, de competência dos Municípios, sobre serviços de qualquer natureza, tem como fato gerador a prestação, por empresa ou profissional autônomo, com ou sem estabelecimento fixo, de serviço constante da lista anexa.
§1º. Os serviços incluídos na lista ficam sujeitos apenas ao imposto previsto neste artigo, ainda que sua prestação envolva fornecimento de mercadoria.
§2º. Os serviços não especificados na lista e cuja prestação envolva o fornecimento de mercadorias ficam sujeitos ao imposto de circulação de mercadorias.

Destaque-se que, no voto condutor do referido julgado, conduzido pelo Min. Garcia Vieira, firmou-se o entendimento de que, embora a locução "programa de computador" não estivesse expressa na lista anexa ao DL nº 406/1968, ela poderia ser inferida dos seus itens 22 – este item já havia sido vetado – e 24, com a redação dada pela LC nº 56/1987, *verbis*:

> Lista de Serviços (Redação dada pela LC nº 56/1987)
>
> 22. Assessoria ou consultoria de qualquer natureza, não contida em outros incisos desta lista, organização, programação, planejamento, assessoria, processamento de dados, consultoria técnica, financeira ou administrativa (vetado);
>
> (…) 24. Análises, inclusive de sistemas, exames, pesquisas e informações, coleta e processamento de dados de qualquer natureza.

Posteriormente, no ano de 1994, a Primeira Turma do Superior Tribunal de Justiça proferiu novo julgamento, em que manteve as conclusões anteriormente firmadas.[296] Contudo, a partir do ano de 1996, através do Recurso Ordinário interposto no Mandado de Segurança nº 5.934/RJ, a Segunda Turma do Superior Tribunal de Justiça passou a entender que, para fins da tributação dos programas de computador, há que se diferenciar os programas produzidos em larga escala daqueles que são feitos para um usuário específico. Enquanto os primeiros seriam tributados pelo ICMS, os segundos atrairiam a incidência do ISS, *verbis*:

> MANDADO DE SEGURANÇA. RECURSO. TRIBUTÁRIO *SOFTWARE*. PROGRAMAS DE COMPUTADOR. TRIBUTAÇÃO PELO ISS OU PELO ICMS. ATIVIDADE INTELECTUAL OU MERCADORIA. DISTINÇÃO. INVIABILIDADE NA VIA ESTREITA DO MANDADO DE SEGURANÇA PREVENTIVO. Os programas de computação, feitos por empresas em larga escala e de maneira uniforme, são mercadorias, de livre comercialização no mercado, passíveis de incidência do ICMS. Já os programas elaborados especialmente para certo usuário, exprimem

---

[296] TRIBUTÁRIO – ISS – PROGRAMAS DE COMPUTADOR – LEI Nº 7.649, ART. 27 – DECRETO-LEI Nº 406/68, LISTA DE SERVIÇOS – ITEM 24.
1. Os Sistemas de computação, constituídos de programas, exprimem o resultado de atividade intelectual, de sorte que configuram bem imaterial e não mercadoria, a afastar a hipótese de incidência do ICMS.
2. A exploração econômica de programas de computador, mediante contratos de licença ou de cessão, sujeita-se à cobrança do ISS (item 24, da Lista de Serviços, anexa ao Decreto-Lei nº 406/68).
3. Recurso desprovido. (REsp nº 39.457/SP, rel. Min. Humberto Gomes de Barros, Primeira Turma, Julgamento 13.08.1994, DJ 05.09.1994).

verdadeira prestação de serviços, sujeita ao ISS. Cumpre distinguir as situações, para efeito de tributação, aferindo-se a atividade da empresa. Não, porém, através de mandado de segurança, ainda mais de caráter preventivo, obstando qualquer autuação futura. (RMS nº 5.934/RJ, rel. Min. Hélio Mosimann, Segunda Turma, Julgamento 04.03.1996, DJU 01.04.96).

Nesse precedente, diante dos limites do mandado de segurança, o STJ não chegou a enfrentar qual era a exata atividade desempenhada pela empresa recorrente ou qual tributo seria devido no caso concreto. Da leitura do inteiro teor do voto vencedor, infere-se que nem mesmo o contrato que estava em questão chegou a ser analisado. No entanto, a relevância do julgamento está em que, no rol de precedentes pesquisados no âmbito dos tribunais superiores, esse foi o primeiro em que o órgão julgador estabeleceu diferenças entre tipos de programas de computador para fins tributários.

Posteriormente, a Primeira Turma do STJ, a partir de 1997, partindo da classificação anteriormente referida, passou a adotar a posição de que a comercialização de programas de computador produzidos em massa consiste em fato gerador do ICMS. Segue a ementa, *verbis*:

TRIBUTÁRIO. ICMS. ISS. PROGRAMAS DE COMPUTADOR (*SOFTWARE*) CIRCULAÇÃO.

1. Se as operações envolvendo a exploração econômica de programa de computadores realizadas mediante a outorga de contratos de cessão ou licença de uso de determinado *software* fornecido pelo autor ou detentor dos direitos sobre o mesmo, com fim específico para atender a determinada necessidade do usuário, tem-se caracterizado o fenômeno tributário denominado prestação de serviços, portanto, sujeito ao pagamento do ISS (item 24, da Lista de Serviços, anexo ao DL nº 406/68).

2. *Se, porém, tais programas de computação são feitos em larga escala e de maneira uniforme, isto é, não se destinando ao atendimento de determinadas necessidades do usuário a que para tanto foram criados, sendo colocados no mercado para aquisição por qualquer um do povo, passam a ser considerados mercadorias que circulam, gerando vários tipos de negócio jurídico (compra e venda, troca, cessão, empréstimo, locação, etc.), sujeitando-se, portando, ao ICMS.*

3. Definido no acórdão de segundo grau que os programas de computação exploradas pelas empresas recorrentes são uniformes, a exemplo do *Word 6, Windows* etc., colocados à disposição do mercado, pelo que podem ser adquiridos por qualquer pessoa, não é possível, em sede de mandado de segurança, a rediscussão dessa temática, por ter sido ela assentada com base no exame das provas discutidas nos autos.

4. Recurso especial improvido. Confirmação do acórdão hostilizado para reconhecer, no caso, a legitimidade da cobrança do ICMS. (REsp nº 123.022/RS, rel. Min. José Delgado, Primeira Turma, Julgamento 14.08.1997, DJU 27.10.97). (Grifo nosso).

Dessa forma, uma vez mais, assim como no precedente de 1996, os debates consideraram a distinção entre tipos de programas de computador para a produção de efeitos tributários. Nesse caso específico, a Primeira Turma partiu do pressuposto, firmado na instância de origem, de que a hipótese era de comercialização de *software* produzido em massa, para, a partir dessa premissa, concluir pela incidência de ICMS.

Verifica-se, a partir da leitura do inteiro teor dos debates, que esse tratamento tributário decorreu da equiparação da comercialização de programa de computador com suporte físico à venda de um livro ou mesmo de um carro. Nesse sentido, a Primeira Turma concluiu que eventuais discussões concernentes aos direitos autorais não seriam suficientes para afastar a incidência de ICMS.

Nos debates durante a sessão, o relator destacou que "pergunto a V. Exa., qual é o serviço prestado quando chego numa empresa e peço um Windows 95?". Em continuidade ao questionamento formulado, o próprio relator respondeu que "houve uma comercialização, como acontece com outros produtos que são licenciados e têm seus direitos autorais protegidos e que são comercializados".

Em outros termos, embora a parte recorrente sustentasse que a lei não estabeleceu distinção entre tipos de programas de computador, a Primeira Turma decidiu que essas categorias resultam da interpretação. Contudo, nos debates realizados na sessão, o relator afirmou que a hipótese não seria de superação do precedente julgado pela Turma em 1994, porque adotou a premissa de que a comercialização dos programas de computador, produzidos em larga escala, era materializada através de negócios jurídicos de várias espécies.

Ou seja, ao que parece, o voto condutor não chegou a analisar que a comercialização do *software* se dá especificamente através do contrato de licença de uso. De outro lado, a partir de algumas passagens dos debates, o entendimento do relator parece estar atrelado ao fato de que o programa de computador, àquela época, era comercializado por meio de um suporte físico.

Contudo, a importância do julgamento reside na constatação de que, uma vez mais, o STJ deu relevância ao tipo de programa de computador para fins tributários, o que, como será exposto ao longo do presente, representou uma linha argumentativa utilizada em diferentes esferas, judiciais ou não. Ademais, restou esclarecido em diversas passagens do julgamento, que a existência de direitos autorais, por si só, não consiste em obstáculo à incidência de ICMS.

Desde os julgamentos realizados em 1996 e 1997, anteriormente referidos, a jurisprudência do STJ, para fins de análise da incidência de ICMS ou ISS sobre as operações com *software*, estruturou-se em torno da bipartição entre os tipos de programa de computador. Dos precedentes pesquisados, depreende-se que esse posicionamento foi amplamente adotado,[297] levando em consideração tanto os itens anexos ao DL nº 406/1968,[298] quanto o item 1.05 da lista anexa à LC nº 116/2003.[299]

O Supremo Tribunal Federal, por sua vez, igualmente distinguia a tributação levando em consideração a modalidade de programa de computador. Segundo informado no voto do Min. Ricardo Lewandowski no julgamento da ADI nº 1.945 MC/MT, sobre a qual se discorrerá mais à frente, essa classificação encontra raízes no XLIII Congresso realizado pela International Fiscal Association (IFA).

De acordo com o General Report então publicado,[300] existe um acordo comum de que a venda de *software* padronizado, também conhecido como *off the shelf, canned* ou *standard program* é uma transferência de bens, mesmo onde o vendedor trata o comprador como um mero licenciado com direitos limitados. De outro lado, o fornecimento de *software* customizado, desenvolvido de acordo com as necessidades de um usuário particular, é quase sempre tratado como uma transferência de serviços.

---

[297] AgRg no AREsp nº 493.251/RS, rel. Min. Humberto Martins, Segunda Turma, Julgamento 15.05.2014, DJe 22.05.2014; AgRg no AREsp nº 79.386/RS, rel. Min. Castro Meira, Segunda Turma, Julgamento 07.02.2012, DJe 16.02.2012; AgRg no AREsp nº 32.547/PR, rel. Min. Humberto Martins, Segunda Turma, Julgamento 20.10.2011, DJe 27.10.2011.

[298] REsp nº 216.967/SP, rel. Min. Eliana Calmon, Segunda Turma, Julgamento 28.08.2001, DJ 22.04.2002; REsp nº 633.405/RS, rel. Min. Luiz Fux, Primeira Turma, Julgamento 24.11.2004, DJ 13.12.2004; REsp nº 1.070.404/SP, rel. Min. Eliana Calmon, Segunda Turma, Julgamento 26.08.2008, DJe 22.09.2008.

[299] AgInt no REsp nº 1.553.801/SP, rel. Min. Regina Helena Costa, Primeira Turma, Julgamento 07.08.2018, DJe 14.08.2018.

[300] JONES JR., John B.; MATTSON, Robert N. General Report. *In*: International Fiscal Association (IFA). *Cahiers de droit fiscal international*. Rotterdam: IFA, 1988. v. 73b, p. 32. Texto original: "There is common agreement that sales of packaged software ('off the shelf,' 'canned,' 'standard program,' etc.) are transfers of goods, even where the seller treats the buyer as a mere licensee with limited rights. On the other hand, provision of customized software developed for the needs of a particular user is almost always treated as a transfer of services".

O General Report[301] assinala, ainda, ao tratar de transações internacionais, que nem sempre é possível encaixar inteiramente transferências de *softwares* em uma dessas duas categorias. Nesse sentido, destaca que, ao que parece, essas classificações são feitas em uma base *ad hoc*, a depender da natureza predominante da transação.

Feitos esses esclarecimentos, quanto à origem da própria classificação utilizada pelo STF, verifica-se que a sua jurisprudência apresenta particularidades em relação aos precedentes que foram analisados do STJ. No tocante ao *software* de prateleira, no RE nº 176.626/SP, a Corte Suprema diferencia, de forma clara, a ocorrência de dois negócios jurídicos, quais sejam, a aquisição de um exemplar, de um lado, e a cessão de direito de uso, de outro, para concluir que no âmbito da cessão não seria possível a incidência do ICMS. É o que se depreende do aresto que segue:

> I. Recurso extraordinário: prequestionamento mediante embargos de declaração (Súmula nº 356). A teor da Súmula nº 356, o que se reputa não prequestionado é o ponto indevidamente omitido pelo acórdão primitivo sobre o qual "não foram opostos embargos declaratórios". Mas se, opostos, o Tribunal *a quo* se recuse a suprir a omissão, por entendê-la inexistente, nada mais se pode exigir da parte (RE nº 210.638, Pertence, DJ 19.6.98). II. RE: questão constitucional: âmbito de incidência possível dos impostos previstos na Constituição: ICMS e mercadoria. Sendo a mercadoria o objeto material da norma de competência dos Estados para tributar-lhe a circulação, a controvérsia sobre se determinado bem constitui mercadoria é questão constitucional em que se pode fundar o recurso extraordinário. III. Programa de computador ("*software*"): tratamento tributário: distinção necessária. *Não tendo por objeto uma mercadoria, mas um bem incorpóreo, sobre as operações de "licenciamento ou cessão do direito de uso de programas de computador" "matéria exclusiva da lide", efetivamente não podem os Estados instituir ICMS: dessa impossibilidade, entretanto, não resulta que, de logo, se esteja também a subtrair do campo constitucional de incidência do ICMS a circulação de cópias ou exemplares dos programas de computador produzidos em série e comercializados no*

---

[301] JONES JR., John B.; MATTSON, Robert N. General Report. *In*: International Fiscal Association (IFA). *Cahiers de droit fiscal international*. Rotterdam: IFA, 1988. v. 73b, p. 32. Texto original: "Obviously, many international software transfers do not fit wholly within either of the two characterizations. For example, consider a vendor of a computerized hotel reservation service. Does the fact that the vendor must adapt his program for each customer for its own rooms and rates and to interrelate to the hotel's computerized billing system make that a transfer of services? It appears that classification of these questionable transactions is decided on ad hoc basis depending on the predominant nature of the transaction. In countries where VAT is imposed only on software classified as goods, services are defined narrowly. In Norway, for example, services sold to more than one customer are treated as goods".

varejo – como a do chamado "software *de prateleira"* (*off the shelf*) – os quais, materializando o *corpus mechanicum* da criação intelectual do programa, constituem mercadorias postas no comércio. (RE nº 176.626/SP, rel. Min. Sepúlveda Pertence, Primeira Turma, Julgamento 10.11.1998, DJ 11.12.1998). (Grifo nosso).

No voto condutor do julgado, da lavra do Min. Sepúlveda Pertence, houve a defesa de que o licenciamento ou a cessão de direito de uso consistia em bem incorpóreo, insuscetível de ser classificado como mercadoria, cuja definição, na visão do voto que prevaleceu àquele momento, seria a de "bem corpóreo objeto de atos de comércio ou destinado a sê-lo". Ademais, o STF, seguindo as lições de Rui Saavedra, adotou o entendimento de que a correta compreensão dos negócios jurídicos envolvendo o *software* de prateleira pressuporia a análise dicotômica das relações jurídicas subjacentes.

Em outros termos, foi utilizada a expressão "off the shelf", referida no Congresso da IFA de 1988, em conjunto com o posicionamento doutrinário de Rui Saavedra, que aponta a ocorrência de dois contratos quando o *software-standard* é licenciado, nos termos que seguem:

> Há na verdade dois contratos: por um lado, um contrato para que sejam fornecidas as manifestações físicas do *software*; e, por outro, um contrato para atribuição de uma licença de uso de *software*. O contrato pelo qual o cliente é investido na posse do *software* será um contrato de compra e venda ou de doação se a propriedade sobre os meios físicos for transmitida ao licenciado; se não houver essa transmissão, tratar-se-á de um contrato de locação ou, porventura, de comodato. Mas o contrato de licença subsiste paralelamente, e é importante porque os produtos de *software*, após a entrega do exemplar do *software*, continuam preocupados em proteger os direitos de propriedade intelectual sobre o *software* por eles criado, e em impor restrições ao uso do *software* entregue.[302]

Verifica-se, pois, no voto condutor do STF, ao seguir as ponderações de Rui Saavedra, que há uma preocupação em distinguir os negócios jurídicos envolvendo o *software* propriamente dito dos negócios concernentes ao *corpus mechanicum* em que o *software* se encontra. No âmbito do contrato envolvendo o *software* em si, como se cuidava de bem incorpóreo, seria incabível a incidência do ICMS, o que não obstava a incidência do imposto estadual quando da venda de exemplares por meio de suporte físico.

---

[302] SAAVEDRA, Rui. *A proteção jurídica do software e a Internet*. Lisboa: Sociedade Portuguesa de Autores – Publicações Dom Quixote, 1998. p. 79-80.

De outro lado, no voto do Min. Sepúlveda Pertence, os *softwares* foram divididos não em duas, mas em três grandes categorias. Ou seja, enquanto nos julgamentos analisados no STJ era feita referência a *softwares* personalizados e de prateleira, nesse precedente, o STF passou a fazer referência a um terceiro grupo, que é o dos *softwares* customizados.

Ainda seguindo as lições de Rui Saavedra, o Min. Sepúlveda Pertence destacou que os *softwares* customizados representam uma categoria intermediária entre as outras duas, consistindo nos programas *standards* que sofrem modificações para se adaptarem às necessidades de um cliente particular.

Contudo, nesse precedente, em qualquer das três modalidades de *software*, a tributação deveria levar em consideração a dicotomia entre aquisição do exemplar físico, de um lado, e o licenciamento ou cessão do direito de uso, de outro.

Esse tratamento jurídico separando o programa de computador do seu suporte físico foi mantido em outros julgados, como no RE nº 199.464/SP, que cuidou da operação de compra e venda de disquetes, nos quais o *software* estava incorporado.[303] Embora o voto condutor não tenha enfrentado diretamente a questão da cessão de uso de programa de computador, fazendo mera remissão ao precedente anterior, adotou, uma vez mais, ainda que implicitamente, a posição de Rui Saavedra, *verbis*:

> TRIBUTÁRIO. ESTADO DE SÃO PAULO. ICMS. PROGRAMAS DE COMPUTADOR (*SOFTWARE*). COMERCIALIZAÇÃO. No julgamento do RE nº 176.626, Min. Sepúlveda Pertence, assentou a Primeira Turma do STF a distinção, para efeitos tributários, entre um exemplar *standard* de programa de computador, também chamado "de prateleira", e o licenciamento ou cessão do direito de uso de *software*. A produção em massa para comercialização e a revenda de exemplares do *corpus mechanicum* da obra intelectual que nele se materializa não caracterizam licenciamento ou cessão de direitos de uso da obra, mas genuínas operações de circulação de mercadorias, sujeitas ao ICMS. Recurso conhecido e provido. (RE nº 199.464/SP, rel. Min. Ilmar Galvão, Primeira Turma, Julgamento 02.03.1999, DJ 30.04.1999).

No entanto, esse posicionamento foi modificado pelo STF, ainda que de forma parcial, quando do julgamento de cautelar na ADI

---

[303] No mesmo sentido foi o julgamento do RE nº 285.870 AgR/SP, rel. Min. Eros Grau, Segunda Turma, Julgamento 17.06.2008, DJe 01.08.2008, em que o STF se reportou aos precedentes anteriores, ainda que não tenha conhecido do referido recurso extraordinário.

n° 1.945/MT,na qual foram impugnados diversos dispositivos da Lei Estadual n° 7.098/1998, do Estado do Mato Grosso, que consolida normas sobre o ICMS.

Entre outros artigos questionados, cumpre dar ênfase ao art. 2°, §1°, VI, que prevê a incidência de ICMS sobre a generalidade das operações envolvendo programas de computador, incluindo o *download*, *verbis*:

> Art. 2° O imposto incide sobre:
> I. operações relativas à circulação de mercadorias, inclusive fornecimento de alimentação e bebidas em bares, restaurantes e estabelecimentos similares;
> (...) §1° O imposto incide também:
> (...) VI. Sobre as operações com programas de computador – *software* – ainda que realizadas por transferência eletrônica de dados.

O art. 6°, §6°, por sua vez, dispôs acerca da base de cálculo nas referidas operações, *verbis*:

> Art. 6° A base de cálculo do imposto é:
> (...)
> §6° Integra a base de cálculo do ICMS, nas operações realizadas com programas de computador – *software* – qualquer outra parcela debitada ao destinatário, inclusive o suporte informático, independentemente de sua denominação.

Por meio da referida ADI, a impugnação à lei mato-grossense dava-se não apenas em relação a questões de ordem material, mas também em relação a aspectos formais. Conforme se verifica do inteiro teor do acórdão, a lei foi impugnada como um todo, tendo em vista que a parte autora apresentou o entendimento de que a matéria deveria ser tratada por meio de lei complementar, e não por lei ordinária. De outro lado, no que interessa especificamente a este capítulo, foi alegado que o art. 2°, §1°, VI da Lei n° 7.098/1998 representava violação à competência municipal para instituir o ISS.

Quando do julgamento liminar da ADI n° 1.945/MT, decidiu o STF, por maioria, a partir do voto do Min. Nelson Jobim, que é possível a incidência do ICMS sobre a circulação virtual de mercadoria, conforme a ementa, cuja íntegra se transcreve a seguir:

AÇÃO DIRETA DE INCONSTITUCIONALIDADE. DIREITO TRIBU-TÁRIO. ICMS. 2. LEI ESTADUAL N° 7.098, DE 30 DE DEZEMBRO DE

1998, DO ESTADO DE MATO GROSSO. INCONSTITUCIONALIDADE FORMAL. MATÉRIA RESERVADA À DISCIPLINA DE LEI COMPLEMENTAR. INEXISTÊNCIA. Lei complementar federal (não estadual) é a exigida pela Constituição (arts. 146, III, e 155, §2º, XII) como elo indispensável entre os princípios nela contidos e as normas de direito local. 3. Competência do Supremo Tribunal para realizar controle abstrato de constitucionalidade. Lei que dá efetividade a comando da Constituição Federal pela disciplina de normas específicas para o Estado-membro. 4. Restituição de valores cobrados em substituição tributária e fixação de critérios para o cálculo do imposto (arts. 13, §4º, e 22, par. único, da Lei impugnada). Delegação a decreto de matérias albergadas sob o manto da reserva legal. Existência de fumus boni iuris. 5. Discriminação do pagamento antecipado a determinado setor produtivo (art. 3º, §3º, da Lei impugnada). Razoabilidade do critério objetivo em que repousa a distinção. Inexistência de violação ao princípio da isonomia. 6. Previsão de incidência do ICMS sobre "prestações onerosas de serviços de comunicações, por qualquer meio" (art. 2º, §2º, da Lei impugnada). Dispositivo cuja redação pouco destoa da determinação constitucional (art. 155, II). Ausência de relevância jurídica na fundamentação para o deferimento da liminar. 7. Previsão de incidência de ICMS sobre serviço de comunicação "iniciado fora do território mato-grossense" (arts. 16, §2º, e 2º, §3º, da Lei impugnada). Inexistência, em juízo preliminar, de interpretação extensiva a violar o regime constitucional de competências. *8. ICMS. Incidência sobre softwares adquiridos por meio de transferência eletrônica de dados (art. 2º, §1º, item 6, e art. 6º, §6º, ambos da Lei impugnada). Possibilidade. Inexistência de bem corpóreo ou mercadoria em sentido estrito. Irrelevância. O Tribunal não pode se furtar a abarcar situações novas, consequências concretas do mundo real, com base em premissas jurídicas que não são mais totalmente corretas. O apego a tais diretrizes jurídicas acaba por enfraquecer o texto constitucional, pois não permite que a abertura dos dispositivos da Constituição possa se adaptar aos novos tempos, antes imprevisíveis.* 9. Medida liminar parcialmente deferida, para suspender a expressão "observados os demais critérios determinados pelo regulamento", presente no parágrafo 4º do art. 13, assim como o inteiro teor do parágrafo único do art. 22, ambos da Lei nº 7.098/98, do Estado de Mato Grosso. (ADI nº 1.945 MC/MT, rel. Min. Gilmar Mendes, Tribunal Pleno, Julgamento 26.05.2010, DJe 14.03.2011). (Grifo nosso).

Destacou o Min. Nelson Jobim, no que foi acompanhado pela maioria da Corte, que a revolução da Internet permitiu que os programas de computador fossem adquiridos não apenas por meio físico, mas também através de meios digitais, de que é exemplo o *download*. A aquisição de *software* por meio digital, todavia, não impede a incidência do ICMS, sendo irrelevante, para esse fim, a classificação dos bens em corpóreos e incorpóreos.

Em acréscimo, o Min. Gilmar Mendes assinalou que "a mudança na realidade afeta, ou pode afetar, a interpretação", enfatizando que a comercialização pode ocorrer por via eletrônica, sob pena de, "em algumas áreas, desaparecer inclusive o objeto de cobrança do ICMS". Esse mesmo entendimento foi acompanhado pelos Ministros Cezar Peluso,[304] Dias Toffoli,[305] Eros Grau[306] e Ayres Britto.[307]

Em contraposição à maioria de votos formada a partir das ponderações do Min. Nelson Jobim, a posição contrária, capitaneada pelo outrora relator Min. Octavio Gallotti, reportava-se aos precedentes anteriores do STF, para afirmar que a incidência do ICMS deveria se restringir às cópias ou exemplares dos programas produzidos em série.

Dessa forma, o Ministro deferia em parte o pedido liminar, para suspender a expressão "ainda que por transferência eletrônica de dados" do art. 2º, §1º, VI da lei impugnada, e conferia interpretação conforme a Constituição ao citado dispositivo, para limitar a incidência do ICMS às operações de circulação de cópias ou exemplares dos programas de computador, produzidos em série e comercializados no varejo, mas afastando a sua incidência ao licenciamento ou cessão de uso dos programas. Diante dessa interpretação, foi rejeitado o pedido de declaração de inconstitucionalidade do art. 6º, §6º, da Lei nº 7.098/1998. Esse posicionamento foi acompanhado pelos Ministros Ricardo Lewandowski, Marco Aurélio e Celso de Mello.

No que se refere especificamente à impugnação de que a lei mato-grossense violava a necessidade de lei complementar, o voto do Min. Octávio Gallotti afastou a alegação de vício formal, esclarecendo que a lei complementar serve como "elo indispensável entre os princípios nela contidos e as normas de direito local" e que a LC nº 87/1996 cumpre esse papel. No capítulo seguinte serão feitas maiores considerações sobre questões formais envolvendo a tributação do *software*, considerando que essa matéria foi especificamente levantada nas ADIs nº 5.576/SP, nº 5.659/MG e nº 5.958/DF.

---

[304] Durante os debates em Plenário, o Min. Cezar Peluso destacou que não vislumbrava diferença entre a aquisição de *software* por meio físico e por transferência eletrônica.

[305] O Min. Dias Toffoli reiterou a posição de que não há diferença entre a aquisição por meio físico ou *download*.

[306] O Min. Eros Grau enfatizou que "a realidade altera o significado dos textos".

[307] O Min. Ayres Britto também se reportou ao voto do Min. Gilmar Mendes, para sublinhar o avanço da realidade virtual e a consequente circulação virtual de mercadorias.

Naquele contexto, os Ministros Ricardo Lewandowski[308] e Marco Aurélio,[309] acompanharam o Min. Octávio Gallotti no mérito, mas foram além, e defenderam a necessidade de que a lei complementar discriminasse especificamente o *download* de *software* como fato gerador do ICMS.

Conforme se destacou na primeira edição desta obra, a ADI nº 1.945 MC/MT representou um importante precedente, uma vez que nos debates nela travados firmou-se o entendimento majoritário de que o simples fato de o *software* se tratar de bem incorpóreo não constituía óbice à incidência de ICMS.

Ademais, consoante remarcou o Min. Nelson Jobim em seu voto, a questão central em discussão consiste em "saber se o ICMS pode ser cobrado pelo licenciamento ou cessão do direito de uso de computador". Segundo se defendeu na primeira edição do presente, não parecia haver obstáculo para a incidência do ICMS na hipótese de *download* de *software*, diante da inequívoca constatação de que a transferência eletrônica de dados a que se refere o acórdão traduz o próprio contrato de licenciamento ou cessão de uso de programa de computador.

Consoante se defendeu, o fato de o programa de computador ser protegido pela lei dos direitos autorais não seria impeditivo da sua circulação como mercadoria, mas apenas representaria uma limitação, para o usuário, do direito de alterar o *software*. Essa, inclusive, é uma realidade conhecida em outros campos, como nos casos de livros e obras musicais, com suporte físico ou não.[310]

Tanto é assim que, conforme será pormenorizadamente descrito no item seguinte e no último capítulo desta obra, um dos precedentes do STF que cuidou da imunidade do livro eletrônico referia-se, justamente,

---

[308] O Min. Ricardo Lewandowski fez referência a diversos posicionamentos doutrinários pela não incidência de ICMS às operações de cessão de uso de *software*, reportando-se, inclusive, a entendimento pela sua imunidade, por equiparação ao livro eletrônico. No entanto, ressalvou que a matéria deveria ser melhor analisada no julgamento de mérito, tendo em vista que a Corte ainda não havia feito uma distinção clara se a hipótese consiste em prestação de serviço ou circulação de mercadorias.

[309] O Min. Marco Aurélio enfatizou que, assim como a LC nº 87/1996 previu expressamente a incidência de ICMS sobre a energia elétrica e sobre as operações com alimentos e bebidas em bares, caberia à lei complementar sofrer um aditamento, para que fosse possível tributar o ICMS sobre o *download* de *software*.

[310] Em sentido análogo ao do texto, e defendendo a incidência de ICMS com as operações envolvendo programas de computador padronizados, mas partindo do pressuposto teórico de que teria havido uma mutação constitucional do conceito de mercadoria, cf.: BARRETO, Simone Rodrigues Costa. *Mutação do conceito constitucional de mercadoria*. São Paulo: Noeses, 2015. p. 169-177.

à incidência de ICMS.[311] Ou seja, se, com base na interpretação evolutiva, o STF entendeu que o ICMS não deve incidir sobre livros sem suporte físico, porque estariam amparados pela norma imunizante inserta no art. 150, VI, d, CRFB/1988,[312] tal fato deflui do pressuposto de que, em princípio, o ICMS poderia incidir sobre o livro que, assim como o *software*, também é protegido pelos direitos autorais.

3.3.3 Do julgamento de mérito das ADIs nº 1.945/MT e nº 5.659/MG

Ocorre que, após cerca de dez anos do julgamento liminar, o STF finalmente enfrentou o mérito da ADI nº 1.945/MT, modificando o entendimento que havia firmado por ocasião da decisão liminar. Seguindo o voto condutor do Min. Dias Toffoli, que abriu divergência em relação à relatora originária e modificou o entendimento que havia proferido quando do julgamento liminar, o STF decidiu que o contrato de cessão de licença de uso de *software* consiste em fato gerador do ISS.

Na linha do voto condutor, decidiu-se, por maioria, vencidos os Ministros Cármen Lúcia, Edson Fachin, Gilmar Mendes e Nunes Marques, que um bem digital incorpóreo (imaterial) "pode configurar fato gerador de ICMS, a depender das características que norteiam sua aquisição". Contudo, assinalou-se que a divisão entre tipos de programas de computador "parece não mais ser suficiente para a definição da competência para tributação dos negócios jurídicos com programas de computador em suas diversas modalidades".

A partir de uma interpretação evolutiva e de considerações sobre o Direito Comparado, notadamente sobre o regime jurídico do imposto sobre o valor agregado (IVA) – referido no capítulo primeiro desta obra – decidiu-se que apenas o ISS poderia incidir sobre o contrato de cessão de quaisquer programas de computador.

Ademais, remarcou-se o papel da lei complementar como veículo apto a solucionar conflitos de competência em matéria de ICMS e ISS.

---

[311] RE nº 330.817/RJ, rel. Min. Dias Toffoli, Tribunal Pleno, Julgamento 08.03.2017, DJe 31.08.2017.

[312] Nesse mesmo sentido, cf.: ALMEIDA, Carlos Otávio Ferreira de; BEVILACQUA, Lucas. ICMS sobre *software*: evolução do conceito constitucional de mercadorias em face da inovação tecnológica. *In*: FARIA, Renato Vilela; SILVEIRA, Ricardo Maitto da; MONTEIRO, Alexandre Luiz Moraes do Rêgo (Coord.). *Tributação da Economia Digital*: desafios no Brasil, experiência internacional e novas perspectivas. São Paulo: Saraiva Educação, 2018. p. 355-356.

Como a própria LC nº 116/2003 não procedeu textualmente à diferenciação entre tipos de programa de computador, na visão prevalente, este seria um fator a reforçar a incidência do ISS.

O voto condutor fundamentou-se, ainda, no art. 155, §2º, IX, b, CRFB/1988, para entender que, no caso de operações mistas que encontrem previsão na LC nº 116/2003, a incidência deve ser exclusiva do imposto municipal. Para tanto, aduziu que as obrigações de dar e fazer estão conjugadas. Finalmente, destacou que não haveria transferência de propriedade no âmbito do contrato de cessão de uso de *software*.

Em sentido contrário, o voto vencido do Min. Edson Fachin destacou o entendimento consolidado no âmbito do STF, em suas duas Turmas, no sentido de que os *softwares* de prateleira reputam-se como "mercadoria sujeita à comercialização na economia de mercado, pois se trata de criação de acesso amplo disponibilizada ao público em geral".

Ademais, ponderou, na linha do Plano de Ação 1 do BEPS, que o crescimento da economia digital tende a se confundir com a própria economia,[313] de modo que a transmissão de *softwares* pode ser feita por meios variados, que prescindem da existência de um suporte físico. Portanto, independentemente do meio utilizado, conclui-se pela viabilidade da incidência de ICMS sobre o *software* de prateleira.

Fez-se referência, ainda, como já destacado anteriormente, ao julgamento sobre a imunidade do livro eletrônico ao ICMS, no qual o STF assumiu que o livro eletrônico também seria livro, a partir de uma interpretação evolutiva, desvencilhando-se as materialidades do ICMS a uma análise dos direitos de autor.

Ao que parece, o Supremo Tribunal Federal acertou ao modular os efeitos da decisão, tendo em vista que houve o rompimento com uma linha jurisprudencial que vinha prevalecendo há cerca de duas décadas naquela Corte. Contudo, alguns argumentos desenvolvidos no voto condutor merecem maiores reflexões, tendo em vista que apresentam pouco diálogo com outros precedentes da Corte.

Nessa linha, verifica-se que a assertiva de que, "em 2003, adveio a LC nº 116/2003, consignando em lista de serviços tributáveis pelo ISS o licenciamento e a cessão de direito de uso de programas de computação, não fazendo, atentem-se, distinção entre aqueles padronizados e os personalizados", deve ser vista com algumas cautelas.

---

[313] Para uma visão mais aprofundada dessa questão, cf.: OLIVEIRA, Maurine Morgan Pimentel de. O conflito de competência entre o ISS e o ICMS à luz do RE nº 688223/PR. *In*: GOMES, Marcus Lívio; SCHOUERI, Luís Eduardo (Org.). *A Tributação Internacional na Era Pós-BEPS*: soluções globais e peculiaridades de países em desenvolvimento. Volume III – Transparência e Economia Digital. Rio de Janeiro: Lumen Juris, 2016. p. 260-269.

Como já se pontuou no item 3.1.2 deste capítulo, a lei complementar tributária não é imune à interpretação. É dizer, os conflitos de competência não são resolvidos a partir de uma leitura compartimentada e literal do texto da lei complementar, tornando-se necessária a sua conjugação com as demais leis complementares e com o Texto Constitucional.

Tanto é assim que, ao analisar o item 13.05 da lista anexa à LC nº 116/2003, na redação anterior à LC nº 157/2016, o STF procedeu a uma interpretação conforme a Constituição do mencionado dispositivo, para "interpretar o art. 1º, *caput* e §2º, da Lei Complementar nº 116/2003 e o subitem 13.05 da lista de serviços anexa", de modo a "reconhecer que o ISS não incide sobre operações de industrialização por encomenda de embalagens destinadas à integração ou utilização direta em processo subsequente de industrialização ou de circulação de mercadoria".

O mesmo pode ser dito do fato gerador do ICMS-Comunicação, sobre o qual se discorrerá nos capítulos 5 e 6 do presente. Como se demonstrará, a jurisprudência prevalente, até o momento, é a de que apenas as atividades-fim de comunicação são aptas a gerar a incidência de ICMS-Comunicação, afastando-se as atividades-meio e aquilo que se convencionou chamar de serviços de valor adicionado da materialidade do imposto estadual.

Contudo, a LC nº 87/1996 não procedeu à classificação entre tipos de atividade de comunicação para fins de ICMS-Comunicação. E tampouco o CTN ou outra lei complementar realizou essa distinção. Em verdade, trata-se de construção interpretativa feita à luz da Lei nº 9.472/1997, que ostenta a natureza jurídica de lei ordinária, em matéria regulatória.

Em outros termos, a assertiva de que não seria possível classificar onde a lei complementar não o fez de maneira expressa não encontra paralelo nem no precedente das embalagens nem no âmbito do ICMS-Comunicação. Caso esta fosse uma premissa válida do Direito Tributário, os resultados dessas duas outras materialidades deveriam ser diferentes.

A mesma observação também decorre do julgamento sobre os serviços farmacêuticos,[314] em que se discutia a interpretação do item 4.07 da lista anexa à LC nº 116/2003. Nesse precedente, discutia-se a incidência de ISS ou ICMS sobre medicamento preparado por farmácia de manipulação.

---

[314] RE nº 605.552/RS, rel. Min. Dias Toffoli, Tribunal Pleno, Sessão virtual de 26.06.2020 a 04.08.2020, DJe 06.10.2020.

No caso concreto, o Estado do Rio Grande do Sul defendia a necessidade de incidência de ICMS sobre a manipulação e a venda de medicamentos que, na sua visão, não estariam alcançados pelo item 4.07 da lista anexa à LC nº 116/2003. Em outras palavras, no recurso extraordinário, o Estado do Rio Grande do Sul sustentava que a previsão de incidência de ISS sobre serviços farmacêuticos não alcançava a venda de medicamentos, ainda que produzidos por encomenda.

A decisão do STF, em voto condutor do Min. Dias Toffoli, ao negar provimento ao recurso extraordinário do Estado do Rio Grande do Sul, baseou-se, entre outros fundamentos, na compreensão de que, no preparo de medicamentos encomendados para fins de venda, diferentemente da venda de medicamentos de prateleira, haveria uma obrigação de fazer. Nesse sentido, foi aprovada a tese nº 379 da repercussão geral, já referida no item 3.1.2.

Ou seja, o voto condutor interpretou a locução "serviços farmacêuticos", contida no item 4.07, justamente no sentido de que o ISS se restringiria à venda de medicamentos sob encomenda, enquanto o ICMS alcançaria a venda de medicamentos padronizados. Tamanha é a similitude com o entendimento tradicional adotado em matéria de *softwares*, que o paralelo constou expressamente do mencionado voto, como se verifica na passagem seguinte:

> Diante do exposto, realizando-se a devida adequação, as diretrizes fixadas na jurisprudência da Corte assim se revelam para o presente caso: incide o ISS sobre as operações realizadas por farmácias de manipulação envolvendo o preparo e o fornecimento de medicamentos encomendados para posterior entrega aos fregueses, em caráter pessoal, para consumo; por sua vez, incide o ICMS sobre os medicamentos de prateleira, ofertados ao público consumidor.
>
> *Note-se que o entendimento, como bem disse o Ministro Herman Benjamin, no acórdão recorrido, está em harmonia com a orientação de que incide o ICMS na comercialização de software de prateleira, produzido para atender uma pluralidade de usuários, e o ISS na comercialização de software por encomenda, confeccionado para determinado cliente.* Sobre o assunto: RE nº 176.626/SP, Relator o Ministro Sepúlveda Pertence, DJ de 11.12.98, e RE nº 199.464/SP, Relator o Ministro Ilmar Galvão, DJ de 30.4.99, ambos da Primeira Turma; RE nº 285.870/SP-AgR, Relator o Ministro Eros Grau, DJe de 1.8.08.
>
> Ante o exposto, voto pelo não provimento do recurso extraordinário.
>
> Em relação ao tema nº 379 da Gestão por Temas da Repercussão Geral do portal do STF na internet, proponho a seguinte tese:
>
> "Incide ISS sobre as operações de venda de medicamentos preparados por farmácias de manipulação sob encomenda. Incide ICMS sobre

as operações de venda de medicamentos por elas ofertados aos consumidores em prateleira". (Grifo nosso).

A semelhança com o tema nº 379, STF, foi, inclusive, remarcada nos votos dos Ministros Alexandre de Moraes e Gilmar Mendes nas ADIs nº 1.945/MT e nº 5.659/MG, ainda que sob perspectivas diferentes. Enquanto o primeiro voto realizou uma distinção entre as duas hipóteses, para assentar que, no âmbito da computação, a relação é dinâmica, não se encerrando com a aquisição do *software*, o segundo destacou que aplicaria ao julgamento da tributação do *software* o mesmo raciocínio desenvolvido no precedente das farmácias de manipulação.

Portanto, pode-se concluir que a premissa de que não seria possível classificar onde a lei complementar não fez distinção – que orientou o julgamento de mérito da ADI nº 1.945/MT e da ADI nº 5.659/MG – não se estendeu ao RE nº 605.552/RS, pois, como se expôs, a maioria do STF procedeu a uma classificação que não se encontra prevista na lei complementar.[315]

Ademais, mesmo após o julgamento de embargos de declaração à mencionada decisão, que ocorreram após as sessões que apreciaram a tributação do *software*, o voto condutor continuou a proceder a uma classificação entre tipos de serviços farmacêuticos, mesmo sem respaldo no texto expresso da complementar, limitando-se a estabelecer parâmetros para a modulação da decisão.[316]

Ou seja, as dificuldades verificadas na tributação do ICMS ou do ISS dão-se eminentemente pela falta de clareza das premissas utilizadas para a tributação de cada um dos impostos. Como se expôs, ora se admitem critérios interpretativos, ora se afirma que os conflitos de competência são dirimidos diretamente pela lei complementar. Dessa forma, diante da variação das premissas, é inquestionável que as consequências tributárias também sofrerão oscilações.

Ademais, ao que parece, a aplicação pura e simples do art. 155, §2º, IX, b, CRFB/1988 à hipótese de cessão de uso de *software* também merece maiores reflexões. As operações mistas a que se reporta o Texto Constitucional consistem, segundo o magistério de Marco Aurélio

---

[315] Destacam-se, ainda, os votos vencidos dos Ministros Gilmar Mendes e Edson Fachin, que ressaltaram que a previsão de incidência de ISS sobre serviços de manipulação foi vetada durante o processo legislativo de aprovação da LC nº 116/2003.

[316] Edcl no RE nº 605.552/RS, rel. Min. Dias Toffoli, Tribunal Pleno, Sessão virtual de 05.03.2021 a 12.03.2021, DJe 12.04.2021.

Greco, nas "prestações de serviço que dependem para sua realização do fornecimento de mercadorias ao cliente".[317]

É o quanto se pode verificar, exemplificativamente, da atividade do dentista, em que, embora haja uma prestação de serviço, são necessários materiais dentários para que a sua atuação possa se completar. Contudo, nos casos em que o núcleo da contratação consiste na própria entrega do objeto, não há que se cogitar de operação mista. Nesse sentido, reporta-se, uma vez mais, às lições de Marco Aurélio Greco, *verbis*:

> *A primeira hipótese acima exposta (fazer para dar) não configura uma verdadeira operação mista! Fazer para dar é pura e simplesmente "dar", em determinado momento, algo com certas características; não é um misto de dar e de fazer.* Se a expressão "operação mista" é utilizada para se referir ao fazer para dar, trata-se de imprecisão que se distancia do conceito original expressamente consagrado no Código Tributário Nacional, em sua redação inicial.
>
> De fato, se lermos o artigo 71 do CTN – que trata do ISS – veremos que depois de, no §1º, afirmar que serviço é o fornecimento de trabalho, seu §2º estabelece que as atividades previstas no §1º, "*quando acompanhadas do fornecimento de mercadorias, serão consideradas de caráter misto...*" (grifei e realcei) e passam a receber um tratamento específico (conforme o percentual que as mercadorias têm em relação à receita global do contribuinte).
>
> Com o tempo, este critério de separação por percentuais foi abandonado pelo legislador que preferiu adotar uma indicação mais simples. Se estiver configurada uma prestação de serviço, a totalidade do preço será tributado pelo ISS, salvo se a própria lista de serviços contiver uma ressalva neste sentido.
>
> Porém, permanece a premissa inicial: *se estiver configurada juridicamente uma prestação de serviço*, vale dizer, se *o trabalho humano (= fazer), for o objeto central da contratação*, mas não quando objeto da contratação for a mercadoria em si, ainda que dependente de um processo de fabricação futuro.
>
> *A rigor, portanto, operação mista é apenas a prestação de serviço acompanhada de fornecimento de mercadoria*, pois, na medida em que o núcleo do pacto seja este, o fornecimento de mercadorias será mero acessório ou elemento dependente que deve seguir o regime do principal (prestação de serviço).[318] (Grifos nossos).

---

[317] GRECO, Marco Aurélio. ICMS x ISS: fabricação de embalagens sob encomenda; incidência do ICMS. *Revista Fórum de Direito Tributário – RFDT*, Belo Horizonte, a. 8, n. 47, set./out. 2010.

[318] GRECO, Marco Aurélio. ICMS x ISS: fabricação de embalagens sob encomenda; incidência do ICMS. *Revista Fórum de Direito Tributário – RFDT*, Belo Horizonte, a. 8, n. 47, set./out. 2010.

Dessa forma, embora a cessão de uso de *software* possa envolver, a depender da configuração contratual, sobre o que se discorrerá no item 3.5, um plexo de obrigações, não há que se cogitar de operação mista, para os fins do art. 155, §2º, IX, b, CRFB/1988. Ou seja, não parece suficiente verificar que há um misto de dar e de fazer para fins de aplicação do mencionado dispositivo constitucional, na linha do entendimento doutrinário colacionado.

Contudo, ao que parece, a tendência mais recente do STF vem sendo a de se reportar ao art. 155, §2º, IX, b, CRFB/1988, de forma generalizada, como se verificou não só nos precedentes sobre *software*, anteriormente referidos, como no RE nº 605.552/RS, sobre serviços farmacêuticos. De todo modo, mostra-se importante assinalar que esse dispositivo não deve ser empregado de forma indiscriminada na economia digital.

Em acréscimo, o voto condutor das ações de *software* parece divergir, em parte, dos fundamentos teóricos que nortearam o julgamento da imunidade do livro eletrônico.[319] Naquela oportunidade, ao decidir que o livro eletrônico seria imune ao ICMS, não foi feita referência a eventual impossibilidade de incidência do imposto estadual, por estar em jogo direito autoral e, portanto, insuscetível de transferência de propriedade. Como decorre do inteiro teor do julgado, a fundamentação centrou-se na equiparação do tratamento tributário a ser dado às mídias físicas e eletrônicas, *verbis*:

> O avanço na cultura escrita tem apontado, outrossim, para o advento de novas tecnologias relativas ao suporte dos livros, como o papel eletrônico (*e-paper*) e o aparelho eletrônico (como o *e-reader*) especializados na leitura de obras digitais, com os quais se intenta, justamente, imitar a leitura em papel físico. Em meu entendimento, elas estão igualmente abrangidas pela imunidade em tela, já que se equiparam aos tradicionais corpos mecânicos dos livros físicos, mesmo que estejam acompanhadas de funcionalidades acessórias ou rudimentares, *como acesso à internet para o download de livros digitais, dicionários*, possibilidade de alterar o tipo e o tamanho da fonte, marcadores, espaçamento do texto, iluminação do texto etc. (Grifo nosso).

No entanto, no julgamento das ADIs nº 1.945/MT e nº 5.659/MG, o voto condutor passou a estabelecer que, ainda que seja possível a incidência de ICMS sobre bens incorpóreos, "é indispensável para

---

[319] RE nº 330.817/RJ, rel. Min. Dias Toffoli, Tribunal Pleno, Julgamento 08.03.2017, DJe 31.08.2017.

que ocorra o fato gerador do imposto estadual que haja transferência de propriedade do bem, o que não ocorre nas operações com *software* que estejam embasadas em licenças ou cessões do direito de uso".

Em outros termos, de um lado, decidiu-se que o *download* de um livro digital – que é protegido pelo direito autoral – é imune ao ICMS e, por essa linha, sujeita-se ao cumprimento das obrigações acessórias do imposto. De outro, o *download* de *software* – que também é protegido por direito autoral – consiste em fato gerador do ISS. Ainda que um livro seja comercializado por contrato de compra e venda e os *softwares* sejam objeto de contrato de licença, nos dois casos mostra-se inequívoca a ausência de transferência de propriedade.

Ao que parece, a assertiva mencionada anteriormente parece sugerir que o ICMS é o imposto que deve incidir nos casos de operações em que há a transferência do código-fonte (cessão total) do *software*,[320] mas não houve manifestação conclusiva quanto ao ponto.

Diante do exposto, entende-se que, embora a recente decisão da ADI nº 1.945/MT e da ADI nº 5.659/MG tenha o mérito de trazer maior simplificação ao sistema tributário brasileiro, a mudança de entendimento do voto condutor, após cerca de dez anos do julgamento liminar, somada ao distanciamento em relação a premissas utilizadas em outros precedentes, parece traduzir um quadro de insegurança jurídica que aumenta os custos de investimento no Brasil e reflete uma sensível instabilidade jurisprudencial.

Feitas essas ponderações, e considerando a potencial insuficiência da modulação de efeitos temporais da decisão para dirimir todos os litígios tributários que possam individualmente surgir, passa-se a discorrer, a partir do item seguinte, sobre o *download* de *software* na legislação estadual, para, em seguida, abordar-se a tributação da nuvem que, desde o advento da LC nº 157/2016, vem despertando ampla produção acadêmica.

3.3.4 O *download* de *software* na legislação estadual: as perspectivas das diferentes unidades da federação até o julgamento de mérito da ADI nº 1.945/MT e da ADI nº 5.659/MG

Com a concessão de liminar na ADI nº 1.945/MT, alguns estados da federação procederam a mudanças legislativas, com vistas a incluir o

---

[320] CEZAROTI, Guilherme. *ICMS no comércio eletrônico*. São Paulo: MP Editora, 2005. p. 101, 118.

download de *software* expressamente como fato gerador de ICMS. Diante da modulação de efeitos temporais quando do julgamento de mérito, somada à constatação de que muitos estados editaram decretos para disciplinar a tributação, essa legislação estadual deve ser analisada individualmente, a fim de que seja possível verificar a sua validade, no período que antecedeu a publicação da ata da sessão de julgamento.

A matéria será tratada de forma mais detalhada no capítulo seguinte, quando serão analisadas as ações diretas específicas ajuizadas contra legislações estaduais. Contudo, tendo em vista que a legislação de alguns Estados não foi impugnada em sede de controle concentrado de constitucionalidade, ou foi questionada apenas em parte nessas ações, cabe trazer um panorama geral do quadro que se formou no período que antecedeu o recente posicionamento de mérito do STF.

Para tanto, inicia-se pelo Estado de São Paulo, que foi o principal palco do conflito de competência em âmbito nacional, e que também será referido no capítulo seguinte, ao se abordar a ADI nº 5.576/SP. A tributação de operações envolvendo o *download* em território paulista ganhou impulso a partir da edição do Decreto nº 61.522, de 29.09.2015, que revogou o anterior Decreto nº 51.619, de 27.02.2007, alterando a base de cálculo do ICMS em operações com programas de computador, para desvinculá-la da obrigatoriedade de suporte físico.

Através da referida alteração, a base de cálculo do ICMS, a partir de 1º de janeiro de 2016, deixou de ser o valor equivalente a "200% (duzentos por cento) do suporte informático" para que passasse a ser "o valor da operação, que inclui o valor do programa, do suporte informático e outros valores que forem cobrados do adquirente".

Mesmo antes da edição do Decreto nº 61.522, de 29.09.2015, a Secretaria de Fazenda do Estado de São Paulo já havia se pronunciado no sentido de que o *upload* e o *download* de *software* de prateleira constituem fato gerador do ICMS, tendo em vista que o conceito de circulação de mercadoria engloba bens imateriais, desde que inseridos no ciclo mercantil de agregação de valor econômico, somado aos princípios da igualdade e da capacidade contributiva (Resposta à Consulta Tributária nº 5.032, de 17.04.2015).

No entanto, sob a vigência do decreto revogado, a Secretaria de Estado de Fazenda reconhecia que, embora o *download* de *software* se inserisse no campo material de incidência do ICMS, não seria possível a sua cobrança, tendo em vista que, consoante a dicção do Decreto nº 51.619, de 27.02.2007, a base de cálculo do imposto correspondia ao dobro do valor de mercado do seu suporte informático (Resposta à Consulta Tributária nº 4.999, de 23.04.2015).[321]

Ou seja, o novo decreto parecia ter o escopo de permitir que as operações envolvendo intangíveis tivessem uma base de cálculo, de modo a permitir o cálculo do seu valor. Posteriormente, com o advento do Convênio nº 181/2015, de 28.12.2015, do CONFAZ,[322] que autorizou os estados especificados a reduzirem a base de cálculo do ICMS nas operações envolvendo *softwares*, programas, jogos eletrônicos, aplicativos, arquivos eletrônicos e congêneres, sobreveio o Decreto nº 61.791, de 11.01.2016.

Por meio desse novo decreto, o Estado de São Paulo procedeu à modificação no seu Regulamento de ICMS, reduzindo a base de cálculo do ICMS nas operações com *softwares*, de forma que a carga tributária ficasse limitada a 5% (cinco por cento), nos termos em que autorizado pelo convênio.

Contudo, diante das complexidades para que a tributação ocorra em concreto na economia digital, o que não se resume à fixação da base de cálculo, mas passa, sobretudo, pela fiscalização e pela delimitação do aspecto espacial do fato gerador, foi editado o Decreto nº 61.791, de 11.01.2016. Através desse instrumento normativo, o Poder Executivo estadual passou a dispor que o ICMS sobre o *download* ou o *streaming* não será exigido até que seja definido o local da ocorrência do fato gerador para a determinação do estabelecimento responsável pelo pagamento do imposto.

---

[321] Observe-se, excepcionalmente, que a Secretaria de Estado de Fazenda de São Paulo adotou o entendimento de que as empresas optantes do Simples Nacional deveriam recolher o ICMS incidente nas operações com *software* de acordo com a sistemática da LC nº 123/2006, vez que não estariam sujeitas ao Decreto nº 51.619, de 27.02.2007. (SÃO PAULO. Fazenda e Planejamento. *Resposta à Consulta Tributária nº 4999/2015, de 23 de abril de 2015*. Disponível em: https://legislacao.fazenda.sp.gov.br/Paginas/RC4999_2015.aspx. Acesso em: 12 jan. 2021).

[322] Cláusula Primeira, Convênio nº 181/2015, CONFAZ. Ficam os Estados do Acre, Alagoas, Amapá, Amazonas, Bahia, Ceará, Goiás, Maranhão, Mato Grosso do Sul, Paraná, Paraíba, Pernambuco, Piauí, Rio de Janeiro, Rio Grande do Norte, Rio Grande do Sul, Santa Catarina, São Paulo, Tocantins autorizados a conceder redução na base de cálculo do ICMS, de forma que a carga tributária corresponda ao percentual de, no mínimo, 5% (cinco por cento) do valor da operação, relativo às operações com *softwares*, programas, jogos eletrônicos, aplicativos, arquivos eletrônicos e congêneres, padronizados, ainda que sejam ou possam ser adaptados, disponibilizados por qualquer meio, inclusive nas operações efetuadas por meio da transferência eletrônica de dados. (BRASIL. Conselho Nacional de Política Fazendária. Convênio ICMS 181, de 28 de dezembro de 2015. Autoriza as unidades federadas que especifica a conceder redução de base de cálculo nas operações com *softwares*, programas, jogos eletrônicos, aplicativos, arquivos eletrônicos e congêneres na forma que especifica. Brasília, *Diário Oficial da União*, 29 dez. 2015, retificado em 20 jan. 2016. Disponível em: https://www.confaz.fazenda.gov.br/legislacao/convenios/2015/CV181_15. Acesso em: 12 jan. 2021).

Posteriormente, foi aprovado, no âmbito do Confaz, o Convênio nº 106, de 29.09.2017,[323] que estabeleceu que o imposto será recolhido nas saídas internas e nas importações no Estado onde é domiciliado ou estabelecido o adquirente do bem ou mercadoria digital, o que será analisado no capítulo seguinte.

A fim de se adaptar às mudanças decorrentes do Convênio nº 106/2017, o Estado de São Paulo aprovou o Decreto nº 63.099, de 22.12.2017, por meio do qual implementou adaptações ao Regulamento de ICMS, notadamente a fim de estabelecer que, no caso de transferência eletrônica de dados, o imposto deve ser recolhido na unidade federada onde estiver domiciliado ou estabelecido o adquirente. De outro lado, a Portaria CAT nº 24, de 23.03.2018, disciplinou os procedimentos para recolhimento e repartição da arrecadação de ICMS na hipótese. O último dos atos normativos no Estado de São Paulo foi o Decreto nº 65.255/2020, que majorou a carga tributária sobre o *software*, fixando o percentual de 7,9% (sete, nove por cento).

Nesse período que antecedeu o julgamento de mérito da ADI nº 1.945/MT, a Secretaria de Fazenda do Estado de São Paulo, por meio de resposta a algumas consultas tributárias, esclareceu que a incidência de ICMS sobre o *download* ou o *streaming* de *softwares* dá-se em relação aos *softwares* de prateleira, o que alcança os *softwares* de prateleira adaptados ao cliente (Resposta às Consultas Tributárias nº 17.594, de 03.05.2019 e nº 18.423, de 25.04.2019). Nessa linha, ficariam excluídos da tributação estadual aqueles produzidos sob encomenda (Resposta à Consulta Tributária nº 10.382, de 28.06.2016).

Ademais, assinalou, em consultas anteriores ao Convênio nº 106/2017, que, enquanto não for definido o local da ocorrência do fato gerador, as operações com *softwares* por transferência eletrônica de dados estão isentas de ICMS e não haverá a exigência de documentos fiscais relativos a tais operações (Resposta à Consulta Tributária nº 15.093, de 18.04.2017).

Nesse mesmo sentido, por meio da Decisão Normativa CAT nº 4, de 20.09.2017,[324] que também é anterior ao Convênio nº 106/2017, a Administração Tributária do Estado de São Paulo consolidou o

---

[323] BRASIL. Conselho Nacional de Política Fazendária. Convênio ICMS 106, de 29 de setembro de 2017.

[324] BRASIL. Coordenadoria da Administração Tributária. Decisão Normativa CAT 04, de 20 setembro de 2017. ICMS – Operações com *software* por meio de transferência eletrônica de dados (*download* ou *streming*) – Incidência. São Paulo, *Diário Oficial da União*, 21 set. 2017. Disponível em: http://dobuscadireta.imprensaoficial.com.br/default.aspx?DataPublicaca o=20170921&Caderno=DOE-I&NumeroPagina=12. Acesso em: 12 jan. 2021.

entendimento de que a distribuição de *softwares* de prateleira por meio digital não descaracteriza a natureza jurídica da operação, no que previu a incidência de ICMS nos casos de *download* e *streaming* com *softwares* padronizados, reiterando a premissa de que o imposto não será exigido até que fique definido o local da ocorrência do fato gerador.

Destaque-se que os conceitos de *download* e *streaming* não são rigorosamente os mesmos, ainda que as consultas tributárias referidas e a Decisão Normativa CAT nº 4 pareçam equiparar os institutos ou assumir que o *streaming* corresponde à tributação da nuvem. O *streaming* será objeto de tratamento específico no item 6.5.1 do capítulo 6 desta obra e a tributação da nuvem será abordada no item 3.5 deste capítulo.

Ao comentar as modificações legislativas levadas a cabo pelo Estado de São Paulo, Gustavo Brigagão apresentou a crítica de que a Internet consiste numa rede descentralizada, global e aberta, pelo que, consoante sustenta, seria "praticamente impossível determinar a localização das partes envolvidas nas operações de comércio eletrônico". Seguem as suas ponderações, *verbis*:

> Imaginemos, por exemplo, a hipótese em que um residente no estado do Rio de Janeiro, durante uma viagem a Paris, adquire uma música de uma empresa sediada no estado de São Paulo, cujos servidores estão localizados no Espírito Santo. Contudo, ele escuta a música uma única vez, por meio de *streaming*, quando está aguardando um voo de conexão em São Paulo. Houve exportação? Em caso negativo, a operação é interna ou interestadual? Quais os estados competentes para tributá-la?[325]

Dessa forma, conclui que eventual tributação das operações envolvendo o *download* de *software* pressuporia, inequivocamente, a regulamentação por meio de lei complementar de ICMS de caráter nacional. No entanto, assevera que o projeto de lei complementar em tramitação no Congresso Nacional é o PLS nº 386/2012 (já convertido na LC nº 157/2016), de autoria do Senador Romero Jucá (PMDB-RR), que promove verdadeira reforma no regime jurídico do ISS, conforme será abordado em item seguinte.

Dentro dessa ordem de ideias, observa-se, como mencionado, que, no fim de 2016, a Confederação Nacional de Serviços (CNS) ajuizou a ADI nº 5.576/SP, em que impugna os Decretos paulistas nº 61.522/2015

---

[325] BRIGAGÃO, Gustavo. A incidência do ICMS sobre o *download* de *software*. *In*: SCHOUERI, Luís Eduardo; BIANCO, João Francisco (Coord.). CASTRO, Leonardo Freitas de Moraes; DUARTE FILHO, Paulo César Teixeira (Org.). *Estudos de Direito Tributário em homenagem ao professor Gerd Willi Rothmann*. São Paulo: Quartier Latin, 2016. p. 618-619.

e nº 61.791/2016, além do art. 3º, II, Lei nº 8.198/1992. A análise específica da referida ação direta de inconstitucionalidade, sob o aspecto formal, será feita no capítulo seguinte, quando da análise da tributação do *software* sob a ótica da legalidade tributária.

Da análise do conjunto de atos normativos do Estado de São Paulo, tanto de cunho legislativo quanto de cunho consultivo, verifica-se que a problemática referente à incidência representa o ponto de partida de um complexo de questões que envolve não só a pessoa política que pode tributar, mas o como tributar. Embora este segundo aspecto demande estudo à parte e não seja o objeto específico desta obra, algumas questões envolvendo o "como tributar" serão tangenciadas ao longo do presente, como na análise de aspectos do Convênio nº 106/2017 que poderiam ser incorporados ao ordenamento através de lei complementar.

Após a elaboração desse panorama geral envolvendo a Administração Tributária paulista, passa-se ao cenário vivenciado pelo Estado do Rio Grande do Sul, que também efetuou diversas modificações legislativas pela via regulamentar. Nesse sentido, foi editado o Decreto nº 52.904, de 04.02.2016,[326] por meio do qual foi revogado o art. 9º, XXXI, Livro I, do Regulamento Interno de ICMS, que estabelecia hipótese de isenção em relação às saídas, a partir de 1º de setembro de 1997, de programas para computador, personalizados ou não, excluídos os seus suportes físicos.

O mencionado decreto acrescentou ao art. 23, Livro I, do Regulamento Interno de ICMS, um inciso LXXXI, dispondo que a base de cálculo do ICMS será reduzida para o valor que resulte em carga tributária equivalente a 5% (cinco por cento), a partir de 1º de junho de 2016, nas operações com *softwares*, programas, jogos eletrônicos, aplicativos, arquivos eletrônicos e congêneres, padronizados, ainda que sejam ou possam ser adaptados, disponibilizados por qualquer meio, inclusive nas operações efetuadas através de transferência eletrônica de dados. Ademais, o decreto expressamente assinalou que a redução da base de cálculo é de adoção facultativa pelo contribuinte.

---

[326] BRASIL. Contadoria e Auditoria Geral do Estado do Rio Grande do Sul. Decreto nº 52.904, de 4 de fevereiro de 2016. Modifica o Regulamento do Imposto sobre Operações Relativas à Circulação de Mercadorias e sobre Prestações de Serviços de Transporte Interestadual e Intermunicipal e de Comunicação (RICMS). Porto Alegre, *Diário Oficial da União*, 05 fev. 2016. Disponível em: http://www.legislacao.sefaz.rs.gov.br/Site/Document.aspx?inpKey=261788&inpCodDispositive=&inpDsKeywords=52904. Acesso em: 12 jan. 2021.

Entretanto, sobreveio o Decreto nº 53.121, de 30.06.2016,[327] através do qual foi novamente modificado o Regulamento Interno de ICMS, para estabelecer que a alteração do seu art. 23, LXXXI, Livro I, qual seja, a redução da base de cálculo do ICMS para 5% (cinco por cento) nas operações com *softwares*, produzirá efeitos a partir de 1º de outubro de 2016. Verifica-se, pois, que o prazo para as mudanças foi prorrogado em 120 (cento e vinte) dias.

Dessa forma, a isenção na base de cálculo de ICMS, que havia sido revogada pelo Decreto nº 52.904, de 04.02.2016, foi restabelecida até 1º de outubro de 2016, data do marco temporal fixado pelo novo decreto para a tributação do *download* de *software*. Observe-se que o Decreto nº 53.121, de 30.06.2016, determinou, inclusive, a sua aplicação retroativa a 1º de junho de 2016, que era a data fixada pelo Decreto nº 52.904, de 04.02.2016 para a produção dos seus efeitos.

Consoante veiculado na imprensa, naquele momento, a razão central para a Secretaria de Fazenda do Estado do Rio Grande do Sul proceder à referida prorrogação de prazo por 120 (cento e vinte) dias decorreu da constatação de que apenas São Paulo e Rio Grande do Sul haviam procedido a modificações legislativas para se adaptarem ao Convênio nº 181/2015, do CONFAZ.[328]

Observe-se que, posteriormente, foi editado o Decreto nº 53.200, de 19.09.2016, que, uma vez mais, alterou o Regulamento Interno de ICMS do Rio Grande do Sul, para estabelecer, em seu art. 35, Livro V, que, a partir de 1º de outubro de 2016, não será exigido o imposto relativo às operações com *download* de *software*, até que haja definição do local da operação para efeitos de determinação do estabelecimento responsável pelo pagamento do imposto.[329]

---

[327] BRASIL. Contadoria e Auditoria Geral do Estado do Rio Grande do Sul. Decreto nº 53.121, de 30 de junho de 2016. Modifica o Regulamento do Imposto sobre Operações Relativas à Circulação de Mercadorias e sobre Prestações de Serviços de Transporte Interestadual e Intermunicipal e de Comunicação (RICMS). Porto Alegre, *Diário Oficial da União*, 01 jul. 2016. Disponível em: http://www.legislacao.sefaz.rs.gov.br/Site/Document.aspx?inpKey =263415&inpCodDispositive=&inpDsKeywords=53121. Acesso em: 12 jan. 2021.

[328] *SEFAZ – RS vai suspender a cobrança de ICMS sobre a venda de software.* 28 jun. 2016. Disponível em: https://direitotributario.wordpress.com/2016/06/28/sefaz-rs-vai-suspender-a-cobranca-de-icms-sobre-a-venda-de-software/. Acesso em: 12 jan. 2021.

[329] BRASIL. Contadoria e Auditoria Geral do Estado do Rio Grande do Sul. Decreto nº 53.200, de 19 de setembro de 2016. Modifica o Regulamento do Imposto sobre Operações Relativas à Circulação de Mercadorias e sobre Prestações de Serviços de Transporte Interestadual e Intermunicipal e de Comunicação (RICMS). Porto Alegre, *Diário Oficial da União*, 21 set. 2016. Disponível em: http://www.legislacao.sefaz.rs.gov.br/Site/Document.aspx?inpKey= 263453&inpCodDispositive=&inpDsKeywords=53200. Acesso em: 12 jan. 2021.

Ou seja, tal como aconteceu com o Estado de São Paulo, verificou-se que, para que a tributação pudesse ser materializada em concreto, não bastaria a fixação da base de cálculo do ICMS, sendo indispensável a delimitação do aspecto espacial do fato gerador. Contudo, diferentemente do Estado de São Paulo, não se tem notícia de o Estado do Rio Grande do Sul ter internalizado o Convênio nº 106/2017.[330]

De outro lado, outros estados da federação, como Ceará (Decreto nº 32.475/2017), Paraíba (Decreto nº 37.764/2017), Rondônia (Decreto nº 22.439/2017), Piauí (Decreto nº 17.572/2017), Goiás (Decreto nº 9.128/2017), Mato Grosso do Sul (Decreto nº 598/2018), Amazonas (Decreto nº 38.370/2017), Tocantins (Decreto nº 5.737/2017), Acre (Decreto nº 9.014/2018) e Amapá (Decreto nº 2.166/2018) editaram atos normativos com o intuito de procederem à internalização do Convênio nº 106/2017.[331]

No entanto, a matéria foi, em boa medida, judicializada, tanto no STF, quanto por meio de ações nos tribunais estaduais, cabendo destacar que, em pesquisa realizada junto ao Tribunal de Justiça do Estado de São Paulo, foram localizados precedentes em sentidos diametralmente opostos.

Ou seja, de um lado, há precedentes pela constitucionalidade dos decretos paulistas, que, por essa visão, não teriam criado nova hipótese de incidência de ICMS[332] e, de outro, identificam-se acórdãos no sentido da inconstitucionalidade das normas estaduais, por violação à reserva de lei complementar e extrapolação dos limites conferidos ao poder regulamentar.[333]

Finalmente, destaque-se que o Estado de Santa Catarina, diferentemente dos outros estados analisados, através da Lei nº 17.736, de 18.06.2019, optou por alterar a sua legislação, definindo os bens

---

[330] No que se refere à economia digital, o Estado passou a dispor sobre a responsabilidade dos intermediários, por meio da Lei nº 15.576, de 29.12.2020, que estabeleceu a Reforma Tributária em âmbito estadual.

[331] No caso do Estado do Rio de Janeiro, foi editada a Lei nº 8.795, de 17.04.2020 que, entretanto, não chegou a ser regulamentada, o que era condição para a produção de efeitos (vide art. 3).

[332] Podem ser citados, exemplificativamente, a Apelação cível nº 1032769-55.2018.8.26.0053, rel. Des. Bandeira Lins, 8ª Câmara de Direito Público, Julgamento 13.11.2019, Publicação 13.12.2019 e Apelação cível nº 1025315-24.2018.8.26.0053, rel. Des. Marcelo L. Theodósio, 11ª Câmara de Direito Público, Julgamento 24.09.2019, Publicação 09.10.2019.

[333] Apelação cível nº 1028019-10.2018.8.26.0053, rel. Des. Ricardo Dip, 11ª Câmara de Direito Público, Julgamento 26.11.2019, Publicação 04.12.2019 e Apelação cível nº 1035280-26.2018.8.26.0053, rel. Des. Borelli Thomaz, 13ª Câmara de Direito Público, Julgamento 06.11.2019, Publicação 07.11.2019.

digitais e afastando a cobrança de ICMS nas hipóteses em que não haja transferência de titularidade ou do direito de disposição e nos casos em que o bem digital estiver compreendido na competência tributária dos Municípios.[334] Conforme esclarecido pela Secretaria de Fazenda do Estado de Santa Catarina, o objetivo da modificação legislativa foi o de estimular o crescimento do setor de tecnologia.[335]

Estabelecido um panorama geral sobre o cenário legislativo identificado nas diferentes unidades da federação, verifica-se que a questão central acerca da viabilidade jurídica da tributação do *download* de *software* pelo ICMS pressupõe a análise do enquadramento dos programas de computador como mercadorias ou serviços, tal como realizado pelo STF no julgamento de mérito da ADI nº 1.945/MT.

Conforme exposto na primeira edição do presente, os *softwares* de prateleira, ao contrário dos *softwares* feitos sob encomenda, poderiam ser compreendidos como mercadorias, a partir da constatação de que havia inequívoca transferência eletrônica de dados, como demonstrado no julgamento da cautelar.

Entretanto, no julgamento de mérito, o STF modificou o seu entendimento anterior, com as especificidades da modulação de efeitos, para determinar que incide ISS sobre as operações com programas de computador. Dessa forma, cumpre verificar se, à luz do princípio da legalidade tributária, haveria outras situações que não foram abarcadas pela mencionada modulação.

A interseção entre o princípio da legalidade, a modulação de efeitos e a tributação de *software* será feita no capítulo seguinte, mas, desde logo, adianta-se que se entende que as hipóteses arroladas pelo STF para fins de modulação limitaram-se às situações envolvendo

---

[334] Art. 2º, Lei nº 10.297/1996. O imposto tem como fato gerador:
(...)
VIII – a disponibilização de bens digitais, tais como *softwares*, programas, jogos eletrônicos, aplicativos, arquivos eletrônicos e congêneres, mediante transferência eletrônica de dados e quando se caracterizarem mercadorias. (Redação inciso VIII, acrescida pela Lei nº 17.736, de 2019).
§2º. Para fins de incidência do disposto no inciso VIII do caput deste artigo, o bem digital será considerado mercadoria quando a sua disponibilização ao consumidor final ou usuário:
I – compreender a transferência de sua titularidade, inclusive do direito de dispor do bem digital; e
II – não estiver compreendida na competência tributária dos Municípios. (NR) (Redação do §2º, acrescida pela Lei nº 17.736, de 2019).

[335] BRASIL. Secretaria de Estado da Fazenda de Santa Catarina. *Santa Catarina é o primeiro Estado a regularizar ICMS para bens digitais.* 25 mar. 2019. Disponível em: http://www.sef.sc.gov.br/midia/noticia/2247. Acesso em: 13 jan. 2021.

incidência tributária, pelo que eventuais outras questões não foram abarcadas.

Feitos esses esclarecimentos, passa-se, a partir do próximo item, a fazer referência às modificações legislativas levadas a cabo pela LC nº 157/2016, para, em seguida, abordar-se o tratamento jurídico da nuvem.

3.4 O *software* e o projeto de lei convertido em lei complementar (PLS nº 386/2012 e LC nº 157/2016)

Preliminarmente, deve-se registrar que o conhecimento do processo legislativo que resultou na LC nº 157/2016 tem importância não apenas histórica, mas, sobretudo, para que se possa compreender as discussões concernentes à tributação da nuvem, em cada uma de suas camadas.

Através do PLS nº 386/2012, de autoria do então Senador Romero Jucá (MDB-RR) e que tramitou no Senado Federal, buscou-se promover uma ampla reforma na LC nº 116/2003, que, após treze anos de vigência, não havia sofrido qualquer alteração legislativa, conjuntamente com modificações na Lei nº 8.429/1992 e na LC nº 63/1990.

Os objetivos centrais das mudanças consistiram na criação de mecanismos para diminuir a guerra fiscal entre os Municípios – como o estabelecimento de uma alíquota mínima de 2% (dois por cento) – na inserção de novos serviços na esfera municipal e na uniformização da base de cálculo do ISS, afastando-se as exceções que constam do art. 9º §§1º e 3º, DL nº 406/1968 e que não foram revogadas pela LC nº 116/2003.

Da leitura do PLS nº 386/2012, em sua redação original, houve a atribuição aos Municípios da competência para tributar o *streaming*. De outro lado, o referido projeto de lei previu a incidência de ISS sobre a nuvem e sobre a disponibilização de conteúdos, hospedagem de dados e cessão temporária de arquivos, *verbis*:

> 1.09 – Computação em nuvem.
> 1.10 – Acesso à rede de computadores e congêneres, inclusive à internet.
> 1.11 – Disponibilização de conteúdos e aplicativos em página eletrônica e congêneres.
> 1.12 – Hospedagem de dados, inclusive áudio, vídeo e imagem, de páginas eletrônicas, de aplicativos quaisquer e congêneres.
> 1.13 – Cessão temporária de arquivo de áudio, vídeo e imagem, inclusive por "*streaming*".[336]

---

[336] BRASIL. Senado Federal. Projeto de Lei do Senado nº 386, de 2012. Altera a Lei Complementar nº 116, de 31 de julho de 2003, que dispõe sobre o Imposto Sobre Serviços de

Posteriormente à apresentação do referido projeto de lei, aos 13 de maio de 2013, foi realizada audiência pública pela Comissão de Assuntos Econômicos (CAE) do Senado Federal, na qual estiverem presentes representantes da Associação Brasileira das Secretarias de Finanças das Capitais (Abrasf), da Frente Nacional de Prefeitos (FNP), da Associação Brasileira das Empresas de Tecnologia da Informação e Comunicação (Brasscom) e da Associação Brasileira da Indústria Gráfica Nacional (Abigraf),[337] que, de modo geral, apoiaram o projeto de lei.

O PLS nº 386/2012 sofreu duas emendas regimentais apresentadas pelo então Senador Francisco Dornelles (PP-RJ). A primeira teve por finalidade aperfeiçoar a redação do item 17.25, que será estudado no último capítulo, determinando que a veiculação de publicidade seja tributada por meio de ISS, e a segunda visou à manutenção do art. 9º §§1º e 3º, DL nº 406/1968.

Em seguida, o projeto de lei sofreu novas emendas regimentais, dos então Senadores Armando Monteiro (PTB-PE) e Lindbergh Farias (PT-RJ), respectivamente, com o objetivo de evitar hipóteses de tributação de ISS por mais de um Município (bitributação), além de aperfeiçoar a redação de alguns artigos.

O relator do PLS nº 386/2012, Senador Humberto Costa (PT-PE), proferiu parecer favorável ao projeto de lei, com as alterações resultantes das emendas 1, 2, 4 e, em parte, da emenda 3. No entanto, entendeu pela inconstitucionalidade da parte final do art. 9º do projeto, que conferia eficácia meramente interpretativa aos novos itens inseridos como serviços, além de propor algumas mudanças adicionais de redação, na forma do substitutivo que constou do parecer.

Com relação especificamente ao item 1.09, o relator defendeu que não deveria apresentar existência autônoma, considerando que poderia haver sobreposição com o item 1.03 da lista anexa, que, na redação original da LC nº 116/2003, previa a incidência de ISS sobre o processamento de dados. De outro lado, também vislumbrou a possibilidade de sobreposição em relação ao novel item 1.12. Dessa forma, no parecer apresentado, houve a proposta de aglutinação dos itens

---

qualquer natureza – ISS, de competência dos Municípios e do Senado Federal, e dá outras providencias. *Diário do Senado Federal*, 31 out. 2012. Disponível em: http://legis.senado.leg. br/diarios/BuscaDiario?tipDiario=1&datDiario=31/10/2012&paginaDireta=57180. Acesso em: 13 jan. 2021.

[337] BRASIL. Senado Federal. Projeto de Lei do Senado nº 386, de 2012 (Complementar). Lei da Reforma do ISS. Disponível em: https://www25.senado.leg.br/web/atividade/materias/-/materia/108390. Acesso em: 13 jan. 2021.

1.09 e 1.12, através da mudança de redação do item 1.03 da lista anexa à LC nº 116/2003.[338]

Nessa linha, consoante as alterações sugeridas pelo parecer, os itens ora estudados assumiram a redação do substitutivo que segue, *verbis*:

> 1.03 – Processamento, armazenamento ou hospedagem de dados, textos, imagens, vídeos, páginas eletrônicas, aplicativos, sistemas de informação, entre outros formatos, ou congêneres.
> 1.09 – Disponibilização de aplicativos em página eletrônica.
> 1.10 – Disponibilização de conteúdos de áudio, vídeo, imagem e texto em páginas eletrônicas, exceto no caso de jornais, livros e periódicos.[339]

O parecer do Senador Humberto Costa foi aprovado na Comissão de Assuntos Econômicos do Senado Federal, tendo havido, inclusive, requerimento de urgência para o seu processamento. Posteriormente à aprovação, o projeto de lei sofreu uma série de outras quinze emendas regimentais, que, ao serem submetidas ao Plenário do Senado Federal, foram rejeitadas, aprovando-se apenas duas.

A primeira das emendas aprovadas, de autoria do então Senador Pedro Taques (PDT-MT), cuidou de mera alteração de redação do art. 1º, §4º, LC nº 116/2003, enquanto a segunda emenda aprovada, do então Senador Aloysio Nunes Ferreira (PSDB-SP), previu que as mudanças na LC nº 63/1990 só produziriam efeitos a partir do primeiro dia do exercício seguinte à promulgação da lei complementar ou após o primeiro dia do sétimo mês subsequente à sua aprovação, se este fosse posterior.

Após as pertinentes deliberações pelo Senado Federal, o PLS nº 386/2012 foi remetido, aos 05.12.2013, à Câmara dos Deputados, assumindo a numeração de PLP nº 366/2013 e tramitando em apenso a outros projetos de lei que também cuidavam de modificações pontuais na LC nº 116/2003.

---

[338] BRASIL. Senado Federal. *Parecer nº 1.309, de 2013*. Relator: Senador Humberto Costa. Disponível em: https://legis.senado.leg.br/sdleg-getter/documento?dm=4168474&ts=1630427000279&disposition=inline. Acesso em: 13 jan. 2021.

[339] BRASIL. Emenda nº 1 – CAE (Substitutivo). Altera a Lei Complementar nº 116, de 31 de julho de 2003, que dispõe sobre o Imposto sobre Serviços de Qualquer Natureza; a Lei nº 8.429, de 2 de junho de 1992 – Lei de Improbidade Administrativa; e a Lei Complementar nº 63, de 11 janeiro de 1990, que dispõe sobre critérios e prazos de crédito das parcelas do produto da arrecadação de impostos de competência dos Estados e de transferências por estes recebidas, pertencentes aos Municípios. *Sala de Comissão*, 12 nov. 2013. Disponível em: http://www.senado.leg.br/atividade/rotinas/materia/getTexto.asp?t=140102&c=RTF&tp=1. Acesso em: 13 jan. 2021.

Assim como no Senado Federal, foi realizada audiência pública no âmbito da Comissão de Desenvolvimento Econômico, Indústria e Comércio da Câmara dos Deputados. Em seguida, foram proferidos pareceres pelo relator, o ex-Deputado Guilherme Campos (PSD-SP), de modo que o seu último parecer aprovou o PLP nº 366/2013 e seus apensos – salvo o PLP nº 183/2012, que cuidava da redação do item 13.05 da lista anexa à lei complementar[340] e o PLP nº 34/2011, que trata do local da ocorrência do fato gerador do ISS no caso de operações com cartão de crédito[341] – com a sugestão de novas modificações, na forma do terceiro substitutivo apresentado.

No que toca diretamente a esta obra, foi proposta uma alteração de redação nos itens 1.09 e 1.10, eis que, na visão do relator, a redação do item 1.09 gerava uma zona de indefinição e desconforto com os Estados, ocasionando problemas que não poderiam ser imediatamente solucionados. De outro lado, e pelas mesmas razões, o relator propôs que o item 1.03 da lista anexa voltasse à sua redação original. Segue a nova proposta de redação, *verbis*:

> 1.09 – Disponibilização de conteúdos de áudio, vídeo, imagem e texto em páginas eletrônicas, exceto no caso de jornais, livros e periódicos.
>
> 1.10 – Atribuição ou autenticação de endereço IP para conexão à Internet (exceto quando prestado conjuntamente com serviço de comunicação, que fica sujeita ao ICMS).

Após ser remetido ao Plenário, o ex-Deputado Walter Ihoshi (PSD-SP) foi designado relator do PLP nº 366/2013, proferindo parecer pelas Comissões de Desenvolvimento, Indústria e Comércio, Finanças e Tributação, Constituição, Justiça e da Cidadania, no sentido favorável à sua aprovação. Ademais, por meio de novo substitutivo, foi proposta a seguinte redação para o item 1.09, com a supressão do item 1.10 da lista anexa à lei complementar, *verbis*:

> 1.09 – Disponibilização, sem cessão definitiva, de conteúdos de áudio, vídeo, imagem e texto por meio da Internet, respeitada a imunidade de livros, jornais e periódicos (exceto a distribuição de conteúdos pelas prestadoras de Serviço de Acesso Condicionado, de que trata a Lei nº 12.485, de 12 de setembro de 2011, sujeita ao ICMS).

---

[340] Diante da aprovação da LC nº 157/2016, este projeto de lei foi declarado prejudicado.

[341] Posteriormente, foi aprovado requerimento de desapensação do PLP nº 34/2011.

Em seguida, foram apresentadas 12 (doze) emendas de Plenário, tendo o então Deputado Walter Ihoshi proferido parecer favorável às emendas 7, 11 e 12, que cuidavam de mudanças pontuais no projeto de lei, e pela rejeição das demais emendas. No tocante ao item 1.09, anteriormente referido, não houve novas alterações de redação, de modo que o dispositivo foi aprovado em Plenário, tendo constado na versão final do substitutivo enviado pela Câmara dos Deputados ao Senado Federal, aos 21.09.2015.

Já quanto ao item 1.03, em que, na versão final do substitutivo encaminhada pela Câmara dos Deputados ao Senado Federal, o dispositivo da LC nº 116/2003 não era alterado, a matéria sofreu nova modificação no Senado Federal. Nessa Casa Legislativa, optou-se por restabelecer a redação do item 1.03, na forma como constava na redação original do PLS nº 386/2012. Dessa forma, a versão final do item 1.03 no Senado Federal foi a seguinte:

> 1.03 – Processamento, armazenamento ou hospedagem de dados, textos, imagens, vídeos, páginas eletrônicas, aplicativos e sistemas de informação, entre outros formatos, e congêneres.

O substitutivo da Câmara, com as novas modificações realizadas no Senado Federal, foi encaminhado ao Presidente da República e sancionado, por meio da LC nº 157/2016. Como se verá no item seguinte, a ausência de referência expressa à nuvem e a suas camadas na versão afinal sancionada gera inúmeros questionamentos quanto à correta incidência tributária.

3.5 A tributação da nuvem

O *cloud computing* envolve a progressiva substituição de *hardwares* próprios e licenças perpétuas de *software* pela disponibilização de utilidades em um ambiente virtual. Nesse sentido, *softwares* e infraestruturas de processamento e armazenamento de dados vêm migrando de estruturas físicas para o que se convencionou chamar de nuvem.

As consequências econômicas desse fenômeno podem ser sintetizadas na diminuição da capacidade ociosa dos *hardwares*, na remuneração conforme a quantidade de recursos efetivamente utilizada (*"pay as you go"*) e na consequente economia de escala e redução do preço ao consumidor final.[342]

---

[342] FREITAS, Rodrigo de; OYAMADA, Bruno Akio. Operações de *Cloud Computing* (SaaS, IaaS, PaaS etc.): ICMS vs. ISS. *In*: FARIA, Renato Vilela; SILVEIRA, Ricardo Maitto da;

Observa-se que não existe uma única definição para a computação em nuvem, mas uma verdadeira pluralidade. Em documento do ano de 2014, a Organização de Cooperação e Desenvolvimento Econômico (OCDE) assinala que essa ausência de univocidade decorre de a computação em nuvem não se referir a uma tecnologia específica, mas sim a uma combinação de várias delas.[343]

No presente trabalho, assim como nas referências bibliográficas referidas neste item, confere-se relevo à definição adotada pelo Instituto Nacional de Padrões e Tecnologia, do Departamento de Comércio dos Estados Unidos (NIST). De acordo com a agência americana, a computação em nuvem consiste em um modelo que permite o acesso remoto a partir de uma rede, de forma conveniente e onipresente, a um conjunto de recursos computacionais configuráveis, como redes, servidores, armazenamento, aplicativos e serviços, que podem ser rapidamente alimentados e liberados com o mínimo esforço gerencial ou com a interação de provedores de serviço.[344]

No entanto, a locução *cloud computing* não implica a existência de uma única nuvem. Em verdade, o termo "nuvem" designa a Internet, que é a rede das redes. A permanente evolução da computação em nuvem permite identificar, consoante Kalapatapu e Sarkar, duas gerações em que o fenômeno se apresenta.

A primeira delas caracterizou-se, eminentemente, por serviços de e-*business*, no qual o comércio eletrônico está inserido, crescendo entre os anos de 1990 e 2000. Já a segunda geração avançou, a partir do ano 2000, para incluir a tecnologia da informação como serviço, que se expandiu através da utilização da infraestrutura e de aplicativos padronizados e altamente virtualizados.

MONTEIRO, Alexandre Luiz Moraes do Rêgo (Coord.). *Tributação da economia digital*: desafios no Brasil, experiência internacional e novas perspectivas. São Paulo: Saraiva, 2018. p. 377-378.

[343] OCDE. Cloud Computing: The Concept, Impacts and the Role of Government Policy. *OECD Digital Economy Papers*, Paris: OECD Publishing, n. 240, p. 8, 2014. Disponível em: https://doi.org/10.1787/5jxzf4lcc7f5-en. Acesso em: 14 jan. 2021.

[344] MELL, Peter; GRANCE, Timothy. *The NIST Definition of Cloud Computing*: recommendations of the National Institute of Standards and Technology. US Department of Commerce, 2011. Disponível em: https://nvlpubs.nist.gov/nistpubs/Legacy/SP/nistspecialpublication800-145.pdf. Acesso em: 16 fev. 2021. Texto original: "Cloud computing is a model for enabling ubiquitous, convenient, on-demand network access to a shared pool of configurable computing resources (e.g., networks, servers, storage, applications, and services) that can be rapidly provisioned and released with minimal management effort or service provider interaction".

A nuvem permite que indivíduos e organizações tenham acesso a um extraordinário poder computacional de qualquer localidade e em qualquer aparelho, a tal ponto que, na atualidade, caminha-se para um cenário em que os aplicativos de *software* e as informações são cada vez mais acessados por meio de redes com servidores.

Em outros termos, a computação em nuvem tende a se tornar progressivamente mais dominante do que os *desktops*, permitindo que se verifique o fenômeno do *"Everything as a Service"* (XaaS),[345] em que os serviços e aplicativos são acessados sob demanda, ao invés de serem instalados em uma estrutura física.[346]

O novo paradigma[347] trazido pela computação em nuvem pode ser implementado principalmente sob três formas – *Software as a Service* (SaaS), *Platform as a Service* (PaaS) e *Infrastructure as a Service* (IaaS) – cuja recíproca inter-relação é sintetizada no gráfico seguinte (Figura 1), extraído do documento elaborado pela OCDE,[348] já referido. A análise específica de cada uma das camadas e os desafios tributários específicos impostos à tributação indireta no Brasil serão detalhados nos itens seguintes:

---

[345] KALAPATAPU, Abhishek; SARKAR, Mahasweta. Cloud computing: an overview. *In*: WANG, Lizhe *et al*. *Cloud Computing. Methodology, Systems and Applications*. Nova Iorque: CRC Press, 2012. p. 4-7. Nesse artigo, os autores defendem a existência de duas gerações da computação em nuvem e preconizam que, a partir de 2015, uma nova geração se apresentaria, girando em torno do *"Everything as a Service"*.

[346] STROUD, Forrest. *Everything-As-A-Service (Xaas)*. 07 nov. 2013. Disponível em: https://www.webopedia.com/TERM/E/everything-as-a-service_xaas.html. Acesso em: 15 jan. 2021.

[347] PRIYA, G. C.; PARAMESWARI, R.; GAYATHRI, G. The next generation of cloud computing on information technology. *International Journal of Computer Science and Information Technologies*, Chennai, v. 2, p. 2152, 2011.

[348] OCDE. Cloud Computing: The Concept, Impacts and the Role of Government Policy. *OECD Digital Economy Papers*, Paris: OECD Publishing, n. 240, p. 8, 2014. Disponível em: https://doi.org/10.1787/5jxzf4lcc7f5-en. Acesso em: 14 jan. 2021.

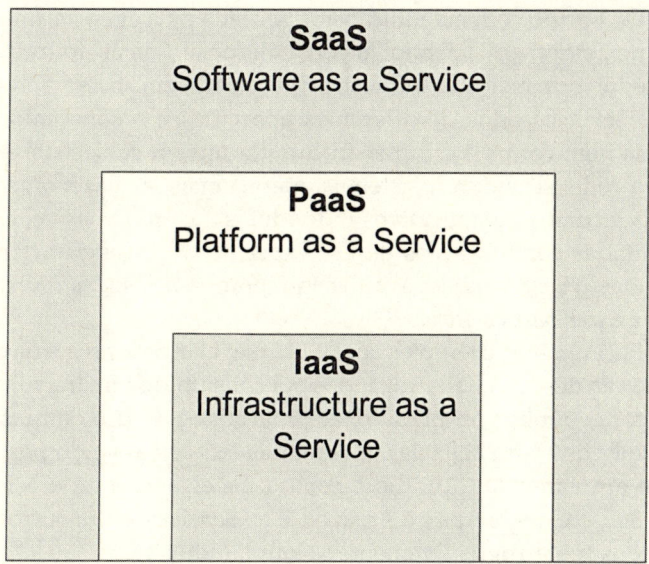

Figura 1: Categorias de modelos de serviços de *cloud computing*.

3.5.1 *Software as a Service* (SaaS)

Conforme se verifica do gráfico anteriormente reproduzido do documento da OCDE, o *Software as a Service* consiste na camada mais externa da computação em nuvem. Por essa sistemática, o fornecedor utiliza as outras duas camadas – *Platform as a Service* e *Infrastructure as a Service* – para fazer a instalação e compartilha o acesso ao programa de computador com os usuários, que pagam por um acesso. Ou seja, o consumidor utiliza o *software* através da internet, sem que seja necessário realizar o seu *download*[349] e as atualizações dos programas são feitas diretamente pelo provedor.[350]

---

[349] BRANDÃO JR., Salvador Cândido *et al.* Computação na nuvem: modelos possíveis. *In*: PISCITELLI, Tathiane (Org.); PISCITELLI, Tathiane; BOSSA, Gisele Barra (Coord.). *Tributação da nuvem*: conceitos tecnológicos, desafios internos e internacionais. 2. ed. São Paulo: Thomson Reuters, 2020. p. 32-35.

[350] LIVNI, Ben. The storm of cloud computing taxation. *Tax Notes*, jul. 2017. Disponível em: http://www.taxanalysts.org/node/196876. Acesso em: 15 jan. 2021.

De acordo com a definição apresentada pela agência americana NIST, no *Software as a Service*, o consumidor utiliza os aplicativos do fornecedor por meio da infraestrutura da nuvem. Esses aplicativos podem ser acessados de diferentes aparelhos e o consumidor não gerencia nem controla a infraestrutura da nuvem subjacente – o que inclui a rede, servidores, sistemas operacionais, armazenamento ou mesmo recursos de aplicativos individuais – com a possível exceção de limitadas configurações de uso específico.[351] Pelas características apontadas, o SaaS também é conhecido como *on-demand software, hosted software* e *web-based software.*[352]

Há inúmeros exemplos que podem ser abarcados por essa categoria, que vão desde e-mails utilizados por consumidores e trabalhadores dos setores público ou privado, até aplicativos de uso empresarial e desenvolvidos para agências governamentais,[353] passando por outros de uso amplamente difundido, como o Salesforce.com, o Microsoft Office 365, o Google Aps e a Amazon Web Services, entre outros, cujas utilidades vêm progressivamente se ampliando.[354]

Em princípio, qualquer programa de computador pode ser acessado através da nuvem, que tem o potencial de abarcar tanto programas de computador padronizados quanto variadas funcionalidades para os seus usuários. Dessa forma, diante desse quadro de complexidade, coloca-se a controvérsia acerca de como a incidência tributária deve ser feita.

O tema comporta diversas posições doutrinárias, de modo que, nas linhas seguintes, busca-se, sem pretensão de exaustividade, expor algumas delas. Das obras analisadas, identifica-se que, ao menos até o julgamento de mérito da ADI nº 1.945/MT e da ADI nº 5.659/MG, o

---

[351] MELL, Peter; GRANCE, Timothy. *The NIST Definition of Cloud Computing*: recommendations of the National Institute of Standards and Technology. US Department of Commerce, 2011. p. 2. Disponível em: https://nvlpubs.nist.gov/nistpubs/Legacy/SP/nistspecialpublication800-145.pdf. Acesso em: 16 fev. 2021. Texto original: "The consumer does not manage or control the underlying cloud infrastructure including network, servers, operating systems, storage, or even individual application capabilities, with the possible exception of limited user specific application configuration settings".

[352] VLADIMIRSKIY, Vadim. *10 popular Software as a Service (SaaS) Examples.* 20 out. 2016. Disponível em: https://getnerdio.com/academy/10-popular-software-service-examples/. Acesso em: 15 jan. 2021.

[353] OCDE. Cloud Computing: The Concept, Impacts and the Role of Government Policy. *OECD Digital Economy Papers*, Paris: OECD Publishing, n. 240, p. 10-11, 14, 2014. Disponível em: https://doi.org/10.1787/5jxzf4lcc7f5-en. Acesso em: 14 jan. 2021.

[354] VLADIMIRSKIY, Vadim. *10 popular Software as a Service (SaaS) Examples.* 20 out. 2016. Disponível em: https://getnerdio.com/academy/10-popular-software-service-examples/. Acesso em: 15 jan. 2021.

ponto de partida das discussões consistia em perquirir se seria possível admitir a incidência de ICMS nos casos em que *softwares* padronizados são oferecidos na nuvem.

Respondendo a essa pergunta, a doutrina, de uma maneira geral, caminhava no sentido negativo, tendo em vista que o consumidor tem um direito de acesso, mas não instala o programa, ainda que padronizado, em seu computador, de tal modo que o caráter temporário da cessão conduziria à impossibilidade de incidência do ICMS.[355]

Passando-se à análise da possibilidade de incidência de ISS sobre os mencionados contratos, a doutrina controverte quanto ao ponto. Um primeiro posicionamento caminha no sentido de que o SaaS não encontra um correspondente nos itens anexos à LC nº 116/2003. Nessa linha, assinala-se que a interpretação extensiva horizontal não se presta para atingir a tributação da nuvem, tendo em vista que o SaaS compreende atividades que não estão abarcadas em apenas um item da lista anexa, mas também envolve a programação, o processamento de dados, a elaboração de programas, o suporte técnico e a manutenção.[356]

Portanto, pondera-se que o ISS apenas poderia incidir sobre as operações referentes à tributação na nuvem caso houvesse uma reforma legislativa nesse sentido, considerando, inclusive, que tramita no Congresso Nacional projeto de lei complementar específico com essa finalidade (PLP nº 171/2012).[357]

Um segundo posicionamento assinala que o contrato de SaaS não se confunde com os contratos de licenciamento, considerando a ampla gama de serviços extra que é oferecida. Contudo, por essa visão, mesmo divergindo substancialmente do contrato de licença, o SaaS apresenta uma preponderância de elementos desta modalidade contratual, eis que a sua causa principal reside na utilização do *software*.[358]

---

[355] JESUS, Mariana Cavalcanti de; ROCHA, Sergio André. A incidência do ICMS sobre o comércio eletrônico de *software*. *In*: OLIVEIRA, Gustavo da Gama Vital de; GOMES, Marcus Lívio; ROCHA, Sergio André (Coord.). *Tributação da economia digital*. Rio de Janeiro: Lumen Juris, 2019. p. 28.

[356] MOREIRA JR., Gilberto de Castro; ALMEIDA, Flora Ferreira de. *Cloud Computing* e a Tributação do *Software as a Service* (SaaS). *In*: SCHOUERI, Luís Eduardo; BIANCO, João Francisco (Coord.). CASTRO, Leonardo Freitas de Moraes; DUARTE FILHO, Paulo César Teixeira (Org.). *Estudos de Direito Tributário em homenagem ao professor Gerd Willi Rothmann*. São Paulo: Quartier Latin, 2016. p. 601.

[357] FREITAS, Rodrigo de; OYAMADA, Bruno Akio. Operações de *Cloud Computing* (SaaS, IaaS, PaaS etc.): ICMS vs. ISS. *In*: FARIA, Renato Vilela; SILVEIRA, Ricardo Maitto da; MONTEIRO, Alexandre Luiz Moraes do Rêgo (Coord.). *Tributação da economia digital*: desafios no Brasil, experiência internacional e novas perspectivas. São Paulo: Saraiva, 2018. p. 387-388.

[358] LARA, Daniela Silveira *et al*. IaaS, PaaS e SaaS: finalidade preponderante dos contratos de computação em nuvem – IaaS, PaaS e SaaS. *In*: PISCITELLI, Tathiane (Org.); PISCITELLI,

Dessa forma, partindo-se de tal premissa, adota-se a compreensão de que os contratos de SaaS envolvem uma multiplicidade de obrigações de fazer e estariam abarcados na previsão contida no item 1.05 da lista anexa à LC nº 116/2003. De acordo com esse entendimento, embora o referido dispositivo tenha sido editado num contexto anterior ao avanço da computação em nuvem, a nova realidade representada pelo SaaS também poderia ser alcançada pelo ISS, considerando que, ainda que a edição de um item específico na lista anexa à LC nº 116/2003 fosse desejável, o exercício da competência tributária não pode permanecer totalmente congelado.[359]

Saindo do campo estritamente doutrinário, verifica-se que o Município e o Estado de São Paulo, ao menos até o julgamento de mérito da ADI nº 1.945/MT e da ADI nº 5.659/MG, polarizaram os maiores antagonismos em âmbito nacional, inclusive no que se refere à tributação da nuvem. Com efeito, o Parecer Normativo SF nº 1/2017 do Município,[360] a Decisão Normativa CAT 4, a Portaria CAT nº 24/2018 e o Decreto nº 63.099/2017, do Estado de São Paulo, caminharam em sentidos opostos.

O Município de São Paulo, por meio do parecer normativo referido, que se autodefiniu como interpretativo,[361] adotou o entendimento de que o item 1.05 da lista anexa à LC nº 116/2003 deve ser compreendido como englobando a generalidade dos contratos de cessão de uso de

Tathiane; BOSSA, Gisele Barra (Coord.). *Tributação da nuvem*: conceitos tecnológicos, desafios internos e internacionais. 2. ed. São Paulo: Thomson Reuters, 2020. p. 416.

[359] LARA, Daniela Silveira *et al.* IaaS, PaaS e SaaS: Como tributar? *In*: PISCITELLI, Tathiane (Org.); PISCITELLI, Tathiane; BOSSA, Gisele Barra (Coord.). *Tributação da nuvem*: conceitos tecnológicos, desafios internos e internacionais. 2. ed. São Paulo: Thomson Reuters, 2020. p. 435-440.

[360] SÃO PAULO. Legislação Municipal. Parecer Normativo Secretaria Municipal da Fazenda – SF nº 1 de 18 de julho de 2017. Incidência do Imposto Sobre Serviços de Qualquer Natureza – ISS relativamente aos serviços de licenciamento ou cessão de direito de uso de programas de computação, por meio de suporte físico ou por transferência eletrônica de dados, ou quando instalados em servidor externo. São Paulo, *Diário Oficial da cidade*, 19 jul. 2017. Disponível em: http://legislacao.prefeitura.sp.gov.br/leis/parecer-normativo-secretaria-municipal-da-fazenda-sf-1-de-18-de-julho-de-2017. Acesso em: 15 jan. 2021.

[361] VASCONCELLOS, Roberto; PISCITELLI, Tathiane. Tributação de softwares e o Parecer Normativo SF nº 1/2017. Conflito de competência e insegurança jurídica. *Jota*, 27 jul. 2017. Disponível em: https://www.jota.info/opiniao-e-analise/colunas/pauta-fiscal/tributacao-de-softwares-e-o-parecer-normativo-sf-012017-27072017. Acesso em: 15 jan. 2021. Os autores destacam que o Parecer Normativo SF nº 1/2017 trouxe maior insegurança jurídica, à medida que previu que o ISS incidiria mesmo sobre *softwares* de prateleira, o que ia de encontro à jurisprudência tradicional do STF, anterior ao julgamento de mérito da ADI nº 1.945/MT. Na visão dos autores, "ainda que a decisão seja passível de críticas, parece-nos que o município de São Paulo não poderia, por ato normativo infralegal, desconsiderar tal entendimento".

software (por meio físico, *download* ou na nuvem), de prateleira ou não. De outro lado, esse mesmo parecer admitiu que parte das atividades de SaaS fosse abarcada pelo item 1.03, que cuida do processamento de dados, e pelo item 1.07, que dispõe sobre o suporte técnico em informática, da lista anexa à LC nº 116/2003.

No entanto, essa interpretação elástica do fisco paulistano, que admite que o SaaS possa ser enquadrado em três itens diferentes da lista anexa, não escapou à pertinente crítica de que traz ainda mais insegurança jurídica, uma vez que "acaba por gerar dúvida sobre qual a correta classificação a ser adotada no entendimento das Autoridades Fiscais, com reflexos práticos concretos, já que tais subitens estão sujeitos a alíquotas distintas".[362]

O Estado de São Paulo, por sua vez, diante da edição do Convênio CONFAZ nº 106/2017, editou a Portaria CAT nº 24/2018 e o Decreto nº 63.099/2017, já referidos no item 3.3.3 deste livro e que, entre outros aspectos, contêm a previsão de que o ICMS incide sobre a tributação da nuvem, para o caso de programas de computador que não sejam personalizados. A Decisão Normativa CAT nº 4/2017 caminha nesse mesmo sentido, embora editada dias antes do Convênio CONFAZ nº 106/2017.

O pano de fundo desses instrumentos editados em âmbito estadual gira em torno da argumentação de que o item 1.09 da lista anexa à LC nº 116/2003 não trouxe a previsão expressa de incidência de ISS sobre o *software*, conforme destacado pela Secretaria de Fazenda do Estado de São Paulo na sua manifestação na ADI nº 5.958/DF, que impugnou o Convênio CONFAZ nº 106/2017 e será enfrentada de forma mais pormenorizada no capítulo seguinte. O item 1.09, por sua vez, será objeto de maior análise no item 6.5.1 desta obra.

Consoante essa manifestação, o item 1.09 arrolou os conteúdos de áudio, vídeo, imagem e texto como aptos a ensejarem a incidência de ISS, restando silente quanto à circulação de mercadorias digitais padronizadas. Já o item 1.03 previu a incidência de ISS sobre as atividades de processamento, armazenamento ou hospedagem de dados, textos e imagens, nada dispondo, uma vez mais, quanto ao *software*. Dessa forma, de acordo com as citadas razões que constam nos autos judiciais referidos, a consequência seria a de que os *softwares* padronizados comercializados na nuvem consistiriam em fato gerador do ICMS.

---

[362] FREITAS, Rodrigo de; OYAMADA, Bruno Akio. Operações de *Cloud Computing* (SaaS, IaaS, PaaS etc.): ICMS vs. ISS. *In*: FARIA, Renato Vilela; SILVEIRA, Ricardo Maitto da; MONTEIRO, Alexandre Luiz Moraes do Rêgo (Coord.). *Tributação da economia digital*: desafios no Brasil, experiência internacional e novas perspectivas. São Paulo: Saraiva, 2018. p. 385.

No âmbito do STF, ainda que o objeto da ADI nº 1.945/MT e da ADI nº 5.659/MG fosse circunscrito ao *download* de *software*, o voto-vista do Min. Dias Toffoli fez menção, em *obiter dictum*, ao entendimento de que o SaaS consiste em prestação de serviço, admitindo que "no caso do modelo Software-as-a-Service (SaaS), outras utilidades disponibilizadas ao usuário possam ser desmembradas do licenciamento e submetidas à tributação nos subitens 1.03 e 1.07".

No entanto, ainda que a matéria estivesse fora do objeto das ADI nº 1.945/MT e nº 5.659/MG e merecesse um maior aprofundamento, a ADI nº 5.958/DF, que tinha esse objeto específico, foi declarada prejudicada diante do quanto decidido na ADI nº 5.659/MG, por meio de decisão monocrática. Dessa forma, o STF decidiu o tema, embora sem enfrentá-lo à luz das complexidades que a questão demanda.

3.5.2 *Platform as a Service* (PaaS)

Passando-se ao *Platform as a Service*, verifica-se, conforme o gráfico que foi acostado ao presente, extraído do documento da OCDE, que se trata da segunda camada da computação em nuvem. De acordo com a definição apresentada pela agência americana NIST, essa camada permite que o consumidor empregue a infraestrutura da nuvem ou adquira aplicativos usando linguagem de programação e ferramentas fornecidas pelo provedor.

Através dela, o consumidor não gerencia a infraestrutura da nuvem (o que inclui a rede, os servidores, os sistemas operacionais e de armazenamento), mas tem o controle sobre os aplicativos empregados e sobre as configurações referentes ao ambiente de hospedagem dos aplicativos.[363]

Nessa modalidade, fornece-se aos usuários uma plataforma estruturada para implantar as suas próprias aplicações e serviços, com a utilização de programas, linguagens, bibliotecas, serviços e ferramentas. As empresas de PaaS oferecem, entre outros, os serviços de hospedagem

---

[363] MELL, Peter; GRANCE, Timothy. *The NIST Definition of Cloud Computing*: recommendations of the National Institute of Standards and Technology. US Department of Commerce, 2011. p. 2. Disponível em: https://nvlpubs.nist.gov/nistpubs/Legacy/SP/nistspecialpublication800-145.pdf. Acesso em: 16 fev. 2021. Texto original: "The capability provided to the consumer is to deploy onto the cloud infrastructure consumer-created or - acquired applications created using programming languages and tools supported by the provider. The consumer does not manage or control the underlying cloud infrastructure including network, servers, operating systems, or storage, but has control over the deployed applications and possibly application hosting environment configurations".

e de disponibilização de ferramentas para que os seus clientes desenvolvam programas na nuvem e de gerenciamento de funcionalidades, com a administração de banco de dados e configuração de servidores.[364]

O Microsoft Azure, o Salesforce.com (Force.com), o Amazon Web Services Elastic Beanstalk, o Google App Engine, entre outros, consistem em exemplos de PaaS.[365] Portanto, do cotejo com as empresas listadas que atuam no segmento de SaaS, verifica-se que algumas dedicam-se a ambas atividades, inserindo-se em diferentes segmentos e comercializando os mais variados produtos e utilidades.

No que se refere à sua tributação, assim como já se antecipou quando da análise do SaaS, identificam-se setores doutrinários que defendem a impossibilidade de tributação da nuvem, inclusive na modalidade de PaaS, diante da ausência de um item específico da lista anexa à LC nº 116/2003 contendo essa previsão. Consoante esse entendimento, o item 1.03 não se prestaria para o enquadramento do PaaS.[366]

A defesa da impossibilidade de incidência de ISS também pode assumir outros contornos. Partindo da premissa de que os contratos de PaaS têm por finalidade o oferecimento de uma multiplicidade de utilidades ao contratante – normalmente empresas ou desenvolvedores de *software,* que podem se valer do PaaS para serem fornecedores de SaaS –, defende-se que não há uma mera locação de espaço – no caso, de um espaço virtual. Ou seja, em princípio, não se aplicam os limites advindos da Súmula vinculante nº 31, STF.

Contudo, ainda que não haja locação e, por conseguinte, esteja-se diante de uma prestação de serviço, não se visualiza um processamento de dados, tendo em vista que não há um terceiro que realiza o processamento, cabendo ao próprio usuário fazê-lo. De outro lado, embora o PaaS envolva o armazenamento e a hospedagem, ambos consistem em atividades-meio, e não no próprio fim da plataforma.[367]

---

[364] UCHÔA FILHO, Sérgio Papini de Mendonça; BASILIO, Iris Cintra. Aspectos da tributação sobre o consumo no *cloud computing. In:* FARIA, Renato Vilela; SILVEIRA, Ricardo Maitto da; MONTEIRO, Alexandre Luiz Moraes do Rêgo (Coord.). *Tributação da economia digital*: desafios no Brasil, experiência internacional e novas perspectivas. São Paulo: Saraiva, 2018. p. 465.

[365] Cf.: Platform-as-a-Service (PaaS) Solutions. *Trustradius,* (s.d). Disponível em: https://www.trustradius.com/platform-as-a-service-paas. Acesso em: 15 jan. 2021.

[366] FREITAS, Rodrigo de; OYAMADA, Bruno Akio. Operações de *Cloud Computing* (SaaS, IaaS, PaaS etc.): ICMS vs. ISS. *In:* FARIA, Renato Vilela; SILVEIRA, Ricardo Maitto da; MONTEIRO, Alexandre Luiz Moraes do Rêgo (Coord.). *Tributação da economia digital*: desafios no Brasil, experiência internacional e novas perspectivas. São Paulo: Saraiva, 2018. p. 389.

[367] LARA, Daniela Silveira *et al.* IaaS, PaaS e SaaS: finalidade preponderante dos contratos de computação em nuvem – IaaS, PaaS e SaaS. *In:* PISCITELLI, Tathiane (Org.); PISCITELLI,

Dessa forma, por essa visão, ainda que o PaaS seja uma prestação de serviço, não há um serviço tributável pelo ISS, diante de os itens 1.03 e 1.05 não serem capazes de abarcar essa materialidade.[368]

Em sentido diverso ao da doutrina anteriormente colacionada, outras vozes defendem a possível incidência do ISS sobre os contratos de PaaS, considerando que os modelos nègociais envolvem não só a disponibilização da plataforma, mas também diversas funcionalidades previstas em contrato, que dialogam com a noção ampliativa de serviço adotada pelo STF no RE nº 651.703/PR, sem prejuízo da constatação de que um direcionamento legal e de caráter nacional precisa ser dado ao tema.[369]

Em acréscimo, pondera-se que o ISS pode vir a incidir caso se esteja diante de obrigações de fazer no núcleo da atividade, que encontrem previsão na legislação complementar, como o desenvolvimento de sistemas (item 1.01), a programação (item 1.02), o processamento de dados (item 1.03), a assessoria em informática (item 1.06) e a manutenção de programas de computador e banco de dados (item 1.07).[370]

Nesse cenário, não se verifica propriamente um conflito de competência entre o ICMS e o ISS, mas sim, um quadro de incerteza quanto à viabilidade da tributação pelo ISS e, em se entendendo de forma positiva, quanto ao enquadramento a ser feito. Ou seja, nessa camada da tributação em nuvem, o conflito de competência dá-se entre os Municípios e a União, caso se entenda que o seu conteúdo encontra-se alcançado pelo art. 154, I, CRFB/1988.

Como o STF vem progressivamente enfrentando, de forma positiva, aquilo que pode ser entendido como serviço – como decorre dos julgamentos já mencionados neste capítulo e no capítulo dois – mas ainda não estabeleceu, com precisão, os contornos daquilo que não

Tathiane; BOSSA, Gisele Barra (Coord.). *Tributação da nuvem*: conceitos tecnológicos, desafios internos e internacionais. 2. ed. São Paulo: Thomson Reuters, 2020. p. 398-409.

[368] LARA, Daniela Silveira *et al.* IaaS, PaaS e SaaS: Como tributar? *In*: PISCITELLI, Tathiane (Org.); PISCITELLI, Tathiane; BOSSA, Gisele Barra (Coord.). *Tributação da nuvem*: conceitos tecnológicos, desafios internos e internacionais. 2. ed. São Paulo: Thomson Reuters, 2020. p. 428.

[369] UCHÔA FILHO, Sérgio Papini de Mendonça; BASILIO, Iris Cintra. Aspectos da tributação sobre o consumo no *cloud computing*. *In*: FARIA, Renato Vilela; SILVEIRA, Ricardo Maitto da; MONTEIRO, Alexandre Luiz Moraes do Rêgo (Coord.). *Tributação da economia digital*: desafios no Brasil, experiência internacional e novas perspectivas. São Paulo: Saraiva, 2018. p. 474-475.

[370] BARTHEM NETO, Hélio. *Novos desafios da tributação do software no Brasil sob as perspectivas do ICMS e do ISS – do corpus mechanicum ao cloud computing*. 154f. Dissertação de Mestrado – Escola de Direito de São Paulo da Fundação Getúlio Vargas, São Paulo, 2016. p. 138.

é serviço, a análise das camadas de PaaS e IaaS podem consistir em importante ocasião para a melhor delimitação da sua jurisprudência.

Migrando do campo doutrinário para a realidade dos fatos, observa-se que o Município de São Paulo editou a Solução de Consulta SF/DEJUG nº 40/2013,[371] por meio da qual interpretou que os serviços de plataforma em nuvem sujeitam-se ao ISS, estando abarcados pelo item 1.03 da lista anexa à LC nº 116/2003. Essa consulta, que é anterior à LC nº 157/2016, adotou o entendimento de que o PaaS está compreendido na locução "processamento de dados e congêneres", de acordo com a dicção anterior da LC nº 116/2003.

Portanto, diante do exposto, observa-se, uma vez mais, que a dificuldade da tributação do PaaS decorre da ausência de previsão de um item específico com tal finalidade na lista anexa à LC nº 116/2003, somando à complexidade do modelo contratual, que conjuga diversas atividades em uma nova materialidade.

Diante desse cenário, ao final da exposição sobre o *Infrastructure as a Service*, serão analisadas as dificuldades decorrentes da multiplicidade de contratos atípicos no contexto de avanço da economia digital.

3.5.3 *Infrastructure as a Service* (IaaS)

Infrastructure as a Service (IaaS) consiste na camada mais profunda da nuvem, que alimenta as duas camadas anteriormente estudadas. De acordo com a agência americana NIST, nesse modelo, o consumidor não gerencia a infraestrutura da nuvem, mas tem o controle sobre sistemas operacionais, armazenamento e aplicativos empregados, além de ter um possível controle limitado sobre componentes de rede selecionados, como *firewalls*.

Dessa forma, a capacidade fornecida ao consumidor dá-se com relação ao processamento, armazenamento, trabalho em rede e outros recursos de computação fundamentais, de modo que o usuário possa ser capaz de empregar e executar *softwares*, que podem incluir sistemas operacionais e aplicativos.[372]

---

[371] SÃO PAULO. Prefeitura de São Paulo. *Solução de consulta SF/DEJUG nº 40, de 1 de agosto de 2013*. ISS – Subitens 1.03 e 1.05 da lista de serviços do art. 1º da Lei nº 13.701, de 24 de dezembro de 2003. Códigos de serviço 02682 e 02798. Serviços de computação em nuvem. Disponível em: https://www.prefeitura.sp.gov.br/cidade/upload/s40_1389109466.pdf. Acesso em: 15 jan. 2021.

[372] MELL, Peter; GRANCE, Timothy. *The NIST Definition of Cloud Computing*: recommendations of the National Institute os Standards and Technology. US Department of Commerce, 2011. p. 3. Disponível em: https://nvlpubs.nist.gov/nistpubs/Legacy/SP/

Em outros termos, o IaaS confere aos seus usuários uma alternativa ao pagamento de infraestrutura física local, caracterizando-se pela diminuição de gastos no acesso à plataforma e pela desnecessidade de contratação de suporte externo de tecnologia da informação para a manutenção do *hardware*.[373]

Por esse modelo, uma empresa utiliza os servidores e o armazenamento de um provedor da nuvem, a partir dos quais pode elaborar os seus próprios aplicativos. Ou seja, o IaaS funciona como um contrato no qual a empresa contratante pode construir o que quiser sobre uma determinada base, desde que use os seus próprios equipamentos e materiais.[374]

Alguns exemplos de IaaS são o Google Compute Engine, o Microsoft Azure, além do Simple Storage Services (S3) e do Elastic Compute Cloud (EC2), da Amazon Web Services.[375] Portanto, uma vez mais, verifica-se que uma mesma empresa pode atuar oferecendo utilidades referentes a diferentes camadas da computação em nuvem.

Feitos esses esclarecimentos, do ponto de vista tributário, observa-se, assim como no caso do PaaS, que a grande discussão em termos de tributação indireta dá-se quanto ao correto enquadramento do IaaS, a fim de se verificar a possibilidade de incidência de ISS. Já no que se refere à esfera estadual, eventual contencioso poderia decorrer dos limites conferidos ao ICMS-Comunicação e à sua interseção com atividades de provimento à Internet e outras materialidades, a fim de perquirir se a hipótese seria de serviço de valor adicionado. O ICMS-Comunicação será objeto de estudo nos capítulos 5 e 6.

No que se refere à tributação municipal do IaaS, identificam-se dois posicionamentos principais. De um lado, defende-se que o IaaS

---

nistspecialpublication800-145.pdf. Acesso em: 16 fev. 2021. Texto original: "The capability provided to the consumer is to provision processing, storage, networks, and other fundamental computing resources where the consumer is able to deploy and run arbitrary software, which can include operating systems and applications. The consumer does not manage or control the underlying cloud infrastructure but has control over operating systems, storage, and deployed applications; and possibly limited control of select networking components (e.g., host firewalls)".

[373] HOU, Tony. IaaS vs PaaS vs SaaS. *Enter the ecommerce vernacular*: what you need to know, examples and more. Disponível em: https://www.bigcommerce.com/blog/saas-vs-paas-vs-iaas/#executive-summary-summing-up-saas-vs-paas-vs-iaas. Acesso em: 15 jan. 2021.

[374] Cf.: Cloud what is the cloud? Cloud definition. *Cloudflare*, (s.d). Disponível em: https://www.cloudflare.com/learning/cloud/what-is-the-cloud/. Acesso em: 15 jan. 2021.

[375] ROUSE, Margaret. *Infrastructure as a service (IaaS)*. Disponível em: https://searchcloudcomputing.techtarget.com/definition/Infrastructure-as-a-Service-IaaS. Acesso em: 15 jan. 2021.

se equipara a um contrato de locação, pelo que seria insuscetível de incidência de ISS. Segundo esse posicionamento, a tributação municipal ficaria condicionada ao acréscimo de obrigações de fazer ao contrato de armazenamento.[376]

De outro lado, leciona-se que não se trata nem de contrato de locação nem de contrato de depósito, uma vez que o seu objeto se refere à disponibilização de ambiente virtual para armazenamento e processamento de dados, agregado a outras utilidades, como a segurança do ambiente virtual, de tal modo que a natureza jurídica do contrato se aproximaria da cessão de uso de espaço virtual para armazenamento e processamento de dados.[377] Como consequência das premissas anteriores, esse posicionamento doutrinário entende que o IaaS envolve uma prestação de serviços, que estaria abarcada pelo item 1.03 da lista anexa à LC nº 116/2003.[378]

O Município de São Paulo, por meio da Solução de Consulta SF/DEJUG nº 13/2015, ao analisar contrato envolvendo a hospedagem de páginas, com disponibilidade de caixas postais, armazenamento ilimitado e disponibilidade de criação de bancos de dados, adotou o entendimento de que se trata de serviço na modalidade processamento de dados e, portanto, sujeito à incidência de ISS.[379]

Portanto, assim como em relação às demais camadas que compõem a estrutura da nuvem, verifica-se que, na ausência de um item específico que preveja a incidência de ISS sobre o IaaS, as discussões quanto à incidência tributária dão-se no campo da interpretação e da qualificação, a fim de perquirir, entre os institutos existentes, qual seria o que mais se aproxima do ora examinado.

---

[376] BARTHEM NETO, Hélio. *Novos desafios da tributação do software no Brasil sob as perspectivas do ICMS e do ISS – do corpus mechanicum ao cloud computing.* 154f. Dissertação de Mestrado – Escola de Direito de São Paulo da Fundação Getúlio Vargas, São Paulo, 2016. p. 133-134.

[377] LARA, Daniela Silveira *et al.* IaaS, PaaS e SaaS: finalidade preponderante dos contratos de computação em nuvem – IaaS, PaaS e SaaS. *In*: PISCITELLI, Tathiane (Org.); PISCITELLI, Tathiane; BOSSA, Gisele Barra (Coord.). *Tributação da nuvem*: conceitos tecnológicos, desafios internos e internacionais. 2. ed. São Paulo: Thomson Reuters, 2020. p. 397-398.

[378] LARA, Daniela Silveira *et al.* IaaS, PaaS e SaaS: Como tributar? *In*: PISCITELLI, Tathiane (Org.); PISCITELLI, Tathiane; BOSSA, Gisele Barra (Coord.). *Tributação da nuvem*: conceitos tecnológicos, desafios internos e internacionais. 2. ed. São Paulo: Thomson Reuters, 2020. p. 419.

[379] SÃO PAULO. Prefeitura de São Paulo. *Solução de Consulta SF/DEJUG nº 13, de 15 de junho de 2015.* ISS. Subitem 1.03 da Lista de Serviços da Lei nº 13.701, de 24 de dezembro de 2003. Serviços de hospedagem de *site*. Disponível em: https://www.prefeitura.sp.gov.br/cidade/upload/SC013-2015_1456839181.pdf. Acesso em: 15 jan. 2021.

3.5.4 As camadas de tributação da nuvem e a questão envolvendo o fracionamento dos contratos

Do quanto exposto nos itens anteriores, quando se procedeu a uma análise individualizada de cada uma das camadas que integram o *cloud computing*, identificou-se que o enquadramento tributário dessas camadas enseja múltiplas possibilidades interpretativas que, por vezes, entram em choque entre si. Ademais, a temática dialoga não só com a interação entre o Direito Tributário e o Direito Privado, que já foi abordado, mas também com o tratamento tributário a ser conferido aos contratos que não se sujeitam a modelos de regulação previamente estabelecidos em lei.

Embora este seja um assunto extenso e que demande tratamento à parte, para fins da presente obra, impõe-se observar que os contratos envolvendo o *cloud computing* podem ser classificados como atípicos, designando que se trata de contratos cuja forma e conteúdo não têm previsão legal. De outro lado, procura-se aproximar o modelo dos contratos de tributação da nuvem da categoria dos contratos mistos,[380] que, no âmbito do Direito Civil, ora são compreendidos como um novo gênero entre os contratos típicos e atípicos, ora como uma espécie de contrato atípico, ao qual se aplicam as normas dos contratos típicos mais próximos.[381]

Em acréscimo, para além da existência individual, as mencionadas camadas podem encontrar previsão num mesmo contrato, encontrando-se justapostas.[382] Em verdade, o crescimento da economia digital tem sido acompanhado da profusão de contratos atípicos, o que evidencia a necessidade de se identificar a partir de que critérios deverá ser feita a tributação.

Nesse sentido, os contratos podem ser analisados sob a ótica das teorias da combinação, da absorção e da aplicação analógica, sem prejuízo da constatação de que, por vezes, esses critérios podem ser conjugados diante do caso concreto. Pela primeira teoria, o contrato deveria

---

[380] MALAVOGLIA, Theodoro; ALVARENGA, Christiane Alves; PISCITELLI, Tathiane. IaaS, PaaS e SaaS: entre contratos típicos e atípicos. *In*: PISCITELLI, Tathiane (Org.); PISCITELLI, Tathiane; BOSSA, Gisele Barra (Coord.). *Tributação da nuvem*: conceitos tecnológicos, desafios internos e internacionais. 2. ed. São Paulo: Thomson Reuters, 2020. p. 379-383.

[381] TEPEDINO, Gustavo; BARBOZA, Heloisa Helena; MORAES, Maria Celina Bodin de. *Código Civil Interpretado conforme a Constituição da República*. Rio de Janeiro: Renovar, 2006. v. II, p. 35.

[382] TAMANAHA, Rodolfo Tsunetaka. *Tributação e economia digital*: análise do tratamento tributário dos rendimentos da computação em nuvem. São Paulo: IBDT, 2020 (Série Doutrina Tributária, 30). p. 139, 154.

ser fatiado e isolado em seus diferentes componentes, aplicando-se a cada uma das frações a respectiva disciplina legal. Já pela segunda, assume-se a premissa de que qualquer contrato – o que abarca os atípicos – apresenta um elemento preponderante que absorve os demais. Finalmente, a terceira teoria sustenta que a disciplina dos contratos atípicos deve ser identificada por meio da analogia com o contrato típico mais próximo.[383]

Diante desse quadro, do ponto de vista tributário, as normas contábeis indicam a prevalência do método da combinação, através da segregação de uma operação complexa em operações simples, que devem ser reconduzidas aos tipos econômicos previstos na legislação tributária.[384] Contudo, em hipóteses nas quais se esteja diante de uma unidade, isto é, em que cada parte não possua existência autônoma fora do todo, a teoria da combinação não deverá ser utilizada.

No âmbito específico do *cloud computing*, verifica-se que, por se tratar de modelo contratual que envolve diferentes materialidades, a abordagem, interna e internacional, tem assumido diferentes contornos. De um lado, defende-se a busca da finalidade preponderante do contrato, a fim de que se possa aferir o seu regime tributário.[385] De outro, admite-se a possibilidade de fracionamento dos contratos a depender da relação que os serviços apresentam entre si, assim como dos termos contratuais.[386]

Portanto, o avanço do *cloud computing* demonstra que nem o Direito Privado nem o Direito Tributário conseguiram caminhar na velocidade dos novos arranjos contratuais. Nesse cenário, parece acertado o posicionamento de que a resposta quanto à possibilidade ou não de fracionamento do contrato para fins tributários deve ser dada a partir da realidade traçada em cada contrato.

Em outros termos, ainda que o estudo de cada uma das camadas que integram a estrutura da nuvem permita que se identifique uma

---

[383] POLIZELLI, Victor Borges; ANDRADE JR., Luiz Carlos de. O problema do tratamento tributário dos contratos atípicos da economia digital: tipicidade econômica e fracionamento de contratos. *Revista Direito Tributário Atual*, São Paulo, n. 39, p. 477-481, 2018.

[384] POLIZELLI, Victor Borges; ANDRADE JR., Luiz Carlos de. O problema do tratamento tributário dos contratos atípicos da economia digital: tipicidade econômica e fracionamento de contratos. *Revista Direito Tributário Atual*, São Paulo, n. 39, p. 493-495, 505, 2018.

[385] LARA, Daniela Silveira *et al*. IaaS, PaaS e SaaS: Como tributar? *In*: PISCITELLI, Tathiane (Org.); PISCITELLI, Tathiane; BOSSA, Gisele Barra (Coord.). *Tributação da nuvem*: conceitos tecnológicos, desafios internos e internacionais. 2. ed. São Paulo: Thomson Reuters, 2020. p. 449.

[386] BAL, Aleksandra. The sky's the limit – Cloud-based services in an international perspective. *Bulletin for International Taxation*, Amsterdã, v. 68, n. 9, p. 516, 2014.

preferência por um modelo de serviços, sobre o que se discorreu no item anterior, a exata delimitação de como tributar pressupõe, mais do que em outras esferas, a análise acurada das particularidades e dos arranjos do caso concreto.

Conforme se adiantou, deve-se dar prevalência ao método do fracionamento do contrato, tributando-se, separadamente, cada materialidade. No entanto, caso a realidade demonstre uma verdadeira unidade, entende-se como acertada a visão de que cabe ao intérprete buscar a finalidade preponderante daquele ajuste.

3.6 O conflito de competência entre o ICMS e o ISS na Era da Internet

Feitas as considerações anteriores, e a despeito de respeitáveis posicionamentos em sentido contrário, que defendem tanto a imunidade do *software*, por equiparação ao livro,[387] quanto a sua intributabilidade, porque teria a natureza jurídica de locação,[388] defendeu-se, na primeira edição desta obra, na linha do posicionamento tradicional dos tribunais superiores, que a tributação sobre o contrato de cessão ou licença de uso de *software* deveria ser feita mediante análise dicotômica, seja pela ótica do ISS, seja pela ótica do ICMS.

Consoante remarcado naquela oportunidade, tal entendimento decorria de uma série de razões, que podem ser sintetizadas na forma seguinte. Inicialmente, assinalou-se que o item 1.05 da lista anexa à LC nº 116/03 goza de inequívoca presunção de constitucionalidade, tendo em vista que, segundo ora defendido, a Constituição não fixou uma definição específica para a locução serviços. Ao contrário, atribuiu à lei complementar o papel de fazê-lo, como resulta expressamente do seu art. 156, III.

Caso o intérprete entenda que o referido dispositivo se encontra inquinado de inconstitucionalidade, deverá desincumbir-se de ônus argumentativo reforçado para tal intento. Nessa linha, embora seja possível verificar um predomínio na identificação do conceito de serviços com obrigações de fazer, há também outras vozes que advogam que o conceito econômico de prestação de serviços não se confunde com

---

[387] Cabe fazer referência ao voto do Min. Ricardo Lewandowski no julgamento da ADI nº 1.945 MC/MT, que colacionou ampla doutrina a esse respeito em seu voto.

[388] TAMANAHA, Rodolfo Tsunetaka. *Tributação e economia digital*: análise do tratamento tributário dos rendimentos da computação em nuvem. São Paulo: IBDT, 2020 (Série Doutrina Tributária, 30). p. 197-198.

o conceito de prestação de serviços de Direito Civil. A esse propósito, foram referidas as lições de Bernardo Ribeiro de Moraes:

> Serviço, portanto, vem a ser o resultado da atividade humana na criação de um bem que não se apresenta sob a forma de bem material, v.g., a atividade do transportador, do locador de bens imóveis, do médico, etc. O conceito econômico de "prestação de serviço" (fornecimento de bem imaterial) não se confunde nem se equipara ao conceito de "prestação de serviços" do direito civil, que é conceituado como fornecimento apenas de trabalho (prestação de serviços é o fornecimento mediante remuneração, do trabalho a terceiro). O conceito econômico não se apresenta acanhado, abrange tanto o simples fornecimento de trabalho (prestação de serviços de direito civil) como outras atividades: v.g.: locação de bens móveis, transporte, publicidade, hospedagem, diversões públicas, cessão de direitos, depósito, execução de obrigações de não fazer, etc. (venda de bens imateriais).[389]

Sob essa ótica, o conceito de prestação de serviços não tem por premissa a configuração dada pelo Direito Civil, estando relacionado ao oferecimento de uma utilidade para outrem, a partir de um conjunto de atividades imateriais, prestado com habitualidade e intuito de lucro, podendo estar conjugado ou não com a entrega de bens ao tomador.[390]

Dessa forma, adotou-se a compreensão de que a cessão de uso de *software* prevista no item 1.05 da lista anexa à LC nº 116/2003 é constitucional. Entretanto, embora o referido dispositivo seja *a priori* constitucional, remarcou-se que há hipóteses em que a cessão de uso de *software* não se traduziria em prestação de serviço.

Conforme desenvolvido naquela oportunidade, os programas de computador revestem-se da posição de serviços nos casos dos *softwares* personalizados, ou seja, aqueles feitos por encomenda, em que há verdadeira atividade direcionada ao adquirente. No entanto, no caso do chamado *software* de prateleira, não se está diante de um serviço, mas sim de uma mercadoria.

Na linha do quanto sustentado na primeira edição desta obra, as mercadorias consistem em bens móveis, materiais ou imateriais, destinados à atividade mercantil, o que pressupõe, necessariamente, a

---

[389] MORAES, Bernardo Ribeiro de. *Doutrina e Prática do Imposto sobre Serviços*. São Paulo: Revista dos Tribunais, 1984. p. 42-43.

[390] OLIVEIRA, André Luiz Pettena de. *O aspecto material da hipótese de incidência do imposto sobre a prestação de serviços de comunicação*. 364f. Dissertação (Mestrado). Universidade do Estado do Rio de Janeiro – Faculdade de Direito, Rio de Janeiro, 2014. p. 95, 109.

habitualidade. De outro lado, embora prepondere no cenário nacional o entendimento de que, para fins de circulação de mercadoria, deve haver a transferência de propriedade do bem, não se pode olvidar que a EC nº 18/1965, ao substituir o antigo imposto sobre vendas e consignações (IVC) pelo imposto sobre circulação de mercadorias (ICM) deixou de utilizar institutos do direito privado para caracterizar o fato gerador do imposto.[391]

Dessa forma, defendeu-se que o elemento caracterizador da circulação de mercadorias consiste na sua circulação econômica, compreendida pela evolução da mercadoria na cadeia produtiva, da fonte produtora até o consumidor final,[392] o que pode ser inferido da dicção do art. 2º, §2º, LC nº 87/1996, que expressamente assinala que a caracterização do fato gerador independe da natureza jurídica da operação que o constitua.

Ademais, pontuou-se que, segundo Ricardo Lobo Torres, o fato gerador do ICMS prescinde da realização de negócios de venda ou consignação, como ocorria no direito anterior, sendo indiferente que haja, ou não, a transferência de domínio.[393] Assim, assinalou-se que não importaria o negócio jurídico pelo qual se promova a circulação econômica, mas sim o impulso que movimenta a mercadoria em cada uma das suas fases econômicas, desde que não se trate de mera saída física do bem.[394]

Portanto, no caso específico da cessão de uso de *software* de prateleira, defendeu-se, naquela oportunidade, que se está diante de hipótese de circulação de mercadoria, apta a ensejar a incidência do ICMS, ainda que se trate de operação envolvendo o *download* de *software*.[395] Afastou-se, pois, o argumento segundo o qual a ausência da transferência de propriedade sobre o bem imaterial, diante da regra do art. 37, Lei nº 9.610/1998,[396] seria óbice à incidência do imposto.

---

[391] RIBEIRO, Ricardo Lodi. O fato gerador do ICMS. *Revista Fórum de Direito Tributário – RFDT*, Belo Horizonte, a. 9, n. 52, p. 4, jul./ago. 2011.

[392] RIBEIRO, Ricardo Lodi. O fato gerador do ICMS. *Revista Fórum de Direito Tributário – RFDT*, Belo Horizonte, a. 9, n. 52, p. 3, jul./ago. 2011.

[393] TORRES, Ricardo Lobo. *Tratado de Direito Constitucional Financeiro e Tributário*: os tributos na Constituição. Rio de Janeiro: Renovar, 2007. v. 4, p. 244.

[394] RIBEIRO, Ricardo Lodi. O fato gerador do ICMS. *Revista Fórum de Direito Tributário – RFDT*, Belo Horizonte, a. 9, n. 52, p. 4, jul./ago. 2011.

[395] RIBEIRO, Ricardo Lodi. *Tributos circulatórios, volume 3*: tributação e desenvolvimento econômico. Rio de Janeiro: Lumen Juris, 2018. p. 19.

[396] Art. 37, Lei nº 9.610/1998. A aquisição do original de uma obra, ou de exemplar, não confere ao adquirente qualquer dos direitos patrimoniais do autor, salvo convenção em contrário entre as partes e os casos previstos nesta Lei.

Conforme amplamente explanado, a cessão de uso de *software* de prateleira implica inequívoca transferência eletrônica de dados, de modo que a ocorrência ou não de tradição, nos termos em que delineada pelo Direito Civil e autorizada pelo art. 49, Lei nº 9.610/1998, não constitui o elemento preponderante para fins de se aferir a ocorrência do fato gerador do imposto.

De outro lado, a assertiva de que a tributação de programas de computador pressuporia, necessariamente, a existência de suporte físico, tampouco parece se coadunar com a constante evolução da era virtual, de crescente desmaterialização dos bens.[397] Dessa forma, defendeu-se que a tributação sobre o consumo prescinde do *corpus mechanicum*, alcançando diretamente as transferências digitais.

Contudo, como assinalado no item 3.3.3 deste capítulo, no julgamento de mérito da ADI nº 1.945/MT e da ADI nº 5.659/MG, o STF modificou o entendimento que havia adotado quando do julgamento cautelar, com modulação de efeitos, para entender que, a contar da data da sessão de julgamento, o ISS deveria incidir sobre o contrato de cessão de uso, inclusive para *softwares* padronizados.

Ademais, o voto condutor do Min. Dias Toffoli foi no sentido de que as operações de SaaS, referidas no item 3.5, se sujeitariam à incidência de ISS, restando silente no que se refere às duas outras camadas.

Finalmente, quanto ao RE nº 688.223/PR,[398] depreende-se que o argumento central de que não seria possível a incidência de ISS sobre *software* personalizado foi superado, de modo que o ponto central que mereceu maior reflexão pelo STF consistiu na possibilidade de incidência de ISS sobre a importação. Embora essa análise extrapole o objeto do presente estudo, cabe fazer referência aos votos dos Ministros Dias Toffoli, Alexandre de Moraes e Edson Fachin, que, em diferentes extensões, fizeram menção ao art. 1º, § 1º, da LC nº 116/2003, assim como aos princípios do destino, da isonomia e da livre concorrência.[399]

---

[397] ASSUNÇÃO, Matheus Carneiro. O ICMS nas transferências eletrônicas de software. *Revista Jurídica*, Brasília, v. 11, n. 93, p. 29-31, fev./mai. 2009. Disponível em: http://www.planalto.gov.br/revistajuridica. Acesso em: 3 jan. 2021.

[398] Observe-se que o entendimento ora adotado é o de que, na hipótese do RE nº 688.223/PR, não se trata de tributação sobre telecomunicações, como pretendeu a recorrente, uma vez que a importação do *software* não se insere nas etapas do processo comunicacional, conforme será descrito nos capítulos 5 e 6. Tal linha de raciocínio foi seguida quando do julgamento de mérito: RE nº 688.223/PR, rel. Min. Dias Toffoli, Tribunal Pleno, Sessão virtual de 26.11.2021 a 03.12.2021.

[399] Para uma visão mais aprofundada sobre o tema, que pressupõe o enfrentamento da problemática de haver ou não a necessidade de emenda constitucional para que seja possível a incidência de ISS sobre a importação, cf.: CAVALCANTE, Rachel Guedes. *ISS e importação de serviços*. Rio de Janeiro: Lumen Juris, 2017.

Remarcou-se que, no âmbito federal,[400] por meio da Solução da Consulta Tributária nº 149/2013, de 05.08.2013, a 9ª Superintendência Regional da Receita Federal do Brasil firmou o posicionamento de que não incide imposto de renda, CIDE, imposto de importação, imposto sobre produtos industrializados e COFINS sobre a remessa ao exterior em pagamento decorrente do *download* de *software* de prateleira.

Destacou-se que a referida consulta se baseou no pressuposto de que, ante a ausência de suporte físico verificada no *download* de *software*, não haveria verdadeira mercadoria. Em acréscimo, o órgão regional da Receita Federal fundou-se no julgamento do RE nº 176.626/ SP, já referido no item 3.3.2, que entendeu pela necessidade de *corpus mechanicum* para a caracterização de mercadoria.

Observou-se, todavia, que a Receita Federal vem se manifestando em sucessivas consultas sobre a tributação de *software*,[401] de modo que, na SC Cosit nº 18/2017, de 16.01.2017, passou a adotar o entendimento de que as receitas de vendas de programas produzidos em série ou suas atualizações, ainda que realizadas por meio de *download*, devem ser consideradas para fins de cálculo da contribuição previdenciária patronal, considerando que a atividade de venda de *software* produzido em série "se aproxima muito mais de revenda de mercadoria do que de prestação de serviço".

Já em consultas que se sucederam à primeira edição desta obra, identificou-se que a tendência da Receita Federal do Brasil continuou sendo a de analisar a tributação federal a partir da classificação entre tipos de programas de computador, como mercadorias ou prestações de serviço.[402]

Nesse sentido, além dos programas personalizados e de prateleira, a Receita Federal do Brasil reiteradamente faz referência aos *softwares* adaptados ou customizados, que ora são vistos como mercadoria, caso as adaptações não configurem verdadeira encomenda de um programa, como se dá em relação a atualizações, ora são vistos como prestações de

---

[400] As consultas referidas estão disponíveis em: http://normas.receita.fazenda.gov.br/ sijut2consulta/consulta.action. Acesso em: 20 jan. 2021.

[401] São exemplos de consultas tributárias a SD Cosit nº 18/2017, de 27.03.2017 (incidência de IRRF sobre contratos de licença de comercialização de *software*) e a SC Cosit nº 191/2017, de 23.03.2017 (incidência de IRRF e CIDE sobre *Software as a Service – SaaS*).

[402] De modo a ilustrar o exposto, reporta-se ao SC COSIT nº 99.016, de 27.12.2019: "A venda (desenvolvimento e edição) de *softwares* prontos para o uso (standard ou de prateleira) classifica-se como venda de mercadoria e o percentual para a determinação da base de cálculo do imposto é de 8% sobre a receita bruta. A venda (desenvolvimento) de *softwares* por encomenda classifica-se como prestação de serviço e o percentual para determinação da base de cálculo do imposto é de 32% sobre a receita bruta".

serviço, caso se verifique que as adaptações implicam em nova versão do produto ou sejam significativas a ponto de não se enquadrarem em meros ajustes.[403]

Portanto, a mudança de jurisprudência do STF tem o potencial de repercutir não só no âmbito do conflito de competência entre o ICMS e o ISS, mas na própria análise da tributação federal, o que vem sendo pontualmente enfrentado pela Receita Federal do Brasil, que pode manter[404] ou modificar o conceito de serviço empregado para fins de tributação federal.

3.7 Considerações finais

Tendo em vista o exposto ao longo do presente capítulo, é possível concluir que o conflito de competência entre o ISS e o ICMS não pode ser equacionado meramente à luz da contraposição entre os critérios de obrigações de fazer e de dar, sendo necessária a análise de conceitos econômicos, notadamente no que se refere à tributação sobre o consumo.

Embora em alguns precedentes, como no julgamento do ISS sobre os planos de saúde e o *leasing* financeiro, o STF pareça seguir esta linha, em outros, como no ISS sobre contratos de franquia e serviços farmacêuticos, o STF se reporta às classificações do Direito Privado, para vincular os dois ramos do ordenamento jurídico.

Portanto, conclui-se que a interpretação que o STF vem conferindo ao art. 110, CTN, consiste em obra ainda em construção, e que não apresenta um movimento necessariamente linear. De outro lado, como se expôs ao longo do presente, a relação entre o Direito Tributário e o Direito Civil não deve ser vista a partir de soluções *a priori*, mas, antes, apresenta características próprias para as diferentes materialidades tributárias.

Nessa linha, entendeu-se que o item 1.05 da LC nº 116/2003 deveria ser interpretado conforme a Constituição, podendo assumir os contornos de prestação de serviço ou de circulação de mercadorias, a depender do tipo de programa de computador que esteja em causa, o que abarcaria tanto os *softwares* adquiridos por meios tradicionais quanto por *download*.

---

[403] Faz-se referência às consultas SC Cosit nº 235/2017, de 15.05.2017, DISIT/SRRF 06 nº 6.007, de 20.04.2020 e SC DISIT/SRRF05 nº 5.001, de 27.01.2020.

[404] Vide SC Cosit nº 43/2021, de 23.03.2021 e SC DISIT/SRRF06 n° 6022, de 21.07.2021.

Contudo, no julgamento de mérito das ADIs nº 1.945/MT e nº 5.659/MG, como se expôs, o STF adotou o entendimento de que os contratos de licença, independentemente do tipo de programa, deveriam ser considerados como prestação de serviço, ainda que tenha reconhecido que o conceito de mercadoria pode alcançar os bens incorpóreos.

De outro lado, o voto condutor do Min. Dias Toffoli defendeu, em *obiter dictum*, a necessária incidência do ISS sobre a nuvem, no que se refere ao *software as a service*, a partir do fracionamento das materialidades envolvidas, que se enquadrariam, segundo essa visão, nos itens 1.03 e 1.07 da lista anexa à LC nº 116/2003.

Contudo, como já assinalado, no que se refere às demais camadas da nuvem, para além do conflito de competência entre o ICMS e o ISS, identifica-se um conflito entre a incidência de ISS e a competência residual da União, que tende a se intensificar, à medida em que os contornos daquilo que não é prestação de serviço restam pouco delimitados pela jurisprudência dos Tribunais Superiores.

Em acréscimo, considerando que as diferentes camadas da nuvem podem estar presentes em um mesmo contrato, remarcou-se a necessidade de análise das teorias da combinação, da absorção e da aplicação analógica, dando-se relevo ao fracionamento dos contratos, quando possível, e à finalidade preponderante, quando verificada uma unidade contratual.

Diante do exposto ao longo deste capítulo, depreende-se que a dificuldade, muitas vezes identificada, para fins de apurar qual tributo deve incidir, dá-se pela ausência de uniformidade nas premissas utilizadas nos julgamentos analisados. Como se pontuou, ora se aplicam critérios interpretativos, ora se preconiza o caráter objetivo da lei complementar, o que invariavelmente conduz a consequências tributárias díspares.

Portanto, ao que parece, o desafio na tributação da economia digital está muito mais calcado na necessidade de fixação de premissas claras e que possam ser reproduzidas em outras circunstâncias do que na mera discussão quanto à incidência. Sob esse aspecto, pode-se inferir que a objetividade preconizada pelo STF vem se apresentando como uma objetividade mitigada, cujos contornos ainda remontam às particularidades e às incertezas do caso concreto.

Feitos esses esclarecimentos, diante da modulação de efeitos temporais levada a cabo no julgamento da ADI nº 1.945/MT e na ADI nº 5.659/MG, somada às dificuldades formais que permeiam a economia digital, passa-se, no capítulo seguinte, a discorrer sobre o contencioso envolvendo a legalidade tributária no âmbito da tributação do *software*.

CAPÍTULO 4

A TRIBUTAÇÃO DO *SOFTWARE* E O PRINCÍPIO DA LEGALIDADE TRIBUTÁRIA

4.1 O conflito de competência entre o ICMS e o ISS no âmbito do *software*: a modulação de efeitos nas ADIs nº 1.945/MT e nº 5.659/MG

Conforme se demonstrou no capítulo anterior, a tributação do *software* foi amplamente judicializada no Direito brasileiro, ao menos nos últimos vinte e cinco anos, ensejando diversas decisões das Cortes Superiores, que culminaram com a mudança de entendimento e a decisão de mérito proferida nas ADIs nº 1.945/MT e nº 5.659/MG, nas quais, por maioria, o STF passou a se posicionar no sentido de que, independentemente do tipo de *software*, os contratos de licença ensejam a incidência de ISS, modulando os efeitos do julgamento.

Até esse momento, o conflito de competência se verificava de forma mais intensa entre o Estado e o Município de São Paulo, eis que o único ponto em que os entes pareciam convergir estava na constatação de que, no caso de *softwares* personalizados (ou seja, saindo da zona dos *softwares* padronizados, com pouca ou nenhuma adaptação às necessidades do consumidor) não incide ICMS.

Nesse cenário, por meio de artigo acadêmico específico, assinalou-se que a incapacidade de os entes federativos chegarem a algum tipo de ajuste, ainda que abrindo mão de parcela de arrecadação, gerava como consequência o enfraquecimento dos próprios entes. Sob essa perspectiva, Estados e Municípios passariam a depender de soluções oferecidas por outros Poderes, notadamente pelo Poder Judiciário, perdendo o papel de protagonistas na delimitação dos rumos da economia digital.[405]

O julgamento das mencionadas ações diretas parece confirmar, em alguma medida, o quanto se afirmou naquela oportunidade. Embora, a rigor, a ADI nº 1.945/MT tenha por objeto apenas o *download* de *software* e a ADI nº 5.659/MG cuide de posicionamento muito específico da Secretaria de Fazenda do Estado de Minas Gerais, que será pormenorizado a seguir, o STF acabou adentrando na análise da tributação da nuvem e houve decisão monocrática entendendo pelo prejuízo da ADI nº 5.958/DF.

De outro lado, no âmbito das ações de Mato Grosso e Minas Gerais, por maioria, o STF concedeu efeitos *ex nunc* às decisões proferidas, modulando os seus efeitos. Contudo, essa modulação apresenta características particulares, uma vez que, embora reconhecido que o ISS é o tributo em tese devido, foram chancelados os pagamentos efetuados anteriormente à publicação da ata da sessão de julgamento, da seguinte forma:

Em primeiro lugar, decidiu-se que os pagamentos de ICMS não ensejam a repetição de indébito e que, nesses casos, os Municípios não poderiam cobrar o ISS, sob pena de bitributação. Em segundo lugar, entendeu-se que os recolhimentos apenas de ISS também seriam válidos e, nessa hipótese, os Estados não poderiam cobrar o ICMS. Em terceiro lugar, com relação àqueles contribuintes que não houvessem recolhido nenhum dos tributos, afirmou-se que apenas o ISS seria devido, observada a prescrição.

Em quarto lugar, vislumbrou-se a possibilidade de que algum contribuinte houvesse efetuado o pagamento tanto de ICMS quanto de ISS e não houvesse ingressado com a correspondente ação de repetição de indébito. Nessa hipótese, decidiu-se pela possibilidade da repetição de indébito de ICMS, mesmo que não haja ação judicial em curso.

Em quinto lugar, no que se refere a ações judiciais pendentes de julgamento contra o Estado, afirmou-se que deveria haver a declaração de inexistência da relação jurídico-tributária de ICMS, com a correspondente incidência apenas do ISS. Em sexto lugar, com relação especificamente às ações e execuções fiscais pendentes, movidas por

---

[405] FEITOSA, Maurine Morgan Pimentel. O Poder Executivo e a tributação do *software* no Brasil: um enfoque no princípio da legalidade. *In*: OLIVEIRA, Gustavo da Gama Vital de; GOMES, Marcus Lívio; ROCHA, Sergio André (Coord.). *Tributação da economia digital*. Rio de Janeiro: Lumen Juris, 2019. p. 197.

Estados, uma vez mais, entendeu-se pela incidência apenas do ISS, com a correspondente extinção da ação de cobrança.

Em sétimo lugar, com relação às ações ajuizadas por Municípios em desfavor de contribuintes, reiterou-se a incidência do ISS, salvo se o contribuinte já houver recolhido o ICMS. Finalmente, no caso de ações judiciais movidas por contribuintes contra o Município e pendentes de julgamento, declarou-se o ganho de causa para o Município, com a correspondente incidência de ISS.

Nesse sentido, verifica-se que, embora extensa e analítica, a modulação de efeitos deixa escapar situações processuais específicas, como eventual cabimento e prazo para o ajuizamento de ação rescisória, caso a coisa julgada tenha se formado anteriormente à publicação da ata da sessão de julgamento. Ademais, parece possível vislumbrar hipóteses, em tese, em que, embora o ICMS tenha sido pago pelo contribuinte, haja outras circunstâncias, diversas da competência tributária, que possam permitir a repetição de indébito.

Ou seja, esse pequeno conjunto de questões serve como indicativo de que a modulação, nos termos em que realizada, deixou em aberto indagações de ordem processual e material. Após a exposição das razões de mérito que nortearam o julgamento das ADIs nº 1.945/MT e nº 5.659/MG, no capítulo anterior, o objetivo central deste novo capítulo é o de verificar, à luz do princípio da legalidade tributária, se haveria outras situações não contempladas na decisão judicial.

Diante do exposto, e considerando que, ainda que o STF tenha sido silente quanto à matéria, tanto a ação direta mineira quanto as ADIs nº 5.576/SP e nº 5.958/DF apresentam um importante capítulo sobre a legalidade tributária, ainda que em diferentes extensões, pretende-se, neste capítulo, aprofundar as consequências jurídicas que decorrem da análise da legalidade tributária.

4.2 A tributação do *software* e o princípio da legalidade: panorama geral das ADIs nº 5.576/SP e nº 5.659/MG – óbices formais ao parcial conhecimento das ações

Antes, porém, de se adentrar com profundidade no tema, cumpre pontuar que tanto a ADI nº 5.659/MG quanto a ADI nº 5.576/SP foram ajuizadas pela Confederação Nacional de Serviços (CNS), através de iniciais de conteúdo bastante similar, por meio das quais, em linhas gerais, foram impugnados leis e decretos mineiros e paulistas, respectivamente, que continham a previsão de incidência de ICMS sobre *softwares*, assim como a regulamentação de elementos da obrigação tributária.

Verifica-se, ainda, que a CNS requereu, na ADI nº 5.576/SP, a interpretação conforme a Constituição do art. 2º, I, LC nº 87/1996 e, na ADI nº 5.6569/MG, a declaração de inconstitucionalidade parcial sem redução de texto do art. 2º, I, LC nº 87/1996, com o objetivo de "excluir das hipóteses de incidência do ICMS as operações com programas de computador – *software*, em razão da ofensa aos artigos 146, III, 150, I, 155, II e 156, III, todos da CF/88".

Conforme se infere dos pedidos, ambas as ações são eminentemente estruturadas em torno de argumentos de Direito material, adotando o pressuposto de que o único tributo que, em tese, poderia incidir sobre os contratos de cessão de uso de *software* é o ISS, ainda que, como argumento principal, defendam a intributabilidade das mencionadas operações.[406]

Ou seja, embora ambas as iniciais partam da premissa de que o ISS é o único tributo que poderia incidir sobre os contratos de cessão de uso, seja com *softwares* de prateleira, seja com *softwares* personalizados, ambas adotam o ponto de partida de que tampouco haveria prestação de serviço na hipótese em tela. No entanto, essa premissa argumentativa, que também orientou o RE nº 688.223/PR, já referido no capítulo anterior, não encontrou espaço na jurisprudência do STF.

Feitos esses breves apontamentos dos seus aspectos materiais comuns, passa-se, a partir do item seguinte, a discorrer sobre o aspecto formal que permeia as mencionadas ações. Nos dois casos, como se demonstrará, à luz da jurisprudência consolidada do STF sobre legalidade tributária, e recentemente reiterada por meio da ADI nº 5.748/DF,[407] as ações enfrentam óbices, ainda que parciais, ao seu conhecimento.

4.2.1 ADI nº 5.576/SP e a legislação do Estado de São Paulo

Por meio da referida ação direta, foi requerida a interpretação conforme a Constituição do art. 2º, I, LC nº 87/1996, como já referido anteriormente, assim como do art. 1º da Lei nº 6.374/1989[408] – que

---

[406]   A defesa de que nenhum tributo poderia incidir sobre as operações envolvendo contratos de licença de uso pode ser extraída do item 50 da inicial da ADI nº 5.576/SP e 58 da ADI nº 5.659/MG.

[407]   ADI nº 5.748/DF, Min. Rosa Weber, Julgamento 01.08.2019, DJe 07.08.2019.

[408]   Art. 1º, Lei nº 6.374/1989. O Imposto sobre Operações Relativas à Circulação de Mercadorias e sobre Prestações de Serviços de Transporte Interestadual e Intermunicipal e de Comunicação – ICMS incide sobre:

apresenta redação bastante similar ao art. 2º, I, LC nº 87/1996 – e foram impugnados por inconstitucionais a Lei estadual nº 8.198/1992 e os Decretos nº 61.522/15 e nº 61.791/16.

No que se refere a argumentos de índole formal, as iniciais fundamentam-se essencialmente na alegação de que o princípio da legalidade tributária restaria violado, dando pouco relevo ao tema. Afirmou-se, em linhas gerais, que a legislação impugnada "acabou por instituir, por via transversa, imposto por intermédio de Decreto e não por lei, o que é inaceitável". Contudo, muito pouco se desenvolveu sobre a questão.

A legislação impugnada do Estado de São Paulo estabeleceu, por meio da Lei nº 8.198/1992,[409] que o pagamento de ICMS devido em operações com programas de computador ficava dispensado até a data de promulgação da lei. Os decretos, por sua vez, contêm previsão referente à base de cálculo de operações envolvendo *softwares*, conforme exposto no capítulo anterior.

Nessa linha, o Decreto nº 61.522/2015, de 29.09.2015, revogou o anterior Decreto nº 51.619/2007, de 27.02.2007, que, até aquele momento, estabelecia que, no caso de operações com *softwares*, a base de cálculo do ICMS correspondia ao dobro do valor do seu suporte informático. Ou seja, o decreto até então em vigor no Estado de São Paulo previa o cálculo de ICMS apenas para *softwares* que contivessem um suporte físico, fixando uma base de cálculo inferior ao valor total da operação, como fica claro da leitura das iniciais dessa ADI e da ADI nº 5.659/MG.

Foi nesse cenário que o Decreto nº 61.522/2015 trouxe a revogação do decreto anterior, sob a justificativa, contida no Ofício GS nº 771/2015,[410] de que "tem por objetivo adequar, a partir de 1º de janeiro de

---

I – operação relativa à circulação de mercadorias inclusive o fornecimento de alimentação, bebidas e outras mercadorias em qualquer estabelecimento.

[409] Art. 3º, Lei nº 8.198/1992. Fica dispensado o pagamento do Imposto de Circulação de Mercadorias – ICM e do Imposto sobre Operações Relativas à Circulação de Mercadorias e sobre Prestações de Serviços de Transporte Interestadual e Intermunicipal e de Comunicação – ICMS em relação a operações ocorridas até a data da publicação desta lei, com:
I – alimentação fornecida em restaurantes, bares, cafés e estabelecimentos similares;
II – programa para computador ("software"), personalizado ou não.
Parágrafo único. O disposto neste artigo não se aplica ao fornecimento e à saída de bebidas nem autoriza a restituição de tributos já recolhidos.

[410] BRASIL. Fazenda e Planejamento do Estado de São Paulo. Decreto nº 61.522, de 29 de setembro de 2015. Revoga o Decreto nº 51.619, de 27 de fevereiro de 2007, que introduz cálculo específico da base de tributação do Imposto sobre Operações Relativas à Circulação de Mercadorias e sobre Prestações de Serviços de Transporte Interestadual e Intermunicipal e de Comunicação - ICMS em operações com programas de computador. São Paulo, *Diário Oficial da União*, 30 set. 2015. Disponível em: https://legislacao.fazenda. sp.gov.br/Paginas/dec61522.aspx. Acesso em: 6 mar. 2021.

2016, a tributação do ICMS incidente nas referidas operações à adotada em outras Unidades Federadas". Em acréscimo, as razões do decreto dão conta de que, "com a revogação, a base de cálculo nas operações com programas de computador passa a ser o valor da operação, que inclui o valor do programa, do suporte informático e outros valores que forem cobrados do adquirente".

Finalmente, o último ato impugnado fez alterações no Regulamento de ICMS do Estado de São Paulo (Decreto nº 45.490/2000), contendo, simultaneamente, a previsão de que o ICMS incidente sobre *softwares* não seria exigido até que fosse definido o local da ocorrência do fato gerador[411] e que a carga tributária ficaria limitada ao percentual de 5% (cinco por cento), nos termos do Convênio nº 181/2015.

Feitos os esclarecimentos quanto ao teor dos atos questionados por meio da ADI nº 5.576/SP, verifica-se que o princípio da legalidade tributária foi invocado de forma excessivamente genérica, pois a afirmação de que as leis e os decretos, ao preverem a tributação sobre *softwares*, estariam violando o princípio da legalidade, consiste, quando muito, em uma violação reflexa à Constituição.

Ocorre que o conteúdo do princípio da legalidade, que será detalhado no item 4.4 do presente, é mais específico do que o que se propôs. Para os fins que interessam às ADIs nº 5.576/SP e nº 5.659/MG, o princípio da legalidade deveria ser enfocado a partir de dois aspectos, quais sejam, a necessidade e os contornos da lei complementar tributária, de um lado, e os limites ao poder regulamentar, de outro.

Quanto ao primeiro aspecto, observa-se que a Constituição Federal, em seu art. 146, III, prevê a necessidade de lei complementar para dispor sobre normas gerais em matéria de legislação tributária e, no que se refere aos impostos discriminados na Constituição, para definir fatos geradores, bases de cálculo e contribuintes, o que é reforçado, no caso do ICMS, pela disposição contida no art. 155, §2º, XII.[412]

Como se verifica, a lei geral de ICMS, que é a LC nº 87/1996, apresenta estrutura diferente da LC nº 116/2003. Enquanto esta última discrimina as modalidades de serviços por meio de sua lista anexa, diante da norma inserta no art. 156, III, CRFB/1988, aquela se vale de

---

[411] Verifica-se que o local da ocorrência do fato gerador foi estabelecido através do Decreto nº 63.099/2017, que internalizou o Convênio nº 106/2017 no Estado de São Paulo.

[412] Para uma visão crítica do papel excessivamente abrangente conferido à lei complementar pelo art. 146, III, a, CRFB/1988, sob a alegação central de promover o centralismo na federação brasileira, cf.: LOBO, Rogério Leite. *Federalismo Fiscal Brasileiro*: discriminação das Rendas Tributárias e Centralidade Normativa. Rio de Janeiro: Lumen Juris, 2006. p. 167.

linguagem potencialmente mais aberta. Ou seja, a LC nº 87/1996, diferentemente da LC nº 116/2003, não trouxe uma lista de mercadorias.

Nesse sentido, como regra,[413] a lei Kandir enuncia, de forma genérica, a incidência de ICMS sobre as materialidades arroladas no art. 2º, LC nº 87/1996, o que, por sua vez, condiciona as normas acerca de contribuintes (art. 4º, LC nº 87/1996) e bases de cálculo (arts. 8º e 13 a 18, LC nº 87/1996).

Já o segundo aspecto, que consiste nos limites ao poder regulamentar, pressupõe que se possa individualmente aferir se, na interação entre a lei tributária e o regulamento, foi observada a reserva de lei para a disciplina dos elementos da obrigação tributária, nos termos do art. 97, CTN, ou se a lei transferiu ao regulamento a competência para regulamentar determinada materialidade, a partir de parâmetros máximos fixados, conforme a jurisprudência recente do STF, sobre o que se discorrerá de forma mais pormenorizada no item 4.4 deste capítulo.

Constatado o duplo papel da legalidade na tributação (lei complementar e decretos), impõe-se aferir, no caso concreto, de que modo os limites do princípio da legalidade foram observados ou teriam sido vulnerados, como alegou a parte autora da ação.

Para tanto, verifica-se que a Lei estadual nº 6.374/1989 estabelece que a base de cálculo do ICMS é o valor da operação,[414] na esteira da previsão constante no art. 13, I, LC nº 87/1996. Portanto, a disposição contida na lei complementar foi atendida pela lei ordinária. Já com relação aos decretos impugnados, observa-se uma cadeia de decretos que, num momento inicial, atrelaram a base de cálculo ao suporte físico e, portanto, admitiram um montante inferior ao próprio valor da operação.

Nesse sentido, a partir da análise dos pedidos veiculados na ADI nº 5.576/SP, infere-se que há um vício formal. Caso o objetivo fosse impugnar os referidos decretos por suposta alegação de que teriam extrapolado os limites do poder regulamentar, e, por essa via, o princípio da legalidade tributária, toda a cadeia de decretos do Estado de São Paulo deveria ter sido reputada como inconstitucional.[415]

---

[413] A grande exceção ao caráter genérico das materialidades descritas no art. 2º, LC nº 87/1996 dá-se em relação a "petróleo, inclusive lubrificantes e combustíveis líquidos e gasosos dele derivados, e de energia elétrica, quando não destinados à comercialização ou à industrialização, decorrentes de operações interestaduais" (art. 2º, §1º, III, LC nº 87/1996).

[414] Art. 24, Lei nº 6.374/1989. Ressalvados os casos expressamente previstos, a base de cálculo do imposto nas hipóteses do artigo 2º é:
I – quanto às saídas de mercadorias aludidas nos incisos I, VIII e IX o valor da operação.

[415] Sobre essa técnica legislativa, cf. SCHOUERI, Luís Eduardo. Tributação e Liberdade. *In*: PIRES, Adilson Rodrigues; TÔRRES, Heleno Taveira (Org.). *Princípios de Direito*

Contudo, e muito embora a inicial da ADI nº 5.576/SP se estruture em torno da afirmação de que as operações com *software* não poderiam ser tributadas pelo ICMS, não há o pedido de declaração de inconstitucionalidade dos Decretos nº 35.674/1992[416] e nº 51.619/2007, que regulamentaram a base de cálculo do ICMS para o caso de comercialização de *softwares* contendo suporte físico.

Portanto, para que fosse possível o conhecimento da ação, na linha do quanto decidido na ADI nº 5.748/DF[417] e na jurisprudência que lhe serviu de base, teria sido necessária a impugnação de todo o complexo normativo, o que não aconteceu. Dessa forma, entende-se que a ação direta paulista apenas pode ser conhecida na parte em que impugnados os dispositivos de lei estadual e federal, mas não na parte em que questionados os decretos estaduais.

Ou seja, no que se refere à alegação de que os Decretos nº 61.522/2015 e nº 61.791/2016 violaram a legalidade tributária, a hipótese parece de não conhecimento. Ademais, da análise do bloco normativo paulista, verifica-se que não houve propriamente a criação de uma base de cálculo sem amparo na previsão em lei, como a alegação de violação à legalidade tributária parece sugerir, mas sim, uma redução de base de cálculo sem previsão em lei.

Como se demonstrou, a base de cálculo do ICMS prevista tanto na Lei Kandir quanto na lei ordinária paulista (Lei nº 6.374/1989) é o valor total da operação. Logo, essa seria, em princípio, a base de cálculo das operações com *softwares* padronizados, ao menos nas operações internas, e salvo previsão diversa em convênio (art. 155, §2º, XII, g, CRFB/1988).

Ocorre que, consoante a evolução histórica traçada, a Lei estadual nº 8.198/1992 concedeu uma remissão em relação ao ICMS, sem autorizar a restituição de tributo já pago. Na sequência, a lei estadual foi alterada pelos Decretos nº 35.674/1992 e nº 51.619/2007, que atrelaram a base de cálculo ao suporte informático, reduzindo a base de cálculo do imposto e, portanto, prevendo um valor inferior ao total da operação.

Financeiro e Tributário – Estudos em homenagem ao Professor Ricardo Lobo Torres. Rio de Janeiro: Renovar, 2006. p. 469.

[416] Art. 1º. Fica acrescentado o artigo 51-A ao Regulamento do Imposto de Circulação de Mercadorias e de Prestação de Serviços, aprovado pelo Decreto nº 33.118, de 14 de março de 1991: "Artigo 51-A. Em operação realizada com programa para computador ("software"), personalizando ou não, o imposto será calculado sobre uma base de cálculo que corresponderá ao dobro do valor de mercado do seu suporte informático".

[417] ADI nº 5.748/DF, Min. Rosa Weber, Julgamento 01.08.2019, DJe 07.08.2019.

Já o Decreto nº 61.522/15 revogou essa redução de base de cálculo, no que foi sucedido pelo Decreto nº 61.791/16, que incorporou o Convênio nº 181/2015. Em outros termos, houve uma redução de base de cálculo concedida por decreto e que, no final, também foi revogada por decreto.[418]

Portanto, a ação deve ser conhecida em parte e, na parte conhecida, em se aplicando o mesmo entendimento firmado para as ADIs nº 1.945/MT e nº 5.659/MG, deve prevalecer a decisão de que apenas incide ISS sobre as operações com *software*. Sob essa perspectiva e, ainda que por fundamentos diversos, parece acertado o voto do relator, Min. Luís Roberto Barroso, que conheceu apenas em parte a ADI nº 5.576/SP e, no mérito, se reportou aos precedentes anteriores.[419]

Com relação à modulação de efeitos, observa-se que o voto condutor adotou como marco temporal a mesma data fixada nos julgamentos anteriormente referidos, para atribuir eficácia *ex nunc* à decisão judicial, ressalvando as ações judiciais já ajuizadas e ainda em curso aos 02.03.2021, as hipóteses de bitributação e os casos em que não houve recolhimento nem do ICMS nem do ISS.

Contudo, como a mencionada modulação foi feita com base em considerações sobre a incidência tributária, a partir da interpretação conforme a Constituição do art. 2º, I, LC nº 87/1996, e não sobre a legalidade tributária, entende-se que essa modulação não alcança situações envolvendo a potencial violação a este princípio.

Considerando que a tributação do Estado de São Paulo foi efetuada através de uma sucessão de decretos, caso se entenda pela inconstitucionalidade de tal técnica legislativa, por violação ao princípio da legalidade tributária, impõe-se que a totalidade da cadeia seja impugnada. Nesse caso, ao que parece, eventuais ações de repetição teriam por fundamento os limites ao art. 150, I, CRFB/1988, e não o contencioso envolvendo a incidência.

Ademais, como será referido de forma mais pormenorizada no item 4.4.2, a atual jurisprudência do STF, no julgamento RE nº 1.043.313/RS e na ADI nº 5.277/DF, pareceu restringir a possibilidade

---

[418] A jurisprudência do STF equipara a redução de base de cálculo, para fins de aplicação do princípio da não cumulatividade, ao regime de isenção parcial. É o que se verifica, exemplificativamente, do ARE nº 1.126.367 AgR/PB, rel. Min. Ricardo Lewandowski, Segunda Turma, Julgamento 25.10.2019, DJe 06.11.2019. No entanto, no presente capítulo, a matéria está sendo tratada com enfoque no princípio da legalidade, pelo que eventuais interseções com o princípio da não cumulatividade não são objeto deste trabalho.

[419] ADI nº 5.576/SP, rel. Min. Roberto Barroso, Tribunal Pleno, Sessão virtual de 25.06.2021 a 02.08.2021, DJe 10.09.2021.

de mitigação da legalidade tributária para os casos de tributos ditos contraprestacionais, em que o teto da tributação seja fixado por lei, o que guarda particularidades em relação ao presente.

4.2.2 ADI nº 5.659/MG e a legislação do Estado de Minas Gerais

Posteriormente ao ajuizamento da ADI nº 5.576/SP, impugnando a legislação do Estado de São Paulo, a CNS ajuizou ação questionando a legislação do Estado de Minas Gerais, além de requerer a declaração de inconstitucionalidade parcial sem redução de texto do art. 2º, I, LC nº 87/1996, nos termos anteriormente referidos. Observe-se, de outro lado, que a inicial parece equiparar este instituto à interpretação conforme a Constituição, usando ambas as expressões de forma equivalente.[420]

Foi requerido, outrossim, a declaração de inconstitucionalidade parcial sem redução de texto do art. 5º da Lei estadual nº 6.763/1975[421] – que praticamente reproduz a dicção da legislação complementar[422] – e do art. 1º, I e II do Decreto nº 43.080/2002,[423] além da declaração de inconstitucionalidade do Decreto nº 46.877/2015.[424]

Embora o mérito já tenha sido julgado pelo STF, a ação apresenta um importante capítulo sobre legalidade tributária, que não foi

---

[420] Para uma análise acerca da diferença entre a interpretação conforme a Constituição e a declaração de inconstitucionalidade parcial sem redução de texto, cf.: MENDES, Gilmar Ferreira; COELHO, Inocêncio Mártires; BRANCO, Paulo Gustavo Gonet. *Curso de Direito Constitucional*. 4. ed. São Paulo: Saraiva, 2009. p. 1300-1307.

[421] Embora a inicial não indique qual dos incisos do art. 5º, Lei nº 6.763/1975 seria inconstitucional, do seu inteiro teor, parece que o pedido se refere ao art. 5º, §1º, 1.

[422] Art. 5º, Lei nº 6.763/1975. O Imposto sobre Operações Relativas à Circulação de Mercadorias e sobre Prestações de Serviços de Transporte Interestadual e Intermunicipal e de Comunicação – ICMS – tem como fato gerador as operações relativas à circulação de mercadorias e às prestações de serviços de transporte interestadual e intermunicipal e de comunicação, ainda que as operações e as prestações se iniciem no exterior.
§1º. O imposto incide sobre:
1) a operação relativa à circulação de mercadoria, inclusive o fornecimento de alimentação e bebida em bar, restaurante ou estabelecimento similar.

[423] Art. 43, Decreto nº 43.080/2002. Ressalvado o disposto no artigo seguinte e em outras hipóteses previstas neste Regulamento e no Anexo IV, a base de cálculo do imposto é:
(...)
XV – na saída ou no fornecimento de programa para computador:
a) exclusivo para uso do encomendante, o valor do suporte físico ou informático, de qualquer natureza;
b) destinado à comercialização, duas vezes o valor de mercado do suporte informático.

[424] Art. 1º, Decreto nº 46.877/2015. Fica revogado o inciso XV do art. 43 do Regulamento do ICMS, aprovado pelo Decreto nº 43.080, de 13 de dezembro de 2002.

enfrentado pela Suprema Corte. Ademais, como se demonstrará, a ação não poderia ter sido conhecida, ao menos em parte, considerando que, diante da revogação do art. 43, XV, do Decreto nº 43.080/02, o ato questionado consistia na interpretação adotada pela Secretaria de Fazenda por meio de consulta, o que não enseja o controle concentrado perante o STF,[425] tendo em vista que não se trata de ato normativo, nos termos do art. 102, I, a, CRFB/1988.

Com efeito, os decretos mineiros impugnados apresentam teor similar aos decretos paulistas, que dispuseram sobre a base de cálculo do ICMS em operações com *softwares*. O Decreto nº 43.080/2002 aprovou o Regulamento Interno de ICMS de Minas Gerais, estabelecendo que a base de cálculo em operações com programas de computador seria ou o valor do suporte físico, caso o *software* se destinasse ao uso do encomendante, ou duas vezes o valor do suporte físico, no caso de ser destinado à comercialização.

O Decreto nº 46.877/2015, por sua vez, revogou o art. 43, XV, do Decreto nº 43.080/2002, que estabelecia a base de cálculo para operações com *software*. A parte requerente aduz que "a revogação do inciso XV do art. 43 do Decreto nº 43.080/02 poderia permitir interpretar que o Estado de Minas Gerais não mais tributará as operações com *software*".

Contudo, após reportar-se à Consulta de Contribuinte nº 29/2016,[426] informa que "a base de cálculo das referidas operações, até então correspondente tão somente ao suporte físico do *software*, nos termos do Decreto nº 43.080/02 do Estado de Minas Gerais, passou a ser o valor total da operação". Ou seja, a parte requerente questiona o fato de a base de cálculo do ICMS com programas de computador deixar de considerar o valor do suporte físico para passar a considerar o valor total da operação, a partir da interpretação adotada pela Secretaria de Fazenda mineira.

---

[425] A fim de traçar um paralelo com o presente, destaque-se que o STF tem entendimento reiterado de que não cabe ADI contra interpretação materializada por meio de enunciado de súmula: ADI nº 5.899/DF AgR, rel. Min. Roberto Barroso, Tribunal Pleno, Julgamento 13.06.2018, DJe 27.08.2018; ADI nº 594/DF, rel. Min. Carlos Velloso, Tribunal Pleno, Julgamento 19.02.1992, DJ 15.04.1994.

[426] BRASIL. Secretaria de Estado da Fazenda. *Consulta de Contribuinte nº 029/2016*. ICMS – Incidência – Programa de Computador – O programa de computador, suscetível de venda, locação ou cessão, como objetivo de circulação comercial, classifica-se como mercadoria ainda que incorpórea, sendo passível, consequentemente, de tributação pelo ICMS. Belo Horizonte, 29 mar. 2016. Disponível em: http://www6.fazenda.mg.gov.br/sifweb/MontaPaginaPesquisa?pesqBanco=ok&login=false&caminho=/usr/sef/sifweb/www/empresas/legislacao_tributaria/consultas_contribuintes/cc029_2016.htm&searchWord=software&tipoPesquisa=todasPalavras#ancora. Acesso em: 6 mar. 2021.

Assim como ocorreu na ação direta de São Paulo, apenas parte da cadeia de decretos foi reputada como inconstitucional. Da análise da sucessão de decretos editados com fundamento na mesma lei estadual de ICMS, puderam ser identificados ao menos dois decretos (Decreto nº 38.104/1996[427] e Decreto nº 32.535/1991),[428] que continham a previsão de que o suporte informático consistia na base de cálculo do ICMS no caso de operações com programas de computador.

Portanto, reporta-se, na presente oportunidade, ao que se expôs quanto à questão acerca da necessidade de que toda a cadeia de decretos editada com base no mesmo fundamento normativo seja impugnada. Em acréscimo, tal como constatado na ADI contra a legislação do Estado de São Paulo, verifica-se que o argumento tendo por base o princípio da legalidade foi apenas superficialmente desenvolvido, não se chegando a enfrentar de que modo os limites ao poder regulamentar não teriam sido observados no caso concreto.

De outro lado, as informações que constam na inicial levam o intérprete a concluir que a base de cálculo nas operações com programas de computador está sendo considerada como o valor da operação, a partir da conjugação da LC nº 87/1996 e da Lei estadual nº 6.763/1975 (art. 13, IV),[429] em suas normas gerais.

Do quanto se pode inferir, não há propriamente um ato administrativo dispondo quanto à questão. As informações prestadas nos autos pelo Governador parecem caminhar nesse sentido, consoante decorre das seguintes passagens, que constam dos itens 5 e 13 de sua manifestação nos autos judiciais, respectivamente:

---

[427] Art. 44, Decreto nº 38.104/1996. Ressalvadas outras hipóteses previstas neste Regulamento e nos Anexos IV e XI, a base de cálculo do imposto é:
(...)
XV – na saída ou fornecimento de programa para computador:
a) exclusivo para uso do encomendante, o valor do suporte físico ou informático, de qualquer natureza;
b) destinado a comercialização, duas vezes o valor de mercado do suporte informático.

[428] Art. 60, Decreto nº 32.535/1991. Ressalvadas outras hipóteses previstas neste Regulamento, a base de cálculo do imposto é:
(...)
§7º. Na saída ou fornecimento de programa para computador, personalizado ou não, a base de cálculo corresponderá somente ao valor suporte físico ou informático, de qualquer natureza.

[429] Art. 13, Lei nº 6.763/1975. A base de cálculo do imposto é:
(...)
IV – na saída de mercadoria, prevista no inciso VI do artigo 6º, o valor da operação.
Art. 6º, Lei nº 6.763/1975. Ocorre o fato gerador do imposto:
(...)
VI – na saída de mercadoria, a qualquer título, inclusive em decorrência de bonificação, de estabelecimento de contribuinte, ainda que para outro estabelecimento do mesmo titular.

Muito provavelmente não se discutia a incidência do ICMS porque, em razão do benefício fiscal, o efeito econômico da tributação era muito pequeno. *Em razão da norma regulamentar, o ICMS sobre software, em vez de incidir sobre o valor da operação (base de cálculo genérica do imposto), incidia sobre as bases de cálculo reduzidas,* previstas nas alíneas *a* e *b* do inciso XV do art. 43 do RICMS/2002. (Grifo nosso).

A comercialização de *software,* em Minas Gerais, foi aquinhoada com benefício fiscal, consistente na adoção de base de cálculo reduzida, *distinta da base de cálculo normal do ICMS, que é o valor da operação (art. 13, inciso I, da Lei Complementar nº 87, de 1996).* Em Minas Gerais, como exposto na petição inicial, foi adotado, nos termos do Decreto Estadual nº 46.877, de 3 de novembro de 2015, dispositivo que revogou o benefício fiscal concedido à comercialização de *software.* Este benefício revogado pelo Decreto Estadual nº 46.877, de 2015, constava do Regulamento do ICMS, aprovado pelo Decreto Estadual nº 43.080, de 2002, calhando repetir os termos do art. 43, inciso XV. (Grifos nossos).

Constata-se, pois, que a requerente se insurge contra a interpretação dada pela Secretaria de Fazenda de Minas Gerais, de que a base de cálculo do ICMS em operações com *software* é o valor total da operação. No que se refere especificamente à legalidade, não há propriamente um ato normativo impugnado, mas a interpretação conferida pela Secretaria de Fazenda na Consulta de Contribuinte nº 29/2016 e reiterada em outras manifestações, como a Consulta de Contribuinte nº 141/2016,[430] o que sequer enseja o cabimento de ADI.

Sob o ângulo estrito do princípio da legalidade, para além da necessidade de a questão ser enfocada sob a ótica do poder regulamentar, como já destacado no item anterior, a inicial carece de demonstração quanto a qual ato efetivamente teria vulnerado o princípio da legalidade, eis que a revogação pura e simples de um decreto não traduz tal violação.

---

[430] BRASIL. Secretaria de Estado da Fazenda. *Consulta de Contribuinte nº 141/2016.* ICMS – "SOTWARE DE PRATELEIRA" – DOWNLOAD – BASE DE CÁLCULO – O programa de computador, suscetível de venda, locação ou cessão, como objetivo de circulação comercial, classifica-se como mercadoria ainda que incorpórea, sendo passível, consequentemente, de tributação pelo ICMS. A base de cálculo, a partir de 02.02.2016, das operações com "software de prateleira", ainda que transferido para o consumidor por meio de "download", é o valor da operação, conforme alínea "a" do inciso IV do art. 43 do RICMS/2002. Hortolândia, SP, 21 jul. 2016. Disponível em: http://www6.fazenda.mg.gov.br/sifweb/MontaPaginaPesquisa?pesqBanco=ok&login=false&caminho=/usr/sef/sifweb/www/empresas/legislacao_tributaria/consultas_contribuintes/cc141_2016.htm&searchWord=software&tipoPesquisa=todasPalavras#ancora. Acesso em: 6 mar. 2021.

Dessa forma, a ADI nº 5.659/MG encontrava óbices ao seu conhecimento, pois, além de apenas uma parte da cadeia de decretos haver sido impugnada, tal como se demonstrou, o objeto central da ADI consistia no questionamento ao critério interpretativo utilizado pela Secretaria de Estado de Fazenda, para fins de delimitação da base de cálculo de ICMS em operações envolvendo programas de computador.

Ademais, a lei estadual impugnada, ao contrário da lei paulista, não apresenta qualquer referência expressa à tributação de *software*, limitando-se a reproduzir o conteúdo de lei complementar federal. Portanto, desse corolário lógico, decorre que, em tese, apenas a própria interpretação da LC nº 87/1996 poderia ser questionada, mas não os atos estaduais.

A fim de afastar esses óbices ao conhecimento, o voto condutor da ADI nº 5.659/MG julgou a ação direta parcialmente prejudicada, por entender que o fundamento para a exação tributária estaria nas leis, e não nos decretos. No entanto, mesmo com o entendimento de que a questão teria ficado prejudicada e sem que tivesse havido a impugnação total da cadeia de decretos referidos nesses itens, foi concedida interpretação conforme a Constituição ao Decreto revogado nº 43.080/02.

Do quanto exposto, verifica-se que a ADI mineira não era a sede adequada para se tratar da tributação de *software* em âmbito nacional, seja porque o decreto ao qual se concedeu interpretação conforme a Constituição já estava revogado, seja porque o entendimento da Secretaria de Fazenda mineira não enseja o cabimento de ADI.

Ainda que a causa de pedir no âmbito das ações de controle concentrado seja aberta, não se deve perder de vista que a Consulta tributária mineira não disciplinou a tributação de *software* por meios variados, como a nuvem, limitando-se a dispor sobre o *download*. Portanto, essa ação não era o meio apropriado para se tratar de tema específico e que já era objeto da ADI nº 5.958/DF. Contudo, mesmo diante desses óbices fáticos e formais, a ADI nº 5.659/MG foi provida e influenciou os julgamentos subsequentes.

4.2.3 Síntese conclusiva das ADIs nº 5.576/SP e nº 5.659/MG sob a perspectiva da legalidade

Feitas as presentes considerações sobre as ações diretas de inconstitucionalidade paulista e mineira, pode-se concluir que, embora o tema da legalidade em matéria tributária venha despertando especial atenção da doutrina e da jurisprudência,[431] nas ADIs ora apreciadas, as leis paulista e mineira não transferiram, de modo expresso, a prerrogativa de dispor sobre os elementos da obrigação tributária ao Poder Executivo, isto é, não houve delegação legislativa, sobre o que se discorrerá no item 4.4 do presente.

O que se verificou, em verdade, foi que, mesmo com a previsão da LC nº 87/1996 e das respectivas leis estaduais, que dispuseram que a base de cálculo do ICMS consiste no valor da operação, as Administrações Tributárias, de início, optaram por atrelar a base de cálculo para operações com *software* ao suporte físico do programa de computador.

Contudo, em momento posterior, afastou-se a utilização do suporte físico, mas se respeitou o valor da operação como limite. Dessa desvinculação ao suporte físico decorreu, em termos econômicos, uma majoração da carga tributária, conforme amplamente discorrido nas manifestações que constam dos autos judiciais eletrônicos respectivos. Portanto, foram feitas reduções de base de cálculo por meio de decreto e, posteriormente, revogações dessa redução, também por decreto.

Embora a utilização pura e simples de decretos para dispor sobre base de cálculo de tributos não esteja em sintonia com o art. 97, CTN, a impugnação em sede de controle concentrado de constitucionalidade deve ser feita a toda a cadeia de decretos, e não apenas aos decretos revogadores da redução da base de cálculo, visto que todos têm o mesmo fundamento de validade.

Dessa forma, como se demonstrou, ambas as ações encontravam obstáculos ao seu conhecimento, não só diante da impugnação apenas parcial dos decretos, mas, no caso da ADI mineira, diante do questionamento à interpretação efetuada pela Secretaria de Fazenda por meio de consulta, o que não é ato passível de controle concentrado de constitucionalidade. Entretanto, a ADI nº 5.659/MG foi provida, sem um aprofundamento quanto aos obstáculos processuais identificados, centrando-se na interpretação do art. 2º, I, LC nº 87/1996.

4.3 A tributação do *software* e o papel dos convênios: considerações sobre a ADI nº 5.958/DF e a insuficiência da modulação de efeitos

Diferentemente das duas ações diretas anteriormente referidas, em que, como se pontuou, do ponto de vista formal, a análise da

---

[431] Para um estudo aprofundado do tema, cf.: LANNES, Daniel. *Legalidade Tributária*. São Paulo: Quartier Latin, 2018.

constitucionalidade dos atos impugnados perpassa os limites do poder regulamentar em matéria tributária, a ADI nº 5.958/DF, que foi ajuizada pela Associação Brasileira das Empresas de Tecnologia da Informação e Comunicação (BRASSCOM) enfrenta diretamente o papel conferido aos convênios para fins de incidência de ICMS.

De outro lado, enquanto, naquelas ações, as alegações de vício formal foram apenas superficialmente deduzidas e apreciadas, como se expôs quanto à ADI nº 5.659/MG, nesta, a inicial contém robusta argumentação pela inconstitucionalidade formal do Convênio CONFAZ nº 106/2017, para além das razões de mérito aduzidas.

Com efeito, os convênios exercem a função de normas complementares de Direito Tributário, nos termos do art. 100, IV, CTN, consistindo nos acordos que entre si celebram a União, os Estados e os Municípios com finalidades tributárias.[432] Em acréscimo, o art. 199, CTN traz a previsão de convênios para a assistência mútua na fiscalização e permuta de informações. No caso específico do ICMS, os convênios prestam-se à concessão de isenções e incentivos fiscais, como mecanismo de se coibir a guerra fiscal entre os entes federativos, de acordo com a previsão trazida pelo art. 155, §2º, XII, g, CRFB/1988.[433]

Através do Convênio nº 106/2017, diversos Estados da federação aprovaram, junto ao CONFAZ, sistemática para a regulação das operações com bens e mercadorias digitais, que sejam padronizados, ainda que tenham sido ou possam ser adaptados, comercializados por meio de transferência eletrônica de dados.

Por meio de sete cláusulas, foram estabelecidas disposições para a incidência de ICMS, contendo regras sobre isenção, estabelecimento virtual, contribuintes e responsabilidade. Ou seja, os dispositivos do convênio contêm normas de ordem material – cuja análise foi feita primordialmente no capítulo anterior – e de ordem formal.

A ação foi julgada prejudicada por perda superveniente do objeto,[434] diante do quanto decidido pelo STF na ADI mineira, entendendo-se que o Convênio nº 106/2017 perdeu a eficácia jurídica desde a data do julgamento da ADI nº 5.659/MG, "por se tratar de ato regulamentador do art. 2º da Lei Complementar nº 87/1996, editado com base na interpretação tida como inconstitucional por este Supremo Tribunal".

---

[432] ABRAHAM, Marcus. *Curso de Direito Tributário Brasileiro*. 2. ed. Rio de Janeiro: Forense, 2020. p. 149.

[433] PYRRHO, Sérgio. *Soberania, ICMS e Isenções*: os Convênios e os Tratados Internacionais. Rio de Janeiro: Lumen Juris, 2008. p. 32-33.

[434] ADI nº 5.958/DF, Min. Cármen Lúcia, Julgamento 08.03.2021, DJe 09.03.2021.

Portanto, ao que parece, a mencionada decisão estendeu a modulação de efeitos temporais levada a cabo na ADI nº 5.659/MG para a presente ação. Contudo, como o contencioso envolvendo a legalidade do Convênio nº 106/2017 não foi enfrentado na ação mineira, é possível vislumbrar a possibilidade de que aquela modulação de efeitos seja afastada, em casos em que se apure a ocorrência de ilegalidade das cláusulas do convênio.

Nesse contexto, o presente item busca verificar, tal como realizado em relação à ADI nº 5.576/SP, se haveria outras hipóteses que não teriam sido abarcadas pela modulação de efeitos. Ademais, considerando que algumas das disposições contidas no Convênio nº 106/2017 podem vir a servir como subsídio teórico para futuras legislações, inclusive de ISS, passa-se, a partir do item seguinte, à análise de cada uma de suas cláusulas, aferindo-se se as mesmas seriam alcançadas pela exigência de lei complementar.

4.3.1 Análise individualizada do Convênio nº 106/2017: os desafios do estabelecimento puramente virtual e da tributação no destino

Cláusula primeira. As operações com bens e mercadorias digitais, tais como softwares, programas, jogos eletrônicos, aplicativos, arquivos eletrônicos e congêneres, que sejam padronizados, ainda que tenham sido ou possam ser adaptados, comercializadas por meio de transferência eletrônica de dados observarão as disposições contidas neste convênio.

Essa cláusula primeira foi impugnada sob o fundamento central de que estaria havendo a definição do fato gerador do ICMS por meio de ato administrativo. Nessa linha, como já foi oportunamente desenvolvido quanto às demais ações, também houve o pedido de declaração de inconstitucionalidade parcial, sem redução de texto, do art. 2º, I, LC nº 87/1996, sob o fundamento de que a Lei Kandir deve ser interpretada de modo a "afastar qualquer possível interpretação que permita a incidência do ICMS sobre operações com *softwares*".[435]

Destaque-se que, embora esse argumento não se refira puramente ao aspecto formal, apresentando cunho igualmente material, cabe fazer referência ao quanto exposto no item anterior, quando se destacou que

---

[435] Item 20 da inicial.

a técnica legislativa utilizada pela LC nº 87/1996 não foi a de adoção de uma lista de mercadorias, mas sim de emprego de uma locução de caráter potencialmente mais aberto.

Nesse sentido, como a atividade interpretativa pode ser levada a cabo por todos os Poderes e, inclusive, pelo administrador público, não se entendia que a previsão das materialidades do ICMS em convênio, por si só, teria violado a exigência de lei complementar para dispor sobre o fato gerador, com as especificidades expostas no capítulo anterior.

Contudo, diante da decisão proferida pelo STF nas ADIs nº 1.945/MT e nº 5.659/MG, que parecem ter alcançado a generalidade das operações envolvendo licenças de uso de programas de computador, a inconstitucionalidade dessa cláusula, no que se refere a *softwares*, se mostra como uma decorrência da interpretação conferida pelo STF ao art. 2º, I, LC nº 87/1996. Portanto, no que se refere a esse ponto, trata-se de um problema de incidência, que se submete à modulação de efeitos tal como proferida.

> Cláusula segunda. As operações com os bens e mercadorias digitais de que trata este convênio, comercializadas por meio de transferência eletrônica de dados anteriores à saída destinada ao consumidor final ficam isentas do ICMS.

A partir da cláusula segunda, o contencioso envolvendo a legalidade tributária aparece de forma progressivamente mais nítida, ainda que a inicial da ADI nº 5.958/DF não contenha um tópico específico expondo as razões para a declaração de inconstitucionalidade desta cláusula.

O cerne do pedido de declaração de inconstitucionalidade do Convênio nº 106/2017 encontra-se na impugnação das cláusulas terceira, quarta e quinta, de tal modo que a inconstitucionalidade da cláusula segunda decorre do pedido de declaração de inconstitucionalidade por arrastamento, considerando que "uma vez declaradas inconstitucionais as cláusulas expressamente indicadas, as demais cláusulas do convênio, esvaziadas do ponto de vista material, não terão qualquer utilidade normativa".[436]

Todavia, o papel da cláusula segunda será melhor aprofundado a seguir, quando da análise da cláusula terceira, tendo em vista que os Estados da federação, nas diversas manifestações das Secretarias

---

[436] Item 66 da petição inicial.

de Fazenda acostadas aos autos da ADI nº 5.958/DF, promoveram a interpretação conjugada das duas cláusulas.

> Cláusula terceira. O imposto será recolhido nas saídas internas e nas importações realizadas por meio de *site* ou de plataforma eletrônica que efetue a venda ou a disponibilização, ainda que por intermédio de pagamento periódico, de bens e mercadorias digitais mediante transferência eletrônica de dados, na unidade federada onde é domiciliado ou estabelecido o adquirente do bem ou mercadoria digital.

Essa cláusula terceira foi reputada como inconstitucional na inicial da ADI nº 5.958/DF, pois estaria subvertendo a sistemática traçada na Constituição Federal acerca da arrecadação do ICMS no caso de operações interestaduais. Consoante destacado, ao pretender estabelecer que o ICMS será integralmente devido no Estado de destino dos bens e mercadorias digitais, essa cláusula teria vulnerado o disposto no art. 155, §2º, VII e VIII, CRFB/1988, "tratando como saídas internas operações que podem se realizar entre diferentes Estados da Federação"[437] e criando uma ficção sem respaldo constitucional.

Ademais, afirmou-se que o citado convênio estaria incorrendo no mesmo vício que já havia maculado o Protocolo nº 21/2011, que, ao estabelecer regras de repartição de receita de ICMS no caso de operações interestaduais por meio eletrônico, na vigência do texto original da Constituição de 1988, foi declarado inconstitucional pelo STF.[438]

Os Estados, por sua vez, nas diversas manifestações apresentadas nos autos judiciais, destacaram que a cláusula terceira deve ser interpretada de forma conjunta com a cláusula segunda. Enquanto a cláusula segunda, editada com base no permissivo contido no art. 155, §2º, XII, g, CRFB/1988 e na LC nº 24/1975, estabeleceu uma hipótese de isenção de ICMS para operações anteriores à saída destinada ao consumidor final, a cláusula terceira, partindo desse corolário lógico, disciplinou a incidência de ICMS apenas para operações internas.

Ou seja, na visão defendida pelos Estados, não há que se cogitar de vulneração das regras previstas no art. 155, §2º, VII e VIII, CRFB/1988, eis que inaplicáveis à hipótese, já que as operações são internas, e não interestaduais. Sob essa perspectiva, tampouco caberia cogitar-se de que o convênio teria criado uma inaceitável ficção jurídica, considerando

---

[437] Itens 33 a 39 e 42 da inicial.
[438] ADI nº 4.628/DF, rel. Min. Luiz Fux, Tribunal Pleno, Julgamento 17.09.2014, DJe 24.11.2014.

que o caráter interno das operações com bens e mercadorias digitais é decorrente da isenção concedida em todas as etapas da cadeia, até a saída destinada ao consumidor final.

Dentro dessa ordem de ideias, mostra-se aplicável, na hipótese, o quanto disposto no art. 11, I, a, LC nº 87/1996, que prevê que o aspecto espacial para efeito de cobrança de ICMS é o local do estabelecimento onde a mercadoria se encontre, no momento da ocorrência do fato gerador. Ademais, o art. 11, §3º, I, LC nº 87/1996 prevê, simultaneamente, que o estabelecimento é o local, edificado ou não, onde pessoas físicas ou jurídicas exerçam as suas atividades, e que, na impossibilidade de determinação do estabelecimento, considera-se como tal o local em que tenha sido efetuada a operação.[439] Dessa forma, nos termos em que redigido, a cláusula terceira prevê a figura do *site* como estabelecimento virtual.

Traçado esse breve resumo quanto aos dois argumentos em debate, cumpre tecer os comentários seguintes. Observa-se, no que se refere ao paralelo traçado na inicial, entre a hipótese do Convênio nº 106/2017 e o Protocolo nº 21/2011, que a cláusula primeira[440] deste último instrumento normativo previa a destinação de um adicional de ICMS para os estados de destino, no caso de operações não presenciais por meio de internet, telemarketing ou showroom, contrariando a redação originária da Constituição de 1988, pela qual o ICMS, como regra geral, seria devido aos Estados de origem.[441] Ou seja, através de um protocolo,

---

[439] Art. 11, LC nº 87/1996. O local da operação ou da prestação, para os efeitos da cobrança do imposto e definição do estabelecimento responsável, é:
I – tratando-se de mercadoria ou bem:
a) o do estabelecimento onde se encontre, no momento da ocorrência do fato gerador;
(...)
§3º. Para efeito desta Lei Complementar, estabelecimento é o local, privado ou público, *edificado ou não*, próprio ou de terceiro, *onde pessoas físicas ou jurídicas exerçam suas atividades em caráter temporário ou permanente*, bem como onde se encontrem armazenadas mercadorias, observado, ainda, o seguinte:
I – *na impossibilidade de determinação do estabelecimento, considera-se como tal o local em que tenha sido efetuada a operação ou prestação*, encontrada a mercadoria ou constatada a prestação. (Grifos nossos).

[440] Cláusula primeira. Acordam as unidades federadas signatárias deste protocolo a exigir, nos termos nele previstos, a favor da unidade federada de destino da mercadoria ou bem, a parcela do Imposto sobre Operações Relativas à Circulação de Mercadorias e sobre Prestações de Serviços de Transporte Interestadual e Intermunicipal e de Comunicação ICMS devida na operação interestadual em que o consumidor final adquire mercadoria ou bem de forma não presencial por meio de internet, telemarketing ou showroom.
Parágrafo único. A exigência do imposto pela unidade federada destinatária da mercadoria ou bem, aplica-se, inclusive, nas operações procedentes de unidades da Federação não signatárias deste protocolo.

[441] A exceção à regra da origem, que, com a EC nº 87/2015 se alargou, diz respeito aos combustíveis e lubrificantes derivados de petróleo e às operações com energia elétrica, de

os Estados signatários violaram a redação originária do art. 155, §2º, VII, CRFB/1988, conforme artigo específico sobre o tema.[442]

Nesse sentido, como reconheceu o voto condutor do Min. Luiz Fux ao apreciar a ADI nº 4.628/DF, no que foi acompanhado à unanimidade pelos demais ministros, sob o ponto de vista estritamente formal, os protocolos visam a regular a prestação de assistência mútua no campo de fiscalização dos tributos e permuta de informações, sendo destinados a tratar de matérias de cunho administrativo, que não sejam reservadas aos convênios, nos termos do art. 38 do Regimento Interno do CONFAZ. Dessa forma, não seria facultado a um protocolo a possibilidade de alterar a sistemática de repartição de receita de ICMS entre os Estados de origem e de destino. Consoante assinalado, apenas uma emenda constitucional poderia alterar essa sistemática, o que veio a ser feito, posteriormente, com a EC nº 87/2015.

Ademais, a inconstitucionalidade formal do Protocolo nº 21/2011 se verificava diante da cláusula terceira do citado protocolo, que estipulava o exato percentual de ICMS que seria devido aos Estados destinatários. Conforme destacado pelo STF, caberia apenas ao Senado Federal dispor sobre as alíquotas máxima e mínima de ICMS, de acordo com a previsão do art. 155, §2º, IV e V CRFB/1988, pelo que não seria dado a um protocolo estabelecer percentuais de ICMS devidos a cada ente federativo. Diante do exposto, o Protocolo nº 21/2011 foi declarado formalmente inconstitucional.

Pois bem. O paralelo entre o julgamento do Protocolo nº 21/2011 e o art. 3º do Convênio nº 106/2017 deve ser visto *cum grano salis*, tendo em vista que, naquele instrumento, houve a previsão expressa da alteração da sistemática de recolhimento de ICMS entre a origem e o destino, como já se adiantou. Já no que se refere ao Convênio nº 106/2017, a técnica legislativa empregada foi diversa, indo para o campo da qualificação jurídica das operações.

Nesse sentido, foi concedida isenção às saídas anteriores àquela destinada ao consumidor final (art. 2º) e estabeleceu-se que a operação tributada, destinada ao consumidor final, seria uma operação interna (art. 3º). Diante desses dispositivos, questiona-se: a operação dirigida ao consumidor final necessariamente será interna, como pretendeu o convênio? Ou é possível que as operações sejam interestaduais?

---

acordo com a redação do art. 155, §4º, I, CRFB/1988 e art. 11, I, g, LC 87/1996 c/c art. 155, §2º, XII, d, CRFB/1988.

[442] FEITOSA, Maurine Morgan Pimentel. The Taxation of E-Commerce in the Digital Era: common and Civil Law. *Revista de Direito Internacional Econômico e Tributário – RDIET*, Brasília, v. 13, n. 1, p. 376-383, jan./jun. 2018.

A relevância dessas indagações está no fato de que, caso as operações sejam interestaduais, os Estados de origem também farão jus ao ICMS, o que produz impactos diretos no rateio de ICMS entre os Municípios.[443] Nessa hipótese, o regime previsto no Convênio nº 106/2017 não poderia ser aplicado, sob pena de se alterar a repartição de receita prevista no art. 155, §2º, VII, CRFB/1988.

A doutrina que se sucedeu à aprovação do Convênio nº 106/2017, interpretando especificamente essa cláusula terceira, assinalou que a discussão quanto à natureza interna ou interestadual das operações realizadas a partir de uma plataforma digital depende da pré-compreensão sobre o conceito de estabelecimento,[444] previsto no art. 11, LC nº 87/1996 e que foi transcrito anteriormente, como o local da ocorrência do fato gerador do ICMS.

Seria possível a existência de estabelecimentos puramente virtuais? A resposta a essa indagação está longe de ser unânime e desperta diferentes abordagens. Parcela da doutrina defende que o conceito de estabelecimento virtual não encontra amparo na LC nº 87/1996, sendo necessária alteração legislativa específica para esse fim.[445]

Nessa linha, defende-se que a noção de estabelecimento deve ser interpretada de forma conjugada com a configuração que é formulada pelo Direito Privado,[446] mais especificamente, através dos artigos 1142 e 1143 do Código Civil. Ou seja, o estabelecimento deve ser compreendido como uma universalidade de fato,[447] que é integrada por bens

---

[443] BARROS, Maurício. O papel dos convênios no sistema tributário brasileiro e os Convênios nº 181/2015 e 106/2017: invalidade do ICMS nas operações com os chamados "bens digitais". *In*: PISCITELLI, Tathiane (Coord.). *Tributação de bens digitais*: a disputa tributária entre Estados e Municípios: notas sobre o Convênio ICMS 106/2017 e outras normas relevantes. São Paulo: InHub Editora e Produtos Educacionais, 2018. p. 155-159.

[444] NATAL, Eduardo Gonzaga Oliveira de; GUARDA, Renato Augusto Figueiredo. A tributação sobre a transmissão eletrônica dos bens digitais: análise da viabilidade sistêmica do Convênio ICMS 106/2017 sob o contexto da ADI nº 5958. *In*: HENARES NETO, Halley; MELO, Eduardo Soares de (Coord.). *ICMS e ISS*: tributação digital e Novos Contornos dos Conflitos de Competência. São Paulo: Intelecto, 2018. p. 77-80.

[445] DIAS, Felipe Wagner de Lima; MELO, Eduardo Soares de. Conflitos de competência: ICMS e ISS nos negócios de tecnologia. *In*: HENARES NETO, Halley; MELO, Eduardo Soares de (Coord.). *ICMS e ISS*: tributação digital e Novos Contornos dos Conflitos de Competência. São Paulo: Intelecto, 2018. p. 106.

[446] CARNEIRO, Daniel Dix; REBOUÇAS, Bruno Nogueira. Inconstitucionalidade do Convênio nº 106/2017 que define as plataformas digitais e *sites* como estabelecimentos autônomos para fins de incidência do ICMS. *In*: MATA, Juselder Cordeiro *et al.* (Org.). *Tributação na sociedade moderna*: economia digital, compliance tributária, direitos sociais e reforma tributária. Belo Horizonte: Arraes, 2019. p. 612-613.

[447] BORBA, José Edwaldo Tavares. *Direito Societário*. 9. ed. Rio de Janeiro: Renovar, 2004. p. 57. Sob o aspecto jurídico, o estabelecimento é uma universalidade de fato. Contudo, se

corpóreos e incorpóreos, de tal modo que a universalidade não afasta a singularidade dos bens que o compõem.

Por essa visão, caso a existência do *site* seja identificada no contexto de uma atividade empresarial que contém elementos corpóreos, o *site* não pode ser considerado isoladamente. Em outros termos, se o *site* diz respeito a um empreendimento que contém bens corpóreos, descabe considerá-lo como um estabelecimento virtual autônomo, desconsiderando os demais bens. É o que se dá, por exemplo, no caso de sociedades que comercializam pela Internet, mas apresentam um estoque ou armazém de mercadorias físico. Nesse caso, não seria viável considerar-se a figura do *site* como estabelecimento, desconsiderando-se os bens físicos que também o integram.[448]

De outro lado, essa corrente se apoia no fato de que as normas brasileiras – constantes da Resolução CGI.br/RES/2008/008/P,[449] no *site* Registro.br[450] – estabelecem que o registro de nome de domínio pressupõe que as entidades, profissionais liberais e pessoas físicas funcionem legalmente no país, consoante previsão no art. 2º. Em acréscimo, o art. 4º da citada resolução dispõe quanto à obrigatoriedade de fornecimento de número do CNPJ, assim como de endereço físico e eletrônico para que seja possível registrar um *site*.[451]

Portanto, no que se refere à possibilidade de uma empresa atuar exclusivamente em ambiente virtual, defende-se a necessidade de alguma presença física no território nacional. Contudo, ainda que se pudesse vislumbrar que a empresa forneceu um endereço físico apenas

---

essa conjugação decorre de uma determinação legal, como é o caso da herança, há uma universalidade de direito.

[448] PISCITELLI, Tathiane; MALAVOGLIA, Theodoro. Os problemas do convênio ICMS nº 106/2017 na delimitação da sujeição passiva: entre contribuintes e responsáveis. *In*: PISCITELLI, Tathiane (Coord.). *Tributação de bens digitais*: a disputa tributária entre Estados e Municípios: notas sobre o Convênio ICMS 106/2017 e outras normas relevantes. São Paulo: InHub Editora e Produtos Educacionais, 2018. p. 181-183.

[449] Cf.: Resolução CGI.br/RES/2008/008/P. *CGI.br*. Disponível em: https://www.cgi.br/resolucoes/documento/2008/008. Acesso em: 6 mar. 2021.

[450] Disponível em: https://registro.br/. Acesso em: 6 mar. 2021.

[451] Art. 4º, Resolução nº CGI.br/RES/2008/008/P. Para a efetivação do registro de nome de domínio, o requerente deverá obrigatoriamente:
I. Fornecer os dados válidos do titular do domínio, solicitados nos campos de preenchimento obrigatório do NIC.br. São esses dados:
a) Para Pessoa Jurídica:
1. nome empresarial; 2. número do CNPJ; 3. endereços físico e eletrônico; 4. nome do responsável; 5. número de telefone.
b) Para Pessoa Física:
1. nome completo; 2. número do CPF; 3. endereços físico e eletrônico; 4. número de telefone.

para fins de registro, que não fosse imprescindível à realização das suas atividades – como no caso de disponibilização de jogos eletrônicos – os elementos corpóreos continuam a existir, diante da necessidade de que o próprio *site* seja mantido e atualizado por algum input humano.[452]

Em verdade, mesmo antes do advento da nuvem, com o início das discussões sobre a tributação do *download* de *software*, a questão da identificação e localização territorial do estabelecimento já se colocava, chegando-se a vislumbrar soluções, de *lege ferenda*, como a criação de cadastro especial para as empresas que atuam no setor, de modo que reste claro o lugar a partir de onde a empresa negocia o seu produto e onde estão os seus responsáveis. Nesse sentido, são esclarecedoras as lições de Helenilson Cunha Pontes, *verbis*:

> Caso se admita que o *software* sem suporte físico pode ser entendido como mercadoria para efeito de ICMS, parece que a definição de estabelecimento prevista na Lei Complementar nº 87/96 já permite que o computador, no qual se encontra armazenada a mercadoria negociada, possa ser considerado como estabelecimento. Essa regra está em consonância com o Código Tributário Nacional (art. 127, §1º), segundo o qual, na impossibilidade de determinação do estabelecimento responsável, considera-se domicílio tributário o lugar da situação dos bens ou da ocorrência dos atos ou fatos que deram origem à obrigação. De todo modo, os Estados interessados deverão chegar a um consenso quanto à interpretação desses dispositivos de modo a evitar conflitos de competência.[453]

Ademais, não se pode perder de vista que o termo estabelecimento – que, historicamente, representou um conceito de apoio do Direito Tributário, não só na legislação do ICMS, mas também no próprio CTN – já há muito se encontra em crise. De acordo com a doutrina de Marco Aurélio Greco, a delimitação de seus contornos não é uniforme nem mesmo no âmbito do Direito Privado, *verbis*:

---

[452] PISCITELLI, Tathiane; MALAVOGLIA, Theodoro. Os problemas do convênio ICMS nº 106/2017 na delimitação da sujeição passiva: entre contribuintes e responsáveis. *In*: PISCITELLI, Tathiane (Coord.). *Tributação de bens digitais*: a disputa tributária entre Estados e Municípios: notas sobre o Convênio ICMS 106/2017 e outras normas relevantes. São Paulo: InHub Editora e Produtos Educacionais, 2018. p. 184. A exceção apresentada pelos autores dá-se em relação a *sites* alimentados por robôs que, de forma autônoma, pudessem coletar informações no ambiente virtual.

[453] PONTES, Helenilson Cunha. Tributação na Internet. *In*: MARTINS, Ives Gandra da Silva (Coord.). *Tributação na Internet*. São Paulo: Revista dos Tribunais/Centro de Extensão Universitária, 2001. p. 361-362.

Seria maravilhoso se não houvessem dúvidas no campo do Direito Comercial quanto ao que é um estabelecimento! No passado, havia certa nitidez do conceito, mas hoje torna-se difícil defini-lo. Com efeito, seria ele o conjunto formado pelos objetos físicos e pelas pessoas? Seu núcleo significativo estaria apoiado no desempenho de uma atividade econômica, na existência de um conjunto de fornecedores, na configuração de uma clientela ou no significado perante um certo mercado?[454]

Ao abordar a referência que a legislação de ICMS fez a estabelecimento, o autor procede à análise do art. 11, §3º, da LC nº 87/1996 a partir do próprio Direito Tributário, não recorrendo a eventuais outros delineamentos que o conceito possa vir a assumir no Direito Civil ou no Direito Empresarial.

Esse posicionamento parece considerar, a um só tempo, que a LC nº 87/1996 contém norma específica a respeito da matéria e que, independentemente do alcance das discussões envolvendo o art. 110, CTN – que foi analisado no capítulo anterior – a sua literalidade é de que a utilização de definições de Direito Privado restringe-se às normas sobre competência tributária.

Na abordagem do tema, Marco Aurélio Greco analisa cada uma das locuções empregadas pelo legislador complementar, de modo a verificar se o *site* poderia ou não ser compreendido como um estabelecimento virtual. Nessa trajetória, o autor inicia a sua abordagem trazendo alguns esclarecimentos de caráter factual.

O primeiro deles é o de que a pessoa jurídica que titulariza o *site* pode ser diversa daquela que faz a hospedagem, que, por sua vez, também pode ser diferente daquela responsável pelo armazenamento. Diante desse quadro, mostra-se possível que cada uma dessas pessoas jurídicas esteja localizada em diferentes estados da federação.

O segundo esclarecimento fático realizado pelo autor é o de que existem diferentes modalidades de *site*, como aqueles que têm a função de ser um mero veículo de propaganda, os que apenas recebem pedidos de interessados na compra de determinado bem e, finalmente, aqueles que o autor denomina como "*sites* inteligentes", que, nos dias atuais, representam a maior parte dos *sites*. Enquanto os dois primeiros ostentam natureza eminentemente passiva, estes desempenham uma série de

---

454 GRECO, Marco Aurélio. Poderes da fiscalização tributária no âmbito da Internet. *In*: GRECO, Marco Aurélio; MARTINS, Ives Gandra da Silva (Coord.). *Direito e Internet*: relações jurídicas na sociedade informatizada. São Paulo: Revista dos Tribunais, 2001. p. 173-174.

atividades que, em resumo, podem ser sintetizados na disponibilização de uma loja virtual e de um sistema de pagamento.[455]

Após a exposição desse quadro, o autor esclarece que, da literalidade do art. 11, §3º, LC nº 87/1996, é possível admitir-se que os "*sites* inteligentes*" podem ser considerados estabelecimentos, pois, na sua visão, os requisitos previstos no mencionado dispositivo estão satisfeitos.

Sob essa ótica, o *site* é um local, independentemente da discussão quanto à sua natureza pública ou privada, quer esteja hospedado em equipamentos de terceiro ou do seu próprio titular, no qual as atividades da pessoa jurídica são realizadas e, em se tratando de mercadorias virtuais, onde há o seu armazenamento. Entretanto, ainda que se entenda que o art. 11, §3º, LC nº 87/1996 não é suficiente para a compreensão dos "*sites* inteligentes" como estabelecimento, o autor esclarece que o inciso I desse mesmo art. 11, §3º, pode abarcá-los.[456]

Contudo, deve-se assinalar que a obra ora analisada adota de forma clara a posição de que, ainda que alguns específicos *sites* satisfaçam os requisitos da LC nº 87/1996, mostra-se imprescindível que haja lei estadual disciplinando as características desses *sites*, considerando, inclusive, que a disciplina adotada para os estabelecimentos virtuais pode ser diferente daquela a que se submetem os estabelecimentos físicos.

De outro lado, segundo Marco Aurélio Greco, caso seja possível vislumbrar conflitos de competência entre diferentes estados, impõe-se que, em acréscimo à edição de leis estaduais, seja editada lei complementar, com fulcro no art. 146, I, CRFB/1988, para definir o elemento de conexão e identificar a lei estadual aplicável. Tal exigência advém da possibilidade descrita no primeiro esclarecimento factual, de que haja um conflito federativo entre diferentes estados, decorrente da pluralidade de pessoas jurídicas que concorrem para o funcionamento do *site*.

No entanto, a exigência de lei complementar fica afastada, bastando a previsão em lei estadual, caso a sede da pessoa jurídica titular do *site*, a sede do hospedeiro, o local em que se encontrem os computadores e o local onde se encontre o cliente fiquem no mesmo estado. Nesse caso, como não haveria conflito de competência entre os entes, a própria LC nº 87/1996 comporta a definição do *site* inteligente como estabelecimento para fins de ICMS.[457]

---

[455] GRECO, Marco Aurélio. *Internet e Direito*. 2. ed. São Paulo: Dialética, 2000. p. 139-144.

[456] O exemplo referido pelo autor é o do *download* de *software*. GRECO, Marco Aurélio. *Internet e Direito*. 2. ed. São Paulo: Dialética, 2000. p 146-151.

[457] GRECO, Marco Aurélio. *Internet e Direito*. 2. ed. São Paulo: Dialética, 2000. p. 151-155.

Os contornos daquilo que se pode entender como estabelecimento desperta discussões não só no âmbito do Direito Interno, mas também à luz do Direito Internacional, de tal modo que o conceito de estabelecimento permanente vem sendo revisitado pela OCDE, no contexto da economia digital.[458]

Do quanto exposto, verifica-se que, independentemente do nível de consenso acerca do quanto a LC nº 87/1996 já seria suficiente para abarcar a realidade dos *sites* como estabelecimentos para fins de incidência de ICMS, seria desejável que, diante do risco de conflitos entre os diferentes estados, a lei complementar sofresse ajustes,[459] como mecanismo de garantir maior segurança jurídica para o setor de tecnologia e para os próprios entes federativos.

De outro lado, a necessidade de aprimoramento legislativo também vem sendo pontuada pela doutrina ao analisar a incidência do ICMS sobre a importação, consoante a previsão do art. 3º do Convênio nº 106/2017. Como a importação de um bem intangível dá-se independentemente da realização de desembaraço aduaneiro, aponta-se a necessidade de atualização dos artigos 2º, §1º, I e 12, IX, LC nº 87/1996, diante do art. 146, CRFB/1988.[460]

Finalmente, deve-se observar que, com o advento da EC nº 87/2015, foi aprovado o Convênio CONFAZ nº 93/2015, que tinha por objeto dispor sobre procedimentos a serem observados no caso de operações que destinem bens e serviços a não contribuinte, disciplinando o art. 155, §2º, VIII, b, CRFB/1988.

Ao apreciar a ADI nº 5.469/DF,[461] que impugnava a constitucionalidade das cláusulas primeira, segunda, terceira, sexta e nona do Convênio CONFAZ nº 93/2015, o STF, por maioria, entendeu pela inconstitucionalidade do convênio, sob o fundamento central de que

---

[458] Para uma análise aprofundada sobre o conceito de estabelecimento permanente, a Ação 1 do projeto BEPS e as Convenções Modelo da ONU e da OCDE, cf.: BIANCO, João Francisco; SILVA, Fabiana Carsoni Alves Fernandes da. Estabelecimento permanente: legislação tributária brasileira e desafios na economia digital. *In*: FARIA, Renato Vilela; SILVEIRA, Ricardo Maitto da; MONTEIRO, Alexandre Luiz Moraes do Rêgo (Coords.). *Tributação da economia digital*: desafios no Brasil, experiência internacional e novas perspectivas. São Paulo: Saraiva, 2018. p. 26-33.

[459] Discorrendo sobre a necessidade de atualização da LC nº 87/1996 no que se refere ao local da operação, definição de estabelecimento responsável, saída física da mercadoria, entre outros elementos, cf.: MIGUEL, Luciano Garcia. *O ICMS e os conceitos de mercadoria e serviço de comunicação*. São Paulo: Noeses, 2019. p. 126.

[460] NAVARRO, Carlos Eduardo de Arruda; SILVEIRA, João Vitor Kanufre Xavier da. Quem deve se preocupar com o Convênio nº 106/2017? *Revista Fórum de Direito na Economia Digital – RFDED*, Belo Horizonte, a. 2, n. 02, p. 47-48, jan./jun. 2018.

[461] ADI nº 5.469/DF, rel. Min. Dias Toffoli, Tribunal Pleno, Julgamento 24.02.2021, DJe 25.05.2021.

seria necessária a edição de lei complementar para regulamentar a EC nº 87/2015.

Embora esse entendimento pareça desconsiderar o fato de que não houve alteração do aspecto material do ICMS,[462] o voto condutor adotou a premissa de que teria havido a invasão do campo próprio da lei complementar. Portanto, da análise dos posicionamentos firmados, verifica-se uma tendência da atual composição da Corte em adotar uma concepção ampliativa quanto à necessidade de lei complementar para disciplinar o ICMS. Caso as premissas desse julgamento venham a se confirmar na jurisprudência da Corte, o conteúdo da cláusula terceira do Convênio nº 106/2017, em princípio, também deveria se revestir dessa formalidade.

Nessa linha, no caso de autuações que tenham sido lavradas com base nessa cláusula, ao que parece, a modulação de efeitos firmada nas ADIs nº 1.945/MT e nº 5.659/MG não se aplicaria, eis que ela considerou a inconstitucionalidade da incidência do ICMS sobre o contrato de licenciamento, mas desconsiderou eventual hipótese de ilegalidade do ato normativo instituidor da exigência.

Dessa forma, ou seria o caso de se afastar a necessidade de modulação, considerando a diferença de pressupostos em relação às ADIs nº 1.945/MT e nº 5.659/MG, ou seria a hipótese de se firmar uma nova modulação, como aquela aplicada no julgamento da ADI nº 5.469/DF. Do exposto, verifica-se, uma vez mais, que o julgamento fracionado das ações de *software* parece ter sido prejudicial à compreensão da tributação do *software* como um todo, assim como dos desdobramentos decorrentes das teses jurídicas firmadas.

De todo modo, no contexto da economia digital, a questão referente à tributação no destino vem se tornando progressivamente uma realidade em diferentes jurisdições, diante da necessidade de se implementar o princípio da neutralidade no comércio internacional[463] e a fim de evitar que a arrecadação fique concentrada em alguns poucos entes políticos.

No caso brasileiro, considerando a decisão do STF nas ADIs nº 1.945/MT e nº 5.659/MG, e a fim de que a tributação decorrente

---

[462] JORGE, Alexandre Teixeira. Aspectos controvertidos do diferencial de alíquotas do ICMS: a questão da reserva de lei complementar. *Revista Direito Tributário Atual*, São Paulo, n. 46, p. 39, 3. Quadrim. 2020.

[463] FEITOSA, Maurine Morgan Pimentel. The Taxation of E-Commerce in the Digital Era: common and Civil Law. *Revista de Direito Internacional Econômico e Tributário – RDIET*, Brasília, v. 13, n. 1, p. 359-366, jan./jun. 2018.

das operações com *softwares* não beneficie uma pequena parcela de Municípios, impõe-se que a legislação do ISS seja aprimorada para que, inspirada pela *ratio* dessa cláusula terceira do Convênio n° 106/2017, permita a distribuição de riqueza entre os entes municipais brasileiros.[464]

> Cláusula quarta. A pessoa jurídica detentora de *site* ou de plataforma eletrônica que realize a venda ou a disponibilização, ainda que por intermédio de pagamento periódico, de bens e mercadorias digitais mediante transferência eletrônica de dados, é o contribuinte da operação e deverá inscrever-se nas unidades federadas em que praticar as saídas internas ou de importação destinadas a consumidor final, sendo facultada, a critério de cada unidade federada:
>
> I – a indicação do endereço e CNPJ de sua sede, para fins de inscrição;
>
> II – a escrituração fiscal e a manutenção de livros e documentos no estabelecimento referido no inciso I;
>
> III – a exigência de indicação de representante legal domiciliado em seu território.
>
> §1º. A inscrição de que trata o caput será realizada, preferencialmente, por meio da internet, mediante procedimento simplificado estabelecido por cada unidade federada.
>
> §2º. A critério da unidade federada, poderá ser dispensada a inscrição de que trata esta cláusula, devendo o imposto, neste caso, ser recolhido por meio de Guia Nacional de Recolhimento de Tributos Estaduais GNRE, ou documento de arrecadação estadual previsto na legislação da respectiva unidade.

Essa cláusula foi reputada como inconstitucional, sob o fundamento central de que a competência para estabelecer regras gerais em matéria tributária é da lei complementar, sendo incabível a utilização de convênio com tal finalidade, o que violaria, a um só tempo, os artigos 146, III, a, e 155, §2º, XII, CRFB/1988. Alegou-se, outrossim, que o dispositivo impugnado vulneraria a liberdade de estabelecimento insculpida no art. 170, CRFB/1988 e criaria discrímen tributário fundado na origem ou no destino das mercadorias.

Os Estados, por sua vez, nas manifestações acostadas aos autos judiciais, ponderaram que a exigência constitucional de lei complementar se limita à previsão de normas gerais, isto é, aquelas dotadas de

---

[464] Esse posicionamento dialoga com o entendimento de André Mendes Moreira que, em palestra virtual organizada pela Associação Brasileira de Direito Financeiro – ABDF, aos 10 mar. 2021, sugeriu a modificação da LC nº 175/2020, a fim de se evitar a concentração da arrecadação em poucos Municípios. O vídeo pode ser acessado em: https://www.youtube.com/watch?v=xaOjUC8gxmg. Acesso em: 20 mai. 2021.

generalidade,[465] e que a LC nº 87/1996 já contém a normativa necessária no que se refere ao fato gerador, base de cálculo e contribuintes. Dessa forma, aquele que realiza a venda é o contribuinte do imposto, o que se encontra em sintonia com o arquétipo traçado pela Lei Kandir.[466]

Ademais, assinalou-se que a cláusula impugnada estabelece o cumprimento de obrigações acessórias, o que é compatível com o art. 113, §2º, CTN, que prevê que a legislação tributária – que abarca decretos e normas complementares, nos termos do art. 96, CTN – e não apenas a lei em sentido formal, pode instituir deveres instrumentais.

Finalmente, remarcou-se que a obrigação de cadastramento nas diversas unidades federativas consiste em norma de caráter igualitário, que "cristaliza o princípio da livre concorrência e protege os fornecedores de qualquer agressão às regras de livre mercado",[467] permitindo que as operações sigam a mesma padronização por todos os Estados.[468]

Portanto, verifica-se que essa cláusula quarta busca materializar o dispositivo da cláusula anterior, ao qual está intimamente vinculada. Se a cláusula terceira trouxe a construção de que as operações virtuais seriam internas ou internacionais, mas não interestaduais, a presente cláusula dispôs acerca do cumprimento de obrigações acessórias pelo contribuinte. Do ponto de vista estritamente formal, entende-se que não há óbice a que os convênios estabeleçam obrigações acessórias, tendo em vista que a locução "legislação tributária", prevista no art. 96, CTN, também os alcança.

No entanto, impõe-se analisar se as obrigações acessórias impostas atendem aos comandos da proporcionalidade e da razoabilidade. Afinal, à luz desses princípios, mostra-se razoável exigir que a pessoa jurídica detentora do *site* proceda ao cadastramento em cada uma das unidades da federação, ainda que esse cadastro não deva ser feito de forma presencial? Isso efetivamente atende aos princípios da livre-iniciativa e da livre concorrência? Ou, ao contrário, ao mitigar o princípio da origem na tributação do ICMS, a própria EC nº 87/2015 já teria admitido a viabilidade do cumprimento das obrigações acessórias nos diversos estados de destino?

---

[465] Manifestação da Procuradoria Geral do Distrito Federal.

[466] Art. 4º, LC nº 87/1996. Contribuinte é qualquer pessoa, física ou jurídica, que realize, com habitualidade ou em volume que caracterize intuito comercial, operações de circulação de mercadoria ou prestações de serviços de transporte interestadual e intermunicipal e de comunicação, ainda que as operações e as prestações se iniciem no exterior.

[467] Manifestação da Secretaria de Fazenda do Estado do Rio de Janeiro.

[468] Manifestação da Secretaria de Fazenda do Estado de São Paulo.

Assim como destacado nos comentários à cláusula anterior, a se entender que todas essas matérias apenas poderiam ser exigíveis mediante lei complementar, a partir das premissas firmadas na ADI nº 5.469/DF, a modulação de efeitos das ADIs nº 1.945/MT e nº 5.659/MG não atingiria eventual legislação estadual que haja sido editada com base nesse dispositivo do Convênio nº 106/2017, tendo em vista que o fundamento daquela modulação deu-se com base na inconstitucionalidade da incidência tributária, e não em um juízo de ilegalidade.

> Cláusula quinta. Nas operações de que trata este convênio, as unidades federadas poderão atribuir a responsabilidade pelo recolhimento do imposto:
>
> I – àquele que realizar a oferta, venda ou entrega do bem ou mercadoria digital ao consumidor, por meio de transferência eletrônica de dados, em razão de contrato firmado com o comercializador;
>
> II – ao intermediador financeiro, inclusive a administradora de cartão de crédito ou de outro meio de pagamento;
>
> III – ao adquirente do bem ou mercadoria digital, na hipótese de o contribuinte ou os responsáveis descritos nos incisos anteriores não serem inscritos na unidade federada de que trata a cláusula quarta;
>
> IV – à administradora de cartão de crédito ou débito ou à intermediadora financeira responsável pelo câmbio, nas operações de importação.

Este dispositivo foi reputado por inconstitucional diante da alegação de que o art. 146, III, a, CRFB/1988 e o art. 155, §2º, XII, d, CRFB/1988 teriam sido violados, sob o fundamento, bastante similar àquele utilizado para impugnar a cláusula quarta, de que o convênio teria invadido competência própria da lei complementar tributária, eis que apenas esta poderia estabelecer normas sobre responsabilidade tributária.

Segundo essa perspectiva, a determinação da cláusula quinta teria ido além da definição de sujeito passivo prevista no art. 128, CTN, mostrando-se possível identificar entendimentos pela inconstitucionalidade total[469] ou parcial do dispositivo. E, mesmo para aqueles que adotam a concepção de que apenas alguns incisos da cláusula quinta seriam inconstitucionais, controverte-se acerca de que hipóteses seriam essas.

---

[469] PISCITELLI, Tathiane. A inconstitucionalidade do convênio ICMS 106/2017 e a incidência do ICMS sobre bens digitais. *In*: PISCITELLI, Tathiane; LARA, Daniela Silveira. (Coord.). *Tributação da Economia Digital*. 2. ed. São Paulo: Thomson Reuters Brasil, 2020. p. 38-39.

Uma posição doutrinária defende que o anunciante/ofertante, o entregador, o intermediador financeiro e a administradora do cartão de crédito não têm relação com o fato gerador (incisos I, II e IV). Por essa visão, quando o inciso I faz menção àquele que realiza a venda, haveria uma ilegalidade, além de uma certa inutilidade no dispositivo, considerando que o vendedor, em regra, já é o contribuinte do ICMS.

Nessa linha, defende-se que a única hipótese de responsabilidade efetivamente válida prevista na cláusula quinta do Convênio seria aquela descrita no seu inciso III, desde que interpretada no sentido de que se trate de adquirente que não seja o consumidor final da mercadoria.[470]

Outra posição doutrinária sustenta que apenas os incisos II e IV seriam inconstitucionais, tendo em vista que a intermediadora financeira e a administradora do cartão de crédito não têm relação com o fato gerador. Contudo, com relação aos demais incisos, reputou-se válida a previsão do convênio, diante do art. 9º, LC nº 87/1996, que admite acordos entre os Estados para regular a substituição tributária.[471]

Os Estados, a seu turno, destacaram que a cláusula quinta apenas facultou aos entes federativos, respeitado o art. 6º da LC nº 87/1996[472] e as competências próprias de cada ente,[473] a possibilidade de virem a dispor, através de lei ordinária,[474] acerca de normas sobre responsabilidade tributária, o que se compatibiliza com o art. 128, CTN.

Por conseguinte, depreende-se, que a discussão em torno da constitucionalidade da cláusula quinta problematiza, uma vez mais, a suficiência do texto da LC nº 87/1996 para, por si só, abarcar as hipóteses de responsabilidade arroladas. De outro lado, a questão envolvendo a responsabilidade tributária no âmbito da economia digital, notadamente no que se refere às plataformas digitais, vai muito além da previsão

---

[470] NAVARRO, Carlos Eduardo de Arruda; SILVEIRA, João Vitor Kanufre Xavier da. Quem deve se preocupar com o Convênio nº 106/2017? *Revista Fórum de Direito na Economia Digital – RFDED*, Belo Horizonte, a. 2, n. 02, p. 50-53, jan./jun. 2018.

[471] NATAL, Eduardo Gonzaga Oliveira de; GUARDA, Renato Augusto Figueiredo. A tributação sobre a transmissão eletrônica dos bens digitais: análise da viabilidade sistêmica do Convênio ICMS 106/2017 sob o contexto da ADI nº 5958. *In*: HENARES NETO, Halley; MELO, Eduardo Soares de (Coord.). *ICMS e ISS*: tributação digital e Novos Contornos dos Conflitos de Competência. São Paulo: Intelecto, 2018. p. 81. Destaque-se, contudo, que os autores fazem essa argumentação de forma subsidiária, por adotarem a premissa de que o ICMS somente pode incidir sobre bens tangíveis.

[472] Art. 6º, LC nº 87/1996. Lei estadual poderá atribuir a contribuinte do imposto ou a depositário a qualquer título a responsabilidade pelo seu pagamento, hipótese em que assumirá a condição de substituto tributário.

[473] Manifestações das Secretarias de Fazenda do Mato Grosso e de São Paulo.

[474] Manifestação da Secretaria de Fazenda do Estado do Rio de Janeiro.

constante do Convênio nº 106/2017, a tal ponto que se pode identificar, na atualidade, uma verdadeira economia de plataforma,[475] o que representa um importante capítulo para o futuro do Direito Tributário e merece estudo à parte, não só em relação ao ICMS, mas também em relação aos demais tributos.

> Cláusula sexta. A pessoa jurídica que der saída do bem ou mercadoria digital na forma de que trata este convênio deverá emitir Nota Fiscal Eletrônica – NF-e, modelo 55.

Conforme destacado nos comentários à cláusula segunda do convênio, esse dispositivo não foi objeto de impugnação específica na ação direta, mas decorre do pedido de declaração de inconstitucionalidade por arrastamento de todas as normas do Convênio nº 106/2017, por ausência de existência autônoma. Como se verifica de sua literalidade, a cláusula se presta a dispor sobre a obrigação acessória de emissão de nota fiscal, o que não pressupõe previsão em lei em sentido formal, diante do quanto disposto nos artigos 113, §2º, CTN e 96, CTN.

> Cláusula sétima. Este convênio entra em vigor na data da publicação de sua ratificação nacional no Diário Oficial da União, produzindo efeitos a partir do primeiro dia do sexto mês subsequente ao da sua publicação.

Também em relação a esse dispositivo, que regula apenas o momento a partir do qual o Convênio nº 106/2017 começa a produzir efeitos, não houve impugnação específica, mas pedido de declaração de inconstitucionalidade por arrastamento.

4.3.2 Síntese conclusiva da ADI nº 5.958/DF: notas sobre a decisão que julgou a questão prejudicada

Verifica-se que, de forma mais intensa que nas ADIs nº 5.576/SP e nº 5.659/MG, a ADI nº 5.958/DF girou em torno da possibilidade de se reconduzir a disciplina de cada uma das cláusulas impugnadas do Convênio nº 106/2017 à normativa constante da LC nº 87/1996, o que foi feito pelos Estados federativos nas suas manifestações na citada ação direta, seja através de suas Secretarias de Fazenda, seja através de suas Procuradorias.

---

[475] LOBEL, Orly. The law of the platform. *Minnesota Law Review*, Minneapolis, v. 101, issue 1, p. 104, 2016.

A análise dessa ADI demonstra, de forma clara, que as discussões quanto ao princípio da legalidade e, mais especificamente, quanto aos limites para a exigência de lei complementar, formam um capítulo à parte em relação às discussões de ordem puramente material.

Nessa linha, o diálogo entre a lei e os decretos, de um lado, e entre a lei e os convênios, de outro, consiste em tema que requer um maior aprofundamento teórico. Afinal, os convênios de ICMS seriam uma realidade apartada dos demais convênios previstos no CTN[476] ou, ao contrário, apresentam uma zona de interseção com estes, como decorre da manifestação dos Estados?

Da análise realizada ao longo do presente, verifica-se que, embora a ADI nº 5.958/DF tenha sido julgada prejudicada, em virtude do quanto decidido na ADI nº 5.659/MG, a modulação de efeitos aplicada neste julgamento deve ser estendida àquele *cum grano salis*, tendo em vista que a discussão quanto à legalidade do Convênio nº 106/2017 é mais específica e perpassa os limites da exigência de lei complementar em relação a cada uma das cláusulas do convênio. De outro lado, o Convênio n° 106/2017 abarcou não apenas o *software*, mas outros bens digitais, pelo que teria sido importante o seu exame de mérito.

4.4 O princípio da legalidade: considerações gerais

Feitos os esclarecimentos acerca do contencioso envolvendo as ADIs de *software*, cumpre destacar, em linhas gerais, como o princípio da legalidade vem sendo abordado pela doutrina e pela jurisprudência dos Tribunais Superiores. Embora o tema seja extremamente vasto e demande um estudo à parte, busca-se, nessa oportunidade, de forma sintética, estabelecer uma relação entre os precedentes mais recentes acerca da matéria e a tributação do *software*.

Conforme já estudado no capítulo 2 da presente obra, um dos papéis centrais desempenhado pela lei complementar é o de dirimir conflitos de competência, o que, no caso específico do conflito entre o ICMS e o ISS, deve ser realizado pela conjugação entre a LC nº 116/2003 e a LC nº 87/1996, que formam um microssistema normativo.

---

[476] BRANDÃO JR., Salvador; OLIVEIRA, Fernando Luis Bernardes de. Tributação de bens digitais à luz do Convênio ICMS 106/2017: tributação das operações interestaduais e o diferencial de alíquotas. *In*: PISCITELLI, Tathiane (Coord.). *Tributação de bens digitais*: a disputa tributária entre Estados e Municípios: notas sobre o Convênio ICMS 106/2017 e outras normas relevantes. São Paulo: InHub Editora e Produtos Educacionais, 2018. p. 213.

No que se refere à necessidade de lei complementar para dispor sobre normas gerais, a Constituição assinala, em seu art. 146, III, a, que cabe à lei complementar definir os fatos geradores, as bases de cálculo e os contribuintes dos impostos, o que é reforçado, no caso do ICMS, pelo art. 155, §2º, XII, CRFB/1988. Ademais, o art. 97, CTN, através dos seus incisos III e IV, dispõe que somente a lei pode estabelecer a definição do fato gerador da obrigação tributária principal, a fixação da alíquota do tributo e de sua base de cálculo.

Nessa linha, identifica-se ampla produção acadêmica e jurisprudencial com o fim de delimitar os contornos do princípio da legalidade. Nos itens seguintes, procede-se, para fins de sistematização, a um estudo separado da produção acadêmica e da jurisprudência sobre o princípio da legalidade tributária, a fim de que se possa chegar a um denominador comum entre a pesquisa realizada e as ações diretas analisadas.

4.4.1 A legalidade na doutrina tributária

Do ponto de vista formal, um dos temas que vem ganhando espaço no Direito Tributário é o das delegações legislativas. Na delegação, diferentemente da atividade interpretativa pura, há um repasse de competência constitucional, operado pelo Poder delegante, que é necessariamente o Legislativo, em favor de um órgão ou agente estatal, dito delegado. Por essa via, há uma transferência da competência de natureza materialmente legislativa, cuja titularidade originária é do Legislativo, o que pode ocorrer no âmbito da própria instituição parlamentar ou envolver um dos demais Poderes do Estado, notadamente o Executivo.[477]

A fim de verificar a sua viabilidade, impõe-se analisar de que maneira a doutrina vem interpretando os dispositivos da Constituição de 1988 que admitiram a possibilidade de o próprio Poder Executivo alterar as alíquotas de alguns tributos. Das obras pesquisadas, optou-se por dividir os autores em três grandes grupos, conforme defendam que a viabilidade de atuação do administrador público pressuponha ou não previsão na Constituição, pelo legislador constituinte originário ou derivado.

---

[477] CASTRO, Carlos Roberto de Siqueira. *O Congresso e as Delegações Legislativas*. Rio de Janeiro: Forense, 1986. p. 81-84.

Identifica-se, em primeiro lugar, o posicionamento doutrinário de autores como Roque Carrazza[478] e Regina Helena Costa,[479] no sentido de que as mitigações ao princípio da legalidade devem ser previstas pelo legislador constituinte originário. Partindo dessa premissa, apenas as hipóteses arroladas no artigo 153 §1º, CRFB/1988 seriam constitucionais, diante da natureza extrafiscal de que essas espécies tributárias se revestem.

Segundo lecionam, a previsão contida no art. 177, §4º, I, b, CRFB/1988, que foi introduzida pela Emenda Constitucional nº 33/2001 e trouxe para o âmbito da contribuição de intervenção no domínio econômico sobre combustíveis a possibilidade de o Poder Executivo reduzir e restabelecer alíquotas, seria inconstitucional. Na visão dos citados autores, a referida emenda representa violação à cláusula pétrea consubstanciada na separação de poderes (art. 60, §4º, III, CRFB/1988), atenuando indevidamente os princípios da legalidade e da anterioridade.

Nessa primeira corrente, também pode ser incluída a posição de José Marcos Domingues de Oliveira, que sustenta que a desconstitucionalização da legalidade por emenda constitucional vulnera os artigos 5º, II e 150, I, CRFB/1988, tendo em vista que a legalidade tributária é objeto de proteção como cláusula pétrea, por se constituir como direito e garantia individual (art. 60, §4º, IV, CRFB/1988).[480]

Antes de passar-se à segunda corrente, faz-se referência ao magistério de Ives Gandra Martins,[481] que, embora à época da Emenda Constitucional nº 3/1993[482] tenha defendido a sua inconstitucionalidade por vulneração ao princípio da legalidade, curvou-se ao entendimento

---

[478] CARRAZZA, Roque Antonio. *Curso de Direito Constitucional Tributário*. 21. ed. São Paulo: Malheiros, 2005. p. 199, 296-297.

[479] COSTA, Regina Helena. *Curso de Direito Tributário*. 8. ed. São Paulo: Saraiva, 2018. p. 91-93.

[480] OLIVEIRA, José Marcos Domingues de. Direitos fundamentais, federalismo fiscal e emendas constitucionais tributárias. *In*: PIRES, Adilson Rodrigues; TÔRRES, Heleno Taveira (Org.). *Princípios de Direito Financeiro e Tributário – Estudos em homenagem ao Professor Ricardo Lobo Torres*. Rio de Janeiro: Renovar, 2006. p. 71.

[481] MARTINS, Ives Gandra da Silva. *O Sistema Tributário na Constituição*. (Co-atualizador Rogério Gandra Martins). 6. ed. São Paulo: Saraiva, 2007. p. 672-677.

[482] A Emenda nº 3/1993 introduziu o imposto sobre movimentação ou transmissão de valores e de créditos e direitos de natureza financeira (IPMF) no ordenamento brasileiro. No seu art. 2º, entre outras regras, estabeleceu a possibilidade de o Poder Executivo reduzir e restabelecer as suas alíquotas, assim como afastou o princípio da anterioridade e o regime das imunidades. Ao julgar a ADI nº 939/DF, o STF, por maioria, embora tenha decidido pela inconstitucionalidade do afastamento da anterioridade e das imunidades, manteve a validade da possibilidade de alteração de alíquotas pelo Poder Executivo (ADI nº 939/DF, rel. Min. Sydney Sanches, Tribunal Pleno, Julgamento 15.12.1993, DJ 18.03.1994).

dos tribunais superiores, para admitir uma interpretação flexibilizada do princípio quando decorrer de norma de igual hierarquia em relação ao texto originário.

Em segundo lugar, identificam-se os autores que defendem que eventuais mitigações ao princípio da legalidade devem ter assento constitucional, ainda que por meio de emenda. Essa é a corrente que parece contar com o maior número de adeptos, de forma expressa ou implícita, ainda que a construção teórica levada a cabo por cada doutrinador não seja rigorosamente a mesma.

Autores como Marco Aurélio Greco,[483] Luís Eduardo Schoueri,[484] Hugo de Brito Machado,[485] Aurélio Pitanga Seixas Filho,[486] Ricardo Lodi Ribeiro[487] e Paulo Rosenblatt[488] afirmam que, não fora a autorização contida na Constituição, o Poder Executivo não poderia alterar alíquotas previstas em lei.

Ricardo Lobo Torres, por sua vez, cuja obra também pode ser classificada nesse grupo, pondera que o art. 153, §1º, CRFB/1988 consagra uma hipótese do que ele denominou como deslegalização. Em acréscimo, o autor assevera que a Emenda nº 33/2001 encampou o fenômeno da flexibilização da legalidade, característica dos tributos contraprestacionais,[489] sobre os quais se discorrerá na análise jurisprudencial do item seguinte.

Finalmente, a terceira corrente, que é aquela defendida nesta obra,[490] admite que, mesmo fora das hipóteses expressamente ressalvadas

---

[483] GRECO, Marco Aurélio. Alíquota de IPI: controlar o decreto de fixação e a ação administrativa de aplicação. *In*: PIRES, Adilson Rodrigues; TÔRRES, Heleno Taveira (Org.). *Princípios de Direito Financeiro e Tributário – Estudos em homenagem ao Professor Ricardo Lobo Torres*. Rio de Janeiro: Renovar, 2006. p. 933. Contudo, à luz da EC nº 1/1969, o autor publicou artigo admitindo a existência de lei delegada para criar tributos no Direito brasileiro, a partir da análise do sistema constitucional então vigente. GRECO, Marco Aurélio. Transferibilidade de competência tributária. *Revista de Direito Público*, São Paulo, n. 25, p. 220-221, jul./ set. 1973.

[484] SCHOUERI, Luís Eduardo. *Direito Tributário*. 9. ed. São Paulo: Saraiva, 2019. p. 324.

[485] MACHADO, Hugo de Brito. *Curso de Direito Tributário*. 27. ed. São Paulo: Malheiros, 2006. p. 57.

[486] SEIXAS FILHO, Aurélio Pitanga. Princípio da Legalidade. *In*: MARTINS, Ives Gandra da Silva (Coord.). *Caderno de Pesquisas Tributárias nº 6, princípio da legalidade*. São Paulo: Resenha Tributária, 1981. p. 107.

[487] RIBEIRO, Ricardo Lodi. *A Segurança Jurídica do Contribuinte (Legalidade, Não Surpresa e Proteção à Confiança Legítima)*. Rio de Janeiro: Lumen Juris, 2008. 92-93, 168-171.

[488] ROSENBLATT, Paulo. *Competência Regulamentar no Direito Tributário Brasileiro*: legalidade, delegações legislativas e controle judicial. São Paulo: MP Editora, 2009. p. 141-145.

[489] TORRES, Ricardo Lobo. *Tratado de Direito Constitucional Financeiro e Tributário*: valores e princípios Constitucionais Tributários. Rio de Janeiro: Renovar, 2014. v. 2, p. 424, 436-437.

[490] ROCHA, Sergio André; FEITOSA, Maurine Morgan Pimentel. PIS/COFINS sobre o

no Texto Constitucional, é possível que o legislador, mediante parâmetros objetivamente justificados, transfira competências legislativas ao Poder Executivo.

Nesse sentido, Sergio André Rocha arrola quatro requisitos para a viabilidade de uma delegação legislativa em matéria tributária. Em primeiro lugar, remarca a necessidade de sua possibilidade jurídica, isto é, a mesma deve ser permitida ou não deve haver vedação implícita ou explícita pela Constituição Federal à sua realização.

Em segundo lugar, o ato específico de delegação deve estabelecer os limites em que será legítima a atuação do delegatário. Assim, a atuação deste último deve pautar-se pelos *standards* ou critérios previstos na norma delegatória. Em terceiro lugar, o poder delegante permanece com a competência legislativa plena para legislar, ou seja, pode excluir a competência que delegou, a qualquer momento, ao mesmo tempo em que o delegatário não pode transferi-la para outrem. Finalmente, a legitimidade da delegação pressupõe mecanismos de controle da atividade delegada, seja pelo próprio Poder Legislativo, seja pelo Poder Judiciário.[491]

Ainda nesse rol, é possível fazer referência a posicionamento doutrinário pelo qual as hipóteses excepcionais que constam no Texto Constitucional representam situações de tributação extrafiscal antevistas pelo constituinte, o que não significa que "os planejadores do sistema constitucional tenham desejado tolher toda a liberdade criativa do legislador no que concerne à cobrança de tributos, especialmente em situações complexas e potencialmente extrafiscais".[492]

Embora minoritária, essa terceira corrente dialoga mais de perto com a concepção do Direito Administrativo, que concebe o Poder Executivo como inserido numa realidade não só de separação, mas também de diálogo institucional entre os Poderes, na qual as capacidades normativas da Administração Pública, ao invés de negadas, devem ser

---

etanol e o princípio da legalidade: uma análise à luz da ADI nº 5.277. *Revista Fórum de Direito Tributário*, Belo Horizonte, a. 17, n. 100, p. 49, jul./ago. 2019.

[491] ROCHA, Sergio André. A Deslegalização no Direito Tributário Brasileiro Contemporâneo. *In*: BORJA, Célio; RIBEIRO, Ricardo Lodi (Org.). *Temas de Direito Público*: estudos em homenagem ao professor Flávio Bauer Novelli – Constituição e Cidadania. Rio de Janeiro: Multifoco, 2015. v. 1, p. 518-520, 533. Observe-se que Sergio André Rocha, diferentemente de Ricardo Lobo Torres, utiliza a nomenclatura deslegalização para admitir a delegação legislativa em matéria tributária.

[492] MONTEIRO NETO, Clóvis. Legalidade tributária e delegação legislativa: reflexões sobre o caso do PIS/COFINS sobre receitas financeiras. *Jota*, 11 jun. 2017. Disponível em: https://jota.info/colunas/contraditorio/legalidade-tributaria-e-delegacao-legislativa-12062017. Acesso em: 15 jan. 2021.

parametrizadas, procedimentalizadas e passíveis de controles internos e externos.[493] Ademais, esse posicionamento adota o pressuposto de que o art. 25, ADCT, que veda a existência de delegações legislativas no ordenamento brasileiro, sofreu uma mutação constitucional, sendo reinterpretado pela jurisprudência do STF em diferentes segmentos do ordenamento jurídico.[494]

Diante da inegável influência exercida pela jurisprudência na delimitação dos contornos do princípio da legalidade, passa-se, a partir do item seguinte, a verificar os seus possíveis influxos em matéria tributária e, mais especificamente, no que se refere à tributação da economia digital.

4.4.2 A legalidade na jurisprudência do STF e do STJ

A jurisprudência dos Tribunais Superiores tem sido oscilante quanto aos limites da exigência de lei em matéria tributária, embora alguns parâmetros tenham sido traçados, especialmente pela jurisprudência do STF. Por meio de precedentes julgados em outubro de 2016, o STF admitiu a possibilidade de o legislador atribuir ao administrador público a fixação do valor do tributo devido, desde que haja parâmetros máximos fixados em lei.

Nessa série de julgamentos, o primeiro precedente analisado foi a ADI nº 4.697/DF,[495] em que foi questionada a constitucionalidade dos artigos 3º, 4º, 6º, 7º, 8º, 9º, 10 e 11 da Lei nº 12.514/2011, que regula as contribuições devidas aos conselhos profissionais (anuidades), nos termos do art. 149, CRFB/1988. Para os fins da presente obra, cumpre fazer referência ao art. 6º da lei questionada,[496] que, ao fixar o *quantum*

---

[493]   CYRINO, André. *Delegações Legislativas, Regulamentos e Administração Pública.* Belo Horizonte: Fórum, 2018. p. 30-31.

[494]   Para uma abordagem mais detalhada sobre os limites do art. 25, ADCT, cf.: CYRINO, André; NUNES, Daniel Capecchi. A Constituição, as instituições e as delegações legislativas: um caso de mutação. *Revista de Direito Administrativo e Constitucional,* Belo Horizonte, a. 17, n. 70, p. 185-188, out./dez. 2017.

[495]   ADI nº 4.697/DF, rel. Min. Edson Fachin, Tribunal Pleno, Julgamento 06.10.2016, DJe 30.03.2017.

[496]   Art. 6º, Lei nº 12.514/2011. *As anuidades cobradas pelo conselho serão no valor de:*
I. para profissionais de nível superior: até R$500,00 (quinhentos reais);
II. para profissionais de nível técnico: até R$250,00 (duzentos e cinquenta reais); e
III. para pessoas jurídicas, conforme o capital social, os seguintes valores máximos:
a) até R$50.000,00 (cinquenta mil reais): R$500,00 (quinhentos reais);
b) acima de R$50.000,00 (cinquenta mil reais) e até R$200.000,00 (duzentos mil reais): R$1.000,00 (mil reais);
c) acima de R$200.000,00 (duzentos mil reais) e até R$500.000,00 (quinhentos mil reais):

do tributo, estabelece faixas de valor até um determinado montante, a depender do nível de escolaridade dos profissionais ou do capital social da empresa. Ademais, o §2º do citado artigo confere aos próprios conselhos profissionais a prerrogativa de fixar o valor da exação tributária.

Ao apreciar a referida ADI, o Plenário do STF, seguindo o voto condutor do Min. Edson Fachin, decidiu que as anuidades consistem em modalidade tributária (contribuições de interesse das categorias profissionais) e, portanto, sujeitam-se à aplicação do princípio da legalidade previsto no art. 150, I, CRFB/1988. Contudo, ponderou que a previsão de um teto para que a autarquia profissional fixasse o valor da tributação satisfazia o princípio da legalidade, destacando, entre outros fatores, que o mandamento constitucional estaria suficientemente satisfeito, considerando a observância aos princípios da praticabilidade, da parafiscalidade e da tipicidade.

Cabe pontuar, para fins de registro, que a lei também concedeu às autarquias profissionais a faculdade de estabelecer o valor das isenções, que se submetem à disciplina constitucional própria (artigo 150, §6º, CRFB/1988), pela qual há a necessidade de edição de lei específica, o que não foi enfrentado pelo voto condutor. Segue a ementa da decisão, *verbis*:

> AÇÕES DIRETAS DE INCONSTITUCIONALIDADE. JULGAMENTO CONJUNTO. DIREITO TRIBUTÁRIO. CONSELHOS PROFISSIONAIS. AUTARQUIAS FEDERAIS. CONTRIBUIÇÃO SOCIAL DE INTERESSE PROFISSIONAL. ANUIDADES. ART. 149 DA CONSTITUIÇÃO DA REPÚBLICA. LEI COMPLEMENTAR. PERTINÊNCIA TEMÁTICA. CAPACIDADE CONTRIBUTIVA. LEGALIDADE TRIBUTÁRIA. PRATICABILIDADE. PARAFISCALIDADE. LEI FEDERAL Nº 12.514/2011. 1. A jurisprudência desta Corte se fixou no sentido de serem

---

R$1.500,00 (mil e quinhentos reais);

d) acima de R$500.000,00 (quinhentos mil reais) e até R$1.000.000,00 (um milhão de reais): R$2.000,00 (dois mil reais);

e) acima de R$1.000.000,00 (um milhão de reais) e até R$2.000.000,00 (dois milhões de reais): R$2.500,00 (dois mil e quinhentos reais);

f) acima de R$2.000.000,00 (dois milhões de reais) e até R$10.000.000,00 (dez milhões de reais): R$3.000,00 (três mil reais);

g) acima de R$10.000.000,00 (dez milhões de reais): R$4.000,00 (quatro mil reais).

§1º. Os valores das anuidades serão reajustados de acordo com a variação integral do Índice Nacional de Preços ao Consumidor INPC, calculado pela Fundação Instituto Brasileiro de Geografia e Estatística IBGE, ou pelo índice oficial que venha a substituí-lo.

§2º. *O valor exato da anuidade*, o desconto para profissionais recém-inscritos, os critérios de isenção para profissionais, as regras de recuperação de créditos, as regras de parcelamento, garantido o mínimo de 5 (cinco) vezes, e a concessão de descontos para pagamento antecipado ou à vista, *serão estabelecidos pelos respectivos conselhos federais*. (Grifos nossos).

os conselhos profissionais autarquias de índole federal. Precedentes: MS nº 10.272, de relatoria do Ministro Victor Nunes Leal, Tribunal Pleno, DJ 11.07.1963; e MS nº 22.643, de relatoria do Ministro Moreira Alves, DJ 04.12.1998. 2. *Tendo em conta que a fiscalização dos conselhos profissionais envolve o exercício de poder de polícia, de tributar e de punir, estabeleceu-se ser a anuidade cobrada por essas autarquias um tributo, sujeitando-se, por óbvio, ao regime tributário pátrio.* Precedente: ADI nº 1.717, de relatoria do Ministro Sydney Sanches, Tribunal Pleno, DJ 28.03.2003. 3. *O entendimento iterativo do STF é na direção de as anuidades cobradas pelos conselhos profissionais caracterizarem-se como tributos da espécie "contribuições de interesse das categorias profissionais", nos termos do art. 149 da Constituição da República.* Precedente: MS nº 21.797, Rel. Min. Carlos Velloso, Tribunal Pleno, DJ 18.05.2001. 4. Não há violação à reserva de lei complementar, porquanto é dispensável a forma da lei complementar para a criação das contribuições de intervenção no domínio econômico e de interesse das categorias profissionais. Precedentes. 5. Em relação à ausência de pertinência temática entre a emenda parlamentar incorporada à Medida Provisória nº 536/2011 e o tema das contribuições devidas aos conselhos profissionais em geral, verifica-se que os efeitos de entendimento da ADI nº 5.127, de relatoria da Ministra Rosa Weber e com acórdão por mim redigido, não se aplica à medida provisória editada antes da data do julgamento, uma vez que a este foi emprestada eficácia prospectiva. 6. A Lei nº 12.514/2011 ora impugnada observou a capacidade contributiva dos contribuintes, pois estabeleceu razoável correlação entre a desigualdade educacional e a provável disparidade de rendas auferidas do labor de pessoa física, assim como por haver diferenciação dos valores das anuidades baseada no capital social da pessoa jurídica contribuinte. 7. *Não ocorre violação ao princípio da reserva legal, uma vez que o diploma impugnado é justamente a lei em sentido formal que disciplina a matéria referente à instituição das contribuições sociais de interesse profissional para aqueles conselhos previstos no art. 3º da Lei nº 12.514/11. 8. No tocante à legalidade tributária estrita, reputa-se ser adequada e suficiente a determinação do mandamento tributário no bojo da lei impugnada, por meio da fixação de tetos aos critérios materiais das hipóteses de incidência das contribuições profissionais, à luz da chave analítica formada pelas categorias da praticabilidade e da parafiscalidade.* Doutrina. 9. Ações Diretas de Inconstitucionalidade improcedentes. (ADI nº 4.697/ DF, rel. Min. Edson Fachin, Tribunal Pleno, Julgamento 06.10.2016, DJe 30.03.2017). (Grifos nossos).

Contemporaneamente à decisão referente às anuidades devidas aos conselhos profissionais, o STF julgou recurso extraordinário, de relatoria do Min. Dias Toffoli, em que eram questionadas disposições legais acerca da Anotação de Responsabilidade Técnica (ART), que é taxa de polícia devida aos Conselhos de Engenharia, Arquitetura e

Agronomia.

Nesse precedente,[497] o STF decidiu que é constitucional a previsão da Lei nº 6.994/1982,[498] que estabelece o limite máximo para o valor da ART,[499] a partir do qual o Conselho Federal de Engenharia, Arquitetura e Agronomia (CONFEA)[500] fixa o valor exato do tributo. Nessa oportunidade, o STF entendeu que, desde que a lei estipule os elementos essenciais da exação, assim entendidos como a materialidade da regra matriz de incidência e os sujeitos ativo e passivo do tributo, é admissível que regulamento do conselho profissional estabeleça o valor da taxa em proporção razoável com os custos da atuação estatal.

Nesse sentido, foi publicado o tema nº 829, estabelecendo, em sede de repercussão geral, a tese de que:

> Não viola a legalidade tributária a lei que, prescrevendo o teto, possibilita o ato normativo infralegal fixar o valor de taxa em proporção razoável com os custos da atuação estatal, valor esse que não pode ser atualizado por ato do próprio conselho de fiscalização em percentual superior aos índices de correção monetária legalmente previstos.

No entanto, o STF entendeu que há violação ao art. 150, I, CRFB/1988, na hipótese de a lei não estabelecer parâmetros, conferindo autorização genérica para os conselhos de fiscalização profissionais fixarem as contribuições anuais devidas por pessoas físicas e jurídicas,

---

[497] RE nº 838.284/SC, rel. Min. Dias Toffoli, Tribunal Pleno, Julgamento 19.10.2016, DJe 22.09.2017.

[498] Art. 2º, Lei nº 6.994/1982. Cabe às entidades referidas no art. 1º desta Lei a fixação dos valores das taxas correspondentes aos seus serviços relativos e atos indispensáveis ao exercício da profissão, restritas aos abaixo discriminados e observados os seguintes limites máximos:
(...)
Parágrafo único. O disposto neste artigo não se aplica às taxas referentes à Anotação de Responsabilidade Técnica – ART, criada pela *Lei nº 6.496, de 7 de dezembro de 1977*, as quais poderão ser fixadas *observado o limite máximo de 5 MVR*. (Grifos nossos).

[499] Em precedente sobre a anterior legislação que regia a ART (Lei nº 6.496/19770), o STF entendeu pela sua inconstitucionalidade, sob o fundamento de que havia violação ao princípio da reserva legal. Entretanto, a Lei nº 6.496/1977, diferentemente da Lei nº 6.994/1982, não fixava valores máximos para a fixação da ART, delegando ao Conselho Federal de Engenharia, Arquitetura e Agronomia a competência para fixar o valor da taxa *ad referendum* do Ministro do Trabalho, cf.: ARE nº 748.445 RG/SC, rel. Min. Ricardo Lewandowski, Tribunal Pleno, Julgamento 31.10.2013, DJe 12.02.2014.

[500] Art. 2º, Lei nº 6.496/1977. A ART define para os efeitos legais os responsáveis técnicos pelo empreendimento de engenharia, arquitetura e agronomia.
[...]
§2º. O CONFEA fixará os critérios e os valores das taxas da ART *ad referendum* do Ministro do Trabalho.

o que conferiria puro arbítrio ao administrador.[501] Dessa forma, foi declarada a inconstitucionalidade do art. 2º da Lei nº 11.000/2004 e, por arrastamento, do seu §1º.[502]

A partir desse precedente, foi, igualmente, publicado o tema nº 540, por meio do qual, em sede de repercussão geral, foi estabelecido que:

> É inconstitucional, por ofensa ao princípio da legalidade tributária, lei que delega aos conselhos de fiscalização de profissões regulamentadas a competência de fixar ou majorar, sem parâmetro legal, o valor das contribuições de interesse das categorias profissionais e econômicas, usualmente cobradas sob o título de anuidades, vedada, ademais, a atualização desse valor pelos conselhos em percentual superior aos índices legalmente previstos.

Em seu voto, após tecer as considerações teóricas referidas no precedente anterior, acerca da taxa de anotação de responsabilidade técnica, o Ministro relator destacou que a lei impugnada não estabelece uma relação de complementaridade e subordinação com o regulamento, diante da ausência de parâmetros legais para a fixação do tributo devido, o que representa verdadeira degradação da reserva legal, permitindo o puro arbítrio do administrador.

Em matéria de legalidade tributária, cabe, ainda, fazer referência a precedente do STF, no qual foram travados importantes debates em Plenário, acerca dos limites do princípio da legalidade e da possibilidade de a lei, de forma objetivamente justificada, conferir ao Poder Executivo a fixação da base de cálculo do IPTU.

Cuidou-se de recurso extraordinário interposto pelo Município de Belo Horizonte, por meio do qual o ente municipal questionou acórdão do Tribunal de Justiça local que reconheceu a inconstitucionalidade da majoração, no exercício de 2006, do valor venal do imóvel através de ato infralegal.

O Município de Belo Horizonte alegou, em síntese, que a lei municipal conferia ao Poder Executivo a prerrogativa de estabelecer o

---

[501] RE nº 704.292/PR, rel. Min. Dias Toffoli, Tribunal Pleno, Julgamento 19.10.2016, DJe 03.08.2017.

[502] Art. 2º, Lei nº 11.000/2004. Os Conselhos de fiscalização de profissões regulamentadas são autorizados a fixar, cobrar e executar as contribuições anuais, devidas por pessoas físicas ou jurídicas, bem como as multas e os preços de serviços, relacionados com suas atribuições legais, que constituirão receitas próprias de cada Conselho.
§1º. Quando da fixação das contribuições anuais, os Conselhos deverão levar em consideração as profissões regulamentadas de níveis superior, técnico e auxiliar.

valor venal dos imóveis, através de mapa de valores genéricos, isto é, defendeu que a lei continha parâmetros gerais que seriam fixados pelo Executivo por meio do referido mapa de valores. Ademais, sustentou que o valor venal deveria corresponder ao valor real dos imóveis, fruto de minuciosa pesquisa imobiliária efetuada.

O Min. Gilmar Mendes, em seu voto, destacou que o entendimento firmado pelo Tribunal de Justiça de Minas Gerais está em consonância com a jurisprudência sedimentada do STF, que, para fins de majoração de base de cálculo, entende imprescindível a edição de lei em sentido formal, salvo em caso de mera atualização do valor monetário da base de cálculo (art. 97, §2º, CTN).

Em nome da reserva legal e do princípio democrático, defendeu o Min. Gilmar Mendes que a definição e a majoração da base de cálculo de um tributo constituem matérias de atuação exclusiva do Poder Legislativo, não se admitindo que o Poder Executivo se utilize da via do decreto com tal intento.

O recurso extraordinário do Município de Belo Horizonte foi desprovido, diante das razões apresentadas pelo Min. Gilmar Mendes e que foram acompanhadas à unanimidade pelos demais Ministros, nos termos da ementa que segue, *verbis*:

> 1. Recurso extraordinário. 2. Tributário. 3. Legalidade. 4. IPTU. Majoração da base de cálculo. Necessidade de lei em sentido formal. 5. Atualização monetária. Possibilidade. 6. *É inconstitucional a majoração do IPTU sem edição de lei em sentido formal, vedada a atualização, por ato do Executivo, em percentual superior aos índices oficiais.* 7. Recurso extraordinário não provido. (RE nº 648.245/MG, rel. Min. Gilmar Mendes, Tribunal Pleno, Julgamento 01.08.2013, DJe 24.02.2014). (Grifo nosso).

Entretanto, merecem nota as reflexões feitas pelo Min. Luís Roberto Barroso, que, em seu voto, embora não destoasse das conclusões do Min. Gilmar Mendes, por constatar que, no caso concreto, a lei do Município de Belo Horizonte estava sendo alterada por um decreto, teceu importantes ponderações sobre o princípio da legalidade.

Consoante assinalou, o STF precisa repensar a possibilidade de a lei, mediante parâmetros objetivos, razoáveis e controláveis, delegar ao Executivo a majoração da base de cálculo do IPTU, sob pena de excessivo engessamento do Município. Nessa linha, defendeu que é preciso encontrar um ponto de equilíbrio entre a proteção dos contribuintes e da Fazenda.

No mesmo sentido, o Min. Luiz Fux remarcou que a doutrina tem mitigado o princípio da legalidade estrita, rememorando que, no julgamento do RE nº 343.446/SC, já referido no capítulo 2 da presente obra, o STF admitiu que os regulamentos complementassem o conteúdo que constava da lei do Seguro de Acidente de Trabalho (SAT).

No que se refere especificamente à delimitação da base de cálculo do IPTU, em acréscimo aos argumentos anteriormente referidos, não se pode deixar de assinalar o posicionamento doutrinário que pondera que a lei deve se ater apenas à fixação da base de cálculo do tributo, mas não à base calculada. Diante disso, o próprio administrador público poderia estabelecer a planta de valores dos imóveis,[503] o que, entretanto, não tem prevalecido na jurisprudência dos tribunais superiores.[504]

Como o contencioso constitucional acerca dos contornos do princípio da legalidade tem sido feito de forma cíclica e bastante analítica, a questão voltou à pauta do STF através do julgamento da ADI nº 5.277/DF,[505] na qual foram apreciados dispositivos específicos referentes à incidência de PIS/PASEP e COFINS sobre o etanol, inclusive para fins carburantes. O voto condutor do Min. Dias Toffoli reportou-se aos precedentes do SAT, da ART e das anuidades, ressaltando que o princípio da legalidade tributária apresenta contornos diferentes a depender do grau de coatividade do tributo.

Por essa visão, os tributos dos quais não decorre uma contraprestação direta para o contribuinte foram entendidos como mais coativos e, assim, a legalidade foi interpretada como mais rígida em relação a eles. Segundo assinalado pelo Min. Dias Toffoli, esse entendimento seria aplicável não só a impostos, mas a contribuições com fato gerador próprio de imposto. Já no caso de taxas, contribuições de melhoria e contribuições com fato gerador de taxa, a legalidade seria mitigada, diante do caráter retributivo dessas exações.

---

[503] FERRAZ, Luciano; GODOI, Marciano Seabra de; SPAGNOL, Werther Botelho. *Curso de Direito Financeiro e Tributário*. 3. ed. Belo Horizonte: Fórum, 2020. p. 500-501.

[504] RIBEIRO, Ricardo Lodi. *A Segurança Jurídica do Contribuinte (Legalidade, Não Surpresa e Proteção à Confiança Legítima)*. Rio de Janeiro: Lumen Juris, 2008. p. 112. O autor leciona que, embora a regulação da base de cálculo de um tributo pressuponha lei, a sua mensuração pode ser efetuada pela Administração. No caso específico do IPTU, em que a base de cálculo do imposto é o valor venal do imóvel (art. 33, CTN), isto é, o valor de mercado, sustenta que caberia à Administração avaliar os imóveis do Município, através de uma planta de valores. No entanto, observa que os tribunais brasileiros têm entendido que a alteração da planta de valores está submetida à reserva legal.

[505] ADI nº 5.277/DF, rel. Min. Dias Toffoli, Tribunal Pleno, Julgamento 10.12.2020, DJe 25.03.2021. Para uma leitura mais aprofundada do tema, cf.: ROCHA, Sergio André; FEITOSA, Maurine Morgan Pimentel. PIS/COFINS sobre o etanol e o princípio da legalidade: uma análise à luz da ADI nº 5.277. *Revista Fórum de Direito Tributário*, Belo Horizonte, a. 17, n. 100, p. 33-52, jul./ago. 2019.

Com base nesses pressupostos, no caso concreto, decidiu-se que a viabilidade da flexibilização da legalidade tributária em relação às alíquotas do PIS/PASEP e COFINS sobre o etanol pressupunha não só a fixação de tetos, mas também que estivesse em questão o desempenho de uma função extrafiscal, ainda que não houvesse previsão expressa dessa finalidade na legislação apreciada.

Dessa forma, a Corte deliberou pela constitucionalidade dos dispositivos impugnados, por reputar atendidos os requisitos anteriores, ressalvando que "as normas editadas pelo Poder Executivo com base nesses parágrafos devem observar a anterioridade nonagesimal prevista no art. 150, III, c, do texto constitucional".

Na mesma sessão de julgamento da ADI nº 5.277/DF, o STF apreciou o RE nº 1.043.313/RS (tema nº 939 da repercussão geral),[506] no qual se discutia a incidência de PIS/PASEP e COFINS sobre receitas financeiras de pessoas jurídicas sujeitas ao regime não cumulativo. Valendo-se dos mesmos pressupostos teóricos descritos anteriormente, a Corte decidiu pela constitucionalidade do art. 27, §2º, da Lei nº 10.865/2004,[507] que admite a redução e o posterior restabelecimento de alíquotas pelo Poder Executivo.

Portanto, a partir dos precedentes já julgados, infere-se que a tendência da atual composição do STF caminha no sentido de conceber a legalidade com contornos diferentes para impostos, de um lado, e para taxas e contribuições parafiscais, de outro, considerando que, no caso destas duas últimas exações, existe uma atividade estatal subjacente, o que leva a uma maior carga de cognição dos regulamentos, notadamente em matéria técnica.

Paralelamente a essa constatação, verifica-se que o STF, sem prejuízo da necessidade de maior aprimoramento da argumentação utilizada,[508] vem progressivamente admitindo a alteração do aspecto quantitativo do fato gerador de um tributo (notadamente através da fixação de faixas de valores), sem a necessidade de correspondente

---

[506] RE nº 1.043.313/RS, rel. Min. Dias Toffoli, Tribunal Pleno, Julgamento 10.12.2020, DJe 25.03.2021.

[507] Art. 27, §2º, Lei nº 10.865/2004. O Poder Executivo poderá, também, reduzir e restabelecer, até os percentuais de que tratam os incisos I e II do caput do art. 8º desta Lei, as alíquotas da contribuição para o PIS/PASEP e da COFINS incidentes sobre as receitas financeiras auferidas pelas pessoas jurídicas sujeitas ao regime de não-cumulatividade das referidas contribuições, nas hipóteses que fixar.

[508] Para uma análise crítica dos referidos precedentes, destacando que, nos julgamentos em Plenário, diversos Ministros alteraram o entendimento que vinham adotando em decisões monocráticas, sem explicitar as razões para tanto, cf.: LANNES, Daniel. *Legalidade Tributária*. São Paulo: Quartier Latin, 2018. p. 219-225.

previsão constitucional, ainda que não assuma ou justifique essa postura expressamente.

Afinal, a Constituição não apresenta dispositivo que autorize a lei, seja para a anotação de responsabilidade técnica, seja para as anuidades ou contribuições da seguridade social, a apenas fixar um teto para fins de quantificação do tributo devido. Em verdade, trata-se de construção elaborada pelo STF, que entendeu que, por essa via, a legalidade estaria suficientemente satisfeita, sem prejuízo das críticas doutrinárias a esses julgamentos.[509]

Já no que se refere especificamente às mitigações ao princípio da legalidade em matéria de impostos,[510] o voto do Min. Dias Toffoli na ADI nº 5.277/DF e no RE nº 1.043.313/RS afirmou, em *obiter dictum*, que eventuais flexibilizações à legalidade deveriam decorrer de uma função extrafiscal e desde que a lei, em sentido estrito, estabeleça as condições e os limites para a atuação do administrador. No entanto, ao que parece, a questão acerca dos limites ao princípio da legalidade em matéria de impostos merece um maior aprofundamento tanto da doutrina quanto da jurisprudência do STF.

De outro lado, o STJ, diferentemente do STF, ao cuidar das possíveis relações entre a lei e o decreto, não tem procedido, de uma maneira geral, ao exame da possibilidade de a lei, mediante parâmetros máximos, transferir ao decreto a fixação do valor do tributo.[511]

Em precedente envolvendo o ressarcimento à Casa da Moeda do Brasil por operacionalizar o Sistema de Controle de Produção de Bebidas (SICOBE), o STJ fixou o entendimento de que, por se tratar de verdadeira taxa de polícia[512] – devida pelas empresas que importam

---

[509] Apontando que a dimensão principiológica da legalidade não parece bem aplicada nesses precedentes, cf.: SCHOUERI, Luís Eduardo. *Direito Tributário*. 9. ed. São Paulo: Saraiva, 2019. p. 331; SCHOUERI, Luís Eduardo; FERREIRA, Diogo Olm; LUZ, Victor Lyra Guimarães. *Legalidade tributária e o Supremo Tribunal Federal*: uma análise sob a ótica do RE nº 1.043.313 e da ADI nº 5.277. São Paulo: IBDT, 2021. p. 48.

[510] No que se refere ao ICMS, há precedente do Plenário do STF vedando delegações ao Executivo: ADI nº 3.674/RJ, rel. Min. Marco Aurélio, Tribunal Pleno, Julgamento 1.06.2011, DJe 29.06.2011.

[511] Identifica-se que no REsp nº 1.586.950/RS, rel. Min. Gurgel de Faria, Primeira Turma, Julgamento 19.09.2017, DJe 9.10.2017, o STJ, por maioria, seguindo o voto condutor do Min. Gurgel de Faria, decidiu pela legalidade do Decreto nº 8.426/2015 frente ao art. 27, §2º, Lei nº 10.865/2004. No entanto, salvo no voto do Min. Benedito Gonçalves, os parâmetros traçados pelo STF nos precedentes anteriores não foram referidos.

[512] Por meio de posição minoritária, a Min. Regina Helena Costa sustentou, em seu voto-vista, que o ressarcimento à Casa da Moeda do Brasil consiste em taxa de serviço, pois, na sua visão, há verdadeiro serviço público específico e divisível posto à disposição dos estabelecimentos envasadores de bebidas frias pelo Poder Público federal, através da

ou industrializam bebidas frias em virtude dos custos incorridos pela Administração federal para permitir o funcionamento do sistema, nos termos do art. 58-T, Lei nº 10.833/2003[513] – a sua base de cálculo e alíquota devem ser necessariamente fixadas por meio de lei.

A partir da norma insculpida no artigo 97, IV, CTN, a Primeira Turma do STJ decidiu pela ilegalidade do Ato Declaratório Executivo da Receita Federal nº 61/2008,[514] que, ao regulamentar o art. 28, Lei nº11.488/2007[515] – aplicável em virtude de expressa remissão do art. 58-T, Lei nº 10.833/2003 – fixou o valor do ressarcimento à Casa da Moeda em R$0,03 (três centavos) por unidade de produto.

Seguindo o posicionamento formado no voto do Min. Napoleão Nunes Maia Filho, os demais ministros que integram a Primeira Turma convergiram no sentido de que a cobrança da taxa com fundamento no Ato Declaratório Executivo da Receita Federal nº 61/2008 viola o art. 97, IV, CTN. Segue a ementa da decisão, *verbis*:

> TRIBUTÁRIO. SISTEMA DE CONTROLE DE PRODUÇÃO DE BEBI-
> DAS – SICOBE. ART. 58-T DA LEI Nº 10.833/03 (REDAÇÃO DADA
> PELA LEI Nº 11.827/08). OBRIGAÇÃO ACESSÓRIA. OBRIGAÇÃO
> *DE RESSARCIR OS CUSTOS SUPORTADOS PELA CASA DA MOEDA*
> *COM A FISCALIZAÇÃO DA ATIVIDADE. ART. 28 DA LEI Nº 11.488/07.*

Casa da Moeda (empresa pública federal). O voto da Min. foi acompanhado pelo Min. Benedito Gonçalves.

[513] Art. 58-T, Lei nº 10.833/2003. *As pessoas jurídicas que industrializam os produtos de que trata o art. 58-A desta Lei ficam obrigadas a instalar equipamentos contadores de produção, que possibilitem, ainda, a identificação do tipo de produto, de embalagem e sua marca comercial, aplicando-se, no que couber, as disposições contidas nos arts. 27 a 30 da Lei nº 11.488, de 15 de junho de 2007. (Revogado pela Lei nº 13.097, de 2015). (Grifos nossos).*

[514] Art. 1º, Ato Declaratório Executivo RFB nº 61/2008. *O valor a ser ressarcido à Casa da Moeda do Brasil, em observância ao disposto no art. 58-T, §2º, da Lei nº 10.833, de 2003, com a redação dada pela Lei nº 11.827, de 2008, é de R$0,03 (três centavos de real) por unidade de produto controlado pelo Sistema de Controle de Produção de Bebidas (Sicobe). (Grifos nossos).*

[515] Art. 28, Lei nº 11.488/2007. Os equipamentos contadores de produção de que trata o art. 27 desta Lei deverão ser instalados em todas as linhas de produção existentes nos estabelecimentos industriais fabricantes de cigarros, em local correspondente ao da aplicação do selo de controle de que trata o *art. 46 da Lei nº 4.502, de 30 de novembro de 1964.*
(...)
§3º. *Fica a cargo do estabelecimento industrial fabricante de cigarros o ressarcimento à Casa da Moeda do Brasil pela execução dos procedimentos de que trata o §2º deste artigo, bem como pela adequação necessária à instalação dos equipamentos de que trata o art. 27 desta Lei em cada linha de produção. (Revogado pela Lei nº 12.995, de 2014)*
§4º. *Os valores do ressarcimento de que trata o §3º deste artigo serão estabelecidos pela Secretaria da Receita Federal do Brasil e deverão ser proporcionais à capacidade produtiva do estabelecimento industrial fabricante de cigarros, podendo ser deduzidos do valor correspondente ao ressarcimento de que trata o art. 3º do Decreto-Lei nº 1.437, de 17 de dezembro de 1975. (Revogado pela Lei nº 12.995, de 2014). (Grifos nossos).*

*OBRIGAÇÃO TRIBUTÁRIA PRINCIPAL. TRIBUTO. TAXA PELO EXER-
CÍCIO DO PODER DE POLÍCIA. FIXAÇÃO DA ALÍQUOTA E BASE DE
CÁLCULO DO RESSARCIMENTO POR ATO DA RECEITA FEDERAL.
ATO DECLARATÓRIO DO EXECUTIVO RFB Nº 61/08. VIOLAÇÃO
AO ART. 97, INCISO IV DO CTN, RESERVA LEGAL.* PROPORCIONA-
LIDADE À CAPACIDADE PRODUTIVA IMPOSTA PELA LEI. NÃO
OBSERVÂNCIA PELO ATO INFRALEGAL. FIXAÇÃO DE VALOR
ÚNICO. AFRONTA AO ART. 28, §4º. DA LEI Nº 11.488/07. PREJUDI-
CADA A MULTA PELO INADIMPLEMENTO DO RESSARCIMENTO.
RECURSO ESPECIAL CONHECIDO E PROVIDO.

1. O art. 58-T da Lei nº 10.833/03 (redação dada pela Lei nº 11.827/08) criou
para as pessoas jurídicas que importam ou industrializam refrigerante,
cerveja, água e refresco a obrigação de instalar equipamentos contadores
de produção a fim de viabilizar a fiscalização da cobrança de PIS/
COFINS e IPI. Ao regulamentar o dispositivo, a Instrução Normativa
RFB nº 869/08 estabeleceu que o monitoramento da contagem seria feito
por meio do Sistema de Controle de Produção de Bebidas (SICOBE).

2. O dever de adotar o SICOBE qualifica-se como obrigação acessória,
de que cuida o art. 113, §2º. do CTN.

3. *O art. 28, §§2º. e 3º. da Lei nº 11.488/07 impôs ao estabelecimento industrial o
dever de ressarcir (entregar dinheiro) a Casa da Moeda do Brasil por possibilitar
o funcionamento do SICOBE.*

4. Avulta a necessidade de distinguir a natureza das duas obrigações
tributárias distintas, circunscritas ao SICOBE: (i) o dever de implementá-
lo, de natureza acessória; e (ii) o dever de ressarcir à Casa da Moeda do
Brasil os custos ou despesas da fiscalização da atividade, de natureza
principal. Precedente: REsp nº 1.069.924/PR, rel. Min. Eliana Calmon,
DJe 26.2.2009.

5. A diferença fundamental entre obrigação tributária principal e obrigação tributária acessória é a natureza da prestação devida ao Estado.
Consoante ensina a Professora REGINA HELENA COSTA, Ministra do
STJ, enquanto a primeira consubstancia entrega de dinheiro, a segunda
tem natureza prestacional (fazer, não fazer, tolerar). Isto não significa,
todavia, que das obrigações acessórias não resultem dispêndios aos
contribuintes, muito pelo contrário.

6. Parte da doutrina e da jurisprudência defende que o fato de as obrigações acessórias implicarem gastos aos contribuintes possibilita ao
Estado criá-las, responsabilizá-los por seu implemento e, desde logo,
cobrar por estes inevitáveis gastos, sem desnaturá-las. Olvida-se, entretanto, que a partir do momento em que nasce o dever de pagar quantia ao
Estado, de forma compulsória, tem vida a obrigação tributária principal.

7. *Os arts. 58-T da Lei nº 10.833/03 c/c 28 da Lei nº 11.488/07 impuseram
obrigação pecuniária compulsória, em moeda, fruto de ato lícito. Assim, a
despeito de ter sido intitulada de ressarcimento, a cobrança se enquadra no
conceito legal de tributo, nos termos do art. 3º. do CTN.*

8. Os valores exigidos, à guisa de ressarcimento, originam-se do exercício de poderes fiscalizatórios por parte da Fazenda Nacional, para evitar que as empresas produtoras de bebidas incidam em evasão fiscal. Tais atos fiscalizatórios são ínsitos ao poder de polícia de que está investida a União Federal, cuja remuneração pode ser perpetrada por meio da chamada taxa de polícia. *Até aqui, mal algum há na conduta do Estado, pois lhe é amplamente permitido criar novas taxas através de lei.*

9. *O vício surge na forma como se estabeleceu o valor da taxa, por meio do Ato Declaratório do Executivo RFB nº 61/08. É que o art. 97, inciso IV do CTN estatui que somente a lei pode estabelecer a fixação de alíquota e da base de cálculo dos tributos e o art. 28, §4º. da Lei 11.488/07 não previu o quantum deveria ser repassado à Casa da Moeda do Brasil, apenas atribuiu à Secretaria da Receita Federal do Brasil a competência para fazê-lo.*

10. Ademais, o Ato Declaratório do Executivo RFB nº 61/08, quando definiu o valor cobrado a título de ressarcimento em número fixo por unidade de produto, não respeitou o contido no próprio dispositivo que lhe outorgou esta competência. O art. 28, §4º da Lei nº 11.488/07 estabeleceu a premissa segundo a qual os valores do ressarcimento deveriam ser proporcionais à capacidade produtiva do estabelecimento industrial, mas a Secretaria da Receita Federal do Brasil não se preocupou com este importante aspecto, cobrando igual montante de todos os produtores, indistintamente.

11. *Desta forma, há violação ao art. 97, IV do CTN e ao 28, §4º. da Lei nº 11.488/07, de modo a contaminar todo substrato vinculada ao ressarcimento,* sobretudo a penalidade por seu inadimplemento.

12. Neste contexto, os questionamentos em torno da multa pelo não pagamento do ressarcimento restaram prejudicados com o entendimento que ora se firma da impossibilidade de cobrança do próprio ressarcimento, cuja alíquota e base de cálculo foram previstas em afronta ao art. 97, IV do CTN e 28, §4º da Lei nº 11.488/07. Insubsistente a obrigação de ressarcir, fixada no Ato Declaratório do Executivo RFB 61/08, também o é a multa decorrente de seu fictício inadimplemento. Por conseguinte, prejudicado está o conhecimento do dissídio jurisprudencial quanto à possibilidade de ato infralegal ampliar o conteúdo de punição tributária.

13. Recurso Especial conhecido e provido. (REsp nº 1.448.096/PR, rel. Min. Napoleão Nunes Maia Filho, Primeira Turma, Julgamento 01.10.2015, DJe 14.10.2015). (Grifos nossos).

Portanto, embora fosse possível, em tese, que o STJ desenvolvesse a argumentação no sentido de que a Lei nº 11.488/2007 não estabeleceu qualquer parâmetro para a atuação do administrador público, conferindo-lhe, de forma genérica, autorização para fixar o *quantum* do tributo com base na capacidade de produção, o precedente ora descrito centrou-se na violação direta ao art. 97, IV, CTN.

Ou seja, ainda que o resultado alcançado pelo REsp 1.448.096/PR não divirja, na sua conclusão, daquele a que chegou o STF no RE nº 704.292/PR, *supra* referido, as premissas teóricas foram substancialmente diversas em cada um dos casos. Enquanto no primeiro precedente, o STJ utilizou como argumento central o princípio da legalidade, mas sem estabelecer quais seriam os seus contornos, no segundo, o STF decidiu que o conteúdo do princípio da legalidade não admite que a lei transfira genericamente ao decreto a fixação de tributos, o que implicaria em puro arbítrio ao administrador.

Mais recentemente, identificam-se acórdãos em que o STJ tem decidido que a análise do princípio da legalidade constitui matéria constitucional, tendo em vista que o art. 97, CTN consiste em reprodução do art. 150, I, CRFB/1988.[516] Dessa forma, muitos recursos especiais sobre a matéria não têm sido conhecidos,[517] ainda que, excepcionalmente, a Corte tenha admitido a interposição recursal em casos específicos.[518]

Diante do exposto, verifica-se que, se de um lado, o princípio da legalidade pode ser compreendido como a exigência de que não só o fato gerador da obrigação tributária contenha previsão na lei formal, como também a sua alíquota, base de cálculo e os sujeitos passivos diretos e indiretos da obrigação tributária,[519] de outro, o conteúdo do princípio da legalidade tributária vem sendo progressivamente delimitado pelos tribunais superiores como a exigência de que a lei contenha parâmetros para que o próprio administrador público fixe o valor do tributo devido.

Embora o STF não chegue a defender categoricamente uma delegação em matéria tributária, certo é que o conteúdo do princípio da legalidade vem migrando da mera exigência de que haja lei formal para a aferição do tipo e do grau de legalidade que satisfazem a exigência do art. 150, I, CRFB/1988.[520]

Diante dessas premissas, verifica-se que as três ações diretas sobre *software* referidas neste capítulo guardam peculiaridades em relação

---

[516] AgInt nos Edcl no REsp nº 1.784.409/DF, rel. Min. Mauro Campbell Marques, Segunda Turma, Julgamento 24.08.2020, DJe 02.09.2020.

[517] AgInt no AREsp nº 1.558.319/SP, rel. Min. Gurgel de Faria, Primeira Turma, Julgamento 01.06.2020, DJe 09.06.2020.

[518] AREsp nº 1.516.171/SP, rel. Min. Napoleão Nunes Maia Filho, Primeira Turma, Julgamento 23.06.2020, DJe 01.07.2020.

[519] FALCÃO, Amílcar de Araújo. *Fato Gerador da Obrigação Tributária*. 7. ed. São Paulo: Noeses, 2013. p. 13.

[520] GRECO, Marco Aurélio. *Planejamento Tributário*. 4. ed. São Paulo: Quartier Latin, 2019. p. 151. Consoante assinala, é indispensável a existência de lei, de modo que o ponto que merece reflexão é "qual o perfil a ser atendido por essa lei para aceitarmos como não violada a limitação constitucional?".

aos precedentes específicos sobre legalidade tributária aqui referidos. Enquanto estes últimos cuidaram de hipóteses nas quais a própria lei transferiu ao Poder Executivo a possibilidade de, mediante um teto, fixar o valor do tributo devido, o cenário é diverso no que se refere às ações de *software*.

Como se expôs no presente capítulo, não houve uma lei transferindo ao Poder Executivo a possibilidade de fixar a base de cálculo no caso de operações com *software*. Ou seja, não houve uma delegação propriamente dita. O que se verificou foi o exercício da atividade interpretativa levada a cabo pelas Administrações Tributárias, que, a partir da locução "valor da operação", reduziram e restabeleceram as bases de cálculo por meio de sucessivos decretos, respeitando o limite legal, mas sem uma autorização legal para assim proceder.

Finalmente, na ação direta em que se impugna o Convênio CONFAZ nº 106/2017, tampouco se cogita de delegação legislativa. Como se demonstrou, toda a parte formal em que a ação se estrutura pode ser reconduzida à discussão sobre o quanto o Convênio CONFAZ nº 106/2017 trouxe de efetivamente novo e o quanto pode ser reconduzido à disciplina já existente na LC nº 87/1996.

Portanto, pode-se concluir que as ações sobre o *software* referidas neste capítulo, do ponto de vista estritamente formal, trouxeram um capítulo à parte em relação ao conflito de competência entre o ICMS e o ISS, pelo que, ao que parece, a modulação de efeitos firmada nas ADIs nº 1.945/MT e nº 5.659/MG diz respeito apenas a discussões sobre a incidência tributária, mas não se aplica no que concerne às discussões envolvendo a violação ao princípio da legalidade tributária.

4.5 Conclusão

Diante de todo o exposto, verifica-se que, embora a forma mais usual de se estudar a economia digital seja abordá-la sob a ótica da competência tributária, pretendeu-se, com o presente, realizar a interseção entre o contencioso envolvendo a violação ao princípio da legalidade tributária e o conjunto das ações que versam sobre a tributação do *software*.

Nesse sentido, traçou-se um paralelo entre as ADIs nº 5.576/SP e nº 5.659/MG, nas quais a base de cálculo da tributação sobre o *software* foi disciplinada por uma cadeia de decretos, ora para atrelar a tributação à exigência de suporte físico, ora para proceder a tal desvinculação. Em outros termos, identificaram-se decretos reduzindo e ampliando a base de cálculo do ICMS ou mesmo disciplinando outros aspectos da tributação.

Como se expôs, caso se entenda que essa sistemática viola o princípio da legalidade tributária, por não se inserir nos permissivos que vêm sendo construídos pela jurisprudência recente do STF para o seu delineamento, parece que a totalidade da cadeia de decretos deve ser impugnada, e não apenas aqueles que majoram tributos.

Ademais, demonstrou-se que as hipóteses de modulação de efeitos listadas na ADI nº 5.659/MG e que foram expressamente referidas na decisão de prejudicialidade da ADI nº 5.958/DF não parecem exaustivas, tendo deixado arestas a serem equacionadas pelo intérprete e pelas cortes inferiores.

Com efeito, a modulação de efeitos versou sobre incidência, mas foi silente no que se refere a eventual juízo acerca da ilegalidade da exação, pelo que eventuais hipóteses de ilegalidade, seja por violação à necessidade de lei em sentido formal, seja por usurpação do papel conferido à lei complementar, passaram ao largo da modulação realizada.

De outro lado, embora as ADIs nº 1.945/MT e nº 5.659/MG tivessem por objeto exclusivamente o *download* de *software*, o STF trouxe para o seu âmbito a discussão sobre a tributação da nuvem, o que levou à decisão de que a ADI nº 5.958/DF estaria prejudicada. Contudo, a análise individualizada dos dispositivos do Convênio nº 106/2017 mostra-se relevante não só para fins de se identificar vícios formais e, por essa linha, potencialmente fora da zona de modulação de efeitos das ações diretas, mas, igualmente, a fim de se identificar parâmetros que podem orientar futuras legislações.

Como se expôs, algumas das previsões do Convênio nº 106/2017, como a responsabilidade tributária de plataformas e o recolhimento tributário no destino, que já estão sendo realizados em outras jurisdições, deveriam representar um importante paradigma para estudo e aprofundamento teórico, também na tributação brasileira. No que se refere especificamente ao *software*, considerando as decisões proferidas pelo STF, parece recomendável que a legislação complementar de ISS seja aperfeiçoada, a fim de conter a previsão de incidência no destino, garantindo-se a repartição de receita proveniente da economia digital entre os Municípios.

Finalmente, verifica-se que, além da sua abordagem individual, tal como realizada nos capítulos 3 e 4, os *softwares* têm a aptidão de tornar os objetos inteligentes, configurando o universo da Internet das Coisas. Nesse cenário, podem ser verificados conflitos de competência de diferentes ordens, não só no que concerne às mercadorias, mas também em relação às prestações de serviços de comunicação. Considerando que a matéria não foi enfrentada nos julgamentos ora analisados, passa-se a abordá-la a partir do capítulo seguinte, quando se iniciará o estudo dos serviços de comunicação.

CAPÍTULO 5

O SERVIÇO DE COMUNICAÇÃO

Após a análise do conflito de competência entre o ICMS e o ISS, considerando o fato gerador circulação de mercadorias, passa-se a estudar o conflito entre os dois tributos a partir do fato gerador prestação de serviços de comunicação, conforme resulta do art. 155, II, CRFB/1988. De forma simplificada, pode-se afirmar que a comunicação consiste na realização do serviço, cuja configuração pressupõe a existência de duas (ou mais) pessoas, nas qualidades de prestador e tomador.[521]

Na comunicação torna-se necessária a participação de elementos específicos, quais sejam, emissor, mensagem, canal e receptor, podendo ocorrer a compreensão ou não pelo destinatário.[522] Ademais, impõe-se que o negócio jurídico tenha por objeto a prestação de serviço de caráter oneroso.[523] Observa-se que o prestador de serviço não participa da relação comunicativa entre o emissor e o receptor, mas facilita ou viabiliza a transmissão dos dados entre os sujeitos dessa relação.[524]

Na síntese de Paulo de Barros Carvalho, comunicação, entendida a partir da Semiótica, pressupõe "a transmissão de uma mensagem, por meio de um canal, entre um emissor e um receptor, que possuem

---

[521] MELO, José Eduardo Soares de. *ICMS*: teoria e prática. 12. ed. São Paulo: Dialética, 2012. p. 145.

[522] PAULSEN, Leandro; MELO, José Eduardo Soares de. *Impostos federais, estaduais e municipais*. 7. ed. Porto Alegre: Livraria do Advogado, 2012. p. 241. Em sentido contrário, sustentando que a comunicação pressupõe que o destinatário compreenda o conteúdo da mensagem, cf.: CARRAZZA, Roque Antonio. *ICMS*. 17. ed. São Paulo: Malheiros, 2015. p. 244.

[523] TORRES, Heleno Taveira. *Direito Tributário das Telecomunicações e Satélites*. São Paulo: Quartier Latin, 2007. p. 54.

[524] RIBEIRO, Ricardo Lodi. *Tributos (teoria geral e espécies)*. Niterói: Impetus, 2013. p. 249.

em comum, ao menos parcialmente, o repertório necessário para a decodificação da mensagem".[525]

Todavia, o fato gerador elencado na Constituição é a prestação do serviço de comunicação, e não o fato da comunicação, de modo que Paulo de Barros Carvalho, uma vez mais, enuncia que prestar serviço de comunicação consiste na atividade de colocar à disposição do usuário os meios e modos necessários à transmissão e recepção de mensagens. Na sua visão, enquanto no processo comunicativo, quem transmite a mensagem é o próprio emissor, na prestação de serviço, o emissor contrata alguém (prestador do serviço) para que este transmita a sua mensagem.[526]

5.1 A prestação dos serviços de comunicações na vigência da Emenda Constitucional nº 18/1965 e da Constituição de 1967

A origem do ICMS-Comunicação remonta ao antigo imposto sobre transportes e comunicações, criado pelo art. 14, II, da EC nº 18/1965, de competência federal, salvo em relação aos serviços de natureza estritamente municipal. Com efeito, os impostos de transportes e comunicações substituíram o imposto de indústrias e profissões, assim como as incidências de eventuais impostos criados pela competência concorrente do art. 21 da Carta Magna de 1946.[527]

A Constituição de 1967 manteve na esfera federal a competência para tributar os serviços de comunicações, salvo os de natureza estritamente municipal, nos termos do seu art. 22, VII, conjugado com o art. 68, CTN. Essa dicção se repetiu no art. 21, VII, da EC nº 1/1969, apenas vindo a ser alterada com a Constituição de 1988, que transferiu aos Estados a competência para tributar serviços de comunicação de qualquer alcance.

O CTN, ao conferir densidade normativa à locução serviços de comunicações, então empregada pelo constituinte de 1967, dispôs que

---

[525] CARVALHO, Paulo de Barros. Não-incidência do ICMS na atividade dos provedores de acesso à internet. *In*: TORRES, Heleno Taveira (Coord.). *Direito Tributário das Telecomunicações*. São Paulo: ABETEL, 2004. p. 491.

[526] CARVALHO, Paulo de Barros. Não-incidência do ICMS na atividade dos provedores de acesso à internet. *In*: TORRES, Heleno Taveira (Coord.). *Direito Tributário das Telecomunicações*. São Paulo: ABETEL, 2004. p. 491.

[527] FANUCCHI, Fábio. *Curso de Direito Tributário Brasileiro*. 3. ed. São Paulo: Resenha Tributária, 1975. v. 2, p. 177-178.

esta deve ser compreendida como "a transmissão e o recebimento, por qualquer processo, de mensagens escritas, faladas ou visuais, salvo quando os pontos de transmissão de recebimento se situem no território de um mesmo Município e a mensagem em curso não possa ser captada fora deste território".

Em comentários ao citado dispositivo, esclarece Aliomar Baleeiro que o seu objetivo é o de evitar retaliações entre Estados ou Municípios, conferindo à União a atribuição para regular o imposto numa política fiscal que não prejudique o comércio interlocal.[528] Em acréscimo, remarca que o campo de incidência federal é vasto, não havendo limitações quanto aos meios empregados para a prestação de serviços, *verbis*:

> Igualmente, não há restrição outra em relação ao imposto sobre comunicações senão as de que estão excluídas as intramunicipais. Quaisquer outras que importem em transmitir ou receber mensagens por qualquer processo técnico de emissão de sons, imagens ou sinais, papéis, etc., estão sob o alcance do imposto federal, desde que constituam prestação remunerada de serviços. Da columbofilia à TV. Dos serviços pneumáticos às emissões de frequência modulada para fundo musical.[529]

Dúvida poderia surgir acerca de a norma inserta no art. 68, II, CTN, ter permanecido ou não em vigor. Embora o dispositivo deva ser interpretado à luz da Constituição de 1988, como se exporá no item seguinte, entende-se que o seu conteúdo segue sendo aplicável ao ordenamento jurídico brasileiro, com o status de lei complementar (art. 146, III, a, CRFB/1988),[530] considerando que não houve a sua revogação.

De outro lado, entre a Constituição anterior e a atual houve a continuidade do imposto, de modo que a diferença entre ambas se dá sob a perspectiva da competência, somada à adoção, pelo constituinte de 1988, do princípio da não cumulatividade em matéria de ICMS.[531]

---

[528] BALEEIRO, Aliomar. *Direito Tributário Brasileiro*. 11. ed. atualizado por Misabel Abreu Machado Derzi. Rio de Janeiro: Forense, 2008. p. 478-479.

[529] BALEEIRO, Aliomar. *Direito Tributário Brasileiro*. 11. ed. atualizado por Misabel Abreu Machado Derzi. Rio de Janeiro: Forense, 2008. p. 479.

[530] BRANDÃO JR., Salvador Cândido. Serviço de *streaming* e sua identificação como serviço de comunicação. *In*: PISCITELLI, Tathiane; LARA, Daniela Silveira (Coord.). *Tributação da Economia Digital*. 2. ed. São Paulo: Thomson Reuters Brasil, 2020. p. 389-390.

[531] SCHOUERI, Luís Eduardo; GALDINO, Guilherme. Internet das Coisas à luz do ICMS e do ISS: entre mercadoria, prestação de serviço de comunicação e serviço de valor adicionado. *In*: FARIA, Renato Vilela; SILVEIRA, Ricardo Maitto da; MONTEIRO, Alexandre Luiz Moraes do Rêgo (Coord.). *Tributação da economia digital*: desafios no Brasil, experiência internacional e novas perspectivas. São Paulo: Saraiva, 2018. p. 260-261.

Feito esse esclarecimento, verifica-se que o imposto sobre comunicações somente foi criado pela União através do Decreto-Lei nº 2.186, de 20 de dezembro de 1984, tendo como fato gerador exclusivamente os serviços de telecomunicações destinados ao uso público. Dessa forma, até a vigência do citado decreto-lei, apenas seriam tributadas as comunicações intramunicipais, de sorte que a comunicação que ultrapassasse os limites de um Município consistia em verdadeira hipótese de não incidência.

A demora na instituição do aludido tributo federal justificava-se porque, até essa data, a União cobrava uma sobretarifa nas contas telefônicas destinadas à formação do FNT – Fundo Nacional de Telecomunicações – cujo objetivo era angariar recursos para o desenvolvimento do Sistema Telebrás. Com a criação do imposto federal, foram revogados os dispositivos que autorizavam a cobrança da sobretarifa do FNT.[532]

Diante desse quadro legislativo em que, até 1984, não havia norma federal prevendo a tributação das comunicações, alguns setores doutrinários chegaram a identificar a prática de alguns abusos pelos Municípios, que tentaram tributar por meio do ISS transmissões captadas de fora de seu território.[533]

Observe-se que os serviços de comunicações intramunicipais, assim como os demais serviços, deveriam ser tributados por meio de ISS. Nesse sentido, o art. 15, EC nº 18/1965, no que foi seguido pelos artigos 25, II, da Constituição de 1967 e 24, II, da EC nº 1/1969 estabelecia que compete aos Municípios o imposto sobre serviços de qualquer natureza, não compreendidos na competência tributária da União e dos Estados.

A diferença entre os referidos dispositivos dava-se porque a Constituição de 1967 e a EC nº 1/1969 passaram a exigir lei complementar para a definição dos serviços tributáveis pelo ISS, enquanto a EC nº 18/1965 contentava-se com a exigência de lei complementar para estabelecer critérios de distinção entre as atividades sujeitas à tributação municipal e aquelas sujeitas à tributação estadual.

Ou seja, como as comunicações intramunicipais são espécie do gênero serviços, não se inserindo na competência da União e dos Estados, poderiam ser tributadas através do ISS, e não de uma modalidade

---

[532] MOREIRA, André Mendes. *A Tributação dos Serviços de Comunicação.* 2. ed. São Paulo: Noeses, 2016. p. 60. Conforme destacado pelo autor, verifica-se que o art. 10 do DL nº 2.186/1984 revogou o art. 51 da Lei nº 4.117/1964 (Código Brasileiro de Telecomunicações), que previa a criação do FUNTEL e o seu financiamento, entre outros recursos, por meio das sobretarifas.

[533] FANUCCHI, Fábio. *Curso de Direito Tributário Brasileiro.* 3. ed. São Paulo: Resenha Tributária, 1975. v. 2, p. 181.

específica de imposto municipal, desde que houvesse previsão expressa em lei complementar.

Nessa linha, verifica-se que o DL nº 406/1968, na sua redação original, não continha um item prevendo a tributação dos serviços de comunicações intramunicipais. No entanto, a ausência de formulação de um item genérico sobre os serviços de comunicações não representava um impedimento a que houvesse itens específicos da legislação complementar prevendo a incidência de ISS sobre dadas relações comunicativas específicas.[534]

Em seguida, com o DL nº 834/1969, o DL nº 406/1968 sofreu profundas alterações, renumerando diversos serviços previstos na lista anterior e estipulando novos. Ademais, o item 27 da nova lista foi reformulado, trazendo para o corpo da legislação complementar a previsão genérica de incidência de ISS sobre transporte e comunicações, de natureza estritamente municipal.

Finalmente, a LC nº 56/1987 trouxe alterações estruturais ao DL nº 406/1968, de modo que o item 27 deixou de encontrar correspondência na novel legislação, que se limitou a enunciar, no seu item 98, a incidência de ISS sobre comunicações telefônicas de um para outro aparelho dentro do mesmo município.

A referida mudança legislativa representou a superação do entendimento firmado pelo STF no RE nº 83.600/SP, rel. Min. Moreira Alves, Tribunal Pleno, Julgamento 30.08.1998, DJ 10.08.1979, no qual a Suprema Corte, pela apertada maioria de seis a cinco, decidiu que os serviços telefônicos intramunicipais não são tributados pelo ISS na hipótese de a concessão de telefonia extrapolar a esfera municipal. Neste recurso extraordinário discutiu-se o alcance da locução "serviços intramunicipais", a fim de perquirir se o critério para a sua delimitação fundava-se em parâmetros meramente geográficos ou dependia do alcance da concessão.

No citado recurso extraordinário, uma empresa telefônica do Município de Sorocaba questionou acórdão do Tribunal de Justiça de São Paulo que determinava o recolhimento de ISS sobre as chamadas telefônicas realizadas no interior do Município de Sorocaba, desde que fosse possível discriminar as rendas obtidas com as chamadas locais daquelas decorrentes de chamadas interurbanas.

---

[534] Em sentido diverso, parece ser a posição de Bernardo Ribeiro de Moraes, que asseverava que: "Na vigência do Decreto-Lei nº 406, de 1968, a lista de serviços não incluiu os serviços de comunicações, tornando-os não incidentes no ISS". MORAES, Bernardo Ribeiro de. *Doutrina e Prática do Imposto sobre Serviços*. São Paulo: Revista dos Tribunais, 1984. p. 284.

A referida empresa apresentava concessão, desde 1958, para prestar serviços telefônicos no Município de Sorocaba, o que incluía o Distrito de Votorantim. Ocorre que, posteriormente, este Distrito foi elevado a Município, o que gerou o cenário fático em que a empresa prestava tanto chamadas urbanas quanto interurbanas, entre o anterior e o novo Município.

Diante desse quadro, em que a concessão não era apenas municipal, a empresa argumentou que não poderia ser tributada pelo ISS, mesmo quanto às chamadas exclusivamente locais, sob pena de violação aos artigos 20, I e 21, VII, da EC nº 1/1969, que vedavam que a União instituísse tributo que não fosse uniforme em todo o território nacional e conferiam à União a competência para tributar os serviços de transportes e comunicações, respectivamente.

O Min. Moreira Alves, relator do acórdão, adotou o posicionamento de que a incidência do imposto federal ou municipal dependia do âmbito em que o serviço era prestado, sendo irrelevante, para esse fim, que a concessão para a prestação de serviços de telefonia fosse federal.

Dessa forma, o Min. Moreira Alves decidiu que não haveria qualquer violação ao art. 20, I, EC nº 1/1969, *supra* referido, uma vez que essa norma teria como destinatário a União, e não os Municípios. Tanto é assim que, na visão do Ministro, o item 27 do DL nº 468/1968 (cuja redação foi conferida pelo DL nº 834/1969) é posterior à Constituição de 1967, quando a concessão para a prestação de serviços telefônicos já era federal.

Quanto ao alcance do art. 21, VII, da EC nº 1/1969, o Min. Moreira Alves, em seu voto, enfatizou que a fixação da competência federal ou municipal se relacionava com o local em que o serviço fosse prestado (critério geográfico), o que poderia ser confirmado a partir da conjugação de sua interpretação com o art. 68, CTN. Dessa forma, seria despiciendo aferir se a empresa prestava serviços interurbanos, além de chamadas locais.

Em seguida, o Min. Leitão de Abreu apresentou voto divergente, que se sagrou vencedor, sustentando que o serviço telefônico, ainda que realizado em âmbito local, apenas seria fato gerador do ISS no caso de a concessão ser de amplitude exclusivamente municipal, o que não se verificava na hipótese. Consoante defendeu, tratava-se de serviço federal, estando o usuário habilitado, mediante o pagamento da tarifa básica, "potencialmente, a receber ou realizar ligações por meio dos sistemas regionais e nacionais, bem como internacionais".

Em acréscimo, o Ministro destacou que as comunicações representam gênero no qual as telecomunicações estão inseridas, de modo que, na sua visão, o campo das telecomunicações que estivessem inter-ligadas aos sistemas regionais e nacionais ficaria afastado do ISS. No entanto, os demais serviços de comunicação, de caráter municipal, se inseririam na competência dos Municípios, *verbis*:

> *Não parece que, com o se haver autorizado a cobrança do ISS sobre serviço de comunicações, de natureza estritamente municipal, se haja admitido a cobrança desse imposto sobre o serviço de telefonia ou de telecomunicações. O serviço de comunicações é gênero de que o serviço de telecomunicações é espécie, nada impedindo, assim, que se tribute serviço de comunicações de caráter estritamente municipal e se afaste a cobrança do ISS quanto a serviço de telecomunicações, que não tenha feição estritamente municipal.* Em adendo ao memorial, que apresentou, realça o recorrente: "Muitos são os serviços de comunicação que não se conceituam como de telecomunicação. O serviço de alto-falante, por exemplo, de uso comum nas grandes e pequenas cidades, não é um serviço de telecomunicação, mas de comunicação, tributável pelos Municípios quando circunscrito aos seus limites. Os serviços de distribuição de contas de telefone, de água, luz, serviços bancários, etc., assim como todos os serviços postais, monopolizados ou não, são servi-ços de comunicação, não os sendo de telecomunicações". (Grifo nosso).

Finalmente, o Min. Leitão de Abreu justificou que as ligações locais não deveriam ser tributadas pelos Municípios, sob o argumento de que haveria injustificável interferência destes na política tarifária adotada pela União.

Posteriormente ao voto do Min. Leitão de Abreu, o Min. Moreira Alves aditou o seu voto, reiterando que o caráter municipal do serviço de comunicação vincula-se meramente ao aspecto geográfico, tomando como referência os pontos de transmissão e de recebimento e a impos-sibilidade de captação da mensagem fora do Município. Portanto, não caberia perquirir qual ente político é o poder concedente.

Ademais, em contundente crítica ao voto proferido pelo Min. Leitão de Abreu, o Min. Moreira Alves remarcou que o art. 68, II, CTN, refere-se precipuamente aos serviços de telecomunicações, vez que, na sua visão, a se admitir o contrário, estaria o legislador preocupado meramente com a entrega de mensagens ou de contas, *verbis*:

> Excluídos os serviços de telecomunicações e os serviços postais, restaria para os municípios apenas os serviços de entrega de mensagem escrita aberta (pois as fechadas se consideram cartas missivas e se incluem no monopólio postal), pelo homem, animal ou máquina, hipóteses a que evidentemente não se restringiu – como demonstramos acima – o critério geográfico do inciso II do artigo 68 do CTN, no tocante à impossibilidade de captação de mensagem fora do território nacional.

Em seguida, assim como o Min. Moreira Alves, o Min. Leitão de Abreu aditou o seu voto, esclarecendo que a locução "estritamente municipal", contida no art. 21, VII, da Constituição de 1967, designa que o serviço prestado, no seu todo, no âmbito municipal, deve utilizar elementos próprios, que não sejam entrelaçados com serviços de maior abrangência.

O voto do relator, Min. Moreira Alves, foi seguido pelos Ministros Cordeiro Guerra, Xavier de Albuquerque, Djaci Falcão e Antonio Neder. Já o voto do Min. Leitão de Abreu, que se sagrou vencedor, foi seguido pelos Ministros Bilac Pinto, Rodrigues Alckmin, Cunha Peixoto, Thompson Flores e Soares Muñoz.

Portanto, se de um lado, a decisão ora referida representou um sensível esvaziamento da competência municipal na seara das comunicações locais, de outro, contribuiu por fixar o entendimento de que as comunicações são mais amplas que as telecomunicações, não se confundindo com estas.

Finalmente, outra importante conclusão que parece decorrer da interpretação da Constituição de 1967, conjugada com o entendimento fixado pela doutrina e pela jurisprudência da época, é o de que, no seu contexto, a grande controvérsia não era perquirir se uma dada atividade era serviço ou comunicação, mas sim, se a sua abrangência era estritamente municipal ou não.

Como tanto os serviços de comunicação – desde que intramunicipais – quanto os serviços residuais eram de competência municipal, a discussão sobre a caracterização de uma dada atividade como comunicação ou serviço veio à tona, sobretudo na vigência da Constituição de 1988, quando houve a alteração do regime de repartição de competências.

Dessa forma, observa-se que, salvo em algumas situações específicas, que serão estudadas especialmente no capítulo seguinte, tanto a doutrina quanto os precedentes do STF proferidos à luz da Constituição de 1967 não chegaram a examinar a controvérsia de forma mais profunda.

Feitos os esclarecimentos centrais acerca da sistemática da tributação dos serviços de comunicações à luz da EC nº 1/1965 e da Constituição de 1967, que serão retomados no capítulo seguinte, passa-se ao estudo do agora denominado serviço de comunicação, à luz da Constituição de 1988.

5.2 A prestação dos serviços de comunicação na vigência da Constituição de 1988

A disciplina de um imposto federal sobre comunicações coexistindo com a tributação intramunicipal, nos termos do CTN, do DL nº 406/1968 e do DL nº 2.186/1984, vigorou até a Constituição de 1988, que criou a figura do ICMS-Comunicação, quando a competência para a tributação dos serviços de comunicação foi transferida aos Estados.

Como destaca Gilberto de Ulhoa Canto, a modalidade escolhida pelo constituinte de 1988 para tributar a prestação dos serviços de comunicação foi inadequada, pois o novo campo impositivo não guarda qualquer relação de proximidade com o antigo ICM. Consoante defende, seria mais apropriada a criação de uma nova figura tributária,[535] que chegou a ser prevista na Proposta de Emenda à Constituição nº 43, de 1990,[536] com a tributação apenas dos serviços de telecomunicações (e não dos serviços de comunicação), excluída a radiodifusão.

Na justificação da citada proposta de emenda, foi referido que o ICMS resultava da fusão de diversos tributos diferentes, isto é, da união do ICM com os impostos únicos, com o imposto sobre o serviço de transportes e com o imposto sobre o serviço de comunicações. Dessa junção, destacou-se que haveria sensíveis empecilhos para que a imposição tributária pudesse fluir normalmente, prejudicando a normatização consolidada que já regia o ICM.

De outro lado, quanto à radiodifusão, pontuou-se que a exclusão da incidência do tributo dava-se diante de a radiodifusão fazer parte da comunicação social, consoante previsão do Capítulo V, Título VIII, do Texto Constitucional, estando formalmente fora do sistema tributário, cujo regramento consta do Título VI.[537] No entanto, a PEC nº 43/1990 foi prejudicada pelo encerramento dos trabalhos da revisão constitucional.

---

[535] CANTO, Gilberto de Ulhoa. *Direito tributário aplicado*: pareceres. Rio de Janeiro: Forense Universitária, 1992. p. 249.

[536] Art. 1, PEC nº 43/1990. O art. 155 da Constituição Federal passa a ter a seguinte redação: Art. 155. Compete aos Estados e ao Distrito Federal instituir:
I – impostos sobre:
a) ....
b) operações relativas à circulação de mercadorias;
c) prestações de serviços de transporte interestadual e intermunicipal e de telecomunicações, exceto radiodifusão, ainda que as prestações de serviços de telecomunicações se iniciem no exterior;
d) propriedade de veículos automotores.

[537] DIÁRIO DO CONGRESSO NACIONAL. *Proposta de Emenda à Constituição nº 43*. Seção I, ano XLV n. 39, 04 mai. 1990. Disponível em: http://imagem.camara.gov.br/Imagem/d/pdf/DCD04MAI1990.pdf. Acesso em: 17 mar. 2021.

De acordo com a redação original da Constituição de 1988, por meio do seu art. 155, I, b, competia aos Estados e ao Distrito Federal instituir impostos sobre operações relativas à circulação de mercadorias e sobre prestações de serviços de transporte interestadual e intermunicipal e de comunicação, ainda que as operações e as prestações se iniciem no exterior. O art. 155, XII, CRFB/1988, por sua vez, previa a necessidade de lei complementar para que fossem reguladas as matérias que especifica.

Em acréscimo, o art. 34, §8º, ADCT estabelecia que, caso em sessenta dias contados da promulgação da Constituição, não fosse editada a lei complementar para regular o disposto no art. 155, I, b, os Estados e o Distrito Federal deveriam disciplinar provisoriamente a exação tributária por meio de convênios.

Posteriormente, com a EC nº 3/1993, o ICMS-Comunicação passou a constar do art. 155, II, CRFB/1988, mas sem alteração de redação em relação à literalidade da Constituição de 1988. Nessa linha, da conjugação dos artigos 146, III e 155, §2º, XII, manteve-se a necessidade de edição de lei complementar quanto à matéria.

Nesse sentido, a LC nº 87/1996 estabeleceu, em seu art. 2º, III e 12, VII, que o imposto incide sobre prestações onerosas de serviços de comunicação, por qualquer meio, inclusive a geração, a emissão, a recepção, a transmissão, a retransmissão, a repetição e a ampliação de comunicação de qualquer natureza.

Os limites semânticos do que deve ser compreendido como prestação de serviços de comunicação, à luz da Constituição e da LC nº 87/1996, assim como a sua coexistência com o art. 68, II, CTN, tem gerado um sem número de controvérsias doutrinárias, sendo possível sintetizá-las em dois grupos principais.

A primeira grande controvérsia envolve perquirir se a prestação de serviços de comunicação foi empregada enquanto gênero, que abarca, total ou parcialmente, os serviços de telecomunicações, ou se foi utilizada enquanto sinônima desta locução. Já a segunda grande controvérsia reside em identificar se a radiodifusão integra o conceito de prestação de serviços de comunicação.

Antes, porém, deve-se enfatizar que entre o antigo imposto sobre transportes e comunicações e o ICMS-Comunicação houve uma solução de continuidade, de modo que o ICMS-Comunicação não representa algo propriamente novo, mas, antes, a junção dos impostos federais com o antigo ICM.

Essa constatação se mostra importante, tendo em vista que, como se exporá nos itens seguintes, alguns setores doutrinários passaram a interpretar o ICMS-Comunicação de forma desvencilhada da sua evolução histórica, traçando um modelo de verdadeira ruptura com o quadro verificável no período anterior a 1988, ao propor uma interpretação restritiva do art. 155, II, CRFB/1988.[538]

5.2.1 A interação entre comunicação e telecomunicação

Com relação ao primeiro debate, preliminarmente, cabe destacar que telecomunicação, etimologicamente, designa comunicação à distância.[539] Nessa linha, o art. 4º da Lei nº 4.117/1962 (Código Brasileiro de Telecomunicações – CBT), dispôs que constituem serviços de telecomunicações a transmissão, a emissão ou a recepção de símbolos, caracteres, sinais, escritos, imagens, sons ou informações de qualquer natureza, por fio, rádio, eletricidade, meios óticos ou qualquer outro processo eletromagnético. Essa dicção foi mantida com os artigos 4º e 6º, item 56 do Decreto nº 52.026/1963 e 4º e 6º, item 84 do Decreto nº 97.057/1988 (decretos reguladores da Lei nº 4.117/1962).

Observe-se que, embora o Decreto nº 52.026/1963 tenha sido silente quanto à matéria, o Decreto nº 97.057/1988 definiu comunicação como a transferência unilateral ou bilateral de informação por meio de sinais convencionados. Este último decreto diferenciou os conceitos de comunicação e de telecomunicação, utilizando aquele de forma mais ampla do que este e desvinculando a comunicação da transferência bilateral, isto é, daquela em que há interação entre emissor e receptor, como será explorado ainda neste tópico.

Com o advento da Constituição de 1988, foi editada a Lei nº 9.472/1997 (Lei Geral de Telecomunicações), que, em seu artigo 60, *caput*, conceituou serviço de telecomunicações como o conjunto de atividades que possibilita a oferta de telecomunicação. A seu turno, o parágrafo 1º conferiu à telecomunicação a definição que os textos predecessores atribuíam ao serviço de telecomunicações, qual seja, o de transmissão, emissão ou recepção, por fio, radioeletricidade, meios ópticos ou qualquer outro processo eletromagnético, de símbolos, caracteres, sinais, escritos, imagens, sons ou informações de qualquer natureza.[540]

538 BRANDÃO JR., Salvador Cândido. Serviço de *streaming* e sua identificação como serviço de comunicação. *In*: PISCITELLI, Tathiane; LARA, Daniela Silveira (Coord.). *Tributação da Economia Digital*. 2. ed. São Paulo: Thomson Reuters Brasil, 2020. p. 394.

539 TORRES, Heleno Taveira. *Direito Tributário das Telecomunicações e Satélites*. São Paulo: Quartier Latin, 2007. p. 24.

540 A novel legislação atribuiu à telecomunicação o sentido que o Código Brasileiro de Telecomunicações atribuía aos serviços de telecomunicação, criando um conceito novo para

Pois bem. Após serem prestados os esclarecimentos estritamente legais, observa-se que, ao delimitar o campo de prestação de serviços de comunicação, resultante da conjugação do art. 155, II, CRFB/1988 com a LC nº 87/1996, André Mendes Moreira e Alice Gontijo Santos Teixeira pontuam que os termos utilizados pela lei complementar, a saber, geração, emissão, recepção, transmissão, retransmissão, repetição e ampliação, relacionam-se com a ciência da eletromagnética.[541]

Consoante lecionam, a prestação de serviços de comunicação prevista constitucionalmente teria sido delimitada pela norma complementar como abarcando exclusivamente a telecomunicação, *verbis*:

> *A Lei nº 9.472/97 (BRASIL, 1997), que estabelece o marco regulatório dos serviços de telecomunicações ilumina a interpretação que conferimos à LC nº 87/96, confirmando que os processos comunicativos lá previstos dizem respeito exclusivamente à ciência da telecomunicação:*
>
> (...) A existência de um "processo eletromagnético", portanto, delimita o âmbito de abrangência do conceito de "prestação de serviço de comunicação" no Brasil. O canal através do qual a mensagem é transmitida consiste, necessariamente, em um *processo eletromagnético*.
>
> Assim, estaremos diante de um prestador de serviço de comunicação, quando este explorar, através de um processo eletromagnético, um canal de comunicação, obrigando-se, por meio deste, a entregar ao receptor a mensagem emitida pelo emissor. Veja que não basta apenas que o prestador de serviço utilize-se de processo eletromagnético, mas que ele efetivamente o explore para teletransportar a mensagem do emissor para o receptor. Sua atividade consistirá, assim, na manutenção e operacionalização deste sistema para que, por meio dele, possa oferecer o canal de comunicação. (Grifo nosso).

No mesmo sentido, Gilberto de Ulhoa Canto defende que a locução "serviços de comunicação" deve ser compreendida enquanto serviços de telecomunicações, eis que não haveria como pretender que

---

os serviços de telecomunicação. Nessa linha, André Mendes Moreira pontua que diversas atividades preparatórias à efetiva ocorrência da comunicação passaram a ser abarcadas pela expressão serviço de telecomunicação, sustentando que, com a vigência da Lei Geral de Telecomunicações, nem todo serviço de telecomunicação envolve uma relação comunicativa. Dentro dessa ordem de ideias, defende que apenas alguns serviços de telecomunicações previstos no art. 60, da Lei nº 9.472/1997 estão sujeitos à incidência do ICMS-Comunicação. MOREIRA, André Mendes. *A Tributação dos Serviços de Comunicação*. 2. ed. São Paulo: Noeses, 2016. p. 182.

[541] MOREIRA, André Mendes; TEIXEIRA, Alice Gontijo Santos. *A publicidade e propaganda e as fronteiras entre ISSQN e ICMS*. 2013. Disponível em: https://sachacalmon.com.br/wp-content/uploads/2014/12/A-PUBLICIDADE-E-PROPAGANDA-E-AS-FRONTEIRAS-ENTRE-ISSQN-E-ICMS.pdf. Acesso em: 17 mar. 2021.

o ICMS pudesse incidir sobre qualquer forma de comunicação, entre pessoas suficientemente próximas para captar as mensagens, independentemente de meios eletroeletrônicos ou acústicos artificiais.[542]

Em sentido diverso, desvinculando a prestação de serviços de comunicação das telecomunicações, Marco Aurélio Greco leciona que o serviço de comunicação envolve o fornecimento de meios para a transmissão ou recebimento de mensagens, assim entendidos "não apenas aqueles necessários ao transporte das mensagens, mas também aqueles que tornam possível a instauração de uma relação comunicativa, tais como interfaces, dispositivos, equipamentos, etc.".[543]

Partindo dessa definição, o autor assevera que os serviços de comunicação não se confundem com os serviços de telecomunicações, sendo possível que haja serviços de comunicação que não sejam serviços de telecomunicações, assim como serviços de telecomunicações que não configuram serviços de comunicação para fins de incidência de ICMS.[544]

Nessa linha, Celso Ribeiro Bastos ensina que o serviço de comunicação tem como característica fundamental oferecer o meio, o ambiente para que a comunicação possa ocorrer, ou seja, para que a informação seja transmitida e recebida, enfatizando que "essa atividade diz única e exclusivamente respeito ao meio, é dizer, ao veículo e não ao conteúdo da informação ou da mensagem em si".[545]

Em acréscimo, Fernando de Oliveira Marques assinala que comunicação deve ser compreendida como mais abrangente do que telecomunicação, destacando, de outro lado, que a Lei Geral de Telecomunicações não é uma lei tributária, pelo que não representa um critério seguro para que seja possível aferir o que deve ser tributado pelo ICMS-Comunicação.[546]

[542] CANTO, Gilberto de Ulhoa. *Direito tributário aplicado*: pareceres. Rio de Janeiro: Forense Universitária, 1992. p. 255.

[543] GRECO, Marco Aurélio. *Internet e Direito*. 2. ed. São Paulo: Dialética, 2000. p. 122.

[544] GRECO, Marco Aurélio. *Internet e Direito*. 2. ed. São Paulo: Dialética, 2000. p. 133-134. Um exemplo citado por Marco Aurélio Greco de serviço de comunicação que não seria de telecomunicação é o provimento de capacidade em satélite previsto no art. 172, Lei nº 9.472/1997, que regula o direito de exploração de satélite para transporte de sinais de telecomunicações. De outro lado, o exemplo citado para serviço de telecomunicação, mas que não é serviço de comunicação, é o de receitas que envolvem prestadores de TV por assinatura, que podem configurar, na sua visão, receitas de serviços de diversão pública.

[545] BASTOS, Celso Ribeiro. Tributação na Internet. *In*: MARTINS, Ives Gandra da Silva (Coord.). *Tributação na Internet*. São Paulo: Revista dos Tribunais, 2001. p. 73.

[546] MARQUES, Fernando de Oliveira. Tributação na Internet. *In*: MARTINS, Ives Gandra da Silva (Coord.). *Tributação na Internet*. São Paulo: Revista dos Tribunais, 2001. p. 226-228.

Diante do exposto e a despeito de a matéria ainda ser controversa, considerando a dicção do art. 2º, III, LC nº 87/1996, que dispôs que o imposto incide sobre prestações de serviços de comunicação por qualquer meio, enumerando, em seguida, de forma apenas exemplificativa alguns deles (o que se confirma pelo emprego da locução "inclusive", que afasta a ideia de taxatividade), somado ao teor do art. 68, II, CTN e à interpretação que a jurisprudência do STF conferiu ao dispositivo, conforme descrito no item 5.1, adota-se, nesta obra, o pressuposto de que serviços de comunicação e de telecomunicação são distintos, não sendo possível equipará-los.

5.2.2 O requisito da bilateralidade e os serviços de radiodifusão

Traçado o paralelo entre os serviços de comunicação e telecomunicação, chega-se à controvérsia apontada por alguns setores doutrinários, a saber, se a configuração do serviço de comunicação pressupõe ou não a interação entre emissor e receptor.

Nesse sentido, cabe destacar, por todos, Roque Antonio Carrazza, que sustenta que a comunicação, para fins de incidência de ICMS, pressupõe a efetiva difusão da mensagem, com a interação entre emissor e receptor, perfeitamente identificados. A referida conclusão deriva, na sua visão, da diferença que teria sido levada a cabo pela Constituição da República, entre serviços de telecomunicações (modalidades do serviço de comunicação) e de radiodifusão sonora de sons e imagens, em seu artigo 21, XI e XII, a, CRFB/1988.

Por esse raciocínio, na radiodifusão sonora de sons e imagens, ao contrário das comunicações, haveria mera propagação de uma mensagem, sem que fosse necessário que emissor e receptor interagissem através de um mesmo canal comunicativo ou que o receptor estivesse identificado.[547]

Em igual sentido, segue o magistério de Humberto Ávila, *verbis*:

> Ora, se a CF/88 usa, a par do termo "comunicação", também o vocábulo "difusão", e esse tem o conceito de propagação de mensagens a um público indeterminado, então a locução 'comunicação' quer significar a interação entre emissor e receptor determinado a respeito de uma mensagem. Vale dizer: o conceito de comunicação, para efeito de instituição

---

547 CARRAZZA, Roque Antonio. *ICMS*. 17. ed. São Paulo: Malheiros, 2015. p. 244-248.

do ICMS-Comunicação, é o que envolve um receptor determinado e uma remuneração diretamente relacionada à interação entre ele e o emissor.[548]

Em acréscimo, ainda nessa linha, cumpre destacar a posição de Hugo de Brito Machado, para quem a radiodifusão não é serviço de comunicação, mas modalidade de difusão, eis que a mensagem não é enviada a destinatários certos e determinados.[549]

Sacha Calmon Navarro Coêlho, por sua vez, após explicitar que o conceito de comunicação é amplo, assevera que, do ponto de vista tributário, relevância há de ser dada estritamente aos serviços de comunicação, sustentando que a dicotomia entre serviços de telecomunicação e de difusão foi levada a cabo pela Constituição, nos seus artigos 21, XI e XII, a, 22, IV e V, assim como em seu art. 48, XII.

Na sua visão, o diálogo é da essência do processo comunicativo, de tal modo que é vedado ao intérprete desconsiderar a distinção do constituinte. Assim, diante da diferença efetuada pela Constituição e por alguns dispositivos da legislação esparsa, conclui que o tratamento jurídico da difusão (que, na sua visão, engloba tanto o rádio quanto a televisão aberta e por assinatura) há de ser distinto daquele conferido às telecomunicações.[550]

No entanto, contrariamente ao posicionamento anterior, que restringe o conceito de prestação de serviço de comunicação às hipóteses nas quais haja interação entre emissor e receptor, Luciano Garcia Miguel pondera que a consequência desse raciocínio é a de que o único serviço de comunicação passível de ser tributado pelo ICMS seria o de telefonia. Ou, em outros termos, ao se levar ao extremo a premissa desenvolvida, "os demais serviços, como a televisão por assinatura e a banda larga, por exemplo, estariam excluídos da definição de serviço de comunicação".[551]

---

[548] ÁVILA, Humberto. Imposto sobre a prestação de serviços de comunicação. Conceito de prestação de serviços de comunicação. Intributabilidade das atividades de veiculação de publicidade em painéis e placas. Inexigibilidade de multa. *Revista Dialética de Direito Tributário*, São Paulo, n. 143, p. 116-134, ago. 2007.

[549] MACHADO, Hugo de Brito. O ICMS e a radiodifusão. *Revista Dialética de Direito Tributário*, São Paulo, n. 23, p. 58-59. ago. 1997.

[550] A legislação citada pelo autor, que justificaria a diferença de tratamento tributário entre as telecomunicações e a radiodifusão, é composta pela Lei nº 9.295/1996, pelo Decreto nº 2.195/1997 (já revogado), assim como pelo art. 215, I, Lei nº 9.472/1997. COÊLHO, Sacha Calmon Navarro. Tributação na Internet. *In*: MARTINS, Ives Gandra da Silva (Coord.). *Tributação na Internet*. São Paulo: Revista dos Tribunais, 2001. p. 105-112.

[551] MIGUEL, Luciano Garcia. *As novas formas de telecomunicação e a incidência do ICMS*. Disponível em: https://www.ibet.com.br/wp-content/uploads/2020/02/Luciano-Garcia-Miguel.pdf. Acesso em: 17 mar. 2021.

Élcio Fiori Henriques, por sua vez, assinala que a distinção entre as telecomunicações e a radiodifusão sonora de sons e imagens dá-se em virtude do meio empregado para a transmissão das informações, e não da determinação do receptor e da interação deste com o emissor. Nesse sentido, enquanto, nas telecomunicações, o canal de transmissão da mensagem utiliza um processo eletromagnético, na radiodifusão, utilizam-se ondas de rádio.[552]

Por conseguinte, segundo sustenta, tanto as telecomunicações quanto a radiodifusão integram o gênero comunicação, o que resulta, a seu ver, da interpretação sistemática dos artigos 155, §3º, e 155, §2º, X, d, CRFB/88 e do julgamento da ADI nº 1467-6/DF, rel. Min. Sydney Sanches, Tribunal Pleno, Julgamento 12.02.2003, DJ 11.04.2003.

Por meio da ADI nº 1467-6/DF referida, o STF julgou inconstitucional lei do Distrito Federal que afastava a incidência tributária sobre os serviços de radiodifusão, sob o fundamento de que a legislação impugnada criou hipótese de imunidade não contemplada no art. 155, II, CRFB. Em acréscimo, o Pleno do STF ponderou que a Constituição Federal estabeleceu que isenções e benefícios fiscais em matéria de ICMS apenas poderiam ser concedidos mediante prévio convênio entre os entes federativos, conforme decorre da ementa seguinte:

EMENTA: – DIREITO CONSTITUCIONAL E TRIBUTÁRIO. ICMS SOBRE SERVIÇOS DE COMUNICAÇÃO: RADIODIFUSÃO SONORA E DE SONS E DE IMAGENS (ALÍNEA "A" DO INCISO XII DO ART. 21 DA CONSTITUIÇÃO FEDERAL. ARTIGO 132, I, "B", DA LEI ORGÂNICA DO DISTRITO FEDERAL. AÇÃO DIRETA DE INCONSTITUCIONALIDADE. 1. *O art. 132, I, "b", da Lei Orgânica do Distrito Federal, ao admitir a incidência do ICMS apenas sobre os serviços de comunicação, referidos no inciso XI do art. 21 da C., vedou sua incidência sobre os mencionados no inciso XII, "a", do mesmo artigo, ou seja, sobre "os serviços de radiodifusão sonora e de sons e imagens" (art. 21, XII, "a", da CF, com a redação dada pela EC nº 8, de 15.08.1995). 2. Com isso, estabeleceu, no Distrito Federal, tratamento diferenciado dessa questão, em face do que ocorre nas demais unidades da Federação e do disposto no art. 155, inc. II, da CF, pelos quais o ICMS pode incidir sobre todo e qualquer serviço de comunicação.* 3. Assim, ainda que indiretamente, concedeu imunidade, quanto ao ICMS, aos prestadores de serviços de radiodifusão sonora e de sons e de imagens, sem que essa imunidade estivesse prevista na Constituição Federal (art. 155, II), que, ademais, não admite que os Estados e o

---

552 HENRIQUES, Elcio Fiori. O fato gerador do ICMS-Comunicação e o serviço de veiculação de imagem por outdoor. *Revista Dialética de Direito Tributário*, São Paulo, n. 164, p. 19-20, mai. 2009.

Distrito Federal concedam, com relação ao ICMS, nem mesmo simples isenções, incentivos e benefícios fiscais, senão com observância da Lei Complementar a que aludem o art. 155, §2º, inciso XII, letra "g". 4. Lei Complementar, a de nº 24, de 07.01.1975, já existia, com essa finalidade, antes, portanto, da Constituição de 05.10.1988. 5. *E, a esta altura, já está em vigor a Lei Complementar nº 87, de 13.09.1996, cujo art. 1º reitera a incidência do ICMS sobre todo e qualquer serviço de comunicação, regulando também a forma pela qual os Estados e o Distrito Federal concederão isenções, incentivos e benefícios fiscais.* 6. Caracterizada a concessão de imunidade não prevista na Constituição Federal, ou, ao menos, a concessão de benefício fiscal não autorizado pela Lei Complementar a que aquela se refere, julga-se procedente a Ação Direta, declarando-se a inconstitucionalidade da expressão "de que trata o art. 21, XI, da Constituição Federal", constante da alínea "b" do inciso I do art. 132 da Lei Orgânica do Distrito Federal. 7. Plenário: decisão unânime. (ADI nº 1.467-6/DF, rel. Min. Sydney Sanches, Tribunal Pleno, Julgamento 12.02.2003, DJ 11.04.2003). (Grifo nosso).

Considerando o entendimento firmado pelo STF, conclui Élcio Fiori Henriques, com o que se está de integral acordo, que o serviço de radiodifusão sonora de sons e imagens está inserido no conceito de comunicação, não havendo que se cogitar de um terceiro gênero.

A consequência inarredável desse raciocínio é a de que o processo comunicacional deve ser compreendido em sentido amplo, abarcando tão somente a atividade de transmissão de uma mensagem de um emissor para um receptor, através de um canal, independentemente da individualização do receptor e da possibilidade de compreensão da mensagem.[553]

Em acréscimo ao precedente anterior, destaca-se a ADI nº 930-3 MC/MA, rel. Min. Sepúlveda Pertence, Tribunal Pleno, Julgamento 27.06.2002, DJ 23.08.2002, por meio da qual foi impugnada lei maranhense, editada em 1993, que exonerou de ICMS os serviços de rádio e televisão, até que a lei complementar dispusesse sobre a matéria.

O STF julgou o pedido prejudicado, tendo em vista que a LC nº 87/1996 sobreveio ao julgamento, cessando os efeitos da lei questionada. Entretanto, em sede de liminar (ADI nº 930-3 MC, rel. Min. Celso De Mello, Tribunal Pleno, Julgamento 25.11.1993, DJ 31.10.1997), o relator, no que foi acompanhado pela unanimidade dos demais ministros, já

---

[553] HENRIQUES, Elcio Fiori. O fato gerador do ICMS-Comunicação e o serviço de veiculação de imagem por outdoor. *Revista Dialética de Direito Tributário*, São Paulo, n. 164, p. 21-22, 30, mai. 2009.

adotara o entendimento de que isenções e benefícios de ICMS apenas poderiam ser concedidos mediante convênios interestaduais.

De outro lado, o Colegiado do STF ponderou que a concessão unilateral de norma exonerativa de ICMS pelo Estado repercutiria na esfera dos repasses devidos aos Municípios, consoante a regra do art. 158, IV, CRFB/1988, reduzindo a arrecadação destes últimos. Por fim, remarcou que a referida norma só poderia ser veiculada pela Constituição Federal, e não por legislação estadual, de modo que foram suspensos, até decisão final de mérito, os dispositivos da lei maranhense que concederam o benefício fiscal de ICMS em relação ao rádio e à televisão.

Em precedente posterior, o STF declarou a inconstitucionalidade de dispositivo da Constituição do Estado do Rio de Janeiro e da legislação estadual, nos quais havia a previsão de não incidência de ICMS para veículos de radiodifusão, estendendo-se a imunidade dos livros, jornais e periódicos àqueles veículos.

Após suspender cautelarmente, no ano de 2002, a redação dos dispositivos impugnados, o STF, por unanimidade, julgou procedente o mérito da ação, enfatizando que o art. 150, VI, d, CRFB/1988 é norma de reprodução obrigatória, sob pena de violação aos princípios federativo e da isonomia. Em acréscimo, ponderou acerca da necessidade de convênios interestaduais para a concessão de benefícios fiscais, *verbis*:

> Ação Direta de Inconstitucionalidade. 2. Disciplina na Constituição Estadual de nova hipótese de imunidade tributária (art. 196, VI, 'd', da Constituição do Estado do Rio de Janeiro). 3. Violação ao princípio da isonomia tributária (art. 150, II, da CF) e ao princípio federativo. 4. Norma de reprodução obrigatória (art. 150, VI, 'b', 'c' e 'd', da CF). 5. Lei estadual que disciplina isenção ao ICMS (art. 40, XIV, da Lei nº 1.423/89). 6. Ausência de convênio prévio (art. 34, §8º, do ADCT). 7. Ação julgada procedente para declarar a inconstitucionalidade da expressão "e veículos de radiodifusão", constante do art. 196, VI, 'd', da Constituição Estadual, e da expressão "e veículo de radiodifusão", constante do art. 40, XIV da Lei Estadual nº 1.423/89. (ADI nº 773/RJ, rel. Min. Gilmar Mendes, Tribunal Pleno, Julgamento 20.08.2014, DJe 30.10.2014).

Portanto, embora a controvérsia doutrinária permaneça atual, parece possível concluir, a partir dos precedentes do STF, que a configuração da prestação de serviços de comunicação prescinde da interação entre emissor e receptor, abarcando, inclusive, as hipóteses de radiodifusão.

A se admitir o contrário, a radiodifusão já seria hipótese de não incidência de ICMS-Comunicação, independentemente de qualquer previsão legal. No entanto, reitere-se, não foi esse o entendimento adotado nos diversos precedentes citados pelo STF, que, sempre à unanimidade, enfatizou que a radiodifusão se encontra dentro do campo impositivo dos Estados.

5.3 A delimitação do conceito de prestação de serviço de comunicação: bipartição entre atividades-meio e atividades-fim

Para além dos debates descritos no item anterior, acerca do alcance que deve ser dado à prestação de serviços de comunicação, a jurisprudência tem caminhado no sentido de que apenas as atividades-fim de comunicação, e não as atividades preparatórias ou propedêuticas, têm o condão de atrair a incidência do ICMS-Comunicação.

Parte da controvérsia decorreu da edição, pelo Conselho Nacional de Fazenda (CONFAZ), do Convênio nº 69/1998, que estabeleceu que os serviços a título de acesso, adesão, ativação, habilitação, disponibilidade, assim como outros serviços suplementares, estariam na base de cálculo do ICMS-Comunicação.[554]

Ao apreciar lides envolvendo o Convênio nº 69/1998, o STJ tem reiteradamente entendido, inclusive por meio de recurso representativo de controvérsia (tema 427), que os serviços que não sejam considerados atividades-fim de comunicação não ficam sujeitos à incidência do ICMS-Comunicação, ainda que sejam essenciais à efetiva prestação do serviço, *verbis*:

> PROCESSUAL CIVIL. RECURSO ESPECIAL. TRIBUTÁRIO. ICMS. SERVIÇOS CONEXOS (SUPLEMENTARES) AO DE COMUNICAÇÃO (TELEFONIA MÓVEL): TROCA DE TITULARIDADE DE APARELHO CELULAR; CONTA DETALHADA; TROCA DE APARELHO; TROCA DE NÚMERO; MUDANÇA DE ENDEREÇO DE COBRANÇA DE CONTA TELEFÔNICA; TROCA DE ÁREA DE REGISTRO; TROCA DE PLANO DE SERVIÇO; BLOQUEIO DDD E DDI; HABILITAÇÃO; RELIGAÇÃO. NÃO INCIDÊNCIA DO ICMS.

---

[554] Cláusula Primeira, Convênio ICMS nº 69/1998. Os signatários firmam entendimento no sentido de que se incluem na base de cálculo do ICMS incidente sobre prestações de serviços de comunicação os valores cobrados a título de acesso, adesão, ativação, habilitação, disponibilidade, assinatura e utilização dos serviços, bem assim aqueles relativos a serviços suplementares e facilidades adicionais que otimizem ou agilizem o processo de comunicação, independentemente da denominação que lhes seja dada.

1. A incidência do ICMS, no que se refere à prestação dos serviços de comunicação, deve ser extraída da Constituição Federal e da LC nº 87/96, incidindo o tributo sobre os serviços de comunicação prestados de forma onerosa, através de qualquer meio, inclusive a geração, a emissão, a recepção, a transmissão, a retransmissão, a repetição e a ampliação de comunicação de qualquer natureza (art. 2º, III, da LC nº 87/96).

2. *A prestação de serviços conexos ao de comunicação por meio da telefonia móvel (que são preparatórios, acessórios ou intermediários da comunicação) não se confunde com a prestação da atividade fim processo de transmissão (emissão ou recepção) de informações de qualquer natureza, esta sim, passível de incidência pelo ICMS. Desse modo, a despeito de alguns deles serem essenciais à efetiva prestação do serviço de comunicação e admitirem a cobrança de tarifa pela prestadora do serviço (concessionária de serviço público), por assumirem o caráter de atividade meio, não constituem, efetivamente, serviços de comunicação, razão pela qual não é possível a incidência do ICMS.*

3. Não merece reparo a decisão que admitiu o ingresso de terceiro no feito, pois o art. 543-C, §4º, do CPC autoriza que o Ministro Relator, considerando a relevância da matéria tratada em recurso especial representativo da controvérsia, admita a manifestação de pessoas, órgãos ou entidades com interesse na questão jurídica central.

4. Agravo regimental de fls. 871/874 não provido. Recurso especial não provido. Acórdão sujeito ao regime previsto no art. 543-C do CPC, c/c a Resolução 8/2008 – Presidência/STJ. (REsp nº 1.176.753/RJ, rel. Min. Mauro Campbell Marques, Primeira Seção, Julgamento 28.11.2012, DJe 19.12.2012). (Grifo nosso).

Através do referido recurso especial, o Estado do Rio de Janeiro questionou acórdão do Tribunal de Justiça local que, ao decidir que o Convênio ICMS nº 69/1998 havia ampliado de forma inadmissível o espectro de incidência do ICMS-Comunicação, anulou auto de infração referente a serviços acessórios, intermediários ou preparatórios de telefonia móvel celular.

Conforme constou do relatório do julgamento, o ente estadual defendeu que os serviços de telecomunicações deveriam ser compreendidos à luz do art. 2°, III, LC nº 87/1996 e do art. 60, §1º, da Lei nº 9.472/1997, de modo a englobar as atividades de transmissão, emissão ou recepção, por fio, radioeletricidade, meios ópticos ou qualquer outro processo eletromagnético, de símbolos, caracteres, sinais, escritos, imagens, sons ou informações de qualquer natureza. Nessa linha, o Convênio ICMS nº 69/1998 não teria criado uma nova hipótese de incidência do tributo, mas apenas especificado o campo de incidência do imposto.

O Min. Napoleão Nunes Maia Filho, então relator para o acórdão, embora reconhecendo que a jurisprudência majoritária no

STJ era no sentido da incidência do ICMS-Comunicação apenas sobre as atividades-fim, entendeu que a temática deveria ser revisitada, conjugando-se os artigos 155, II, CRFB com o art. 60, *caput*, da Lei nº 9.472/1997.

Como sustentou em seu voto, o conceito de prestação de serviços de comunicação, previsto constitucionalmente, do qual o serviço de telecomunicações é espécie, deveria ser interpretado em consonância com o art. 60, *caput*, Lei nº 9.472/1997, segundo o qual "serviço de telecomunicações é o conjunto de atividades que possibilita a oferta de telecomunicação".

Diante dessa previsão legal, na visão do Ministro, todas as atividades indispensáveis para que a comunicação se efetive, ainda que preparatórias ou acessórias, deveriam ser consideradas como serviços de comunicação, para fins de incidência do tributo, o que conduziria à inequívoca validade dos parâmetros estabelecidos no Convênio nº 69/1998.

No entanto, o voto que prevaleceu na Corte, da lavra do Min. Mauro Campbell Marques, enfatizou que a norma constitucional não pode ser lida à luz da Lei nº 9.472/1997, vez que o art. 146, III, CRFB/88 exige lei complementar para dispor sobre normas gerais em matéria de legislação tributária.

Consoante defendeu, da interpretação da LC nº 87/1996 não é possível extrair a incidência de ICMS-Comunicação sobre atividades conexas. Ademais, no que se refere especificamente aos serviços de habilitação de telefonia celular, a Corte já havia editado a Súmula nº 350, pela qual não incide ICMS sobre a atividade de habilitação, raciocínio que poderia ser estendido aos demais serviços acessórios questionados no recurso especial.

Portanto, por maioria de votos, prevaleceu, em caráter repetitivo, o entendimento de que o ICMS-Comunicação apenas incide sobre atividades-fim de comunicação, mas não sobre atividades-meio, preparatórias ou acessórias, ainda que indispensáveis à prestação do serviço.

O referido posicionamento foi reiterado em diversas oportunidades pelo STJ, seja através das Turmas, seja das Seções, por meio dos quais foi destacado que não incide ICMS-Comunicação sobre a locação de aparelho celular,[555] assinatura (enquanto sinônimo de contratação

---

[555] AgRg no REsp nº 1.429.581/GO, rel. Min. Humberto Martins, Segunda Turma, Julgamento 11.11.2014, DJe 21.11.2014.

do serviço de comunicação),[556] instalação, disponibilidade, cadastro de usuário e equipamento,[557] locação de conversores e *cable modem*,[558] assim como sobre a taxa de adesão da televisão a cabo,[559] assistência técnica, reconexão e troca de seleção de canais.[560]

O STF, por sua vez, da mesma forma que o STJ, vem proferindo sucessivos julgamentos, notadamente a partir de 2014, no sentido de que o ICMS-Comunicação apenas incide sobre atividades-fim, afastando a exação tributária de hipóteses como a instalação de linhas telefônicas,[561] locação de modem,[562] assinatura, instalação e habilitação de aparelhos celulares, por representarem atividades-meio[563] ou suplementares.[564]

Destaque-se que, até o julgamento do RE nº 572.020/DF, rel. Min. Luiz Fux, Tribunal Pleno, Julgamento 06.02.2014, DJe 13.10.2014, que versou sobre a habilitação de telefones celulares, o STF não conhecia os recursos extraordinários sobre a matéria, sob o fundamento de que a questão pressuponha a análise de legislação infraconstitucional.[565]

Entretanto, a partir do referido julgamento, em que o STF entrou na análise do mérito, para fixar que o ICMS-Comunicação não incide sobre atividades preparatórias ao serviço de comunicação propriamente dito, os acórdãos sobre a matéria passaram a ser conhecidos. Ademais, por meio do citado RE nº 572.020/DF, o STF encampou na própria ementa da sua decisão o entendimento, já veiculado em precedente do STJ, no sentido de que:

---

[556] REsp nº 945.037/AM, rel. Min. Luiz Fux, Primeira Seção, Julgamento 24.06.2009, DJe 03.08.2009.

[557] AgRg nos EDcl no RMS nº 31.147/RR, rel. Min. Arnaldo Esteves Lima, Primeira Turma, Julgamento 06.05.2014, DJe 19.05.2014.

[558] REsp nº 1.654.877/SP, rel. Min. Herman Benjamin, Segunda Turma, Julgamento 09.02.2017, DJe 29.06.2017.

[559] REsp nº 418.594/PR, rel. Min. Teori Albino Zavascki, Primeira Turma, Julgamento 17.02.2005, DJ 21.03.2005.

[560] REsp nº 1.810.842/SP, rel. Min. Herman Benjamin, Segunda Turma, Julgamento 19.09.2019, DJe 06.11.2019.

[561] ARE nº 851.103 AgR/MA, rel. Min. Marco Aurélio, Primeira Turma, Julgamento 05.05.2015, DJe 25.05.2015.

[562] ARE nº 1.159.678 AgR-segundo/MG, rel. Min. Ricardo Lewandowski, Segunda Turma, Julgamento 14.02.2020, DJe 28.02.2020.

[563] ARE nº 770.102 AgR/PE, rel. Min. Dias Toffoli, Primeira Turma, Julgamento 04.11.2014, DJe 02.02.2015.

[564] ARE nº 904.294 AgR/RJ, rel. Min. Luiz Fux, Primeira Turma, Julgamento 27.10.2015, DJe 16.11.2015.

[565] AI nº 726.440 AgR/BA, rel. Min. Rosa Weber, Primeira Turma, Julgamento 05.02.2013, DJe 26.02.2013.

RECURSO EXTRAORDINÁRIO. TRIBUTÁRIO. ICMS. HABILITAÇÃO DE APARELHOS CELULARES. A LEI GERAL DE TELECOMUNICA-ÇÕES (ART. 60, §1º, DA LEI Nº 9.472/97) NÃO PREVÊ O SERVIÇO DE HABILITAÇÃO DE TELEFONIA MÓVEL COMO ATIVIDADE-FIM, MAS ATIVIDADE-MEIO PARA O SERVIÇO DE COMUNICAÇÃO. A ATIVIDADE EM QUESTÃO NÃO SE INCLUI NA DESCRIÇÃO DE SERVIÇOS DE TELECOMUNICAÇÃO CONSTANTE DO ART. 2º, III, DA LC Nº 87/1996, POR CORRESPONDER A PROCEDIMENTO TIPICAMENTE PROTOCOLAR, CUJA FINALIDADE REFERE-SE A ASPECTO PREPARATÓRIO. OS SERVIÇOS PREPARATÓRIOS, TAIS COMO HABILITAÇÃO, INSTALAÇÃO, DISPONIBILIDADE, ASSI-NATURA, CADASTRO DE USUÁRIO E EQUIPAMENTO, ENTRE OUTROS, QUE CONFIGURAM ATIVIDADE-MEIO OU SERVIÇOS SUPLEMENTARES, NÃO SOFREM A INCIDÊNCIA DO ICMS, POSTO SERVIÇOS DISPONIBILIZADOS DE SORTE A ASSEGU-RAR AO USUÁRIO A POSSIBILIDADE DO USO DO SERVIÇO DE COMUNICAÇÃO, CONFIGURANDO AQUELES TÃO SOMENTE ATIVIDADES PREPARATÓRIAS DESTES, NÃO INCIDINDO ICMS. INOCORRÊNCIA DE VIOLAÇÃO AOS ARTS. 2º, 150, I, E 155, II, DA CF/88. DESPROVIMENTO DO RECURSO EXTRAORDINÁRIO. 1. *O serviço de comunicação propriamente dito*, consoante previsto no art. 60, §1º, da Lei nº 9.472/97 (Lei Geral de Telecomunicações), *para fins de incidência de ICMS, é aquele em que um terceiro, mediante prestação negocial-onerosa, mantém interlocutores (emissor/receptor) em contato por qualquer meio*, inclu-sive a geração, a emissão, a recepção, a transmissão, a retransmissão, a repetição e a ampliação de comunicação de qualquer natureza (REsp nº 402.047/MG, rel. Ministro Humberto Gomes de Barros, Primeira Turma, Julgamento 04.11.2003, DJ 09.12.2003). 2. A interpretação conjunta dos arts. 2º, III, e 12, VI, da Lei Complementar nº 87/96 (Lei Kandir) leva ao entendimento de que o ICMS somente pode incidir sobre os serviços de comunicação propriamente ditos, no momento em que são prestados, ou seja, apenas pode incidir sobre a atividade-fim, que é o serviço de comunicação, e não sobre a atividade-meio ou intermediária como são aquelas constantes na Cláusula Primeira do Convênio ICMS nº 69/98. Tais serviços configuram, apenas, meios de viabilidade ou de acesso aos serviços de comunicação, et por cause, estão fora da incidência tributária do ICMS. 3. *A Constituição autoriza sejam tributadas as prestações de serviços de comunicação, não sendo dado ao legislador, nem muito menos ao intérprete e ao aplicador, estender a incidência do ICMS às atividades que as antecedem e viabilizam.* Não tipificando o fato gerador do ICMS-Comunicação, está, pois, fora de seu campo de incidência. Consectariamente, inexiste violação aos artigos 2º, 150, I, e 155, II, da CF/88. 4. O Direito Tributário consagra o princípio da tipicidade, de maneira que, sem lei expressa, não se pode ampliar os elementos que formam o fato gerador, sob pena de violar o disposto no art. 108, §1º, do CTN. 5. *In casu*, apreciando a questão relativa à legitimidade da cobrança do ICMS sobre o procedimento de habilitação de telefonia móvel celular, a atividade de habilitação não se inclui na descrição de serviço de telecomunicação constante do art. 2º, III, da Lei Complementar nº 87/96, *por corresponder a procedimento tipicamente protocolar, cuja finalidade prende-se ao aspecto preparatório e estrutural da prestação do serviço, serviços meramente acessórios ou preparatórios à comunicação propriamente dita, meios de viabilidade ou de acesso aos serviços de comunicação.* 6. O ato de habilitação de aparelho móvel celular não enseja qualquer serviço efetivo de telecomunicação, senão de disponibilização do serviço, de modo a assegurar ao usuário a possibilidade de fruição do serviço de telecomunicações. O ICMS incide, tão somente, na atividade final, que é o serviço de telecomunicação propriamente dito, e não sobre o ato de habilitação do telefone celular, que se afigura como atividade meramente intermediária. 7. *Ex positis*, nego provimento ao recurso extraordinário. (RE nº 572.020/DF, rel. Min. Luiz Fux, Tribunal Pleno, Julgamento 06.02.2014, DJe 13.10.2014). (Grifo nosso).

Em acréscimo, tramitou no STF agravo em RE,[566] convertido em RE,[567] cuja repercussão geral foi reconhecida, em que se discutiu a possibilidade de incidência do ICMS-Comunicação sobre o valor pago pelos consumidores às concessionárias de telefonia, a título de assinatura básica mensal sem franquia de minutos. Na decisão que reconheceu a repercussão geral, foi destacada a peculiaridade da hipótese, que não se confundiria com o RE nº 572.020/DF, e apresentaria o potencial multiplicador em outras demandas.

No mérito, decidiu o STF,[568] por maioria, a partir do voto do relator, Min. Teori Zavascki, que a assinatura básica consiste em prestação de serviço de comunicação, e não de mera atividade-meio. Defendeu-se que a atividade implica o fornecimento, a título continuado, das condições materiais para que ocorra a comunicação entre o usuário e o terceiro – o que consiste em prestação onerosa de serviço de comunicação – ainda que não remunere a ligação em si. Afirmou-se, outrossim, que a ausência de franquia de minutos pelo preço cobrado é irrelevante, vez que não caberia ao próprio contribuinte, por ato próprio, delimitar a base de cálculo do ICMS. Segue a ementa da decisão, *verbis*:

---

[566] ARE nº 782.749 RG/RS, rel. Min. Teori Zavascki, Tribunal Pleno, Julgamento 25.06.2015, DJe 03.08.2015.

[567] O processo foi reautuado para RE nº 912.888/RS.

[568] RE nº 912.888/RS, rel. Min. Teori Zavascki, Tribunal Pleno, Julgamento 13.10.2016, DJe 10.05.2017.

TRIBUTÁRIO. RECURSO EXTRAORDINÁRIO. ICMS SOBRE PRESTAÇÃO DE SERVIÇOS DE COMUNICAÇÃO. TARIFA DE AS-SINATURA BÁSICA MENSAL. CONTRAPRESTAÇÃO AO SERVIÇO DE COMUNICAÇÃO PROPRIAMENTE DITO PRESTADO PELAS CONCESSIONÁRIAS DE TELEFONIA. INCIDÊNCIA DO TRIBUTO. 1. O Plenário do Supremo Tribunal Federal, no julgamento do RE nº 572.020 (Rel. Min. Marco Aurélio, Rel. p/ acórdão Min. Luiz Fux, DJe de 13.10.2014), assentou que o ICMS não incide sobre serviços prepa-ratórios aos de comunicação, tais quais o de habilitação, instalação, disponibilidade, assinatura (= contratação do serviço), cadastro de usuário e equipamento, etc., já que tais serviços são suplementares ou configuram atividade-meio. 2. *A tarifa de assinatura básica mensal não é serviço (muito menos serviço preparatório), mas sim a contraprestação pelo serviço de comunicação propriamente dito prestado pela concessionária de telefonia, consistente no fornecimento, em caráter continuado, das condições materiais para que ocorra a comunicação entre o usuário e terceiro, o que atrai a incidência do ICMS.* 3. Fica aprovada a seguinte tese de repercussão geral: "O Imposto de Circulação de Mercadorias e Serviços (ICMS) incide sobre a tarifa de assinatura básica mensal cobrada pelas prestadoras de serviço de telefonia, independentemente da franquia de minutos conferida ou não ao usuário". 4. Recurso extraordinário provido.

Portanto, verifica-se, na jurisprudência dos tribunais superiores, uma inequívoca tendência em bipartir as atividades desenvolvidas, como finais ou de meio, a fim de perquirir se há ou não verdadeiro ser-viço de comunicação, apto a ensejar a incidência de ICMS-Comunicação. Entretanto, na atualidade, a controvérsia tem se deslocado da mera dicotomia entre atividades-meio e atividades-fim, para centrar-se no efetivo conteúdo de cada uma das duas modalidades.

No precedente referido, acerca da tarifa de assinatura básica mensal, em relação ao qual ainda estão pendentes de julgamento os embargos de declaração,[569] o STF adotou uma concepção ampliativa de atividade-fim de comunicação, passando a alcançar não só a "efetiva comunicação entre o usuário e o terceiro", mas também "o fornecimen-to, em caráter continuado, das condições materiais para que ocorra a comunicação entre o usuário e o terceiro".[570]

---

[569] Consulta realizada aos 20 de abril de 2021.

[570] Destaque-se que o voto do Min. Teori Zavascki se reportou também a parecer de Carlos Ari Sundfeld, em que se assinalou que: "Não é correta a suposição de que o serviço de telefonia só é prestado quando o usuário realiza uma chamada telefônica. O fato de estar conectado a uma imensa rede de comunicações constitui, indiscutivelmente, uma presta-ção de serviço".

No âmbito estritamente doutrinário, a referida bipartição entre atividades-meio e atividades-fim também pode ser verificada, cabendo citar, por todos, Roque Carrazza, para quem a tributação pelo ICMS deve se limitar à efetiva prestação do serviço oneroso de comunicação, não se estendendo às atividades que o antecedem, vez que a prestação potencial do serviço não é fato gerador do tributo.[571] Com relação às chamadas atividades-meio, sustenta que, ainda que imprescindíveis à realização do serviço de comunicação, não podem ser compreendidas como preço do serviço, que foi a locução empregada no art. 13, III, LC nº 87/1996, como base de cálculo do tributo.

Em acréscimo, pondera que as atividades-meio constituem etapa propedêutica, composta pelo conjunto de serviços de infraestrutura necessários à prestação do serviço de comunicação – mas que com ele não se confunde – sendo levada a cabo do interesse da empresa, e não dos usuários.[572]

Nessa linha, sustenta que o Convênio nº 69/1998 extrapolou os limites do conceito constitucional de serviços de comunicação, promovendo verdadeira interpretação extensiva que, na sua visão, teria ferido os princípios da legalidade e da tipicidade fechada.

Ademais, leciona que, sob o aspecto formal, os convênios em matéria de ICMS, nos termos do art. 155, §2º, XII, g, CRFB/1988, apenas poderiam dispor sobre isenções, como mecanismo para coibir a guerra fiscal, mas não seriam um instrumento apto a ampliar o próprio campo de incidência do tributo, o que implicaria a inequívoca inconstitucionalidade formal e material do Convênio nº 69/1998.[573]

No entanto, conforme será oportunamente enfrentando quando se discorrer acerca do *streaming*, no item 6.5.1 da presente obra, a dicotomia entre atividades-meio e atividades-fim, para fins de delimitar a hipótese de incidência do ICMS-Comunicação, também tem sido

---

[571] CARRAZZA, Roque Antonio. ICMS-Comunicação: sua não incidência sobre a denominada tarifa de assinatura básica mensal – questões conexas. *Revista Dialética de Direito Tributário*, São Paulo, n. 155, p. 86, ago. 2008. Constate-se que, neste artigo, o autor, diferentemente do STF, defendeu que a tarifa de assinatura básica mensal consiste em mera atividade-meio de comunicação, pelo que, na sua visão, seria intributável pelo ICMS.

[572] CARRAZZA, Roque Antonio. ICMS-Comunicação: sua não incidência sobre a denominada tarifa de assinatura básica mensal – questões conexas. *Revista Dialética de Direito Tributário*, São Paulo, n. 155, p. 103-104, ago. 2008.

[573] CARRAZZA, Roque Antonio. ICMS-Comunicação: sua não incidência sobre a denominada tarifa de assinatura básica mensal – questões conexas. *Revista Dialética de Direito Tributário*, São Paulo, n. 155, p. 104-108, ago. 2008.

objeto de críticas doutrinárias,[574] tendo em vista que a divisão entre atividades-meio e atividades-fim é obra do legislador ordinário, e não do constituinte ou do legislador complementar.[575]

Ademais, não se pode perder de vista a necessidade de harmonização da compreensão do sistema tributário, isto é, a interpretação levada a cabo em um segmento do Direito Tributário não deve ser compartimentada em relação ao todo. Dito isto, cumpre fazer referência ao julgamento de mérito da ADI nº 1.945/MT, referida no capítulo 3 do presente.

Naquela oportunidade, por maioria, o STF decidiu que a classificação entre modalidades de *software* para fins tributários não deveria persistir, considerando, entre outros aspectos, que o subitem 1.05 da LC nº 116/2003 já teria dirimido a controvérsia. Dessa forma, trazendo essa *ratio* para o ICMS-Comunicação, parece que tampouco se justificaria a divisão entre atividades-meio e atividades-fim, na forma como vem sendo realizada, uma vez que a lei complementar tampouco procedeu a tal distinção, que é fruto apenas do trabalho do intérprete.

Em acréscimo, embora se identifiquem julgados no STJ que procuram analisar a tributação do ISS a partir da dicotomia entre atividades-fim e atividades-meio para a prestação do serviço,[576] com base em entendimento doutrinário específico acerca da questão,[577] não é essa posição que parece estar prevalecendo no âmbito do STF. Ou seja, para fins de se identificar aquilo em que consiste uma prestação de serviço, o critério determinante, já referido no capítulo 3 do presente, é o da unidade, como decorre do voto do Min. Gilmar Mendes no RE nº 603.316/RJ, acerca do contrato de franquia, *verbis*:

[574] ROSENBLATT, Paulo; LUDMER, Beatriz Pessoa. O comércio eletrônico audiovisual via *streaming* e o ICMS-Comunicação: uma proposta de superação jurisprudencial para adequar a tributação à economia digital global. *In*: MATA, Juselder Cordeiro *et al.* (Org.). *Tributação na sociedade moderna*: economia digital, compliance tributária, direitos sociais e reforma tributária. Belo Horizonte: Arraes, 2019. p. 530.

[575] ANDRADE, Alberto Guimarães; BATISTA JR., Onofre Alves. O ICMS e a Lei Complementar 116/2003 – Alguns pontos polêmicos da lista de serviços – Conflitos de competência ISS X ICMS. *Direito Público – Revista Jurídica da Advocacia-Geral do Estado de Minas Gerais*, Belo Horizonte, n. 1, p. 91, jul./dez. 2004.

[576] Faz-se referência ao inteiro teor do REsp nº 883.254/MG, rel. Min. José Delgado, Primeira Turma, Julgamento 18.12.2007, DJ 28.02.2008. Esse precedente serviu de paradigma para outros, como, exemplificativamente, os Edcl nos Edcl no REsp nº 1.617.514/SC, rel. Min. Napoleão Nunes Maia Filho, Primeira Turma, Julgamento 15.12.2020, DJe 17.02.2021 e o AgRg nos Edcl no AREsp nº 48.665/PR, rel. Min. Castro Meira, Segunda Turma, Julgamento 07.02.2012, DJe 16.02.2012.

[577] BARRETO, Aires F. *Curso de Direito Tributário Municipal*. 2. ed. São Paulo: Saraiva, 2012. p. 375-378.

Pois bem. Dito isso, penso que há, por fim, um último aspecto que convém mencionar.

Refiro-me à distinção entre as diferentes prestações englobadas no contrato de franquia. Como é cediço, a doutrina costuma separar prestações abarcadas na relação de franquia como "atividade-fim", tais como a cessão do uso de marca, e "atividade-meio", tais como treinamento, orientação, publicidade, etc.

Há, pelo menos, duas razões pelas quais julgo que não devemos separá-las para fins fiscais, no caso dos autos, de modo que apenas as segundas (atividades-meio) ficassem sujeitas ao ISS, e não as primeiras (atividades-fim).

A primeira razão é que o contrato em questão é uma unidade, um plexo de obrigações contrapostas que inclui diferentes atividades. Não é apenas cessão de uso de marca, tampouco uma relação de assistência técnica ou transferência de know how ou segredo de indústria.

O contrato de franquia forma-se de umas e outras atividades, reunidas num só negócio jurídico. Nenhumas das referidas prestações, *per se,* seria suficiente para definir essa relação contratual. Separar umas das outras acabaria por desnaturar a relação contratual em questão, mudando-lhe o sentido prático e o escopo.

A segunda razão é de ordem eminentemente prática. A experiência, senhores Ministros, permite-me afirmar que essa interpretação – digo, no sentido de dar tratamento diferente à atividade-meio e à atividade-fim – certamente conduziria o contribuinte à tentação de manipular as formas contratuais e os custos individuais das diversas prestações, a fim de reduzir a carga fiscal incidente no contrato. (Grifos nossos).

Portanto, o que se propõe, com a presente reflexão, é que o Direito Tributário brasileiro seja construído sobre bases harmônicas. Ou bem se entende que a tributação pode ser feita com base em categorias que não encontram previsão na lei complementar – como se tem feito em relação ao ICMS-Comunicação – ou, ao revés, adota-se a premissa de que apenas a própria lei complementar pode proceder a categorizações para fins tributários – como se tem procedido em relação ao ISS.

Do contrário, ao se escolher um critério em cada caso concreto, chega-se a soluções particulares para cada lide individualmente considerada, mas o sistema tributário deixa de se estruturar em torno de bases coerentes e que dialogam entre si. O avanço da digitalização da economia torna imperativo que as materialidades do ICMS-Comunicação sejam repensadas, a fim de que se verifique se, efetivamente, a distinção entre atividades-meio e atividades-fim deve persistir e, em caso positivo, em que termos deve persistir.

Nos itens seguintes, a referida dicotomia é considerada para a análise das hipóteses de conflito de competência, diante da jurisprudência consolidada sobre a matéria, sem prejuízo da constatação de que tal classificação foi delineada para fins regulatórios,[578] e não para fins tributários.

5.4 O conflito de competência entre o ISS e o ICMS-Comunicação

As linhas gerais do conflito de competência entre o ISS e o ICMS já foram traçadas no item 2.4 do capítulo 2 da presente obra. No caso específico do conflito de competência entre o ISS e o ICMS-Comunicação, um elemento adicional se coloca para o equacionamento de qual tributo deverá incidir, considerando que o fato gerador do ICMS-Comunicação, assim como o do ISS, pressupõe uma prestação de serviço.

Portanto, verifica-se que os serviços constituem um gênero dentro do qual a comunicação é espécie. Ou, em outros termos, toda comunicação envolve necessariamente uma prestação de serviço. Consoante leciona Fernando Batlouni Mendroni, a comunicação representa um aspecto particular da prestação de serviços, *verbis*:

> O termo "comunicação" não se auto-restringe. A restrição sobre ele pode apenas surgir quando ganhar expressão jurídica, no ordenamento jurídico, no panorama da qualificação e do discernimento das prestações de serviços, onde algumas se sujeitam ao ICMS e outras não.
>
> *Ou seja, o conceito de "prestação de serviços de comunicação" é particular em relação ao de "prestação de serviços", pois os serviços de comunicação só podem formar uma classe particular no quadro dos serviços. O conceito de prestação de serviços é, por sua vez, particular em relação ao conceito de contrato.*[579] (Grifo nosso).

Da constatação de que a comunicação é modalidade de prestação de serviços decorre, assim como já se colocou em relação aos serviços, o questionamento quanto à limitação do fato gerador às hipóteses em que se esteja presente uma obrigação de fazer[580] ou à possibilidade

---

[578] BRANDÃO JR., Salvador Cândido. Serviço de *streaming* e sua identificação como serviço de comunicação. *In*: PISCITELLI, Tathiane; LARA, Daniela Silveira (Coord.). *Tributação da Economia Digital*. 2. ed. São Paulo: Thomson Reuters Brasil, 2020. p. 405.

[579] MENDRONI, Fernando Batlouni. O ICMS sobre serviços de comunicação – Enfoque lógico-jurídico. *Revista Tributária e de Finanças Públicas*, São Paulo, v. 11, n. 50, p. 19, 2003.

[580] Defendendo que o conceito de prestação de serviço e, nessa linha, de prestação de serviço de comunicação, limita-se às obrigações de fazer: BERGAMINI, Adolpho. ICMS – Não incidência sobre os serviços de veiculação de publicidade em *outdoors* e via Internet. *Revista Dialética de Direito Tributário*, São Paulo, n. 201, p. 13, jun. 2012.

de sua extensão às chamadas obrigações de dar, retomando-se, nesta passagem, as considerações tecidas nos itens 2.4 do capítulo 2 e no capítulo 3 deste livro.

No entanto, se, no cotejo entre o ICMS e o ISS, a primazia dada à lei complementar – notadamente ao DL nº 406/1968 e à LC nº 116/2003, eis que a LC nº 87/1996 não traz uma lista de mercadorias – mostra-se um importante critério para dirimir os conflitos de competência entre os dois tributos, no caso específico do ICMS-Comunicação, impõe-se proceder a uma leitura conjugada do DL nº 406/1968 e das leis complementares nº 116/2003 e nº 87/1996, além do próprio CTN, que ostenta o *status* de lei complementar em sentido material.

Como os serviços de comunicação são também serviços, em sentido *lato*, o fato de um determinado serviço estar arrolado na lista anexa ao DL nº 406/1968 e à LC nº 116/2003 não parece suficiente, por si só, para afastar a incidência do ICMS-Comunicação, uma vez que, consoante as lições de Onofre Alves Batista Júnior e Alberto Guimarães Andrade, o ISS não pode incidir sobre serviços de comunicação.[581]

A visão de que o ISS é residual em relação ao ICMS, além de constar da literalidade do art. 156, III, CRFB/1988, foi reconhecida pelo STF, quando do julgamento do RE nº 651.703/PR e do RE nº 603.136/RJ, sobre planos de saúde e franquias, respectivamente, que foram abordados nos capítulos 2 e 3 desta obra.

A exceção, também referida nesses capítulos, dá-se em relação às operações mistas, em que o ICMS é residual em relação ao ISS, nos termos do art. 155, §2º, IX, b, CRFB/1988. Dessa forma, o bloco normativo formado pelos artigos 156, III e 146, I, CRFB/1988 impõe que as leis complementares de ISS sejam lidas de forma conjugada com a LC nº 87/1996 e com o art. 68, II, CTN, sob pena de vulneração da harmonia do sistema.

Dentro dessa ordem de ideias, sustenta-se que a aludida primazia da lei complementar deve ser compreendida enquanto primazia de um microssistema de leis complementares, de cuja interpretação conjugada se podem extrair as hipóteses de incidência do ICMS-Comunicação.

---

[581] ANDRADE, Alberto Guimarães; BATISTA JR., Onofre Alves. O ICMS e a Lei Complementar 116/2003 – Alguns pontos polêmicos da lista de serviços – Conflitos de competência ISS X ICMS. *Direito Público – Revista Jurídica da Advocacia-Geral do Estado de Minas Gerais*, Belo Horizonte, n. 1, p. 76, 83-85, jul./dez. 2004. Segundo assinalam, "havendo, pois, serviço de transporte (exceto intramunicipal) ou serviço de comunicação, não cabe sequer verificar se quaisquer dos itens trazidos pela LC 116/2003 deve ser efetivado, porque, nesses casos, incide o ICMS".

Em continuidade ao quanto foi exposto no item 2.4 do capítulo 2, quando se defendeu que um dos limites para a atuação da lei complementar encontra-se nos sentidos mínimos empregados pela Constituição Federal, entende-se que o conteúdo mínimo do serviço de comunicação, para fins de ICMS-Comunicação, envolve, de acordo com a jurisprudência dos tribunais superiores, a necessária configuração de que se está diante de uma atividade-fim de comunicação. Contudo, como se pontuou, impõe-se que esse critério seja aprimorado, considerando que não encontra amparo na lei complementar e, em matéria de serviços, não vem sendo regularmente adotado, salvo em precedentes específicos do STJ, como referido.

Embora não haja consenso quanto ao fato de a Constituição haver ou não adotado uma definição específica para a locução comunicação ou incorporado um significado proveniente da legislação infraconstitucional,[582] coube à lei complementar, como antes referido, explicitar os meios pelos quais a comunicação pode ser feita. A essa altura, cabe destacar que Humberto Ávila leciona que a comunicação pode ser compreendida de forma ampla ou restrita.

Pela acepção restrita, apenas se completa a relação comunicativa quando houver uma interação onerosa entre emissor e receptor, sendo imprescindível que este seja individualizado, interaja com o emissor e pague pela obtenção da mensagem. De outro lado, pela acepção ampla, a configuração da comunicação dá-se ainda que o receptor seja indeterminado e a relação entre este e o emissor seja unilateral. Admite-se, ainda, que não seja o próprio receptor o responsável pelos custos da mensagem, isto é, a onerosidade estará presente, independentemente de quem a suporta.[583]

Portanto, pode-se concluir que o atual conceito mínimo de comunicação, e sem prejuízo da necessidade de aprimoramento, como se expôs, pressupõe que se esteja diante de uma atividade-fim de comunicação, e não de mera atividade preparatória ou propedêutica. Entretanto, a filiação à acepção ampla ou restrita de comunicação não

---

[582] SCHOUERI, Luís Eduardo; GALDINO, Guilherme. Internet das Coisas à luz do ICMS e do ISS: entre mercadoria, prestação de serviço de comunicação e serviço de valor adicionado. *In*: FARIA, Renato Vilela; SILVEIRA, Ricardo Maitto da; MONTEIRO, Alexandre Luiz Moraes do Rêgo (Coord.). *Tributação da economia digital*: desafios no Brasil, experiência internacional e novas perspectivas. São Paulo: Saraiva, 2018. p. 261.

[583] ÁVILA, Humberto. Imposto sobre a prestação de serviços de comunicação. Conceito de prestação de serviços de comunicação. Intributabilidade das atividades de veiculação de publicidade em painéis e placas. Inexigibilidade de multa. *Revista Dialética de Direito Tributário*, São Paulo, n. 143, p. 116-118, ago. 2007.

integra o conteúdo mínimo do conceito, tendo em vista o intenso dissenso doutrinário e jurisprudencial quanto à matéria.

De outro lado, o conceito mínimo representa uma zona de certeza, mas não constitui óbice a que o significado constitucionalmente atribuído a uma dada locução se aperfeiçoe com o decurso do tempo, seja em face do surgimento de novas tecnologias, seja pela própria evolução historicamente verificada.

Em síntese, pode-se afirmar que o conflito de competência entre o ISS e o ICMS-Comunicação terá como ponto de partida a conjugação entre as locuções empregadas pelo DL nº 406/1968 e pela LC nº 116/2003, na definição de serviço, somados ao teor do art. 68, II, CTN, e da LC nº 87/1996, ao dispor sobre os meios pelos quais a comunicação se dá. No entanto, caso o legislador complementar desborde inequivocamente dos limites mínimos traçados pelo constituinte, haverá inequívoca hipótese de inconstitucionalidade.

5.5 A Internet das Coisas (IoT) e o monitoramento e rastreamento de veículos

A tributação do rastreamento e monitoramento de veículos insere-se dentro da temática da Internet das Coisas, que designa a rede de objetos físicos (as coisas) que se conectam à Internet e entre si, com a possibilidade de obter e trocar informações. Também conhecida pela sigla IoT, a Internet das Coisas abrange dispositivos com sensores, veículos, edifícios e outros itens eletrônicos, tendo por foco o modo pelo qual os computadores e demais objetos interagem uns com os outros e coletam informações.[584]

A IoT compreende um conjunto de *hardwares* e *softwares* que podem se comunicar com a interferência humana ou mesmo sem tal intervenção – o que, neste último caso, também é conhecido como comunicação máquina a máquina (M2M). A partir desse ambiente de conectividade, a Internet das Coisas tende a permear diversas indústrias e a influenciar a vida das pessoas em diferentes segmentos.[585] Em

---

[584] PEYTON, Antigone. A Litigator's guide to the Internet of Things. *Journal of Law and Technology*, Richmond, v. 22, issue 3, p. 1, 2016.

[585] Embora a literatura sobre o tema trate a comunicação máquina a máquina como algo sem a intervenção humana, o Decreto nº 9.854/2019, diferentemente do anterior – Decreto nº 8.234/2014 – não contempla tal exigência. Para uma leitura mais aprofundada do tema, cf.: POKORNI, Slavko J. Reliability and availability of the internet of things. *Military Technical Courier*, Belgrado, v. 67, issue 3, p. 588-592, 2019.

outros termos, trata-se não apenas de conectar coisas, mas também de torná-las inteligentes, a partir do poder de processar dados.[586]

Sem prejuízo de outras possíveis classificações elaboradas pela doutrina, a IoT vem ganhando espaço nas áreas ambiental, industrial e social. Setores médicos e sanitários, de moradia, transporte e logística, são aqueles em que a IoT vem se expandindo, dando lugar às chamadas "cidades inteligentes" e "ambientes inteligentes". Ademais, o avanço da IoT no setor industrial vem configurando o fenômeno conhecido como Internet das Coisas Industrial (IIoT).[587]

No caso do Direito brasileiro, o Decreto nº 9.854/2019, que revogou o anterior Decreto nº 8.234/2014, instituiu o Plano Nacional de Internet das Coisas, indicando os ambientes de saúde, cidades, indústrias e rural como prioritários para as soluções de IoT. De outro lado, apresentou a definição de que IoT consiste "na infraestrutura que integra a prestação de serviços de valor adicionado com capacidades de conexão física ou virtual de coisas com dispositivos baseados em tecnologias da informação e comunicação existentes e nas suas evoluções, com interoperabilidade" (art. 2º, I).

Essa opção por inserir a IoT dentro do universo dos serviços de valor adicionado foi reforçada pela Resolução nº 735/2020, da ANATEL, que, para fins de proteção a direitos do consumidor de telecomunicações e de portabilidade, dispôs que "são considerados dispositivos de Internet das Coisas – IoT aqueles que permitem exclusivamente a oferta de serviços de valor adicionado baseados em suas capacidades de comunicação, sensoriamento, atuação, aquisição, armazenamento e/ou processamento de dados" (arts. 4º e 5º).

A novel resolução foi mais restritiva que o Decreto nº 9.854/2019, ao afirmar que a IoT permitiria apenas a oferta de serviços de valor adicionado. Diante dessas normas de natureza regulatória, deve-se atentar para que sua utilização no campo tributário não seja feita de forma indiscriminada, de modo a se pretender delimitar o campo de incidência do ICMS com base exclusivamente em normas infralegais.

Feitos esses esclarecimentos, destaca-se que, no que se refere especificamente à atividade de rastreamento e monitoramento de veículos, o conflito de competência entre o ICMS-Comunicação e o

[586] MINISTÉRIO DA CIÊNCIA, TECNOLOGIA, INOVAÇÕES E COMUNICA-ÇÕES. *Documento de Referência do Plano Nacional de Internet das Coisas*. Brasília, 2018. p. 21.

[587] LAMPROPOULOS, Georgios; SIAKAS, Kerstin; ANASTASIADIS, Theofylaktos. Internet of Things in the Context of Industry 4.0: An Overview. *International Journal of Entrepreneurial Knowledge*, Ostrava, v. 7, issue 1, p. 6-9, 2019.

ISS ganhou especial relevo, considerando que, além do Decreto nº 9.854/2019, existem outros instrumentos normativos que disciplinaram especificamente a questão, como o Convênio CONFAZ nº 139/2006, a LC nº 157/2016, além de tramitar o PLS nº 501/2013.

Os Estados firmaram, no âmbito do CONFAZ, o Convênio nº 139/2006, por meio do qual foi autorizada a redução na base de cálculo do ICMS na prestação de serviço de comunicação, na modalidade de monitoramento e rastreamento de veículo e carga, de modo que a carga tributária máxima fosse equivalente à apuração do percentual de até 12% (doze por cento) sobre o valor da prestação. Ademais, os Estados foram autorizados a conceder remissão parcial de ICMS, nos termos especificados.[588]

Portanto, da leitura do Convênio referido, resulta inequívoco que os Estados-membros entendem que a hipótese enseja a incidência do ICMS-Comunicação. Entretanto, a redação do item 11.02 da lista anexa à LC nº 116/2003, que estabelece como fato gerador do ISS a vigilância, a segurança ou o monitoramento de bens e pessoas, tem levado a questionamentos quanto à possibilidade de esse dispositivo ser interpretado no sentido de que o ISS alcance o monitoramento de veículos.

Dessa forma, passa-se a analisar, nos itens seguintes, a controvérsia envolvendo o conflito de competência entre o ISS e o ICMS-Comunicação no que se refere, especificamente, ao monitoramento e rastreamento de veículos. Para tanto, inicia-se pela análise dos debates travados no âmbito das duas Casas Legislativas, no contexto de aprovação da LC nº 157/2016, que demonstram as dificuldades na delimitação do texto afinal aprovado para o item 11.02.

5.5.1 Projetos de Lei Complementar e a LC nº 157/2016

Conforme já descrito no item 3.4, do capítulo 3, através do PLS nº 386/2012, de autoria do Senador Romero Jucá (PMDB-RR), buscou-se promover amplas alterações na LC nº 116/2003, conjuntamente com alterações na Lei nº 8.429/1992 e na LC nº 63/1990. Após as deliberações no Senado Federal, o PLS nº 386/2002 foi remetido à Câmara dos Deputados, onde ganhou a numeração de PLP nº 366/2013.

---

[588] BRASIL. Conselho Nacional de Política Fazendária. Convênio ICMS nº 139/06. Autoriza os Estados e o Distrito Federal a conceder redução de base de cálculo do ICMS na prestação de serviço de comunicação, na modalidade de monitoramento e rastreamento de veículo e carga. Macapá, *Diário Oficial da União*, 20 dez. 2006. Disponível em: https://www.confaz.fazenda.gov.br/legislacao/convenios/2006/CV139_06. Acesso em: 17 mar. 2021.

Na redação original do PLS nº 386/2012 não constou referência à possibilidade de alteração do item 11.02 da lista anexa à LC nº 116/2003. Contudo, consoante proposta de entidades municipalistas, entre outras modificações, foi sugerido que a redação desse item passasse a ser "vigilância, segurança ou monitoramento de bens, pessoas e semoventes", o que foi aprovado no âmbito da Comissão de Assuntos Econômicos, por meio do parecer do Senador Humberto Costa (PT-SP).[589]

Como as emendas apresentadas no Senado não tinham propostas de mudança desse item, no Substitutivo do Senador Humberto Costa, que foi enviado à Câmara dos Deputados, a redação final do item 11.02 seguiu a literalidade do que já constava do parecer do Senador.

Já no âmbito da Câmara dos Deputados, foi proferido parecer pelo então Deputado Guilherme Campos (PSD-SP) na Comissão de Desenvolvimento, Indústria e Comércio, no qual foi sugerida mudança na redação do item 11.02, para que fosse explicitado o rastreamento veicular. Dessa forma, no substitutivo apresentado, constou a previsão de que o item 11.02 fosse redigido com a redação que segue, *verbis*:

> Vigilância, segurança ou monitoramento de bens, pessoas e semoventes, inclusive quando realizadas por meio de telefonia móvel, transmissão por satélites, rádios ou outros meios (exceto os serviços de telecomunicação prestados por empresa regulamentada pela Agência Nacional de Telecomunicações – Anatel, que ficam sujeitos ao ICMS).[590]

Posteriormente, foi designado relator o então Deputado Walter Ihoshi (PSD-SP), que, igualmente, vislumbrou a necessidade de alteração na redação do item 11.02. Nessa linha, a dicção para o item 11.02 seguiu a redação do substitutivo do então Deputado Guilherme Campos.[591]

---

[589] BRASIL. Senado Federal. *Parecer nº 1.309, de 2013*. Relator: Senador Humberto Costa. Disponível em: https://legis.senado.leg.br/sdleg-getter/documento?dm=4168474&ts=1630427000279&disposition=inline. Acesso em: 13 jan. 2021.

[590] COMISSÃO DE DESENVOLVIMENTO ECONÔMICO, INDÚSTRIA E COMÉRCIO. *Projeto de Lei Complementar nº 366, de 2013*. (Apensos PLP 34/2011, PLP 162/2012, PLP 165/2012, PLP 183/2012, PLP 244/2013, PLP 267/2013, PLP 274/2013, PLP 339/2013, PLP 340/2013, PLP 385/2014). Relator: Dep. Guilherme Campos. Disponível em: https://www.camara.leg.br/proposicoesWeb/prop_mostrarintegra;jsessionid=DD36D3E8DF3772DA96A55A05FA7A77CC.proposicoesWebExterno1?codteor=1290510&filename=Tramitacao-PLP+366/2013. Acesso em: 17 mar. 2021.

[591] COMISSÃO DE DESENVOLVIMENTO ECONÔMICO, INDÚSTRIA E COMÉRCIO. *Projeto de Lei Complementar nº 366, de 2013*. (Apensos PLP 44/2011 e PLP 183/2012). Relator: Dep. Walter Ihoshi. Disponível em: https://www.camara.leg.br/proposicoesWeb/prop_mostrarintegra;jsessionid=DD36D3E8DF3772DA96A55A05FA7A77CC.proposicoes

Não tendo havido novas mudanças, da redação final do PLP nº 366/2013 constou a forma descrita anteriormente,[592] que foi remetida ao Senado Federal, como Substitutivo da Câmara dos Deputados nº 15/2015. De volta ao Senado Federal, foi designado relator do substitutivo o então Senador Cidinho Santos (PRB-MT). Contudo, a mudança de redação proposta pela Câmara dos Deputados foi rejeitada no Senado Federal, conforme constou do parecer nº 982/2016.[593]

O referido parecer, que foi aprovado pelo Plenário do Senado Federal, adotou o entendimento de que a alteração de redação do item 11.02, levada a cabo pela Câmara dos Deputados, restringia a aplicação efetiva do dispositivo, pelo que deveria prevalecer a sua redação original, prevista no PLS nº 386/2012.

Desse modo, com a aprovação do parecer nº 982/2016 e o encaminhamento da versão final do projeto de lei à Presidência da República, foi sancionada, sem qualquer ressalva, a redação do item 11.02, que ora consta da LC nº 157/2016, que foi publicada aos 30.12.2016 e entrou em vigor em 90 dias, nos seguintes termos:

> 11.02 – Vigilância, segurança ou monitoramento de bens, pessoas e semoventes.

Embora a LC nº 157/2016 já tenha sido sancionada, cabe fazer referência ao PLS nº 501/2013 que, também sendo da autoria do Senador Romero Jucá, é mais específico que o anterior, e tem por objeto exclusivamente o monitoramento e rastreamento de veículos e cargas.

De acordo com a redação original do PLS nº 501/2013, havia a previsão de alteração da redação do item 11.02 da lista anexa à LC nº 116/2003, de modo que o mesmo passasse a prever a incidência de ISS sobre serviços de vigilância, segurança, monitoramento ou rastreamento de bens e pessoas, inclusive os realizados pelas empresas de Tecnologia da Informação Veicular, por telefonia móvel, transmissão por satélites,

WebExterno1?codteor=1382691&filename=Tramitacao-PLP+366/2013. Acesso em: 17 mar. 2021.

[592] BRASIL. Câmara dos Deputados. *Redação final do substitutivo da Câmara dos deputados ao Projeto de Lei Complementar nº 366-C de 2013 do Senado Federal (PLS nº 386/2012 na Casa de origem)*. Sala de sessões, 16 set. 2015. Disponível em: https://www.camara.leg.br/proposicoesWeb/prop_mostrarintegra;jsessionid=DD36D3E8DF3772DA96A55A05FA7A77CC.proposicoesWebExterno1?codteor=1388445&filename=Tramitacao-PLP+366/2013. Acesso em: 17 mar. 2021.

[593] BRASIL. Senado Federal. *Parecer nº 982, de 2016*. Relator: Senador Cidinho Santos. Disponível em: http://www.senado.leg.br/atividade/rotinas/materia/getPDF.asp?t=204522&tp=1. Acesso em: 17 mar. 2021.

rádio e por qualquer outro meio (exceto os serviços de telecomunicação prestados pelas empresas regulamentadas pela Agência Nacional de Telecomunicações – ANATEL, que ficam sujeitos ao ICMS).[594]

Em seguida, o relator, o então Senador Flexa Ribeiro (PSDB-PA), proferiu parecer favorável ao PLS nº 501/2013 no âmbito da Comissão de Ciência, Tecnologia, Inovação, Comunicação e Informática. Entretanto, o Senador apresentou emenda, por meio da qual o texto do item 11.02 passaria a ressalvar que a incidência de ISS independe de o prestador de serviços ser proprietário ou não da infraestrutura de telecomunicações que utiliza.[595]

Após novos debates em Plenário, consolidou-se a redação final do PLS nº 501/2013, na qual o item 11.02 assumiu os termos da proposição do então Senador Flexa Ribeiro. Em acréscimo, passou-se a dispor que, no caso de monitoramento e rastreamento de veículos, o serviço considera-se prestado e o imposto devido no local do estabelecimento prestador, que é a regra geral constante do art. 3º, *caput*, da LC nº 116/2003. Finalmente, há disposição no sentido de que a responsabilidade tributária é do prestador do serviço.[596]

O PLS nº 501/2013 foi recebido na Câmara dos Deputados aos 11.11.2015, quando ganhou a numeração de PLP nº 191/2015. No âmbito da Comissão de Finanças e Tributação, aos 31.10.2017 houve deliberação pela aprovação do projeto de lei, nos termos do parecer do Deputado Fernando Monteiro (PP-PE).

Entretanto, cabe fazer referência ao voto em separado do Deputado Hildo Rocha (MDB-MA), que defendeu que o aspecto espacial do fato gerador do ISS, no caso de operações envolvendo o monitoramento e rastreamento de veículos, deve ser o local da prestação do serviço, e não o Município em que estiver estabelecida a empresa que presta o serviço. Consoante sustentou, a fim de minimizar os efeitos de uma possível guerra fiscal entre os Municípios, seria de todo recomendável

---

[594] BRASIL. Senado Federal. Projeto de Lei do Senado nº 501, de 2013 (Complementar). *Diário do Senado Federal*, 04 dez. 2013. Disponível em: http://legis.senado.leg.br/diarios/Bu scaDiario?tipDiario=1&datDiario=04/12/2013&paginaDireta=90099. Acesso em: 17 mar. 2021.

[595] BRASIL. Senado Federal. Relator: Senador Flexa Ribeiro. Sala da Comissão, 05 mai. 2015. Disponível em: http://www.senado.leg.br/atividade/rotinas/ materia/getTexto. asp?t=164969&c=PDF&tp=1. Acesso em: 17 mar. 2021.

[596] BRASIL. Senado Federal. *Parecer nº 957, de 2015*. Redação do vencido, para o turno suplementar, do Projeto de Lei do Senado nº 501, de 2013 – Complementar, nos termos do Substitutivo. Sala de Reuniões da Comissão, 04 nov. 2015. Disponível em: https://legis. senado.leg.br/sdleg-getter/documento?dm=4544913&ts=1567526545239&disposition=inl ine. Acesso em: 17 mar. 2021.

concentrar as receitas de ISS nos Municípios de menor porte, e não nos grandes centros urbanos.[597]

Todavia, as referidas ponderações não foram objeto de debate no âmbito da Comissão de Finanças e Tributação e, aos 07.11.2017, o PLP nº 191/2015 foi encaminhado para a Comissão de Constituição e Justiça e de Cidadania, onde recebeu parecer favorável, aprovado aos 08.05.2018. Aos 20.11.2019, foi apresentado requerimento de urgência pelo Deputado Fernando Monteiro (PP/PE) para a apreciação do projeto de lei.

Em seguida, foram apresentadas emendas de Plenário, tendo sido aprovado subemenda substitutiva global, com a previsão de inclusão de um item 11.05 à lista anexa da LC nº 116/2003. Com essa modificação, houve a aprovação de Substitutivo da Câmara dos Deputados e a proposição foi encaminhada ao Senado Federal para apreciação. Segue a redação do novel item 11.05, na forma do Substitutivo aprovado:

> 11.05 – Serviços relacionados ao monitoramento e rastreamento à distância, em qualquer via ou local, de veículos, cargas, pessoas e semoventes em circulação ou movimento, realizados por meio de telefonia móvel, transmissão de satélites, rádio ou qualquer outro meio, inclusive pelas empresas de Tecnologia da Informação Veicular, independentemente de o prestador de serviços ser proprietário ou não da infraestrutura de telecomunicações que utiliza."

Portanto, da modificação levada a cabo pela Câmara dos Deputados, infere-se que esta Casa Legislativa parece adotar o entendimento de que o item 11.02 da lista anexa à LC nº 116/2003 não seria suficiente para fins de tributação. Conforme consta de parecer do Deputado Rodrigo de Castro (PSDB/MG), "a inclusão de novo item na lista de serviços do ISSQN mostra-se necessária para que ele não seja confundido com o item 11.02". De outro lado, ainda segundo esse parecer, "diferentemente do subitem 11.02, o tributo relacionado ao 11.05 (acatado pela emenda de plenário 3) será devido na sede da empresa de monitoramento e rastreamento".[598]

---

[597] BRASIL. Comissão de finanças e tributação. *Projeto de Lei Complementar nº 191, de 2015.* Relator: Deputado Ricardo Barros. Disponível em: https://www.camara.leg.br/proposicoesWeb/prop_mostrarintegra;jsessionid=BB5008EF8C2CBC73B1A84DCE146EE686.proposicoesWebExterno2?codteor=1423610&filename=Tramitacao-PLP+191/2015. Acesso em: 19 mar. 2021.

[598] BRASIL. Câmara dos Deputados. *Parecer às emendas de Plenário oferecidas ao PLP nº 191/2015.* Parecer proferido pela Comissão de Constituição e Justiça e de Cidadania, pela Comissão de Finanças e Tributação e pela Disponível em: https://www.camara.

No entanto, deve-se assinalar, desde logo, que a parte final do dispositivo, ao prever a incidência de ISS "independentemente de o prestador de serviços ser proprietário ou não da infraestrutura de telecomunicações que utiliza" apresenta duvidosa constitucionalidade, tendo em vista que, ao deter a estrutura do serviço de telecomunicações, o prestador de serviços pode vir a realizar o fato gerador do ICMS-Comunicação, sobretudo se houver o oferecimento de outras utilidades relacionadas à comunicação, o que será pontuado no item seguinte. Destaque-se que o mencionado projeto de lei foi convertido na LC n° 183/2021.

Verifica-se, pois, da dicção dos projetos de lei ora analisados, nítida preocupação em afastar o rastreamento e monitoramento de veículos da incidência do ICMS-Comunicação, seja pelo ajuste de redação do item 11.02 da lista anexa à LC n° 116/2003, seja pelo advento de um novo item 11.05.

Embora ainda não haja uma jurisprudência sedimentada quanto ao tema, impõe-se traçar um breve panorama quanto aos precedentes já existentes no que se refere à matéria, assim como sobre a produção acadêmica que vem se intensificando na atualidade, que insere a discussão no contexto da Internet das Coisas.

5.5.2 O monitoramento e rastreamento no contexto da IoT: considerações doutrinárias

Como assinalado nos itens anteriores, a Internet das Coisas traz o fenômeno da conectividade entre objetos, que passam a interagir entre si. Ademais, esses objetos, como relógios, roupas, veículos, geladeiras, casas e máquinas, tendem a se tornar progressivamente inteligentes, através do acoplamento de *softwares* ou sensores.

Assim como se discorreu no capítulo 3, quando do estudo da tributação da nuvem, proliferam-se os contratos complexos no âmbito da IoT, sendo possível a configuração de uma pluralidade de obrigações. Dessa forma, reportando-se ao quanto se destacou naquela oportunidade, as relações contratuais devem ser segregadas, sempre que possível, a fim de que se possa identificar o fato jurídico tributário. Do contrário, a tributação será feita com base na unidade da relação contratual.

---

leg.br/proposicoesWeb/prop_mostrarintegra;jsessionid=node01h4se7dex92ikkdgzcnhje ao95095758.node0?codteor=2036617&filename=Tramitacao-PLP+191/2015. Acesso em: 4 set. 2021.

A diversidade de objetos inteligentes permite que se infira que não há um tratamento tributário uniforme no que se refere à IoT. Na verdade, a análise tributária dependerá das particularidades do caso concreto, de modo que algumas hipóteses podem consistir em mercadorias, outras em serviço de comunicação, e outras, ainda, em prestação de serviço ou mero serviço de valor adicionado, de acordo com a classificação da Lei nº 9.472/1997, sobre a qual se discorreu nos itens anteriores.

Nessa linha, Luís Eduardo Schoueri e Guilherme Galdino lecionam que as roupas inteligentes, na forma como apresentada na sua obra, consistem em hipótese de fácil solução tributária, enquanto a chamada de emergência inteligente de veículos apresenta solução difícil.[599]

No primeiro caso, no exemplo trazido pelos autores, uma empresa vendedora comercializa uma roupa com um aplicativo acoplado, de tal modo que, em conjunto com a venda da roupa, existe a licença de uso de um *software*, sem que haja custos periódicos, permitindo que o consumidor tenha acesso às informações captadas pelo aplicativo. Na sua visão, diante da posição do STF na ADI nº 1.945 MC/MT, a hipótese enseja a incidência de ICMS – mercadoria, tendo em vista que tanto a roupa quanto a licença do *software* revestem-se dessa natureza.[600]

Considerando que o trabalho acadêmico mencionado é anterior ao julgamento de mérito da ADI nº 1.945/MT, e que, de acordo com o novo entendimento do STF, mesmo os contratos de *softwares* padronizados ensejam a incidência de ISS, caberia indagar se seria o caso de fracionamento das relações subjacentes ou se o ICMS deveria incidir sobre a integralidade da relação.

Embora, em tese, seja possível cogitar-se da segmentação da venda da roupa, de um lado, e da licença de uso do *software*, de outro, como aptas a atraírem a incidência de ICMS e ISS, respectivamente, parece que tal fragmentação vai de encontro à constatação de que se trata de uma unidade, isto é, a roupa e o *software* formam um todo

---

[599] Destaque-se que o funcionamento das roupas inteligentes pode assumir diferentes configurações, mediante o emprego ou não da rede de telecomunicações. Sobre o tema, remete-se, ainda a: UHDRE, Dayana de Carvalho. Internet das coisas e seus desafios tributários: ISS e/ou ICMS? Eis a questão... *Revista Digital da Fundação Escola Superior de Direito Tributário*, Porto Alegre, v. 9, p. 13-16, jan./abr. 2019.

[600] SCHOUERI, Luís Eduardo; GALDINO, Guilherme. Internet das Coisas à luz do ICMS e do ISS: entre mercadoria, prestação de serviço de comunicação e serviço de valor adicionado. *In*: FARIA, Renato Vilela; SILVEIRA, Ricardo Maitto da; MONTEIRO, Alexandre Luiz Moraes do Rêgo (Coord.). *Tributação da economia digital*: desafios no Brasil, experiência internacional e novas perspectivas. São Paulo: Saraiva, 2018. p. 255.

único. Contudo, caso, diante das particularidades do caso concreto, seja possível inferir que não há uma verdadeira unidade, mas realidades dissociáveis, parece possível cogitar da tributação de cada materialidade de maneira separada.

Em acréscimo ao exemplo dado, verifica-se que os autores vislumbram a possibilidade de que a empresa vendedora da roupa inteligente contrate uma terceira empresa para transmitir os dados prestados pela roupa. Nesse caso, embora seja possível visualizar a prestação de um serviço de comunicação, o seu prestador será o terceiro, e não a empresa vendedora.[601] Ou seja, a incidência de ICMS-Comunicação dá-se na relação entre a empresa prestadora do serviço de telecomunicações e a empresa vendedora, mas não na relação desta com o adquirente da roupa inteligente.

No caso da chamada de emergência inteligente, que dialoga com a temática do rastreamento, os autores vislumbram hipótese em que a compra de um carro é conjugada com a previsão de acesso a uma central de emergência. Destaque-se que a forma de operacionalização da chamada de emergência inteligente pode assumir diferentes modelos, que, no caso do Direito brasileiro, não apresentam uma regulamentação específica.

Já no âmbito da União Europeia, verifica-se que há uma normativa própria dispondo sobre o eCall e estipulando a sua obrigatoriedade para as categorias de veículos elencadas pela legislação, desde março de 2018. Por essa normativa geral, houve a previsão de instalação de um sistema de emergência nos veículos do bloco europeu, que pode ser ativado manual ou automaticamente, pelo qual os dados necessários ao socorro são enviados a uma central, que tanto pode ser uma entidade privada quanto uma entidade pública (PASP).[602]

Portanto, sem prejuízo da constatação de que não há um único modelo possível para a implantação do sistema de emergência inteligente, no exemplo trazido por Luís Eduardo Schoueri e Guilherme Galdino, na relação entre o comprador e o vendedor incide o ICMS sobre a venda do carro e o ISS sobre o monitoramento e acionamento da emergência. Caso não seja possível identificar o *quantum* foi pago

---

[601] SCHOUERI, Luís Eduardo; GALDINO, Guilherme. Internet das Coisas à luz do ICMS e do ISS: entre mercadoria, prestação de serviço de comunicação e serviço de valor adicionado. *In*: FARIA, Renato Vilela; SILVEIRA, Ricardo Maitto da; MONTEIRO, Alexandre Luiz Moraes do Rêgo (Coord.). *Tributação da economia digital*: desafios no Brasil, experiência internacional e novas perspectivas. São Paulo: Saraiva, 2018. p. 267.

[602] As informações descritas constam no Regulamento (EU) nº 2015/758 do Parlamento Europeu e do Conselho, de 29 de abril de 2015.

especificamente pela venda do carro e o *quantum* pelo serviço, os autores propõem que se adotem preços ou valores mínimos.

O ICMS-Comunicação, por sua vez, apenas poderia incidir na relação entre a empresa que fornece o serviço de telecomunicações e a empresa vendedora do veículo, mas não na relação desta última com o consumidor, tendo em vista que o serviço de monitoramento consiste em serviço de valor adicionado, previsto no art. 61, §1°, Lei n° 9.472/1997.[603]

Assim como na obra de Luís Eduardo Schoueri, a produção doutrinária quanto ao rastreamento de veículos, de um modo geral, tem defendido a não incidência do ICMS-Comunicação sobre o serviço de rastreamento, sustentando que a comunicação é operação prévia. Ademais, assinala que o tributo estadual já incide sobre a operação imediatamente anterior ao monitoramento, pelo que seria descabido cogitar de nova incidência.[604]

Ou seja, ainda que se reconheça que a comunicação é essencial para que o serviço de monitoramento e rastreamento de veículos possa ser prestado, ela funciona como insumo ou atividade-meio para a prestação do serviço, não consistindo na própria atividade-fim de comunicação.[605]

Como serviço de valor adicionado e na esteira da jurisprudência prevalente no âmbito dos tribunais superiores, de que apenas as atividades-fim de comunicação são passíveis de tributação na esfera estadual, não haveria substrato normativo para a incidência do ICMS-Comunicação. Em acréscimo, ao realizar um paralelo com o julgamento do STJ acerca dos provedores de acesso à Internet, como será destacado no item 5.5.3 deste capítulo, sustenta-se que as empresas de monitoramento e rastreamento de veículos, assim como os provedores, são meros usuários do serviço de comunicação.[606]

---

[603] SCHOUERI, Luís Eduardo; GALDINO, Guilherme. Internet das Coisas à luz do ICMS e do ISS: entre mercadoria, prestação de serviço de comunicação e serviço de valor adicionado. *In*: FARIA, Renato Vilela; SILVEIRA, Ricardo Maitto da; MONTEIRO, Alexandre Luiz Moraes do Rêgo (Coord.). *Tributação da economia digital*: desafios no Brasil, experiência internacional e novas perspectivas. São Paulo: Saraiva, 2018. p. 256-257, 266-267.

[604] OLIVEIRA, Daiana da Silva; PRADO, Flávio Augusto Dumont. A cobrança indevida de ICMS sobre as atividades de rastreamento e monitoramento de veículos com a utilização de serviços de telefonia celular. *Revista Eletrônica de Direito Tributário da ABDF*, Rio de Janeiro, v. 3, n. 28, p. 7, 2013.

[605] BALANIN, Rafael. Não incidência do ICMS nos serviços de monitoramento e rastreamento de veículos. *Revista Eletrônica de Direito Tributário da ABDF*, Rio de Janeiro, v. 3, n. 28, 2013.

[606] MARTONE, Rodrigo Corrêa; CARPINETTI, Ana Carolina. Não incidência do ICMS nos serviços de monitoramento e rastreamento de veículos. *Revista Eletrônica de Direito Tributário da ABDF*, Rio de Janeiro, v. 3, n. 28, 2013.

De outro lado, ainda segundo esse posicionamento, a tão só previsão contida no Convênio nº 139/2006, de redução da base de cálculo de ICMS sobre o monitoramento e rastreamento de veículos, não consiste em fundamento suficiente, por si só, para a imposição tributária, vez que a tributação pelo ICMS-Comunicação pressupõe a verificação de atividade-fim de comunicação, consoante já exposto e com as críticas e considerações pertinentes.

Quanto à possibilidade de incidência do ISS sobre as referidas atividades, verifica-se que a locução contida no item 11.02, qual seja, "monitoramento de bens e pessoas", pode ser interpretada no sentido de abarcar o monitoramento e rastreamento de veículos e cargas,[607] a partir da interpretação que o STF tem historicamente conferido aos itens da lista anexa às leis complementares de ISS.

Por essa visão, que foi recentemente reiterada através do RE nº 784.439/DF (tema 296 da repercussão geral),[608] as listas anexas às leis complementares de ISS são taxativas, mas admitem interpretação extensiva em relação aos serviços elencados em lei. Diante dessas premissas, não parece haver óbice a que se compreenda que o serviço de monitoramento e rastreamento de veículos se insere no item 11.02 da lista anexa à LC nº 116/2003.

Contudo, a constatação pela incidência, em regra, do ISS, não afasta a observação de que pode haver situações mais complexas, em que o serviço de telecomunicações possui apreciação autônoma. É o caso no qual o usuário pode enviar manualmente uma mensagem à central de rastreamento, na hipótese de estar vivenciando perigo. Nesse exemplo, o envio de mensagem apresenta valor similar aos serviços de telefonia celular, ensejando o fracionamento do contrato para fins tributários, com a correspondente incidência do ICMS-Comunicação sobre essa parcela.[609]

Ademais, o serviço de telecomunicação pode vir a assumir autonomia no caso de o próprio provedor do serviço de rastreamento deter a estrutura do serviço de telecomunicações. Nessa situação, podem-se

---

607 CRAVEIRO, Alessandra Krawczuk; SARAIVA, Guilherme Marzol Montandon. A não incidência do ICMS nos serviços de monitoramento e rastreamento de veículos. *Revista Eletrônica de Direito Tributário da ABDF*, Rio de Janeiro, v. 3, n. 28, 2013.

608 RE nº 784.439/DF, rel. Min. Rosa Weber, Tribunal Pleno, Julgamento virtual de 19.06.2020 a 26.06.2020, DJe 15.09.2020.

609 POLIZELLI, Victor Borges; ANDRADE JR., Luiz Carlos de. O problema do tratamento tributário dos contratos atípicos da economia digital: tipicidade econômica e fracionamento de contratos. *Revista Direito Tributário Atual*, São Paulo, n. 39, p. 501, 2018.

configurar diferentes cenários, sendo possível vislumbrar a incidência de ICMS-Comunicação,[610] notadamente se o provedor disponibilizar ao usuário outras funcionalidades relacionadas à comunicação.

Feitos esses esclarecimentos, observa-se que os desafios tributários referentes à IoT são uma realidade não apenas no Brasil, mas também em outros sistemas jurídicos, como o norte-americano, em que, a par de todas as diferenças existentes em relação ao modelo brasileiro, a discussão quanto à qualificação jurídica do rastreamento também se coloca, especialmente porque a tributação sobre as telecomunicações é substancialmente mais gravosa que aquela verificável nos demais âmbitos.[611]

Portanto, pode-se concluir que, a despeito de o cenário tributário para a IoT ser ainda incerto, a sua maior previsibilidade e estabilidade, conjugada com a necessidade de estímulo à inovação e de formação de um ambiente regulatório adequado, pode contribuir para o avanço e desenvolvimento do setor de IoT no país.

5.5.3 Análise jurisprudencial

Os Tribunais Superiores brasileiros não apresentam precedentes colegiados específicos em que tenham enfrentado a questão do conflito de competência entre o ISS e o ICMS-Comunicação no âmbito do monitoramento e rastreamento de veículos.[612] Essa tarefa, até o momento, vem sendo desempenhada pelos Tribunais de Justiça locais que têm traçado, ainda que de forma não unívoca, parâmetros para equacionar o conflito referido.

No âmbito do Tribunal de Justiça de Minas Gerais, há precedente da Oitava Câmara Cível, da lavra do Des. Rogério Coutinho e que foi seguido à unanimidade pelos demais desembargadores, no sentido da não incidência de ICMS sobre os serviços de rastreamento e monitoramento de veículos, consoante o acórdão seguinte, *verbis*:

> APELAÇÃO CÍVEL – ICMS SOBRE PRESTAÇÃO DE SERVIÇOS DE COMUNICAÇÃO – EMPRESA DE RASTREAMENTO E MONITORAMENTO DE VEÍCULOS E CARGAS – USUÁRIA DO SERVIÇO DE

---

[610] Para uma visão mais detalhada da hipótese de o provedor de IoT ser prestador de serviço de comunicação, cumpre fazer referência a: LARA, Daniela Silveira. Tributação da Internet das Coisas. *In*: PISCITELLI, Tathiane; LARA, Daniela Silveira. (Coord.). *Tributação da Economia Digital*. 2. ed. São Paulo: Thomson Reuters Brasil, 2020. p. 100.

[611] HOKE, William. Tax Complexity Expands as Internet of Things Explodes. *State Tax Notes*, p. 314, abr. 2016.

[612] Pesquisa realizada aos 4 de setembro de 2021.

TELECOMUNICAÇÃO – HIPÓTESE DE INCIDÊNCIA DO TRIBUTO – AFASTADA – RECURSO PROVIDO.

1. O fato imponível do ICMS-comunicação subsume-se à situação em que, mediante contrato oneroso de prestação de serviços, um prestador ou tomador, valendo-se de meios materiais próprios ou alheios, proporciona a emissão e recepção de mensagens em favor de terceiros perfeitamente identificados.

2. Por não terem as empresas de rastreamento e monitoramento instrumentos para viabilizar, por si mesmas, o serviço de telecomunicação, necessitando, para tanto, de contratar terceiros para a consecução de tais serviços, é possível concluir que não prestam serviços de comunicação sujeitos ao ICMS-Comunicação.

3. Recurso provido. (TJMG – Apelação Cível nº 1.0024.10.203865-0/001, rel. Des. Rogerio Coutinho, Oitava Câmara Cível, Julgamento 20.08.2015, Publicação 31.08.2015).

Afirmou-se que as empresas de monitoramento não fornecem as condições para que a comunicação ocorra, mas se utilizam das linhas telefônicas como meio para a sua atividade-fim. Ademais, fez-se referência à consulta realizada junto à ANATEL, que, por meio do Ofício nº 399/2010, esclareceu que as atividades prestadas pelas empresas de TIV (Tecnologia de Informação Veicular) valem-se do chamado SMP (Serviço Móvel Pessoal) como insumo para o rastreamento e o bloqueio, embora não prestem, por si próprias, serviços de telecomunicações.

No mencionado ofício, a ANATEL observa, em acréscimo, que a contratação do rastreamento pelos proprietários dos veículos se faz sem qualquer relação com a prestadora de SMP. Portanto, o vínculo daqueles que contratam uma empresa de TIV se perfaz exclusivamente com esta, sendo uma relação livre e que pode ser alterada a qualquer momento.

O referido acórdão adotou, ainda, como argumento de reforço, o posicionamento do STJ, materializado na sua Súmula nº 334,[613] no qual restou assinalado que os provedores de acesso à Internet funcionam como usuários do serviço de telecomunicação, sendo intributáveis pelo ICMS, que é devido apenas na etapa anterior, realizada pelas concessionárias do serviço de telecomunicações.

No precedente que ensejou a edição da referida súmula, o STJ,[614] por meio do voto condutor proferido pela Min. Eliana Calmon,

---

[613] Súmula nº 334, STJ. O ICMS não incide no serviço dos provedores de acesso à Internet.

[614] REsp nº 456.650/PR, rel. Min. Eliana Calmon, Segunda Turma, Julgamento 24.06.2003, DJ 08.09.2003. Observe-se que esse entendimento foi mantido, por maioria, quando do julgamento de embargos de divergência: EREsp nº 456.650/PR, rel. Min. Franciulli Netto,

decidiu que os provedores e os usuários são tomadores do serviço de comunicação. Dentro dessa ordem de ideias, consoante a classificação traçada pela Lei nº 9.472/1997, os provedores de acesso seriam classificados como serviços de valor adicionado e, portanto, insuscetíveis de incidência de ICMS-Comunicação.

Por conseguinte, o acórdão do Tribunal de Justiça de Minas Gerais assinalou que, assim como os provedores de acesso à Internet funcionariam como tomadores do serviço de telecomunicações, prestando mero serviço de valor adicionado, as empresas de TIV seriam igualmente usuárias dos mesmos serviços, pelo que não haveria tributação pelo ICMS-Comunicação.

Cabe observar que, embora o mencionado precedente tenha afastado a incidência do ICMS-Comunicação, a Oitava Câmara Cível, salvo no voto da Des. Ângela de Lourdes Rodrigues, não chegou a enfrentar se a hipótese seria fato gerador de ISS. Com efeito, embora fosse possível, em tese, trazer a referida discussão, a mesma extrapolaria os limites do pedido, que se circunscrevia ao pedido de anulação de débito de ICMS.

Por fim, em precedente da Terceira Câmara Cível, o Tribunal de Justiça do Estado de Minas Gerais decidiu, à unanimidade, que os serviços de rastreamento e monitoramento de veículos via satélite devem ser tributados pelo ISS, diante da previsão contida no item 11.02 da lista anexa à LC nº 116/2003.

No voto condutor do acórdão, da lavra do Des. Elias Camilo, sublinhou-se que "não é a circunstância de uma pessoa comunicar-se com outra que faz nascer a obrigação de pagar o ICMS, mas sim o fato de alguém prestar a terceiro o serviço de comunicação em tela, mediante retribuição onerosa". Nessa linha, a ementa esclarece que a comunicação serve como insumo ou atividade-meio para que a atividade-fim de rastreamento seja realizada, *verbis*:

APELAÇÃO CÍVEL. AÇÃO DECLARATÓRIA DE INEXISTÊNCIA DE RELAÇÃO JURÍDICO-TRIBUTÁRIA. ESTADO DE MINAS GERAIS. ICMS. ATIVIDADES DE COMUNICAÇÃO. EMPRESA QUE ATUA NO RAMO DE MONITORAMENTO E RASTREAMENTO DE VEÍCULOS VIA SATÉLITE. PRESTAÇÃO DE SERVIÇO CONSTANTE DA LISTA DE SERVIÇOS TRIBUTÁVEIS PELO ISSQN (ITEM 11.02). HIPÓTESE

Primeira Seção, Julgamento 11.05.2005, DJ 20.03.2006. De outro lado, o STF não conheceu a controvérsia relativa a esta matéria, sob o argumento de ausência de ofensa direta à Constituição: RE nº 596.805/DF, Segunda Turma, rel. Min. Eros Grau, Julgamento 27.10.2009, DJe 20.11.2009.

DE INCIDÊNCIA DO TRIBUTO DE COMPETÊNCIA MUNICIPAL. CONDENAÇÃO EM HONORÁRIOS ADVOCATÍCIOS EM FAVOR DA FAZENDA PÚBLICA MUNICIPAL. PRINCÍPIO DA CAUSALIDADE. RECURSO NÃO PROVIDO.
O monitoramento e rastreamento de veículos consistem na prestação de um serviço constante na LC nº 116/03, e sobre o qual deve incidir o ISS. A utilização de sistemas de comunicação para concretização do serviço de monitoramento e rastreamento de veículos não pode ser confundida com a prestação do serviço de comunicação em si. Para as empresas que exercem essa atividade, a comunicação é apenas insumo necessário à sua realização, nunca o produto final a ser oferecido aos clientes.
– Descabe a exigência do ICMS sobre os serviços de monitoramento e rastreamento de bens, reconhecida a competência tributária municipal, o que exclui a do Estado para cobrar imposto sobre idêntica materialidade.
– Honorários sucumbenciais são devidos pela parte vencida, atendendo-se ao princípio da causalidade. (TJMG – Apelação Cível nº 1.0000.17.007169-0/001, rel. Des. Elias Camilo, Terceira Câmara Cível, Julgamento 17.08.2017, Publicação 25.09.2017).

O Tribunal de Justiça do Estado de São Paulo, a seu turno, apresenta precedentes em ambos os sentidos, ora pela incidência de ISS, ora pela incidência de ICMS-Comunicação. Por meio da apelação nº 0000412-51.2010.8.26.0269, a Décima Quarta Câmara de Direito Público decidiu, à unanimidade, que os serviços de monitoramento de veículos inserem-se no item 11.02 da lista anexa à LC nº 13/2003, do Município de Itapetininga, que corresponde ao item 11.02 da lista anexa à LC nº 116/03.
Verifica-se, entretanto, que o voto vencedor e o acórdão não chegaram a enfrentar a temática do conflito de competência entre o ICMS-Comunicação e o ISS, limitando-se à análise da natureza jurídica dos contratos questionados e decidindo que os mesmos, por envolverem o monitoramento de veículos, estariam inseridos na lei complementar municipal.[615]
No âmbito da Décima Câmara de Direito Público, por sua vez, foi proferido acórdão que, à unanimidade, reconheceu que o serviço de vigilância e monitoramento atrai a incidência de ISS, e não de ICMS, considerando tanto a previsão do item 11.02 da lista anexa à LC nº 116/2003, quanto a constatação em prova pericial de que a empresa autuada contrata, junto a terceiros, "serviços de telecomunicações

---

[615] TJSP – Apelação nº 0000412-51.2010.8.26.0269, rel. Des. Nuncio Theophilo Neto, Décima Quarta Câmara de Direito Público, Julgamento 31.10.2013, Publicação 03.12.2013.

que viabilizam a atividade fim que é coibir tentativas de furto e roubo de veículos". Nessa linha, concluiu o Poder Judiciário paulista que a incidência de ICMS se dá na etapa anterior, mas não no próprio rastreamento.[616]

Passando-se aos precedentes em que o TJSP decidiu pela incidência de ICMS-Comunicação, verifica-se que, por meio da apelação nº 0217497-68.2008.8.26.0000,[617] referente à execução fiscal ajuizada pelo Estado de São Paulo contra empresa de transporte paulista, a Primeira Câmara de Direito Público decidiu, à unanimidade, que, na hipótese de monitoramento de veículos via satélite interestadual, seria devido o diferencial de alíquota de ICMS em benefício do Estado de São Paulo.

A Primeira Câmara de Direito Público destacou que o monitoramento de veículos seria hipótese de comunicação e, portanto, ensejaria a incidência de ICMS-Comunicação, inclusive em operações interestaduais, o que atrairia o pagamento de diferencial de alíquota, nos termos do art. 117 do Decreto nº 45.490/2000.

Sob o argumento de que o serviço é realizado através de sinais emitidos por dispositivos eletrônicos localizados nos veículos, que são captados por satélite e monitorados pela empresa prestadora, entendeu-se que estariam presentes os requisitos necessários à comunicação, nos termos do art. 155, II, CRFB e 2º, III, LC nº 87/1996.

Posteriormente, foi submetida à Nona Câmara de Direito Público a apelação nº 9196829-54.2007.8.26.0000,[618] na qual empresa de transporte ajuizou ação declaratória de inexigibilidade de ICMS na hipótese de rastreamento e monitoramento de veículo. Entretanto, tendo em vista o trânsito em julgado da execução fiscal nº 0217497-68.2008.8.26.0000, entre as mesmas partes, a Nona Câmara de Direito julgou extinto o processo, sem resolução de mérito, prevalecendo a decisão proferida nos autos da execução fiscal.

Traçado um breve panorama com relação aos precedentes que cuidaram, em alguma medida, do conflito de competência entre o ISS e o ICMS-Comunicação, passa-se à análise da jurisprudência administrativa sobre o tema.

---

[616] TJSP – Apelação nº 0260520-89.2007.8.26.0100, rel. Des. Torres de Carvalho, Décima Câmara de Direito Público, Julgamento 06.02.2017, Publicação 14.02.2017.

[617] TJSP – Apelação nº 0217497-68.2008.8.26.0000, rel. Des. Franklin Nogueira, Primeira Câmara de Direito Público, Julgamento 06.05.2008, Publicação 15.05.2008.

[618] TJSP – Apelação nº 9196829-54.2007.8.26.0000, rel. Des. Ponte Neto, Nona Câmara de Direito Público, Julgamento 25.07.2012, Publicação 30.07.2012.

5.5.4 Tribunais administrativos

Diante da jurisprudência ainda incipiente acerca da matéria, impõe-se recorrer às decisões proferidas em sede administrativa, notadamente no âmbito do Tribunal de Impostos e Taxas (TIT) do Estado de São Paulo, e do Conselho de Contribuintes do Estado do Rio de Janeiro.

Assim como em sede pretoriana não há uniformidade nos julgamentos, tampouco foi verificada univocidade na jurisprudência administrativa, sendo possível afirmar-se que, até o momento, há apenas tendências, mas não uma jurisprudência consolidada.

Os acórdãos do TIT, de uma maneira geral, centram-se em aferir se o ICMS-Comunicação foi corretamente recolhido, avaliando se há incidência de juros e multa no caso concreto,[619] se ocorreu decadência[620] e qual unidade da federação tem direito ao seu recolhimento.[621]

No entanto, há importantes precedentes em que o conflito de competência foi diretamente enfrentado, consistindo no objeto principal da controvérsia. No Recurso ordinário nº 479.662/2010, a Décima Segunda Câmara Julgadora decidiu que, após o advento da LC nº 116/2003, incide ISS sobre os serviços de rastreamento e monitoramento de veículos.[622]

Após reportar-se ao entendimento da Fazenda paulista quando da vigência do DL nº 406/1968, veiculado por meio da Consulta Tributária nº 630/2000, pelo qual o ICMS deveria incidir sobre o monitoramento e rastreamento de veículos, assinalou-se que a referida consulta não poderia prevalecer após a novel legislação tributária. Destacou-se que a Consulta Tributária nº 630/2000 encontrava suporte no Regulamento do ICMS de 1991 (Decreto nº 33.118/1991)[623] e na lista anexa ao DL nº 406/1968, ambos já revogados.

Finalmente, o voto condutor da decisão enfatizou a posição da ANATEL, que, por meio do Ofício nº 399/2006, referido no item anterior

---

[619] Recurso especial nº 589.445/2010, rel. Olga de Castilho Arruda, Câmara Superior, data de publicação 09.12.2014.

[620] Recurso ordinário nº 589.445/2010, rel. João Cárceles, Décima Câmara Julgadora, data de publicação 04.07.2011.

[621] Recurso ordinário nº 4.013.490/2012, rel. Marcelo Alves, Nona Câmara Julgadora, data de publicação 26.12.2013.

[622] Recurso ordinário nº 479.662/2010, rel. André Monteiro Kapritchkoff, Décima Segunda Câmara Julgadora, data de publicação 10.03.2011.

[623] Destaque-se que, no caso do Estado de São Paulo, mesmo após a revogação do RICMS de 1991, existe norma específica prevendo a incidência de ICMS-Comunicação sobre os serviços de monitoramento e rastreamento de veículos, como resulta do art. 47 do Anexo II do RICMS (Decreto nº 45.490/2000), introduzido pelo Decreto nº 51.484/2007.

deste capítulo, esclareceu que as empresas de TIV não revendem o serviço de telecomunicação adquirido, estando até mesmo impedidas de fazê-lo. O recurso especial interposto pela Fazenda nesse processo não foi conhecido, sob o fundamento central de que a matéria demandaria o reexame de provas.[624]

No mesmo sentido desse precedente, no Recurso ordinário nº 4.023.035/2015, a Primeira Câmara Julgadora, reportando-se ao julgamento anterior, afastou a incidência do ICMS-Comunicação, sob o argumento central de que a empresa de monitoramento apenas repassa a seus clientes informações sobre a localização do veículo rastreado.

Ou seja, por esse raciocínio, a operação de telecomunicações é prévia em relação ao serviço de monitoramento e rastreamento de veículos, devendo ser afastada a incidência do ICMS-Comunicação e enquadrando-se o serviço prestado no item 11.02 da lista anexa à LC nº 116/2003, como fato gerador do ISS.[625] Em sede de recurso especial, por maioria, o recurso da Fazenda não foi conhecido, mantendo-se o resultado do julgamento.[626]

Nessa mesma linha, faz-se referência ao Recurso ordinário nº 4.017.716/2013, da Sexta Câmara Julgadora, em que o voto-vista do juiz Fabrício Costa Resende de Campos, acompanhado pela maioria dos demais juízes, destacou que a comunicação consiste em insumo para o serviço de monitoramento e rastreamento de veículos, que, por sua vez, é serviço de valor adicionado, tributável pelo ISS.[627] Em sede de recurso especial, a Câmara Superior conheceu e negou provimento ao recurso da Fazenda.[628]

No entanto, cumpre destacar o voto-vista do juiz Argos Campos Ribeiro Simões que, embora tenha sido vencido, adotou posição intermediária, no sentido de que o monitoramento apresenta uma parcela de atividades que envolve o envio de sinais e, portanto, é sujeita à incidência de ICMS-Comunicação, e outra parcela que diz respeito ao

---

[624] Recurso especial nº 479.662/2010, rel. Olga de Castilho Arruda, Câmara Superior, data de publicação 17.12.2014.

[625] Recurso ordinário nº 4.023.035/2013, rel. Eliane Pinheiro Lucas Ristow, Primeira Câmara Julgadora, data de publicação 11.05.2015.

[626] Recurso especial nº 4.023.035/2013, rel. Gianpaulo Camilo Dringoli, Câmara Superior, data de publicação 01.03.2018.

[627] Recurso ordinário nº 4.017.716/2013, rel. Rubens de Oliveira Neves, Sexta Câmara Julgadora, data de publicação 31.08.2016.

[628] Recurso especial nº 4.017.716/2013, rel. Alberto Podgaec, Câmara Superior, data de publicação 01.03.2018.

rastreamento em si. Nessa segunda fração, haveria a incidência de ISS.[629] Contudo, não foram localizados outros votos que tenham procedido ao mencionado fracionamento ou discorrido sobre a possibilidade prática de se proceder a tal segregação.

Em sentido oposto aos julgados destacados anteriormente, no Recurso ordinário nº 4.018.312/2014, a Quinta Câmara Julgadora do TIT decidiu que o serviço de monitoramento e rastreamento de veículos consiste em modalidade de serviço de comunicação, tributável pelo ICMS-Comunicação. Em acréscimo, entendeu que outros serviços prestados pela empresa autuada, como o processamento de dados e a licença de uso de *software*, seriam atividades-meio para a atividade-fim de monitoramento, devendo ser igualmente tributados pelo ICMS-Comunicação.[630] Em sede de recurso especial, houve a perda de seu objeto, ante a judicialização da controvérsia e a correspondente desistência do recurso em sede administrativa.[631]

No Recurso ordinário nº 4.018.942/2013, a Sétima Câmara Julgadora adotou o mesmo entendimento, destacando que o oficio da ANATEL nº 399/2006, já referido, não tem caráter normativo e que "a utilização de redes de telefonia de terceiros não altera o fato de que é ela [autuada] quem está promovendo a comunicação; ele apenas lhe confere o direito ao crédito de ICMS incidente sobre esse insumo de seu serviço".[632]

A Décima Terceira Câmara Julgadora, ao inclinar-se pela incidência de ICMS-Comunicação sobre o serviço de monitoramento e rastreamento de veículos, destacou que o item 11.02 da lista anexa à LC nº 116/2003, ao fazer menção aos serviços de vigilância, segurança e monitoramento de bens, não pode englobar os serviços de comunicação, de competência estadual.[633] O recurso especial da empresa não foi conhecido.[634]

---

[629] A síntese do seu posicionamento encontra-se no trecho seguinte do seu voto: "O termo 'monitoramento' engloba diversas atividades, umas típicas comunicacionais (captação e transmissão de sinais localizadores e indicadores da natureza de situações emergenciais) e outras que delas se servem, mas que com ela não se confundem, temos que as primeiras restam na órbita do ICMS, como no presente caso; e as segundas na órbita do ISSQN".

[630] Recurso ordinário nº 4.018.312/2013, rel. Osvaldo Zorzeto Júnior, Quinta Câmara Julgadora, data de publicação 19.09.2014.

[631] Recurso especial nº 4.018.312/2013, rel. João Carlos Csillag, Câmara Superior, data de publicação 20.02.2019.

[632] Recurso ordinário nº 4.018.942/2013, rel. Samuel de Oliveira Magro, Sétima Câmara Julgadora, data de publicação 15.12.2016.

[633] Recurso ordinário nº 4.017.715/2013, rel. Cacilda Peixoto, Décima Terceira Câmara Julgadora, data de publicação 03.08.2017.

[634] Recurso especial nº 4.017.715/2013, rel. Carlos Américo Domeneghetti Badia, Câmara Superior, data de publicação 01.03.2019.

Finalmente, a Nona Câmara Julgadora apresenta precedente pela incidência de ICMS-Comunicação sobre o monitoramento e rastreamento de veículos, ponderando que o processamento de dados, a licença de uso de *software*, a assistência técnica e a locação de bens móveis são todas inerentes ao monitoramento e rastreamento de veículos. Dessa forma, não seria possível o seu fatiamento para fins de incidência tributária.[635]

Passando-se ao Conselho de Contribuintes do Estado do Rio de Janeiro, verifica-se, assim como observado no âmbito do Tribunal de Impostos e de Taxas, que há uma inequívoca prevalência do entendimento de que a hipótese configura fato gerador do ICMS-Comunicação.

Nesse sentido, por meio de acórdãos publicados em 25 de outubro de 2013, decorrentes de quatro autos de infração,[636] o Conselho Pleno, reformando acórdão da Quarta Câmara, decidiu que o monitoramento de veículos consiste em modalidade de prestação de serviço de comunicação, apto a ensejar a incidência do ICMS-Comunicação.

Partindo das normas legais vigentes acerca do ICMS e passando pelo Convênio nº 139/2006 e pelo parecer normativo nº 1/2000 da Secretaria de Estado de Fazenda – que estabelece que o conceito de comunicação, para fins de ICMS, deve ser o mais amplo possível – o acórdão do Conselho Pleno posicionou-se no sentido de que o monitoramento e rastreamento de veículos representam modalidade de comunicação.

Ademais, enfatizou que, caso houvesse alguma lacuna na legislação quanto à tributação das referidas atividades,[637] não poderia prevalecer a interpretação de que o ofício nº 399/2010 da ANATEL – que não apresenta caráter normativo – poderia sobrepor-se ao regramento vigente quanto à matéria.

Em acréscimo, por meio de julgamento realizado em janeiro de 2016,[638] o Conselho Pleno, uma vez mais, enfrentou a questão da tributação dos serviços de monitoramento. Nesta última oportunidade, tratou-se de hipótese de monitoramento de plataformas por meio do uso de satélites e demais equipamentos eletrônicos.

---

[635] Recurso ordinário nº 4.017.966/2013, rel. Rogério Dantas, Nona Câmara Julgadora, data de publicação 02.10.2019.

[636] Recursos nºs 43.012, 43.013, 43.014 e 43.015, rel. Graciliano José Abreu dos Santos, Conselho Pleno, data de publicação 25.10.2013.

[637] Cabe observar que no Estado do Rio de Janeiro, diferentemente do Estado de São Paulo, não há uma norma específica prevendo a incidência do ICMS-Comunicação sobre o serviço de monitoramento e rastreamento de veículos. A tributação das referidas atividades, nas hipóteses analisadas pelo Conselho de Contribuintes, teve por fundamento normativo as normas gerais sobre o ICMS-Comunicação.

[638] Recursos nºs 41.577 e 41.578, rel. Fábia Trope de Alcantara, Conselho Pleno, data de publicação 22.02.2016.

Confirmando acórdão proferido pela Primeira Câmara, decidiu o Conselho Pleno pela incidência de ICMS-Comunicação sobre os serviços de monitoramento via satélite, reconhecendo que, embora não se trate de telecomunicação, representa comunicação em sentido amplo, que, segundo esta visão, compreenderia as prestações eventuais, os serviços suplementares e as facilidades adicionais disponibilizadas pelos prestadores.

Contudo, da análise dos precedentes do Conselho de Contribuintes, verifica-se que o exame empreendido pela Corte administrativa, via de regra, não se dá propriamente quanto ao fato gerador rastreamento e monitoramento de veículos. A tendência do Conselho tem sido a de proceder à delimitação da base de cálculo do ICMS-Comunicação, explicitando quais parcelas devem ou não integrá-la,[639] assim como discorrendo sobre o provimento de capacidade satelital,[640] o que transborda os limites da presente obra.

5.6 Considerações finais

A Constituição de 1988 optou por transferir aos Estados a competência outrora conferida à União para instituir o imposto sobre transportes e comunicações. Dessa forma, criou-se a figura do ICMS-Comunicação, cujos exatos contornos podem ser extraídos do art. 155, II, da Constituição, conjugado com os artigos 68, II, CTN e 2º, III, LC nº 87/1996.

A doutrina que se sucedeu à aprovação do Texto Constitucional defende a existência de pelo menos duas acepções possíveis em relação ao seu alcance. Pela concepção restrita, a comunicação pressupõe que o receptor seja determinado e que interaja com o emissor. Já pela concepção ampla, configura-se o processo comunicacional pela veiculação de uma mensagem, sendo desnecessário que o receptor seja determinado ou que apresente relação de bilateralidade com o emissor.

A presente obra adota a segunda concepção de serviço de comunicação, não só porque é aquela que decorre do arcabouço normativo referido neste capítulo, mas também pela constatação de que, à luz da

---

[639] É o que se verifica, exemplificativamente, do Recurso nº 64.902, rel. Ricardo Nunes Ramos, Conselho Pleno, data de publicação 31.07.2017, que também tinha como objeto principal a discussão sobre o monitoramento e a manutenção de satélites.

[640] Sobre essa temática, remete-se ao Recurso nº 48.956, rel. Rubens Nora Chammas, Conselho Pleno, data de publicação 30.10.2018 e aos Recursos nºs 60.217 e 60.227, rel. Ricardo Garcia de Araújo Jorge, Quarta Câmara, data de publicação 15.10.2018.

Constituição anterior, foi esse o entendimento adotado pelo STF para o imposto sobre comunicações, como se discorrerá de forma mais pormenorizada no capítulo seguinte. Dessa forma, como o ICMS-Comunicação representa uma continuidade do antigo imposto federal, não parece adequado proceder-se a uma interpretação que seja uma ruptura em relação ao posicionamento anterior.

Essas considerações servem como ponto de partida para se compreender a Internet das Coisas (IoT), que é constituída por objetos inteligentes, em que sensores são acoplados a diferentes dispositivos, tornando-os hábeis a interagir entre si com ou sem a intervenção humana. Esse universo é integrado não só pela normativa referida anteriormente, mas também pelo Decreto nº 9.854/2019 e por normas específicas expedidas por agências reguladoras, notadamente a Anatel.

Diante dessa pluralidade de fontes normativas e das complexidades de que cada contrato pode se revestir, a tributação da IoT não apresenta uma solução apriorística e idêntica para todas as hipóteses. Trata-se de campo propício para a análise individualizada, que pressupõe a verificação das particularidades de cada caso concreto, aferindo-se, entre outros aspectos, se a hipótese é de atividade-fim de comunicação, se há serviço de valor adicionado e se o fracionamento do contrato é possível ou viável.

Embora a dicotomia pura e simples entre atividades-meio e atividades-fim de comunicação não encontre respaldo na lei complementar, não seja observada ordinariamente no âmbito do ISS e se mostre insuficiente para dirimir as controvérsias decorrentes da digitalização da economia, o STF vem se valendo da mencionada classificação, para fins de restringir a incidência de ICMS-Comunicação apenas à segunda hipótese.

Nesse sentido, no caso dos serviços de monitoramento e rastreamento de veículos, que consistem em modalidade específica de IoT, verifica-se que a prestação do serviço de comunicação serve como meio para o próprio serviço de rastreamento, afastando a incidência do ICMS-Comunicação em relação a este último.

Ademais, conforme decorre do Ofício nº 399/2010 da ANATEL, as empresas de TIV não fornecem serviços de comunicação aos seus usuários, utilizando a comunicação como insumo para que as suas atividades sejam prestadas. Dessa forma, em princípio, não incide ICMS-Comunicação sobre os serviços de rastreamento e monitoramento de veículos.

Já em relação ao ISS, entende-se que, ainda que a literalidade do texto constante do item 11.02 da lista anexa à LC nº 116/2003, em sua redação original, não tenha previsto expressamente o rastreamento e monitoramento de veículos como fato gerador do imposto, a locução "monitoramento de bens e pessoas" pode ser interpretada como abarcando a mencionada atividade.

As mesmas conclusões parecem decorrer da LC nº 157/2016, de cuja literalidade consta a incidência de ISS sobre a "vigilância, segurança ou monitoramento de bens, pessoas e semoventes". Ademais, a jurisprudência consolidada do STF, e reafirmada no ano de 2020, consolidou-se no sentido de que as listas anexas às leis complementares de ISS, embora sejam taxativas, admitem interpretação extensiva em relação aos seus itens. Diante desse cenário, verifica-se que, em princípio, os serviços de monitoramento e rastreamento de veículos consistem em fato gerador do ISS.

Contudo, não se pode perder de vista que, com a tramitação do PLP nº 191/2015 na Câmara dos Deputados e a previsão de inserção de um novo item 11.05 à lista anexa à LC n° 116/2003, ora convertido na LC nº 183/2021, o entendimento do Poder Legislativo parece ser o de que o item 11.02, por si só, não seria suficiente para a tributação das referidas operações.

De outro lado, conforme se expôs, a constatação pela incidência do ISS não afasta a possibilidade de que o serviço de comunicação possua apreciação autônoma, como na hipótese de o próprio provedor do serviço de rastreamento deter a estrutura do serviço de telecomunicações e fornecer outras funcionalidades ao usuário.

Portanto, da análise realizada neste capítulo, verifica-se que a IoT apresenta importantes desafios tributários, que foram sintetizados no âmbito do rastreamento e monitoramento de veículos. Considerando que as decisões pretorianas e administrativas são pouco uniformes quanto à matéria, impõe-se que a doutrina contribua para a construção de premissas teóricas harmônicas que ajudem na construção de um sistema tributário coeso, apto a fomentar o avanço da IoT.

CAPÍTULO 6

A TRIBUTAÇÃO DA VEICULAÇÃO DE PUBLICIDADE

Estudado o monitoramento e rastreamento de veículos no universo da Internet das Coisas, passa-se à temática da veiculação de publicidade, inclusive daquela realizada pela Internet, em que o conflito de competência entre o ICMS-Comunicação e o ISS ganha especial contorno, considerando, especialmente, os contínuos avanços verificados na Era digital e a evolução legislativa verificada quanto à matéria.

Sob a égide do DL nº 406/1968, na sua redação original, vigeu o item XV, que expressamente previa a incidência de ISS sobre a publicidade e propaganda, incluindo a elaboração de desenhos, textos e demais materiais publicitários (exceto sua impressão, reprodução ou fabricação), inclusive com a sua divulgação, por quaisquer meios, abarcando a transmissão telefônica, radiofônica ou televisionada, e sua inserção em jornais, periódicos ou livros.

Através do DL nº 834/1969, a lista de serviços anexa ao DL nº 406/1968 foi alterada, de modo que a publicidade passou a ser regulada através do item 35, que, de forma mais abrangente que o seu predecessor item XV, passou a prever a incidência tributária de forma ampla sobre propaganda e publicidade, sem as ressalvas quanto à impressão, reprodução ou fabricação. De outro lado, admitiu-se a incidência de ISS sobre a divulgação de publicidade por qualquer meio, embora tenha sido suprimida a locução "inclusive por meio de transmissão telefônica, radiofônica ou televisionada, e sua inserção em jornais, periódicos ou livros".

Ainda na vigência do DL nº 406/1968, a LC nº 56/1987 reorganizou a sua lista de serviços, transferindo a regulação da propaganda e publicidade do item 35 para o item 85, que, ao se aproximar da redação originária do DL nº 406/1968, passou a dispor que o fato gerador do ISS abarca a promoção de vendas, planejamento de campanhas ou sistemas de publicidade, elaboração de desenhos, textos e demais materiais publicitários (exceto sua impressão, reprodução ou fabricação). Ademais, o item 86 passou a prever a veiculação de publicidade por qualquer meio como fato gerador do ISS (exceto em jornais, periódicos, rádio e televisão).

Rememore-se que, a partir da EC nº 18/1965 e na vigência da Constituição de 1967 e da EC nº 1/1969, foi estabelecido que compete à União a tributação sobre os serviços de comunicações, salvo os de natureza estritamente municipal. A regulamentação da prestação de serviços de comunicações foi levada a cabo pelo art. 68, II, CTN, conforme já descrito no item 5.2 do capítulo anterior.

De outro lado, como exposto nos capítulos anteriores, o art. 15, EC nº 18/1965, assim como o seu parágrafo único, estabeleciam como de competência municipal a instituição do imposto sobre serviços, desde que não compreendido na competência tributária da União e dos Estados, cabendo à lei complementar estabelecer critérios para diferenciá-lo do ICM. A primeira lei complementar que cuidou da matéria foi o CTN, que, em seu art. 71, §1º, considerou o fornecimento de trabalho, a locação e os jogos e diversões públicas, como modalidades de serviço.

Já o art. 25, II, Constituição de 1967, cuja redação foi reproduzida pelo art. 24, II, EC nº 1/1969, seguindo a linha da EC nº 18/1965, dispôs que os Municípios são competentes para tributar os serviços de qualquer natureza não compreendidos na competência tributária da União e dos Estados, mas, diferentemente do texto predecessor, passou a exigir que os serviços fossem definidos em lei complementar. Nesse contexto, foi editado o DL nº 406/1968, que revogou os dispositivos do CTN acerca do imposto sobre serviços.[641]

Ou seja, quaisquer serviços, inclusive os de comunicação intramunicipal, poderiam encontrar previsão na legislação complementar, de modo que a preocupação central do legislador, à luz da Constituição pretérita, não deveria ser o de delimitar o significado de comunicação ou de serviço. A relevância constitucional era atribuída ao âmbito em que o serviço era prestado, o que foi alterado com a vigência da Constituição de 1988.

---

[641] Embora o CTN seja formalmente uma lei ordinária e o DL nº 406/1968 tenha formalmente a natureza de decreto-lei, ambos foram recebidos com *status* de lei complementar.

Verifica-se que, nesse contexto, qualificar determinada atividade intramunicipal como serviço de comunicação ou como outro serviço mais específico produziria efeitos meramente na esfera legal, eis que as alíquotas aplicáveis poderiam ser diversas, assim como poderia haver alguma especificidade em relação à base de cálculo. No entanto, remarque-se que, do ponto de vista constitucional, o quadro não geraria conflito de competência entre dois entes federativos.

Ilustrando o quanto foi exposto, destaca-se o RE nº 91.948/RJ, rel. Min. Cordeiro Guerra, Segunda Turma, Julgamento 21.03.1980, DJ 16.05.1980, em que se discutia, no tocante à legislação editada antes da vigência do DL nº 406/1968, se o serviço de relações públicas estaria ou não abarcado pelo serviço de propaganda e publicidade – o que gerava alíquotas substancialmente distintas de acordo com a legislação local.

Nesse precedente, a Segunda Turma do STF decidiu que a matéria não representava qualquer violação ao princípio da legalidade insculpido no art. 97, CTN, e no art. 150, §§2º e 29 da Constituição de 1967, tendo em vista que a distinção procedida pelo legislador local era congruente com a legislação federal que regia as Relações Públicas (Lei nº 3.377/1967) e a Propaganda e Publicidade (Lei nº 4.680/1965).

Portanto, o precedente anteriormente colacionado reforça o argumento de que, à luz da Constituição de 1967, identificar se o serviço de veiculação de publicidade era ou não serviço de comunicação geraria reflexos somente na quantificação do tributo, mas não afetaria o pacto federativo, salvo, como se exporá a seguir, se a comunicação fosse intermunicipal.

Dentro dessa ordem de ideias, não foram verificados, na pesquisa realizada, discussões acerca da natureza jurídica da veiculação de publicidade no contexto da Constituição de 1967 ou de critérios para dirimir eventual conflito de competência entre comunicações e serviços.

Entre os doutrinadores pesquisados, foi identificada certa tendência em analisar, de forma separada, o campo das comunicações e dos serviços, ao mesmo tempo em que se discorreu sobre a publicidade e sua veiculação, centrando-se meramente em delimitar o seu alcance, considerando o campo semântico das expressões e as disposições da Lei nº 4.680/1965.

Nesse sentido, Gilberto de Ulhoa Canto leciona que o ISS foi introduzido no ordenamento jurídico por meio da EC nº 18/1965, como abrangente das atividades econômicas do setor terciário, vinculadas à economia local, com o propósito de racionalizar as rendas tributárias até então gravadas pelo imposto de indústrias e profissões. Consoante assinala, a Constituição buscou delimitar o âmbito do ISS, a fim de excluir da competência municipal impostos federais e estaduais, o que, entretanto, mostra-se tarefa difícil.[642]

De forma análoga, Ruy Barbosa Nogueira e Paulo Roberto Cabral Nogueira ensinam que a competência municipal foi traçada a partir de uma faixa residual, uma vez que, segundo constou do Relatório da Comissão de Reforma, diante da participação no produto do ICM e em outras arrecadações, foi intenção da Comissão reduzir o campo de incidência do imposto.[643] Em acréscimo, lecionam que as mudanças levadas a cabo pela EC nº 18/1965 tiveram o objetivo precípuo de sanar os conflitos de competência, o que, na sua visão, foi alcançado com o DL nº 406/1968, *verbis*:

> Tanto eram os conflitos de competência, as distorções de figuras tributárias e as bitributações, que sobreveio a Reforma Tributária no plano Constitucional, acentuadamente com o fito de impedir esses males tão prejudiciais à economia do País e à segurança do direito, a qual lançou mão de mais um instrumental jurídico, qual seja, o da generalização da mecânica das leis complementares com a natureza de leis dirigidas primacialmente aos legisladores ordinários e com o caráter unificador ou nacional.
>
> (...) Para balizar os campos do ICM e do ISS foi, inicialmente, adotada a técnica das operações mistas (arts. 71 a 73 da Lei nº 5.172, de 25.10.66) que só gerou maiores confusões. Sobrevieram os Decretos-Leis nº 406, de 31.12.68 e nº 834, de 8.9.69, e resolveram a problemática por meio de normas gerais ou nacionais, que substituíram o critério das operações mistas pela técnica de uma lista taxativa.[644]

Bernardo Ribeiro de Moraes defende que a comunicação engloba os serviços de telecomunicações ou não, de modo que, no segundo grupo, estão abarcados os serviços de mensagem e correspondência. Ademais, assinala que a área de competência da União para tributar as comunicações era quase total.[645]

No que se refere à publicidade e à propaganda, o autor distingue ambas, lecionando que "a publicidade vem a ser, pois, uma atividade

---

[642] CANTO, Gilberto de Ulhoa. *Direito tributário aplicado*: pareceres. Rio de Janeiro: Forense Universitária, 1992. p. 240-241.

[643] NOGUEIRA, Ruy Barbosa; NOGUEIRA, Paulo Roberto Cabral. *Direito Tributário Aplicado e Comparado*. 2. ed. Rio de Janeiro: Forense, 1977. v. 1, p. 242.

[644] NOGUEIRA, Ruy Barbosa; NOGUEIRA, Paulo Roberto Cabral. *Direito Tributário Aplicado e Comparado*. 2. ed. Rio de Janeiro: Forense, 1977. v. 1, p. 399.

[645] MORAES, Bernardo Ribeiro de. *Doutrina e Prática do Imposto sobre Serviços*. São Paulo: Revista dos Tribunais, 1984. p. 281-282.

intermediária entre o anunciante e o público, unidos através dos veículos (meios) de divulgação (jornais, revistas, estações de rádio, ou de televisão, exibidores de cartazes, etc.)".[646] Em outras palavras, a publicidade se traduz como algo que deve ser exposto ao público através de qualquer meio de comunicação.

Já a propaganda representa uma forma de difusão, eis que, na sua visão, "propaganda vem a ser toda divulgação remunerada para dirigir a atenção do público ou dos meios de difusão em direção a determinada pessoa, produto ou serviço, com o fim de promover sua contratação".[647]

A par das diferenças conceituais, Bernardo Ribeiro de Moraes enfatiza que a publicidade e a propaganda apresentam uma série de semelhanças, vez que são serviços onerosos, prestados no interesse do anunciante, mas cujo contribuinte é o prestador do serviço, e não o seu beneficiário.[648]

Com relação especificamente à veiculação, que, no contexto da edição da obra, estava prevista no item 35 do DL nº 406/1968 (redação do DL nº 834/1969), sob a locução "divulgação de textos, desenhos e outros materiais de publicidade, por qualquer meio", o autor assevera que se trata de receita de propaganda, sujeita à incidência do ISS, pelo que entende descabida a concessão de imunidade para a veiculação efetuada em jornais,[649] sobre o que se discorrerá no tópico seguinte.

Diante do exposto, verifica-se que a doutrina produzida a partir da vigência da EC nº 18/1965 teve como escopo central delimitar o campo de incidência do imposto federal sobre comunicações e do imposto municipal, assim como das demais hipóteses constantes da lista anexa ao DL nº 406/1968. No entanto, conforme se procurou demonstrar, a doutrina produzida naquele contexto não se centrou no estudo dos conflitos de competência, chegando mesmo a defender que os mesmos estariam sanados com a entrada em vigor do DL nº 406/1968, como ilustra a obra de Ruy Barbosa Nogueira, já referida.

Dessa forma, no que se refere à veiculação de publicidade, uma vez que a mesma já constava da lista anexa ao DL nº 406/1968, assim

---

646 MORAES, Bernardo Ribeiro de. *Doutrina e Prática do Imposto sobre Serviços*. São Paulo: Revista dos Tribunais, 1984. p. 315.

647 MORAES, Bernardo Ribeiro de. *Doutrina e Prática do Imposto sobre Serviços*. São Paulo: Revista dos Tribunais, 1984. p. 319.

648 MORAES, Bernardo Ribeiro de. *Doutrina e Prática do Imposto sobre Serviços*. São Paulo: Revista dos Tribunais, 1984. p. 320.

649 MORAES, Bernardo Ribeiro de. *Doutrina e Prática do Imposto sobre Serviços*. São Paulo: Revista dos Tribunais, 1984. p. 324-326.

como os serviços de comunicações, desde que intramunicipais, eventuais conflitos de competência entre a União e Municípios apenas ocorreriam caso a veiculação ultrapassasse os limites municipais. No item seguinte, passa-se a discorrer sobre como a jurisprudência enfrentou esse tema, tendo em vista que a produção doutrinária que se sucedeu, via de regra, utiliza essas decisões judiciais como ponto de partida.

6.1 Evolução jurisprudencial

A jurisprudência pretoriana, embora ainda pouco linear, tem contribuído para o estudo da tributação da veiculação de publicidade. Diante de os precedentes julgados pelos Tribunais Superiores serem ainda insuficientes para equacionar a matéria, impõe-se uma análise pormenorizada da produção dos tribunais locais, notadamente do Tribunal de Justiça de São Paulo, que, com alguma frequência, vem sendo instado a se pronunciar.

No item seguinte, a jurisprudência do STJ e do STF será enfrentada em dois momentos distintos, a saber, antes e depois da Constituição de 1988. Essa análise dicotômica advém do fato de que o DL nº 406/1968 vigeu durante a Constituição de 1967 e sob a égide da Constituição de 1988, tendo sido parcialmente revogado com o advento da LC nº 116/2003.

6.1.1 Evolução jurisprudencial na vigência do DL nº 406/1968

Durante a vigência da Constituição de 1967, o STF julgou alguns casos emblemáticos envolvendo a veiculação de publicidade, notadamente em hipóteses nas quais a publicidade era veiculada através de meios de telecomunicação, como a televisão e o rádio, assim como hipóteses acerca da imunidade da propaganda em jornais.

No RE nº 90.749-1/BA, rel. Min. Cunha Peixoto, Primeira Turma, Julgamento 15.05.1979, DJ 03.07.1979, o STF foi instado a se manifestar sobre ação declaratória de inexigibilidade de ISS, na qual empresa de televisão denominada Televisão Aratu S.A. requereu fosse reconhecida a não incidência de ISS sobre os serviços prestados, uma vez que suas mensagens eram transmitidas em âmbito intermunicipal. O Município de Salvador, por sua vez, sustentou que a incidência de ISS se limitava à propaganda e publicidade, não alcançando as imagens radiofônicas que ultrapassavam os limites do território municipal, pelo que cabível o tributo municipal.

A Primeira Turma do STF, por meio de decisão unânime, seguiu o voto do Min. Cunha Peixoto, adotando o entendimento de que a propaganda realizada por meio da televisão encontra-se implícita na comunicação intermunicipal, o que ensejaria a competência federal, *verbis*:

> Nem se alegue não estar o Município tributando a "comunicação", mas a "propaganda", matéria constante do nº 35 da lista de serviços tributáveis pelo Município.
>
> É que não resta dúvida de que a propaganda, por intermédio da televisão, é uma forma de difusão e, portanto, está ela implícita na comunicação intermunicipal, cuja competência tributária pertence à União.
>
> Assim, pretender que a transmissão de texto de propaganda seja prestação de serviços e que o valor dessa difusão seja onerado com o ISS é, sem dúvida, tributar diretamente a comunicação por intermédio da telecomunicação.

Em acréscimo, a Primeira Turma ponderou que a redação do item XV da lista anexa ao DL nº 406/1968, na sua redação original, quando estabelecia a incidência de ISS sobre a propaganda e publicidade, inclusive com a sua divulgação, por quaisquer meios, abarcando a transmissão telefônica, radiofônica ou televisionada, foi substituída pelo DL nº 834/1969, que suprimiu as hipóteses de veiculação por transmissão telefônica, radiofônica ou televisionada, ainda que tenha mantido a locução "por quaisquer meios".

Em igual sentido, no RE nº 91.813/SC, rel. Min. Cordeiro Guerra, Segunda Turma, Julgamento 16.09.1980, DJ 17.10.1980, a Rádio Cultura de Joinville S.A. impetrou mandado de segurança contra ato do Sr. Secretário de Finanças do Município de Joinville, considerando que este exigiu ISS sobre os serviços de comunicações prestados pela impetrante entre 1971 e 1976.

A impetrante, a seu turno, aduziu que prestava serviços de comunicação intermunicipais, pelo que incabível a incidência de ISS. Já a impetrada destacava que os serviços de propaganda e publicidade deveriam ser diferenciados dos serviços de comunicação, sendo possível a incidência de ISS sobre os mesmos.

A Segunda Turma do STF, à unanimidade, reportando-se ao julgamento do RE nº 90.749-1/BA, concedeu a segurança, afastando a incidência de ISS sobre a veiculação de propaganda e publicidade, ao argumento central de que a propaganda estaria implícita na comunicação tributada pela União.

Em comentários aos julgamentos referidos, André Mendes Moreira manifesta a sua discordância no ponto em que as decisões determinam a incidência do imposto federal sobre a veiculação de anúncios, defendendo a incidência de ISS, em virtude da previsão do item 35 do DL nº 834/1969.[650] Todavia, entende que a publicidade veiculada por meio de televisão e rádio insere-se no conceito de prestação de serviço de comunicação.[651]

Finalmente, o STF apresenta alguns precedentes nos quais estendeu a imunidade objetiva descrita no art. 19, III, d, EC nº 1/1969 (equivalente ao art. 150, VI, d, CRFB/1988) à publicidade veiculada em jornais, sob o fundamento de que as receitas obtidas com a publicidade seriam fundamentais para a própria subsistência dos veículos de comunicação.

No RE nº 87.049/SP, rel. Min. Xavier de Albuquerque, Tribunal Pleno, Julgamento 13.04.1978, DJ 01.09.1978, o Tribunal Pleno do STF, por maioria, seguindo o voto do Min. Cunha Peixoto, reconheceu que o jornal não poderia viver sem anúncios, pois, do contrário, a norma concessiva de imunidade seria letra morta. Conforme remarcou o Min. Moreira Alves, os preços por que os jornais são vendidos dependem da receita obtida com a propaganda, o que justificaria a extensão da imunidade.

No mesmo sentido, em precedente envolvendo as listas telefônicas, o Tribunal Pleno do STF, por maioria, na linha do voto vencedor do relator, Min. Sydney Sanches, estendeu a imunidade objetiva do art. 19, III, d, Constituição de 1967 às listas telefônicas e à publicidade veiculada em suas páginas,[652] a despeito da existência de precedentes anteriores em sentido contrário.[653]

O Min. Sydney Sanches sustentou, em seu voto, que as listas telefônicas são publicações técnicas periódicas, de utilidade social, que poderiam ser equiparadas aos periódicos. De outro lado, as verbas decorrentes da publicidade assegurariam a manutenção da gratuidade

---

650 MOREIRA, André Mendes. *A Tributação dos Serviços de Comunicação.* 2. ed. São Paulo: Noeses, 2016. p. 63.

651 MOREIRA, André Mendes. *A Tributação dos Serviços de Comunicação.* 2. ed. São Paulo: Noeses, 2016. p. 350.

652 RE nº 101.441/RS, rel. Min. Sydney Sanches, Tribunal Pleno, Julgamento 04.11.1987, DJ 19.08.1988.

653 RE nº 104.563/SP, rel. Min. Oscar Correa, Primeira Turma, Julgamento 08.04.1986, DJ 05.09.1986; RMS nº 17.804/GB, rel. Min. Djaci Falcão, Primeira Turma, Julgamento 05.12.1967, DJ 08.03.1968.

na distribuição das listas. Pela maioria de 6 votos a 5, o voto do relator foi seguido, ainda que com acréscimos pontuais, com a ponderação do Min. Célio Borja, de que a imunidade garantiria a liberdade de opinião e de informação.

Em outros precedentes, como o RE nº 91.662/SP, rel. Min. Décio Miranda, Segunda Turma, Julgamento 04.11.1980, DJ 28.11.1980, o STF manteve-se fiel ao seu entendimento, inserindo a veiculação de publicidade em jornais no campo da imunidade.

Esse posicionamento não escapou às críticas doutrinárias, eis que, conforme remarca Regina Helena Costa, trata-se de verdadeira "subjetivação" de uma imunidade delineada de forma objetiva pela Constituição, visto que "igual raciocínio teria de ser aplicado, então, à renda auferida pela venda dos jornais, o que tornaria imune, em verdade, a própria pessoa jurídica – a empresa jornalística".[654]

No entanto, em julgados mais recentes, o STF tem afastado da imunidade a publicidade veiculada por meio de encartes ao jornal, argumentando que não se destinam à cultura e à educação, apresentando índole meramente comercial. A título de exemplo, seguem os acórdãos seguintes, das duas Turmas do STF, assim como um acórdão em ação rescisória proferido pelo Tribunal Pleno, *verbis*:

> TRIBUTÁRIO. *ENCARTES DE PROPAGANDA DISTRIBUÍDOS COM JORNAIS E PERIÓDICOS. ISS. ART. 150, VI, d, DA CONSTITUIÇÃO. Veículo publicitário que, em face de sua natureza propagandística, de exclusiva índole comercial, não pode ser considerado como destinado à cultura e à educação, razão pela qual não está abrangido pela imunidade de impostos prevista no dispositivo constitucional sob referência, a qual, ademais, não se estenderia, de qualquer forma, às empresas por eles responsáveis, no que concerne à renda bruta auferida pelo serviço prestado e ao lucro líquido obtido.* Recurso não conhecido. (RE nº 213094/ES, rel. Min. Ilmar Galvão, Primeira Turma, Julgamento 22.06.1999, DJ 15.10.1999). (Grifo nosso).

> EMBARGOS DE DECLARAÇÃO OPOSTOS DE DECISÃO MONOCRÁTICA. CONVERSÃO EM AGRAVO REGIMENTAL. TRIBUTÁRIO. ISS. *ENCARTES DE PROPAGANDA DISTRIBUÍDOS COM JORNAIS.* IMUNIDADE DO ART. 150, VI, D, DA CF. VEÍCULOS DE COMUNICAÇÃO DE NATUREZA PROPAGANDÍSTICA, DE ÍNDOLE EMINENTEMENTE COMERCIAL E O PAPEL UTILIZADO NA CONFECÇÃO DA

---

[654] COSTA, Regina Helena. *Imunidades Tributárias*: teoria e análise da Jurisprudência do STF. 3. ed. São Paulo: Malheiros, 2015. p. 204. No mesmo sentido: MORAES, Bernardo Ribeiro de. *Doutrina e Prática do Imposto Sobre Serviços*. São Paulo: Revista dos Tribunais, 1984. p. 325.

PROPAGANDA. NÃO ABRANGÊNCIA. INTERPOSIÇÃO DE APELO EXTREMO COM BASE NA ALÍNEA C DO INCISO III DO ART. 102 DA CONSTITUIÇÃO FEDERAL. NÃO CABIMENTO AGRAVO REGIMENTAL A QUE SE NEGA PROVIMENTO. I – *Os veículos de comunicação de natureza propagandística de índole eminentemente comercial e o papel utilizado na confecção da propaganda não estão abrangidos pela imunidade definida no art. 150, VI, d, da Constituição Federal, uma vez que não atendem aos conceitos constitucionais de livro, jornal ou periódico contidos nessa norma.* Precedentes. II – O acórdão recorrido não julgou válida lei ou ato de governo local contestado em face da Constituição. Incabível, portanto, o recurso pela alínea c do art. 102, III, da Constituição. Precedentes. III – Agravo regimental a que se nega provimento. (ARE nº 807.093 ED/MG, rel. Min. Ricardo Lewandowski, Segunda Turma, Julgamento 05.08.2014, DJ 15.08.2014). (Grifo nosso).

Agravo regimental na ação rescisória. Artigo 485, incisos IV, V e IX, do Código de Processo Civil. Inexistência de ofensa à coisa julgada, de erro de fato e de violação de disposição literal de lei. Agravo regimental não provido. 1. Não há que se falar em ofensa à coisa julgada pela decisão rescindenda, proferida em sede de apelo extremo, quando a matéria nela apreciada foi objeto de sucumbência do recorrente no Tribunal de segundo grau. A sucumbência ficou, de todo, evidenciada no caso dos autos, tendo constado do julgado proferido pelo Tribunal de origem que "a imunidade tributária de que fala nossa Carta Magna, no seu artigo 150, inciso IV, letra d, não se estende às receitas oriundas de publicidade". 2. Descabe a alegação de erro de fato quando a decisão rescindenda, proferida nos autos de agravo em recurso extraordinário, parte de pressuposto fático já delineado pelo acórdão de origem, cujo revolvimento não se admite em sede de apelo extremo. 3. *Não há violação da literalidade de lei quando a decisão rescindenda está em consonância com a firme jurisprudência da Corte quanto à impossibilidade de ser estendida a imunidade disposta na alínea d do inciso VI do art. 150 da Constituição a veículos de comunicação escrita voltados a interesses propagandísticos, de exclusiva índole comercial, ainda que distribuídos em forma de encartes em jornais e periódicos.* 4. Agravo regimental não provido. (AR nº 2.326 AgR/RJ, rel. Min. Dias Toffoli, Tribunal Pleno, julgamento 12.02.2015, DJe 30.04.2015). (Grifo nosso).

Embora se esteja de acordo com Regina Helena Costa, no sentido de que estender a imunidade à veiculação de publicidade representa subjetivar uma imunidade que é objetiva, a jurisprudência do STF parece ter incorrido em uma incoerência interna ao afastar a imunidade aos encartes de propaganda. Afinal, a publicidade veiculada no próprio corpo do jornal não é substancialmente diversa daquela que consta de um encarte separado, pelo que não parece haver elementos substanciais para que o tratamento jurídico em cada hipótese seja distinto.

No entanto, cabe fazer referência a entendimento em sentido diverso, exposto por Antonio Reinaldo Rabelo Filho, para quem o afastamento da imunidade se justificaria com fundamento no item 10.10 da lista anexa à LC nº 116/2003, que prevê a incidência de ISS sobre a distribuição de bens a terceiros.[655]

André Mendes Moreira, por sua vez, ao discorrer sobre as razões que ensejaram o RE nº 87.049/SP, pontua que, caso a publicidade seja veiculada por meios físicos, como aquela constante de jornais impressos, a hipótese passaria ao largo da prestação de serviço de comunicação, o que, a seu ver, decorre do entendimento adotado pela Suprema Corte.[656]

Na sua visão, a tributação ou não pelo ICMS-Comunicação dependeria substancialmente do meio empregado para a veiculação da publicidade, o que pode ser sintetizado na passagem seguinte:

> Quando a veiculação de publicidade e propaganda é feita através da radiodifusão, esta passa a constituir parcela do serviço de comunicação. Quando à veiculação de publicidade e propaganda é feita em mídia impressa, apesar de potencialmente tributável pelo ISS, a receita é considerada albergada pela imunidade constitucional.[657]

As diversas correntes que se formaram em torno da questão serão analiticamente descritas nos itens seguintes. Todavia, observa-se, desde logo, que no RE nº 87.049/SP, anteriormente referido, a hipótese posta à apreciação do STF não foi a de um conflito de competência, diferentemente do RE nº 90.749-1/BA e do RE nº 91.813/SC.

Conforme se expôs nesses dois recursos extraordinários, as empresas recorrentes requeriam o afastamento da incidência de ISS, sob o fundamento de que os serviços prestados tinham alcance intermunicipal. Ao acatar tal fundamentação, o STF destacou que a veiculação de publicidade estaria implícita na difusão pela televisão e rádio, respectivamente, destacando a incidência, em tese, do imposto federal sobre comunicações (que, naquele momento, ainda não havia sido instituído).

---

655 RABELO FILHO, Antônio Reinaldo. *A prestação de serviços de comunicação. Conceito e limites para a sua tributação.* 216f. Dissertação (Mestrado). Pontifícia Universidade Católica de São Paulo – Faculdade de Direito, São Paulo, 2009. p. 93.

656 MOREIRA, André Mendes. *A Tributação dos Serviços de Comunicação.* 2. ed. São Paulo: Noeses, 2016. p. 350.

657 MOREIRA, André Mendes; TEIXEIRA, Alice Gontijo Santos. *A publicidade e propaganda e as fronteiras entre ISSQN e ICMS.* 2013. Disponível em: https://sachacalmon.com.br/wp-content/uploads/2014/12/A-PUBLICIDADE-E-PROPAGANDA-E-AS-FRONTEIRAS-ENTRE-ISSQN-E-ICMS.pdf. Acesso em: 17 mar. 2021.

Diferentemente, o RE nº 87.049/SP cuidou de hipótese em que o Município de Piracicaba requeria que o jornal *O Diário Ltda*. recolhesse ISS sobre a veiculação de propaganda em suas páginas. Após discorrer sobre a profunda divergência doutrinária quanto à matéria, o Tribunal Pleno do STF filiou-se à corrente que sustenta a impossibilidade de incidência de ISS sobre a veiculação, considerando que os recursos obtidos com a publicidade são revertidos em prol do próprio jornal.

Ou seja, verifica-se que os julgamentos proferidos pelo STF, especificamente sobre veiculação de anúncios publicitários, não permitem ao intérprete uma conclusão segura acerca dos limites para a sua tributação. Se, de um lado, em alguns julgamentos, é verdade que o STF manteve a incidência de ISS sobre a veiculação de anúncios publicitários, não é menos verdade que, nesses julgamentos, o STF não analisou um conflito de competência, cingindo-se a verificar se havia ou não imunidade.

De outro lado, os acórdãos do STF sobre a Televisão Aratu e a Rádio Joinville tampouco parecem conclusivos de que apenas a veiculação de publicidade por meios de radiodifusão consiste em parcela do serviço de comunicação. Com efeito, naqueles julgamentos, as duas Turmas do STF poderiam ter cindido as atividades da recorrente, de modo a excluir a veiculação de publicidade da tributação federal sobre comunicações, o que não foi feito.

Portanto, decorre dos precedentes citados, que o STF sinalizou algumas diretrizes, mas não analisou de forma conclusiva a questão referente à tributação da veiculação de publicidade em toda a sua extensão, que ainda carece de uma resposta definitiva pelos Tribunais Superiores.

No que se refere à jurisprudência do STJ, verifica-se que, após a promulgação da Constituição de 1988, em que o DL nº 406/1968 continuou a viger até a edição da LC nº 116/2003, tampouco foram estabelecidos critérios precisos para dirimir o conflito de competência entre o ICMS-Comunicação e o ISS no âmbito da publicidade.

De um modo geral, os acórdãos localizados limitaram-se a enunciar, com base na alteração legislativa empreendida pela LC nº 56/1987, que o ISS não incide sobre a impressão, a reprodução e a fabricação de material publicitário, seja na própria ementa das decisões,[658] seja nas razões que constaram nos votos condutores.[659]

---

[658] REsp nº 89.584/SP, rel. Min. Demócrito Reinaldo, Primeira Turma, Julgamento 12.09.1996, DJ 20.10.1996, REsp nº 43.482/SP, rel. Min. Américo Luz, Segunda Turma, Julgamento 14.12.1994, DJ 13.02.1995.

[659] REsp nº 114.171/SP, rel. Min. Humberto Gomes de Barros, Primeira Turma, Julgamento 17.06.1997, DJ 25.08.1997.

Contudo, por meio de acórdão que analisou especificamente o conflito de competência entre o ISS e o imposto federal sobre telecomunicações (vide item 5.2 do capítulo anterior), o STJ decidiu que a atividade de "comercialização de espaços publicitários" consiste em fato gerador do ISS, na forma da ementa seguinte:

ISS – COMISSÕES SOBRE PUBLICIDADE DA GTB – TELEGRAMAS FONADOS – COBRANÇA DA LTB – TAXA DE UTILIZAÇÃO DO CARTÃO DE CREDITO TELECARD – COMERCIALIZAÇÃO DE ESPAÇOS PUBLICITÁRIOS – INCIDÊNCIA. REFERIDOS SERVIÇOS POR NÃO CONSTITUÍREM TRANSMISSÃO OU RECEBIMENTO DE MENSAGENS ESCRITAS, FALADAS OU VISUAL, NÃO PODEM SER CONSIDERADOS SERVIÇOS DE TELECOMUNICAÇÕES, ESTANDO SUJEITOS A INCIDÊNCIA DE ISS. RECURSO CONHECIDO E PROVIDO. (REsp nº 18.890/RJ, rel. Min. Garcia Vieira, Primeira Turma, Julgamento 03.05.1993, DJ 07.06.1993).

Embora da leitura do inteiro teor do acórdão não seja possível afirmar, categoricamente, se a locução "comercialização de espaços publicitários" designa veiculação de publicidade, de todo modo, é possível inferir que a Primeira Turma do STJ adotou o entendimento de que a referida atividade não consiste em serviço de telecomunicações e, portanto, estaria fora da esfera federal.

Em acréscimo, em julgamento realizado em 2010, mas que se referia a fato gerador ocorrido em 2000, a Segunda Turma do STJ também decidiu que os serviços de anúncio e telegrama fonados não seriam serviços de telecomunicação. Na hipótese, empresa de telefonia requeria a anulação de auto de infração em relação às mencionadas atividades, sob a alegação de que não prestava tais serviços, visto que os anúncios eram veiculados por jornal e que, ainda que assim não se entendesse, não se trataria de serviço de comunicação. Segue a ementa do acórdão do STJ, *verbis*:

PROCESSUAL CIVIL E TRIBUTÁRIO. ACÓRDÃO ADEQUADAMENTE FUNDAMENTADO. ICMS. SERVIÇOS DE ANÚNCIO E TELEGRAMA FONADO E TELELISTA. VALOR ADICIONADO. NÃO-INCIDÊNCIA.
1. A solução integral da controvérsia, com fundamento suficiente, não caracteriza ofensa ao art. 535 do CPC.
2. *Os serviços de anúncio e telegrama fonado e telelista valem-se da telecomunicação, que lhes dá suporte, para acrescentar utilidades relacionadas ao acesso e à apresentação de informações. Esta é a definição de serviço de valor adicionado, que não se confunde com o de telecomunicação, nos termos do art. 61 da Lei nº 9.472/1997.*

3. *In casu*, esses serviços nem sequer são prestados pelas concessionárias de telefonia, que são apenas "intermediadoras da cobrança das tarifas", conforme aferiram as instâncias de origem.

4. A jurisprudência pacífica do STJ, pela não-incidência do ICMS sobre os serviços de valor adicionado, deve ser aplicada ao caso.

5. Recurso Especial não provido. (REsp n° 1.206.428/RJ, rel. Min. Herman Benjamin, Segunda Turma, Julgamento 18.11.2010, DJe 04.02.2011). (Grifos nossos).

6.1.2 Evolução jurisprudencial na vigência da LC n° 116/2003 até a edição da LC n° 157/2016

A partir da vigência da LC n° 116/2003 e até a edição da LC n° 157/2016, o item 17.06 da lista anexa enunciou de forma genérica que o ISS incide sobre publicidade e propaganda, inclusive promoção de vendas, planejamento de campanhas ou sistemas de publicidade, elaboração de desenhos, textos e demais materiais publicitários. De outro lado, o item 10.08 previu a incidência tributária quanto ao agenciamento de publicidade e propaganda.

Nesse contexto, a Presidência da República vetou o item 17.07 da lista anexa ao Projeto de Lei n° 161/1989 (que veio a ser convertido na LC n° 116/2003) à LC n° 116/2003, que dispunha que incide ISS sobre veiculação e divulgação de textos, desenhos e outros materiais de propaganda e publicidade, por qualquer meio.

Nas razões do veto, constou que o dispositivo, pela sua generalidade, acabaria por permitir a incidência tributária sobre situações alcançadas pela imunidade, como é o caso da mídia impressa. Ademais, ponderou-se que os serviços de comunicação poderiam abarcar hipóteses nas quais são ultrapassadas as fronteiras do Município, o que ensejaria a competência tributária da União.[660]

A despeito de as razões do veto não se embasarem no atual Texto Constitucional, tendo em vista que a competência tributária da União, quanto ao serviço de comunicação, limitou-se à Carta de 1967, elas sinalizam, em alguma medida, que a Presidência da República adotou o entendimento de que a veiculação de publicidade consiste em serviço de comunicação.

---

[660] BRASIL. Mensagem n° 362, de 31 de julho de 2003. *Diário Oficial da União*, Brasília, 01 ago. 2003. Disponível em: http://www.planalto.gov.br/ccivil_03/Leis/Mensagem_Veto/2003/Mv362-03.htm. Acesso em: 9 abr. 2021.

As razões do veto fazem referência ao RE nº 90.749/BA, já referido no item anterior, por meio do qual o STF decidiu, à luz da Constituição de 1967, que a publicidade e propaganda veiculadas por meio de canal de televisão que ultrapassa os limites de um Município ficariam potencialmente sujeitas à tributação federal das comunicações.

Em 2012, uma vez mais, a Presidência da República vetou o PLC nº 32/2012, que pretendeu reincluir a veiculação de publicidade no âmbito do ISS,[661] sob o fundamento de que a redação proposta para o dispositivo deixava dúvidas "acerca do exato enquadramento tributário do serviço, o que gera insegurança jurídica diante do regime dispensado à prestação de serviços de comunicação".[662]

Com os dois vetos, notadamente aquele feito ao item 17.07 da lista anexa à LC nº 116/2003, o conflito de competência entre o ISS e o ICMS-Comunicação no âmbito da veiculação de publicidade ganhou impulso. Nesse período anterior à LC nº 157/2016, o STJ, a partir da conjugação entre os itens 17.06 e 10.08 da lista anexa à LC nº 116/2003, embora não tenha conhecido diversos recursos especiais acerca da matéria, sob o argumento de que pressupõem a análise de legislação local[663] ou o revolvimento de matéria fático-probatória,[664] fixou alguns parâmetros que permitiram equacionar, em alguma medida, o conflito de competência.

A Corte apresenta precedente em que se posicionou no sentido de que o critério para a incidência de um ou outro tributo no âmbito da publicidade não é o da predominância da atividade, mas se o serviço se encontra previsto na lista anexa à LC nº 116/2003. Estando o serviço

---

[661] O dispositivo vetado apresentava a seguinte redação: Art. 1º, PLC nº 32/2012. "O item 17 da lista de serviços anexa à Lei Complementar nº 116, de 31 de julho de 2003, passa a vigorar acrescido do seguinte subitem 17.25: "Lista de serviços anexa à Lei Complementar nº 116, de 31 de julho de 2003.
17 – ....
17.25 – Inserção de textos, desenhos e outros materiais de publicidade em qualquer meio (exceto em livros, jornais, periódicos, rádio e televisão). (BRASIL. Acrescenta subitem ao item 17 da lista de serviços tributáveis pelo Imposto sobre Serviços de Qualquer Natureza (ISS) anexa à Lei Complementar nº 116, de 31 de julho de 2003, e acrescenta inciso III ao §2º do art. 7º da mesma Lei Complementar. Disponível em: http://legis.senado.leg.br/sdleg-getter/documento?dm=4552755&disposition=inline. Acesso em: 9 abr. 2021).

[662] BRASIL. Mensagem nº 523, de 30 de novembro de 2012. *Diário Oficial da União*, Brasília, 03 dez. 2012. Disponível em: http://www.planalto.gov.br/ccivil_03/_Ato2011-2014/2012/Msg/Vet/VET-523.htm. Acesso em: 9 abr. 2021.

[663] AgRg no AREsp nº 792.547/SP, rel. Min. Humberto Martins, Segunda Turma, Julgamento 19.11.2015, DJe 27.11.2015.

[664] AgRg no AREsp nº 464.154/SP, rel. Min. Humberto Martins, Segunda Turma, Julgamento 25.03.2014, DJe 31.03.2014.

compreendido na lista, entendeu o STJ pela incidência de ISS, caso contrário, incidiria o ICMS.[665]

Ademais, no que se refere à veiculação de publicidade através dos mais variados meios (painéis, displays, *outdoors*, mídia eletrônica e transportes coletivos), embora tenha aplicado o enunciado 7 da sua Súmula, o STJ manteve expressamente entendimento firmado por tribunal local, no sentido de que, em se tratando de veiculação de publicidade, incide o ISS, diante da previsão contida no item 10.08 da lista anexa à LC nº 116/2003. Foi afastada, pois, a alegação de que a hipótese seria de locação, a atrair a incidência da Súmula Vinculante nº 31 do STF, *verbis*:[666]

> PROCESSUAL CIVIL E TRIBUTÁRIO. ISS. AGENCIAMENTO E LOCAÇÃO DE SERVIÇOS DE PUBLICIDADE. FATO GERADOR. OCORRÊNCIA. REQUISITOS DE ANTECIPAÇÃO DE TUTELA. SÚMULA Nº 7/STJ. 1. *In casu, ficou consignado no acórdão recorrido que a própria agravada informou ao Fisco exercer atividade de agenciamento de espaços para publicidade, o que demonstra, a toda evidência, incidir ISS.* In Verbis: "extrai-se da 7ª Alteração Contratual da agravada (fl. 23), operada em 04.11.2010, a informação de que o objeto comercial da sociedade recorrida consiste na "prestação de serviço de veiculação de propaganda utilizando a locação de espaços publicitários, como painéis, displays, outdoors, veiculação em mídia eletrônica e/ou adesivos e faixas em veículos de transporte coletivos (busdoor)". (...) *Na ficha de atualização cadastral de fls. 134/135, datada de 23.11.2010 – portanto superveniente à alteração contratual, consta que a agravada exerce atividade de "Agenciamento de espaços para publicidade, exceto em veículos de comunicação", o que afasta a aplicação da Súmula Vinculante nº 31/STF e faz incidir o item 10.03 da lista anexa à Lei Complementar nº 116/03.* (...) Ora, a própria agravada informou ao Fisco exercer a atividade de agenciamento de espaços para publicidade, o que demonstra, toda evidência incidir o tributo em apreço" (fls. 180-181, e-STJ). (Grifei). Rever tal afirmativa encontra óbice na Súmula nº 7/STJ. 2. O STJ entende que analisar a presença dos requisitos autorizadores da tutela antecipatória, pressupostos legais previstos nos incisos I e II do art. 273 do CPC, enseja reexame de matéria fático-probatória, vedado pela Súmula nº 7/STJ, assim redigida: "A pretensão de simples reexame de prova não enseja recurso especial". 3. Agravo Regimental não provido. (AgRg no AREsp nº 214.572/DF, rel. Min. Herman Benjamin, Segunda Turma, Julgamento 02.10.2012, DJe 31.10.2012). (Grifo nosso).

---

[665] Edcl no AgRg no AREsp nº 464.154/SP, rel. Min. Humberto Martins, Segunda Turma, Julgamento 14.10.2014, DJe 24.10.2014.

[666] Observa-se que a ementa, equivocadamente, se reportou ao item 10.03 da lista anexa à LC nº 116/03, o que, sem dúvida, representa mero erro material.

Em precedente posterior e envolvendo, igualmente, a mesma empresa de painéis do julgamento anterior, o STJ aplicou, uma vez mais, o enunciado 7 de sua Súmula. Desse modo, manteve a decisão do Tribunal de Justiça do Distrito Federal pela incidência de ISS na hipótese de veiculação de publicidade, *verbis*:

TRIBUTÁRIO E PROCESSUAL CIVIL. VIOLAÇÃO DO ART. 535 DO CPC NÃO CONFIGURADA. REPETIÇÃO DE INDÉBITO. ISS. AGÊNCIA DE PUBLICIDADE. PROVAS DOS AUTOS. INCIDÊNCIA DA SÚMULA Nº 7/STJ.

a. No que se refere à alegada afronta ao disposto no art. 535, inciso II, do CPC, verifico que o julgado recorrido não padece de omissão, porquanto decidiu fundamentadamente a quaestio trazida à sua análise, não podendo ser considerado nulo tão somente porque contrário aos interesses da parte.

2. Nos termos da jurisprudência do STJ, o critério para definição da incidência de ICMS ou ISS nestes casos não é a predominância da atividade desenvolvida, mas a lista de serviços expressamente previstos na Lei Complementar nº 116/2003. Se o serviço envolvido na operação estiver compreendido nessa lista, incide o ISS, caso contrário, incide o ICMS.

3. O Tribunal de origem consignou "com efeito, conforme se extrai da 7a alteração contratual da sociedade empresária, acostada às fls. 23/25, até 04.11.2010, *o objetivo comercial da sociedade que era o de Agenciamento comercial e a distribuição de propaganda e publicidade em rádio, jornais, revistas, televisão, mala direta e exibições de propaganda ao ar livre no que concerne a prestação de serviços com afixação de cartazes, painéis, letreiros, faixas, acrílico, engenhos publicitários, passa a ser neste ato o de 'prestação de serviço de veiculação de propaganda, utilizando a locação de espaços publicitários, como painéis, displays, outdoors, veiculação em mídia eletrônica e/ou adesivos e faixas em veículos de transporte coletivo (busdoor)"*. Logo, a atividade exercida até então pela autora/apelante se enquadra na definição prevista no artigo 3º da Lei nº 4.680/65 e, em consequência, também no artigo 1º da LC nº 116/03" (fl. 420, e-STJ). É inviável analisar a tese defendida no Recurso Especial, a qual busca afastar as premissas fáticas estabelecidas pelo acórdão recorrido, pois inarredável a revisão do conjunto probatório dos autos. Aplica-se o óbice da Súmula nº 7/STJ.

4. Agravo Regimental não provido. (AgRg no AREsp nº 791.067/DF, rel. Min. Herman Benjamin, Segunda Turma, Julgamento 18.02.2016, DJe 19.05.2016). (Grifo nosso).

No entanto, foram opostos embargos de declaração ao acórdão suprarreferido, que, uma vez acolhidos, levaram à fixação de entendimento oposto, qual seja, o de que não há necessidade de revolvimento de matéria fático-probatória para fixar se há ou não incidência de ISS sobre a veiculação de publicidade. Em acréscimo, foi adotada a tese de que não incide ISS sobre a atividade de veiculação de publicidade, diante do veto ao item 17.07 da lista anexa à LC nº 116/2003, tendo constado da ementa da decisão que o tributo em tese devido é o ICMS, *verbis*:

> PROCESSUAL CIVIL E TRIBUTÁRIO. INCIDÊNCIA. ICMS. PLACAS DE PAINÉIS. SERVIÇOS DE PROPAGANDA. COMUNICAÇÃO VISUAL. NA PRESTAÇÃO DE SERVIÇOS DE PROPAGANDA E PUBLICIDADE INCIDE O ICMS, NÃO O ISS. EMBARGOS DE DECLARAÇÃO. ACOLHIDOS COM EFEITOS INFRINGENTES.
>
> 1. Os Embargos de Declaração merecem prosperar, uma vez que presente um dos vícios listados no art. 535 do CPC: a contradição.
>
> 2. Com efeito, a exclusiva discussão acerca da incidência de ISS sobre a veiculação de materiais de propaganda e publicidade comporta análise, pois não demanda revolvimento de fatos e provas. Nesse sentido: AgRg no REsp nº 1404324/RS, rel. Ministro Mauro Campbell Marques, Segunda Turma, DJe 03.09.2015.
>
> 3. *In casu, observa-se que os serviços de "veiculação e divulgação de textos, desenhos e, outros materiais de propaganda e publicidade, por qualquer meio" constavam do item 17.07, o qual foi vetado pelo Presidente da República. Logo, em consonância com a orientação do STJ, não incide ISS sobre as atividades previstas no citado item.*
>
> 4. Embargos de Declaração acolhidos, com efeitos infringentes, para dar provimento ao Recurso Especial da embargante, a fim de afastar a incidência do ISS exclusivamente sobre o serviço de veiculação e divulgação de material de propaganda e publicidade. Invertam-se os ônus de sucumbência. (Edcl no AgRg no AREsp nº 791.067/DF, rel. Min. Herman Benjamin, Segunda Turma, Julgamento 02.08.2016, DJe 08.09.2016). (Grifo nosso).

Observe-se, inclusive, que outras decisões no mesmo sentido da anterior corroboram, no período anterior à LC nº 157/2016, com o entendimento de que o ISS não deve incidir sobre a veiculação de propaganda e publicidade, notadamente diante do veto ao item 17.07 da lista anexa à LC nº 116/2003,[667] o que, não pressupondo a análise de matéria fática, afasta a aplicação do enunciado 7 de sua Súmula.[668] Nessa

---

[667] AgInt no AgRg no AREsp nº 839.087/DF, rel. Min. Herman Benjamin, Segunda Turma, Julgamento 20.10.2016, DJe 28.10.2016; REsp nº 1.616.957/DF, rel. Min. Regina Helena Costa, DJe 10.05.2017.

[668] AgRg no AREsp nº 471.531/DF, rel. Min. Herman Benjamin, DJe 11.03.2016.

linha, reconhece-se o direito à repetição de indébito de ISS acaso pago aos Municípios, desde que preenchidos os requisitos do art. 166, CTN.[669]

Já com relação à jurisprudência do STF, cumpre observar que há reiterados precedentes que não examinam o mérito da controvérsia referente à tributação da veiculação de publicidade, porque, segundo o STF, a questão demandaria o revolvimento do acervo fático-probatório[670] ou haveria mera ofensa reflexa à Constituição.[671]

6.1.3 Evolução jurisprudencial na vigência da LC nº 157/2016

Após a vigência da LC nº 157/2016, as referências à novel legislação foram feitas sobretudo em decisões monocráticas,[672] quando do exame de admissibilidade dos recursos especiais e extraordinários interpostos, de modo que a discussão quanto à constitucionalidade do item 17.25 da lista anexa à LC nº 116/2003 está sendo travada no bojo da ADI nº 6.034/RJ e aguarda julgamento de mérito.

6.1.4 Da jurisprudência dos tribunais locais

No âmbito dos Tribunais de Justiça locais pesquisados, não há uma jurisprudência uníssona e pacificada quanto à matéria, notadamente antes da edição da LC nº 157/2016, mas certas tendências, que puderam ser identificadas quando do exame das decisões de órgãos julgadores colegiados.

Iniciando-se a pesquisa pelo Tribunal de Justiça do Estado do Rio de Janeiro, verifica-se que a Décima Nona Câmara Cível apresenta dois precedentes, de março de 2016, nos quais assinalou que a veiculação de publicidade e propaganda em transportes coletivos não consiste em fato gerador do ISS.[673]

---

[669] AgInt no AREsp nº 616.936/SP, rel. Min. Assusete Magalhães, Segunda Turma, Julgamento 22.11.2016, DJe 30.11.2016.

[670] AI nº 854.553 ED/MG, rel. Min. Joaquim Barbosa, Segunda Turma, Julgamento 28.08.2012, DJe 08.10.2012.

[671] RE nº 781.262 AgR/SC, rel. Min. Rosa Weber, Primeira Turma, Julgamento 12.08.2014, DJe 27.08.2014; ARE nº 724.400 AgR/DF, rel. Min. Cármen Lúcia, Segunda Turma, Julgamento 19.02.2013, DJe 01.03.2013.

[672] Exemplificativamente, faz-se referência ao AREsp nº 1.598.445/SP, rel. Min. Gurgel de Faria, DJe 13.04.2020.

[673] TJRJ – Apelação nº 0131179-45.2006.8.19.0001, rel. Des. Guaraci de Campos Vianna, Décima Nona Câmara Cível, Julgamento 08.03.2016, Publicação 10.03.2016. Apelação

Ambos trouxeram hipóteses de ações declaratórias ajuizadas por empresas que visavam ao reconhecimento de isenção de ISS sobre a locação de espaço para fins publicitários, nos termos do Decreto Municipal nº 26.825/2006[674] (que foi posteriormente revogado pela Lei Municipal nº 6.263/2017,[675] que estabeleceu a alíquota de ISS de 3%). Para tanto, alegaram que o seu objeto social é a cessão de espaços para publicidade, que, no seu entender, veiculariam obrigações de dar e, por conseguinte, intributáveis pelo ISS.

Consoante o posicionamento adotado pelos votos condutores da decisão, e que foi seguido à unanimidade pelos demais desembargadores, diante do veto ao item 17.07 da lista anexa à LC nº 116/2003, descabe cogitar-se da incidência de ISS sobre a veiculação de publicidade.

Nessa linha, defendeu-se que, caso algum tributo fosse devido, seria o ICMS-Comunicação e que, em verdade, a isenção prevista no Decreto nº 26.825/2006 tinha por finalidade essencial evitar hipótese de bitributação por Estados e Municípios. Deve-se enfatizar que esse mesmo entendimento foi reiterado em decisão monocrática proferida em abril de 2017[676] e, portanto, posterior à LC nº 157/2016, ainda que o teor desta lei não tenha sido enfrentado.

Ademais, decidiu-se, com fulcro no art. 111, II, do CTN, que o Decreto nº 26.825/2006 deveria ser interpretado no sentido de que trazia hipótese isentiva apenas em relação à veiculação de propaganda e publicidade, mas que não alcançava as atividades de elaboração de material publicitário.

Portanto, foi dado provimento, ainda que em extensões diferentes, às apelações das autoras, tendo em vista que as sentenças haviam julgado improcedentes os pedidos, entendendo pela incidência de ISS

---

nº 0064686-42.2013.8.19.0001, rel. Des. Guaraci de Campos Vianna, Décima Nona Câmara Cível, Julgamento 01.03.2016, Publicação 03.03.3016.

[674] Art. 1º, Decreto nº 26.825/2006. Fica reconhecida a não-incidência do Imposto Sobre Serviços de Qualquer Natureza (ISS) sobre a atividade de veiculação de publicidade e propaganda, a partir de 1º de agosto de 2003, data da entrada em vigor da Lei Complementar nº 116, de 31 de julho de 2003.
Art. 2º. Este Decreto entra em vigor na data de sua publicação.

[675] Art. 1º, Lei nº 6.263/2017. A Lei nº 691, de 24 de dezembro de 1984, passa a vigorar com as seguintes alterações e acréscimos: "Art. 8º (...)
17.24 – Inserção de textos, desenhos e outros materiais de propaganda e publicidade, em qualquer meio (exceto em livros, jornais, periódicos e nas modalidades de serviços de radiodifusão sonora e de sons e imagens de recepção livre e gratuita).

[676] TJRJ – Agravo de instrumento nº 0040042-96.2017.8.19.0000, rel. Des. Guaraci de Campos Vianna, Julgamento 31.08.2017, Publicação 06.09.2017. Deve-se pontuar, contudo, que esse agravo de instrumento perdeu o objeto com a superveniência de sentença denegatória da segurança.

sobre os contratos de cessão de espaço para publicidade, com fundamento no item 10.08 da lista anexa à lei complementar.[677]

Contudo, há precedente da Décima Quarta Câmara Cível que chegou à conclusão oposta à anterior.[678] Por meio de julgamento unânime, acordaram os julgadores que a atividade de veiculação de publicidade encontra-se contemplada no item 17.06 da lista anexa à LC nº 116/2003, com fundamento na jurisprudência consagrada do STJ de que, embora a lista anexa à lei complementar seja regida pelo princípio da taxatividade, admite interpretação extensiva de seus itens.

Cabe destacar, ainda, precedente da Décima Quinta Câmara Cível que assinalou que a isenção constante do Decreto Municipal nº 26.825/2006 aplica-se apenas à atividade de veiculação de publicidade, mas não se estende à sua intermediação, tendo em vista o disposto no item 10.08 da lista anexa, que arrolou o agenciamento como fato gerador do ISS.[679]

Posteriormente à LC nº 157/2016, os acórdãos pesquisados focaram-se eminentemente em aspectos processuais das demandas apreciadas, como a impossibilidade de afastar a incidência tributária sem dilação probatória no caso de publicidade em jogos virtuais[680] e em veículos jornalísticos.[681] Contudo, também se encontra posicionamento pela incidência de ICMS-Comunicação em ação declaratória, diante da leitura conjugada dos artigos 155, II, 156, III, CRFB/1988 e 2º, III, LC nº 87/1996.[682]

Passando-se ao Tribunal de Justiça do Distrito Federal, verifica-se que há precedentes, anteriores à LC nº 157/2016, que adotaram o entendimento de que o tributo em tese cabível sobre a veiculação de publicidade seria o ICMS-Comunicação, diante do veto ao item 17.07 da lista anexa à LC nº 116/2003.[683]

---

[677] Enquanto na apelação nº 0064686-42.2013.8.19.0001 o pedido limitava-se à declaração de isenção, na apelação nº 0131179-45.2006.8.19.0001, a parte autora requeria, em acréscimo, a restituição de indébito tributário, o que foi julgado improcedente.

[678] TJRJ – Apelação nº 0159338-32.2005.8.19.0001, rel. Des. Ronaldo Álvaro Martins, Décima Quarta Câmara Cível, Julgamento 24.02.2010, DJ 03.03.2010.

[679] TJRJ – Apelação nº 0427596-08.2008.8.19.0001, rel. Des. Gilberto Clóvis, Décima Quinta Câmara Cível, Julgamento 31.05.2016, Publicação 02.06.2016.

[680] TJRJ – Apelação nº 0047179-92.2018.8.19.0001, rel. Des. Paulo Sérgio Prestes dos Santos, Segunda Câmara Cível, Julgamento 12.02.2020, DJe 14.02.2020.

[681] TJRJ – Agravo de instrumento nº 0021529-12.2019.8.19.0000, rel. Des. Maria Augusta Vaz, Quarta Câmara Cível, Julgamento 25.07.2019, DJe 26.07.2019.

[682] TJRJ – Apelação nº 0012048-61.2015.8.19.0001, rel. Des. Cláudio Brandão de Oliveira, Sétima Câmara Cível, Julgamento 09.09.2019, DJe 10.09.2020.

[683] TJDF – Apelação nº 2006.01.1.071174-0, rel. Des. Carmelita Brasil, Segunda Turma Cível, Julgamento 09.12.2010, DJU 14.01.2011. TJDJ – Agravo de instrumento

No entanto, ainda nesse momento, prevalecia o posicionamento de que as referidas atividades se inseriam nos itens 10.08 e 17.06 da lista anexa à LC nº 116/2003,[684] afastando-se a visão de que a locação de espaços publicitários se enquadraria na vedação contida na Súmula Vinculante nº 31, STF, pelo que não haveria óbice à incidência do ISS.[685] No período posterior à LC nº 157/2016, não foram localizados acórdãos específicos sobre a questão.[686]

O Tribunal de Justiça do Estado de São Paulo, por sua vez, mesmo antes da edição da LC nº 157/2016, possui jurisprudência amplamente dominante no sentido da não incidência do ICMS sobre os serviços de veiculação de publicidade, sob o fundamento central de que a hipótese não é de prestação de serviço de comunicação.[687] Há precedente em que se defendeu, inclusive, que não haveria onerosidade na relação entre o emissor e os receptores, o que impediria a incidência do ICMS-Comunicação.[688]

Contudo, embora haja razoável consenso entre os desembargadores paulistas quanto ao afastamento do ICMS-Comunicação, o mesmo não se verifica em relação ao ISS. De fato, a jurisprudência do TJSP oscila entre entender que a veiculação de publicidade é intributável ou consiste em fato gerador do ISS.

No período anterior à LC nº 157/2016, os acórdãos que afastaram a incidência do ISS fundamentaram-se, essencialmente, na falta de previsão em um item expresso da LC nº 116/2003,[689] chegando mesmo

---

nº 20070020005373, rel. Des. Vera Andrighi, Primeira Turma Cível, Julgamento 02.05.2007, DJU 31.05.2007.

[684] TJDF – Apelação nº 20070110691065, rel. Des. Arnoldo Camanho de Assis, Quarta Turma Cível, Julgamento 13.05.2015, DJe 29.05.2015. TJDF – Apelação nº 20100112180576, rel. Des. Nídia Corrêa Lima, Primeira Turma Cível, Julgamento 13.05.2015, DJE 22.05.2015. Trata-se de acórdão que julgou hipótese de locação de espaço publicitário em ônibus.

[685] TJDF – Apelação nº 20070110033087, rel. Des. Silva Lemos, Primeira Turma Cível, Julgamento 23.05.2012, DJE 22.06.2012. Trata-se de julgamento em que se discutia a tributação da veiculação de publicidade, de maneira geral.

[686] Pesquisa realizada aos 21.04.2021.

[687] TJSP – Apelação nº 1028611-92.2014.8.26.0506, rel. Des. Borelli Thomaz, Décima Terceira Câmara de Direito Público, Julgamento 27.07.2016, Publicação 04.08.2016. Trata-se de veiculação de publicidade por meio de *outdoors*.

[688] TJSP – Apelação nº 1028207-53.2014.8.26.0114, rel. Des. Marcelo Semer, Décima Câmara de Direito Público, Julgamento 01.02.2016, Publicação 11.02.2016. Por meio desse precedente decidiu-se hipótese de exibição de propaganda em *outdoor*.

[689] TJSP – Apelação nº 0002884-41.2012.8.26.0047, rel. Des. Osvaldo Capraro, Décima Oitava Câmara de Direito Público, Julgamento 26.06.2014, Publicação 03.07.2014. O acórdão julgou empresa cujo objeto social era o de afixação de cartazes em engenhos publicitários próprios ou de terceiros em painéis, letreiros, faixas, acrílicos, gás néon, "black light" e serviços de serigrafia.

a argumentar que na mera cessão de espaço para veiculação de publicidade, sequer há agenciamento, eis que este último pressupõe a existência de um intermediário.[690]

De outro lado, os acórdãos que previram a incidência de ISS interpretaram os itens da lista anexa à LC nº 116/2003 de forma extensiva, de modo a abarcar a veiculação de propaganda e publicidade, mesmo pela Internet,[691] aduzindo que o item 17 da lista anexa à LC nº 116/2003 *caput* utilizou a locução "e congêneres"[692] e conferiram alcance ampliativo à Súmula nº 156 do STJ, já referida no item 3.1.2 do capítulo 3.[693] Com o advento da LC nº 157/2016, o Município de São Paulo editou a lei 16.757/2017,[694] prevendo a tributação da veiculação de publicidade à alíquota de 2,9%.

Com o advento da novel legislação complementar, o Tribunal de Justiça proferiu reiteradas decisões nas quais afirma a impossibilidade de incidência de ISS para fatos geradores ocorridos entre 2004 e 2017,[695] destacando que o advento da LC nº 157/2016 ratificaria a impossibilidade de que o ICMS também incidisse no mencionado período.[696]

---

[690] TJSP – Apelação nº 9000467-66.2008.8.26.0090, rel. Des. Coimbra Schmidt, Primeira Câmara Extraordinária de Direito Público, Julgamento 14.03.2016, Publicação 16.03.2016.

[691] TJSP – Apelação nº 0143033-64.2008.8.26.0100, rel. Des. Rebouças de Carvalho, Quinta Câmara Extraordinária de Direito Público, Julgamento 19.08.2015, Publicação 15.09.2015.

[692] TJSP – Apelação nº 0014853-98.2013.8.26.0344, rel. Des. Silva Russo, Décima Quinta Câmara de Direito Público, Julgamento 29.09.2016, Publicação 05.10.2016. No que se refere às cobranças referentes ao período em que esteve em vigor o DL nº 406/1968, o acórdão entendeu pela validade do item 86 da lista anexa ao Decreto-Lei, com a redação da LC nº 56/1987.

[693] TJSP – Apelação nº 0000423-15.2011.8.26.0053, rel. Des. Luiz Ganzerla, Décima Primeira Câmara de Direito Público, Julgamento 12.11.2013, Publicação 21.11.2013. Trata-se de precedente que versava sobre a veiculação de publicidade em painéis e *outdoors*.

[694] Art. 5º, Lei nº 16.757/2016. Os arts. 1º, 3º, 9º, 9º-A, 13, 14 e 16 da Lei nº 13.701, de 24 de dezembro de 2003, com as modificações posteriores, passam a vigorar com as seguintes alterações:
"Art. 1º (...)
17.24 – Inserção de textos, desenhos e outros materiais de propaganda e publicidade, em qualquer meio (exceto em livros, jornais, periódicos e nas modalidades de serviços de radiodifusão sonora e de sons e imagens de recepção livre e gratuita)".

[695] TJSP – Edcl na Apelação nº 1030828-70.2018.8.26.0053, rel. Des. Burza Neto, 18ª Câmara de Direito Público, Julgamento 06.02.2020, Publicação 07.20.2020. Ressalte-se que a incidência do ISS fica condicionada à edição de lei municipal pelos entes políticos, de modo que os marcos temporais indicados cingem-se àqueles que não estão abarcados nem mesmo por lei complementar.

[696] TJSP – Apelação nº 1005399-72.2016.8.26.0053, rel. Des. Fermino Magnani Filho, Quinta Câmara de Direito Público, Julgamento 07.10.2019, Publicação 14.10.2019.

Por fim, o Tribunal de Justiça de Minas Gerais tem jurisprudência dominante no sentido de que, na vigência do DL nº 406/1968, incidia ISS sobre a atividade de veiculação de publicidade, considerando a previsão contida nos itens 85 e 86 da lista anexa ao DL nº 406/68.[697]

Verificou-se, entretanto, que, ainda que de forma minoritária, há posicionamento pela incidência de ICMS sobre a veiculação de publicidade, mesmo nesse período, ante o argumento central de que os itens 85 e 86 do DL nº 406/68, na redação da LC nº 56/1987, não foram recepcionados pela Constituição de 1988 e se traduzem em modalidade comunicativa.[698]

Já no período posterior à promulgação da LC nº 116/2003, a maior parte dos acórdãos pesquisados decidiu pela não incidência de ISS, considerando o veto ao subitem 17.07 da lista anexa à lei complementar,[699] assim como a ausência de previsão específica na LC nº 116/03.[700] Essas decisões convivem com outras, que entendem pela possibilidade de incidência do ICMS, justamente pelo veto presidencial ao item 17.07 da lista anexa,[701] embora também se localize entendimento conferindo interpretação extensiva à LC nº 116/2003 e destacando a possibilidade de incidência, em tese, do ISS.[702] Com a edição da LC nº 157/2016, não se localizaram acórdãos específicos cuidando do conflito de competência à luz da modificação legislativa.[703]

---

[697] TJMG – Apelação nº 1792407-33.2000.8.13.0000, rel. Des. Aloysio Nogueira, Terceira Câmara Cível, data de julgamento 05.10.2000, publicação 27.10.2000, TJMG – Apelação nº 2183515-70.2000.8.13.0000, rel. Des. Bady Curi, Quarta Câmara Cível, Julgamento 29.11.2001, Publicação 28.12.2001, TJMG – Apelação nº 1569383-57.2000.8.13.0000, rel. Des. José Antonino Baía Borges, Terceira Câmara Cível, Julgamento 10.08.2000, publicação 25.08.2000 e TJMG – Apelação Cível nº 1676402-25.2000.8.13.0000, rel. Des. José Antonino Baía Borges, Terceira Câmara Cível, Julgamento 10.08.2000, Publicação 25.08.2000.

[698] TJMG – Apelação nº 2016277-26.2000.8.13.0000, rel. Des. Célio César Paduani, Quarta Câmara Cível, Julgamento 29.11.2001, Publicação 20.12.2001.

[699] TJMG – AI nº 0576574-19.2013.8.13.0000, rel. Des. Bitencourt Marcondes, Oitava Câmara Cível, Julgamento 28.11.2013, publicação 09.12.2013; TJMG – Apelação nº 0042734-51.2013.8.13.0396, Rel. Des. Paulo Balbino, Oitava Câmara Cível, Julgamento 25.09.2015, Publicação 19.10.2015.

[700] TJMG – Apelação nº 3919243-95.2007.8.13.0024, rel. Des. Armando Freire, Primeira Câmara Cível, Julgamento 04.08.2009, Publicação 21.08.2009.

[701] TJMG – Edcl na apelação nº 0103236-45.2012.8.13.0313, rel. Des. Afrânio Vilela, Segunda Câmara Cível, Julgamento 17.12.2019, Publicação 23.01.2020.

[702] TJMG – Apelação nº 2055833-40.2012.8.13.0024, rel. Des. Oliveira Firmo, Sétima Câmara Cível, Julgamento 28.08.2018, Publicação 03.09.2018.

[703] Pesquisa realizada aos 02.05.2021.

6.2 A veiculação de publicidade: jurisprudência administrativa

Ultrapassados os esclarecimentos acerca do tratamento conferido à veiculação de publicidade na jurisprudência, com a referência a acórdãos que cuidaram da divulgação de publicidade pelos variados meios, chega-se à posição que vem sendo adotada pelos órgãos administrativos.

Diferentemente do que se observa em sede pretoriana, em que os julgamentos são proferidos em vários sentidos, no âmbito administrativo havia nítida preponderância, até o advento da LC nº 157/2016, pelo entendimento de que sobre a atividade de veiculação de publicidade incide ICMS-Comunicação.

A jurisprudência do Tribunal de Impostos e Taxas (TIT) do Estado de São Paulo exemplifica de forma nítida essa tendência. Através de inúmeros acórdãos e sob diferentes fundamentos, as Câmaras do TIT eram praticamente uníssonas pela necessidade de recolhimento do imposto estadual.

Entre os acórdãos pesquisados no período anterior à LC nº 157/2016, há aqueles que firmaram posição no sentido de que o DL nº 406/1968, na parte em que dispunha acerca da incidência de ISS sobre a veiculação de publicidade, deixou de ser recepcionado desde a Constituição de 1988, uma vez que esta previu a tributação das atividades de comunicação pelos Estados.[704] Destaque-se que esse posicionamento foi acolhido, inclusive, pela Secretaria de Fazenda do Estado de São Paulo, através da Consulta Tributária nº 226, de 12.04.2000.

Outros acórdãos adotaram o entendimento de que, enquanto o conceito de serviços pressupõe uma obrigação de fazer, a mercadoria requer obrigação de dar, ainda que sob a modalidade de comunicação.[705] Nesse sentido, como a veiculação de publicidade não consistiria em obrigação de fazer, a consequência inequívoca seria a do reconhecimento da tributação pelo ICMS.[706]

---

[704] TIT – Recurso especial nº 833.152/2006, rel. Gianpaulo Camilo Dringoli, Câmaras reunidas, data de publicação 16.10.2010, TIT – Recurso especial nº 258.604/2007, rel. Gianpaulo Camilo Dringoli, Câmara superior, data de publicação 28.12.2010, TIT – Recurso ordinário nº 4.013.481/2012, rel. Francisco Antônio Feijó, Terceira Câmara Julgadora, data de publicação 05.09.2014, TIT – Recurso ordinário nº 4.032.774/2013, Terceira Câmara Julgadora, rel. Francisco Antônio Feijó, data de publicação 14.10.2014.

[705] TIT – Recurso ordinário nº 4.017.637/2013, rel. André Monteiro Kapritchkoff, Primeira Câmara Julgadora, data de publicação 11.04.2014.

[706] TIT – Recurso ordinário nº 616.711/2002, rel. Marcelo Alves, Primeira Câmara Temporária, data de publicação 12.10.2007.

De outro lado, há acórdãos que, além de reconhecerem que não há serviço sem uma obrigação de fazer, enfatizam a desnecessidade de os receptores serem determinados, para fins de incidência de ICMS--Comunicação. Chegou-se mesmo a afirmar que, embora os receptores das mensagens não sejam individualmente identificáveis, existe a potencialidade de identificação, pois, "a título de exemplo, a publicidade direcionada ao público feminino e infantil não será posta em *outdoor* fixado de fronte a um estádio de futebol".[707]

Há também acórdão que, embora não haja conhecido o recurso, resultou de importantes debates, nos quais os votos proferidos sustentaram que o vocábulo comunicação é um termo bastante amplo, que pode assumir diversas acepções, mas cuja nota distintiva é a existência de um canal ou veículo por meio do qual a mensagem é transmitida de um emissor para um receptor.

Dentro dessa ordem de ideias, o acórdão adotou o entendimento de que o prestador de serviços não precisa ser o responsável por disponibilizar todos os recursos necessários para que a relação comunicativa se perfaça, sendo admissível que forneça apenas parte deles, visto que nem a Constituição Federal nem a LC nº 87/1996 estabeleceram uma exigência de tal ordem. Ademais, entendeu-se desnecessário que houvesse interação entre emissor e receptor, a fim de completar a relação comunicativa.[708]

Nessa linha, alguns acórdãos fizeram referência ao veto presidencial ao Projeto de Lei da Câmara (PLC) nº 32/2012, originariamente PLP nº 230/2004, de autoria do Deputado federal Antônio Carlos Mendes Thame (PV-SP), por meio do qual se pretendeu incluir na lista anexa à LC nº 116/2003 um subitem 17.25, que previa a incidência do ISS sobre os serviços de inserção de textos, desenhos e outros materiais de publicidade em qualquer meio (exceto em livros, jornais, periódico, rádio e televisão), já referido no item 6.1.2.

O referido projeto de lei, em acréscimo, continha previsão de inclusão ao art. 7º, §2º, LC nº 116/2003, de um inciso III, de modo que não se incluiriam na base de cálculo do ISS os valores referentes à locação dos espaços efetivamente utilizados na inserção de textos, desenhos e outros materiais de publicidade, assim como os descontos legais em favor das agências de publicidade.

---

[707] TIT – Recurso ordinário nº 4.021.378/2013, rel. Silvio Ryokity Onaga, Terceira Câmara Julgadora, data de publicação 15.10.2014.

[708] Voto-vista do juiz Marcio Roberto S. G. Alabarce, TIT – Recurso especial nº 9.043.076/2002, rel. Casimiro Moisés Rodrigues, Câmaras reunidas, data de publicação 21.03.2009.

Entretanto, como já referido, a Presidência da República justificou o veto, aduzindo que o projeto de lei, como redigido, trazia insegurança jurídica, não permitindo a compreensão do exato enquadramento tributário do serviço, diante do regime aplicável à prestação do serviço de comunicação.

Portanto, embora as razões do veto não sejam de todo explícitas, parece que a Presidência da República, uma vez mais, após o veto ao item 17.07 da lista anexa à LC nº 116/2003, inclinou-se, em alguma medida, pela posição de que a atividade referida se sujeitaria ao ICMS-Comunicação.

Embora os acórdãos do TIT fossem praticamente uníssonos quanto à necessária incidência de ICMS-Comunicação sobre a atividade de veiculação de publicidade, alguns votos vencidos trouxeram relevantes ponderações, contrariamente à pretensão estadual, mesmo antes do advento da LC nº 157/2016.

Nesse sentido, cabe fazer referência ao voto vencido proferido pela juíza Vanessa Pereira Rodrigues Domene,[709] para quem a veiculação de publicidade por meio de *outdoors*, caso não compreendida como locação de espaço, seria mera atividade-meio de comunicação, que, como serviço acessório, seria intributável pelo ICMS-Comunicação. Segundo esse entendimento, deveria ser aplicado à hipótese a jurisprudência do STJ, pela qual apenas incide o ICMS-Comunicação sobre as atividades-fim de comunicação.

Seguindo a linha argumentativa de que o contrato de prestação de serviço de comunicação se caracteriza quando o interesse principal, resultante do acordo de vontades, for a execução de comunicação, a Secretaria de Fazenda do Estado de São Paulo, através da resposta às Consultas Tributárias nº 389/2004, de 17.02.2006, e 186/2005, de 10.11.2005, posicionou-se pela incidência de ICMS-Comunicação na veiculação de publicidade em *websites*.

No entanto, no período posterior à LC nº 157/2016, a jurisprudência majoritária do TIT vem se consolidando no sentido da não incidência de ICMS-Comunicação sobre a veiculação de publicidade, considerando, inclusive, a impossibilidade de declaração de inconstitucionalidade de lei na via administrativa.[710]

---

[709] Voto vencido proferido no TIT – Recurso especial nº 833.152/2006, rel. Gianpaulo Camilo Dringoli, Câmaras reunidas, data de publicação 16.10.2010.

[710] Nesse sentido, o art. 28 da Lei nº 13.457/2009, do Estado de São Paulo, que versa sobre processo administrativo tributário na esfera estadual.
Art. 28. No julgamento é vedado afastar a aplicação de lei sob alegação de inconstitucionalidade, ressalvadas as hipóteses em que a inconstitucionalidade tenha sido proclamada:

Nessa linha, em julgamentos envolvendo notadamente a publicidade pela Internet, sobre o que se discorrerá mais detidamente no item seguinte, os votos vencedores sustentam que a LC nº 157/2016 decidiu o conflito de competência entre o ICMS-Comunicação e o ISS em favor deste último, de tal sorte que "a inclusão do indigitado item 17.25 no rol de serviços sujeitos ao ISS pela Lei Complementar nº 157/2016 só pode ser admitida diante da premissa de que tais serviços jamais fizeram parte da competência tributária estadual para exigir o ICMS".[711]

Feita a referência aos acórdãos do TIT, passa-se ao posicionamento firmado em âmbito administrativo no Estado de Minas Gerais. Através da Consulta de Contribuinte nº 189/2014,[712] que versava sobre a divulgação de propaganda em catálogos de revistas ou *sites*, a Secretaria de Fazenda do Estado de Minas Gerais posicionou-se pela incidência de ICMS-Comunicação sobre as atividades de veiculação de publicidade.

Para tanto, valeu-se dos dispositivos da Lei nº 4.680/1965, que diferenciam o serviço de publicidade da sua divulgação, estabelecendo que este último tem como alcance "quaisquer meios de comunicação visual ou auditiva". Ademais, a referida consulta admitiu que a atividade comunicativa se completa mesmo diante de um universo indeterminado de receptores.

Verifica-se, outrossim, que a Administração tributária mineira editou a Instrução Normativa SUTRI nº 1, de 25 de maio de 2005, que expressamente dispôs que incide ICMS-Comunicação na prestação onerosa de serviços de comunicação visual, assim entendidos aqueles em que o prestador, disponibilizando os meios ou modos, como o *outdoor*, viabiliza a recepção das informações para terceiros. De outro lado, foi estabelecido que a base de cálculo nas referidas atividades é o valor do serviço e que o contribuinte é o prestador do serviço.[713]

I – em ação direta de inconstitucionalidade;
II – por decisão definitiva do Supremo Tribunal Federal, em via incidental, desde que o Senado Federal tenha suspendido a execução do ato normativo;
III – em enunciado de Súmula Vinculante.

[711] Cabe fazer referência, exemplificativamente, aos votos vencidos e ao voto vencedor no Recurso ordinário nº 4.085.712/2016, rel. Mauro Kioshi Takau Brino, Quarta Câmara Julgadora, data de publicação 06.10.2017.

[712] BRASIL. Secretaria de Estado da Fazenda. *Consulta de Contribuinte nº 189/2014*. Disponível em: http://www6.fazenda.mg.gov.br/sifweb/MontaPaginaPesquisa?pesqBanco=ok&login=false&caminho=/usr/sef/sifweb/www/empresas/legislacao_tributaria/consultas_contribuintes/cc189_2014.htm. Acesso em: 2 abr. 2021.

[713] BRASIL. *Instrução Normativa SUTRI nº 001*, de 25 de maio de 2005. Disponível em: http://www.fazenda.mg.gov.br/empresas/legislacao_tributaria/instrucoes_normativas/insutri01_2005.html. Acesso em: 2 abr. 2021.

Em acréscimo, o Conselho de Contribuintes do Estado de Minas Gerais apresenta precedentes em que defendeu que a base de cálculo do ICMS-Comunicação deve contemplar as receitas advindas de serviços que não podem ser desvinculadas da prestação dos serviços de comunicação, o que inclui a locação de equipamentos.[714]

A Segunda Câmara de Julgamento do Conselho de Contribuintes, por maioria, chegou mesmo a afirmar que:

> Enfatize-se que a expressão "serviços de comunicação", adotada pelo Constituinte e detalhada pelo legislador infraconstitucional, comporta todos os serviços de comunicação que são prestados pelas empresas concessionárias de comunicação/telecomunicação e não apenas a singela transmissão e recebimento de mensagem telefônica entre dois pontos.[715]

Observe-se, em contrapartida, que a Secretaria de Fazenda do Estado de Minas Gerais reconhece que sobre a atividade de confecção de placas de *outdoor* personalizadas incide o ISS, conforme resulta da Consulta de Contribuinte nº 112/2012[716] e da Instrução Normativa SUTRI nº 1, de 25 de maio de 2005, já referida, o que ilustra que a Administração Tributária mineira tem se mantido fiel ao entendimento de que a publicidade não se confunde com a sua veiculação.

No período posterior à LC nº 157/2016, a Secretaria de Fazenda mineira posicionou-se, através da Consulta de Contribuinte nº 231/2017, no sentido de que o art. 150, VI, d, CRFB/1988 não confere imunidade à publicidade de terceiros veiculada em jornais e que incide ICMS-Comunicação no caso de publicidade anunciada em carros de som. Na mencionada consulta, é esclarecido que apenas quando a prestação de serviço se restringe "à elaboração da publicidade/propaganda e a sua inserção em meio próprio (por exemplo, CD) caberia incidência do ISS, posto que, nesse caso, o serviço prestado não abrangeria a divulgação ou veiculação da mensagem a terceiros".[717]

---

[714] Acórdão nº 20.401/11/1ª, rel. Mauro Heleno Galvão, Primeira Câmara de julgamento, julgamento 30.06.2011, publicação 09.07.2011.

[715] Acórdão nº 19.478/11/2ª, rel. para o acórdão Bruno Antônio Rocha Borges, Segunda Câmara de Julgamento, julgamento 13.12.2011, publicação 30.12.2011.

[716] BRASIL. *Consulta de Contribuinte nº 112/2012*. Disponível em: http://www6.fazenda. mg.gov.br/sifweb/MontaPaginaPesquisa?pesqBanco=ok&login=false&caminho=/usr/ sef/sifweb/www/empresas/legislacao_tributaria/consultas_contribuintes/cc112_2012. htm. Acesso em: 2 abr. 2021.

[717] BRASIL. *Consulta de Contribuinte nº 231/2017*. Disponível em: http://www6.fazenda. mg.gov.br/sifweb/MontaPaginaPesquisa?pesqBanco=ok&login=false&caminho=/usr/ sef/sifweb/www2/empresas/legislacao_tributaria/consultas_contribuintes/cc231_2017. html. Acesso em: 3 ago. 2020.

De outro lado, o Estado de Minas Gerais internalizou o Convênio CONFAZ nº 9/2008, que contém normas sobre a incidência de ICMS-Comunicação na veiculação de mensagens de publicidade e propaganda na TV por assinatura. Nesse sentido, o Decreto nº 47.816/2019 prevê a redução de base de cálculo nas mencionadas operações.

Já no que se refere ao Estado do Rio de Janeiro, vige o Decreto nº 44.929/2014, que, ante a autorização do Convênio CONFAZ nº 45/2014, que também foi concedida aos Estados do Acre, Mato Grosso, São Paulo e Sergipe, reduziu a base de cálculo do ICMS para a veiculação de publicidade e propaganda em mídia exterior, de modo que a carga tributária máxima corresponda ao percentual de 5%.[718]

Nas hipóteses gerais postas à sua apreciação, acerca do fato gerador do ICMS-Comunicação, as diversas Câmaras do Conselho de Contribuintes têm reiterado que a prestação de serviços de comunicação caracteriza-se pela existência de um tomador de serviços, de um lado, e de um prestador, de outro, além da onerosidade na prestação do serviço. Costuma-se acrescentar a esses requisitos "o fato de que a natureza dos serviços e os meios empregados são irrelevantes para caracterização do fato gerador do imposto".

Nesse sentido, cabe fazer referência a julgamento da Primeira Câmara,[719] que, com base nos argumentos precedentes, decidiu pela incidência de ICMS-Comunicação sobre serviços de capacidade satelital, assim como a acórdão do Conselho Pleno que, partindo das premissas anteriores, chegou a afirmar que "a infraestrutura, preparação ou atividades acessórias utilizadas pela Impugnante na prestação de serviços de assistência técnica, suporte técnico e locação de equipamentos estão envoltos no âmbito de incidência do ICMS".[720]

---

[718] Art. 1º, Decreto nº 44.929/2014. Fica concedido às empresas prestadoras de serviço de comunicação na modalidade de veiculação de mensagens de publicidade e propaganda em mídia exterior, os seguintes benefícios:
I – redução da base de cálculo do ICMS relativo à prestação de serviço de comunicação na modalidade de veiculação de mensagens de publicidade e propaganda em mídia exterior, de forma que a carga tributária corresponda ao percentual de 5% (cinco por cento);
II – dispensa do recolhimento de 100% (cem por cento) do valor das multas e demais acréscimos legais relativos ao não pagamento do ICMS decorrente de prestações de serviços de comunicação visual em mídia exterior, realizadas até 31 de dezembro de 2013, desde que o valor do imposto devido seja recolhido com a aplicação do percentual previsto no inciso I deste artigo, em até 24 (vinte e quatro) parcelas mensais e sucessivas.

[719] Recurso nº 54.012, Relator Conselheiro Antonio Silva Duarte, Primeira Câmara, julgamento 07.04.2015, publicação 01.06.2015.

[720] Recurso nº 37.039, Relator Conselheiro Antonio Silva Duarte, Conselho Pleno, julgamento 24.02.2016, publicação 29.03.2016.

A despeito do posicionamento anterior, que interpreta o fato gerador do ICMS-Comunicação de forma ampliativa, o Conselho de Contribuintes do Estado do Rio de Janeiro apresenta precedentes, notadamente da Primeira e Quarta Câmaras, nos quais decidiu que o serviço de veiculação de publicidade não é serviço de comunicação,[721] mesmo antes da LC nº 157/2016.

Destaque-se que em precedente antigo da Primeira Câmara, firmado à luz do DL nº 406/1968, esse órgão colegiado definiu que a veiculação de publicidade por interposta pessoa não configura fato gerador do ICMS-Comunicação, mas sim do ISS, consoante os itens 85 e 86 do decreto.[722]

Ainda no âmbito da Primeira Câmara, mas já sob a vigência da LC nº 116/2003, há acórdãos que, ao analisarem a problemática da veiculação de publicidade na televisão por assinatura, julgaram improcedente o lançamento de ICMS-Comunicação efetuado contra a Globosat Programadora Ltda.[723] e a Telecine Programação de Filmes Ltda.[724] Entretanto, em ambos os julgamentos, os fundamentos adotados pelos Conselheiros que integram a Primeira Câmara são diversos.

Enquanto a Conselheira Cheryl Berno ponderou que incide ISS sobre a veiculação de publicidade, sob o argumento central de que a atividade se encontra abarcada no item 10.08 da lista anexa à LC nº 116/2003, eis que "a propaganda é algo que necessariamente se utilizará de um espaço de comunicação para se propagar", o Conselheiro Paulo Eduardo de Nazareth Mesquita sustentou que a veiculação de publicidade é fato gerador de ICMS-Comunicação.

Na sua visão, contudo, o lançamento deveria ser cancelado, porque o contribuinte seria a empresa de televisão por assinatura, e não a empresa programadora de conteúdo. Segue trecho do seu entendimento, *verbis*:

> Entendo que a receita obtida com o serviço de publicidade somente pode ser tributada pelo ICMS, a título de Serviço de Comunicação, quando

---

[721] Recursos nº 43.345 e 43.346, Relatora Conselheira Cheryl Berno, Redator Conselheiro Charley Francisconi Velloso dos Santos, Quarta Câmara, julgamento 23.01.2013, publicação 15.05.2013.

[722] Recurso nº 21.011, Relator Conselheiro Mário Cezar Franco, Primeira Câmara, julgamento 19 de agosto de 2004.

[723] Recursos nº 42.017 e 42.018, Relatora Conselheira Cheryl Berno, Redator Conselheiro Paulo Eduardo de Nazareth Mesquita, Primeira Câmara, julgamento 23.08.2011, publicação 13.09.2011.

[724] Recurso nº 42.143 e 42.144, Relatora Conselheira Cheryl Berno, Redator Conselheiro Paulo Eduardo De Nazareth Mesquita, Primeira Câmara, julgamento 23.08.2011, publicação 13.09.2011.

recebida pelo Contribuinte que pratica diretamente a comunicação com o usuário final, neste caso, a TV por assinatura.

Tal entendimento não destoa, inclusive, com o entendimento exarado pela Superintendência de Tributação, em processo de Consulta mencionado nos autos, formulada por empresa jornalística.

Neste caso, a Recorrente, programadora de conteúdo apenas insere a mensagem publicitária em sua programação, que será, posteriormente, veiculada pela operadora de TV por assinatura, que a adquirir. Somente então ocorrerá a comunicação da mensagem publicitária ao assinante, e só então, será possível a tributação dessas receitas.

Em acréscimo ao que se expôs, cabe referir, também, entendimento de outras Câmaras do Conselho de Contribuintes do Estado do Rio que, no âmbito da televisão fechada, já se pronunciaram, ainda que por maioria, pela incidência de ICMS-Comunicação sobre a veiculação de publicidade por empresa programadora.

Segundo precedentes da Terceira Câmara, prevaleceu o entendimento de que o ICMS incide sobre a prestação de serviço de comunicação em sentido amplo, de modo a abarcar, inclusive, a atividade em que alguém fornece a terceiro condições materiais para que a comunicação ocorra. Nessa linha, o fato de haver um anunciante que paga à operadora de TV para que esta última transmita a sua publicidade ao público-alvo, não descaracteriza a relação comunicativa.[725]

Entretanto, o Conselho Pleno reformou a decisão tomada pela Terceira Câmara, sob o argumento central de que quem presta o serviço de comunicação é a empresa operadora de TV por assinatura, e não a empresa programadora, tendo sido feita referência expressa ao entendimento do Conselheiro Paulo Eduardo de Nazareth Mesquita, já transcrito anteriormente.[726]

Finalmente, verifica-se que a Terceira Câmara modificou o seu entendimento e passou a julgar que a inserção de publicidade por empresa de programação enseja a incidência de ISS, e não de ICMS. De outro lado, ao fazer referência ao precedente do Conselho Pleno, referido anteriormente, a Terceira Câmara diferenciou as atividades prestadas pela programadora e pela operadora. Nessa linha, o voto vencedor defendeu que:

---

[725] Recursos nº 42.145 e 42.146, Relator Conselheiro Gustavo Kelly Alencar, Relator Conselheiro Rubens Nora Chammas, Terceira Câmara, julgamento 24.10.2011, publicação 01.12.2011.

[726] Recursos nº 42.145 e 42.146, Relator Conselheiro Charley Francisconi Velloso dos Santos, Conselho Pleno, julgamento 12.12.2012, publicação 25.01.2013.

O que ocorre é que a empresa que deseja anunciar sua mensagem em uma PROGRAMADORA, à contrata para ceder seu espaço e incluir em sua programação a publicidade desejada. Quem dispõe, entretanto, do meio para transmitir os programas e suas propagandas, são as OPE-RADORAS, que irão veicular para seu destinatário final, o assinante.[727]

Posteriormente a esse julgamento, em 2018, a Terceira Câmara decidiu, uma vez mais, que o serviço de veiculação de publicidade não se confunde com o serviço de comunicação, sendo alcançado pelo ISS. Ademais, nesse precedente, procedeu-se à distinção entre a programadora e a operadora da televisão por assinatura, anteriormente referida, e assinalou-se a superveniência da LC nº 157/2016.[728]

Portanto, pode-se concluir que, no âmbito da tributação da veiculação de publicidade, a jurisprudência administrativa é pouco linear, apresentando diversas disparidades dentro de um mesmo órgão julgador, embora possam ser identificados posicionamentos mais cristalizados em algumas Turmas ou Câmaras, especialmente com o advento da LC nº 157/2016. Dessa forma, ultrapassados os esclarecimentos provenientes do estudo da jurisprudência administrativa, analisa-se o posicionamento defendido pela doutrina tributária brasileira.

6.3 Entendimento doutrinário

Em sede doutrinária, assim como na jurisprudência administrativa e pretoriana, proliferam-se inúmeras posições conflitantes. A depender da concepção adotada para a locução serviço de comunicação, chegar-se-á a soluções distintas para que o conflito de competência entre o ISS e o ICMS-Comunicação seja dirimido, sendo possível visualizar, em linhas gerais, pelo menos três correntes distintas que se formaram antes da publicação da LC nº 157/2016.

Conforme já adiantado no capítulo 5, os partidários da chamada concepção estrita de comunicação, pela qual esta apenas se perfaz caso haja um receptor predeterminado, somado à necessária interação entre este e o emissor, necessariamente defenderão que a veiculação de publicidade e propaganda não configura serviço de comunicação, pelo que incabível a incidência de ICMS-Comunicação.

---

[727] Recurso nº 62.331, Relatora Conselheira Gisela Pimenta Gadelha, Terceira Câmara, julgamento 05.12.2017, publicação 13.12.2017.

[728] Recurso nº 62.794, Relatora Conselheira Gisela Pimenta Gadelha, Terceira Câmara, julgamento 15.05.2018, publicação 11.06.2018.

Em sentido oposto, há aqueles que, partindo de uma acepção ampla de serviço de comunicação, sustentam que a veiculação de publicidade e propaganda, por qualquer meio, configura hipótese comunicativa, sujeitando-se ou não ao ICMS-Comunicação, a depender de estar em causa alguma regra de imunidade.

Existe, ainda, uma terceira corrente, que se poderia chamar de intermediária, pela qual a veiculação de publicidade seria apta a ensejar a incidência de ICMS-Comunicação em algumas hipóteses, mas não em todas, conforme as nuances defendidas por cada um de seus partidários.

Feitos esses esclarecimentos, no que se refere à primeira corrente, para além do que foi analisado no item 5.2 do capítulo 5, nos quais diversos setores doutrinários adotaram o posicionamento de que o serviço de comunicação pressupõe a interação entre o emissor e o receptor, cabe citar, especificamente quanto à veiculação de publicidade, as lições de Humberto Ávila.

De forma sintética, o autor assinala que a cessão de espaço publicitário seria diversa e anterior à própria relação de comunicação, uma vez que, no seu entender, a cessão se traduziria num meio para que a mensagem fosse divulgada, mas não se confundiria com a sua veiculação. De outro lado, diante da ausência de interação obrigatória entre anunciantes e o público em geral, a hipótese seria de difusão, nos termos seguintes:

> A autoridade fazendária, ao utilizar os valores constantes das notas fiscais de prestação de serviço de veiculação de publicidade e propaganda para cobrar o imposto sobre serviços de comunicação, misturou duas relações distintas.
>
> *A primeira é a que existe entre o anunciante (tomador do serviço) e o veículo de comunicação (prestador do serviço), que se qualifica como serviço oneroso de veiculação de publicidade e propaganda. A segunda é a que existe entre o veículo de comunicação e o público em geral, que se qualifica como serviço gratuito de difusão ou veiculação de mensagens.*[729] (Grifo nosso).

Nessa linha, Humberto Ávila pondera que não haveria base de cálculo para chegar-se ao montante devido de ICMS-Comunicação, considerando a gratuidade dos serviços de difusão, no que se refere à relação jurídica entre o anunciante e o grande público.

---

[729] ÁVILA, Humberto. Imposto sobre a prestação de serviços de comunicação. Conceito de prestação de serviços de comunicação. Intributabilidade das atividades de veiculação de publicidade em painéis e placas. Inexigibilidade de multa. *Revista Dialética de Direito Tributário*, São Paulo, n. 143, p. 122, 131-132, ago. 2007.

Passando-se à segunda corrente, Paulo Enrique Mainier de Oliveira, a partir da premissa de que o conceito de comunicação é gênero, que engloba a telecomunicação, mas com ela não se confunde, sustenta que, no caso de um contrato de prestação de serviços celebrado entre um anunciante (tomador do serviço) e um veículo de comunicação (prestador do serviço) mediante contraprestação, com o objetivo de divulgar publicidade por qualquer meio, há serviço de comunicação.

Por esse posicionamento, não se exige que o referido contrato seja celebrado diretamente entre emissor e receptor ou que a remuneração seja paga diretamente pelo destinatário, admitindo-se que, ainda que o tomador do serviço arque com os custos da veiculação da publicidade, não haverá a descaracterização da relação comunicativa.[730]

Em acréscimo, destaca que, a despeito de a União Federal, sob a vigência da Constituição de 1967, ter se limitado a instituir um Imposto sobre Comunicações – ISC, em que o fato gerador é a prestação de serviços de telecomunicações (Decreto-Lei nº 2.186/1984), em nada fica alterado o caráter genérico da locução comunicação, que é mais amplo do que telecomunicações.[731]

Finalmente, defende que não há mera locação no contrato de veiculação de publicidade, mas sim um plexo de obrigações, que descreve na forma que segue:

> Vale ressaltar, ainda, que reduzir o serviço de veiculação de publicidade em outdoors, placas, painéis, internet etc. como mera locação de espaços físico ou virtual é esquecer que a prestação desse serviço envolve mais do que uma obrigação de dar, mas diversas obrigações de fazer, como o serviço de instalação e manutenção do sistema de comunicação colocado à disposição. O elemento preponderante e que se destaca no contrato de veiculação de publicidade não é a locação de um espaço (uso da coisa), mas um conjunto de ações que permite, com a disponibilização de um canal de comunicação, a divulgação de mensagens, ou seja, a atividade-fim é que se presta com o bem móvel utilizado e não a mera locação do bem (atividade-meio). Então, a locação de espaço estaria abrangida pelo serviço de comunicação.[732] (Grifo nosso).

---

730 OLIVEIRA, Paulo Enrique Mainier de. A incidência do ICMS e as imunidades sobre a prestação de serviços de comunicação por veiculação de publicidade. *Revista Dialética de Direito Tributário*, São Paulo, n. 196, p. 121, 124, 127, jan. 2012.

731 OLIVEIRA, Paulo Enrique Mainier de. A incidência do ICMS e as imunidades sobre a prestação de serviços de comunicação por veiculação de publicidade. *Revista Dialética de Direito Tributário*, São Paulo, n. 196, p. 122, jan. 2012.

732 OLIVEIRA, Paulo Enrique Mainier de. A incidência do ICMS e as imunidades sobre a prestação de serviços de comunicação por veiculação de publicidade. *Revista Dialética de Direito Tributário*, São Paulo, n. 196, p. 127, jan. 2012.

A consequência desse raciocínio é a de que a veiculação de publicidade, por qualquer meio, consiste em fato gerador do ICMS-Comunicação, salvo nas hipóteses que estão contempladas pelas imunidades constitucionais, como a radiodifusão sonora de sons e imagens de recepção livre e gratuita e a publicidade divulgada em livros, jornais e periódicos.

Em sentido análogo, Ricardo Campos Padovese pontua que a veiculação de publicidade representa serviço de comunicação, pelo que o item 86 do DL nº 406/1968 não teria sido recepcionado desde a Constituição de 1988, considerando que, segundo o seu entendimento, a previsão da veiculação de publicidade na lista de serviços se deu a título de serviço de comunicação.[733]

Consoante leciona, após traçar um quadro com a evolução histórica da matéria, a passagem da tributação das comunicações da União e dos Municípios para os Estados transferiu a estes a competência para instituir ICMS-Comunicação sobre a veiculação de publicidade.

Ademais, remarca Ricardo Campos Padovese que a comunicação, mesmo no âmbito dos veículos de comunicação em massa, admite algum tipo de retorno por parte do destinatário (algum *feedback*, na dicção do autor), ainda que distinto daquele que se processa em um canal bidirecional. Dessa forma, segundo sustenta, há comunicação nos canais unidirecionais, de que é exemplo a veiculação de publicidade.[734]

O autor assevera, ainda, que o Texto Constitucional de 1988 empregou a locução comunicação em diversas de suas passagens, que vão desde o art. 5º, com a proteção dos direitos fundamentais, até o art. 224, com as normas constantes do capítulo "Da Comunicação Social", de modo que, apenas no art. 20, a comunicação foi empregada de forma dissociada do processo comunicacional. Ou seja, do raciocínio argumentativo realizado, Ricardo Campos Padovese conclui que todas as etapas do processo comunicacional foram protegidas pela Constituição.[735]

Finalmente, o autor sustenta que o papel do prestador do serviço de comunicação é o de atuar como emissor, transmissor ou receptor do sinal, fornecendo o canal para que a comunicação entre o remetente e o destinatário se estabeleça. Nessa linha, a obrigação do prestador de

---

[733] PADOVESE, Ricardo Campos. O ICMS, a comunicação e a publicidade e propaganda. *Revista Direito Atual*, São Paulo, n. 27, p. 545-546, 2012.

[734] PADOVESE, Ricardo Campos. O ICMS, a comunicação e a publicidade e propaganda. *Revista Direito Atual*, São Paulo, n. 27, p. 551-553, 2012.

[735] PADOVESE, Ricardo Campos. O ICMS, a comunicação e a publicidade e propaganda. *Revista Direito Atual*, São Paulo, n. 27, p. 553-556, 2012.

serviço de comunicação poderia ser de resultado ou de meio. No caso específico da veiculação de publicidade, Ricardo Campos Padovese visualiza uma obrigação de meio, sendo despiciendo que a mensagem seja efetivamente recebida por algum telespectador.[736]

Em síntese do seu pensamento, o autor entende pela desnecessidade de que haja um efetivo transporte para que a prestação de serviço de comunicação se complete, *verbis*:

> Para esta tarefa, as acepções usadas pelo Texto Constitucional para o termo "comunicação" são de muito auxílio.
>
> A última das acepções acima apontadas (caminhos de acesso ou de ligação) fica de plano excluída. *O motivo para tanto é que se a atuação de um prestador de serviços fosse a de percorrer determinado caminho, estaríamos diante de outra materialidade: a do ICMS-Transporte. Há que se lembrar que as materialidades "transporte" e "comunicação" identificam impostos distintos (ainda que sob a mesma sigla ICMS e previstos no mesmo dispositivo constitucional).*[737] (Grifo nosso).

Verifica-se, pois, que essa obra apresenta diversos pontos de contato com o magistério de Marco Aurélio Greco, que, ao mesmo tempo em que leciona que o serviço de comunicação diz respeito ao fornecimento de meios – como descrito no item 5.2.1 do presente – sustenta que "o item 86 da Lista de Serviços editada pela LC nº 56/87 resultou revogado pela superveniência da CF/88, que atribuiu aos Estados-membros a totalidade da competência para tributar a prestação de serviço de comunicação (sem restrições)".[738]

Um terceiro grupo de autores, por sua vez, como André Mendes Moreira, Paulo Roberto Andrade e André Luiz Pettena de Oliveira, elaborou, cada um à sua maneira, construções doutrinárias pelas quais, a depender da hipótese aventada, poderá ou não incidir ICMS-Comunicação sobre a veiculação de publicidade, no contexto normativo anterior à LC nº 157/2016. Em seguida, passa-se a explorar as similitudes e diferenças entre essas teorias.

André Mendes Moreira afirma que o núcleo do processo comunicativo consiste na emissão de uma mensagem de um emissor para um

---

[736] PADOVESE, Ricardo Campos. O ICMS, a comunicação e a publicidade e propaganda. *Revista Direito Atual*, São Paulo, n. 27, p. 558-559, 2012.

[737] PADOVESE, Ricardo Campos. O ICMS, a comunicação e a publicidade e propaganda. *Revista Direito Atual*, São Paulo, n. 27, p. 557, 2012.

[738] GRECO, Marco Aurélio. *Internet e Direito*. 2. ed. São Paulo: Dialética, 2000. p. 146, nota de rodapé nº 7.

receptor, por meio de um canal, que deve ser disponibilizado por um terceiro. Dessa forma, para que haja verdadeira relação comunicativa, este terceiro deve realizar uma obrigação de fazer, pois, do contrário, na sua visão, é impossível a caracterização de um serviço.[739]

Dentro dessa ordem de ideias, a bilateralidade e a determinação do receptor não são elementos que caracterizam a prestação do serviço de comunicação, que estará presente mesmo em hipóteses de unilateralidade e indeterminação do receptor, como é o caso da radiodifusão sonora de sons e imagens.[740]

Portanto, segundo sustenta, o aperfeiçoamento da comunicação pressupõe que haja o transporte da mensagem até o seu destino, através de um terceiro, que não exerça mera obrigação de dar. Nessa linha, defende que a simples exposição de um conteúdo, sem que esteja presente o referido transporte de um a outro ponto, não consiste em serviço de comunicação.[741]

Aqui reside, pois, o fundamento central da posição de André Mendes Moreira, que vislumbra um regime jurídico diferenciado para os serviços de veiculação de publicidade e os serviços de comunicação. Consoante sustenta, enquanto os primeiros pressupõem a exibição de conteúdo, nos segundos há a necessidade de transmissão da mensagem.

Por conseguinte, enuncia, como regra geral, que apenas o ISS poderia, potencialmente, incidir sobre a veiculação de publicidade. Para tanto, aduz que, de acordo com a regulamentação realizada pela lei nº 4.680/1965, a veiculação de publicidade não se traduz em mero contrato de locação, envolvendo uma obrigação de fazer. No entanto, diante do veto ao item 17.07 da lista anexa à LC nº 116/2003, a hipótese foi retirada da alçada dos Municípios, tornando-se intributável.[742]

Entretanto, na visão do autor, a partir de precedentes do Supremo Tribunal Federal, anteriores à Constituição de 1988, no caso de a veiculação de publicidade e propaganda ser feita através de alguma

---

[739] MOREIRA, André Mendes. *A Tributação dos Serviços de Comunicação*. 2. ed. São Paulo: Noeses, 2016. p. 78.

[740] MOREIRA, André Mendes. *A Tributação dos Serviços de Comunicação*. 2. ed. São Paulo: Noeses, 2016. p. 108-111.

[741] MOREIRA, André Mendes; TEIXEIRA, Alice Gontijo Santos. *A publicidade e propaganda e as fronteiras entre ISSQN e ICMS*. 2013. p. 10. Disponível em: https://sachacalmon. com.br/wp-content/uploads/2014/12/A-PUBLICIDADE-E-PROPAGANDA-E-AS-FRONTEIRAS-ENTRE-ISSQN-E-ICMS.pdf. Acesso em: 17 mar. 2021.

[742] MOREIRA, André Mendes; TEIXEIRA, Alice Gontijo Santos. *A publicidade e propaganda e as fronteiras entre ISSQN e ICMS*. 2013. p. 16. Disponível em: https://sachacalmon. com.br/wp-content/uploads/2014/12/A-PUBLICIDADE-E-PROPAGANDA-E-AS-FRONTEIRAS-ENTRE-ISSQN-E-ICMS.pdf. Acesso em: 17 mar. 2021.

modalidade de teletransmissão – como as operadoras de um banco que ligam para o cliente ou os canais de publicidade televisiva – ela se torna parcela do serviço de comunicação, tributável pelo ICMS-Comunicação. Dessa forma, em síntese e em conclusão, o autor arremata que:

> O serviço de veiculação de publicidade e propaganda é potencialmente tributado pelo ISS, salvo quando sua veiculação se der por ocasião de prestação de serviço de telecomunicação, hipótese em que será tributado pelo ICMS. Contudo, por expressa exclusão da atual lista de serviços sujeitos ao ISS, as receitas decorrentes destes serviços não podem ser tributadas pelos Municípios.[743] (Grifo nosso).

Paulo Roberto Andrade, por sua vez, embora também adote uma posição intermediária, apresenta uma concepção diferenciada em relação à anterior. Em comentários ao Parecer Normativo elaborado pelo Município de São Paulo (Parecer Normativo nº 1/2016), pelo qual o Município de São Paulo interpretou o item 17.06 da lei paulistana nº 13.701/2003 (que equivale ao item 17.06 da lista anexa à LC nº 116/2003), como englobando a atividade de veiculação de publicidade, o autor classificou-o como retrocesso.

Com efeito, assinala que, se de um lado, o STJ apresenta precedente interpretando o item 10.08 da lista anexa à LC nº 116/2003 de forma a abarcar a veiculação de publicidade, de outro, o mesmo STJ tem entendimento reiterado de que não é possível ressuscitar itens vetados em itens vigentes. Logo, antes da LC nº 157/2016, não caberia cogitar-se de incidência de ISS sobre a veiculação de publicidade, ante o inequívoco veto ao item 17.07 da lista anexa à LC nº 116/2003.[744]

Já quanto à possibilidade de incidência do ICMS-Comunicação sobre a referida atividade, o autor esclarece que, embora adira a uma acepção ampla do vocábulo comunicação, impõe-se diferenciar as modalidades pelas quais haverá a divulgação.[745]

Para tanto, esclarece que, a depender do canal pelo qual a mensagem é transmitida, haverá ou não obrigação de fazer que, pelo seu

---

[743] MOREIRA, André Mendes; TEIXEIRA, Alice Gontijo Santos. *A publicidade e propaganda e as fronteiras entre ISSQN e ICMS.* 2013. p. 25. Disponível em: https://sachacalmon. com.br/wp-content/uploads/2014/12/A-PUBLICIDADE-E-PROPAGANDA-E-AS-FRONTEIRAS-ENTRE-ISSQN-E-ICMS.pdf. Acesso em: 17 mar. 2021.

[744] ANDRADE, Paulo Roberto. *ISS sobre veiculação de publicidade é retrocesso no Município de São Paulo.* 30 abr. 2016. Disponível em: http://www.conjur.com.br/2016-abr-30/paulo-andrade-iss-propaganda-retrocesso-sao-paulo. Acesso em: 17 mar. 2021.

[745] ANDRADE, Paulo Roberto. Veiculação de publicidade: ISS, ICMS ou nada? *Revista Dialética de Direito Tributário,* São Paulo, n. 234, p. 90-92, mar. 2015.

entendimento, é essencial à configuração de um serviço. Dessa forma, mostra-se possível a incidência do ICMS-Comunicação caso se esteja diante de uma obrigação de fazer, o que seria vedado nas hipóteses de mera obrigação de dar.

Nessa linha, sustenta que, em havendo publicidade em *outdoors*, placas e painéis, a obrigação do veículo de divulgação é de simples cessão de espaço físico ou locação, o que inviabiliza a cobrança de ICMS-Comunicação. Contudo, caso a publicidade se dê em jornais, periódicos, rádio, TV e Internet, haverá verdadeira obrigação de fazer, já que os canais comunicativos assumem uma série de esforços para atingir o grande público.

A consequência advinda dessa diferenciação é a de que, enquanto a primeira hipótese seria intributável, eis que ausente a própria relação comunicativa, a segunda pode dar ensejo à incidência do ICMS-Comunicação, caso não esteja em jogo alguma imunidade contemplada pelo Texto Constitucional. Nesse sentido, o autor conclui que a publicidade veiculada em jornais, periódicos, rádio e TV aberta está alcançada pela imunidade. Entretanto, no que se refere à TV fechada e à Internet, mostra-se possível a incidência do ICMS-Comunicação.[746]

Finalmente, André Luiz Pettena de Oliveira desenvolve um modelo conceitual para comunicação, pelo qual o imposto irá incidir quando houver

> o oferecimento de uma utilidade para outrem, a partir de um conjunto de atividades preponderantemente imateriais, prestado com habitualidade e intuito de lucro, por qualquer meio, que não esteja previsto na Lista de Serviços do ISS e cuja atividade-fim seja implementar uma ou mais de uma das etapas do processo comunicacional, com exceção das prestações que envolvam processo comunicacional de curta distância e que, adicionalmente, não tenham por finalidade última implementar uma etapa de tal processo.[747]

Da conceituação desenvolvida, na visão do autor, podem ser depreendidas seis consequências lógicas. Em primeiro lugar, destaca que, para fins de incidência de ICMS-Comunicação, é desnecessária a presença de três pessoas (prestador de serviços, emissor e receptor), sendo

---

[746] ANDRADE, Paulo Roberto. Veiculação de publicidade: ISS, ICMS ou nada? *Revista Dialética de Direito Tributário*, São Paulo, n. 234, p. 92-95, mar. 2015.

[747] OLIVEIRA, André Luiz Pettena de. *O aspecto material da hipótese de incidência do imposto sobre a prestação de serviços de comunicação.* 364f. Dissertação (Mestrado). Universidade do Estado do Rio de Janeiro – Faculdade de Direito, Rio de Janeiro, 2014. p. 221.

suficiente a participação do prestador e do tomador de serviços. Nesse sentido, e em segundo lugar, mostra-se irrelevante o fato de o prestador estar transmitindo mensagem própria, o que não descaracteriza a relação comunicativa, apenas cabendo cogitar-se de autosserviço quando a figura do prestador se confundir com a do tomador de serviços.[748]

Em terceiro lugar, defende que a comunicação prescinde de bilateralidade, eis que não é essencial que haja interação entre emissor e receptor. Como decorrência desse aspecto e intimamente ligado a ele, decorre a quarta consequência, qual seja, a da desnecessidade de que o receptor seja certo e determinado.

Em quinto lugar, sustenta André Luiz Pettena de Oliveira que o requisito referente à onerosidade não pressupõe que se configure uma relação contratual direta entre o prestador de serviços e o receptor da mensagem. Segundo leciona, o fato de que normalmente a onerosidade seja suportada pelo receptor não leva à impossibilidade de que venha a ser suportada pelo próprio emissor ou por um terceiro, uma vez que nem a Constituição nem a lei complementar trazem tal tipo de restrição.[749]

O autor destaca, como sexta decorrência lógica das ideias desenvolvidas, que a relação comunicativa não resta desnaturada com a entrega de bens ao tomador do serviço ou com a utilização temporária de bens do prestador pelo tomador, visto que o conceito de prestação de serviços não pressupõe uma correspondência com as obrigações de fazer puras.[750]

Dentro dessa ordem de ideias, e a partir da aplicação do modelo proposto ao campo da veiculação de publicidade, o autor visualiza hipóteses que poderão consistir ou não em fatos geradores do ICMS-Comunicação, na forma que segue.

Ressalvadas as hipóteses que são abarcadas pelas imunidades constitucionais, destaca que, no caso de veiculação de publicidade por meio de páginas da Internet, não haverá a tributação pelo ICMS-Comunicação, uma vez que a hipótese consiste na mera cessão de

---

[748] OLIVEIRA, André Luiz Pettena de. *O aspecto material da hipótese de incidência do imposto sobre a prestação de serviços de comunicação*. 364f. Dissertação (Mestrado). Universidade do Estado do Rio de Janeiro – Faculdade de Direito, Rio de Janeiro, 2014. p. 233.

[749] OLIVEIRA, André Luiz Pettena de. *O aspecto material da hipótese de incidência do imposto sobre a prestação de serviços de comunicação*. 364f. Dissertação (Mestrado). Universidade do Estado do Rio de Janeiro – Faculdade de Direito, Rio de Janeiro, 2014. p. 243.

[750] OLIVEIRA, André Luiz Pettena de. *O aspecto material da hipótese de incidência do imposto sobre a prestação de serviços de comunicação*. 364f. Dissertação (Mestrado). Universidade do Estado do Rio de Janeiro – Faculdade de Direito, Rio de Janeiro, 2014. p. 247-248.

espaço. De outro lado, sustenta que, ainda que assim não se entendesse, a manutenção e a atualização de páginas eletrônicas estão previstas no item 1.08 da lista anexa à LC nº 116/2003, o que a torna intributável pelo ICMS-Comunicação.[751]

No que se refere à veiculação de publicidade por meio de *outdoors*, o autor enuncia, como regra geral, a não incidência de ICMS-Comunicação, visto que não haveria, como finalidade última, a implementação de etapas do processo comunicacional, mas apenas a locação de suporte. No entanto, caso se entenda que a hipótese é de processo comunicacional, o mesmo seria de curta distância, o que não atende ao modelo proposto.

Entretanto, o autor vislumbra uma possibilidade para a incidência do ICMS-Comunicação em atividade análoga ao *outdoor*, qual seja, aquela em que haja prestação de serviços de publicidade por painéis eletrônicos controlados à distância, por meio de cabeamento ou de transmissão eletromagnética. Nesse caso, André Luiz Pettena de Oliveira pondera que haverá atividade-fim de implementação de etapas do processo comunicacional, associado à abrangência que supera o conceito de curta distância.

Em acréscimo, no que se refere à veiculação de publicidade através da entrega de panfletos, o autor sustenta que a mensagem transmitida é mais importante do que o meio físico que a contém, de sorte que a finalidade última da prestação é a de influenciar os receptores a adquirirem determinado serviço ou comprarem determinado bem. Dentro dessa ordem de ideias, defende que se está diante de uma atividade-fim de comunicação, cabendo ou não a incidência do ICMS a depender de o processo comunicacional envolver curta ou longa distância.[752]

Feitas as considerações doutrinárias anteriores, verifica-se que, até a edição da LC nº 157/2016, o conflito de competência entre o ISS e o ICMS-Comunicação no âmbito da veiculação de publicidade estava envolto em forte dissenso doutrinário e jurisprudencial, o que foi atenuado com o advento da nova legislação complementar, mas não

---

[751] OLIVEIRA, André Luiz Pettena de. *O aspecto material da hipótese de incidência do imposto sobre a prestação de serviços de comunicação*. 364f. Dissertação (Mestrado). Universidade do Estado do Rio de Janeiro – Faculdade de Direito, Rio de Janeiro, 2014. p. 329-330.

[752] OLIVEIRA, André Luiz Pettena de. *O aspecto material da hipótese de incidência do imposto sobre a prestação de serviços de comunicação*. 364f. Dissertação (Mestrado). Universidade do Estado do Rio de Janeiro – Faculdade de Direito, Rio de Janeiro, 2014. p. 334-336.

eliminado, como se exporá à frente. Com efeito, se de um lado, inserir e, por essa via, veicular publicidade, traduz-se em serviço, de outro, conforme asseveram alguns setores doutrinários, há uma atividade-fim de comunicação.

Em verdade, a despeito do forte dissenso doutrinário quanto ao alcance da locução comunicação, adota-se, neste trabalho, um viés ampliativo da expressão. Verifica-se, inequivocamente, que nem a Constituição nem a legislação complementar estabeleceram restrições específicas quanto ao seu alcance, de modo que não é dado ao intérprete estabelecer limitações de conteúdo desprovidas de substrato normativo.

Nessa linha, os requisitos de que os receptores sejam determinados e de que haja bilateralidade para a configuração de uma relação comunicativa mostram-se carentes de fundamentos legais sólidos. De outro lado, algumas elaborações doutrinárias específicas, embora calcadas no princípio da razoabilidade, não parecem encontrar amparo na Constituição de 1988.

Nesse sentido, observa-se que as construções pelas quais apenas as comunicações de longa distância poderiam servir de substrato para a incidência do ICMS-Comunicação parecem encontrar suporte na Constituição de 1967, mas não na atual. Com efeito, de acordo com o Texto Constitucional revogado, caberia à União instituir impostos sobre comunicações, salvo os de natureza estritamente municipal.

Portanto, à luz daquela Carta Constitucional, a distância envolvida efetivamente gerava implicações diferentes, pois, caso as distâncias fossem verificadas dentro do Município, a competência federal estaria afastada. No entanto, à luz da novel Constituição, a competência para tributar a comunicação foi transferida aos Estados, sem distinções. Dessa forma, a visão ora adotada é a de que, caso seja estabelecido um requisito adicional de tributação com base nas distâncias implicadas, estar-se-ia interpretando a Constituição de 1988 com paradigmas apropriados para a Carta pretérita.[753]

De outro lado, tampouco merece prosperar o entendimento pelo qual apenas a veiculação de publicidade por meio de teletransmissão estaria apta a ensejar a incidência do ICMS-Comunicação. Consoante a visão ora defendida, calcada no art. 2º, III, LC nº 87/1996, o processo

---

[753] Em sentido diverso, defendendo que processos comunicacionais dentro de um Município ensejariam a incidência de ISS: CHIESA, Clélio. A tributação dos serviços de Internet prestados pelos provedores: ICMS ou ISS? *Revista dos Tribunais*, São Paulo, a. 7, n. 27, p. 19-20, abr./jun. 1999.

comunicacional se perfaz por qualquer meio, de modo que comunicação e telecomunicações não se confundem.

Ademais, a objeção de que o requisito da onerosidade estaria ausente merece maiores reflexões. Consoante exposto nesta obra, expressivos setores doutrinários – com os quais se está de acordo – sustentam que a contraprestação pecuniária pela comunicação pode ser paga pelo receptor, pelo emissor ou por terceiros. Dessa forma, não há a obrigatoriedade de que o próprio destinatário da relação comunicativa arque com os seus custos, de tal sorte que, caso o emissor pague para que a comunicação possa se perfazer, a mesma não estará descaracterizada.

Outro óbice que costuma ser levantado à tributação da veiculação da publicidade pelos impostos indiretos é a de que, em verdade, não haveria serviço, porque a cessão de espaços publicitários não se traduziria em obrigação de fazer. Ainda que se adote, neste trabalho, a concepção de que não há uma correspondência necessária entre prestação de serviço e obrigação de fazer, compartilha-se com a posição doutrinária segundo a qual a cessão de espaços publicitários não envolve mera locação, mas também um plexo de obrigações, como o serviço de instalação e manutenção do sistema de comunicação colocado à disposição do anunciante.

Até o advento da LC nº 157/2016, entendia-se, a despeito de posições jurisprudenciais em sentido diverso, que, ante o veto presidencial ao item 17.07 da lista anexa à LC nº 116/2003 e ao PLC nº 32/2002, não havia suporte normativo para a incidência de ISS. Caberia perquirir, pois, naquele contexto, se um potencial conflito de competência entre o ISS e o ICMS-Comunicação poderia advir de outros itens da legislação complementar. No entanto, a resposta negativa parecia se impor.

Enquanto o item 10.08 estabeleceu como fato gerador do ISS o agenciamento de publicidade, o item 17.06 arrolou a publicidade e propaganda, de forma genérica, como potenciais hipóteses de incidência. Entretanto, as locuções agenciamento e veiculação não são sinônimas, tendo em vista que o agenciamento pressupõe a existência de um intermediário, conforme resulta do art. 3º, Lei nº 4.680/1965. De outro lado, a atividade de publicidade e propaganda não se confunde com a sua veiculação, o que encontra respaldo, inclusive, nos artigos 1º e 5º, Lei nº 4.680/1965.

Portanto, interpretar os itens 10.08 e 17.06 de forma a compreender que a veiculação de publicidade e propaganda estaria inserida nos mesmos parecia verdadeira integração analógica, vedada pelo art. 108, §1º CTN, e não mera hipótese de interpretação extensiva.

Naquele contexto normativo, e adotando-se o pressuposto de que a inserção de publicidade não existe, em regra,[754] de forma autônoma, voltando-se à própria veiculação, que é atividade-fim de comunicação, entendia-se que a veiculação de publicidade estaria inserida no campo normativo do art. 155, II, CRFB/1988.

Ocorre que, com o advento da LC nº 157/2016, o legislador complementar conferiu à veiculação de publicidade a qualificação de serviço de qualquer natureza, denominando-a como inserção de publicidade. Dessa forma, como já assinalado na primeira edição da presente, a despeito da imprecisão da nomenclatura inserção, entende-se que esse quadro somente pode vir a ser alterado em caso de declaração de inconstitucionalidade do dispositivo ou de sua revogação.

A produção doutrinária que se sucedeu à modificação legislativa não foi uniforme. Assim sendo, de um lado, identifica-se posicionamento no sentido de que o novel item 17.25 representaria uma confirmação de que apenas o ISS teria a aptidão de incidir sobre o fato gerador inserção/veiculação de publicidade. Sob esse prisma, chegar-se-ia à conclusão de que o ICMS-Comunicação não poderia incidir sobre a hipótese, em qualquer período.[755]

Contudo, de outro lado, leciona-se que a veiculação de publicidade consiste em espécie de serviço de comunicação, que foi usurpada pelo legislador complementar, considerando que o conceito de serviço de comunicação é gênero que engloba diversas modalidades, a partir da conjugação entre os artigos 68, II, CTN e 2º, III, LC nº 87/1996.[756]

---

[754] Ainda que na generalidade dos casos, a inserção e a veiculação possam representar um todo indissolúvel, é possível vislumbrar hipótese em que a inserção não gera veiculação imediata. É o que se verifica quando a empresa que presta serviço de acesso condicionado (prestadora de serviço de televisão por assinatura) distribui pacotes que foram programados e empacotados por outra empresa (arts. 2º, X, XI, XVI e XX e 4º, *caput* e §1º, Lei nº 12.485/2011), nos quais conste publicidade. Nesse caso, inexiste qualquer relação contratual entre a prestadora de televisão por assinatura e a agência de publicidade ou fluxos de pagamento desta para aquela. Para uma leitura mais aprofundada do tema: OLIVEIRA, André Luiz Pettena de. *O aspecto material da hipótese de incidência do imposto sobre a prestação de serviços de comunicação.* 364f. Dissertação (Mestrado). Universidade do Estado do Rio de Janeiro – Faculdade de Direito, Rio de Janeiro, 2014. p. 323-329.

[755] TAKANO, Caio Augusto; PITMAN, Arthur; BRAGA, Rinaldo. Conflitos de competência entre o ISS e o ICMS-Comunicação à luz da jurisprudência do tribunal de impostos e taxas. *In*: HENARES NETO, Halley; MELO, Eduardo Soares de (Coord.). *ICMS e ISS*: tributação digital e os novos contornos do conflito de competência. São Paulo: Intelecto, 2018. p. 16.

[756] BRANDÃO JR., Salvador Cândido. Serviço de *streaming* e sua identificação como serviço de comunicação. *In*: PISCITELLI, Tathiane; LARA, Daniela Silveira (Coord.). *Tributação da Economia Digital*. 2. ed. São Paulo: Thomson Reuters Brasil, 2020. p. 398.

Finalmente, verifica-se posicionamento que interpreta que o item 17.25 da lista anexa à LC nº 116/2003, ao utilizar o vocábulo "inserir", não teria alcançado a própria veiculação. Em outros termos, por essa concepção, mesmo com o advento da LC nº 157/2016, a veiculação de publicidade continuaria abarcada pela competência estadual, tendo em vista que tem por objetivo "tornar públicas informações que pretendem influenciar mercados consumidores, por meio dos diversos veículos de comunicação, sendo, portanto, uma atividade comunicativa que visa a atingir destinatários determinados, determináveis ou mesmo indeterminados".[757]

Dessa forma, por essa visão, a referida atividade está alcançada pelo art. 155, II, CRFB/1988, não sendo viável que o ISS invada a competência estadual, tendo em vista que, pela literalidade do art. 156, III, CRFB/1988, o imposto municipal é residual em relação ao estadual. Em acréscimo, pontua-se que "não houve nenhuma alteração nem na Constituição Federal, 1988, nem na Lei Complementar nº 87/1996, no que concerne à competência estadual para tributar os serviços de comunicação".[758]

A discussão está atualmente posta para a apreciação pelo STF, por meio da ADI nº 6.034/RJ, que questiona a constitucionalidade do item 17.25 da lista anexa à LC nº 116/2003, propondo a interpretação conforme a Constituição do dispositivo impugnado. A fim de permitir uma compreensão mais abrangente da controvérsia, passa-se, no item seguinte, a discorrer sobre o processo legislativo que resultou na modificação da lei complementar.

---

[757] BIAVA JR., Roberto. Determinação dos limites de incidência do ICMS na modalidade "comunicação" e do ISS nas atividades de veiculação de textos/imagens e divulgação de publicidade na internet. *In*: FARIA, Renato Vilela; SILVEIRA, Ricardo Maitto da; MONTEIRO, Alexandre Luiz Moraes do Rêgo (Coord.). *Tributação da Economia Digital*: desafios no Brasil, experiência internacional e novas perspectivas. São Paulo: Saraiva Educação, 2018. p. 289.

[758] BIAVA JR., Roberto. Determinação dos limites de incidência do ICMS na modalidade "comunicação" e do ISS nas atividades de veiculação de textos/imagens e divulgação de publicidade na internet. *In*: FARIA, Renato Vilela; SILVEIRA, Ricardo Maitto da; MONTEIRO, Alexandre Luiz Moraes do Rêgo (Coord.). *Tributação da Economia Digital*: desafios no Brasil, experiência internacional e novas perspectivas. São Paulo: Saraiva Educação, 2018. p. 294-295.

6.4 Projeto de lei convertido em lei complementar: processo legislativo que resultou no item 17.25 da LC nº 116/2003

Conforme já adiantado no item 3.4 da presente obra, por meio do PLS nº 386/2012, de autoria do então Senador Romero Jucá (MDB-RR), tramitou no Senado Federal projeto de lei através do qual se buscava alterar dispositivos da LC nº 116/2003, com o objetivo precípuo de adaptá-la às inovações verificadas após mais de uma década de sua vigência. Nesse sentido, constou a proposição de que fosse inserido um item 17.25, com a seguinte redação:

> Veiculação e divulgação de textos, desenhos e outros materiais de propaganda e publicidade, por qualquer meio, exceto em livros, jornais, periódicos, radiodifusão sonora e de sons e imagem de recepção livre e gratuita.[759]

Nas razões que ensejaram o item 17.25, o Senador Romero Jucá limitou-se a afirmar que o anterior veto ao item 17.07 da lista anexa à LC nº 116/2003 deveu-se à inclusão da veiculação de publicidade por meio de jornais, periódicos, rádio e televisão, que são imunes, como fatos geradores do ISS. Entretanto, não chegou a enfrentar se a hipótese versaria sobre serviço ou sobre serviço de comunicação.

Em seguida, o então Senador Francisco Dornelles (PP-RJ) apresentou duas emendas ao projeto de lei, sendo que a Emenda 1 previa uma alteração na redação do item 17.25, com o objetivo de maior aprimoramento conceitual, ao substituir a locução veiculação por inserção, eis que, na sua visão, veicular seria ato próprio de divulgação de conteúdos por meio de comunicação social (rádio, televisão, livros, jornais e revistas). Seguem os termos da mudança proposta:

> Inserção de textos, desenhos e outros materiais de publicidade em qualquer meio (exceto em livros, jornais, periódicos, rádio e televisão).

Posteriormente, ao proferir parecer no âmbito da Comissão de Assuntos Econômicos, o Senador Humberto Costa (PT-PE) opinou que

---

[759] BRASIL. Senado Federal. *Projeto de Lei do Senado nº 386, de 2012 (Complementar)*. Altera a Lei Complementar nº 116, de 31 de julho de 2003, que dispõe sobre o Imposto Sobre Serviços de Qualquer Natureza – ISS, de competência dos Municípios e do Distrito Federal, e dá outras providências. Disponível em: http://www.senado.leg.br/atividade/rotinas/materia/getTexto.asp?t=116056&c=PDF&tp=1. Acesso em: 21 abr. 2021.

se aprovasse a mudança proposta pelo Senador Francisco Dornelles, com a inclusão do termo propaganda ao lado de publicidade, para que a incidência do ISS não fosse comprometida pela tênue diferença verificada entre ambos.

De outro lado, sugeriu que a expressão "rádio e televisão" fosse substituída por "modalidades de radiodifusão sonora e de sons e imagens de recepção livre e gratuita", que está contida na parte final do art. 155, §2º, X, d, CRFB/1988, o que resultou no substitutivo, na forma que segue:

> Inserção de textos, desenhos e outros materiais de propaganda e publicidade, em qualquer meio (exceto em livros, jornais, periódicos e nas modalidades de serviços de radiodifusão sonora e de sons e imagens de recepção livre e gratuita).[760]

Consoante já se adiantou no item 3.4 do presente livro, as emendas 3 e 4 apresentadas ao PLS nº 386/2012 em nada repercutiram sobre o seu item 17.25, assim como as emendas de Plenário, posteriormente apresentadas. Dessa forma, na versão final do PLS nº 386/2012, remetida à Câmara dos Deputados, a redação do item 17.25 foi exatamente aquela resultante do substitutivo do Senador Humberto Costa, na forma supradescrita.

Na Câmara dos Deputados, onde o projeto foi renumerado para PLP nº 366/2013, foram igualmente realizadas audiências públicas, no âmbito da Comissão de Desenvolvimento, Indústria e Comércio, que serviram de subsídio para as conclusões firmadas naquela Casa Legislativa.

Em seguida, o referido projeto de lei foi submetido à Comissão de Finanças e Tributação e à Comissão de Constituição e Justiça e de Cidadania, nos quais recebeu parecer favorável à sua aprovação, elaborado pelo relator, o então Deputado Walter Ihoshi (PSD-SP), na forma do substitutivo apresentado.

Em seguida, o PLP nº 366/2013 foi submetido ao Plenário, no qual recebeu 12 (doze) emendas, tendo sido proferido parecer para que apenas 3 (três) emendas fossem aprovadas. No entanto, as emendas aprovadas não guardavam correlação com a redação do item 17.25 à lista anexa à LC nº 116/2003.

---

[760] BRASIL. Senado Federal. *Parecer nº 1.309, de 2013.* Relator: Senador Humberto Costa. Disponível em: https://legis.senado.leg.br/sdleg-getter/documento?dm=4168474&ts=1630427000279&disposition=inline. Acesso em: 13 jan. 2021.

O PLP nº 366/2013 foi aprovado em Plenário e o seu texto foi novamente remetido ao Senado Federal, nos termos do art. 65, parágrafo único, CRFB/1988, para que o Senado Federal pudesse deliberar sobre as modificações propostas, sob a forma de Substitutivo da Câmara dos Deputados nº 15/2015 (SCD nº 15/2015).

No Senado Federal, foi designado relator o então Senador Cidinho Santos (PR-MT), que, por meio do parecer nº 982/2016,[761] destacou que o objetivo principal do projeto foi o combate à guerra fiscal do ISS, centrando-se na análise das modificações levadas a cabo pela Câmara dos Deputados, de modo que a questão referente à veiculação de publicidade não foi enfrentada.

Aos 14.12.2016, o projeto de lei foi incluído para votação, em turno único, tendo sido aprovado requerimento para a votação, em bloco, do substitutivo, que foi aprovado por 63 votos favoráveis, sem nenhuma abstenção, e com 3 votos contrários.

Em seguida, aos 19.12.2016, o projeto de lei foi encaminhado à sanção presidencial. Aos 29.12.2016, o ex-presidente Michel Temer (PMDB-SP) sancionou o projeto de lei com alguns vetos parciais, que não atingiram o item 17.25 do projeto, que passou a prever a incidência de ISS sobre a inserção de publicidade, cuja publicação ocorreu no Diário Oficial da União, aos 30.12.2016, nos seguintes termos:

> 17.25 – Inserção de textos, desenhos e outros materiais de propaganda e publicidade, em qualquer meio (exceto em livros, jornais, periódicos e nas modalidades de serviços de radiodifusão sonora e de sons e imagens de recepção livre e gratuita).

Verifica-se, pois, que a LC nº 157/2016, tendo sido publicada no final de 2016, começou a produzir seus efeitos a partir de 30.03.2017, diante dos princípios da anterioridade e da noventena, insculpidos no art. 150, III, b e c, do Texto Constitucional.

A lei complementar, nos termos em que aprovada, implicitamente adotou uma concepção ampla de serviços, que a desvincula da necessária identificação com uma obrigação de fazer, como se infere da previsão que consta em alguns de seus itens, como o 1.03, que previu a incidência de ISS sobre o processamento, armazenamento ou hospedagem de dados, já referidos no capítulo 3, e o item 1.09, que

---

761 BRASIL. Senado Federal. *Parecer nº 982, de 2016*. Relator: Senador Cidinho Santos. Disponível em: http://www.senado.leg.br/atividade/rotinas/materia/getPDF.asp?t= 204522&tp=1. Acesso em: 21 abr. 2021.

trouxe a previsão de ISS sobre a disponibilização, sem cessão definitiva de conteúdos de áudio, vídeo, imagem e texto por meio da internet, respeitada a imunidade de livros, jornais e periódicos.

Diante da aprovação do item 17.25 e considerando a sua possível interseção com o item 1.09, passa-se, a partir do item seguinte, a discorrer sobre a veiculação de publicidade na Internet, trazendo-se as discussões concernentes à incidência tributária e às hipóteses de imunidade constitucional.

6.5 A veiculação de publicidade na Internet

Conforme já adiantado, a veiculação de publicidade na Internet representa uma importante fronteira na qual o conflito de competência entre o ISS e o ICMS-Comunicação se coloca. Diante do substancial incremento do papel da Internet na economia e, em consequência, do substancial volume de veiculação de publicidade em suas páginas, impõe-se uma análise detida acerca das questões envolvendo a incidência tributária.

Nessa linha, as considerações gerais tecidas no item anterior, acerca da veiculação de publicidade por meios físicos, como *outdoor*, *busdoor* e metrô, são igualmente extensíveis à publicidade na Internet. Entretanto, a veiculação por meios digitais apresenta peculiaridades que demandam tratamento à parte.

Ademais, não se deve perder de vista que a Internet vem experimentando um substancial incremento de publicidade através dos chamados influenciadores digitais, que, por vezes, recebem a remuneração não apenas em pecúnia, mas também por meio de bens. Nesse caso, parece possível avaliar o valor do bem ou serviço para que seja possível quantificar a base de cálculo do tributo, embora o tema mereça maior aprofundamento em separado.[762]

Dessa forma, nesta segunda edição, discorre-se sobre os avanços da abordagem do tema na jurisprudência pretoriana, administrativa e na doutrina, atualizando-se o quadro relatado na edição anterior. Ademais, passa-se a tratar de forma mais pormenorizada o *streaming*, considerando a expressiva produção acadêmica em torno do tema,

---

[762] Para uma análise mais detalhada do tema, cf.: CANEN, Doris; PISCITELLI, Tathiane. Digital influencers, publicidade online e mudanças no âmbito tributário. *In*: CANEN, Doris. *Desafios na tributação das novas tecnologias*: debates atuais. Belo Horizonte: Dialética, 2021. p. 28.

somada à constatação de que a veiculação de publicidade na Internet ocorre por meio dessa tecnologia.

Antes de se defender um posicionamento específico neste trabalho, inicia-se a análise a partir do *streaming*, para, em seguida, percorrer os caminhos traçados por diversos setores doutrinários e pelos precedentes que cuidaram da matéria.

6.5.1 Considerações sobre o *streaming*

Conforme se antecipou no capítulo 3, enquanto *download* é o "ato de fazer cópia de uma informação, gerando um arquivo, que se encontra num computador remoto", *streaming* significa a "tecnologia usada para captar, como um fluxo contínuo, som ou imagens num computador, a qual possibilita ouvi-los ou visionar as imagens antes de a informação como um todo haver sido baixada para computador".[763]

A diferença fundamental entre o *download* e o *streaming* é a de que, no caso do primeiro, o arquivo é transferido e armazenado no computador, e o usuário pode usá-lo posteriormente quantas vezes desejar, ainda que não esteja conectado à Internet. Já quanto ao segundo, há uma permissão de acesso ao conteúdo escolhido pelo cliente, de modo que, após a visualização, o conteúdo não é armazenado pelo computador. Ou seja, os dados multimídia chegam ao computador, fazem um *buffer* (arquivo em memória de curta duração) antes de iniciar a sua reprodução e depois são descartados.[764]

Em verdade, o *streaming* consiste em uma modalidade de uma categoria maior, que abarca os chamados serviços *over-the-top* (OTT), que são aqueles prestados pela Internet e, do ponto de vista subjetivo, fazem frente às empresas do setor de telecomunicações. Sob esse ângulo, os serviços *over-the-top* abarcam os aplicativos de comunicação instantânea, os serviços de vídeo *streaming*, os serviços de voz, os serviços em redes sociais e, ainda, ferramentas de busca.[765]

No que se refere ao aspecto objetivo, os serviços *over-the-top* podem ser compreendidos, em sentido amplo, como uma categoria que

---

[763] STREAMING. *In*: DICIONÁRIO Houaiss. Disponível em: https://houaiss.uol.com.br. Acesso em: 8 abr. 2021.

[764] MARTONE, Rodrigo Corrêa; CARPINETTI, Ana Carolina. Tributação da venda de conteúdo pela Internet por meio de download e streaming. *Revista de Direito de Informática e Telecomunicações – RDIT*, Belo Horizonte, a. 2, n. 3, p. 133, 142, jul./dez. 2007.

[765] FERNANDES, Victor Oliveira. *Regulação de Serviços de Internet*: desafios da regulação de aplicações over-the-top. Rio de Janeiro: Lumen Juris, 2018. p. 15.

abrange os conteúdos, aplicativos e serviços que sejam acessados "por usuários finais e por meio da internet e que sejam prestados por um agente de mercado que não detém o controle da rede". Já em sentido estrito, os serviços *over-the-top* designam "os serviços de comunicações e de mídia que se afiguram complementares ou, pelo menos, potencialmente substituíveis em relação aos serviços tradicionais de telecomunicações".[766]

Do ponto de vista estritamente tributário, após o processo legislativo descrito no item 3.4 do capítulo 3 da presente obra, o *streaming* foi inserido na competência municipal, na forma da redação do item 1.09 da lista anexa à LC nº 116/2003. Nesse sentido, a doutrina tributária que se sucedeu à aprovação do referido dispositivo tem caminhado em diferentes direções quanto à constitucionalidade do dispositivo, que podem ser sintetizadas na forma seguinte.

Em primeiro lugar, identifica-se posicionamento doutrinário no sentido da inconstitucionalidade do item 1.09 da lista anexa à LC nº 116/2003, sob o argumento de que o *streaming* não consagra obrigação de fazer. De acordo com esse posicionamento, o referido item seria inconstitucional, pelo que incabível a incidência de ISS.[767]

Ainda de acordo com essa corrente doutrinária, tampouco poderia incidir ICMS sobre o *streaming*, considerando que a cessão se materializa em caráter temporário, e não em caráter permanente. Portanto, o corolário lógico desse raciocínio é o de que o *streaming* apenas poderia ser tributado pela União Federal, caso a competência residual prevista no art. 154, I, CRFB/1988 fosse exercida.[768]

Verifica-se, no interior dessa corrente doutrinária que identifica o ISS com a existência de obrigações de fazer, a defesa de que o *streaming* é alcançado pela imunidade tributária, nos mesmos moldes dispostos no art. 150, VI, d, CRFB/1988, considerando que tanto o livro quanto o programa de computador "operam idênticos objetivos e efeitos, quais sejam, a transmissão de conhecimentos implicadores da imunidade

---

[766] A obra ora referida utiliza o conceito amplo de serviços *over-the-top*. FERNANDES, Victor Oliveira. *Regulação de Serviços de Internet*: desafios da regulação de aplicações over-the-top. Rio de Janeiro: Lumen Juris, 2018. p. 18-19.

[767] SCAFF, Fernando Facury; SCAFF, Luma Cavaleiro de Macedo. O regime jurídico do ICMS no e-commerce. *In*: MACHADO, Hugo de Brito (Coord.). *Tributação e novas tecnologias*. Indaiatuba: Foco, 2021. p. 331-332.

[768] GRUPENMACHER, Betina Treiger. Tributação do *streaming* e serviços *over-the-top*. *In*: PISCITELLI, Tathiane; LARA, Daniela Silveira (Coord.). *Tributação da Economia Digital*. 2. ed. São Paulo: Thomson Reuters Brasil, 2020. p. 355-361, 369-372.

tributária, pelo fundamento de que possibilitam a liberdade e a plena veiculação do pensamento".[769]

Em segundo lugar, pode-se destacar entendimento doutrinário que defende a constitucionalidade do item 1.09 da lista anexa à LC nº 157/2016, sob o fundamento central de que a lei complementar tributária se presta a solucionar conflitos de competência, nos termos do art. 146, III, a, CRFB. Nesse sentido, a LC nº 157/2016 trabalhou dentro de uma região de penumbra.[770]

Em terceiro lugar, identifica-se posicionamento que sustenta que o *streaming* deveria estar no âmbito de incidência do ICMS-Comunicação. Por essa visão, o conceito de comunicação deve ser interpretado superando-se a dicotomia entre atividades-meio e atividades-fim, que foi criada pela jurisprudência a partir da Lei Geral de Telecomunicações, e não encontra respaldo constitucional. Ou seja, propõe-se o *overruling* da jurisprudência do STF.

O fundamento central dessa corrente, para além de compreender que o Direito Tributário não se vincula necessariamente aos artigos 109 e 110, CTN, reside na constatação de que atividades com idênticos resultados são tributadas de forma distinta. É o quanto se verifica em relação a um filme que pode ser assistido via TV a cabo ou por *streaming*. Embora, nos dois casos, a atividade seja a mesma, no primeiro, incide o ICMS-Comunicação, enquanto, no segundo, incide o ISS.

Dessa forma, sustenta-se que, embora não seja possível a incidência do ICMS na modalidade mercadoria, pelo fato de não haver transferência de propriedade, deveria haver a incidência de ICMS-Comunicação, pois "tal concepção de que só há comunicação quando um serviço fornecer as condições e os meios para que a comunicação ocorra não faz mais sentido em uma economia digital global".[771]

---

[769] MELO, José Eduardo Soares de. A Lei Complementar nº 157/2016 à luz da Constituição Federal: aspectos relacionados à retroatividade e aos campos de incidência do ICMS e do ISS na atividade de difusão de vídeos, áudio e textos pela internet. *In*: FARIA, Renato Vilela; SILVEIRA, Ricardo Maitto da; MONTEIRO, Alexandre Luiz Moraes do Rêgo (Coord.). *Tributação da economia digital*: desafios no Brasil, experiência internacional e novas perspectivas. São Paulo: Saraiva, 2018. p. 281-282.

[770] MACEDO, José Alberto Oliveira. Tributação de atividades de *streaming* de áudio e vídeo: guerra fiscal entre ICMS e ISS. *In*: FARIA, Renato Vilela; SILVEIRA, Ricardo Maitto da; MONTEIRO, Alexandre Luiz Moraes do Rêgo (Coord.). *Tributação da economia digital*: desafios no Brasil, experiência internacional e novas perspectivas. São Paulo: Saraiva, 2018. p. 520.

[771] ROSENBLATT, Paulo; LUDMER, Beatriz Pessoa. O comércio eletrônico audiovisual via *streaming* e o ICMS-Comunicação: uma proposta de superação jurisprudencial para adequar a tributação à economia digital global. *In*: MATA, Juselder Cordeiro *et al*. (Org.). *Tributação na sociedade moderna*: economia digital, compliance tributária, direitos sociais e reforma tributária. Belo Horizonte: Arraes, 2019. p. 530-531.

Ainda nessa linha, defende-se que a incidência do ICMS-Comunicação decorre da leitura conjugada dos artigos 68, II, CTN e 2º, III, LC nº 87/996, que preveem que há prestação de serviço de comunicação independentemente do meio empregado. Sob essa perspectiva, a previsão contida no item 1.09 da lista anexa à LC nº 116/2003, inserida através da LC nº 157/2016, revela-se eivada de inconstitucionalidade.

Nesse sentido, Salvador Cândido Brandão Júnior pondera que o *streaming* em muito se assemelha à televisão por assinatura, com a diferença de que não se trata de uma atividade regulada. De outro lado, questiona a viabilidade de se utilizar a dicotomia de que o *streaming* é transmitido pela Internet e a TV por assinatura, via cabo, considerando que essa distinção não ostenta a mesma nitidez de outrora.[772] Dessa forma, leciona que:

> O cabo ou o satélite por onde trafegam os sinais codificados de televisão ou o fluxo de internet é o mesmo. *O mesmo conteúdo audiovisual da TV por assinatura acessado pela TV da sala é acessado, pela mesma infraestrutura*, no *tablet* ou celular num dos dormitórios da casa. (...) A indagação que se faz é como tratar a tributação se ambas as atividades se misturam e se confundem. Com apenas uma assinatura o usuário pode assistir ao mesmo conteúdo audiovisual, ao vivo, em sua TV, pelo método tradicional, digamos assim, ou via *streaming*, também na TV, no aplicativo da operadora em quaisquer dispositivos com acesso à internet.[773] (Grifo nosso).

Calcado nessas premissas, o autor sustenta que não se mostra possível dosar a tributação a partir do uso do assinante, que é o tomador do serviço, e não o seu prestador. Portanto, defende que o tratamento do *streaming* deve ser feito como serviço de comunicação, que se insere no art. 2º, III, LC nº 87/199, tendo em vista que a Internet consiste em um dos possíveis meios de comunicação referidos no citado dispositivo.

Por fim, identifica-se posicionamento no sentido de que o que se tributa não é a tecnologia, mas sim o seu equivalente funcional, isto é, impõe-se que seja construído um modelo em que a tributação da economia digital seja feita a partir de um paralelo em relação ao que aquela realidade corresponde fora da economia digital. Em outros

---

[772] BRANDÃO JR., Salvador Cândido. Serviço de *streaming* e sua identificação como serviço de comunicação. *In*: PISCITELLI, Tathiane; LARA, Daniela Silveira (Coord.). *Tributação da Economia Digital*. 2. ed. São Paulo: Thomson Reuters Brasil, 2020. p. 407, 409.

[773] BRANDÃO JR., Salvador Cândido. Serviço de *streaming* e sua identificação como serviço de comunicação. *In*: PISCITELLI, Tathiane; LARA, Daniela Silveira (Coord.). *Tributação da Economia Digital*. 2. ed. São Paulo: Thomson Reuters Brasil, 2020. p. 409-411.

termos, como a tecnologia atual tende a se tornar obsoleta e a tecnologia do futuro ainda é desconhecida, o Direito Tributário não deve se estruturar em torno de remissões a termos tecnológicos.[774]

Nesse sentido, Marco Aurélio Greco assinala que, no caso do *streaming* de um filme, o que importa não é a tecnologia utilizada, mas o fato de que se trata de diversão pública e entretenimento, que já encontrava previsão na lista anexa ao DL nº 406/1968.[775] Dessa visão parece decorrer a constatação de que a tributação do *streaming* depende do que está sendo objeto do *streaming*, não havendo que se cogitar de uma resposta apriorística para todos os casos.

Essas observações mostram-se relevantes, uma vez que, como pontuado, uma das formas pelas quais a publicidade pode ser veiculada dá-se por meio da utilização dessa tecnologia. Ou seja, ainda que a veiculação de publicidade, em si mesma, seja mais específica que qualquer dos meios utilizados, o crescimento do *streaming* demanda um estudo à parte.

De outro lado, a despeito da manifesta divergência entre as conclusões dos autores citados, os posicionamentos anteriormente referidos são importantes subsídios teóricos, porque demonstram, a um só tempo, que a digitalização da economia vem enfrentando o desafio de que uma mesma atividade pode estar sendo tributada de forma diferente, a depender da tecnologia empregada, assim como a insuficiência da utilização de padrões classificatórios rígidos. É o caso da mera dicotomia entre atividades-meio e atividade-fim, já referida no capítulo anterior.

Diante desses esclarecimentos, passa-se, a partir dos itens seguintes, a discorrer sobre o tratamento jurídico que a jurisprudência, pretoriana e administrativa, e a doutrina vêm conferindo à veiculação de publicidade na Internet.

6.5.2 A jurisprudência dos tribunais locais

O Tribunal de Justiça do Estado de São Paulo apresenta vários precedentes acerca da tributação da veiculação de publicidade pela

---

[774] Esse entendimento dialoga com a posição defendida por Marco Aurélio Greco em palestra sobre Economia Digital na OAB/SP, aos 12 nov. 2019, cujo vídeo pode ser acessado em: https://www.youtube.com/watch?v=pUADRD9zKN4. Acesso em: 20 dez. 2020.

[775] O exemplo é colhido a partir de entrevista de Marco Aurélio Greco, contida na obra: ROCHA, Sergio André. *Planejamento Tributário na obra de Marco Aurélio Greco*. Rio de Janeiro: Lumen Juris, 2019. p. 187.

Internet, de modo que nos julgados pesquisados, de um modo geral, afastou-se a incidência do ICMS-Comunicação, embora a Corte paulista controverta sobre a incidência ou não de ISS, especialmente no período anterior à LC nº 157/2016.

O primeiro precedente localizado,[776] julgado em 2013, cuidava de embargos infringentes opostos pelo Município de São Paulo, questionando acórdão proferido em sede de apelação, no qual foi decidido que o UOL não deveria recolher ISS referente à veiculação de banners em suas páginas, no período de 2001, diante de o auto de infração e a CDA respectiva haverem enquadrado as atividades do provedor como de intermediação (item 49 da Lei paulistana nº 10.423/1987).[777]

Por maioria, a 15ª Câmara de Direito Público do Tribunal de Justiça do Estado de São Paulo decidiu, quando do julgamento da apelação, que os serviços prestados pelo UOL não se subsumem àqueles descritos no item 49 da lei municipal nº 10.423/1987, vez que não haveria verdadeira intermediação de bens corpóreos, mas sim, veiculação de publicidade, prevista no item 85 da legislação municipal, que encontra equivalência no item 86 da lista anexa ao DL nº 406/1968. Portanto, diante da incorreta referência ao item 49 da lista, a autuação não poderia prevalecer.

As razões constantes do acórdão que julgou a apelação foram mantidas quando do julgamento dos embargos infringentes. Ou seja, neste primeiro precedente, o Tribunal de Justiça de São Paulo não chegou a enfrentar se a atividade de veiculação de publicidade pela Internet consistia em serviço, em sentido estrito, ou em comunicação, limitando-se a decidir que a autuação fora realizada de forma equivocada, em desconformidade com a legislação municipal e com o DL nº 406/1968.

Já em precedente posterior,[778] envolvendo igualmente o UOL, referente a fato gerador ocorrido no ano de 1997, a Quinta Câmara Extraordinária de Direito Público do Tribunal de Justiça do Estado de São Paulo, contrariamente aos embargos infringentes referidos anteriormente, decidiu que a veiculação de publicidade se subsume ao item 49 da lista anexa à legislação municipal paulistana. Novamente, pois, a discussão se inseria na esfera do DL nº 406/1968.

---

[776] TJSP – Embargos Infringentes nº 0072431-28.2006.8.26.0000, rel. Des. Eutálio Porto, Décima Quinta Câmara de Direito Público, Julgamento 06.06.2013, DJe 13.06.2013.

[777] Lei nº 10.423/1987:
(...) 49 – Agenciamento, corretagem ou intermediação de bens móveis e imóveis não abrangidos nos itens 44, 45, 46 e 47. Este item equivale ao item 50 da lista anexa ao DL nº 406/1968.

[778] TJSP – Apelação nº 0143033-64.2008.8.26.0100, rel. Des. Rebouças de Carvalho, Quinta Câmara Extraordinária de Direito Público, Julgamento 19.08.2015, DJe 15.09.2015.

Finalmente, em ação[779] ajuizada pela Tribuna de Santos Jornal e Editora Ltda. contra o Estado de São Paulo, em que requeria que fosse declarada a não incidência de ICMS sobre a veiculação de publicidade por meio digital e sobre encartes de propaganda que acompanham a versão física do jornal, a Sétima Câmara de Direito Público do Tribunal de Justiça de São Paulo subdividiu a análise da controvérsia em relação à parte digital e física do jornal.

Com relação à publicidade veiculada no *site* www.atribuna.com.br, a Corte paulista, seguindo o voto condutor do relator, sustentou que se trata de jornal cuja função é eminentemente cultural, de modo que a publicidade veiculada em suas páginas eletrônicas destina-se à redução dos seus custos de produção, facilitando o acesso à informação e à liberdade de expressão. Nessa linha, fazendo referência ao RE nº 87.049/SP, já analisado no item 6.1.1, a Câmara reconheceu a imunidade ao jornal digital santista.

Todavia, no que se refere aos encartes físicos que acompanham o jornal, os desembargadores paulistas, seguindo a jurisprudência do STF constante do RE nº 213.094/ES, também já referida no item 6.1.1, afastaram a natureza educativa e cultural dos encartes, destacando a sua finalidade propagandística e comercial.

Dessa forma, decidiu-se que os encartes não seriam alcançados pela imunidade e afastou-se, igualmente, a incidência de ICMS-Comunicação, ao argumento de que a interpretação extensiva dos itens 10.10 e 17.06 da lista anexa à LC nº 116/2003 levaria à incidência de ISS.

Em outro precedente,[780] envolvendo a Internet Group do Brasil Ltda., a Décima Câmara de Direito Público decidiu, em sede de mandado de segurança preventivo, que, embora o ICMS potencialmente incida sobre a veiculação de publicidade na Internet, já que o caráter incerto dos destinatários não desfigura a relação comunicativa, a hipótese seria de imunidade.

Consoante o entendimento majoritário, deve ser aplicado o art. 155, §2º, X, d, CRFB/1988, acrescido pela EC nº 42/2003, pelo qual há imunidade no caso de a recepção do serviço de comunicação na modalidade de radiodifusão sonora de sons e imagens ser livre e gratuita.

O voto prevalente remarcou que, "ainda que o provimento de acesso seja oneroso para o usuário, isso não desfigura o caráter livre

---

[779] TJSP – Apelação nº 3015990-89.2013.8.26.0562, rel. Des. Magalhães Coelho, Sétima Câmara de Direito Público, Julgamento 05.10.2015, DJe 16.10.2015.

[780] TJSP – Apelação nº 0182832-60.2007.8.26.0000, rel. Des. Antonio Carlos Villen, Décima Câmara de Direito Público, Julgamento 16.06.2008, DJe 23.06.2008.

e gratuito do acesso aos *sites* que veiculam a publicidade, serviço de comunicação distinto daquele", pelo que aplicável a norma imunizante.

O voto que acompanhou o relator, a seu turno, destacou que, enquanto a LC nº 87/1996 não cuidou da figura do destinatário, a EC nº 42/2003 trouxe circunstância jurídica nova, que é a transmissão sob a ótica do destinatário da mensagem. Dessa forma, sustentou-se que, sendo a recepção livre e gratuita, não deverá haver incidência de ICMS, pois, do contrário, a norma inserida pela emenda constitucional seria esvaziada, *verbis*:

> A intenção do legislador não pode ter sido outra que excluir da tributação alguns serviços antes tributados, como decorre de a Emenda ser posterior à LCF nº 87/96, quando o legislador já estava ciente dos reflexos do inciso III do art. 2º; e de ter desprezado a relação jurídica original para privilegiar a forma de transmissão. *Outra interpretação esvazia por completo a alteração trazida pela EC nº 42/03: como os contratos de veiculação de propaganda são onerosos [a norma tributária não tributa os contratos gratuitos] e a enorme preponderância da comunicação por rádio, televisão e internet se faz com recepção livre e gratuita, a nova alínea 'd' não teria sobre o que incidir.* (Grifo nosso).

Embora esse entendimento tenha prevalecido, cabe destacar o voto divergente, no sentido de que, como o contrato de veiculação de publicidade é oneroso, não se aplicaria a norma imunizante do art. 155, §2º, X, d, CRFB/1988. Pontuou-se que a prestação de serviço é contratada entre o titular do *site* e a empresa interessada na propaganda, de modo que o tomador não é o usuário da Internet e receptor do serviço de comunicação, mas sim o contratante. Por essa visão, o ICMS deveria incidir, pois prevaleceria o caráter oneroso do contrato de veiculação de publicidade.

O recurso extraordinário interposto pelo Estado de São Paulo nesse processo não foi conhecido,[781] uma vez que, em decisão monocrática, a Min. Cármen Lúcia destacou que havia deficiência na fundamentação, apta a ensejar a incidência da Súmula nº 284, STF. De outro lado, entendeu que o recurso excepcional não guardava relação com os fundamentos do julgado recorrido, porque não teria impugnado o fundamento central do acórdão recorrido, qual seja, tratar-se de serviço de comunicação cuja recepção é livre e gratuita, o que levou à incidência da Súmula nº 283, STF.

---

[781] RE nº 595.476/SP, Min. Cármen Lúcia, Julgamento 30.08.2012, DJe 06.09.2012.

Citando o precedente anterior, a Décima Segunda Câmara de Direito Público deu provimento a mandado de segurança no qual a parte impetrante buscava anular auto de infração de ICMS referente ao período de 2008 a 2009. De início, o voto condutor destacou que, até a edição da LC nº 157/2016, não havia previsão de incidência de ISS sobre a hipótese.

Em seguida, ponderou que a veiculação de publicidade em *site* configura prestação de serviço de comunicação, nos termos do art. 155, II, CRFB/1988. No entanto, assim como no julgamento anteriormente referido, houve o afastamento da incidência do imposto estadual, sob o argumento de que a recepção às páginas da internet é livre e gratuita,[782] o que atrairia as considerações referentes à imunidade tributária.

Essa decisão ensejou a interposição de recursos especial e extra-ordinário. O agravo em recurso especial do Estado de São Paulo não foi conhecido, diante do óbice representado pela Súmula nº 7, STJ.[783] Já o recurso extraordinário restou desprovido, em decisão da Segunda Turma do STF, proferida em sessão virtual.

O voto condutor, assim como o precedente anterior, assinalou que as razões recursais não impugnaram o principal fundamento do acórdão recorrido, que consistiria no caráter livre e gratuito do acesso aos *sites*. De outro lado, destacou que a decisão recorrida não conferiu aplicação retroativa à LC nº 157/2016, mas fez mera menção, a título argumentativo, de que a novel lei complementar passou a prever a incidência de ISS sobre a inserção de publicidade.[784]

Ao que parece, a decisão proferida pela Segunda Turma do STF não analisou de forma pormenorizada o conflito de competência, cingindo-se aos limites do acórdão que havia sido proferido pela Décima Segunda Câmara de Direito Público do Tribunal de Justiça de São Paulo.

Do quanto exposto, no período anterior à LC nº 157/2016, pode-se identificar, no âmbito do Tribunal de Justiça de São Paulo, uma prevalência pelo entendimento de que a veiculação de publicidade pela Internet seria intributável tanto pelo ISS quanto pelo ICMS. Os acórdãos referidos anteriormente e outros que se sucederam, ainda que

---

[782] TJSP – Apelação nº 1024278-93.2017.8.26.0053, rel. Des. Isabel Cogan, Décima Segunda Câmara de Direito Público, Julgamento 07.02.2018, DJe 20.02.2018.

[783] AREsp nº 1.498.566/SP, rel. Min. João Otávio de Noronha, Julgamento 24.05.2019, DJe 29.05.2019.

[784] AgReg no ARE nº 1.229.325/SP, rel. Min. Gilmar Mendes, Segunda Turma, Sessão virtual de 20.03.2020 a 26.03.2020, DJe 07.04.2020.

por fundamentos diversos,[785] convergiram, via de regra, no sentido da intributabilidade.

Após o advento da LC nº 157/2016, verifica-se que, via de regra, a Corte paulista ainda tem analisado fatos geradores ocorridos anteriormente ao início da sua vigência, de modo que a fundamentação dos acórdãos encontrados não diverge substancialmente do quanto exposto. Em outros termos, a referência à modificação legislativa tem funcionado como um argumento lateral nos acórdãos pesquisados – tal como assinalado na decisão da Segunda Turma do STF – sem consistir na razão central das decisões examinadas.

Nesse sentido, identifica-se precedente que decidiu pela impossibilidade de exigência de ICMS-Comunicação sobre a veiculação de publicidade na Internet, por compreender que o serviço de comunicação pressupõe a existência de emissor e receptor determinados, o que não se verifica na hipótese. Ademais, o acórdão destacou que o advento da LC nº 157/2016 seria indicativo da incidência de ISS para fatos geradores ocorridos após a sua vigência.[786]

De outro lado, foi feita referência à nova lei complementar em precedente que decidiu pela impossibilidade de incidência de ISS para fato gerador ocorrido entre os anos de 2011 a 2015, equiparando a hipótese à locação (Súmula vinculante nº 31, STF).[787] Ou seja, o acórdão assumiu que a intributabilidade resultaria tanto da ausência de previsão legal quanto da própria inexistência de uma prestação de serviço.

Observa-se, em decorrência do contencioso advindo do Estado de São Paulo, que algumas decisões vêm sendo proferidas no âmbito do STF, em sede de recurso extraordinário, adotando como pressuposto decisório que a publicidade na Internet não seria atividade-fim de comunicação, nos termos do quanto decidido no RE nº 572.020/DF[788] e que, para que fosse possível adotar entendimento diverso, seria necessário o reexame do conjunto fático-probatório, o que é vedado pela Súmula 279, STF.[789]

---

[785] TJSP – Apelação cível nº 1011558-96.2017.8.26.0602, rel. Des. Marrey Uint, Terceira Câmara de Direito Público, Julgamento 18.06.2019, DJe 25.06.2019.

[786] TJSP – Apelação cível nº 1021230-97.2015.8.26.0053, rel. Des. Maria Olívia Alves, Sexta Câmara de Direito Público, Julgamento 06.11.2017, DJe 07.11.2017.

[787] TJSP – Apelação cível nº 1033956-31.2015.8.26.0562, rel. Des. Silva Russo, Décima Quinta Câmara de Direito Público, Julgamento 23.07.2020, DJe 27.07.2020.

[788] ARE nº 1.267.484/SP, Min. Roberto Barroso, Julgamento 27.11.2020, DJe 01.12.2020; ARE nº 1.311.553/SP, Min. Cármen Lúcia, Julgamento 14.04.2021, DJe 16.04.2021.

[789] AgReg no ARE nº 1.267.484/SP, rel. Min. Roberto Barroso, Primeira Turma, Sessão virtual de 06/08/2021 a 16/08/2021, DJe 25/08/2021.

Analisados os acórdãos pesquisados do Tribunal de Justiça de São Paulo, faz-se referência pontual ao Tribunal de Justiça de Santa Catarina, em que há precedente que, embora versando genericamente sobre veiculação de publicidade por meios físicos, estendeu à Internet a impossibilidade de incidência de ICMS-Comunicação.[790]

O fundamento principal da decisão é o de que a prestação de serviço de comunicação pressupõe a determinação do receptor e a interação deste com o emissor, o que não ocorreria na hipótese. Ademais, ponderou-se que a empresa não coloca à disposição de terceiros meios e modos para que troquem mensagens.

Em sede de recurso extraordinário, o Supremo Tribunal Federal não conheceu o recurso do Estado de Santa Catarina. Por meio de decisão monocrática da Min. Rosa Weber, confirmada em agravo regimental pela Primeira Turma,[791] decidiu-se que a apreciação da controvérsia envolveria o reexame fático-probatório, incluindo a análise do contrato social da empresa veiculadora de publicidade, além de a violação à Constituição ser meramente reflexa.

Portanto, infere-se que, embora, muitas vezes, os resultados das decisões analisadas sejam convergentes, os pressupostos teóricos adotados revestem-se de significativa pluralidade. Nesse contexto, a matéria ainda carece de uma fundamentação e uma análise mais sólidas por parte dos Tribunais Superiores.

6.5.3 A jurisprudência administrativa

Diferentemente da diversidade argumentativa verificada em sede pretoriana, a jurisprudência administrativa pesquisada, ao menos até a edição da LC nº 157/2016, caminhava no sentido da incidência de ICMS-Comunicação sobre a veiculação de publicidade pela Internet.

Conforme já pontuado no item 6.2 deste capítulo, seguindo a linha de que o contrato de prestação de serviço de comunicação se caracteriza quando o interesse principal, resultante do acordo de vontades, for a execução de comunicação, a Secretaria de Fazenda do Estado de São Paulo, através da resposta às Consultas Tributárias nºs 389/2004, de 17.02.2006, e 186/2005, de 10.11.2005, posicionou-se pela incidência de ICMS-Comunicação na veiculação de publicidade em *websites*, o que

---

[790] TJSC – Apelação cível nº 2008.025178-0, rel. Des. Pedro Manoel Abreu, Terceira Câmara de Direito Público, Julgamento 28.04.2009, Publicação 30.06.2009.

[791] AgRE nº 781.262/SC, rel. Min. Rosa Weber, Primeira Turma, Julgamento 12.08.2014, DJe 27.08.2014.

leva à necessidade de os contribuintes se inscreverem no Cadastro de Contribuintes do imposto.

No mesmo sentido, até a publicação da citada lei, o TIT reiterava o entendimento de que a publicidade veiculada pela Internet gerava a incidência do ICMS-Comunicação, embora a Sexta Câmara Julgadora, de forma minoritária, afastasse a exação tributária.[792] Contudo, como se exporá à frente, com o advento da lei complementar, a jurisprudência das Câmaras tornou-se menos uniforme, aguardando-se um posicionamento definitivo da Câmara Superior.

A fim de exemplificar o quanto se expõe, cumpre fazer referência a processo administrativo envolvendo, de um lado, a empresa Google Brasil Internet Ltda. e, de outro, o Estado de São Paulo.[793] Observe-se que, no julgamento referido, as discussões gravitaram eminentemente em torno das classificações do Direito Privado, isto é, sobre qual seria o vínculo contratual estabelecido entre a Google Brasil Internet Ltda., de um lado, e a Google International LLC e a Google Inc., de outro.

Um dos argumentos centrais desenvolvidos pela Google Brasil Internet Ltda. para afastar a tributação pelo ICMS-Comunicação é o de que as suas atividades seriam enquadradas como agência, nos termos do item 10.08 da lista anexa à LC nº 116/2003. No entanto, de acordo com o voto condutor do julgado, da lavra do relator, juiz Valério Pimenta de Morais, uma das notas essenciais do contrato de agência é a independência entre as partes envolvidas, conforme a dicção do art. 710, Código Civil, o que não se verificaria diante do conjunto probatório do caso concreto, notadamente do registro da empresa na JUCESP, que demonstraria a subordinação da empresa brasileira.

Dessa forma, afastada a configuração do contrato de agência e presentes os demais requisitos para que a relação comunicativa se estabelecesse, a conclusão inarredável do relator, no que foi acompanhado pela maioria, foi pela incidência de ICMS-Comunicação à hipótese.

Todavia, por meio de voto-vista proferido pelo juiz Paulo Victor Vieira da Rocha, sustentou-se, de forma minoritária, que, em verdade, o contrato celebrado entre a Google Brasil Internet Ltda. e a Google Inc. seria assemelhado ao contrato de comissão do Direito brasileiro, uma vez que a Google Brasil Ltda. funcionaria como comissionária, na medida em que deve prestar contas do preço de vendas e remetê-lo à

---

[792] TIT – Recurso ordinário nº 4.049.521, rel. José Orivaldo Peres Júnior, Sexta Câmara Julgadora, data de publicação 01.06.2016.

[793] TIT – Recurso ordinário nº 4.054.589, rel. Valério Pimenta de Morais, Décima Primeira Câmara Julgadora, data de publicação 17.05.2016.

empresa americana. Entretanto, independentemente da configuração do Direito Civil, esse voto adotou a posição de que a veiculação de publicidade pela Internet estaria abarcada pela imunidade constitucional decorrente da EC nº 42/2003, pelo que incabível a incidência de ICMS-Comunicação.

Foi interposto recurso especial da decisão proferida pela Décima Primeira Câmara Julgadora, que se encontra aguardando pauta desde 26 de outubro de 2017.[794]

Mostra-se importante fazer referência a outro importante precedente acerca da veiculação de publicidade na Internet, contrapondo a Yahoo do Brasil Internet Ltda. e a Fazenda Pública do Estado de São Paulo, no qual a Décima Primeira Câmara Julgadora do TIT, por meio de decisão não unânime, manteve a autuação realizada pelo Estado, referente ao ICMS-Comunicação não recolhido pela veiculação de publicidade em seu *site*.[795]

No entanto, mais importante do que a mera transcrição da ementa da decisão, é a análise de alguns votos proferidos, que muito bem ilustram o quanto o tema é controverso. A relatora, juíza Maria Cristina Diniz Machado, votou pela incidência do ICMS-Comunicação, com base fundamentalmente na sua equiparação à veiculação por outros meios visuais, assim como pela defesa de que não há identidade entre a veiculação de publicidade e o provimento de acesso à Internet, que, como fatos geradores distintos, deveriam ter tratamento tributário diferenciado.

Seguindo o entendimento da relatora, o juiz João Carlos Csillag, em seu voto-vista, remarcou que a objeção de que a cessão de espaço virtual seria mera obrigação de dar não merecia prosperar. A fim de demonstrar o equívoco desse raciocínio, estabeleceu o juiz o seguinte paralelo com o serviço de transportes:

> Quanto à segunda questão objeto da lide ora examinada – se os fatos objeto do presente AIIM se configuram em operações de prestação de serviço de comunicação ou apenas em conteúdo da comunicação –, não vejo como possa prosperar o entendimento de que a veiculação de publicidade na Internet se trata de mera ocupação de espaço virtual cedido pela Recorrente.

---

[794] Consulta realizada aos 06 set. 2021.

[795] TIT – Recurso ordinário nº 4.010.254, rel. Maria Cristina Diniz Machado, Décima Primeira Câmara Julgadora, data de publicação 09.12.2014.

> *Tal interpretação, a meu ver, equivale a considerar que na prestação de serviço de transporte intermunicipal ou interestadual, a empresa transportadora simplesmente coloca seus veículos à disposição dos contratantes, para que estes preencham os veículos com passageiros ou carga. Assim, a prestação de serviço de transporte consistiria em obrigação de dar, ou seja, mera cessão do espaço do veículo, operação que se encontraria fora do campo de incidência do ICMS.* (Grifo nosso).

Ademais, ressaltou que a empresa recorrente possui ampla infraestrutura de comunicação, com infraestrutura de TI, redes de data centers e demais equipamentos necessários, voltados à veiculação de publicidade. Dessa forma, consoante sustentou, não haveria argumentos sólidos para diferenciar a tributação da veiculação de publicidade por variados meios, daquela ocorrida na Internet.

Já o juiz Edison Aurelio Corazza proferiu voto-vista em sentido divergente, destacando que a hipótese cuida de mera difusão a um número indeterminado de pessoas não identificadas, pelo que não consubstanciaria relação comunicativa, que, na sua visão, pressuporia a existência de pelo menos duas pessoas, como emissor e destinatário (que deve ser certo e identificável), além de um canal.

Diante da decisão pela incidência de ICMS-Comunicação, proferida pela Décima Primeira Câmara Julgadora, a empresa autuada interpôs recurso especial no âmbito do TIT, diante de alegado dissídio jurisprudencial. No entanto, a Câmara Superior, por maioria, seguindo o voto divergente do juiz Argos Campos Ribeiro Simões, não conheceu do recurso especial.[796]

O julgamento iniciou-se com o voto de Edison Aurélio Corazza, relator original do recurso especial que, em acréscimo às razões já expostas quando do julgamento do recurso ordinário, ponderou que o advento da LC nº 157/2016 dirimiu o conflito de competência em favor da tributação municipal, nos termos dos artigos 146, I e 156, III, CRFB/1988.

Dentro dessa ordem de ideias, sustentou que, embora a incidência de ISS alcance fatos geradores a partir de 2017, a incidência de ICMS deve ser afastada "desde sempre", posto que "quando a lei complementar soluciona o conflito existente, seus efeitos têm por representação a exclusão da competência de um ente tributante, que nunca foi titular deste direito constitucionalmente outorgado".

---

[796] TIT – Recurso especial nº 4.010.254, rel. Edison Aurélio Corazza, Câmara Superior, data de publicação 05.05.2017.

Todavia, o voto vencedor, da lavra do juiz Argos Campos Ribeiro Simões, pontuou que o recurso da empresa não deveria ser conhecido, sob o fundamento principal de que os acórdãos trazidos como paradigma apresentavam substratos fáticos diversos daqueles apresentados no recurso.

Caso superada a preliminar de não conhecimento, o voto divergente ponderou, no mérito, que a hipótese não se traduziria em serviço de valor adicionado, eis que os serviços em questão "não se assemelham aos de provimento de acesso à *internet*, que apenas possibilitam o acesso dos usuários e provedores de informações à rede". De outro lado, assinalou que a LC nº 157/2016 não poderia produzir efeitos *ex tunc*, de tal sorte que não influenciaria o arcabouço normativo anterior à sua vigência.

Posteriormente ao advento da lei complementar, e ao apreciar fatos geradores anteriores a 2017, as Câmaras do TIT passaram a apresentar posições mais divergentes entre si. Nessa linha, em julgamentos envolvendo o Facebook Serviços *online* do Brasil Ltda.[797] e o Google Brasil Internet Ltda.,[798] a Décima Segunda Câmara Julgadora deu provimento ao recurso ordinário das empresas, sob o fundamento central de que o advento da novel lei complementar implica que a veiculação de publicidade não era, até a sua vigência, fato gerador de ICMS-Comunicação. Contudo, nos precedentes referidos, a Fazenda recorreu, e os recursos especiais ora estão pendentes de julgamento pela Câmara Superior.

Em acréscimo, cabe fazer referência aos votos divergentes proferidos nos citados julgamentos, que destacaram, a um só tempo, que não há serviço de valor adicionado na veiculação de publicidade pela Internet e que a LC nº 157/2016 deve ter efeitos prospectivos, porque teria inovado no ordenamento jurídico, incidindo ICMS-Comunicação até a sua vigência.

De outro lado, identificam-se julgamentos que mantiveram a validade de autos de infração de ICMS-Comunicação anteriores a 2017, acolhendo os argumentos que foram vencidos nos precedentes anteriores. Nesse sentido, observa-se não só a ênfase quanto à impossibilidade de aplicação retroativa da LC nº 157/2016, como o afastamento da imunidade prevista no art. 155, §2º, X, d, CRFB/1988, sob o fundamento de que

---

[797] TIT – Recurso ordinário nº 4.037.765, rel. Lílian Zub Ferreira, Décima Segunda Câmara Julgadora, data de publicação 20.04.2017.

[798] TIT – Recurso ordinário nº 4.078.422, rel. Rodrigo Pansanato Osada, Décima Segunda Câmara Julgadora, data de publicação 18.05.2017.

a veiculação de publicidade na Internet não consiste em radiodifusão de recepção livre e gratuita, como se desenvolverá no item seguinte.[799]

Ademais, o TIT também apresenta o entendimento de que a previsão contida na LC nº 157/2016 foi pela tributação da inserção, mas não da veiculação de publicidade. Nessa linha, a incidência do ICMS-Comunicação sobre a veiculação de publicidade na internet não teria sido alterada com a advento da legislação complementar.[800]

Entretanto, nesses dois últimos precedentes, assim como se expôs anteriormente, há recursos especiais pendentes de julgamento, pelo que se aguarda um posicionamento da Câmara Superior quanto à questão.[801]

A Secretaria de Estado de Fazenda de São Paulo, por sua vez, em resposta à consulta tributária nº 16.508, de 09 de outubro de 2017, adotou o entendimento de que a veiculação de publicidade pela Internet, quando realizada onerosamente, consiste em fato gerador do ICMS-Comunicação.

Assinalou, inclusive, que diante da dicção do art. 156, III, CRFB/1988, que dispõe que compete aos Municípios instituir impostos sobre os serviços de qualquer natureza, não compreendidos no art. 155, II, CRFB/1988, "a veiculação e divulgação de publicidade em *site* na internet do prestador por contrato oneroso continua inserida no campo de incidência do ICMS, conforme preconiza o artigo 155, inciso II, da Constituição Federal/1988", a despeito do advento da LC nº 157/2016.

Passando-se ao Estado de Minas Gerais, verifica-se, por meio da Consulta de Contribuinte nº 189/2014, que versava sobre a divulgação de propaganda em catálogos de revistas ou *sites*, que a Secretaria de Fazenda do Estado de Minas Gerais posicionou-se pela incidência de ICMS-Comunicação sobre as atividades de veiculação de publicidade por qualquer meio, inclusive pela Internet.

No entanto, deve ser feita referência às Consultas de Contribuinte nºs 138/2009, 139/2009 e 80/2014, que dispunham sobre a radiodifusão de forma genérica, e não incluíram a Internet em seu âmbito. Através delas, num primeiro momento, a Secretaria de Fazenda de Minas Gerais fixou o entendimento de que a veiculação de publicidade por meio de radiodifusão está albergada pela imunidade, diante da norma inserta no art. 155, §2º, X, d, CRFB/1988, com a redação da EC nº 42/3003.

---

[799] TIT – Recurso ordinário nº 4.063.225, rel. Leonel Cesarino Pessoa, Décima Terceira Câmara Julgadora, data de publicação 12.09.2017.

[800] TIT – Recurso ordinário nº 4.114.517, rel. Artur Barbosa da Silveira, Nona Câmara Julgadora, data de publicação 30.10.2019.

[801] Consulta realizada aos 6 set. 2021.

Em acréscimo, as Consultas assinalam que a norma imunizante não afasta a necessidade de cumprimento de obrigações acessórias, tais como a inscrição na condição de contribuinte do imposto e a emissão de nota fiscal de serviço de comunicação (NFSC). No caso de descumprimento da obrigação acessória, caberá à autoridade administrativa avaliar a necessidade ou não do seu cumprimento extemporâneo.

No entanto, ao que parece, esse entendimento foi alterado, o que ensejou a prolação de acórdãos do Conselho de Contribuintes que decidiram que a imunidade consagrada pela EC nº 42/2003 não alcançava a veiculação de publicidade, mas apenas a relação jurídica entre as empresas de radiodifusão e o público em geral.[802]

Nesse sentido, cabe transcrever trecho do acórdão nº 21.826/15/1ª, da Primeira Câmara de Julgamento, no qual se destacou que a radiodifusão é modalidade do serviço de telecomunicações, destinada à transmissão de sons e imagens, por meio de ondas radioelétricas, recebidas direta e livremente pelo público, de modo que apenas a própria radiodifusão estaria alcançada pela imunidade, *verbis*:

> Delimitada a distinção entre publicidade e sua veiculação, bem como entre o serviço de veiculação da publicidade e a programação gratuita disponibilizada ao público, cabe novamente enfatizar, com outros elementos, a distinção entre serviço gratuito e oneroso. Esse entendimento está ratificado e consolidado na Consulta de Contribuinte nº 080/2014, PTA nº 16.000482492-85, conforme excerto aqui transcrito:
>
> *Cabe distinguir duas prestações distintas de serviço de comunicação relativas à rádio e televisão de sinal aberto: uma em que a prestadora disponibiliza conteúdo gratuito aos ouvintes ou telespectadores, que é amparada pela imunidade; e outra em que a prestadora é contratada por outra pessoa (física ou jurídica, tomadoras do serviço) para divulgação de publicidade,* inserida no campo de incidência do ICMS, imposto de competência ativa do Estado, por caracterizar-se como prestação onerosa de serviço de comunicação, conforme previsto no inciso III do art. 2º da Lei Complementar nº 87/96 e item 8 do §1º do art. 5º da Lei nº 6.763/75.
>
> *Vê-se, portanto, que são prestações de serviço distintas, com tomadores distintos, a primeira amparada pela imunidade e a segunda compreendida no campo de incidência do imposto.*
>
> Cumpre registrar que a hipótese de incidência disposta expressamente na Constituição Federal é a da prestação de serviço de comunicação, independentemente de ser gratuita ou onerosa, sendo que a imunidade referida se restringiu, especificamente, às prestações gratuitas de radiodifusão sonora e de sons e imagens de recepção livre.

---

[802] Acórdão nº 20.475/14/2ª, rel. Marco Túlio da Silva, Segunda Câmara de Julgamento, julgamento 18.06.2014, publicação 14.07.2014.

Por sua vez, a Lei Complementar nº 87/96 ampliou o campo de não incidência previsto na Constituição para abranger toda e qualquer prestação gratuita de serviço de comunicação, ao restringir a incidência às prestações onerosas, conforme inciso III de seu art. 2º.

Portanto, as prestações onerosas de serviço de comunicação referente à divulgação de publicidade por radiodifusão sonora e de sons e imagens de recepção livre e gratuita se sujeitam à incidência do ICMS.[803] (Grifo nosso).

No mesmo sentido do primitivo entendimento da Secretaria de Fazenda de Minas Gerais, materializado nas Consultas nºs 138/2009, 139/2009 e 80/2014, a Secretaria de Fazenda de Santa Catarina, através da Consulta nº 12/2006, posicionou-se no sentido de que a veiculação de publicidade por meio de radiotransmissão está alcançada pela imunidade desde a EC nº 42/2003. No entanto, no período anterior à referida emenda, a consulta catarinense ressalvou que a hipótese consiste em fato gerador do ICMS, cuja base de cálculo é o valor cobrado pelo anunciante para transmitir as mensagens publicitárias.

Ressalte-se que, após o advento da LC nº 157/2016, a Secretaria de Estado de Fazenda de Santa Catarina reiterou o entendimento de que a veiculação de publicidade por meio de radiodifusão traduz-se em hipótese de imunidade de ICMS, o que decorre da Consulta nº 41/2018.[804]

Finalmente, no âmbito do Conselho de Contribuintes do Estado do Rio de Janeiro, a Terceira Câmara apresentou precedentes no sentido de que a veiculação de publicidade pela Internet não consiste em serviço de comunicação, eis que "o provedor não transmite mensagem entre dois pontos, limitando-se a, de forma estática, inserir a publicidade do terceiro em sua página".[805]

Os referidos acórdãos adotaram a premissa de que os provedores de informação, onde se encontram os portais contratados para veicular publicidade e propaganda, são usuários do serviço de telecomunicação, o que afastaria a incidência de ICMS-Comunicação. Em acréscimo, utilizou-se a LC nº 157/2016 como argumento de reforço para justificar o quanto defendido pela Câmara.[806]

---

[803] Acórdão nº 21.826/15/1ª, rel. Marco Túlio da Silva, Primeira Câmara de Julgamento, julgamento 04.03.2015, publicação 09.04.2015.

[804] BRASIL. Secretaria de Estado da Fazenda. Disponível em: http://legislacao.sef.sc.gov.br/Consulta/Views/Publico/Frame.aspx?x=/html/consultas/frame_consultas.htm. Acesso em: 5 dez. 2020.

[805] Recurso nº 64.060, rel. Luciana Dornelles do Espírito Santo, Terceira Câmara, julgamento 04.07.2017, publicação 24.07.2017.

[806] Recurso nº 65.524, rel. Gustavo Mendes Moura Pimentel, Terceira Câmara, julgamento 03.07.2017, publicação 24.07.2017.

6.5.4 Doutrina

Feitos os esclarecimentos em matéria da jurisprudência pretoriana e administrativa, foram selecionados alguns trabalhos doutrinários, sem prejuízo de outros, que procuram sistematizar os aspectos centrais acerca da tributação da veiculação de publicidade pela Internet. Nesse sentido, leciona Gustavo Brigagão que, enquanto na veiculação de publicidade por *outdoor* haveria obrigação de dar e, portanto, por essa visão, insuscetível de configurar serviço, a veiculação de publicidade pela Internet representaria verdadeira obrigação de fazer, *verbis*:

> Sob esse aspecto, diferentemente do que ocorre nos contratos de divulgação de publicidade em *outdoors*, que envolvem apenas a cessão do espaço para a inserção de publicidade, ou seja, mera obrigação de dar, a atividade de divulgação de anúncios e propaganda em *websites* na internet constitui efetivo serviço, já que dela decorrem obrigações de fazer que lhe são ancilares, tais como programação do *website*, hospedagem das informações relativas ao anúncio/publicidade, processamento de dados, etc.[807]

Contudo, ainda que reconheça na veiculação de publicidade pela Internet um serviço, Gustavo Brigagão sustenta que não há comunicação, eis que a hipótese seria de mero serviço de valor adicionado, nos termos do art. 61 e parágrafos da Lei nº 9.472/1997. Consoante este dispositivo, serviço de valor adicionado é a atividade que acrescenta a um serviço de telecomunicações novas utilidades, embora com ele não se confunda.

Conforme assinala, o *website*, assim como o serviço de valor adicionado, é usuário do serviço de telecomunicações. Segundo leciona, o *website* não transmite mensagem a ninguém, tratando-se de plataforma que se aproveita dos serviços de comunicação prestados pelas empresas operadoras dos serviços de telecomunicações.[808]

Ademais, a fim de afastar a incidência do ICMS-Comunicação sobre a atividade de veiculação de publicidade em *sites*, Gustavo

---

807 BRIGAGÃO, Gustavo. Os serviços de divulgação de publicidade e a incidência do ICMS e ISS. *In*: COELHO, Sacha Calmon Navarro (Coord.); TEIXEIRA, Alessandra Machado Brandão *et al.* (Org.). *Código Tributário Nacional 50 anos*: estudos em homenagem à professora Misabel Abreu Machado Derzi. Belo Horizonte: Fórum, 2016. p. 251.

808 BRIGAGÃO, Gustavo. Os serviços de divulgação de publicidade e a incidência do ICMS e ISS. *In*: COELHO, Sacha Calmon Navarro (Coord.); TEIXEIRA, Alessandra Machado Brandão *et al.* (Org.). *Código Tributário Nacional 50 anos*: estudos em homenagem à professora Misabel Abreu Machado Derzi. Belo Horizonte: Fórum, 2016. p. 254.

Brigagão cita a jurisprudência do STJ, na qual restou consolidada a intributabilidade dos provedores de acesso pelo ICMS-Comunicação, por serem meros serviços de valor adicionado, que se utilizam da rede de telecomunicações para viabilizarem o acesso do usuário final à Internet.[809]

Finalmente, em texto anterior à publicação da LC nº 157/2016, o autor pondera que tampouco o ISS pode incidir sobre a atividade de veiculação de publicidade pela Internet, seja pelo veto ao item 17.07 da lista anexa à LC nº 116/2003, seja pela impossibilidade de interpretação extensiva do item 17.06 com tal finalidade.[810]

Em igual sentido, André Mendes Moreira e Alice Gontijo Santos Teixeira defendem que os portais de informação não transportam dados pela rede virtual, o que é corroborado pelo fato de não apresentarem qualquer autorização da Anatel para operarem os serviços de telecomunicações. Dessa forma, impossível a incidência de ICMS-Comunicação sobre a atividade de veiculação de publicidade em páginas da Internet, vez que os portais de informação são meros usuários desses serviços.[811]

Com efeito, segundo assinalam, consoante a disciplina traçada pela Norma nº 4/1995 da Anatel, os provedores de Internet podem ser subdivididos em provedores de acesso e provedores de informação. Enquanto os primeiros disponibilizam um número de IP (*Internet protocol*) para o usuário, de modo que os dados possam ser virtualmente transportados pelo prestador do serviço de comunicação, os segundos consistem na oferta de conteúdos e utilidades aos usuários.[812]

---

[809] BRIGAGÃO, Gustavo. Os serviços de divulgação de publicidade e a incidência do ICMS e ISS. *In*: COELHO, Sacha Calmon Navarro (Coord.); TEIXEIRA, Alessandra Machado Brandão *et al*. (Org.). *Código Tributário Nacional 50 anos*: estudos em homenagem à professora Misabel Abreu Machado Derzi. Belo Horizonte: Fórum, 2016. p. 256.

[810] BRIGAGÃO, Gustavo. Os serviços de divulgação de publicidade e a incidência do ICMS e ISS. *In*: COELHO, Sacha Calmon Navarro (Coord.); TEIXEIRA, Alessandra Machado Brandão *et al*. (Org.). *Código Tributário Nacional 50 anos*: estudos em homenagem à professora Misabel Abreu Machado Derzi. Belo Horizonte: Fórum, 2016. p. 260-264.

[811] MOREIRA, André Mendes; TEIXEIRA, Alice Gontijo Santos. Veiculação de publicidade e propaganda na internet. Portais de notícias e assemelhados. Serviço de valor adicionado. Não incidência de ICMS-Comunicação. *Revista Dialética de Direito Tributário*, São Paulo, n. 240, p. 26, set. 2015.

[812] 3. Definições, Norma nº 4/1995, da Anatel:
Para fins desta Norma são adotadas as definições contidas no Regulamento Geral para execução da Lei nº 4.117, aprovado pelo Decreto nº 52.026, de 20 de maio de 1963, alterado pelo Decreto nº 97.057, de 10 de novembro de 1988, e ainda as seguintes:
(...) c) Serviço de Conexão à Internet (SCI): nome genérico que designa Serviço de Valor Adicionado que possibilita o acesso à Internet a Usuários e Provedores de Serviços de Informações;
d) Provedor de Serviço de Conexão à Internet (PSCI): entidade que presta o Serviço de Conexão à Internet;

Contudo, na visão dos autores, tanto na modalidade de provimento de acesso quanto na de provimento de informação há serviços de valor adicionado que se utilizam do serviço de telecomunicações. Nessa linha, defendem que o entendimento do STJ que ensejou a edição da Súmula nº 334, pela qual o ICMS não incide sobre os provedores de acesso à Internet, deve ser estendido aos provedores de informação, assim como à divulgação de publicidade realizada por meios desses provedores.[813]

Passando-se às lições de Heleno Torres, verifica-se que, em acréscimo aos argumentos anteriores, no sentido de que os provedores desempenham serviço de valor adicionado, o autor defende que a hipótese traduz verdadeira imunidade, insculpida no art. 155, §2º, X, d, CRFB/1988, acrescido pela EC nº 42/2003.

Na sua visão, a única prestação onerosa do serviço de comunicação perfaz-se entre os usuários, de um lado, e as concessionárias dos serviços de telecomunicações, de outro. Portanto, na relação jurídica entre os provedores e os usuários, a indeterminação destes últimos, somada ao fato de que "têm acesso gratuito (e pouco são os pagos) aos *sites*, logo, com ausência inconteste de base de cálculo para cobrança do ICMS-Comunicação", tornaria indevida a pretensão tributária dos Estados.[814]

Rachel Mira Lagos, por sua vez, alerta que o objetivo da publicidade na Internet não é simplesmente o de atrair a atenção do comprador, mas sim, o de fazê-lo comprar através de um simples clique. Além disso, a Internet apresenta mecanismos para que seja possível identificar dados comportamentais dos usuários, surgindo mesmo mecanismos que geram a possibilidade de encaminhar o consumidor para o local desejado. Nesse contexto, avulta em importância a chamada inteligência empresarial, também conhecida como *business intelligence* (BI), *verbis*:

> E, nesse sentido, quando estão *online* os usuários deixam um "rastro" dos *sites* que visitam. *As empresas analistas do setor, a partir do "fluxo de*

---

e) Provedor de Serviço de Informações: entidade que possui informações de interesse e as dispõe na Internet, por intermédio do Serviço de Conexão à Internet;

[813]   MOREIRA, André Mendes; TEIXEIRA, Alice Gontijo Santos. Veiculação de publicidade e propaganda na internet. Portais de notícias e assemelhados. Serviço de valor adicionado. Não incidência de ICMS-Comunicação. *Revista Dialética de Direito Tributário*, São Paulo, n. 240, p. 34, set. 2015.

[814]   TORRES, Heleno Taveira. ICMS sobre a divulgação de material publicitário na internet por provedor. *In*: FARIA, Renato Vilela; SILVEIRA, Ricardo Maitto da; MONTEIRO, Alexandre Luiz Moraes do Rêgo (Coord.). *Tributação da economia digital*: desafios no Brasil, experiência internacional e novas perspectivas. São Paulo: Saraiva, 2018. p. 482.

*cliques" obtêm informações sobre quais sites foram visitados e quais os termos
de pesquisas utilizados pelo internauta.* Dessa forma, chegam a conclusões
sobre quem somos, o que pensamos e principalmente, o que queremos
ou precisamos.

Isso porque, à medida que as empresas aprendem mais a nosso respeito,
será *mais fácil descobrir aquilo que possivelmente iremos comprar e, consequentemente, qual a publicidade que deve ser direcionada para nós, atingindo-nos
de forma mais inteligente.*

Essa listagem é controlada pelo algoritmo da Google, processo computacional que vasculha bilhões de páginas indexadas pela máquina de
busca para encontrar apenas as mais relevantes para a busca do usuário,
criando-se os chamados "dados comportamentais".

Os dados comportamentais são aqueles produzidos por *softwares* que
acompanham o comportamento individual de consumo pela internet,
associam ações e resultados como uma pesquisa *online*, sendo de propriedade de empresas que os prospectam, sendo, portanto, negociáveis.

A internet mudou substancialmente o nosso comportamento de compra,
fazendo com que cada vez mais os empresários se preocupem com o
chamado *"business intelligence"*.

*Business Intelligence (BI) pode ser traduzido como inteligência de negócios,
ou inteligência empresarial. Isto significa que é um método que visa ajudar
as empresas a tomar as decisões inteligentes, mediante dados e informações
recolhidas pelos diversos sistemas de informação.*[815] (Grifo nosso).

Seguindo a concepção de que o conceito de comunicação pressupõe a interação entre emissor e receptor, a autora defende que não há,
na veiculação de publicidade, verdadeira relação comunicativa. Consoante sustenta, a relação comunicativa pressupõe bilateralidade, pelo
que, em hipóteses nas quais não houvesse a possibilidade de interação
entre emissor e receptor, impossível a sua configuração.

Ademais, Rachel Mira Lagos, na linha do posicionamento já
defendido pelos autores anteriores, sustenta que os *sites* que veiculam
publicidade em suas páginas prestam serviços de valor adicionado,
nos moldes dos provedores de acesso à Internet (Súmula nº 334, STJ),
pelo que não seria possível a incidência de ICMS-Comunicação sobre
a referida atividade.[816]

---

[815] LAGOS, Rachel Mira. A não incidência de ICMS sobre os serviços de veiculação de publicidade na Internet e os desafios de se tributar na era da globalização. *Revista Tributária
e de Finanças Públicas*, São Paulo, v. 22, n. 118, p. 91-92, set./out. 2014.

[816] LAGOS, Rachel Mira. A não incidência de ICMS sobre os serviços de veiculação de publicidade na Internet e os desafios de se tributar na era da globalização. *Revista Tributária
e de Finanças Públicas*, São Paulo, v. 22, n. 118, p. 96-98, set./out. 2014.

Finalmente, a autora perfilha o entendimento de que a veiculação de publicidade consiste em um meio de arrecadação de recursos para que os instrumentos jornalísticos possam se manter, promovendo a liberdade de expressão e de comunicação, associada à liberdade de formação de opinião. Dessa forma, a veiculação de publicidade apresentaria íntima conexão com a temática das imunidades constitucionais.

De outro lado, na linha do pensamento de Heleno Torres, a autora destaca que a EC nº 42/2003 inseriu a alínea *d* ao art. 155, §2º, X, CRFB/1988, prevendo hipótese específica de imunidade para o ICMS, quando a prestação de serviço de comunicação se der sob a modalidade de radiodifusão sonora de sons e imagens de recepção livre e gratuita. Assim, ainda que o provimento de acesso seja oneroso para o usuário, o caráter livre e gratuito de acesso aos *sites* não resta descaracterizado, ensejando a imunidade referida.[817]

No mesmo sentido, Humberto Ávila, por meio de parecer específico sobre o tema, reitera o posicionamento, já descrito no item 5.4 do capítulo precedente, pelo qual o conceito de comunicação empregado pelo legislador constituinte pressupõe uma relação bilateral e onerosa entre emissor e receptor, de tal modo que os receptores sejam necessariamente determinados, e não meramente determináveis.[818]

Nessa linha, o autor defende que a veiculação de publicidade consiste em mera difusão, o que afastaria a incidência de ICMS-Comunicação. No que se refere especificamente à veiculação de publicidade pela Internet, Humberto Ávila esclarece que, assim como na veiculação de publicidade por *outdoor*, há uma mera cessão de espaço virtual para que o anunciante divulgue os seus produtos, o que traduziria apenas uma obrigação de dar.

Na sua visão, ainda que se admitisse que as atividades concernentes à cessão de espaço são obrigações de fazer, haveria apenas meios para que o negócio jurídico se efetivasse, não se tratando do próprio fim da contratação. Segundo leciona, a configuração de um serviço não se perfaz com qualquer fazer, pois apenas constituem serviços "aqueles

---

[817] LAGOS, Rachel Mira. A não incidência de ICMS sobre os serviços de veiculação de publicidade na Internet e os desafios de se tributar na era da globalização. *Revista Tributária e de Finanças Públicas*, São Paulo, v. 22, n. 118, p. 96-98, set./out. 2014.

[818] ÁVILA, Humberto. Veiculação de material publicitário em páginas da Internet. Exame da competência para instituição do imposto sobre serviços de comunicação. Ausência de prestação de serviço de comunicação. *Revista Dialética de Direito Tributário*, São Paulo, n. 173, p. 159, 162, fev. 2010.

'fazeres' que constituem o objeto principal e a própria finalidade da relação negocial".[819]

Ademais, o autor vislumbra a existência de duas relações jurídicas para fins de veiculação de publicidade – a cessão de espaço virtual celebrada entre o anunciante e um *site* de Internet e a sua veiculação dirigida ao grande público – de tal modo que em nenhuma delas haveria verdadeira hipótese de serviço de comunicação.[820]

Ricardo Lodi Ribeiro, por sua vez, sustenta que a inserção de publicidade e propaganda se traduz em serviço que o veículo de imprensa presta ao vendedor de produtos, estando a sua tributação, em tese, na competência dos Municípios por meio de ISS, desde que haja previsão específica na lei complementar.

Reportando-se aos precedentes do STF, já referidos no item 6.1.1 do capítulo 6 da presente, que ora se inclinaram pela imunidade em relação ao ISS, ora caminharam no sentido da incidência do ISS quanto aos encartes de publicidade e propaganda, o autor destaca que não estão presentes os pressupostos para a configuração de uma relação comunicativa, considerando que, na sua visão, a inserção de propaganda e publicidade não consiste em elemento facilitador ou viabilizador da relação comunicativa entre emissor e receptor.[821]

No que se refere especificamente às mídias digitais, pondera que o *site* da empresa jornalística não é o veículo que permite a comunicação entre o emissor e o receptor, mas o usuário do serviço de comunicação prestado pelas concessionárias e o prestador de serviços aos leitores. Embora entenda que "tal atividade é estranha ao conceito de serviço de valor adicionado ao art. 61 da Lei Geral de Telecomunicações", conclui pela possibilidade de que seja aplicado à hipótese de veiculação de publicidade o precedente do STJ quanto aos provedores de Internet.[822]

Ademais, Ricardo Lodi Ribeiro sustenta que, ainda que se entendesse que a veiculação de publicidade pela Internet consiste em

---

[819] ÁVILA, Humberto. Veiculação de material publicitário em páginas da Internet. Exame da competência para instituição do imposto sobre serviços de comunicação. Ausência de prestação de serviço de comunicação. *Revista Dialética de Direito Tributário*, São Paulo, n. 173, p. 161, fev. 2010.

[820] ÁVILA, Humberto. Veiculação de material publicitário em páginas da Internet. Exame da competência para instituição do imposto sobre serviços de comunicação. Ausência de prestação de serviço de comunicação. *Revista Dialética de Direito Tributário*, São Paulo, n. 173, p. 162-163, fev. 2010.

[821] RIBEIRO, Ricardo Lodi. Mídias digitais, publicidade e imunidade tributária. *Revista Fórum de Direito Tributário – RFDT*, Belo Horizonte, a. 13, n. 74, p. 3-5, mar./abr. 2015.

[822] RIBEIRO, Ricardo Lodi. Mídias digitais, publicidade e imunidade tributária. *Revista Fórum de Direito Tributário – RFDT*, Belo Horizonte, a. 13, n. 74, p. 15, mar./abr. 2015.

comunicação, seria aplicável à hipótese a imunidade prevista no art. 150, VI, d, CRFB/1988, sobre o que se discorrerá em seguida. Nessa linha, o autor defende que a imunidade objetiva deve ser estendida às mídias digitais que preencham os requisitos do art. 222, CRFB/1988.[823]

No entanto, diferentemente dos posicionamentos anteriores, Roberto Biava Júnior pondera que "embora para o usuário final o serviço de textos/imagens inseridos na internet possa ser buscado e aparecer na listagem do buscador de forma gratuita, houve a contratação onerosa dessa solução".[824]

Em outros termos, mostra-se flagrante a onerosidade do contrato de veiculação de publicidade, que se materializa através de contrato celebrado com essa específica finalidade, o que se soma à constatação de que, cada vez mais, os anúncios patrocinados são direcionados aos usuários e destinatários finais do sistema comunicacional.

Nessa linha, o autor sustenta a incidência de ICMS-Comunicação sobre a publicidade *online*, destacando que os modelos de gestão utilizados pelas empresas de internet, especialmente através de *sites* de busca, não os transformam em serviços de gerenciamento, organização de dados ou de cessão de espaço.

Dentro dessa ordem de ideias, os óbices levantados para a incidência de ICMS-Comunicação devem ser vistos *cum grano salis*, uma vez que os elementos configuradores da relação comunicativa previstos no art. 2º, III, LC nº 87/1996 encontram-se presentes.

Por fim, como será pormenorizado de forma mais detalhada a seguir, Roberto Biava Júnior afasta a aplicação da imunidade prevista no art. 155, §2º, X, CRFB/1988, por ponderar que não há uma transmissão por radiodifusão, que é um conceito previsto em legislação setorial específica.[825]

---

[823] RIBEIRO, Ricardo Lodi. Mídias digitais, publicidade e imunidade tributária. *Revista Fórum de Direito Tributário – RFDT*, Belo Horizonte, a. 13, n. 74, p. 9-11, mar./abr. 2015.

[824] BIAVA JR., Roberto. Determinação dos limites de incidência do ICMS na modalidade "comunicação" e do ISS nas atividades de veiculação de textos/imagens e divulgação de publicidade na internet. *In*: FARIA, Renato Vilela; SILVEIRA, Ricardo Maitto da; MONTEIRO, Alexandre Luiz Moraes do Rêgo (Coord.). *Tributação da Economia Digital*: desafios no Brasil, experiência internacional e novas perspectivas. São Paulo: Saraiva Educação, 2018. p. 290.

[825] BIAVA JR., Roberto. Determinação dos limites de incidência do ICMS na modalidade "comunicação" e do ISS nas atividades de veiculação de textos/imagens e divulgação de publicidade na internet. *In*: FARIA, Renato Vilela; SILVEIRA, Ricardo Maitto da; MONTEIRO, Alexandre Luiz Moraes do Rêgo (Coord.). *Tributação da Economia Digital*: desafios no Brasil, experiência internacional e novas perspectivas. São Paulo: Saraiva Educação, 2018. p. 297.

Feitos os esclarecimentos anteriores, observa-se que, embora as considerações traçadas em relação à veiculação de publicidade, em geral, sejam extensíveis à veiculação pela Internet, há algumas peculiaridades que demandam o tratamento à parte desta última modalidade.

Nessa linha, consoante defendido por diversos setores doutrinários, o provedor de informação presta um serviço de valor adicionado, nos termos da classificação empreendida pela Lei nº 9.472/1997, visto que se utiliza de uma rede de telecomunicações já existente para a oferta de conteúdos e utilidades ao usuário.

Contudo, não se pode perder de vista, como já pontuado no capítulo 5 deste livro e no item 6.5.1, que a divisão entre serviços de valor adicionado e serviços de comunicação foi elaborada pelo legislador ordinário para fins regulatórios, não podendo assumir efeitos absolutos em termos tributários. De outro lado, "exigir que o fornecedor do serviço de comunicação seja também o titular da infraestrutura, desconsidera a natureza não cumulativa do imposto".[826]

Dessa forma, seguindo o entendimento que vem sendo sustentado na presente obra, não parece haver óbice a que se identifique que a veiculação de publicidade consiste em modalidade de prestação de serviço de comunicação, uma vez que presentes os meios necessários para que a mensagem seja divulgada.

Ademais, a clássica noção de que a veiculação de publicidade consiste em mera difusão, dirigida a um rol indeterminado de pessoas, vem progressivamente cedendo espaço à constatação de que a publicidade na Internet, mais do que em outros segmentos, é direcionada às preferências e buscas realizadas pelo usuário, através do uso de algoritmos com tal finalidade.

Nesse sentido, a seguir a concepção supradesenvolvida, a veiculação de publicidade através dos portais de Internet também se apresenta como modalidade de prestação de serviço de comunicação, ainda que não se trate de telecomunicação. Entretanto, conforme assinalado, mostra-se imperioso perquirir se a hipótese estaria abarcada pela imunidade prevista no art. 155, §2º, X, d, CRFB/1988 ou por alguma modalidade de imunidade geral do art. 150, VI, CRFB.

Em relação ao texto introduzido pela EC nº 42/2003, observa-se que o constituinte reformador estabeleceu como requisitos para a configuração de imunidade tanto que se esteja diante de uma prestação

---

[826] BRANDÃO JR., Salvador Cândido. Serviço de *streaming* e sua identificação como serviço de comunicação. *In*: PISCITELLI, Tathiane; LARA, Daniela Silveira (Coord.). *Tributação da Economia Digital*. 2. ed. São Paulo: Thomson Reuters Brasil, 2020. p. 407.

de serviço de comunicação na modalidade de radiodifusão sonora de sons e imagens, quanto que a recepção seja livre e gratuita.

Ou seja, para fins de imunidade, o constituinte estabeleceu a necessidade da conjugação de alguns pressupostos, quais sejam, o serviço deve ser simultaneamente de radiodifusão, além de a sua recepção ser concomitantemente livre e gratuita. Portanto, impõe-se que seja analisado o alcance de cada uma das três expressões utilizadas.

A definição para serviço de radiodifusão foi trazida pelo Decreto nº 52.026/1963, posteriormente revogado pelo Decreto nº 97.057/1988, que regulamentaram a Lei nº 4.117/1962. Observe-se que a Lei nº 4.117/1962, na parte em que dispõe sobre os serviços de radiodifusão, não foi revogada, consoante a norma contida no art. 215, I, da Lei nº 9.472/1997.

Em acréscimo, em seu art. 6º, d, a Lei nº 4.117/1962 dispõe que o serviço de radiodifusão é espécie do serviço de telecomunicações "destinado a ser recebido direta e livremente pelo público em geral, compreendendo radiodifusão sonora e televisão".

O art. 6º, item 26 do Decreto nº 52.026/1963, por sua vez, estabelecia que radiodifusão "é o serviço de telecomunicações que permite a transmissão de sons (radiodifusão sonora) ou a transmissão de sons e imagens (televisão), destinado a ser direta e livremente recebida pelo público".

Em sentido similar, o art. 6º, item 83 do Decreto nº 97.057/1988, prevê que a radiodifusão é

> modalidade de serviço de telecomunicações destinado à transmissão de sons (radiodifusão de sons, radiofonia, ou radiodifusão sonora) ou de sons e imagens (radiodifusão de sons e imagens, radiotelevisão, ou radiodifusão de televisão), por ondas radioelétricas, para serem direta e livremente recebidos pelo público em geral.

Por conseguinte, depreende-se das definições anteriores que o serviço de radiodifusão é transmitido por ondas radioelétricas, sendo recebido de forma livre pelo público, isto é, sem que haja impedimento para que o sinal seja captado. De outro lado, embora não esteja expresso no texto do decreto, do caráter livre da recepção decorre a sua gratuidade, que é a ausência de contraprestação pelo receptor.

Transpondo as observações anteriores para o âmbito da Internet, verifica-se que, embora expressivos setores doutrinários e alguns precedentes do Tribunal de Justiça de São Paulo, referidos no item 6.5.2, defendam que a imunidade prevista no art. 155, §2º, X, d, CRFB/1988 se estende ao provedor de informação, constata-se que a Internet, nos moldes atualmente delineados, não apresenta recepção de caráter livre e gratuito.

Em outros termos, diferentemente do rádio e da televisão aberta, cujo sinal pode ser captado indistintamente por quaisquer receptores, a Internet, ao menos nos dias de hoje, apenas pode ser acessada por aqueles que paguem por esse serviço. Dessa forma, com a evolução tecnológica e o avanço das redes digitais, não só é possível, como também provável, que a conexão à Internet venha a ser de recepção livre e gratuita, o que contribuiria para abrir espaço para a extensão da imunidade prevista no art. 155, §2º, X, d, CRFB/1988.[827]

Nessa linha, os precedentes do Tribunal de Justiça de São Paulo, anteriormente referidos, que analisaram a imunidade a partir de o acesso ao *site* ser livre e gratuito, e não do próprio acesso à Internet, merecem algumas ponderações.

Com efeito, o prévio acesso à Internet é pressuposto indispensável para o acesso ao *site* no qual a publicidade está sendo veiculada, de modo que esta operação é inteiramente dependente daquela, não apresentando existência autônoma. Dessa forma, não parece possível a sua análise de forma compartimentada para fins de aplicação da imunidade prevista na EC nº 42/2003.

Ademais, a se levar ao extremo a possibilidade de fracionamento das operações, para fins de aplicação do art. 155, §2º, X, d, CRFB/1988, chegar-se-ia ao entendimento de que a publicidade veiculada no âmbito da TV por assinatura seria alcançada pela imunidade, eis que, uma vez já adquirido o pacote de canais, o posterior acesso a cada um deles se daria sem restrições. No entanto, não parece ser este o alcance da imunidade constitucional.

Feitos esses esclarecimentos, cabe perquirir se a veiculação de publicidade na Internet estaria abarcada pelas hipóteses gerais de imunidade previstas no art. 150, VI, d, CRFB/1988. Para esse intento, considerando que o estudo sobre a imunidade objetiva dos livros, jornais e periódicos representa um tema extremamente vasto e que ultrapassa os limites do presente, impõe-se delimitar que, nesta passagem, será retomado o tratamento dispensado pelo STF à veiculação de publicidade em jornais e listas telefônicas, assim como a possibilidade de extensão da imunidade ao livro eletrônico.

---

[827] Embora, a rigor, a Internet não seja uma modalidade de radiodifusão, a sua ampliação até se chegar a um estágio de recepção livre e gratuita contribuiria para o debate quanto à possibilidade de sua inclusão no âmbito do art. 155, §2º, X, d, CRFB/1988.

Quanto ao primeiro tópico, conforme já referido no item 6.1.1, o STF tem alguns precedentes em que decidiu que a veiculação de publicidade em jornais e listas telefônicas está acobertada pela imunidade do art. 150, VI, d, CRFB/1988 (que equivale ao antigo art. 19, III, d, EC nº 1/1969), uma vez que as receitas obtidas com a publicidade são essenciais para a manutenção dos veículos de comunicação.

Consoante já destacado naquela passagem, a jurisprudência do STF está sujeita a críticas doutrinárias, tendo em vista, notadamente, que se trata de verdadeira subjetivação de uma imunidade que é objetiva. Entretanto, ainda que não se tenha notícia de recurso extraordinário com repercussão geral sobre a matéria, os precedentes do STF apenas afastam a imunidade na hipótese de encartes publicitários, por considerarem que o seu conteúdo é eminentemente comercial, o que não ocorreria na publicidade veiculada no próprio jornal.

Nesse sentido, cabe fazer referência às ponderações de Antônio Reinaldo Rabelo Filho, para quem a imunidade constitucional, na linha da jurisprudência do STF, pressupõe que as publicações tenham caráter informativo, *verbis*:

> O entendimento do largo espectro da imunidade em tela deve se orientar pela necessária preponderância entre a informação veiculada pelos livros, jornais e periódicos e a publicidade comumente ali inserida, como acessória. Em outros termos, uma revista periódica que veiculasse apenas informes publicitários, ainda que de forma periódica, não parece poder ser alcançada pela imunidade em referência. Depreende-se, dos julgamentos proferidos pelo Supremo Tribunal Federal, a necessária existência de alguma forma de cultura e informação, que seja veiculada para a sociedade em geral.[828]

Já quanto ao segundo tópico, qual seja, a extensão da imunidade do art. 150, VI, d, CRFB/1988, havia diversas decisões monocráticas[829] que restringiam a referida imunidade ao livro em papel, acompanhando alguns setores doutrinários nesse sentido.[830]

---

[828] RABELO FILHO, Antônio Reinaldo. *A prestação de serviços de comunicação. Conceito e limites para a sua tributação*. 216f. Dissertação (Mestrado). Pontifícia Universidade Católica de São Paulo – Faculdade de Direito, São Paulo, 2009. p. 93-94.

[829] A título de exemplo, são referidos os julgados seguintes: RE nº 416.579/RJ, Min. Joaquim Barbosa, Julgamento 17.12.2009, DJe 08.02.2010; RE nº 427.965/RJ, Min. Dias Toffoli, Julgamento 29.03.2010, DJe 19.04.2010; RE nº 282.387/RJ, Min. Eros Grau, Julgamento 23.05.2006, DJ 08.06.2006 e RE nº 432.914/RJ, Min. Ellen Gracie, Julgamento 01.06.2005, DJ 16.06.2005.

[830] TORRES, Ricardo Lobo. *Tratado de Direito Constitucional Financeiro e Tributário – Os Direitos Humanos e a Tributação*: imunidades e isonomia. 3. ed. Rio de Janeiro: Renovar, 2005. v. 3,

No entanto, o STF reconheceu a repercussão geral da discussão sobre a imunidade do livro eletrônico por meio do RE nº 330.817 RG/RJ, rel. Min. Dias Toffoli, Julgamento 20.09.2012, DJe 01.10.2012, sendo recorrente o Estado do Rio de Janeiro, em que impugnou acórdão do tribunal local, que estendeu a imunidade constitucional à enciclopédia contida em CD-ROM.

Observe-se que o STF também reconheceu a repercussão geral do RE nº 595.676 RG/RJ, rel. Min. Marco Aurélio, Julgamento 19.03.2010, DJe 18.08.2011, acerca da possibilidade de extensão da imunidade aos componentes eletrônicos que integram o livro físico. Nesse último recurso, a União questionou acórdão do Tribunal Regional Federal da Segunda Região (TRF-2) que entendeu que a imunidade do art. 150, VI, d, CRFB/1988 alcança a importação de componentes eletrônicos que acompanham e complementam material didático impresso, utilizados em curso prático de montagem de computadores.

No julgamento do recurso,[831] o Min. Marco Aurélio, relator, destacou que, à época da promulgação da Constituição, o legislador não poderia antever o tamanho da evolução tecnológica que se sucederia. Ademais, ponderou que a interpretação constitucional pressupõe a conjugação dos elementos sistemático e teleológico, como forma de cumprir o princípio da dignidade da pessoa humana, da igualdade, do Estado Democrático de Direito, da República e da Federação.

Dentro dessa ordem de ideias, pontuou que a norma do art. 150, VI, d, CRFB/1988 visaria a resguardar, a um só tempo, a liberdade de expressão e a liberdade de imprensa, de sorte que o escopo constitucional não seria o de proteger o meio físico, mas sim o valor intrínseco do conteúdo veiculado.

Finalmente, o Min. relator ponderou que a interpretação da Constituição de 1988 não poderia desconsiderar a evolução tecnológica verificada no século XXI, sob pena de se tornar ultrapassada. Nessa linha, estendeu a imunidade aos componentes eletrônicos que acompanham o livro, assinalando a necessidade de evolução interpretativa do preceito constitucional. O Min. Marco Aurélio foi acompanhado pelos Ministros Luís Roberto Barroso, Teori Zavascki, Rosa Weber e

---

p. 318-319. Consoante leciona: "não nos parece que a doutrina da imunidade tributária possa se extrapolar com tal facilidade para o mundo dos livros e enciclopédias 'eletrônicos', pelos argumentos anteriormente aduzidos: o 'livro eletrônico', comercializado sob a forma de CD-ROM, é um hipertexto que – lógica, operacional e finalisticamente – difere do texto do livro impresso em papel".

[831] RE nº 595.676 RJ, rel. Min. Marco Aurélio, Tribunal Pleno, Julgamento 08.03.2017, DJe 18.12.2017.

Luiz Fux. Entretanto, o julgamento foi suspenso, em virtude de pedido de vista do Min. Dias Toffoli.

Posteriormente, o RE nº 330.817/RJ[832] e o RE nº 595.676/RJ foram julgados em conjunto. O Min. Dias Toffoli, em voto-vista no RE nº 595.676/RJ, esclareceu que a interpretação das imunidades deve ser orientada para preservar a liberdade de imprensa e a liberdade de expressão, destacando que os componentes eletrônicos que acompanham o material didático não apresentam existência autônoma, devendo-lhes ser estendida a imunidade.

Já em seu voto como relator do RE nº 330.817/RJ, o Min. Dias Toffoli, após traçar um quadro histórico da evolução das imunidades no Direito Constitucional brasileiro, assinalou a premissa de que a imunidade prevista no art. 150, VI, d, CRFB/1988 é objetiva, destinando-se a ser um veículo transmissor de ideias.

Nesse contexto, sublinhou que "a variedade de tipos de suporte (tangível ou intangível) que um livro pode ter aponta para a direção de que ele só pode ser considerado como elemento acidental no conceito de livro". Ou seja, o Ministro entendeu que a imunidade deveria ser estendida ao livro eletrônico, independentemente do suporte que o contém, assim como ao "papel eletrônico (e-paper) e o aparelho eletrônico (como o e-reader) especializados na leitura de obras digitais, com os quais se intenta, justamente, imitar a leitura em papel físico".

Entretanto, o Ministro destacou que a imunidade não deveria ser estendida a outros aparelhos, como *tablets*, *smartphones* e *laptops*, que, por serem multifuncionais, destinam-se não apenas à leitura dos livros digitais, mas também a outras tarefas, no que foi seguido pelos demais Ministros.

Dessa forma, o Plenário do STF fixou, à unanimidade, o entendimento de que a imunidade tributária do art. 150, VI, d, CRFB/1988 estende-se aos livros eletrônicos, aos suportes exclusivos para leitura e armazenamento e aos componentes eletrônicos que acompanhem material didático, aprovando os temas 259[833] e 593.[834]

Portanto, o STF fixou, em sede de repercussão geral, interpretação do art. 150, VI, d, CRFB/1988 que se apega menos à literalidade e mais

---

[832] RE nº 330.817/RJ, rel. Min. Dias Toffoli, Tribunal Pleno, Julgamento 08.03.2017, DJe 31.08.2017.

[833] Tema 259. A imunidade da alínea d do inciso VI do artigo 150 da Constituição Federal alcança componentes eletrônicos destinados, exclusivamente, a integrar unidade didática com fascículos.

[834] Tema 593. A imunidade tributária constante do art. 150, VI, d, da CF/88 aplica-se ao livro eletrônico (e-book), inclusive aos suportes exclusivamente utilizados para fixá-lo.

ao espírito do dispositivo. Transpondo as considerações anteriores para o âmbito da publicidade veiculada pela Internet, parece possível concluir que as mesmas razões devem ser estendidas aos jornais e periódicos eletrônicos.[835]

Em outros termos, considerando que a jurisprudência tradicional do STF é no sentido de que a veiculação de publicidade em jornais é imune, exceto se a mesma se der por meio de encartes de conteúdo comercial, as mesmas premissas devem ser adotadas quanto aos portais de Internet de inequívoco conteúdo jornalístico.

Nesse sentido, tendo prevalecido no STF a premissa de que o livro eletrônico se insere no conceito de livro, para fins de imunidade, mostra-se possível concluir que a publicidade veiculada nos portais de Internet de conteúdo jornalístico também deve ser alcançada pela imunidade, por identidade de razões.

Verifica-se que os precedentes localizados do STF cuidaram da veiculação de publicidade em jornais e listas telefônicas, não abarcando expressamente periódicos. Entretanto, não há suporte normativo para que estes sejam tratados de forma distinta daqueles, pelo que as considerações realizadas quanto aos jornais e listas telefônicas devem ser extensíveis às revistas.

Por fim, cumpre enfatizar que as observações tecidas anteriormente são extensíveis ao novel item 17.25 da lista anexa à LC nº 116/2003, que decidiu pela incidência de ISS em tais operações, ainda que de duvidosa constitucionalidade.

Embora o legislador complementar tenha reconhecido textualmente a imunidade de ISS apenas em relação a "livros, jornais, periódicos e nas modalidades de serviços de radiodifusão sonora e de sons e imagens de recepção livre e gratuita", entende-se que a veiculação de publicidade em páginas da Internet com conteúdo equiparável ao de livros, jornais e periódicos também deverá ser alcançada pela norma

---

[835] Convergindo com a solução ora proposta, no que se refere ao alcance da imunidade para portais eletrônicos e à publicidade nos mesmos, cabe citar as lições de Luís Roberto Barroso e Eduardo Mendonça, que sintetizam que "a comparação entre o conteúdo desse acervo convencional e o conteúdo das mídias eletrônicas permitirá ao intérprete identificar se o objeto em questão está ou não abrangido pela imunidade tributária", propugnando pela extensão da imunidade à publicidade em *sites*, a depender de o conteúdo das plataformas digitais ser equiparável a livros, jornais e periódicos. (BARROSO, Luís Roberto; MENDONÇA, Eduardo. A imunidade tributária das páginas da Internet que veiculem conteúdo assimilável a livros, jornais e periódicos. *In*: BORJA, Célio; RIBEIRO, Ricardo Lodi (Org.). *Temas de Direito Público*: estudos em homenagem ao professor Flávio Bauer Novelli – Constituição e Cidadania. Rio de Janeiro: Multifoco, 2015. v. 1, p. 351-354).

imunizante, considerando que a alteração do meio de disponibilização não tem o condão de afastar a aplicação da imunidade.[836]

6.6 Considerações finais

Traçadas as considerações gerais quanto ao alcance da locução prestação de serviços de comunicação, observa-se que, no que atine especificamente aos contratos de cessão de espaço para veiculação de publicidade, a evolução legislativa quanto à matéria contribui para que seja possível compreender a controvérsia subjacente ao conflito de competência entre o ISS e o ICMS-Comunicação.

Na vigência da Constituição de 1967, a competência para tributar os serviços de comunicação era bipartida entre a União e os Municípios, cabendo aos primeiros o exercício da competência tributária, como regra, e aos segundos o exercício subsidiário da competência, apenas no caso de comunicação intramunicipal.

Nesse contexto, o DL nº 406/1968, desde a sua redação originária, estabeleceu que a veiculação de publicidade se sujeitava à incidência do ISS, o que se manteve até o advento da LC nº 116/2003, quando o item 17.07, que continha a previsão existente na legislação anterior, foi vetado. De outro lado, houve novo veto presidencial em 2012, em face de projeto de lei que reinseria a veiculação de publicidade na competência municipal.

A mudança substancial verificada no pós-1988 deu-se porque, enquanto a Constituição de 1967 conferia aos Municípios a tributação sobre os serviços que não estivessem na esfera de outros entes federativos, assim como sobre os serviços de comunicação intramunicipal, a Constituição de 1988 manteve na competência municipal apenas os serviços de qualquer natureza, mas transferiu integralmente aos Estados a competência para tributar a prestação dos serviços de comunicação.

Ou seja, na vigência da Constituição de 1967, o Município poderia tributar os serviços intramunicipais, tanto de comunicação quanto de qualquer natureza, desde que houvesse previsão na legislação

---

[836] BRANDÃO JUNIOR, Salvador Cândido. A imunidade dos fonogramas e videofonogramas e sua aplicação no serviço de *streaming*. In: PISCITELLI, Tathiane; LARA, Daniela Silveira (Coord.). *Tributação da Economia Digital*. 2. ed. São Paulo: Thomson Reuters Brasil, 2020. p. 382-384. Embora o artigo do autor seja especificamente destinado a cuidar das imunidades decorrentes da EC 75/2013, as suas conclusões são em tudo aplicáveis ao presente, tendo em vista que "a imunidade é mandamento constitucional, inexistindo competência tributária nesse campo".

complementar. Portanto, a preocupação central do legislador não deveria ser o de delimitar o conteúdo de serviço de comunicação ou de serviço de qualquer natureza, mas sim, o de estabelecer o seu alcance, que não poderia ultrapassar as fronteiras do Município tributante.

Diferentemente foi o quadro delineado pelo legislador constituinte de 1988, uma vez que, como os serviços de comunicação passaram à competência estadual, tornou-se imperioso delimitar o campo da prestação de serviços de comunicação e de serviços de qualquer natureza.

Nesse contexto pós-1988 e após o veto presidencial ao item 17.07 da lista anexa à LC nº 116/2003, a discussão quanto à tributação da veiculação de publicidade pelo ISS ou pelo ICMS-Comunicação ganhou força. No período posterior ao veto presidencial formaram-se três correntes principais no âmbito da doutrina e da jurisprudência, sem prejuízo de algumas subdivisões no seu interior.

A primeira corrente, verificada sobretudo em sede jurisprudencial, defendia a possibilidade de incidência de ISS sobre a veiculação de publicidade, a partir da interpretação extensiva dos itens 10.08 e 17.06 da lista anexa à LC nº 116/2003.

A segunda corrente, por sua vez, sustentava que, desde a Constituição de 1988, a veiculação de publicidade inseria-se na competência estadual, pelo que o item 86 da lista anexa ao DL nº 406/1968 não havia sido recepcionado. Nesse sentido, alguns setores doutrinários entendiam que qualquer modalidade de veiculação de publicidade se traduziria em serviço de comunicação, enquanto outros lecionavam que apenas alguns meios de veiculação ensejavam a incidência de ICMS.

Finalmente, havia aqueles que defendiam que, embora potencialmente tributada pelo ISS, a veiculação de publicidade não sofreria tributação, diante da ausência de previsão de um item específico em tal sentido na legislação complementar. De outro lado, para esses mesmos setores, não haveria que se cogitar em serviço de comunicação.

Verifica-se que a controvérsia quanto a compreender a veiculação de publicidade como serviço ou como serviço de comunicação repousa na interpretação conferida à locução prestação de serviços de comunicação, constitucionalmente empregada. Aqueles que compreendem que veicular publicidade não é serviço de comunicação, fazem-no, seja sob o fundamento de que a difusão não consiste em serviço de comunicação, seja sob o fundamento de que o serviço de comunicação pressupõe a ocorrência de transporte.

Partindo dos pressupostos desenvolvidos na presente obra, parece possível sustentar que a veiculação de publicidade, para além de ser um serviço, representa uma prestação de serviço de comunicação, tendo em vista que haverá a transmissão onerosa de uma mensagem para receptores indeterminados, através de um canal, tendo como finalidade a divulgação de um determinado bem ou serviço a um público-alvo específico.

Entretanto, o legislador complementar, no item 17.25 da LC nº 157/2016, reincluiu a veiculação de publicidade como modalidade sujeita à incidência de ISS, sob o *nomem juris* de inserção de publicidade, afastando a tributação municipal nas hipóteses de imunidade constitucionalmente previstas. Portanto, ao menos até que o STF se posicione quanto à constitucionalidade do mencionado dispositivo, que parece contrastar diretamente com o quanto disposto nos artigos 68, II, CTN, e 2º, III, LC nº 87/1996, a materialidade passou à esfera de competência municipal.

No que se refere à veiculação de publicidade pela Internet, embora haja particularidades que demandem um tratamento à parte, as considerações gerais feitas sobre a veiculação de publicidade são em tudo extensíveis à hipótese. Como se pontuou, nesse âmbito, enquanto um setor doutrinário procura aplicar a lógica de que se trata de um serviço de valor adicionado e, portanto, insuscetível à tributação pelo ICMS-Comunicação, outro setor assinala que a configuração dos serviços de comunicação prescinde da titularidade da própria infraestrutura de comunicação, considerando, ainda, que a bipartição entre atividades-meio e fim de comunicação não foi feita pelo legislador complementar.

Por fim, deve-se ponderar que, embora a LC nº 157/2016 nada tenha disposto quanto à imunidade em mídias digitais, pode ser aplicada à hipótese o entendimento de que a imunidade alcança os *sites* de conteúdo equiparável a livros, jornais e periódicos, em sintonia com a norma inserta no art. 150, VI, d, CRFB/1988 e com o entendimento do STF, firmado em sede de repercussão geral, de que a imunidade objetiva se estende ao livro eletrônico.

O presente trabalho cuidou do conflito de competência entre o ICMS e o ISS, a partir do estudo de algumas hipóteses específicas em que a controvérsia se apresenta, tanto na jurisprudência dos tribunais superiores, quanto dos tribunais locais e no âmbito administrativo, considerando, notadamente, os avanços da Era da Internet.

No primeiro capítulo, analisou-se a evolução do modelo de federalismo fiscal, no plano internacional e no cenário brasileiro, para que fosse possível delimitar os contornos do federalismo de cooperação brasileiro, em que são atribuídas competências em matéria tributária a todos os entes federativos.

No cenário externo, o modelo de Estado federal encontra suas origens no Direito norte-americano, através do processo pelo qual as treze colônias formaram os Estados Unidos da América, em 1787, a partir da união de Estados autônomos, no que se convencionou chamar de "federalismo por agregação" ou "federalismo centrípeto".

Já no âmbito interno, o federalismo iniciou-se formalmente com o Decreto nº 1, de 15.11.1889, com previsão, igualmente, na Carta Republicana de 1891. No entanto, diferentemente do modelo americano, o federalismo brasileiro resultou da descentralização de um Estado Unitário já existente, originando o "federalismo por desagregação" ou "federalismo centrífugo".

O modelo de Estado Federal foi seguido pelas Cartas Constitucionais posteriores, que, a partir de 1934, estabeleceram um modelo de repartição de competências tributárias entre os três entes federativos.

No caso específico da tributação sobre o consumo, a Constituição de 1934 previu a criação, na esfera estadual, do imposto sobre vendas e consignações (IVC), que foi o predecessor do ICM, que surgiria com a EC nº 18/1965, e do ICMS, cuja previsão remonta à Constituição de 1988. De igual modo, o imposto sobre serviços, como atualmente delineado, surgiu com a EC nº 18/1965.

Ademais, ao final do primeiro capítulo, assinalou-se que tramitam no Congresso Nacional ao menos três propostas de reforma tributária (PEC nº 45/2019, PEC nº 110/2019 e PEC nº 128/2019), que têm como objetivo principal simplificar a tributação sobre o consumo, através da extinção do ICMS e do ISS, com a correspondente criação de um imposto sobre o valor agregado denominado IBS.

No entanto, destacou-se que, para além das incertezas decorrentes dos rumos e do conteúdo da proposta de reforma tributária a ser seguida, mostra-se relevante a análise detalhada do conflito de competência entre o ICMS e o ISS, considerando (a) os fatos geradores anteriores à eventual aprovação, (b) os períodos de transição contidos nas propostas de reforma tributária em tramitação, em que se prevê que dois regimes jurídicos devem coexistir e (c) os questionamentos suscitados quanto à constitucionalidade das propostas apresentadas.

Traçados os contornos sobre as virtudes e limites do federalismo fiscal brasileiro, passou-se a enfrentar, no capítulo 2, o papel da legislação complementar na Constituição de 1988, destacando-se que os idealizadores do art. 146, III, CRFB/1988 não delimitaram o seu exato alcance. Em acréscimo, pontuou-se que a compreensão das potencialidades conferidas à legislação complementar, sobretudo no que se refere aos conflitos de competência, pressupõe o prévio estudo de conceitos e tipos, notadamente das teorias da tipicidade fechada e aberta no Direito brasileiro.

Para os defensores da tipicidade fechada, como corolário do princípio da segurança jurídica e da legalidade, deve existir uma verdadeira reserva absoluta de lei em matéria tributária, cabendo ao intérprete subsumir o fato à norma, mas sem que exerça qualquer atividade valorativa. Já os partidários da tipicidade aberta adotam o pressuposto de que os conceitos absolutamente determinados são muito raros no Direito, de modo que a natureza fluida da linguagem jurídica alcança, inclusive, o Direito Tributário. Nessa linha, o método subsuntivo mostra-se insuficiente para dirimir a generalidade das controvérsias verificadas.

Consoante exposto, no que se refere à repartição de competências tributárias, alguns setores doutrinários sustentam que a Constituição empregou tipos abertos para remarcar competências. Partindo dessa premissa, os conflitos entre os entes federativos surgem justamente da natureza fluida dos tipos, o que, conjugado com a norma do art. 146, III, CRFB/1988, demonstra que o papel da lei complementar não é o de meramente repetir o Texto Constitucional, mas também o de construí-lo.

Remarcou-se, ademais, que outros setores doutrinários refutam a noção de que as competências constitucionais consagrem tipos, lecionado que há verdadeiros conceitos, pelo que inexistiriam conflitos de competência em sede constitucional. No entanto, assinalou-se o posicionamento pelo qual há uma constante aproximação entre tipos e conceitos, considerando que também estes últimos são alcançados pelos fenômenos da indeterminação e da mutação.

A visão defendida neste estudo foi a de que, embora efetivamente haja uma aproximação entre tipos e conceitos, entende-se que a Constituição consagrou tipos abertos na divisão de competências tributárias, conferindo à lei complementar um papel criativo, mas que deve respeitar o sentido mínimo das locuções constitucionalmente empregadas, não restando imunes ao controle de constitucionalidade.

De outro lado, pontuou-se que as leis complementares devem ser interpretadas e aplicadas de forma conjugada, afastando-se a concepção de que uma única lei – lida de forma recortada e isolada – poderia sobrepor-se às demais. Portanto, a visão proposta foi a de identificar-se, no sistema tributário, um diálogo entre as fontes normativas, como reconhecido em outros ramos do conhecimento jurídico.

Destacou-se, ainda, que o STF, no precedente envolvendo a tributação dos planos de saúde, adotou uma visão tipológica das normas de competência tributária. Contudo, em julgamentos subsequentes, a Corte apresentou oscilações quanto a essa perspectiva, como se depreende dos precedentes sobre os contratos de franquia e farmácias de manipulação.

Em seguida, no terceiro capítulo, passou-se a discorrer sobre o contrato de cessão de uso de *software* e sobre a tributação da nuvem. Partiu-se da premissa metodológica de que o conceito de serviços não apresenta identificação necessária com a sua acepção no Direito Civil, uma vez que a Constituição Tributária deve ser interpretada de acordo com o pluralismo metodológico.

Dentro dessa ordem de ideias, embora apresente força, no âmbito doutrinário e jurisprudencial, a concepção de que serviços pressupõem necessariamente uma obrigação de fazer, entendeu-se que serviços podem ser compreendidos como o oferecimento de uma utilidade a outrem, a partir de um conjunto de atividades imateriais, prestados com habitualidade e intuito de lucro.

Nessa linha, no que se refere especificamente à tributação dos programas de computador, observou-se que a jurisprudência do STJ, a partir de um precedente da Segunda Turma, em 1996, estruturou-se no sentido de que, no caso de cessão de uso de *software* de prateleira, há incidência de ICMS. Contudo, em havendo *software* personalizado, há prestação de serviço, ensejando, pois, a incidência de ISS.

Essa divisão da tributação a partir da classificação dos programas de computador também foi adotada pelo STF que, desde o RE nº 176.626/SP, historicamente se reportava aos *softwares* de prateleira e aos *softwares* personalizados, além de fazer referência aos *softwares* customizados ou adaptados, que consistem em uma forma híbrida entre as duas categorias anteriores.

Por meio do julgamento da ADI nº 1.945 MC/MT, o STF decidiu pela constitucionalidade da incidência de ICMS sobre a circulação virtual de mercadoria, tendo em vista que, com a revolução da Internet, é possível que os programas de computador sejam adquiridos não apenas por meio físico, mas também através de meios digitais.

Contudo, quando do julgamento do mérito da ADI nº 1.945/MT e da ADI nº 5.659/MG, a maioria dos Ministros adotou o entendimento de que a generalidade dos programas de computador deve ser tributada por meio de ISS, independentemente do tipo de *software* que esteja em questão, superando o anterior entendimento quanto à matéria.

Considerando a mudança de posicionamento, o STF modulou os efeitos da sua decisão, adotando a data da publicação da ata da sessão de julgamento como marco temporal para a produção de efeitos e vislumbrando oito situações jurídicas distintas para fins de repetição de indébito pelo contribuinte ou de cobrança de ISS pelos Municípios.

Em relação à tributação da nuvem, notadamente do *Software as a service* (SaaS), ainda que a matéria extrapolasse o objeto das mencionadas ações diretas, o voto condutor defendeu a incidência de ISS sobre a operação, com o correspondente fracionamento das relações subjacentes, nos diferentes itens que compõem a lista anexa à LC nº 116/2003. Dessa forma, a ADI nº 5.958/DF acabou sendo declarada prejudicada.

No capítulo quarto, enfrentou-se, sob a ótica do princípio da legalidade tributária, se a modulação teria sido exaustiva ou se haveria situações que teriam deixado de ser contempladas. Após a análise das legislações dos Estados de São Paulo, Minas Gerais e do Convênio CONFAZ nº 106/2017, defendeu-se que a modulação de efeitos versou sobre aspectos concernentes à incidência tributária, restando silente quanto a eventuais hipóteses de violação ao art. 150, I, CRFB/1988 ou ao art. 146, CRFB/1988.

Nesse sentido, concluiu-se que, em princípio, e a depender das especificidades do caso concreto, seria possível vislumbrar a possibilidade de repetição de indébito tributário fora da previsão de modulação, com fundamento no princípio da legalidade tributária. De outro lado, concluiu-se que, ainda que se adote a posição pela qual são admissíveis delegações legislativas para fins de quantificação do tributo, mesmo sem expressa previsão no Texto Constitucional, nas legislações analisadas não foram identificadas autorizações legais para tal finalidade.

Ademais, diante do julgamento fracionado das ações de *software*, ponderou-se que outras implicações advindas da tributação do *software* ainda merecem maior aprofundamento teórico, não só quanto às lacunas deixadas pela modulação, mas também no que se refere à utilização do *software* não como um fim em si mesmo, mas como um instrumento de uma outra atividade, como se dá no âmbito da Internet das Coisas. De outro lado, assinalou-se que, assim como ocorria em relação ao Convênio CONFAZ nº 106/2017, a legislação de ISS deve ser revista, para que a tributação decorrente da economia digital seja devida no destino, evitando-se que a arrecadação fique concentrada em poucos Municípios.

No capítulo quinto, iniciou-se o estudo do conflito de competência envolvendo o ISS e o ICMS-Comunicação. Para tanto, esclareceu-se que a peculiaridade desse conflito, em relação àquele verificado na tributação sobre o consumo, é o de que a prestação de serviços de comunicação também envolve uma prestação de serviço.

Portanto, propôs-se que o equacionamento das lides postas à apreciação parta da interpretação conjugada entre o CTN, a LC nº 87/1996, a LC nº 116/2003 e o DL nº 406/1968. Em acréscimo, remarcou-se que, sob a vigência da Constituição de 1967, a competência para tributar serviços de comunicações era da União Federal, cabendo aos Municípios a competência residual sobre aqueles serviços prestados no âmbito intramunicipal. Entretanto, esse quadro foi alterado pela Constituição de 1988, em que a competência para a tributação dos serviços de comunicação foi integralmente atribuída aos Estados.

Esclareceu-se, ainda, que a interpretação da locução serviço de comunicação tem provocado profundas divergências doutrinárias e jurisprudenciais. Todavia, adotou-se o posicionamento de que tal locução deve ser compreendida em sentido amplo, independentemente de que o destinatário da mensagem compreenda o seu conteúdo ou interaja com o emissor e sem que haja identidade entre comunicação e telecomunicação.

Essa visão decorre tanto da literalidade dos artigos 68, II, CTN e 2º, III, LC nº 87/1996, quanto da constatação de que o ICMS-Comunicação representa uma continuidade do antigo imposto federal sobre transportes e comunicações. Dessa forma, e considerando a interpretação que o Supremo Tribunal Federal conferia ao mencionado imposto federal, não parece adequado compreender o fato gerador do ICMS-Comunicação a partir de uma ruptura com o entendimento anterior.

Em seguida, discorreu-se sobre o avanço da Internet das Coisas (IoT), que traz o fenômeno da conectividade entre objetos, que passam a interagir entre si e se tornam progressivamente inteligentes, através do acoplamento de sensores. Destacou-se que, assim como na tributação da nuvem, a IoT caracteriza-se pela pluralidade de contratos complexos, de modo que se deve aferir, em cada caso concreto, se a hipótese é de atividade-fim de comunicação, se há serviço de valor adicionado e se o fracionamento do contrato é possível ou viável.

Assinalou-se, ainda, que, embora se adote o entendimento de que a dicotomia pura e simples entre atividades-meio e atividades-fim de comunicação não tenha respaldo na lei complementar, não encontre paralelo no ISS e se mostre insuficiente para dirimir as controvérsias decorrentes da digitalização da economia, o STF vem reiteradamente se valendo da mencionada classificação, para fins de restringir a incidência de ICMS-Comunicação apenas à segunda hipótese.

Diante desses esclarecimentos, enfrentou-se a questão referente à tributação do rastreamento e monitoramento de veículos, que se insere no âmbito da IoT. Para tanto, pontuou-se que a prestação de serviço de comunicação é prévia em relação ao rastreamento, servindo como insumo ou atividade-meio para que o serviço seja prestado. Portanto, defendeu-se a impossibilidade de incidência de ICMS-Comunicação sobre o serviço de rastreamento, sem prejuízo de que o serviço de comunicação assuma existência autônoma em hipóteses específicas.

Já no que se refere ao ISS, observou-se que a redação do item 11.02 da lista anexa à LC nº 116/2003, na sua redação original, previa a incidência de ISS sobre a "vigilância, segurança ou monitoramento de bens e pessoas". Tendo em vista a jurisprudência consolidada no STF e no STJ, no sentido de que a interpretação da LC nº 116/2003 deve ser taxativa, mas admite interpretação extensiva dos itens, ponderou-se que o rastreamento de veículos estaria inserido nesse dispositivo.

Contudo, como remarcado, a matéria vem sendo tratada por meio de projetos de lei no Congresso Nacional. O PLS nº 386/2012, que foi convertido na LC nº 157/2016, promoveu pequena alteração de redação do item 11.02, acrescentando-lhe a locução "e semoventes". De outro lado, através do PLS n° 501/2013, buscou-se promover a normatização do rastreamento de veículos de carga.

No Substitutivo apresentado na Câmara dos Deputados ao mencionado projeto de lei, foi aprovado um novel item 11.05 para fins de acréscimo à lista anexa à LC n° 116/2003, pelo que, ao que parece, esta Casa Legislativa adota o entendimento de que o item 11.02 não seria suficiente para fins de tributação. O projeto foi convertido na LC nº 183/2021.

Finalmente, no sexto capítulo, discorreu-se sobre a veiculação de publicidade. Assinalou-se que, à luz do DL nº 406/1968, nas suas sucessivas alterações legislativas, havia previsão de incidência de ISS sobre a atividade referida. Destacou-se que, durante a vigência da Constituição de 1967, a Constituição conferia aos Municípios a prerrogativa de instituir impostos sobre serviços de qualquer natureza, desde que não compreendidos na competência dos demais entes federativos, e sobre serviços de comunicação intramunicipal.

Dessa forma, sustentou-se que, no caso de a veiculação de publicidade ser intramunicipal, o Município teria a competência para tributá-la a que título fosse – seja como serviço em sentido estrito ou como prestação de serviço de comunicação intramunicipal – de sorte que, naquele contexto normativo, não haveria verdadeiro conflito de competência com a União.

Com efeito, o conflito de competência foi verificado, consoante alguns precedentes do STF, em hipóteses nas quais a veiculação de publicidade ultrapassava as fronteiras municipais, sendo difundida por meios como o rádio e a televisão. Verificou-se, nos *leading cases* julgados, que o STF não separou, para fins tributários, a veiculação de publicidade da comunicação por rádio e televisão, asseverando, de forma indistinta, que a veiculação estaria implícita na comunicação intermunicipal, pelo que impossível a incidência de ISS sobre a mesma.

Portanto, no período anterior à Constituição de 1988, o STF subsumiu a veiculação de publicidade intermunicipal à esfera de competência federal, o que implica que houve a pressuposição de que a materialidade é uma prestação de serviço de comunicação, na linha do disposto nos artigos 14, II, EC nº 18/1965, 22, VII, da Constituição de 1967 e 21, VII, da EC nº 1/1969.

À luz da novel ordem constitucional, a competência para tributar os serviços de comunicação passou à esfera estadual, independentemente do âmbito em que o serviço é prestado (art. 155, II, CRFB/1988). Nessa linha, considerando que o ICMS-Comunicação sucedeu o tributo federal, e em sintonia com o art. 2º, III, LC nº 87/1996 e com o art. 68, II, CTN, pelos quais haverá a incidência de ICMS-Comunicação para as prestações onerosas de serviços de comunicação por qualquer meio, abarcando mensagens escritas, faladas ou visuais, defendeu-se que a veiculação de publicidade, após a Constituição de 1988, inseriu-se na esfera estadual.

Já no que se refere à veiculação de publicidade pela Internet, embora as considerações anteriores lhe sejam extensíveis, remarcou-se que o STF apresenta precedentes no sentido de que a veiculação de publicidade em jornais e listas telefônicas é imune, já que as receitas arrecadadas são revertidas para o sustento do próprio jornal.

Dentro dessa ordem de ideias, como o STF decidiu, em repercussão geral, que a imunidade dos livros em papel estende-se ao livro eletrônico, entendeu-se que o mesmo raciocínio deve ser aplicado aos jornais e periódicos eletrônicos. Ou seja, no caso de veiculação de publicidade em *sites* de conteúdo jornalístico, concluiu-se que a imunidade também estaria presente, caso identificados os mesmos pressupostos teóricos que o STF vem utilizando para fins de delimitar a imunidade das mídias físicas.

No entanto, observou-se que o legislador complementar, através do item 17.25 da LC nº 157/2016, reinseriu a veiculação de publicidade na competência tributária municipal, ressalvando as hipóteses sujeitas à imunidade. Por identidade de razões, e ao menos até que o STF se pronuncie quanto à constitucionalidade do mencionado item, sustentou-se que as normas sobre imunidade, também para fins de ISS, devem ser interpretadas como alcançando a publicidade veiculada em mídias digitais com conteúdos equiparáveis a livros, jornais e periódicos.

Do quanto exposto na presente obra, verifica-se que o sistema constitucional tributário brasileiro, na forma em que se apresenta na atualidade, invariavelmente gera conflitos de competência entre os entes federativos, notadamente entre Estados e Municípios, considerando a possibilidade de interseção entre as materialidades do ICMS, nas suas vertentes mercadoria e comunicação, e do ISS.

De outro lado, o constituinte conferiu à lei complementar tributária uma multiplicidade de papéis, elencados, para os fins que interessam à presente obra, nos incisos do art. 146, assim como no art. 155, §2º, XII e no art. 156, III, CRFB/1988. Nesse sentido, a lei complementar dispõe sobre os conflitos de competência, ao mesmo tempo em que estabelece normas gerais de ICMS e define os serviços tributáveis para fins de ISS, que não estejam no campo de incidência do ICMS.

É de se enfatizar, pois, que os conflitos de competência, dentro do arcabouço traçado pelo legislador constituinte, devem ser equacionados à luz dessa pluralidade normativa que resulta do conjunto de leis complementares. Ou seja, uma lei complementar não deve ser interpretada de forma isolada e dissociada do conjunto de leis complementares que integram o sistema tributário brasileiro.

Por fim, a relevância do estudo dos conflitos de competência reside não apenas na identificação de qual tributo incide diante de uma determinada materialidade. Mais do que um problema de incidência ou de não incidência, a adequada compreensão dos conflitos de competência pode consistir em um mecanismo para a construção de um federalismo fiscal mais justo e consentâneo com os objetivos traçados pelo legislador constituinte.

Fiquei honrado com o convite para escrever o posfácio do livro de Maurine Morgan Pimentel Feitosa sobre *O conflito de competência entre o ICMS e o ISS: um estudo de casos na Era da Internet.*

A tributação na era digital é a fronteira mais moderna e mais desafiante da ciência do Direito Tributário. Estabelecer princípios, premissas e valores para alcançar matéria tributável é tarefa extremamente complexa no Federalismo Fiscal, como sói ocorrer no Brasil. Não somente a fluidez dos conceitos inerentes à tecnologia digital, tais como os controversos conceitos de bens e serviços digitais, como também a multiplicidade de plataformas de exploração de *softwares* e serviços quebraram todos os paradigmas existentes, causando enorme perplexidade.

Certamente, os clássicos conceitos da teoria geral do Direito Tributário não são mais suficientes para desvendar esses novos mistérios. Por isso, a CF/88 deverá sofrer um novo processo de interpretação para acomodar essa nova revolução tecnológica. Esperar que o legislador infraconstitucional possa acompanhar o avanço digital é um sonho, sendo certo que paradigmas interpretativos da Carta Constitucional precisarão ser superados. Nesta linha, já assentou o Min. Luiz Fux no RE nº 651.703: "A Constituição Tributária deve ser interpretada de acordo com o pluralismo metodológico, abrindo-se para a interpretação segundo variados métodos, que vão desde o literal até o sistemático e teleológico, sendo certo que os conceitos constitucionais tributários não são fechados e unívocos, devendo-se recorrer também aos aportes de ciências afins para a sua interpretação, como a Ciência das Finanças, Economia e Contabilidade".

A presente obra tem como aspecto central o conflito de competência entre o ICMS e o ISS, a partir das particularidades do federalismo fiscal brasileiro e dos limites impostos à legislação complementar no delineamento das competências em matéria tributária. Concluiu-se que, embora efetivamente haja uma aproximação entre tipos e conceitos, entende-se que a Constituição consagrou tipos abertos na divisão de competências tributárias, conferindo à lei complementar um papel criativo, mas que deve respeitar o sentido mínimo das locuções constitucionalmente empregadas.

Sem sombra de dúvidas este é o início de uma longa jornada da doutrina e jurisprudência para colmatar novos conceitos ligados a bens e serviços intangíveis inerentes à revolução digital. A imaginação humana é realmente imprevisível, contudo, a Autora traz uma excelente contribuição para tornar essa tarefa muito mais clara e prazerosa, contribuindo, assim, inegavelmente, para balizar, de forma segura e didática, essas novas discussões. A comunidade jurídica deve receber este novo livro com muitos aplausos!

Londres, 4 de fevereiro de 2018.

Marcus Lívio Gomes
Professor de Direito Tributário da Universidade
do Estado do Rio de Janeiro (UERJ).
Juiz Federal da SJRJ. Visiting Research
Fellowship (University of London).

REFERÊNCIAS

ABRAHAM, Marcus. *Curso de Direito Tributário Brasileiro*. 2. ed. Rio de Janeiro: Forense, 2020.

ABRÃO, Nelson. A Lei da Franquia Empresarial (nº 8.955, de 15.12.1994). *Revista dos Tribunais*, São Paulo, v. 722, p. 25-39, dez. 1995.

ALMEIDA, Carlos Otávio Ferreira de; BEVILACQUA, Lucas. ICMS sobre *software*: evolução do conceito constitucional de mercadorias em face da inovação tecnológica. *In*: FARIA, Renato Vilela; SILVEIRA, Ricardo Maitto da; MONTEIRO, Alexandre Luiz Moraes do Rêgo (Coord.). *Tributação da Economia Digital*: desafios no Brasil, experiência internacional e novas perspectivas. São Paulo: Saraiva Educação, 2018. p. 339-357.

ALMEIDA FILHO, Jorge Celso Fleming de. Federalismo fiscal e eficiência tributária: uma abordagem multidisciplinar do federalismo fiscal. *Revista de Direito da Associação dos Procuradores do Novo Estado do Rio de Janeiro*, Rio de Janeiro, v. 22, p. 307-354, 2014.

AMARO, Luciano. *Direito Tributário Brasileiro*. 14. ed. São Paulo: Saraiva, 2008.

ANDERLE, Ricardo. *Conflitos de competência tributária entre o ISS, ICMS e IPI*. São Paulo: Noeses, 2016.

ANDRADE, Alberto Guimarães; BATISTA JR., Onofre Alves. O ICMS e a Lei Complementar 116/2003 – Alguns pontos polêmicos da lista de serviços – Conflitos de competência ISS X ICMS. *Direito Público – Revista Jurídica da Advocacia-Geral do Estado de Minas Gerais*, Belo Horizonte, n. 1, p. 75-98, jul./dez. 2004.

ANDRADE, Paulo Roberto. *ISS sobre veiculação de publicidade é retrocesso no Município de São Paulo*. 30 abr. 2016. Disponível em: http://www.conjur.com.br/2016-abr-30/paulo-andrade-iss-propaganda-retrocesso-sao-paulo. Acesso em: 17 mar. 2021.

ANDRADE, Paulo Roberto. Veiculação de publicidade: ISS, ICMS ou nada? *Revista Dialética de Direito Tributário*, São Paulo, n. 234, p. 84-95, mar. 2015.

APPY, Bernard. A Proposta da Emenda Constitucional nº 45, de 2019. *C.CiF – Centro de Cidadania Fiscal*, mar. 2020. Disponível em: http://www.ccif.com.br/wp-content/uploads/2019/06/IBS_base_1906.pdf. Acesso em: 20 fev. 2021.

ASSUNÇÃO, Matheus Carneiro. O ICMS nas transferências eletrônicas de software. *Revista Jurídica*, Brasília, v. 11, n. 93, p. 1-35, fev./mai. 2009. Disponível em: http://www.planalto.gov.br/revistajuridica. Acesso em: 3 jan. 2021.

ATALIBA, Geraldo. Regime Constitucional e leis nacionais e federais. *Revista dos Tribunais on line*, São Paulo, v. 3, p. 285-314, mai. 2011.

ÁVILA, Humberto. *Competências tributárias*: um ensaio sobre a sua compatibilidade com as noções de tipo e conceito. São Paulo: Malheiros, 2018.

ÁVILA, Humberto. Imposto sobre a prestação de serviços de comunicação. Conceito de prestação de serviços de comunicação. Intributabilidade das atividades de veiculação de publicidade em painéis e placas. Inexigibilidade de multa. *Revista Dialética de Direito Tributário*, São Paulo, n. 143, p. 116-134, ago. 2007.

ÁVILA, Humberto. *IVA, uma proposta inconstitucional*. Disponível em: https://exame.abril.com.br/blog/opiniao/iva-uma-proposta-inconstitucional/. Acesso em: 20 fev. 2021.

ÁVILA, Humberto. Planejamento Tributário. *Revista de Direito Tributário*, São Paulo, n. 98, p. 74-85, 2006.

ÁVILA, Humberto. *Sistema Constitucional Tributário*. 4. ed. São Paulo: Saraiva, 2010.

ÁVILA, Humberto. Veiculação de material publicitário em páginas da Internet. Exame da competência para instituição do imposto sobre serviços de comunicação. Ausência de prestação de serviço de comunicação. *Revista Dialética de Direito Tributário*, São Paulo, n. 173, p. 153-164, fev. 2010.

BAL, Aleksandra. The sky's the limit – Cloud-based services in an international perspective. *Bulletin for International Taxation*, Amsterdã, v. 68, n. 9, p. 515-521, 2014.

BALANIN, Rafael. Não incidência do ICMS nos serviços de monitoramento e rastreamento de veículos. *Revista Eletrônica de Direito Tributário da ABDF*, Rio de Janeiro, v. 3, n. 28, 2013.

BALEEIRO, Aliomar. *Direito Tributário Brasileiro*. 11. ed. atualizado por Misabel Abreu Machado Derzi. Rio de Janeiro: Forense, 2008.

BALEEIRO, Aliomar. *Limitações Constitucionais ao Poder de Tributar*. 8. ed. atualizado por Misabel Abreu Machado Derzi. Rio de Janeiro: Forense, 2010.

BARRETO, Aires F. *Curso de Direito Tributário Municipal*. 2. ed. São Paulo: Saraiva, 2012.

BARRETO, Aires F. ISS: não incidência sobre franquia. *Revista de Direito Tributário*, São Paulo, n. 64, p. 216-224, 1994.

BARRETO, Simone Rodrigues Costa. *Mutação do conceito constitucional de mercadoria*. São Paulo: Noeses, 2015.

BARROS, Maurício. O papel dos convênios no sistema tributário brasileiro e os Convênios nº 181/2015 e 106/2017: invalidade do ICMS nas operações com os chamados "bens digitais". *In*: PISCITELLI, Tathiane (Coord.). *Tributação de bens digitais*: a disputa tributária entre Estados e Municípios: notas sobre o Convênio ICMS 106/2017 e outras normas relevantes. São Paulo: InHub Editora e Produtos Educacionais, 2018. p. 139-167.

BARROSO, Luís Roberto. *Interpretação e Aplicação da Constituição*. 7. ed. São Paulo: Saraiva, 2009.

BARROSO, Luís Roberto; MENDONÇA, Eduardo. A Imunidade tributária das páginas da Internet que veiculem conteúdo assimilável a livros, jornais e periódicos. *In*: BORJA, Célio; RIBEIRO, Ricardo Lodi (Org.). *Temas de Direito Público*: estudos em homenagem ao professor Flávio Bauer Novelli – Constituição e Cidadania. Rio de Janeiro: Multifoco, 2015. v. 1, p. 331-355.

BARTHEM NETO, Hélio. *Novos desafios da tributação do software no Brasil sob as perspectivas do ICMS e do ISS – do corpus mechanicum ao cloud computing*. 154f. Dissertação de Mestrado – Escola de Direito de São Paulo da Fundação Getúlio Vargas, São Paulo, 2016.

BASTOS, Celso Ribeiro. Tributação na Internet. *In*: MARTINS, Ives Gandra da Silva (Coord.). *Tributação na Internet*. São Paulo: Revista dos Tribunais, 2001. p. 71-83.

BATISTA JÚNIOR, Onofre Alves. O Princípio da Tipicidade Tributária e o Mandamento de Minimização das Margens de Discricionariedade e de Vedação da Analogia. *In*: MANEIRA, Eduardo; TORRES, Heleno (Org.). *Direito Tributário e a Constituição*: homenagem ao Professor Sacha Calmon Navarro Coelho. São Paulo: Quartier Latin, 2012. p. 647-674.

BATISTA JÚNIOR, Onofre Alves. Deformas ou Reformas Tributárias? *In*: SCAFF, Fernando Facury *et al*. (Org.). *Reformas ou deformas tributárias e financeiras*: por que, para que, para quem e como? Belo Horizonte: Letramento, 2020. p. 66-136.

BATISTA JÚNIOR, Onofre Alves; MARINHO, Marina Soares. Do federalismo de cooperação ao federalismo canibal: a Lei Kandir e o desequilíbrio do pacto federativo. *Revista de Informação Legislativa*, Brasília, a. 55, n. 217, p. 157-180, jan./mar. 2018.

BATISTA JÚNIOR, Onofre Alves; SILVA, Paulo Roberto Coimbra; RODRIGUES, Marianne Dohler Souza Baker. A Reforma das Promessas. *In*: SCAFF, Fernando Facury *et al*. (Org.). *Reformas ou deformas tributárias e financeiras*: por que, para que, para quem e como? Belo Horizonte: Letramento, 2020. p. 176-192.

BERGAMINI, Adolpho. ICMS – Não incidência sobre os serviços de veiculação de publicidade em outdoors e via Internet. *Revista Dialética de Direito Tributário*, São Paulo, n. 201, p. 7-18, jun. 2012.

BIANCO, João Francisco; SILVA, Fabiana Carsoni Alves Fernandes da. Estabelecimento permanente: legislação tributária brasileira e desafios na economia digital. *In*: FARIA, Renato Vilela; SILVEIRA, Ricardo Maitto da; MONTEIRO, Alexandre Luiz Moraes do Rêgo (Coords.). *Tributação da economia digital*: desafios no Brasil, experiência internacional e novas perspectivas. São Paulo: Saraiva, 2018. p. 16-36.

BIAVA JR., Roberto. Determinação dos limites de incidência do ICMS na modalidade "comunicação" e do ISS nas atividades de veiculação de textos/imagens e divulgação de publicidade na internet. *In*: FARIA, Renato Vilela; SILVEIRA, Ricardo Maitto da; MONTEIRO, Alexandre Luiz Moraes do Rêgo (Coord.). *Tributação da Economia Digital*: desafios no Brasil, experiência internacional e novas perspectivas. São Paulo: Saraiva Educação, 2018. p. 281-301.

BORBA, José Edwaldo Tavares. *Direito Societário*. 9. ed. Rio de Janeiro: Renovar, 2004.

BORGES, José Souto Maior. Normas gerais de Direito Tributário: velho tema sob perspectiva nova. *Revista Dialética de Direito Tributário*, São Paulo, n. 213, p. 48-65, jun. 2013.

BRANDÃO JR., Salvador Cândido. A imunidade dos fonogramas e videofonogramas e sua aplicação no serviço de *streaming*. *In*: PISCITELLI, Tathiane; LARA, Daniela Silveira (Coord.). *Tributação da Economia Digital*. 2. ed. São Paulo: Thomson Reuters Brasil, 2020. p. 375-386.

BRANDÃO JR., Salvador Cândido. Serviço de *streaming* e sua identificação como serviço de comunicação. *In*: PISCITELLI, Tathiane; LARA, Daniela Silveira (Coord.). *Tributação da Economia Digital*. 2. ed. São Paulo: Thomson Reuters Brasil, 2020. p. 387-416.

BRANDÃO JR., Salvador; OLIVEIRA, Fernando Luis Bernardes de. Tributação de bens digitais à luz do Convênio ICMS 106/2017: tributação das operações interestaduais e o diferencial de alíquotas. *In*: PISCITELLI, Tathiane (Coord.). *Tributação de bens digitais*: a disputa tributária entre Estados e Municípios: notas sobre o Convênio ICMS 106/2017 e outras normas relevantes. São Paulo: InHub Editora e Produtos Educacionais, 2018. p. 201-226.

BRANDÃO JR., Salvador Cândido *et al*. Computação na nuvem: modelos possíveis. *In*: PISCITELLI, Tathiane (Org.); PISCITELLI, Tathiane; BOSSA, Gisele Barra (Coord.). *Tributação da nuvem*: conceitos tecnológicos, desafios internos e internacionais. 2. ed. São Paulo: Thomson Reuters, 2020. p. 25-35.

BRASIL. Acrescenta subitem ao item 17 da lista de serviços tributáveis pelo Imposto sobre Serviços de Qualquer Natureza (ISS) anexa à Lei Complementar nº 116, de 31 de julho de 2003, e acrescenta inciso III ao §2º do art. 7º da mesma Lei Complementar. Disponível em: http://legis.senado.leg.br/sdleg-getter/documento?dm=4552755&disposition=inline. Acesso em: 9 abr. 2021.

BRASIL. Câmara dos Deputados. *Proposta de Emenda à Constituição nº 128, de 2019.* Altera o Sistema Tributário Nacional e dá outras providências. Disponível em: https://www.camara.leg.br/proposicoesWeb/prop_mostrarintegra;jsessionid=25B2B302C-C2E3E0C690F56E0EA391F6F.proposicoesWebExterno2?codteor=1792380&filename=PEC+128/2019. Acesso em: 21 fev. 2021.

BRASIL. Câmara dos Deputados. *Redação final do substitutivo da Câmara dos deputados ao Projeto de Lei Complementar nº 366-C de 2013 do Senado Federal (PLS nº 386/2012 na Casa de origem).* Disponível em: https://www.camara.leg.br/proposicoesWeb/prop_mostrarintegra;jsessionid=DD36D3E8DF3772DA96A55A05FA7A77CC.proposicoesWebExterno1?codteor=1388445&filename=Tramitacao-PLP+366/2013. Acesso em: 17 mar. 2021.

BRASIL. Comissão de finanças e tributação. *Projeto de Lei Complementar nº 191, de 2015.* Relator: Deputado Ricardo Barros. Disponível em: https://www.camara.leg.br/proposicoesWeb/prop_mostrarintegra;jsessionid=BB5008EF8C2CBC73B1A84DCE146EE686.proposicoesWebExterno2?codteor=1423610&filename=Tramitacao-PLP+191/2015. Acesso em: 19 mar. 2021.

BRASIL. Comissão Mista da Reforma Tributária. *Relatório final da Reforma Tributária – PEC nº 45/2019 e nº 110/2019.* Maio 2021. Disponível em: https://www12.senado.leg.br/noticias/arquivos/2021/05/12/relatorio-final. Acesso em: 18 mai. 2021.

BRASIL. Conselho Nacional de Política Fazendária. Convênio ICMS 106, de 29 de setembro de 2017. Disciplina os procedimentos de cobrança do ICMS incidentes nas operações com bens e mercadorias digitais comercializadas por meio de transferência eletrônica de dados e concede isenção nas saídas anteriores à saída destinada ao consumidor final. Brasília, *Diário Oficial da União*, 05 out. 2017, ratificado em 26 out. 2017. Disponível em: https://www.confaz.fazenda.gov.br/legislacao/convenios/2017/CV106_17. Acesso em: 12 jan. 2021.

BRASIL. Conselho Nacional de Política Fazendária. Convênio ICMS 139/06. Autoriza os Estados e do Distrito Federal a conceder redução de base de cálculo do ICMS na prestação de serviço de comunicação, na modalidade de monitoramento e rastreamento de veículo e carga. Macapá, *Diário Oficial da União*, 20 dez. 2006. Disponível em: https://www.confaz.fazenda.gov.br/legislacao/convenios/2006/CV139_06. Acesso em: 17 mar. 2021.

BRASIL. Conselho Nacional de Política Fazendária. Convênio ICMS 181, de 28 de dezembro de 2015. Autoriza as unidades federadas que especifica a conceder redução de base de cálculo nas operações com softwares, programas, jogos eletrônicos, aplicativos, arquivos eletrônicos e congêneres na forma que especifica. Brasília, *Diário Oficial da União*, 29 dez. 2015, retificado em 20 jan. 2016. Disponível em: https://www.confaz.fazenda.gov.br/legislacao/convenios/2015/CV181_15. Acesso em: 12 jan. 2021.

BRASIL. *Consulta de Contribuinte nº 112/2012.* Disponível em: http://www6.fazenda.mg.gov.br/sifweb/MontaPaginaPesquisa?pesqBanco=ok&login=false&caminho=/usr/sef/sifweb/www/empresas/legislacao_tributaria/consultas_contribuintes/cc112_2012.htm. Acesso em: 2 abr. 2021.

BRASIL. *Consulta de Contribuinte nº 231/2017.* Disponível em: http://www6.fazenda.mg.gov.br/sifweb/MontaPaginaPesquisa?pesqBanco=ok&login=false&caminho=/usr/sef/sifweb/www2/empresas/legislacao_tributaria/consultas_contribuintes/cc231_2017.html. Acesso em: 3 ago. 2020.

BRASIL. Contadoria e Auditoria Geral do Estado do Rio Grande do Sul. Decreto nº 52.904, de 4 de fevereiro de 2016. Modifica o Regulamento do Imposto sobre Operações Relativas à Circulação de Mercadorias e sobre Prestações de Serviços de Transporte Interestadual e Intermunicipal e de Comunicação (RICMS). Porto Alegre, *Diário Oficial da União*, 05 fev. 2016. Disponível em: http://www.legislacao.sefaz.rs.gov.br/Site/Document. aspx?inpKey=261788&inpCodDispositive=&inpDsKeywords=52904. Acesso em: 12 jan. 2021.

BRASIL. Contadoria e Auditoria Geral do Estado do Rio Grande do Sul. Decreto nº 53.121, de 30 de junho de 2016. Modifica o Regulamento do Imposto sobre Operações Relativas à Circulação de Mercadorias e sobre Prestações de Serviços de Transporte Interestadual e Intermunicipal e de Comunicação (RICMS). Porto Alegre, *Diário Oficial da União*, 01 jul. 2016. Disponível em: http://www.legislacao.sefaz.rs.gov.br/Site/Document. aspx?inpKey=263415&inpCodDispositive=&inpDsKeywords=53121. Acesso em: 12 jan. 2021.

BRASIL. Contadoria e Auditoria Geral do Estado do Rio Grande do Sul. Decreto nº 53.200, de 19 de setembro de 2016. Modifica o Regulamento do Imposto sobre Operações Relativas à Circulação de Mercadorias e sobre Prestações de Serviços de Transporte Interestadual e Intermunicipal e de Comunicação (RICMS). Porto Alegre, *Diário Oficial da União*, 21 set. 2016. Disponível em: http://www.legislacao.sefaz.rs.gov.br/Site/Document. aspx?inpKey=263453&inpCodDispositive=&inpDsKeywords=53200. Acesso em: 12 jan. 2021.

BRASIL. Coordenadoria da Administração Tributária. Decisão Normativa CAT 04, de 20 setembro de 2017. ICMS – Operações com software por meio de transferência eletrônica de dados (download ou streming) – Incidência. São Paulo, *Diário Oficial da União*, 21 set. 2017. Disponível em: http://dobuscadireta.imprensaoficial.com.br/default.aspx?Da taPublicacao=20170921&Caderno=DOE-I&NumeroPagina=12. Acesso em: 12 jan. 2021.

BRASIL. Emenda nº 1 – CAE (Substitutivo). Altera a Lei Complementar nº 116, de 31 de julho de 2003, que dispõe sobre o Imposto sobre Serviços de Qualquer Natureza; a Lei nº 8.429, de 2 de junho de 1992 – Lei de Improbidade Administrativa; e a Lei Complementar nº 63, de 11 janeiro de 1990, que dispõe sobre critérios e prazos de crédito das parcelas do produto da arrecadação de impostos de competência dos Estados e de transferências por estes recebidas, pertencentes aos Municípios. *Sala de Comissão*, 12 nov. 2013. Disponível em: http://www.senado.leg.br/atividade/rotinas/materia/getTexto. asp?t=140102&c=RTF&tp=1. Acesso em: 13 jan. 2021.

BRASIL. Fazenda e Planejamento do Estado de São Paulo. Decreto nº 61.522, de 29 de setembro de 2015. Revoga o Decreto nº 51.619, de 27 de fevereiro de 2007, que introduz cálculo específico da base de tributação do Imposto sobre Operações Relativas à Circulação de Mercadorias e sobre Prestações de Serviços de Transporte Interestadual e Intermunicipal e de Comunicação – ICMS em operações com programas de computador. São Paulo, *Diário Oficial da União*, 30 set. 2015. Disponível em: https://legislacao.fazenda. sp.gov.br/Paginas/dec61522.aspx. Acesso em: 6 mar. 2021.

BRASIL. Mensagem nº 362, de 31 de julho de 2003. *Diário Oficial da União*, Brasília, 01 ago. 2003. Disponível em: http://www.planalto.gov.br/ccivil_03/Leis/Mensagem_Veto/2003/ Mv362-03.htm. Acesso em: 9 abr. 2021.

BRASIL. Mensagem nº 523, de 30 de novembro de 2012. *Diário Oficial da União*, Brasília, 03 dez. 2012. Disponível em: http://www.planalto.gov.br/ccivil_03/_Ato2011-2014/2012/ Msg/Vet/VET-523.htm. Acesso em: 9 abr. 2021.

BRASIL. Secretaria de Estado da Fazenda. Disponível em: http://legislacao.sef.sc.gov.br/Consulta/Views/Publico/Frame.aspx?x=/html/consultas/frame_consultas.htm. Acesso em: 5 dez. 2020.

BRASIL. Secretaria de Estado da Fazenda. *Consulta de Contribuinte nº 029/2016*. ICMS – Incidência – Programa de Computador – O programa de computador, suscetível de venda, locação ou cessão, como objetivo de circulação comercial, classifica-se como mercadoria ainda que incorpórea, sendo passível, consequentemente, de tributação pelo ICMS. Belo Horizonte, 29 mar. 2016. Disponível em: http://www6.fazenda.mg.gov.br/sifweb/MontaPaginaPesquisa?pesqBanco=ok&login=false&caminho=/usr/sef/sifweb/www/empresas/legislacao_tributaria/consultas_contribuintes/cc029_2016.htm&searchWord=software&tipoPesquisa=todasPalavras#ancora. Acesso em: 6 mar. 2021.

BRASIL. Secretaria de Estado da Fazenda. *Consulta de Contribuinte nº 141/2016*. Disponível em: http://www6.fazenda.mg.gov.br/sifweb/MontaPaginaPesquisa?pesqBanco=ok&login=false&caminho=/usr/sef/sifweb/www/empresas/legislacao_tributaria/consultas_contribuintes/cc141_2016.htm&searchWord=software&tipoPesquisa=todasPalavras#ancora. Acesso em: 6 mar. 2021.

BRASIL. Secretaria de Estado da Fazenda. *Consulta de Contribuinte nº 189/2014*. Disponível em: http://www6.fazenda.mg.gov.br/sifweb/MontaPaginaPesquisa?pesqBanco=ok&login=false&caminho=/usr/sef/sifweb/www/empresas/legislacao_tributaria/consultas_contribuintes/cc189_2014.htm. Acesso em: 2 abr. 2021.

BRASIL. Secretaria de Estado de Fazenda. *Instrução normativa SUTRI nº 001, de 25 de maio de 2005 (MG de 31/05/2005)*. Disponível em: http://www6.fazenda.mg.gov.br/sifweb/MontaPaginaPesquisa?pesqBanco=ok&login=false&caminho=/usr/sef/sifweb/www/empresas/legislacao_tributaria/instrucoes_normativas/insutri01_2005.htm. Acesso em: 2 abr. 2021.

BRASIL. Secretaria de Estado da Fazenda de Santa Catarina. *Santa Catarina é o primeiro Estado a regularizar ICMS para bens digitais*. 25 mar. 2019. Disponível em: http://www.sef.sc.gov.br/midia/noticia/2247. Acesso em: 13 jan. 2021.

BRASIL. Senado Federal. Relator: Senador FLEXA RIBEIRO. Sala da Comissão, 05 mai. 2015. Disponível em: http://www.senado.leg.br/atividade/rotinas/materia/getTexto.asp?t=164969&c=PDF&tp=1. Acesso em: 17 mar. 2021.

BRASIL. Senado Federal. *Parecer nº 110, de 2019*. Relator: Senador Roberto Rocha. Disponível em: https://legis.senado.leg.br/sdleg-getter/documento?dm=8012655&ts=1573145489011&disposition=inline. Acesso em: 20 fev. 2021.

BRASIL. Senado Federal. *Parecer nº 957, de 2015*. Disponível em: https://legis.senado.leg.br/sdleg-getter/documento?dm=4544913&ts=1567526545239&disposition=inline. Acesso em: 17 mar. 2021.

BRASIL. Senado Federal. *Parecer nº 982, de 2016*. Relator: Senador Cidinho Santos. Disponível em: http://www.senado.leg.br/atividade/rotinas/materia/getPDF.asp?t=204522&tp=1. Acesso em: 21 abr. 2021.

BRASIL. Senado Federal. *Parecer nº 1.309, de 2013*. Relator: Senador HUMBERTO COSTA. Disponível em: https://legis.senado.leg.br/sdleg-getter/documento?dm=4168474&ts=1630427000279&disposition=inline. Acesso em: 13 jan. 2021.

BRASIL. Senado Federal. *Projeto de Lei do Senado nº 386, de 2012 (Complementar)*. Altera a Lei Complementar nº 116, de 31 de julho de 2003, que dispõe sobre o Imposto Sobre Serviços de Qualquer Natureza – ISS, de competência dos Municípios e do Distrito

Federal, e dá outras providências. Disponível em: http://www.senado.leg.br/atividade/rotinas/materia/getTexto.asp?t=116056&c=PDF&tp=1. Acesso em: 21 abr. 2021.

BRASIL. Senado Federal. Projeto de Lei do Senado nº 386, de 2012. Altera a Lei Complementar nº 116, de 31 de julho de 2003, que dispõe sobre o Imposto Sobre Serviços de qualquer natureza – ISS, de competência dos Municípios e do Senado Federal, e dá outras providencias. *Diário do Senado Federal*, 31 out. 2012. Disponível em: http://legis.senado.leg.br/diarios/BuscaDiario?tipDiario=1&datDiario=31/10/2012&paginaDireta=57180. Acesso em: 13 jan. 2021.

BRASIL. Senado Federal. Projeto de Lei do Senado nº 386, de 2012 (Complementar). Lei da Reforma do ISS. Disponível em: https://www25.senado.leg.br/web/atividade/materias/-/materia/108390. Acesso em: 13 jan. 2021.

BRASIL. Senado Federal. Projeto de Lei do Senado nº 501, de 2013 (Complementar). *Diário do Senado Federal*, 04 dez. 2013. Disponível em: http://legis.senado.leg.br/diarios/BuscaDiario?tipDiario=1&datDiario=04/12/2013&paginaDireta=90099. Acesso em: 17 mar. 2021.

BRASIL. Senado Federal. *Proposta de Emenda à Constituição nº 110, de 2019*. Altera o Sistema Tributário e dá outras providências. Disponível em: https://legis.senado.leg.br/sdleg-getter/documento?dm=7977850&ts=1573145486978&disposition=inline. Acesso em: 20 fev. 2021.

BRIGAGÃO, Gustavo. A incidência do ICMS sobre o *download* de *software*. *In*: SCHOUERI, Luís Eduardo; BIANCO, João Francisco (Coord.). CASTRO, Leonardo Freitas de Moraes; DUARTE FILHO, Paulo César Teixeira (Org.). *Estudos de Direito Tributário em homenagem ao professor Gerd Willi Rothmann*. São Paulo: Quartier Latin, 2016. p. 605-624.

BRIGAGÃO, Gustavo. Os serviços de divulgação de publicidade e a incidência do ICMS e ISS. *In*: COELHO, Sacha Calmon Navarro (Coord.); TEIXEIRA, Alessandra Machado Brandão *et al.* (Org.). *Código Tributário Nacional 50 anos*: estudos em homenagem à professora Misabel Abreu Machado Derzi. Belo Horizonte: Fórum, 2016. p. 249-264.

BRITO, Edvaldo. Reforma Tributária, Cláusulas Pétreas e Princípios Constitucionais Tributários. *In*: CARVALHO, Paulo de Barros (Coord.). *30 anos da Constituição Federal e o sistema tributário brasileiro – XV Congresso Nacional de Estudos Tributários*. São Paulo: Noeses, 2018. p. 305-359.

CANEN, Doris; PISCITELLI, Tathiane. Digital influencers, publicidade online e mudanças no âmbito tributário. *In*: CANEN, Doris. *Desafios na tributação das novas tecnologias*: debates atuais. Belo Horizonte: Dialética, 2021. p. 26-28.

CANTO, Gilberto de Ulhoa. *Direito tributário aplicado*: pareceres. Rio de Janeiro: Forense Universitária, 1992.

CANTO, Gilberto de Ulhoa. Lei Complementar Tributária. *Caderno de Pesquisas Tributárias*, São Paulo, n. 15, p. 1-48, 1990.

CARNEIRO, Daniel Dix; REBOUÇAS, Bruno Nogueira. Inconstitucionalidade do Convênio nº 106/2017 que define as plataformas digitais e sites como estabelecimentos autônomos para fins de incidência do ICMS. *In*: MATA, Juselder Cordeiro *et al.* (Org.). *Tributação na sociedade moderna*: economia digital, compliance tributária, direitos sociais e reforma tributária. Belo Horizonte: Arraes, 2019. p. 606-616.

CARRAZZA, Roque Antonio. *Curso de Direito Constitucional Tributário*. 21. ed. São Paulo: Malheiros, 2005.

CARRAZZA, Roque Antonio. *Curso de Direito Tributário*. 21. ed. São Paulo: Saraiva, 2009.

CARRAZZA, Roque Antonio. *ICMS*. 17. ed. São Paulo: Malheiros, 2015.

CARRAZZA, Roque Antonio. ICMS-Comunicação: sua não incidência sobre a denominada tarifa de assinatura básica mensal – questões conexas. *Revista Dialética de Direito Tributário*, São Paulo, n. 155, p. 84-109, ago. 2008.

CARRAZZA, Roque Antonio. A competência tributária dos Estados-membros diante da nova Constituição Federal. *Revista de Direito Tributário*, São Paulo, n. 45, p. 45-80, 1988.

CARRAZZA, Roque Antonio; SOUZA, Hamilton Dias de; ÁVILA, Humberto. A reforma tributária que o Brasil precisa – parte II. *Consultor Jurídico*, 09 nov. 2019. Disponível em: https://www.conjur.com.br/2019-nov-09/opiniao-reforma-tributaria-brasil-parte-ii. Acesso em: 20 fev. 2021.

CARVALHO, Paulo de Barros. *Curso de Direito Tributário*. 21. ed. São Paulo: Saraiva, 2009.

CARVALHO, Paulo de Barros. Não-incidência do ICMS na atividade dos provedores de acesso à internet. *In*: TORRES, Heleno Taveira (Coord.). *Direito Tributário das Telecomunicações*. São Paulo: ABETEL, 2004. p. 487-496.

CASTRO, Carlos Roberto de Siqueira. *O Congresso e as Delegações Legislativas*. Rio de Janeiro: Forense, 1986.

CAVALCANTE, Rachel Guedes. *ISS e importação de serviços*. Rio de Janeiro: Lumen Juris, 2017.

CEZAROTI, Guilherme. *ICMS no comércio eletrônico*. São Paulo: MP Editora, 2005.

CGI.BR. *Resolução CGI.br/RES/2008/008/P*. Disponível em: https://www.cgi.br/resolucoes/documento/2008/008. Acesso em: 6 mar. 2021.

CHIESA, Clélio. A tributação da comercialização de programas de computador: incidência do ICMS, ISS ou fato atípico? *Revista Fórum de Direito Tributário – RFDT*, Belo Horizonte, a. 1, n. 2, mar./abr. 2003.

CHIESA, Clélio. A tributação dos serviços de Internet prestados pelos provedores: ICMS ou ISS? *Revista dos Tribunais*, São Paulo, a. 7, n. 27, p. 14-27, abr./jun. 1999.

CLOUDFLARE. *Cloud what is the cloud? Cloud definition*. Disponível em: https://www.cloudflare.com/learning/cloud/what-is-the-cloud/. Acesso em: 15 jan. 2021.

COÊLHO, Sacha Calmon Navarro. *Comentários à Constituição de 1988*. 10. ed. Rio de Janeiro: Forense, 2006.

COÊLHO, Sacha Calmon Navarro. Tributação na Internet. *In*: MARTINS, Ives Gandra da Silva (Coord.). *Tributação na Internet*. São Paulo: Revista dos Tribunais, 2001. p. 102-120.

COMISSÃO DE DESENVOLVIMENTO ECONÔMICO, INDÚSTRIA E COMÉRCIO. *Projeto de Lei Complementar nº 366, de 2013*. (Apensos PLP 34/2011, PLP 162/2012, PLP 165/2012, PLP 183/2012, PLP 244/2013, PLP 267/2013, PLP 274/2013, PLP 339/2013, PLP 340/2013, PLP 385/2014). Relator: Dep. Guilherme Campos. Disponível em: https://www.camara.leg.br/proposicoesWeb/prop_mostrarintegra;jsessionid=DD36D3E8DF-3772DA96A55A05FA7A77CC.proposicoesWebExterno1?codteor=1290510&filename=-Tramitacao-PLP+366/2013. Acesso em: 17 mar. 2021.

COMISSÃO DE DESENVOLVIMENTO ECONÔMICO, INDÚSTRIA E COMÉRCIO. *Projeto de Lei Complementar nº 366, de 2013*. (Apensos PLP 44/2011 e PLP 183/2012). Relator: Dep. Walter Ihoshi. Disponível em: https://www.camara.leg.br/proposicoesWeb/prop_mostrarintegra;jsessionid=DD36D3E8DF3772DA96A55A05FA7A77CC.proposicoesWebExterno1?codteor=1382691&filename=Tramitacao-PLP+366/2013. Acesso em: 17 mar. 2021.

COOLEY, Thomas M. *Princípios gerais de direito constitucional nos Estados Unidos da América*. (Trad. Ricardo Rodrigues Gama). Campinas: Russel, 2002.

CORRÊA, Vanessa Benelli. *ICMS entre estabelecimentos do mesmo titular*: circulação econômica e não cumulatividade. Juruá: Curitiba, 2018.

COSTA, Alcides Jorge. *ICM na Constituição e na Lei Complementar*. São Paulo: Resenha Tributária, 1978.

COSTA, Regina Helena. *Curso de Direito Tributário*. 8. ed. São Paulo: Saraiva, 2018.

COSTA, Regina Helena. *Imunidades Tributárias*: teoria e Análise da Jurisprudência do STF. 3. ed. São Paulo: Malheiros, 2015.

CRAVEIRO, Alessandra Krawczuk; SARAIVA, Guilherme Marzol Montandon. A não incidência do ICMS nos serviços de monitoramento e rastreamento de veículos. *Revista Eletrônica de Direito Tributário da ABDF*, Rio de Janeiro, v. 3, n. 28, 2013.

CYRINO, André. *Delegações Legislativas, Regulamentos e Administração Pública*. Belo Horizonte: Fórum, 2018.

CYRINO, André; NUNES, Daniel Capecchi. A Constituição, as instituições e as delegações legislativas: um caso de mutação. *Revista de Direito Administrativo e Constitucional*, Belo Horizonte, a. 17, n. 70, p. 175-198, out./dez. 2017.

DALLARI, Dalmo de Abreu. *Elementos de Teoria Geral do Estado*. 32. ed. São Paulo: Saraiva, 2013.

DERZI, Misabel de Abreu Machado. *Direito tributário, direito penal e tipo*. São Paulo: Revista dos Tribunais, 1988.

DIAS, Felipe Wagner de Lima; MELO, Eduardo Soares de. Conflitos de competência: ICMS e ISS nos negócios de tecnologia. *In*: HENARES NETO, Halley; MELO, Eduardo Soares de (Coord.). *ICMS e ISS*: tributação digital e Novos Contornos dos Conflitos de Competência. São Paulo: Intelecto, 2018. p. 87-108.

DIAZ-CAYEROS, Alberto; MAGALONI, Beatriz; WEINGAST, Barry R. *Tragic brilliance*: equilibrium hegemony and democratization in Mexico. 30 jun. 2008. Disponível em: http://papers.ssrn.com/sol3/papers.cfm?abstract_id=1153510. Acesso em: 20 dez. 2020.

DULCI, Otávio Soares. Guerra fiscal, desenvolvimento desigual e relações federativas no Brasil. *Revista de Sociologia Política*, Curitiba, n. 18, p. 95-107, 2002.

DWECK, Ruth Helena. Federalismo Fiscal – Experiências Distintas: Estados Unidos e Brasil. *Textos para Discussão*, Niterói, n. 182, p. 1-25, out. 2005.

EKBLOM, Jonas; SHEPARDSON, David. U.S. tech industry leaders: French digital service tax harms global tax reform. *Reuters*, 19 ago. 2019. Disponível em: https://www.reuters.com/article/us-france-tax-usa/u-s-tech-industry-leaders-french-digital-service-tax-harms-global-tax-reform-idUSKCN1V91UC. Acesso em: 21 fev. 2021.

ENGISCH, Karl. *Introdução ao Pensamento Jurídico*. (Trad. J. Baptista Machado). 8. ed. Lisboa: Fundação Calouste Gulbenkian, 2001.

FALCÃO, Amílcar de Araújo. *Fato Gerador da Obrigação Tributária*. 7. ed. São Paulo: Noeses, 2013.

FANUCCHI, Fábio. *Curso de Direito Tributário Brasileiro*. 3. ed. São Paulo: Resenha Tributária, 1975. v. 2.

FEITOSA, Maurine Morgan Pimentel. O Poder Executivo e a tributação do *software* no Brasil: um enfoque no princípio da legalidade. *In*: OLIVEIRA, Gustavo da Gama Vital de; GOMES, Marcus Lívio; ROCHA, Sergio André (Coord.). *Tributação da economia digital*. Rio de Janeiro: Lumen Juris, 2019. p. 189-220.

FEITOSA, Maurine Morgan Pimentel. The Taxation of E-Commerce in the Digital Era: common and Civil Law. *Revista de Direito Internacional Econômico e Tributário – RDIET*, Brasília, v. 13, n. 1, p. 356-385, jan./jun. 2018.

FERNANDES, Victor Oliveira. *Regulação de Serviços de Internet*: desafios da regulação de aplicações over-the-top. Rio de Janeiro: Lumen Juris, 2018.

FERRAZ, Luciano; GODOI, Marciano Seabra de; SPAGNOL, Werther Botelho. *Curso de Direito Financeiro e Tributário*. 3. ed. Belo Horizonte: Fórum, 2020.

FRANCO, Vera Helena de Mello. *Contratos*: direito civil e empresarial. 4. ed. São Paulo: Revista dos Tribunais, 2013.

FRANÇOSO, Thais Folgosi *et al*. Não precisamos de reforma tributária que altere a Constituição Federal. *Consultor Jurídico*, 13 nov. 2019. Disponível em: https://www.conjur. com.br/2019-nov-13/opiniao-nao-precisamos-reforma-tributaria-altere-constituicao. Acesso em: 20 dez. 2020.

FRANZESE, Cibele; ABRUCIO, Fernando L. A combinação entre federalismo e políticas públicas no Brasil pós-1988: os resultados nas áreas de saúde, assistência social e educação. *ENAP – Caderno EIAPP – Reflexões para Ibero América: avaliação de programas sociais*, Brasília, p. 1-23, 2009.

FREITAS, Rodrigo de; OYAMADA, Bruno Akio. Operações de *Cloud Computing* (SaaS, IaaS, PaaS etc.): ICMS vs. ISS. *In*: FARIA, Renato Vilela; SILVEIRA, Ricardo Maitto da; MONTEIRO, Alexandre Luiz Moraes do Rêgo (Coord.). *Tributação da economia digital*: desafios no Brasil, experiência internacional e novas perspectivas. São Paulo: Saraiva, 2018. p. 376-396.

GALENDI JR., Ricardo André. *A Consideração Econômica no Direito Tributário*. São Paulo: IBDT, 2020.

GODOI, Marciano Seabra de. O quê e o porquê da tipicidade tributária. *In*: RIBEIRO, Ricardo Lodi; ROCHA, Sergio André. (Coord.). *Legalidade e Tipicidade no Direito Tributário*. São Paulo: Quartier Latin, 2008. p. 72-99.

GOLDBERG, Daniel K. Entendendo o federalismo fiscal. *In*: CONTI, José Maurício (Org.). *Federalismo Fiscal*. Barueri: Manole, 2004. p. 15-32.

GOMES, Eduardo de Paiva; GOMES, Daniel de Paiva; PISCITELLI, Tathiane. Quais são os pontos centrais das propostas de reforma tributária? *Consultor Jurídico*, 16 nov. 2019. Disponível em: https://www.conjur.com.br/2019-nov-16/opiniao-quais-sao-pontos-centrais-reforma-tributaria. Acesso em: 20 fev. 2021.

GOMES, Marcus Lívio. *A Interpretação da Legislação Tributária*: instrumentos para a unificação de critério administrativo em matéria tributária. São Paulo: Quartier Latin, 2010.

GONÇALVES NETO, Alfredo de Assis. Para professor, Lei de Franquia é omissa quanto à proteção dos franqueados. *Consultor Jurídico*, 02 mar. 2020. Disponível em: https://www.conjur.com.br/2020-mar-02/lei-franquia-omissa-quanto-protecao-franqueados. Acesso em: 31 jan. 2021.

GONÇALVES, Carlos Roberto. *Direito Civil Brasileiro*: contratos e atos unilaterais. São Paulo: Saraiva, 2004. v. 3.

GRECO, Marco Aurélio. Alíquota de IPI: controlar o decreto de fixação e a ação administrativa de aplicação. *In*: PIRES, Adilson Rodrigues; TÔRRES, Heleno Taveira (Org.). *Princípios de Direito Financeiro e Tributário – Estudos em homenagem ao Professor Ricardo Lobo Torres*. Rio de Janeiro: Renovar, 2006. p. 931-950.

GRECO, Marco Aurélio. ICMS x ISS: fabricação de embalagens sob encomenda; incidência do ICMS. *Revista Fórum de Direito Tributário – RFDT*, Belo Horizonte, a. 8, n. 47, set./out. 2010.

GRECO, Marco Aurélio. *Internet e Direito*. 2. ed. São Paulo: Dialética, 2000.

GRECO, Marco Aurélio. *Planejamento Tributário*. 4. ed. São Paulo: Quartier Latin, 2019.

GRECO, Marco Aurélio. Poderes da fiscalização tributária no âmbito da Internet. *In*: GRECO, Marco Aurélio; MARTINS, Ives Gandra da Silva (Coord.). *Direito e Internet*: relações jurídicas na sociedade informatizada. São Paulo: Revista dos Tribunais, 2001. p. 163-186.

GRECO, Marco Aurélio. Sobre o futuro da tributação: a figura dos intangíveis. *Revista Direito Tributário Atual*, São Paulo, n. 25, p. 108-120, 2011.

GRECO, Marco Aurélio. Transferibilidade de competência tributária. *Revista de Direito Público*, São Paulo, n. 25, p. 217-222, jul./ set. 1973.

GRECO, Marco Aurélio. Tributação e novas tecnologias: reformular as incidências ou o modo de arrecadar? Um "SIMPLES" informático. *In*: FARIA, Renato Vilela; SILVEIRA, Ricardo Maitto da; MONTEIRO, Alexandre Luiz Moraes do Rêgo (Coord.). *Tributação da economia digital: desafios no Brasil, experiência internacional e novas perspectivas*. São Paulo: Saraiva, 2018. p. 780-790.

GRUPENMACHER, Betina Treiger. Tributação do *streaming* e serviços *over-the-top*. *In*: PISCITELLI, Tathiane; LARA, Daniela Silveira (Coord.). *Tributação da Economia Digital*. 2. ed. São Paulo: Thomson Reuters Brasil, 2020. p. 353-373.

GRUPENMACHER, Betina Treiger. A reforma tributária que o Brasil precisa. *Jota*, 20 set. 2019. Disponível em: https://www.jota.info/opiniao-e-analise/colunas/women-in-tax-brazil/a-reforma-tributaria-que-o-brasil-precisa-20092019. Acesso em: 20 fev. 2021.

HARADA, Kiyoshi. *ISS*: doutrina e prática. São Paulo: Atlas, 2008.

HENRIQUES, Elcio Fiori. O fato gerador do ICMS-Comunicação e o serviço de veiculação de imagem por outdoor. *Revista Dialética de Direito Tributário*, São Paulo, n. 164, p. 14-31, mai. 2009.

HOKE, William. Tax Complexity Expands as Internet of Things Explodes. *State Tax Notes*, p. 313-316, abr. 2016.

HORTA, Raul Machado. Tendências atuais da federação brasileira. *Revista dos Tribunais on line [recurso online]*, São Paulo, p. 1-10, 1996.

HOU, Tony. IaaS vs PaaS vs SaaS. *Enter the ecommerce vernacular*: what you need to know, examples and more. Disponível em: https://www.bigcommerce.com/blog/saas-vs-paas-vs-iaas/#executive-summary-summing-up-saas-vs-paas-vs-iaas. Acesso em: 15 jan. 2021.

IBRAHIM, Fábio Zambitte. Parafiscalidade e solidariedade – interação e limites. *In*: GOMES, Marcus Lívio; QUEIROZ, Luís Cesar Souza de (Org.). *Tributação, direitos fundamentais e desenvolvimento*. Rio de Janeiro: LMJ Mundo Jurídico, 2014. p. 97-127.

JESUS, Mariana Cavalcanti de; ROCHA, Sergio André. A incidência do ICMS sobre o comércio eletrônico de *software*. *In*: OLIVEIRA, Gustavo da Gama Vital de; GOMES, Marcus Lívio; ROCHA, Sergio André (Coord.). *Tributação da economia digital*. Rio de Janeiro: Lumen Juris, 2019. p. 1-33.

JONES JR., John B.; MATTSON, Robert N. General Report. *In*: International Fiscal Association (IFA). *Cahiers de droit fiscal international*. Rotterdam: IFA, 1988. v. 73b, p. 19-44.

JORGE, Alexandre Teixeira. Aspectos controvertidos do diferencial de alíquotas do ICMS: a questão da reserva de lei complementar. *Revista Direito Tributário Atual*, São Paulo, n. 46, p. 25-44, 3. Quadrim. 2020.

KALAPATAPU, Abhishek; SARKAR, Mahasweta. Cloud computing: an overview. *In*: WANG, Lizhe *et al*. *Cloud Computing. Methodology, Systems and Applications*. Nova Iorque: CRC Press, 2012.

LAGOS, Rachel Mira. A não incidência de ICMS sobre os serviços de veiculação de publicidade na Internet e os desafios de se tributar na era da globalização. *Revista Tributária e de Finanças Públicas*, São Paulo, v. 22, n. 118, p. 81-114, set./out. 2014.

LAMPROPOULOS, Georgios; SIAKAS, Kerstin; ANASTASIADIS, Theofylaktos. Internet of Things in the Context of Industry 4.0: An Overview. *International Journal of Entrepreneurial Knowledge*, Ostrava, v. 7, issue 1, p. 4-19, 2019.

LANNES, Daniel. *Legalidade Tributária*. São Paulo: Quartier Latin, 2018.

LARA, Daniela Silveira *et al*. IaaS, PaaS e SaaS: finalidade preponderante dos contratos de computação em nuvem – IaaS, PaaS e SaaS. *In*: PISCITELLI, Tathiane (Org.); PISCITELLI, Tathiane; BOSSA, Gisele Barra (Coord.). *Tributação da nuvem*: conceitos tecnológicos, desafios internos e internacionais. 2. ed. São Paulo: Thomson Reuters, 2020. p. 393-416.

LARA, Daniela Silveira *et al*. IaaS, PaaS e SaaS: Como tributar? *In*: PISCITELLI, Tathiane (Org.); PISCITELLI, Tathiane; BOSSA, Gisele Barra (Coord.). *Tributação da nuvem*: conceitos tecnológicos, desafios internos e internacionais. 2. ed. São Paulo: Thomson Reuters, 2020. p. 417-450.

LARA, Daniela Silveira. Tributação da Internet das Coisas. *In*: PISCITELLI, Tathiane; LARA, Daniela Silveira. (Coord.). *Tributação da Economia Digital*. 2. ed. São Paulo: Thomson Reuters Brasil, 2020. p. 87-106.

LARENZ, Karl. *Metodologia da Ciência do Direito*. Lisboa: Fundação Calouste Gulbenkian, 1997.

LÍRIO, Viviane Silva; NAZARETH, Marcos Spínola. Federalismo fiscal de segunda geração: fundamentos teóricos e proposição política. *Perspectiva Econômica*, São Leopoldo, v. 12, n. 1, p. 16-28, jan./jun. 2016. Disponível em: http://revistas.unisinos.br/index.php/perspectiva_economica/article/view/pe.2016.121.02/5388. Acesso em: 20 dez. 2020.

LIVNI, Ben. The storm of cloud computing taxation. *Tax Notes*, jul. 2017. Disponível em: http://www.taxanalysts.org/node/196876. Acesso em: 15 jan. 2021.

LOBO, Rogério Leite. *Federalismo Fiscal Brasileiro*: discriminação das Rendas Tributárias e Centralidade Normativa. Rio de Janeiro: Lumen Juris, 2006.

LOBEL, Orly. The law of the platform. *Minnesota Law Review*, Minneapolis, v. 101, issue 1, p. 87-166, 2016.

LUMMERTZ, Henry. A inconstitucionalidade de um IBS sem benefícios fiscais. *Jota*, 02 nov. 2019. Disponível em: https://www.jota.info/opiniao-e-analise/artigos/a-inconstitucionalidade-de-um-ibs-sem-beneficios-fiscais-02112019. Acesso em: 20 fev. 2021.

MACEDO, José Alberto Oliveira. *Conflitos de competência na tributação do consumo*. 162f. Tese de Doutorado – Faculdade de Direito da Universidade de São Paulo, São Paulo, 2013.

MACEDO, José Alberto Oliveira. Tributação de atividades de *streaming* de áudio e vídeo: guerra fiscal entre ICMS e ISS. *In*: FARIA, Renato Vilela; SILVEIRA, Ricardo Maitto da; MONTEIRO, Alexandre Luiz Moraes do Rêgo (Coord.). *Tributação da economia digital*: desafios no Brasil, experiência internacional e novas perspectivas. São Paulo: Saraiva, 2018. p. 504-521.

MACHADO, Hugo de Brito. *Curso de Direito Tributário*. 27. ed. São Paulo: Malheiros, 2006.

MACHADO, Hugo de Brito. *Lei Complementar Tributária*. São Paulo: Malheiros, 2010.

MACHADO, Hugo de Brito. O ICMS e a radiodifusão. *Revista Dialética de Direito Tributário*, São Paulo, n. 23, p. 58-60, ago. 1997.

MACHADO SEGUNDO, Hugo de Brito. IBS pode corrigir ou amplificar problemas da tributação indireta no Brasil. *Consultor Jurídico*, 31 jul. 2019. Disponível em: https://www.conjur.com.br/2019-jul-31/consultor-tributario-ibs-corrigir-ou-amplificar-problemas-tributacao-indireta. Acesso em: 20 fev. 2021.

MALAVOGLIA, Theodoro; ALVARENGA, Christiane Alves; PISCITELLI, Tathiane. IaaS, PaaS e SaaS: entre contratos típicos e atípicos. *In*: PISCITELLI, Tathiane (Org.); PISCITELLI, Tathiane; BOSSA, Gisele Barra (Coord.). *Tributação da nuvem*: conceitos tecnológicos, desafios internos e internacionais. 2. ed. São Paulo: Thomson Reuters, 2020. p. 377-391.

MANSO, Eduardo V. *Contratos de direito autoral*. São Paulo: Revista dos Tribunais, 1989.

MARINS, Daniel Vieira. Breves notas sobre a competição tributária na América do Norte. *Revista de Direito da Associação dos Procuradores do Novo Estado do Rio de Janeiro*, Rio de Janeiro, v. 22, p. 85-108, 2014.

MARQUES, Fernando de Oliveira. Tributação na Internet. *In*: MARTINS, Ives Gandra da Silva (Coord.). *Tributação na Internet*. São Paulo: Revista dos Tribunais, 2001. p. 226-233.

MARTINS, Ives Gandra da Silva. *O Sistema Tributário na Constituição*. (Co-atualizador Rogério Gandra Martins). 6. ed. São Paulo: Saraiva, 2007.

MARTINS, Ives Gandra da Silva. Tributação e novas tecnologias. *In*: MACHADO, Hugo de Brito (Coord.). *Tributação e novas tecnologias*. Indaiatuba: Foco, 2021. p. 177-183.

MARTONE, Rodrigo Corrêa; CARPINETTI, Ana Carolina. Não incidência do ICMS nos serviços de monitoramento e rastreamento de veículos. *Revista Eletrônica de Direito Tributário da ABDF*, Rio de Janeiro, v. 3, n. 28, 2013.

MARTONE, Rodrigo Corrêa; CARPINETTI, Ana Carolina. Tributação da venda de conteúdo pela Internet por meio de download e streaming. *Revista de Direito de Informática e Telecomunicações – RDIT*, Belo Horizonte, a. 2, n. 3, p. 131-145, jul./dez. 2007.

MELL, Peter; GRANCE, Timothy. *The NIST Definition of Cloud Computing*: recommendations of the National Institute of Standards and Technology. US Department of Commerce, 2011. Disponível em: https://nvlpubs.nist.gov/nistpubs/Legacy/SP/nistspecialpublication800-145.pdf. Acesso em: 16 fev. 2021.

MELO, José Eduardo Soares de. *ICMS*: teoria e prática. 12. ed. São Paulo: Dialética, 2012.

MELO, José Eduardo Soares de. A Lei Complementar nº 157/2016 à luz da Constituição Federal: aspectos relacionados à retroatividade e aos campos de incidência do ICMS e do ISS na atividade de difusão de vídeos, áudio e textos pela internet. *In*: FARIA, Renato Vilela; SILVEIRA, Ricardo Maitto da; MONTEIRO, Alexandre Luiz Moraes do Rêgo (Coord.). *Tributação da economia digital*: desafios no Brasil, experiência internacional e novas perspectivas. São Paulo: Saraiva, 2018. p. 269-282.

MENDES, Gilmar Ferreira; COELHO, Inocêncio Mártires; BRANCO, Paulo Gustavo Gonet. *Curso de Direito Constitucional*. 4. ed. São Paulo: Saraiva, 2009.

MENDRONI, Fernando Batlouni. O ICMS sobre serviços de comunicação – Enfoque lógico-jurídico. *Revista Tributária e de Finanças Públicas*, São Paulo, v. 11, n. 50, p. 9-39, 2003.

MIGUEL, Luciano Garcia. *As novas formas de telecomunicação e a incidência do ICMS*. Disponível em: https://www.ibet.com.br/wp-content/uploads/2020/02/Luciano-Garcia-Miguel.pdf. Acesso em: 17 mar. 2021.

MIGUEL, Luciano Garcia. *O ICMS e os conceitos de mercadoria e serviço de comunicação*. São Paulo: Noeses, 2019.

MINISTÉRIO DA CIÊNCIA, TECNOLOGIA, INOVAÇÕES E COMUNICAÇÕES. *Documento de Referência do Plano Nacional de Internet das Coisas*. Brasília, 2018.

MONTEIRO NETO, Clóvis. Legalidade tributária e delegação legislativa: reflexões sobre o caso do PIS/COFINS sobre receitas financeiras. *Jota*, 11 jun. 2017. Disponível em: https://jota.info/colunas/contraditorio/legalidade-tributaria-e-delegacao-legislativa-12062017. Acesso em: 21 fev. 2021.

MORAES, Bernardo Ribeiro de. *Doutrina e Prática do Imposto sobre Serviços*. São Paulo: Revista dos Tribunais, 1984.

MOREIRA, André Mendes. *A Tributação dos Serviços de Comunicação*. 2. ed. São Paulo: Noeses, 2016.

MOREIRA, André Mendes; TEIXEIRA, Alice Gontijo Santos. *A publicidade e propaganda e as fronteiras entre ISSQN e ICMS*. 2013. Disponível em: https://sachacalmon.com.br/wp-content/uploads/2014/12/A-PUBLICIDADE-E-PROPAGANDA-E-AS-FRONTEIRAS-ENTRE-ISSQN-E-ICMS.pdf. Acesso em: 17 mar. 2021.

MOREIRA, André Mendes; TEIXEIRA, Alice Gontijo Santos. Veiculação de publicidade e propaganda na internet. Portais de notícias e assemelhados. Serviço de valor adicionado. Não incidência de ICMS-Comunicação. *Revista Dialética de Direito Tributário*, São Paulo, n. 240, p. 24-35, set. 2015.

MOREIRA JR., Gilberto de Castro; ALMEIDA, Flora Ferreira de. *Cloud Computing* e a Tributação do *Software as a Service* (SaaS). *In*: SCHOUERI, Luís Eduardo; BIANCO, João Francisco (Coord.). CASTRO, Leonardo Freitas de Moraes; DUARTE FILHO, Paulo César Teixeira (Org.). *Estudos de Direito Tributário em homenagem ao professor Gerd Willi Rothmann*. São Paulo: Quartier Latin, 2016. p. 589-604.

NABAIS, José Casalta. *O dever fundamental de pagar impostos*: contributo para a compreensão do estado fiscal contemporâneo. 3. reimp. Coimbra: Almedina, 2012.

NASCIMENTO, João Paulo Melo do. Lei complementar para resolução de conflitos federativos de competência tributária. *Revista de Direito da Associação dos Procuradores do Novo Estado do Rio de Janeiro*, Rio de Janeiro, v. 22, p. 271-306, 2014.

NATAL, Eduardo Gonzaga Oliveira de; GUARDA, Renato Augusto Figueiredo. A tributação sobre a transmissão eletrônica dos bens digitais: análise da viabilidade sistêmica do Convênio ICMS 106/2017 sob o contexto da ADI nº 5958. *In*: HENARES NETO, Halley; MELO, Eduardo Soares de (Coord.). *ICMS e ISS*: tributação digital e Novos Contornos dos Conflitos de Competência. São Paulo: Intelecto, 2018. p. 51-85.

NAVARRO, Carlos Eduardo de Arruda; SILVEIRA, João Vitor Kanufre Xavier da. Quem deve se preocupar com o Convênio nº 106/2017? *Revista Fórum de Direito na Economia Digital – RFDED*, Belo Horizonte, a. 2, n. 02, p. 31-55, jan./jun. 2018.

NOGUEIRA, Ruy Barbosa; NOGUEIRA, Paulo Roberto Cabral. *Direito Tributário Aplicado e Comparado*. 2. ed. Rio de Janeiro: Forense, 1977. v. 1.

NOGUEIRA, Ruy Barbosa; NOGUEIRA, Paulo Roberto Cabral. *Direito Tributário Aplicado e Comparado*. Rio de Janeiro: Forense, 1977. v. 2.

NOVELLI, Flávio Bauer. O princípio da anualidade tributária. *Revista Forense*, Rio de Janeiro, v. 267, p. 75-94, jul./set. 1979.

OATES, W. On The Evolution of Fiscal Federalism: theory and Institutions. *National Tax Journal*, n. 61, p. 313-334, 2008.

OCDE. Cloud Computing: The Concept, Impacts and the Role of Government Policy. *OECD Digital Economy Papers*, Paris: OECD Publishing, n. 240, 2014. Disponível em: https://doi.org/10.1787/5jxzf4lcc7f5-en. Acesso em: 14 jan. 2021.

OLIVEIRA, André Luiz Pettena de. *O aspecto material da hipótese de incidência do imposto sobre a prestação de serviços de comunicação*. 364f. Dissertação (Mestrado). Universidade do Estado do Rio de Janeiro – Faculdade de Direito, Rio de Janeiro, 2014.

OLIVEIRA, Daiana da Silva; PRADO, Flávio Augusto Dumont. A cobrança indevida de ICMS sobre as atividades de rastreamento e monitoramento de veículos com a utilização de serviços de telefonia celular. *Revista Eletrônica de Direito Tributário da ABDF*, Rio de Janeiro, v. 3, n. 28, 2013.

OLIVEIRA, José Marcos Domingues de. Direitos fundamentais, federalismo fiscal e emendas constitucionais tributárias. *In*: PIRES, Adilson Rodrigues; TÔRRES, Heleno Taveira (Org.). *Princípios de Direito Financeiro e Tributário – Estudos em homenagem ao Professor Ricardo Lobo Torres*. Rio de Janeiro: Renovar, 2006. p. 63-74.

OLIVEIRA, Gustavo da Gama Vital de. *Cláusulas Pétreas Financeiras e Tributárias*. Rio de Janeiro: Gramma, 2019.

OLIVEIRA, Gustavo da Gama Vital de. Federalismo fiscal, jurisdição constitucional e conflitos de competência em matéria tributária: o papel da lei complementar. *In*: GOMES, Marcus Lívio; VELLOSO, Andrei Pitten (Org.). *Sistema constitucional tributário*: dos fundamentos teóricos aos *hard cases* tributários. Estudos em homenagem ao Ministro Luiz Fux. Porto Alegre: Livraria do Advogado, 2014. p. 197-210.

OLIVEIRA, Gustavo da Gama Vital de. O Supremo Tribunal Federal e as cláusulas pétreas da forma federativa de estado e da separação de poderes em matéria tributária. *In*: QUEIROZ, Luís Cesar Souza de; OLIVEIRA, Gustavo da Gama Vital de (Org.). *Tributação Constitucional, Justiça Fiscal e Segurança Jurídica*. Rio de Janeiro: GZ Editora, 2014. p. 61-110.

OLIVEIRA, Maurine Morgan Pimentel. O conflito de competência entre o ISS e o ICMS à luz do RE nº 688223/PR. *In*: GOMES, Marcus Lívio; SCHOUERI, Luís Eduardo (Org.). *A Tributação Internacional na Era Pós-BEPS*: soluções globais e peculiaridades de países em desenvolvimento. Volume III – Transparência e Economia Digital. Rio de Janeiro: Lumen Juris, 2016. p. 243-284.

OLIVEIRA, Paulo Enrique Mainier de. A incidência do ICMS e as imunidades sobre a prestação de serviços de comunicação por veiculação de publicidade. *Revista Dialética de Direito Tributário*, São Paulo, n. 196, p. 117-134, jan. 2012.

OLIVEIRA, Vanessa Elias de. Processo de descentralização de políticas públicas e seu impacto sobre o federalismo brasileiro. *Revista Brasileira de Estudos Constitucionais – RBEC*, Belo Horizonte, v. 5, n. 19, p. 197-218, jul./set. 2011.

OLIVEIRA, Yonne Dolácio de. Princípio da legalidade. *In:* MARTINS, Ives Gandra da Silva (Coord.). *Caderno de Pesquisas Tributárias n° 6, princípio da legalidade.* São Paulo: Resenha Tributária, 1981. p. 483-544.

PADOVESE, Ricardo Campos. O ICMS, a comunicação e a publicidade e propaganda. *Revista Direito Atual*, São Paulo, n. 27, p. 542-560, 2012.

PAESANI, Liliana Minardi. *Direito de informática*: comercialização e desenvolvimento internacional do *software*. 9. ed. São Paulo: Atlas, 2014.

PAULSEN, Leandro; MELO, José Eduardo Soares de. *Impostos federais, estaduais e municipais.* 7. ed. Porto Alegre: Livraria do Advogado, 2012.

PEREIRA, Caio Mário da Silva. *Instituições de Direito Civil.* 12. ed. Rio de Janeiro: Forense, 2005. v. 3.

PEYTON, Antigone. A Litigator's guide to the Internet of Things. *Journal of Law and Technology*, Richmond, v. 22, issue 3, 2016.

PIRES, Adilson. A guerra fiscal e a proposta de criação do IVA. *Revista de Direito da Associação dos Procuradores do Novo Estado do Rio de Janeiro*, Rio de Janeiro, v. 22, p. 355-378, 2014.

PISCITELLI, Tathiane. A inconstitucionalidade do convênio ICMS 106/2017 e a incidência do ICMS sobre bens digitais. *In:* PISCITELLI, Tathiane; LARA, Daniela Silveira. (Coord.). *Tributação da Economia Digital.* 2. ed. São Paulo: Thomson Reuters Brasil, 2020. p. 29-42.

PISCITELLI, Tathiane; MALAVOGLIA, Theodoro. Os problemas do convênio ICMS n° 106/2017 na delimitação da sujeição passiva: entre contribuintes e responsáveis. *In:* PISCITELLI, Tathiane (Coord.). *Tributação de bens digitais*: a disputa tributária entre Estados e Municípios: notas sobre o Convênio ICMS 106/2017 e outras normas relevantes. São Paulo: InHub Editora e Produtos Educacionais, 2018. p. 169-200.

PIZOLIO JÚNIOR, Reinaldo. *Competência tributária e conceitos constitucionais.* 372f. Dissertação (Mestrado). Pontifícia Universidade Católica de São Paulo – Faculdade de Direito, São Paulo, 2005.

POLIZELLI, Victor Borges; ANDRADE JR., Luiz Carlos de. O problema do tratamento tributário dos contratos atípicos da economia digital: tipicidade econômica e fracionamento de contratos. *Revista Direito Tributário Atual*, São Paulo, n. 39, p. 474-506, 2018.

POKORNI, Slavko J. Reliability and availability of the internet of things. *Military Technical Courier*, Belgrado, v. 67, issue 3, p. 588-600, 2019.

PONTES, Helenilson Cunha. Tributação na Internet. *In:* MARTINS, Ives Gandra da Silva (Coord.). *Tributação na Internet.* São Paulo: Revista dos Tribunais/Centro de Extensão Universitária, 2001. p. 349-367.

PONTES, Helenilson Cunha. O impacto da reforma tributária no setor exportador. *Consultor Jurídico*, 25 set. 2019. Disponível em: https://www.conjur.com.br/2019-set-25/consultor-tributario-impacto-reforma-tributaria-setor-exportador. Acesso em: 20 fev. 2021.

PORFÍRIO JÚNIOR, Nelson de Freitas. Federalismo, tipos de Estado e conceito de Estado Federal. *In*: CONTI, José Maurício (Org.). *Federalismo Fiscal*. Barueri: Manole, 2004.

PRIYA, G. C.; PARAMESWARI, R.; GAYATHRI, G. The next generation of cloud computing on information technology. *International Journal of Computer Science and Information Technologies*, Chennai, v. 2, p. 2152-2155, 2011.

PYRRHO, Sérgio. *Soberania, ICMS e Isenções*: os Convênios e os Tratados Internacionais. Rio de Janeiro: Lumen Juris, 2008.

QUEIROZ, Luís Cesar Souza de. Imposto sobre a renda: o conceito constitucional de renda e a recente visão do STF. *In*: QUEIROZ, Luís Cesar Souza de; GOMES, Marcus Lívio (Org.). *Finanças Públicas, Tributação e Desenvolvimento*. Rio de Janeiro: Freitas Bastos, 2015. p. 231-262.

QUEIROZ, Luís Cesar Souza de. *Sujeição passiva tributária*. 2. ed. Rio de Janeiro: Forense, 2002.

RABELO FILHO, Antônio Reinaldo. *A prestação de serviços de comunicação. Conceito e limites para a sua tributação*. 216f. Dissertação (Mestrado). Pontifícia Universidade Católica de São Paulo – Faculdade de Direito, São Paulo, 2009.

RIBEIRO, Leonardo Alcântara. A guerra fiscal do ICMS sob uma perspectiva comparada de competição tributária. *Núcleo de Estudos Fiscais – Escola de Direito de São Paulo da Fundação Getúlio Vargas*, São Paulo, p. 1-32, ago. 2010.

RIBEIRO, Ricardo Lodi. A capacidade contributiva como manifestação da justiça fiscal no estado social e democrático de direito. *In*: QUEIROZ, Luís Cesar Souza de; GOMES, Marcus Livio (Org.). *Tributação, Direitos Fundamentais e Desenvolvimento*. Rio de Janeiro: GZ Editora, 2014. p. 1-55.

RIBEIRO, Ricardo Lodi. A reforma tributária do IBS à luz dos princípios federativos e da capacidade contributiva. *Revista Fórum de Direito Tributário – RFDT*, Belo Horizonte, a. 17, n. 99, p. 63-81, mai./jun. 2019.

RIBEIRO, Ricardo Lodi. *A Segurança Jurídica do Contribuinte (Legalidade, Não Surpresa e Proteção à Confiança Legítima)*. Rio de Janeiro: Lumen Juris, 2008.

RIBEIRO, Ricardo Lodi. A Tipicidade Tributária. *In*: RIBEIRO, Ricardo Lodi; ROCHA, Sergio André (Coord.). *Legalidade e Tipicidade no Direito Tributário*. São Paulo: Quartier Latin, 2008. p. 186-217.

RIBEIRO, Ricardo Lodi. Federalismo e guerra fiscal entre os estados. *Revista de Direito da Associação dos Procuradores do Novo Estado do Rio de Janeiro*, Rio de Janeiro, v. 22, p. 379-399, 2014.

RIBEIRO, Ricardo Lodi. Mídias digitais, publicidade e imunidade tributária. *Revista Fórum de Direito Tributário – RFDT*, Belo Horizonte, a. 13, n. 74, mar./abr. 2015.

RIBEIRO, Ricardo Lodi. O fato gerador do ICMS. *Revista Fórum de Direito Tributário – RFDT*, Belo Horizonte, a. 9, n. 52, jul./ago. 2011.

RIBEIRO, Ricardo Lodi. *Tributos (teoria geral e espécies)*. Niterói: Impetus, 2013.

RIBEIRO, Ricardo Lodi. *Tributos circulatórios, volume 3*: tributação e desenvolvimento econômico. Rio de Janeiro: Lumen Juris, 2018.

ROCHA, Melina. Os caminhos possíveis da reforma tributária em 2021. *Jota*, 12 fev. 2021. Disponível em: https://www.jota.info/opiniao-e-analise/colunas/politicas-tributarias/os-caminhos-possiveis-da-reforma-tributaria-em-2021-12022021. Acesso em: 20 fev. 2021.

ROCHA, Sergio André. A Deslegalização no Direito Tributário Brasileiro Contemporâneo. *In*: BORJA, Célio; RIBEIRO, Ricardo Lodi (Org.). *Temas de Direito Público*: estudos em homenagem ao professor Flávio Bauer Novelli – Constituição e Cidadania. Rio de Janeiro: Multifoco, 2015. v. 1, 507-542.

ROCHA, Sergio André. Existe um princípio da tipicidade no Direito Tributário? *Revista Dialética de Direito Tributário*, São Paulo, n. 136, p. 68-79, jan. 2007.

ROCHA, Sergio André. Questão federativa *é* central na análise da constitucionalidade do IBS. *Consultor Jurídico*, 06 ago. 2019. Disponível em: https://www.conjur.com.br/2019-ago-06/sergio-rocha-questao-federativa-central-analise-ibs. Acesso em: 20 fev. 2021.

ROCHA, Sergio André. O Imposto sobre Bens e Serviços proposto na reforma tributária da PEC 45. *Consultor Jurídico*, 13 set. 2019. Disponível em: https://www.conjur.com.br/2019-set-13/sergio-rocha-imposto-bens-servicos-pec-45. Acesso em: 20 fev. 2021.

ROCHA, Sergio André. *Planejamento Tributário na obra de Marco Aurélio Greco*. Rio de Janeiro: Lumen Juris, 2019.

ROCHA, Sergio André; FEITOSA, Maurine Morgan Pimentel. PIS/COFINS sobre o etanol e o princípio da legalidade: uma análise à luz da ADI nº 5.277. *Revista Fórum de Direito Tributário*, Belo Horizonte, a. 17, n. 100, p. 33-52, jul./ago. 2019.

ROSENBLATT, Paulo. *Competência Regulamentar no Direito Tributário Brasileiro*: legalidade, delegações legislativas e controle judicial. São Paulo: MP Editora, 2009.

ROSENBLATT, Paulo; LUDMER, Beatriz Pessoa. O comércio eletrônico audiovisual via *streaming* e o ICMS-Comunicação: uma proposta de superação jurisprudencial para adequar a tributação à economia digital global. *In*: MATA, Juselder Cordeiro *et al.* (Org.). *Tributação na sociedade moderna*: economia digital, compliance tributária, direitos sociais e reforma tributária. Belo Horizonte: Arraes, 2019. p. 515-533.

ROUSE, Margaret. *Infrastructure as a service (IaaS)*. Disponível em: https://searchcloud computing.techtarget.com/definition/Infrastructure-as-a-Service-IaaS. Acesso em: 15 jan. 2021.

SAAVEDRA, Rui. *A proteção jurídica do software e a Internet*. Lisboa: Sociedade Portuguesa de Autores – Publicações Dom Quixote, 1998.

SANTI, Eurico Marcos Diniz de. *A Reforma da qualidade do sistema tributário sobre o consumo – IBS*. Disponível em: https://gei-sa.fgv.br/sites/gei-sa.fgv.br/files/u49/fenacon_-_prof._eurico.pdf. Acesso em: 20 fev. 2021.

SANTI, Eurico Marcos Diniz de; PAULA JR., Aldo de; SANTIN, Lina; CYPRIANO, Gabriel. PEC 45, IBS e mitos sobre a ofensa ao pacto federativo: desconstruindo críticas à PEC da reforma tributária. *Jota*, 20 mai. 2019. Disponível em: https://www.jota.info/opiniao-e-analise/artigos/pec-45-ibs-mitos-pacto-federativo-20052019. Acesso em: 20 fev. 2021.

SANTOS, Alexandre David. *Comentários à nova Lei de Franquia*. São Paulo: Almedina, 2020.

SÃO PAULO. Fazenda e Planejamento. *Resposta à Consulta Tributária nº 4999/2015, de 23 de abril de 2015*. Disponível em: https://legislacao.fazenda.sp.gov.br/Paginas/RC4999_2015. aspx. Acesso em: 12 jan. 2021.

SÃO PAULO. Legislação Municipal. Parecer Normativo Secretaria Municipal da Fazenda – SF nº 1 de 18 de julho de 2017. Incidência do Imposto Sobre Serviços de Qualquer Natureza – ISS relativamente aos serviços de licenciamento ou cessão de direito de uso de programas de computação, por meio de suporte físico ou por transferência eletrônica de dados, ou quando instalados em servidor externo. São Paulo, *Diário Oficial da cidade*, 19 jul. 2017. Disponível em: http://legislacao.prefeitura.sp.gov.br/leis/parecer-normativo-secretaria-municipal-da-fazenda-sf-1-de-18-de-julho-de-2017. Acesso em: 15 jan. 2021.

SÃO PAULO. Prefeitura de São Paulo. *Solução de Consulta SF/DEJUG nº 13, de 15 de junho de 2015*. ISS. Subitem 1.03 da Lista de Serviços da Lei nº 13.701, de 24 de dezembro de 2003. Serviços de hospedagem de site. Disponível em: https://www.prefeitura.sp.gov.br/cidade/upload/SC013-2015_1456839181.pdf. Acesso em: 15 jan. 2021.

SÃO PAULO. Prefeitura de São Paulo. *Solução de consulta SF/DEJUG nº 40, de 1 de agosto de 2013*. ISS – Subitens 1.03 e 1.05 da lista de serviços do art. 1º da Lei nº 13.701, de 24 de dezembro de 2003. Códigos de serviço 02682 e 02798. Serviços de computação em nuvem. Disponível em: https://www.prefeitura.sp.gov.br/cidade/upload/s40_1389109466. pdf. Acesso em: 15 jan. 2021.

SARMENTO, Daniel. *Direito Constitucional*: teoria, história e métodos de trabalho. Belo Horizonte: Fórum, 2013.

SCAFF, Fernando Facury. Entra em campo a reforma financeira, e vai para o banco de reservas a reforma tributária. *Consultor Jurídico*, 29 out. 2019. Disponível em: https://www.conjur.com.br/2019-out-29/contas-vista-sai-cena-reforma-tributaria-entra-reforma-financeira. Acesso em: 20 fev. 2021.

SCAFF, Fernando Facury. Por uma reforma tributária (quase toda) infraconstitucional. *Consultor Jurídico*, 17 jun. 2019. Disponível em: https://www.conjur.com.br/2019-jun-17/justica-tributaria-reforma-tributaria-toda-infraconstitucional. Acesso em: 20 dez. 2020.

SCAFF, Fernando Facury; SCAFF, Luma Cavaleiro de Macedo. O regime jurídico do ICMS no e-commerce. *In*: MACHADO, Hugo de Brito (Coord.). *Tributação e novas tecnologias*. Indaiatuba: Foco, 2021. p. 323-334.

SCHOUERI, Luís Eduardo. *Direito Tributário*. 9. ed. São Paulo: Saraiva, 2019.

SCHOUERI, Luís Eduardo. Discriminação de competências e competência residual. *In*: SCHOUERI, Luís Eduardo; ZILVETI, Fernando Aurélio (Coord.). *Direito Tributário*: estudos em homenagem a Brandão Machado. São Paulo: Dialética, 1998. p. 82-115.

SCHOUERI, Luís Eduardo. *Normas tributárias indutoras e intervenção econômica*. Rio de Janeiro: Forense, 2005.

SCHOUERI, Luís Eduardo. Fato gerador da obrigação tributária. *In*: SCHOUERI, Luís Eduardo (Coord.). *Direito Tributário*: homenagem a Alcides Jorge Costa. São Paulo: Quartier Latin, 2003. v. 1, p. 126-173.

SCHOUERI, Luís Eduardo. Tributação e Liberdade. *In*: PIRES, Adilson Rodrigues; TÔRRES, Heleno Taveira (Org.). *Princípios de Direito Financeiro e Tributário – Estudos em homenagem ao Professor Ricardo Lobo Torres*. Rio de Janeiro: Renovar, 2006. p. 431-471.

SCHOUERI, Luís Eduardo; COSTER, Tiago Rios. A relação entre o Direito Tributário e o Direito Privado – análise do recurso extraordinário nº 540.829 (incidência de ICMS-Importação sobre operações de leasing internacional). *In*: MURICI, Gustavo Lanna *et al.* (Orgs.). *Estudos de direito processual e tributário em homenagem ao Ministro Teori Zavascki.* Belo Horizonte: D'Plácido, 2018. p. 693-708.

SCHOUERI, Luís Eduardo; FERREIRA, Diogo Olm; LUZ, Victor Lyra Guimarães. *Legalidade tributária e o Supremo Tribunal Federal*: uma análise sob a ótica do RE nº 1.043.313 e da ADI nº 5.277. São Paulo: IBDT, 2021.

SCHOUERI, Luís Eduardo; GALDINO, Guilherme. Internet das Coisas à luz do ICMS e do ISS: entre mercadoria, prestação de serviço de comunicação e serviço de valor adicionado. *In*: FARIA, Renato Vilela; SILVEIRA, Ricardo Maitto da; MONTEIRO, Alexandre Luiz Moraes do Rêgo (Coord.). *Tributação da economia digital*: desafios no Brasil, experiência internacional e novas perspectivas. São Paulo: Saraiva, 2018. p. 245-268.

SEFAZ – RS vai suspender a cobrança de ICMS sobre a venda de software. 28 jun. 2016. Disponível em: https://direitotributario.wordpress.com/2016/06/28/sefaz-rs-vai-suspender-a-cobranca-de-icms-sobre-a-venda-de-software/. Acesso em: 12 jan. 2021.

SEIXAS FILHO, Aurélio Pitanga. Princípio da Legalidade. *In*: MARTINS, Ives Gandra da Silva (Coord.). *Caderno de Pesquisas Tributárias n° 6, princípio da legalidade.* São Paulo: Resenha Tributária, 1981. p. 95-111.

SHAH, Anwar. *Introduction*: Principles of Fiscal Federalism. The Practice of Fiscal Federalism: Comparative Perspectives, a Global Dialogue on Federalism. Montreal: McGillQueen's University, 2007. v. 4.

SILVA, Mauro Santos. Teoria do federalismo fiscal: notas sobre as contribuições de Oates, Musgrave, Shah e Ter-Minassian. *Nova Economia*, Belo Horizonte, v. 15, n. 1, p. 117-137, jan./abr. 2005.

SIQUETTO, Paulo Roberto. Os projetos de reforma constitucional tributária e o federalismo fiscal brasileiro. *In*: CONTI, José Maurício (Org.). *Federalismo Fiscal.* Barueri: Manole, 2004. p. 263-291.

SOUTO, Luisa de Brito Dutra. *Da subsunção da contratação de acesso a softwares disponibilizados em nuvem (software as a service) às hipóteses de incidência do ICMS e do ISS.* 76f. Dissertação (Graduação) – Faculdade de Direito, Curso de Graduação em Direito da Universidade de Brasília, Brasília, 2013.

SOUSA, Rubens Gomes de; ATALIBA, Geraldo; CARVALHO, Paulo de Barros. *Comentários ao Código Tributário Nacional*: parte Geral. São Paulo: Revista dos Tribunais, 1975.

SOUZA, Hamilton Dias de. Emenda substitutiva à PEC 293-A/2004 agride o pacto federativo. *Consultor Jurídico*, 03 nov. 2018. Disponível em: https://www.conjur.com.br/2018-nov-03/dias-souza-substitutivo-pec-293-a2004-agride-pacto-federativo. Acesso em: 20 fev. 2021.

SOUZA, Hamilton Dias de; ÁVILA, Humberto; CARRAZZA, Roque Antônio. A reforma tributária que o Brasil precisa – parte I. *Consultor Jurídico*, 08 nov. 2019. Disponível em: https://www.conjur.com.br/2019-nov-08/opiniao-reforma-tributaria-brasil-parte. Acesso em: 20 fev. 2021.

STJ. *Nova Lei de franquia incorpora entendimento do STJ sobre inaplicabilidade do CDC.* 25 mar. 2020. Disponível em: https://www.stj.jus.br/sites/portalp/Paginas/Comunicacao/Noticias/Nova-Lei-de-Franquia-incorpora-entendimento-do-STJ-sobre-inaplicabilidade-do-CDC.aspx. Acesso em: 31 jan. 2021.

STROUD, Forrest. *Everything-As-A-Service (Xaas)*. 07 nov. 2013. Disponível em: https:// www.webopedia.com/TERM/E/everything-as-a-service_xaas.html. Acesso em: 15 jan. 2021.

TAKANO, Caio Augusto; PITMAN, Arthur; BRAGA, Rinaldo. Conflitos de competência entre o ISS e o ICMS-Comunicação à luz da jurisprudência do tribunal de impostos e taxas. *In*: HENARES NETO, Halley; MELO, Eduardo Soares de (Coord.). *ICMS e ISS*: tributação digital e os novos contornos do conflito de competência. São Paulo: Intelecto, 2018. p. 1-22.

TAMANAHA, Rodolfo Tsunetaka. *Tributação e economia digital*: análise do tratamento tributário dos rendimentos da computação em nuvem. São Paulo: IBDT, 2020 (Série Doutrina Tributária, 30).

TEIXEIRA, Tarcisio; ATIHE, Lucas. Contratos de software: apontamentos sobre suas espécies. *Revista dos Tribunais online [recurso online]*, São Paulo, v. 976, fev. 2017. Disponível em: revistadostribunais.com.br. Acesso em: 11 abr. 2021.

TEPEDINO, Gustavo; BARBOZA, Heloisa Helena; MORAES, Maria Celina Bodin de. *Código Civil Interpretado conforme a Constituição da República*. Rio de Janeiro: Renovar, 2006. v. II.

TIEBOUT, Charles M. A Pure Theory of Local Expenditures. *Journal of Political Economy*, v. 64, n. 5, p. 416-424, out. 1956.

TORRES, Heleno Taveira. *Direito Tributário das Telecomunicações e Satélites*. São Paulo: Quartier Latin, 2007.

TORRES, Heleno Taveira. ICMS sobre a divulgação de material publicitário na internet por provedor. *In*: FARIA, Renato Vilela; SILVEIRA, Ricardo Maitto da; MONTEIRO, Alexandre Luiz Moraes do Rêgo (Coord.). *Tributação da economia digital*: desafios no Brasil, experiência internacional e novas perspectivas. São Paulo: Saraiva, 2018. p. 480-503.

TORRES, Ricardo Lobo. *Normas de Interpretação e Integração do Direito Tributário*. 4. ed. Rio de Janeiro: Renovar, 2006.

TORRES, Ricardo Lobo. É possível a criação do IVA no Brasil? *Revista Fórum de Direito Tributário*, Belo Horizonte, a. 3, n. 15, mai./jun. 2005.

TORRES, Ricardo Lobo. O Princípio da Tipicidade no Direito Tributário. *In*: RIBEIRO, Ricardo Lodi; ROCHA, Sergio André (Coord.). *Legalidade e Tipicidade no Direito Tributário*. São Paulo: Quartier Latin, 2008. p. 136-184.

TORRES, Ricardo Lobo. *Tratado de Direito Constitucional Financeiro e Tributário*: os tributos na Constituição. Rio de Janeiro: Renovar, 2007. v. 4.

TORRES, Ricardo Lobo. *Tratado de Direito Constitucional Financeiro e Tributário – Os Direitos Humanos e a Tributação*: imunidades e isonomia. 3. ed. Rio de Janeiro: Renovar, 2005. v. 3.

TORRES, Ricardo Lobo. *Tratado de Direito Constitucional Financeiro e Tributário*: valores e princípios Constitucionais Tributários. Rio de Janeiro: Renovar, 2014. v. 2.

TRIBUNAL CONSTITUCIONAL PORTUGAL. *Acórdão nº 233/94*. Rel.: Cons. António Vitorino. Disponível em: http://www.tribunalconstitucional.pt/tc/acordaos/19940233. html. Acesso em: 20 dez. 2020.

TRUSTRADIUS. *Platform-as-a-Service (PaaS) Solutions*. Disponível em: https://www. trustradius.com/platform-as-a-service-paas. Acesso em: 15 jan. 2021.

UCHÔA FILHO, Sérgio Papini de Mendonça; BASILIO, Iris Cintra. Aspectos da tributação sobre o consumo no *cloud computing*. *In*: FARIA, Renato Vilela; SILVEIRA, Ricardo Maitto da; MONTEIRO, Alexandre Luiz Moraes do Rêgo (Coord.). *Tributação da economia digital*: desafios no Brasil, experiência internacional e novas perspectivas. São Paulo: Saraiva, 2018. p. 462-479.

UHDRE, Dayana de Carvalho. Internet das coisas e seus desafios tributários: ISS e/ou ICMS? Eis a questão... *Revista Digital da Fundação Escola Superior de Direito Tributário*, Porto Alegre, v. 9, p. 4-19, jan./abr. 2019.

VASCONCELLOS, Roberto; PISCITELLI, Tathiane. Tributação de softwares e o Parecer Normativo SF nº 1/2017. Conflito de competência e insegurança jurídica. *Jota*, 27 jul. 2017. Disponível em: https://www.jota.info/opiniao-e-analise/colunas/pauta-fiscal/tributacao-de-softwares-e-o-parecer-normativo-sf-012017-27072017. Acesso em: 15 jan. 2021.

VELLOSO, Andrei Pitten. *Conceitos e competências tributárias*. São Paulo: Dialética, 2005.

VELLOSO, Carlos Mario da Silva. Lei Complementar Tributária. *Revista de Direito Administrativo*, Rio de Janeiro, n. 235, p. 117-138, jan./mar. 2004.

VLADIMIRSKIY, Vadim. *10 popular Software as a Service (SaaS) Examples*. 20 out. 2016. Disponível em: https://getnerdio.com/academy/10-popular-software-service-examples/. Acesso em: 15 jan. 2021.

XAVIER, Alberto. *Os princípios da legalidade e da tipicidade da tributação*. São Paulo: Revista dos Tribunais, 1978.

XAVIER, Alberto. *Tipicidade da tributação, simulação e norma antielisiva*. São Paulo: Dialética, 2001.

Esta obra foi composta em fonte Palatino Linotype, corpo 10
e impressa em papel Pólen Bold 70g (miolo) e Supremo 250g (capa)
pela Paulinelli Serviços Gráficos.